# 프레이트 포워딩 관리론

방희석 엄윤대 김승철

博 英 社

본서는 중앙대학교 해운물류전문인력양성사업난에서
국토해양부의 지원사업으로 출간되었다.

# 서 문

우리나라는 무역국가이며 GNP에 대한 무역의존도가 지속적으로 높아질 수밖에 없는 경제구조를 가지고 있다. 무역과 연계된 물류관리도 무역경쟁력을 확보하는 데 매우 중요한 요소이다. 또한 프레이트 포워더로서 3PL 기업은 3국간 물류거래에 직접 참여하여 물류서비스를 제공하는 서비스 무역업체로 영업이 확대되고 있다. 국제물류기업 특히 3PL 기업은 유럽과 미국에서 시작되었지만, 현재와 같이 서비스 무역을 포함해서 시장이 개방되면서 물류서비스업은 국가별로 매우 중요하게 취급되고 있다. 3PL 기업과 화주간 분업화가 보편화되고 4PL 기업이 출현되고 있다. 4PL 기업은 화주인 제조기업에 대한 Total SCM 관리체계 서비스를 총괄하여 기업이익에 기여하는 주체가 되는 것을 목표로 설정하고 있다. 4PL 기업은 화주인 제조기업의 물류관리를 개혁하여 국제시장에서 경쟁우위를 확보케 해주는 기능을 담당하는 것이다.

본서의 출간 목적은 국제물류환경변화에 순응할 수 있는 전문인력을 양성하는 데 필요하고, 물류기업에 종사하는 인력들이 참고할 수 있는 문헌을 제공하는 데 있다. 본서는 12개 장으로 구성되었으며, 국제해상, 국제항공 및 국제복합운송을 포괄적으로 물류관리란 차원에서 구분하여 업무내용을 기술하였다. 기타 국제물류서비스에 필요한 선하증권과 기타 운송증권, 포장과 하인 및 라벨링 업무와 관세 및 보험과 정보업무 등이 각각 장을 달리하여 수록되었다. 본서 하반부에 프레이트 포워더의 성과측정과 발전적 정책과제와 방향 등이 기술되어 있다.

본서가 출간될 수 있도록 지원하여 주신 국토해양부에 감사를 드린다. 실무적으로 감수와 내용을 검토하여 주신 무역협회 국제물류지원단 김길섭 국장님과 국제물류주선협회 조경규 부장님께 감사드리며, 원고정리와 교정 등에 최선을 다해준 연구실 박근식 박사, 나정호 조교에게도 감사를 드린다. 또한 본서가 나오도록 출간해 주신 박영사 안종만 회장님께 감사를 드린다.

마지막으로 본서가 대학 교과서뿐만 아니라 관련 정부 및 업계 임직원 등이 활용할 수 있도록 개정작업을 정기적으로 하는 데 최선을 다할 것이다.

2009. 2

저자 씀

# 차 례

## 제 1 장 프레이트 포워더 제도의 이해


제 1 절 프레이트 포워더의 의의 ······ 1

1-1 프레이트 포워더의 개념 1
1-2 프레이트 포워더의 역사 2
1-3 주요 국가의 프레이트 포워더 제도 4

제 2 절 프레이트 포워더의 기능 ······ 15

제 3 절 프레이트 포워더의 주요 업무 ······ 20

3-1 개 요 20
3-2 운송의 설계 22
3-3 운송계약의 체결 및 선복의 예약 22
3-4 운송관계서류의 작성 23
3-5 혼재업무와 Co-Loading 업무 23
3-6 포장·보관업무 24
3-7 운임 및 기타 비용의 대납 25
3-8 통관수속 25
3-9 보험의 수배 26
3-10 화물 추적 서비스 26

제 4 절 프레이트 포워더와 물류기업과의 관계 ······ 26

4-1 프레이트 포워더와 제 3 자 물류 26

4-2 프레이트 포워더와 제 4 자 물류 30

## 제 2 장 프레이트 포워더와 국제해상운송업무

제 1 절 해운의 기초개념 …… 36

1-1 해운과 해운업 36
1-2 부정기선운송과 정기선운송 38
1-3 컨테이너 운송 40

제 2 절 선 박 …… 45

2-1 선박의 의의 45
2-2 선박의 구조 47
2-3 선박의 톤수 49
2-4 선박의 종류 51
2-5 프레이트 포워더와 선박 54

제 3 절 컨테이너운송의 주요 설비 …… 55

3-1 컨테이너 56
3-2 샤시와 트랙터 58
3-3 프레이트 포워더와 컨테이너장비 60

제 4 절 해상화물운임 …… 63

4-1 해상화물운임의 기초 개념 63
4-2 선박회사의 운임 운영 66
4-3 프레이트 포워더의 운임 운영 68
4-4 정기선 운임의 구조 70

제 5 절 해상화물운송실무 …… 72

5-1 OUTBOUND화물 처리절차 72
5-2 INBOUND화물 처리절차 78

## 제 3 장 프레이트 포워더와 국제항공운송업무

제 1 절 국제항공운송의 일반사항 ········ 88

1-1 항공운송의 의의 89
1-2 항공화물운송의 특성과 장단점 90

제 2 절 항공기와 운송장비 ········ 92

2-1 항 공 기 92
2-2 항공화물의 단위화를 위한 용기 96
2-3 항공화물을 위한 지상조업설비 98

제 3 절 항공운송관련 국제기구 및 법제 ········ 100

3-1 항공운송관련 국제기구 101
3-2 국제항공운송관련 법제 103

제 4 절 국제항공화물운임 ········ 110

4-1 항공화물운임의 적용원칙 110
4-2 항공화물운임의 적용을 위한 중량에 대한 이해 111
4-3 항공화물운임의 종류와 적용 방법 113

제 5 절 프레이트 포워더의 항공화물업무절차 ········ 121

5-1 수출화물업무절차 121
5-2 수입화물업무절차 130
5-3 프레이트 포워더의 사후관리업무 136

## 제 4 장 프레이트 포워더와 국제복합운송업무

제 1 절 복합운송의 일반적 사항 ........ 140

1-1 복합운송의 의의 140
1-2 복합운송인의 유형 142
1-3 복합운송인의 책임이론과 우리나라의 입장 144

제 2 절 복합운송관련 국제법규 ........ 147

2-1 복합운송관련 국제법규의 필요성 147
2-2 ICC의 복합운송증권규칙(1975) 148
2-3 유엔국제복합운송조약(1980) 149
2-4 UNCTAD/ICC 복합운송증권규칙(1992) 150
2-5 국제도로화물운송조약 152
2-6 국제철도화물운송조약(CIM) 156

제 3 절 주요 복합운송경로 ........ 161

3-1 미국대륙 경유 경로 161
3-2 유라시아대륙 경유 경로 163
3-3 海空복합운송경로 169

제 4 절 복합운송업무절차 ........ 171

4-1 海陸복합운송업무절차 171
4-2 海空복합운송업무절차 177

## 제 5 장 선하증권의 이해와 업무

제 1 절 선하증권의 일반적 사항 ........ 187

1-1 선하증권의 개념 187
1-2 선하증권의 법적 기능과 국제무역에서 역할 188

1-3 선하증권의 법적 성질 189
1-4 선하증권의 종류 191

제 2 절 선하증권에 관한 법제 ········ 197

2-1 1924년 헤이그규칙 197
2-2 1968년 헤이그-비스비 규칙 199
2-3 1978년 함부르크규칙 200
2-4 신용장통일규칙 중 선하증권 관련규정 202
2-5 우리나라의 선하증권 관계법 203

제 3 절 선하증권의 발행업무 ········ 204

3-1 선하증권의 작성절차 204
3-2 선하증권의 법정기재사항 208
3-3 선하증권의 임의적 기재사항 218
3-4 선하증권의 재발행 222

제 4 절 선하증권의 효력 ········ 224

4-1 선하증권의 물권적 효력 225
4-2 선하증권기재의 효력 225
4-3 선하증권약관의 효력 227

제 5 절 화물인도와 선하증권 상환 ········ 228

5-1 정당한 수하인 228
5-2 선하증권 상환도(相換渡) 229
5-3 보증도(保證渡) 229
5-4 수령해태 또는 미수령 화물의 처리 230

## 제 6 장 기타 운송증권의 이해와 업무

제 1 절 항공화물운송장 ········ 241

1-1 항공화물운송장의 일반적 사항 241
1-2 항공화물운송장의 양식과 통수의 구성 245
1-3 항공화물운송장의 발행 246
1-4 항공화물운송장 약관내용 251

제 2 절 복합운송증권 ······ 257

2-1 복합운송증권의 일반적 사항 257
2-2 복합운송증권양식 259
2-3 복합운송증권의 발행 261
2-4 복합운송증권의 기재사항 261
2-5 포워더의 화물수령증(Forwarder's Certificate Receipt: FCR) 267

제 3 절 해상화물운송장 ······ 275

3-1 해상화물운송장의 일반적 사항 275
3-2 해상화물운송장의 발행과 기재사항 277
3-3 해상화물운송장의 효력 279
3-4 해상화물운송장에 의한 운송과 화물인도 279
3-5 해상화물운송장의 전자적 운영 281

제 4 절 전자 선하증권 ······ 285

4-1 전자 선하증권에 관한 일반적 사항 285
4-2 전자 선하증권 등록기관 287
4-3 전자 선하증권의 발행과 효력 288
4-4 전자 선하증권의 양도 290
4-5 화물인도와 전자 선하증권의 상환 291
4-6 전자 선하증권의 보관 291

## 제 7 장　포장, 하인, 라벨링

제 1 절　포장(Packing) ········ 294

1-1　포장의 개념　295
1-2　포장재료 및 용기의 종류와 특성　299
1-3　포장의 적정화 및 표준화　305
1-4　수출포장　307
1-5　목재포장재의 통관　310
1-6　목재포장재 수입 절차　313

제 2 절　마킹(Marking)과 라벨링(Labelling) ········ 313

2-1　마킹(Marking)과 라벨링(Labelling)의 필요성 및 목적　313
2-2　마킹(Marking)　314
2-3　라벨링(Labelling)　317

제 3 절　포장업무 ········ 325

3-1　포장업무 절차　325
3-2　포장명세서의 작성　327

## 제 8 장　수출입통관과 관세환급

제 1 절　통관제도와 보세구역 ········ 333

1-1　수출입통관제도　333
1-2　보세구역　335

제 2 절　수출입통관절차 ········ 338

2-1　수출통관절차　338
2-2　수입통관절차　345

제 3 절 관세의 신고와 납부 ········ 352

3-1 관세의 부과대상 352
3-2 과세의 산출방법과 과세가격 354
3-3 과세가격 신고 358
3-4 관세의 납부세액 360
3-5 관세의 납부 361

제 4 절 관세환급 ········ 364

4-1 관세환급의 의의 364
4-2 환급의 요건과 환급금 산출방법 365
4-3 관세환급절차 및 서식작성 377

## 제 9 장 프레이트 포워더와 보험제도

제 1 절 적하보험의 기초개념 ········ 386

1-1 해상보험의 기초개념 386
1-2 적하보험의 특성 387
1-3 해상보험과 적하보험 계약 389
1-4 적하보험계약당사자 391
1-5 보험목적물과 피보험이익 393

제 2 절 적하보험증권과 주요내용 ········ 396

2-1 해상보험증권 개요 397
2-2 보험증권의 종류 397
2-3 기타보험증권 관련사항 399
2-4 협회적하약관(ICC 약관) 401
2-5 적하보험청약서 작성 403
2-6 적하보험 408

제 3 절　항공보험과 손해배상클레임 ········ 412

3-1　항공보험 개요　412
3-2　항공운송관련 보험의 종류와 담보위험　413

제 4 절　국제물류주선인의 화물배상책임보험 ········ 417

4-1　국제물류주선인의 화물배상책임보험　418
4-2　국제물류주선인의 화물보험 처리절차　420

## 제10장　물류정보관리

제 1 절　물류정보의 개요 ········ 424

1-1　물류정보의 필요성과 개념　424
1-2　물류정보의 종류 및 특성　426
1-3　물류정보시스템　427
1-4　물류정보기술의 종류　433
1-5　최근 물류정보화의 발전동향　438

제 2 절　전자무역과 수출입물류정보네트워크 ········ 440

2-1　전자무역의 확산과 수출입물류정보네트워크　440
2-2　전자무역 네트워크에서의 수출입물류정보의 개념 및 주체　442
2-3　전자무역 네트워크하에서의 물류정보시스템 구축사례 및 활용　444

제 3 절　국내외 수출입물류정보네트워크 현황과 체계 ········ 453

3-1　해외 수출입물류정보네트워크　453
3-2　우리나라 국가수출입물류정보시스템　455

## 제11장 프레이트 포워더 성과측정

제 1 절 물류활동과 성과측정에 대한 이해 ······ 462

1-1 물류활동 462
1-2 물류성과 463

제 2 절 프레이트 포워더의 성과 ······ 474

2-1 프레이트 포워더 성과측정의 의미 및 기능 474
2-2 프레이트 포워더 성과측정 도구 476
2-3 프레이트 포워더 성과측정 항목 481

## 제12장 프레이트 포워더의 발전방향

제 1 절 시대별 우리나라 물류정책의 변화 ······ 485

1-1 경제성장기반의 물류정책의 태동기, 개화기(1960~1970년대) 486
1-2 물류정책의 기반 구축기(1980년대) 488
1-3 체계확립과 확산기(1990년대) 489
1-4 국가물류정책 추진 체계의 정착과 도약(2000년~현재) 492

제 2 절 우리나라 물류정책의 현황과 특성 ······ 494

2-1 국가물류기본계획(2006~2020)의 주요 내용 494
2-2 2020년의 국가물류지표 500
2-3 물류전문기업의 육성(종합물류기업) 501

제 3 절 우리나라 물류발전을 위한 과제와 대안 ······ 505

3-1 발전적 과제 505
3-2 정책방향 509

찾아보기 ······ 513

CHAPTER

# 1

# 프레이트 포워더 제도의 이해

## 제 1 절 프레이트 포워더의 의의

### 1-1 프레이트 포워더의 개념

프레이트 포워더(freight forwarder)는 운송취급인, 운송주선인, 국제물류주선업을 하는 자 등과 같은 개념으로 사용된다. 우리나라 물류정책기본법(2008. 2. 29)에 따르면 “타인의 수요에 따라 자기의 명의와 계산으로 타인의 물류시설·장비 등을 이용하여 수출입화물의 물류를 주선하는 사업을 말한다”로 정의하고 있으며 화물을 인수하여 수하인에게 인도할 때까지 일체의 업무를 주선하는 역할을 수행한다. 다시 말하면 프레이트 포워더는 송하인으로부터 화물을 인수하여 수하인에게 인도할 때까지의 집화·입출고·선적·운송·보험·보관·배송 등 일체의 업무를 주선하기도 하며 스스로 운송을 책임지는 운송 주체자가 되기도 한다. 수출입화물을 대상으로 주선업을 하는 자를 국제물류주선인(International Freight Forwarder)이라 할 수 있다. 본서에서는 국내외법을 종합하여 프레이트 포워더를 수출입화물을 대상으로 주선업을 하는 국제물류주선인과 같은 개념으로 사용한다. 범세계적으로 국제 프레이트 포워더로서 자기시설을 확보하여 화물에 대한 주선업무를 하는 대형기업도 나타나고 있다. 그러나 우리나라에서는 화주로부터 운송과 관련된 일정업무를 인수받아 대가를 받고 이를 수행하는 것이 일반적이다.

프레이트 포워더는 1960년대 컨테이너화물이 일반화되기 전까지는 주로 내륙수송을 책임지는 역할을 하였고 해상운송은 선사가 맡았었다. 그러나 컨테이너화물이 증가하고 복합운송이 보편화되자 업무가 확대되어 스스로 복합운송증권을 발행하고 운송의 전 구간을 책임지는 운송주체자로도 발전하게 된 것이다. 특히 1983년의 신용장통일규칙은 프레이트 포워더가 운송인의 지위에서 발행한 FIATA 복합운송증권을 은행에서 수리한다고 규정하였고[1] 1984년의 미국 해운법은 Non-Vessel Operating Common Carrier(NVOCC)와 Ocean Freight Forwarder의 요건과 업무범위를 법정하였다.[2]

## 1-2 프레이트 포워더의 역사

프레이트 포워더가 가장 먼저 생성된 곳은 중세 도시국가 시대가 한창 번창하였던 13세기 경의 유럽대륙이었다. 당시 유럽은 정치적으로는 각 지역의 봉건영주들에 의해 수많은 도시국가가 형성되어 있었고, 지리적으로는 험난한 알프스 산맥과 라인 강이 대륙을 종단하고 있어서 지정학적 환경하에서 국가 간에 교역활동을 활발하게 조성하기 위해서는 각국의 운송 및 상사제도, 무역관행, 통관, 세금문제 등에 관한 전문적인 지식을 가진 중간 매개행위자가 필요하게 되었다. 이때 스스로 운송인(carrier)이며, 운송대리인(forwarding agent)인 프렉쳐(frachter)가 등장하였으며 이것이 프레이트 포워더의 효시였다. 이들은 오늘날의 무역업자와 운송업자의 경영형태를 갖춘 일단의 상인군이었으며 노상강도들의 도난에 대비하여 자체 경호대의 호위 하에 물품을 운송하였고, 물품은 출화통지시(Consignment note)에 의해 인도되고 목적지에서 상인들이 판매하였다. 1600년경 이 프렉쳐(frachter)들은 유럽대륙의 상행위에 통달한 독립 상인으로 발전하였고, 무역과 운송이 점차 분화되면서 그들의 기능은 무역활동을 원활하게 촉진시켜 주는 운송전문가로 활동하게 되었으며, 명칭도 'spediteur'로

1) Uniform Customs and Practice for Documentary Credits, 1983 rev., ICC Publication 400(UCP 400), Article 25(d) 참조.

2) Shipping Act of 1984 as amended by Ocean Shipping Reform Act, 1998, Section 3(17) 및 3(19) 참조.

바뀌어 불리게 되었다.

북미의 경우에는 19세기 후반과 20세기 초반에 걸쳐서 프레이트 포워더가 서서히 발전하기 시작하였다. 제 1 차 세계대전 전까지 수출의 대부분은 동안(東岸)의 뉴욕항을 중심으로 이루어졌으며, 걸프만이나 서안(西岸) 항구를 통한 수출은 면화(cotton)뿐이었다. 따라서 서안지역에서 생산되는 그 외 상품들은 철도편으로 뉴욕 항이나 뉴올리언즈항으로 운송되어 거기에서 다시 선적되었다. 이때 대량의 화물은 운송중개인(freight broker)이라는 운송전문가에 의해 취급되었는데, 이들이 최초로 출현한 것은 1815년경이었다. 1825년의 이리(Erie)운하의 개통으로 수많은 수입품 및 유럽의 이주민들을 운송할 수 있게 되었으며, 국내 운송주선업자(domestic freight forwarder)의 전신인 운송중개업자(forwarder merchant)가 원거리의 운송을 보다 단시간에 할 수 있게 주선해 주었다. 1830년에는 남캐롤라이나 철도회사의 증기기관차가 운행을 시작하여 운송수단의 새로운 장을 열었고, 이른바 국제운송주선업자(international freight forwarder)가 탄생하게 된 것이다.

1846년에 이르러서는 뉴욕에 등록된 운송주선업자 및 운송업자는 27개였는데, 그들은 주로 ① 여러 개의 작은 포장물을 결합함으로써 낮은 운임률 적용, ② 항만업무의 대행, ③ 외국의 내륙목적지까지 일관운송, ④ 철도, 운하, 도로, 해상을 경유하는 일관운송에 대한 통운임 부과, ⑤ 인도불 서비스의 제공, ⑥ 선하증권의 발행, ⑦ 요율표의 발행, ⑧ 환어음의 발행 등의 업무를 수행하였다.

1916년에는 해운법(Shipping Act)이 자국해운의 육성, 항구의 제세금, 서비스 및 해운업자를 규제할 목적으로 제정되었으며, 1946년 2월 25일 미국 대법원은 국제 운송주선업자도 이 법의 적용을 받도록 하는 판결을 내렸다.

제 2 차 세계대전의 발발과 함께 외국정부들이 운송대리인에 해당하는 구매사절단을 파견함으로써 미국의 운송주선업이 영업기회의 박탈로 완전히 없어질 위기에 처했으며, 이 위기를 극복하기 위하여 미 의회는 1942년 3월 14일 소위 브랜드 프레이트 포워딩법(Bland Freight Act)을 제정하였다. 1950년 6월 1일 연방해사위원회(Federal Maritime Commission)는 General Order #72에 따라 운송주선업자들에게 등록을 하도록 하였으며, 87차 의회에서는 1961년 9월 19일 Public Law 87-254로서 독립해상운송 주선업자(independent ocean freight forwarder)의 면허제를 법제화 하였다.

1926년에는 오스트리아 비인(Vien)에서 16개국의 운송주선업협회가 세계적인 운송주선업의 대표기관으로 FIATA(Fédération Internationale des Associations de Transitaires et Assimiliés International : Federation of Freight Forwarders Association)[3]을 창설하였으며, 우리나라는 1977년 9월 한국국제복합운송주선업협회(KIFFA)가 동 협회에 가입하였다.

오늘날 Freight Forwarder는 화주의 화물을 수령하여 인도하기까지 전과정에 걸쳐 화물의 혼재(consolidation), 운송관련 서류의 작성, 보관·창고업무, 통관절차의 이행, 환적절차의 이행, 화주부담비용의 대납, 보험의 수배, 관리 및 분배업무 등을 수행함으로써 선진국뿐만 아니라 개발도상국에 있어서도 각광 받는 물류산업으로 성장하고 있다.

## 1-3 주요 국가의 프레이트 포워더 제도

세계 2차 대전 이후 경제의 글로벌화에 따라 해상, 항공, 육상운송 물동량이 급격하게 증가하였고, 국제운송에 있어 다양한 운송수단의 도입, 새로운 운송루트의 개발 등으로 국제무역에 종사하는 수출입업자들에 있어서 운송모드는 다양화 되었다. 따라서 화주들은 어느 운송인에게 자신의 화물을 맡겨야 가장 안전하고 신속하게 운송할 수 있는가에 대한 의사결정이 어렵게 되었으며 이를 프레이트 포워더를 통해 해결하고자 하는 방안이 모색되었다. 즉, 프레이트 포워더는 외국과의 수출입관련 법률, 운송환경, 국제무역 관련 무역서류에 대한 지식, 최적의 운송 루트 및 수단의 선택 등에 대해 잘 알고 있어 이들에 대한 의존도는 더욱 높아지게 되었다.

본절에서는 국내외 주요 국가들의 프레이트 포워더 제도에 대하여 살펴보고자 한다.

### 1) 우리나라의 프레이트 포워더

우리나라에 프레이트 포워더제도가 도입된 것은 1970년대 초로 선박대리점들이 외국 프레이트 포워더의 한국 에이전트(agent) 역할을 맡아 포워딩 서비

3) FIATA(International Federation of Freight Forwarders Association; 국제운송주선업협회연맹) : FIATA는 1926년 5월 오스트리아 비엔나에서 16개국의 포워더협회 회원들이 모여 복합운송협의회간 상호 긴밀한 협조체제를 유지하기 위해 창설됨. 방희석, 국제운송론, 2005, p. 641.

스를 하다가 그 후 선박대리점에서 취급하던 포워딩업무가 하나 둘씩 별도의 독립법인체로 분리되면서 포워딩서비스가 본격적으로 시작되게 되었다. 이어 1976년에는 「외항해상운송 부대사업 면허요령」이 해운항만청에 의해 제정되어 프레이트 포워더들은 해운운송주선업 면허를 받아 영업을 하게 되었다. 해상운송주선업은 1984년에 관련법령의 개정으로 등록제로 전환되었으며 1987년에는 개방화추세에 따라 등록기준만 갖추면 아무런 제한없이 해상화물주선업을 영위할 수 있도록 하였다. 한편 1991년에 화물유통촉진법이 제정되어 복합운송주선업이 새로이 등장하게 되었는데 초기의 복합운송주선업은 항공법에 의한 항공화물운송대리점과 항공운송주선업이 단순히 업종을 전환한 것에 불과하여 주로 기존의 항공화물의 콘솔이 주된 업무를 이루었다. 그러나 복합운송주선업체의 이익을 대변하기 위해 교통부로 부터 설립인가를 받아 정식으로 발족한 한국복합운송주선업협회가 1993년 국제복합운송주선업협회(FIATA)의 회원사로 등록하여 해상운송주선업체와 마찬가지로 복합운송주선업체들도 정식으로 FIATA B/L을 사용할 수 있게 됨에 따라 기존의 해상화물운송주선업체중 일부가 복합운송주선업에 등록하고 신규업체의 진입이 지속적으로 증가되고 있는 실정이다. 본 장에서는 우리나라의 프레이트 포워더의 발전과정을 도입기(1970~1976년), 정착기(1977~1983년), 성장기(1984~현재) 순으로 살펴보고자 한다.

### (1) 도입기(1970~1976년)

오늘날과 같은 프레이트 포워더의 서비스는 아니더라도 이와 비슷한 서비스가 우리나라에서 처음 시작된 때는 대략 1950년대 말 또는 1960년대 초로 알려져 있다. 당시 초기의 프레이트 포워더들은 포워딩업무를 전문적으로 취급하기보다는 유럽 등 선진국의 프레이트 포워더의 한국대리점 즉, 선박대리점 등의 형태로 운영되었다. 우리나라의 주요 교역대상국들인 일본, 동남아제국을 상대로 견본품과 같은 소량화물을 동일 목적지별로 모아 박스에 넣어 수송하고, 또한 수입화물의 경우 부산항에서 국내 각 지역별로 화물을 재분류하여 수송하는 형태였다. 이러한 서비스는 하역, 육상운송 및 창고업무를 주로 하는 업체들이 제공하였는데 이들 업체는 필요에 따라 부수적으로 프레이트 포워더와 유사한 서비스를 제공하였던 것이다.

1960년대 초 정부의 경제개발계획에 의거 우리나라가 고도성장을 구가하면서 이러한 프레이트 포워딩 서비스의 수요도 증가하게 되었으며 1976년 9월에는 해운항만청이 '외항해상운송부대사업면허요령(해운항만청 공고 제6호)'으로 '해상운송주선업'을 제도화시켰다.

### (2) 정착기(1977~1983년)

1976년 우리나라는 수출경쟁력을 강화하는 차원에서 해운물류산업의 발전에 대한 필요성을 인식하게 되었으며 이에 따라 정부는 해운항만청을 신설하여 그간 교통부 해운국에서 관장하던 해운물류산업업무를 분장하게 되었다.[4)]

해운항만청이 발족되고 해상운송주선업에 대한 법적 근거가 마련된 후 1976년 10월 30일에 26개 회사가 국내 처음으로 면허를 취득하고, 1979년 말까지 모두 50개사가 해상운송주선업의 면허를 취득하였다. 1980년부터 1982년까지 3년 동안은 업체수가 과다하다는 정책적 판단으로 정부에서 신규면허를 중지하였다가 1983년 들어와 이를 재개하여 6개사가 면허를 취득하였다. 1983년 말까지는 업체수도 일정수준에서 크게 변동하지 않았으며, 업계에서 취급한 화물량도 겨우 10만TEU정도의 미미한 수준에 불과하였다.

초기의 면허정책은 신규면허요건강화(자본금, 시설기준) 등을 통하여 기존업체를 보호하는 한편, 선 B/L발행금지, 행정지침제정, 부실회사면허취소, 실적기준상향조정, 영업보증금제도 도입 등으로 업체의 부실화를 막기 위하여 노력하였다.

또한 업계에서는 전문인력 양성의 필요성을 절감하고 1983년에 두 차례에 걸쳐 해사연수원에서 해사운송주선업과정을 개설하였으며 업계 외적으로 1983년에 해운산업합리화계획과 해상운송사업법의 전면 개정작업이 추진되어 1980년대 중반기에 업계의 커다란 변화를 가져왔다.

### (3) 성장기(1984년~현재)

해상화물운송주선업은 초기 도입될 당시에는 면허제로 운영되었으나 1984년에는 등록제로 전환되었다. 그러나 1986년 7월 이후 등록기준만 갖추면 누구나 아무런 제한 없이 등록할 수 있는 등록제로 바뀌었다. 이에 따라 26개사로

---

4) 정부는 1960년대 초부터 시작된 경제개발의 효율적인 시행으로 급증세를 보인 해상 물동량에 효율적으로 대처하기 위하여 항만개발계획의 타당성을 조사하였다. 이 보고서에 의해 외자유치 등에 대한 필요성이 제기되었고 이를 효과적으로 수행하기 위하여 전국항만의 건설 및 관리를 관할할 항만청을 설립하기 위해 1975년 12월 13일자로 정부조직법을 개정하여 공포하였다. 이후 1977년 12월 16일자로 海運國立의 의지를 강조하기 위하여 「항만청」의 명칭을 「해운항만청」으로 변경하였다.

시작된 포워딩 업체수는 1986년까지 총 71개사에 이르렀으며 이후 외국의 프레이트 포워더들도 우리나라에 진출하여 급격한 양적 팽창을 가져왔고 각 시·도에 등록된 회원사가 2900여개로 팽창되었다.[5)]

한편, 해상운송사업법과는 달리 건설교통부 주관으로 1991년 화물유통촉진법이 제정되면서 동법에서 규정하고 있는 복합운송주선업과 기본적인 해상운송주선업과의 상충적인 문제가 발생하였다. 즉, 해상화물운송주선업체를 관할하고 있는 부서인 해운항만청과 해운법, 복합운송주선업체를 관할하고 있는 건설교통부와 화물유통촉진법으로 인해 양자사이에서 운송주선업이 이원화되는 결과를 초래한 것이다. 이에 따라 해운법상의 해상화물운송주선업과 화물유통촉진법상의 복합운송주선업으로 이원화되어 양 업종간 취급업무가 유사함에도 불구하고 근거법령과 소관부처가 달라 정책추진상의 일관성, 업종간 이해다툼, 화주의 혼란 등 제반문제가 야기되었다. 이에 한국국제복합운송업협회의 단일화 건의에 1995년 12월 29일 화물유통촉진법과 해운법이 개정·공포되어 해상화물운송주선업이 삭제되고 업종이 '복합운송주선업'으로 일원화되었다. 그 후 2008. 2. 28. 동법은 물류정책기본법으로 개정되면서 복합운송주선업은 국제물류주선업으로 개정되었다.

개정된 물류정책기본법에서는 국제물류주선업을 타인의 수요에 따라 자기의 명의와 계산으로 타인의 물류시설·장비 등을 이용하여 수출입화물의 물류를 주선하는 사업으로 정의하고 있으며, 국제물류주선업을 경영하고자 하는 자는 국토해양부령으로 정하는 바에 따라 국토해양부장관에게 등록하여야 한다. 국제물류주선업을 등록한 자가 등록한 사항 중 국토해양부령으로 정하는 중요한 사항을 변경하려는 경우에는 국토해양부령으로 정하는 바에 따라 변경등록을 하여야 하며 등록을 하려는 자는 3억원 이상의 자본금(법인이 아닌 경우에는 6억원 이상의 자산평가액을 말한다)을 보유하여야 하고, 자본금 또는 자산평가액이

5) 한국복합운송주선업협회 자료를 바탕으로 조사한 결과 71년 처음 외국 프레이트 포워더가 진출한 이후 1987년 2개사, 90년 1개사, 91년 2개사, 92년 3개사, 93년 2개사, 94년 1개사, 95년 4개사가 진출했으며 96년에는 13개사가 국내에 진출했다. 97년에 가장 많은 23개사, 98년 3개사, 99년 5개사, 2000년 9개사, 2001년 4개사, 2002년 5개사, 2003년 1개사, 2004년 6개사, 2005년 3개사, 2006년 7개사, 2008년 1개사 등이 진출하여 현재 총 88개 외국계 포워더가 국내에서 활동하고 있는 것으로 집계됐다. 이처럼 외국계 프레이트 포워더들은 프레이트 포워더 개방 이전에도 파트너형태로 이미 국내 시장에서 영업을 펼쳐왔으며 96년 국내 프레이트 포워더시장 개방 이후 급속히 늘어난 후 현재까지 꾸준히 진출하고 있다.

10억원 이상인 경우, 컨테이너장치장을 소유하고 있는 경우, 금융기관으로부터 1억원 이상의 지급보증을 받은 경우, 1억원 이상의 화물배상책임보험에 가입한 경우를 제외하고는 1억원 이상의 보증보험에 가입하여야 한다. 우리나라의 프레이트 포워더는 30여년에 불과한 짧은 기간에도 불구하고 장족의 발전을 거듭하여 국제교역의 수송담당자로서 국제해상 및 복합운송의 선도적인 역할을 수행해옴으로써 해운산업의 발전은 물론 국가경제 발전에 기여한 바가 매우 크다고 자부할 수 있다. 그러나 최근 들어 3PL(3rd Party Logistics Provider), 4PL(4th Party Logistics Provider), MTO(Mutimodal Transport Operator) 등의 업체가 등장함에 따라 우리나라 프레이트 프워더 업계의 재도약이 필요한 시기이다.

### 2) 외국의 프레이트 포워더 제도

#### (1) 개　　요

유럽의 프레이트 포워더는 오랜 전통과 역사를 가지고 많은 노하우와 기술을 축적하고 있다. 이들은 자국시장을 바탕으로 수송과 물류는 물론 재고관리 및 일관수송서비스 제공에 중점을 두고 있다. EU통합으로 역내국가간 통관절차가 불필요해짐에 따라 각 프레이트 포워더는 역내 수송서비스의 강화와 고객의 공급사슬망관리(SCM)의 개혁을 목표로 물류서비스 개발을 적극 추진 중이다. Danzas, Kuhne & Nagel, Panalpina도 글로벌 네트워크를 구축하여 프레이트 포워딩 영업활동을 전개하고 있다.

유럽의 수송시장구조는 많은 소규모 트럭업체와 이들에게 하청을 주는 중소 프레이트 포워더, 그리고 소수의 대형 종합 수송기업으로 구분되며, 이들간에는 국내 및 EU역내에서 경쟁이 치열하게 전개되고 있다.

유럽철도는 민영화가 지연되고 있어 효율적인 운영이 어려우며, 각국의 법률, 세제, 관습 등이 상이하기 때문에 철도수송의 자유화 필요성이 강조되고 있다. 아울러 화주의 비용절감요구, 업체간 과당경쟁에 따라 유럽의 대부분 수송업체의 수익성은 지극히 낮은 실정이다. 유럽물류시장은 미국의 물류시장에 비하여 아웃소싱이 활성화되어 있지 못하다고 볼 수 있다.

영국에는 Exel, Tibbett & Britten과 같은 물류기업이 탄생하여 유럽 역내는 물론 북미지역까지 서비스 범위를 확대하였다. 이들 물류기업은 계약물류라고 불리는 창고 및 배송업무 등 고도화된 물류서비스 개발을 추진하고 있다. 이와 같이 유럽에서는 대형 프레이트 포워더들이 물류시장으로의 진출을 적극 추진하고 있고 국제물류기업도 프레이트 포워딩분야에 진출하고 있다. 아래에서 주요 국가의 프레이트 포워더 제도를 간략히 살펴보기로 한다.

(2) 유 럽

프레이트 포워더의 발상지라고 할 수 있는 유럽이지만 법제도적 구현형식에 있어서는 아래에서 보는바와 같이 대륙법계의 독일, 프랑스 등과 영미법계의 영국이 각각 다르게 나타나고 있다.

① 독일 : 독일 상법에 의하면 운송주선인(spediteur)이란, "자기명의로 타인(송하인)을 위하여 육상운송인 또는 해상운송인에 의한 물건운송의 주선을 행하는 것을 영업으로 하는 자"라고 규정하고 있다.[6] 그러나 이 규정은 10세기에 제정된 것이었기 때문에, 오늘날처럼 다양한 기능을 수행하는 프레이트 포워더를 완벽하게 의미할 수는 없었다. 독일에서는 이와 같은 법제적인 미비점을 법원판결에 의한 판례법으로 보완하고 있으며, 이러한 판례법은 상법규정에 못지않게 독일 프레이트 포워더와 화주에 대해 적용되고 있다. 독일에서 프레이트 포워딩 영업은 누구나 아무런 법적 절차를 밟지 않고도 영위할 수 있는 일종의 자유업이다. 다만 프레이트 포워더로서 종사하고자 하면 신고제로 영업신고를 주무관청에 해야 한다. 또한 독일에는 공공기관에서 운영하는 Berufsschule라는 프레이트 포워더를 양성하는 직업학교가 있다.

② 프랑스 : 프랑스 상법전에는 프레이트 포워더에 상당하는 용어로서 "Commissionaire De Transport"와 "Transitaire"가 있다. 기능면에는 Commissionaire De Transport는 독일의 Spediteur와 마찬가지로 자기의 이름으로 Forwarder의 행위를 하는 주체자로서 운송의 법적 실행에 대해 책임을 지는 반면, Transitaire는 대리인으로서의 Forwarder이므로 운송인과 같은 법적 책임을 지지는 않고 있다.

③ 스위스 : 유럽의 프레이트 포워더들은 스위스와 독일에 본사를 두고 있는 회사가 많으며 특히 창고와 물류센타를 운영하는 물류회사는 영국에 본거지를 둔 기업들이 많다. 현재 스위스에 본사를 둔 세계적 연결망을 가진 대형 프레이트 포워딩 회사는 Danzas, Kuhne & Nagel, Panalpina 등이 있다. 이들 기

6) 독일 상법 제407조.

업이 스위스에 본사를 두고 있는 이유는 스위스가 유럽의 중심에 위치한 중립국가이며, 금융시장이 발달해 있고 세금이 낮기 때문이다. 또한 스위스에 비하여 독일이나 프랑스 등은 수송부문의 규제완화 지연, 물류서비스의 개발 미흡, 고용규제 등에 따라 물류서비스의 아웃소싱이 활성화될 수 없었기 때문이다. 스위스에서는 프레이트 포워더를 "보수를 받고 송하인을 위하여 자기의 명의로 운송 또는 중계운송을 주선하는 것은 인수하는 자"라고 규정하고 있으며, 책임면에서는 운송인과 동일하게 취급하고 있다. 따라서 프레이트 포워더는 송하인으로부터 물품을 수령하여 수하인에게 인도할 때까지 발생하는 멸실이나 훼손에 대해서 책임을 지게 된다. 스위스의 프레이트 포워더는 프랑스, 네덜란드 등 여타 유럽국가의 프레이트 포워더와 같이 오랜 역사를 통해 지위를 확보하고 있을 뿐만 아니라 그 기능을 통관, 운송, 창고업, NVOCC 역할 등 다양하게 업무의 영역을 넓혀 진출하고 있다.

④ 영국 : 영국에는 대륙법계 국가의 운송주선인에 해당하는 법적 개념이 없고, 프레이트 포워더라는 말이 나타내는 업무의 범위, 주선업자의 자격기준, 소요자본, 훈련 등에 대한 법적 규정도 없다. 일찍부터 식민지를 개척해 왔던 영국은 프랑스, 스페인 등과 같이 본국과 식민지간 교역을 바탕으로 해운무역활동이 활발하였기 때문에 수출입 화물의 수송 및 통관을 담당하는 프레이트 포워더의 필요성이 독일, 스위스 등에 비하여 상대적으로 적었다. 따라서 일찍부터 규제완화를 추진한 영국은 국내 중소규모 트럭업체간 경쟁이 치열하였고 물류시장을 지배하는 대형 프레이트 포워더나 운송업체는 없었다. 그러나 최근에는 수준 높은 물류 비즈니스의 수요가 급증하여 대형 유통업체는 운송업체 또는 물류회사와 장기계약을 체결하여 운임이 다소 높더라도 양질의 서비스를 받고자 하는 경향이 있다. 영국에서는 일찍이 소량화물의 철도화차단위로의 집화·분배 등 선박 또는 철도운송인 상대의 운송주선 그리고 송하인을 대신하여 운송인들과 운송계약을 체결하는 업무를 수행하는 포워딩 에이전트(Forwarding Agent)가 발달하였다. 영국 국제 프레이트 협회(British International Freight Association : BIFA)에서는 Freight Forwarder의 역할을 일반적으로 이해되고 있는 주선업에 종사하고 있는 자를 가리킨다"라고 정의했다. 현실적으로는 포워딩 에이전트는 송하인 또는 수하인을 대신하여 수출입화물의 운송에 관련되는 서비스를 제공하고 그에 대한 일정 보수를 목적으로 하는 개인 또는 법인을

가리킨다. 영국에서의 프레이트 포워더의 역할은 대체로 두 가지로 구별할 수 있다. 그 하나는 송수하인에게 가장 적당한 운송수단을 선택해서 그에 따르는 절차의 대행 및 상담에 임하는 대리인 및 상담자로서의 역할을 행하며 다른 하나는 독자적으로 집화와 운송업무를 행하면서 복합운송주체자로서의 역할을 행하는 것이다.[7] 영국의 프레이트 포워더는 외국 지사를 설치하거나 혹은 그의 파트너로서 외국의 포워더와 대리점(agent) 계약을 맺음으로서 국제 복합운송에 참여하고 있으며, 회사의 규모에 따라 자체의 운송수단과 그룹화된 관련회사를 운영함으로서 종합 복합운송주선업체의 면모를 갖추고 있다. 또한 최근에는 포장, 보관, 보험계약 등의 부수업무뿐만 아니라 경우에 따라서 본인이 되어, 즉 자기명의의 운송인과 운송계약을 체결하거나 또는 운송인으로서 목적지까지 부분적 또는 전반적으로 운송책임을 담당하는 경향이 있다. 1970년 영국 경제개발국(National Economic Development Office)이 발표한 조사 결과에 따르면, 영국 수출입업자의 90%이상이 많든 적든 프레이트 포워더의 서비스를 이용하고 있는 것으로 나타나 있다.

### (3) 미　　국

미국에는 프레이트 포워딩 업무를 수행하는 실체가 다음과 같이 세 가지 형태로 구분되어 법제화되고 있다. 즉 교통부(Department of Transportation)에서 관장하는 Domestic Freight Forwarder, 연방해사위원회(Federal Maritime Commission : FMC)[8]에서 관장하는 Ocean Freight Forwarder와 NVOCC(Non Vessel Operating Common Carrier)가 그것이다.

① Domestic Freight Forwarder : Domestic Freight Forwarder에 대하여는 미국 州間운송관계법(49 U.S.C)이 규정하고 있다.[9] 동법에 의하면 Domestic Freight Forwarder란, 철도 · 자동차 · 수상 운송인이 아닌 운송인으로서, 보수를 받고 화물의 집화 · 혼재 · 분배 · 배송 또는 그 주선업무를 수행하거나 또는 타 운송인의 운송수단을 이용하여 화물을 미국 내 운송 또는 주선하는 자로서 화물의 수령지에서 인도지까지 책임을 지는 자라고 규정하고 있다.

---

7) BIFA는 프레이트 포워더의 서비스를, 도로/철도 운송, 해륙복합운송, 항공화물 혼재와 발송, 통관, 수출포장, 창고업무, 물류와 공급사슬관리 등의 업무를 한다고 한다.

8) 1961년 미국 정부조직법에 의해 설립된 독립기구로서 해운관계법이 규정하는 각종 규제조항을 관장, 감독하고 벌칙조항을 집행하는 기관이다.

9) United States Code Title 49, Subtitle Ⅳ(Interstate Transportation), 제13102조 (8)호.

요컨대 Domestic Freight Forwarder는 위에서 보는 바와 같이 운송주선인으로서 미국 州間에 이동되는 화물운송을 주선하거나 운송인으로서 운송책임을 지는 운송인(carrier)이기도 하다.[10] 그러므로 이는 본서에서 논하는 국제 프레이트 포워더 또는 이에 해당하는 우리나라의 국제물류주선업자의 업무와는 그 성격이 다르다.

② Ocean Freight Forwarder : Ocean Freight Forwarder는 후술하는 NVOCC (Non-vessel Operating Common Carrier)와 함께 미국 해운법(Shipping Act)에 규정되어 있다. 동법상 Ocean Freight Forwarder란, 미국에서 송하인을 대신하여 선사를 통해 화물을 발송하고 수출품의 선적을 위한 선복을 예약하며, 수출품의 운송을 위해 필요한 서류의 작성 및 관련 업무를 수행하는 자를 말한다.[11] 미국 해운법상 Ocean Freight Forwarder의 구체적인 업무영역을 살펴보면 아래와 같다.[12]

— 항구로의 화물이송(ordering cargo to port)
— 수출을 위한 신고서의 작성 및/또는 그 절차의 수행(preparing and/or processing export declarations)
— 선복의 예약(booking, arranging for or confirming cargo space)
— 화물인도지시서 및 부두수령증의 작성 및/또는 처리(preparing or processing delivery orders and dock receipt)
— 선하증권의 작성 및/또는 처리(preparing and/or processing ocean bills of lading)
— 영사서류의 처리(preparing of processing consular documents or arranging for their certification)
— 창고보관 주선(arranging for warehouse storage)
— 적하보험 부보 대행(arranging for cargo insurance)
— 미국의 수출규정에 따른 통관업무(clearing shipments in accordance with United States government export regulations)
— 필요시 은행 혹은 송·수하주에게 선적에 관한 사항의 사전 통지서비스와 운임 또는 화주가 선급할 비용의 대납(handing freight or other monies advanced by shippers, or remitting or advancing freight or other monies or credit in

10) 위의 법 같은 조 (3)호 참조 : The term "carrier" means a motor carrier, a water carrier, and a freight forwarder.
11) Shipping Act of 1984 as amended by Ocean Shipping Reform Act of 1998 제3조 (17)호 (A).
12) 미연방규칙(46 CFR) 제515. 2조 (ⅰ)항.

connecting with the dispatching of shipment)

— 출발지에서 선박까지 화물운송주선(coordinating the movement of shipments from origin to vessel)

— 수출에 관한 전문적인 조언(giving export advice to export)

Ocean Freight Forwarder는 위와 같은 주선 서비스를 제공하고 송하인으로부터는 그 수수료(fee)를, 선박회사로 부터는 일종의 보상금[13]을 받을 수 있는데 이 양자는 그들의 수입원(收入源)이다. 어떤 사람이 위와 같은 Ocean Freight Forwarder 사업을 하기 위해서는 일정 자격요건을 구비하여 FMC로 면허를 취득하여야 가능하다.[14]

③ NVOCC(Non-vessel Operating Common Carrier) : 미국 해운법상 NVOCC란 해상운송용 선박을 운항하지 않으나 운임을 받고 화물운송서비스를 제공하는 보통 운송인을 말하며, VOCC와의 관계에서는 화주의 지위에 있는 자를 말한다.[15] 미국 해운법상 NVOCC의 구체적인 업무영역을 살펴보면 아래와 같다.[16]

— 선사의 운송서비스를 구매하여 타인에게 轉賣(purchasing transportation services from a VOCC and offering such services for resale to other persons)

— 운송료 지급

— 송하인과 화물운송협정 체결

— 선하증권 등 운송증권발행

— 통운송의 경우에 내륙운송의 수배와 내륙운송비 지급

— ocean freight forwarder에게 합법적인 보상금 지급(paying lawful compensation to ocean freight forwarders)

— 컨테이너 임차(leasing containers) 등

### (4) 일 본

일본의 프레이트 포워딩업은 화물이용운송사업법에 규정되어 있는데, 제 1 종 화물운송이용사업과 제 2 종 화물운송이용사업으로 구분하고 있다.

---

13) 이를 미해운법에서는 Freight Forwarder's Compensation이라 하며 그 수준은 운임총액의 1.25%이상이다(미 해운법 제19조 (e)항 참조).

14) Ocean Freight Forwarder 면허취득요건 등에 관해서는 Shipping Act 제19조; 46CFR 제515.1조~515.25조 참조.

15) Shipping Act of 1984 as amended by Ocean Shipping Reform Act of 1998 제 3 조 (17)호 (B).

16) 미 연방규칙(46 CFR) 제515.2조 (l)항.

제 1 종 화물이용운송사업이란 타인의 수요에 적절하게 유상으로 이용운송을 실시하는 사업으로 제 2 종 화물이용운송사업 이외의 것으로 우리나라의 화물자동차운송주선업(화물자동차운수사업법)에 해당된다. 제 2 종 화물이용운송사업이란 타인의 수요에 부응하여 유상으로 선박운항사업자, 항공운송사업자 또는 철도운송사업자가 행하는 운송을 이용하는 이용운송과 당해 이용운송에 선행 및 후속하는 해당 이용운송에 관계되는 화물의 집화 및 배달을 위한 자동차에 의한 운송을 일괄하여 행하는 사업을 말하는 것으로 프레이트 포워딩이라 할 수 있으며, 우리나라의 국제물류주선업(물류정책기본법)에 해당하는 업종이다.

제 1 종 화물운송이용사업은 국토교통성에 등록하여야 하며, 제 2 종 사업은 국토교통성으로부터 허가를 받아야 한다. 제 1 종 및 제 2 종 화물운송이용사업 모두 이용운송약관을 정해 국토교통성장관의 인가를 받아야 한다.

일본의 국제 프레이트 포워딩 협회인 JIFFA(Japan International Freight Forwarder's Association)에 의하면 협회 회원은 통관업 면허업체, 해운운송사업자, 자동차운송취급업 등 도로운송업자, 보험대리업자, 해운대리점, 해상운송취급업, 해운중개업자, 창고업자 등으로 프레이트 포워딩 회원은 이 같은 영업기반의 복수 이상을 겸업하고 있을 뿐 아니라 이들 중 상당수는 항공운송대리점업 및 취급업의 면허업자가 포함되어 있다.

### (5) 중 국

중국에서 프레이트 포워더와 관련된 용어로서는(종합물류회사제외)는 中华人民共和国国际海运条例(중화인민공화국 국제해운조례)[17] 및 그 시행세칙[18]상의 无船舶运业务经营者(무선박운송업 경영자 : NVOCC에 해당)와 中华人民共和国国际货物运输代理业管理规定(중화인민공화국국제화물운수대리업관리규정)[19] 및 그 시행세칙[20]상의 国际货物运输代理企业(국제화물운수대리기업)등이 있는데 일반적으로 국제화물운수대리기업이 프레이트 포워더라고 말할 수 있다. 국제화물운수대리기업은 수출입화물의 수하인, 적송인의 대리인 또는 독립적인 경영인으로서 국제화물 운수대리업무에 종사할 수 있는데 이는 수출입화물의 수하인, 적송인

17) 중화인민공화국 국무원령 제335호, 2002. 1. 1. 시행.
18) 중화인민공화국 교통부령 2003 제 1 호, 2003. 3. 1. 시행.
19) 중화인민공화국 대외무역경제합작부령 제 5 호, 1995. 6. 29. 공포/시행.
20) 중화인민공화국 상무부 공고 2003 제82호, 2004. 1. 1. 공포/시행.

또는 대리인의 위탁을 받고 운수증빙서류를 발부하고 운수계약을 이행하며 아울러 운임 및 서비스비용을 수취하는 행위를 말한다. 또한 국제화물운수대리기업은 업종특징을 나타낼 수 있어야 하며, 명칭중에 '화물운수대리', '운수서비스', '컨테이너운수' 또는 '물류' 등과 같은 문자가 산입되어야 한다. 국제화물운수대리기업의 주요업무는 다음과 같다.

① 집하, 선복주문(용선, 컨테이너, 개품 포함), 탁송, 창고보관, 포장

② 화물의 하역관리 · 컨테이너혼재(混載)/분재(分載) · 연계서비스 및 이와 연관된 단거리운송

③ 통관, 검사 · 검측, 보험

④ 관련서류의 작성과 발행, 운임지불 결재 및 잡비의 교부

⑤ 국제전시회 전시물품, 개인물품 및 중개화물의 운수대리

⑥ 국제복합운송, 컨테이너 운송(연계업무 포함)

⑦ 국제 특급송달(개인 우편물 제외)

⑧ 자문 및 기타의 국제화물운수대리업무

위에서 살펴본 바와 같이 각국의 프레이트 포워더는 운송주선인과 운송주체자(운송인)로 요약할 수 있다.

## 제 2 절 프레이트 포워더의 기능

FIATA는 최근 "Freight Forwarding and Logistic Services"에 대한 정의를 새로이 채택하였다. 이에 의하면 화물의 운송(single mode or multimoal transportation)은 물론 이와 관계되는 화물의 혼재(consolidation), 보관(storage), 취급(handling), 포장 또는 해체(packing or distribution) 및 그 부수업무 및 조언(ancillary and advisory services), 통관, 검사업무, 관공서 신고업무, 적하보험 부보업무(procuring insurance of the Goods), 운송관계서류의 준비 등 여러 종류의 서비스가 포함된다고 하고 있다.

### 1) 국제물류주선업자 기능

프레이트 포워더는 우리나라 물류정책기본법이 규정하는 국제물류주선업자의 기능을 한다. 동법의 규정에 의하면 타인(화주)의 수요에 따라 자기의 명의와 계산으로 다른 사람의 물류시설,[21] 장비 등을 이용하여 수출입화물의 물류를 주선하는 사업을 경영하는 자를 국제물류주선업자라고 하므로[22] 본서에서 논하는 국제 프레이트 포워더는 우리나라의 국제물류주선업자와 동일한 기능이 있다.[23]

### 2) 상법의 운송주선인과 프레이트 포워더

물류정책기본법상의 물류주선은 운송주선도 포함된다. 그런데 동법의 '물류주선'에 대해서는 상법상의 '운송주선'의 의미와 비교해 볼 필요가 있다.

물류정책기본법 제 2 조 제 1 항 11호에서 말하는 '주선'의 의미는 상법 제114조 이하에서 규정하는 주선의 개념이 아닌 보다 광의로 이해되어야 한다. 그 이유는 물류정책기본법상의 국제물류주선업자는 '자기의 계산'으로 영업을 하는 것을 전제로 하고 있어 '타인의 계산'으로 함을 원칙으로 하는 상법상의 운송주선인과 상이하며, 오늘날 복합운송실무를 보더라도 복합운송주선업자의 업무는 실제 운송인과의 운송계약 체결행위를 중심으로 하는 업무뿐만 아니라, 운송에 부수되는 집화 · 혼재 · 분배 · 통관 · 보관 등 부수적 업무도 수행하고 있기 때문에, 상법에서 정하는 전통적인 운송주선인의 개념으로는 더 이상 국제물류주선업자의 업무를 정의하는 것은 한계가 있기 때문이다. 국제물류주선업자는 자신들이 직접 화주와 운송계약의 당사자가 되어 선하증권 또는 항공화물운송장을 발행하는 등 운송인으로서의 권리의무를 갖는 경우가 많은데, 전통적인 운송주선인의 개념으로는 이러한 업무형태를 설명할 수 없다. 그러나 국제물류주선인이 항상 상법상이 운송주선인으로서의 법률상의 지위를 갖지 못한다

21) "물류시설"이란 화물의 운송 · 보관 · 하역을 위한 시설, 화물의 운송 · 보관 · 하역 등에 부가되는 가공 · 조립 · 분류 · 수리 · 포장 · 상표부착 · 판매 · 정보통신 등을 위한 시설, 물류의 공동화 · 자동화 및 정보화를 위한 시설, 그리고 이들 시설이 모여 있는 물류터미널 및 물류단지를 말한다(물류정책기본법 제 2 조 제 1 항 4호 참조).

22) 물류정책기본법(법률 제8617호, 2008. 2. 4 시행) 제 2 조 제 1 항 11호.

23) 국제물류주선업자를 종래에는 화물유통촉진법에 따라 복합운송주선업자라고 하였고 실무에서는 이를 흔히 프레이트 포워더라고 불렀다.

고 할 수는 없다. 국제물류주선인이 상법상의 운송주선인이 될 것인가 하는 문제는 물류정책기본법이 규정하는 국제물류주선인의 정의 개념에 의존하여 결정되는 것이 아니라, 사안의 구체적 · 개별적 사정을 참작하여 상법상의 운송주선인이 되기 위하여 요구되는 법률요건의 구비여부에 의하여 결정되기 때문이다.

물류정책기본법은 국제물류주선업자로 하여금 일정한 재산적 기초를 갖출 것을 요구함으로써 물류주선업자의 신용을 높이고 결과적으로 안전하고 원활한 화물유통이 가능하도록 하는 것에 그 입법목적이 있을 뿐, 동법에 따라 등록을 마친 국제물류주선업자가 체결하거나 수행하는 사업상 계약의 내용과 그 의미를 규율하는 법은 아니다.

### 3) 국제화물운송인 기능

단일운송수단을 이용하는 운송인 기능 및 복합운송수단을 이용하는 운송인의 기능이 있다. 화물복합운송실무상 프레이트 포워더는 FIATA B/L 등 복합운송증권을 발행함으로써 복합운송인으로서의 기능을 수행하는 경우가 대부분이다. 따라서 이 경우에는 프레이트 포워더가 복합운송업자와 동일하게 사용되고 있다. 양자는 이종의 운송수단으로써 운송에 관여한다는 점에서 공통되지만, 프레이트 포워더는 복합운송주선업이라는 사업을 영위하는 상인이라고 하는 경영학적 개념임에 비하여, 복합운송인은 운송채무를 인수한 운송인(Carrier)으로서의 법률적 지위의 보유여부를 기준으로 한 법적 개념이라는 차이점이 있다.

프레이트 포워더가 자기명의로, 그러나 타인의 계산으로 운송계약을 체결하는 경우에는 상법상의 전형적인 운송주선인에 해당하므로 복합운송인으로 간주되지 않는다. 반면, 실제 운송을 담당하는 선사나 항공사 등과 같이 자신이 직접 운송수단을 보유하면서 복합운송인의 역할을 하는 경우는, 운송주선인으로서의 기능을 하지 않거나 주선행위를 하더라도 자신의 전체 영업상 중요한 비중을 차지하지 않으므로 프레이트 포워더로 분류되지 않는다. 실제운송인이 복합운송인이 되는 경우를 '실제운송인형 복합운송인'이라 하고, 프레이트 포워더가 복합운송인이 되는 경우를 '계약운송인형 복합운송인'이라 분류하기도 한다. 그러나 실무상 프레이트 포워더는 대개 복합운송인으로서의 지위를 갖고 있으므로 복합운송인의 지위를 가지는 한 복합운송과 관련된 제반 조약 · 법률 · 규칙이 적용된다.

### 4) 통운송인 기능

통운송 또는 일관운송(Through Carriage)이라는 용어는 다양하게 사용된다. 광의의 의미로는 동일화물에 대한 운송에 2인 이상의 운송인이 관여한다는 의미로 해석하여 널리 복합운송까지 포함하는 개념으로 사용되며, 협의로는 단일의 운송인이 동종의 운송수단에 의한 운송 전 과정에 대한 책임을 인수하여 일부 운송구간에 대하여 하수운송인에게 운송을 맡기는 경우에 사용된다.[24)]

구체적으로 살펴보면, 넓은 의미의 통운송은 수인의 운송인이 동일 운송물의 운송에 참여하는 모든 형태의 운송을 의미하므로, 부분운송, 하수운송 또는 일부를 제 2 의 운송인에게 하도급을 주는 형태의 운송, 동일운송, 공동운송을 포함한다. 반면, 좁은 의미의 통운송은 단일 운송인이 동종 운송수단에 의하여 운송 전과정에 대한 책임을 인수하고 그 중 일부의 운송을 하수운송인으로 하여금 운송하게 하는 경우를 의미한다. 따라서 협의의 통운송에는 복합운송이 제외된다고 할 수 있다. 해상운송에서 거점항구까지의 운송은 대형 컨테이너선으로 운송한 후, 거점항구로부터 최종 목적항구까지는 피더선으로 운송하는 경우가 협의의 통운송의 전형적인 예라고 할 수 있다. 이러한 통운송이 발달하게 된 이유는 통운송을 이용하는 경우 송하인은 단일 운송인과 한 번의 운송계약을 체결하면 되기 때문에 중계지에서 후속운송인과의 계약을 체결하는 데 소요되는 수고와 비용을 절약할 수 있고, 상품의 출발지로부터 도착지까지 확정된 운임을 미리 알 수 있기 때문에 원거리 운송이 용이하기 때문이다. 또한, 통운송인에 의하여 선화증권 하나가 발행되기 때문에 신용장에서 요구하는 조건을 충족할 수 있어 매도인으로 하여금 대금채권을 확보하게 해주는 장점이 있다.

### 5) 혼재운송주선인 기능

국제물류주선업자의 주요 업무 중 한 가지가 다수 화주들의 소량화물을

---

24) Ralph De Wit, Multimodal Transport, Lloyd's London Press Ltd., 1995, § 6. 14; Paul Todd, Bills of Lading and Bankers' Documentary Credits, Llyod's London Press Ltd., 1993, § 4.4.7.

[그림 1-1] 통운송의 개념도

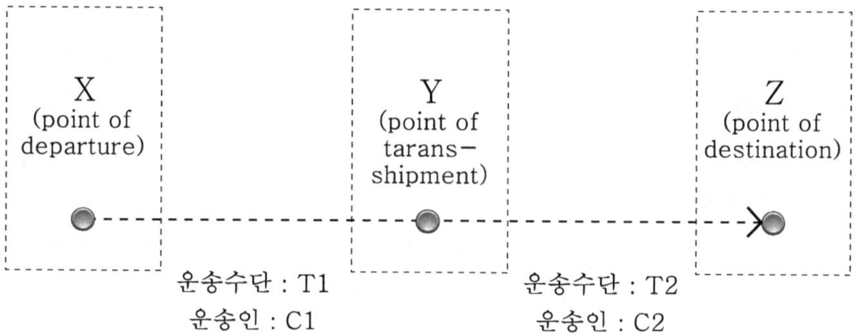


| | 구 분 | | X/Y 구간 | Y/Z 구간 | 비 고 |
|---|---|---|---|---|---|
| 통운송 | 운송수단별 | Unimodal | T1 선박 | T2 선박 | 동종수단<br>(T1과 T2가 모두 선박인 경우) |
| | | Multimodal | T1 선박 | T2 기차 | 이종수단<br>(T1은 선박, T2가 기차인 경우) |
| | 책임주체별 | 단일 책임주체 (C1) | ← C1 | C1 → | X/Y + Y/Z 전구간을 C1이 책임.<br>C1은, T1 또는 T2를 운행하는 C일수도 있고, 그렇지 않은 C도 있음.<br>(이 경우가 곧 프레이트 포워더가 운송인의 지위에서 운송을 인수하는 경우임) |
| | | 구간별 책임주체 (C1 · C2) | ←→ C1 | ←→ C2 | 자기 구간만 책임.<br>(X⇒Y구간은 C1, Y/Z구간은 C2가 책임).<br>따라서 이 경우는 화주가 구간운송인과 따로 따로 운송계약을 체결하여야 함. |

컨테이너 한 대 분량의 화물로 합하는 혼재업무이다. 따라서 혼재운송주선이란 개념은 물류주선과 독립된 개념으로 이해하기 보다는 물류주선업자 업무중 일부로 파악하는 것이 타당하다. 그런데 상법상의 운송주선인이 다수의 위탁

자로부터 동일한 운송노선에 관하여 운송을 위탁받고 자기명의와 자기계산으로 운송계약을 체결하는 경우 이를 혼재운송계약이라 하고, 이 경우에는 운임이 확정되지 않은 경우에도 확정운임운송주선계약과 동일하게 운송계약으로 해석하는 견해가 있다. 이러한 견해 중에서도 운송주선인이 자기명의로 위탁자의 계산으로 운송계약을 체결한 경우에는 상법상의 운송주선계약으로서의 효력을 갖는다고 한다.[25]

상법상 운송주선인이 운송인과 자기명의, 자기계산으로 체결한 운송계약에 다른 위탁자의 물건을 혼재하여 공동으로 물건운송을 위탁한 경우 운송주선인이 위탁받은 물건에 관한한 처음부터 화주와 운송주선인 사이에 운송계약을 할 의사가 있는 것으로 볼 수 있으므로 이를 운송계약으로 인정할 수 있을 것이다.[26] 우리 상법은 국제물류업자가 혼재업무를 하는 경우 구체적 · 개별적 사정을 고려하여, 이를 운송주선인의 다양한 기능 중 하나를 수행하는 것으로 볼 것인가, 아니면 운송인으로서의 책임을 인수한 것으로 볼 것인지 여부를 결정하는 것으로 해석한다.

## 제 3 절 프레이트 포워더의 주요 업무

### 3-1 개 요

프레이트 포워더는 기본적으로 송하인으로부터 화물을 인수하여 수하인에게 인도할 때까지 일체의 업무(집하 · 입출고 · 선적 · 운송 · 보험 · 보관 · 배달 등)를 주선하는 업무를 담당하고 있다. 1960년대 컨테이너화물이 일반화되기 전까지는 해상운송은 선사가 맡고 프레이트 포워더는 주로 내륙수송을 책임지는 역할을 하였다. 그러나 컨테이너화물이 증가하면서 복합운송이 보편화되자 프레이트 포워더의 업무가 확대되어 스스로 복합운송증권을 발행하고 운송의 전구간을 책임지는 운송주체자로도 발전하게 되었다.

---

25) 정찬형, 상법강의(상), 박영사, 2003. p. 302.
26) 김창준, "복합운송주선업자의 법적지위에 관한 연구," 박사학위논문, 경희대학교, 2004, p. 17.

국제복합운송에 있어서 송하인이 프레이트 포워더를 이용함으로써 생기는 이점은 FCL화물이나 LCL화물에 모두 공통적으로 적용될 수 있다. 특히 LCL화물의 경우 프레이트 포워더의 내륙기지나 창고에서 혼재하여 운송함으로써 화주가 물류비절감에 더욱 효과를 볼 수 있다. 프레이트 포워더는 상대국의 프레이트 포워더와 제휴함으로써 수출국 및 수입국 각지에 있어서 육상운임이 최소화되도록 여러 화주로부터 화물을 집화하여 화주가 소량화물을 단독으로 운송하는 경우보다 육상운임의 대량할인이 가능한 것이다.

국제복합운송에 있어서 프레이트 포워더는 크게 운송주체자로서 전 운송구간에 걸쳐 일관된 운송책임을 지는 것과 혼재업무를 행하는 두 가지 기능을 들 수 있다. LCL화물의 화주 입장에서도 프레이트 포워더의 이러한 서비스에 의해 간명한 전통운임과 단일 책임을 내용으로 하는 복합운송을 안전·확실·신속하게 할 수 있다는 이점이 있다. 실제로 LCL화물에 대하여는 일괄운송책임을 지고 컨테이너운송을 하는 국제물류주선업자가 대부분이다. 이것이 이른바 프레이트 포워더의 업무이며 운송수단을 가지지 않는다는 점에서 실운송업자와 구별된다. 프레이트 포워더는 실제 운송인과 물류관련업체가 제공하는 운임률을 근거로 일괄운송운임률을 화주에게 제시한다. 통상적으로 일괄운송운임률은 개별운송기관이 제공하는 운임률 합계보다 낮다. 다만 문제가 되는 것은 국제복합운송업자간의 경쟁의 결과 각기 운송기관이 지불하는 수수료를 화주에게 리베이트할 가능성이 있을 뿐이다. 그럼에도 불구하고 앞으로 해운업자 방침 여하에 따라서는 이 국제복합운송은 크게 발전할 것이며 소량화물, 혼재화물의 컨테이너운송에 있어서 중요한 역할을 담당할 잠재력은 얼마든지 있다.

프레이트 포워더의 역할에 의해 혜택을 누리는 쪽은 비단 화주뿐 아니라, 운송인, 세관 및 기타 공공기관에게도 적지 않은 영향이 있다. 특히 화주가 프레이트 포워더로부터 얻게 되는 최대의 이익은 복잡한 국제화물의 유통문제를 프레이트 포워더에게 맡기고 화주는 본연의 수출업무에만 전적으로 집중할 수 있게 된다는 점이다. 또한 화주는 프레이트 포워더로부터 화물의 수출입 및 국제운송에 필요한 서류의 작성 및 절차에 관하여 상세한 조언을 받을 수 있고, 관계서류와 예상되는 비용만 프레이트 포워더에게 지급하면 화물의 운송은 물론 통관을 거쳐 그의 문전에서 화물을 인도받을 수 있는 것이다.

이와 같이 프레이트 포워딩업은 고도의 국제 종합운송물류산업이라 할 수 있는바 그 주요 업무영역을 ESCAP자료에 의해 살펴보면 다음과 같다.[27]

## 3-2 운송의 설계

프레이트 포워더는 화주에게 해상, 항공, 철도, 도로운송의 소요비용·시간, 신뢰성, 경제성을 고려하여 가장 적절한 운송수단의 선택은 물론, 운송수단, 환적여부, 운송기간 등에 바탕을 두고 화물의 포장형태도 추천한다. 뿐만 아니라 관련국가의 각종 수출입관련규칙과 필요서류를 용이하게 작성하는 등 일체의 운송에 관한 설계를 해준다.[28]

## 3-3 운송계약의 체결 및 선복의 예약

프레이트 포워더가 운송인의 지위에서 송하인으로부터 화물의 운송을 인수하는 경우에는 자기명의로 송하인과 운송계약을 체결하고 운송책임을 지며 그의 송하인에게는 자기명의의 운송증권(house Bill of Lading 또는 Air Waybill)을 발행한다. 한편 프레이트 포워더가 운송인의 지위에서가 아니라 화주를 대신하여 단순히 예약을 해주는 경우에는 화주의 수요에 적합한 운송로 및 운송수단을 선택한 후 해당 선사 또는 항공사 등 실제 운송인과 특정 일자에 출항하는 선박 또는 항공기에 대하여 적정수의 선복(또는 기복)을 사용할 것을 예약한다.

---

27) UN 산하기관인 ESCAP(Economic and Social Commission for Asia and the Pacific)는 프레이트 포워더의 업무를 ① 항로 및 운송수단, 적합한 운송인의 선택, ② 선택된 운송인을 통한 선복 수배, ③ 선사 발행의 선하증권의 전달 또는 자사의 화물수취증(Certificate of Receipt), FBL(FIATA Bill of Lading)의 발행, ④ 항로, 운송수단, 수출입국의 규제 및 화물의 성질을 고려한 포장업무 대행, ⑤ 선적대기중인 화물의 일시적 보관업무, ⑥ 수출통관에 필요한 화물의 검량, 검수, ⑦ 적하보험의 부보대행, ⑧ 통관절차의 수속대행, 운송인에게 화물인도, ⑨ 운임을 포함한 기타 수수료의 대납, ⑩ 환적업무수행, ⑪ 화물의 추적, ⑫ 운송물의 멸실 또는 훼손에 대한 클레임 제기 시 화주에 대한 협조 등으로 세분하고 있다(ESCAP 1993).

28) 국제 프레이트 포워더 협회(FIATA)에서는 프레이트 포워더를 운송의 설계자(Architects of Transport)라고 한다(http://www.fiata.com).

## 3-4 운송관계서류의 작성

관계서류로는 선하증권, 항공운송장 또는 이와 유사한 서류, 통관서류, 원산지증명서, 보험증권, 선적지시서 등인데, 이들 서류들은 프레이트 포워더가 직접 작성하든가 또는 화주가 작성하는 경우 이에 관하여 효율적인 조언을 한다. 특히 우리나라의 포워더는 해상 또는 항공화물의 적하목록을 작성하여 EDI(Electronic Data Interchange)로 세관에 제출한다.

## 3-5 혼재업무와 Co-Loading 업무

### 1) 혼재업무

혼재(Consolidation)란 복수 화주의 소량 화물(LCL : Less than Container Load)을 컨테이너 단위의 만재화물(FCL : Full Container Load)로 만드는 것을 말한다. 프레이트 포워더가 이러한 혼재업무를 수행함으로써 실제 운송인(선사 또는 항공사)으로부터는 FCL운임을 적용받을 수 있으므로 그들의 화주에게 적용하는 LCL 운임과의 차액을 이익으로 실현하는 것이다. 혼재의 종류는 다음과 같이 3가지로 구분할 수 있다.

#### (1) Buyer's Consolidation(CFS – CY)

Buyer's Consolidation이란 한 수입업자가 다수의 수출업자로부터 LCL물품을 구입하는 경우, 수입업자가 수출지에 소재한 어떤 프레이트 포워더에게 화물의 혼재업무를 위탁하면 그 프레이트 포워더는 수입자를 위하여 다수의 수출업자로부터 소량화물을 컨테이너에 혼재한 후 이를 수입업자에게 운송하는 형태를 말한다. 이는 선적지의 CFS에서 여러 화주의 화물을 수령 · 혼재하여 FCL로 만든 다음 목적지 터미널까지 운송하면 당해 컨테이너를 CFS에서 해체하지 않고 FCL상태대로 수입자의 문전까지 운송하기 위한 목적이다.

#### (2) Shipper's Consolidation(CY–CFS)

Shipper's Consolidation이란 한 수출업자가 동일 목적지의 다수 수입업자에게 화물을 매도할 때 이용되는 방법이다. 즉 수출자가 여러 건의 LCL화물을 FCL화하여 선사의 CY에 반입하고 FCL운임을 적용받아 운송되나, 목적지에서는 당해 컨테이너를 CFS로 이송, 화물을 적출(devan)하여 수하인별로 인도하는 방식이다. 이 방식은 이론적으로는 가능하지만 실무적으로 각 LCL화물의 행선지와 인도시기가 같지 않은 등의 이유로 인해 거의 발생하지 않는다.

(3) Forwarder's Consolidation(CFS-CFS)

Forwarder's Consolidation은 프레이트 포워더와 그의 화주와의 운송조건이 "CFS to CFS"이고 프레이트 포워더와 선사와의 운송조건은 "CY to CY"로 이루어진다. 즉 프레이트 포워더는 LCL운임으로 여러 LCL 화주의 화물을 CFS에서 받아 FCL화하여 선사 CY에 반입시키고, 선사로부터는 FCL운임으로 선사의 목적지 CY까지 운송하게 하고 목적지의 프레이트 포워더는 선사 CY에서 컨테이너를 인도받아 그의 CFS로 이송, 화물을 적출하여 LCL수하인별로 인도하는 방식이다. 이렇게 함으로써 프레이트 포워더는 LCL운임과 FCL운임과의 차액을 수익으로 시현할 수 있는 것이다. Forwarder's Consolidation은 프레이트 포워더의 이익을 창출하는 가장 핵심적인 업무이다.

### 2) Co-Loading 업무

Co-Loading 업무도 혼재업무의 일종이라고 할 수 있다. Co-Loading이란 어떤 프레이트 포워더(NVOCC)가 자체적으로 집화한 소량화물(LCL)을 FCL로 단위화하기에 부족한 경우 동일 목적지의 LCL을 많이 확보하고 있는 다른 NVOCC에게 공동혼재(Joint Consolidation)를 의뢰하여 FCL로 만들어 선사에 제공하는 것을 말하는데,[29] 이 업무는 소량화물의 경제적 운송을 도모하기 위해 이용된다.

## 3-6 포장 · 보관업무

프레이트 포워더는 별도의 회사를 설립하여 독자적인 포장설비를 갖추고 직접 포장업무를 수행하기도 한다. 그러나 대부분의 프레이트 포워더는 운송

29) 미연방규칙 제520.2조(46CFR § 520.2): Co-loading means the combining of cargo by two or more NVOCCs for tendering to an ocean common carrier under the name of one or more of the NVOCCs.

의 전문설계자이므로 직접 포장업무를 수행하기보다는 운송수단 및 목적지를 고려하여 가장 적절하고 효과적인 포장의 종류와 방법을 화주에게 조언하는 것에 그친다. 그리고 프레이트 포워더는 수출화물의 경우 송하인으로부터 LCL 화물을 수령하여 이를 혼재, FCL화하여 실제운송인(선사 또는 항공사)에게 인계하기까지 일시적 보관을 위하여, 또는 수입화물의 경우 실제운송인으로부터 FCL화물을 수령하여 이를 적출, 검량, 검수 및 분류해 놓았다가 이를 수하주에게 인도하기까지의 보관을 위하여 자기의 창고를 확보하여 운영하기도 한다.

## 3-7 운임 및 기타 비용의 대납

프레이트 포워더와 화주간에 통상의 거래관계가 확립되어 있는 경우, 프레이트 포워더는 고객의 화물운송에 필요한 각종 비용을 대납하고 사후에 일괄정산한다. 화주가 화물을 국제 운송하는 경우에는 육상운송인, 해상(또는 항공) 운송인, 터미널운영자 및 하역업자, 통관사 등 여러 당사자가 연관되어 있어서 이들의 설비나 서비스를 이용하는 비용도 다양하게 발생한다. 그러나 운송을 프레이트 포워더에 위탁한 경우에는 프레이트 포워더가 모든 것을 주선하고 각 관련자에게 비용을 대납한 후 사후에 일괄적으로 화주에게 청구하므로 화주로서는 업무절차가 간소화되고 시간과 비용을 절약할 수 있다. 이외에도 프레이트 포워더는 수출화주가 화환어음을 네고할 수 있도록 필요서류를 작성하거나 선사로부터 선하증권을 수령하여 주는 등 수출물품의 대금회수와 관련된 은행업무를 대행하기도 한다.

## 3-8 통관수속

프레이트 포워더는 주요 항만이나 공항에 사무소를 두고 세관과 긴밀한 접촉을 유지하면서, 관세사에게 의뢰하는 등 화주의 수출입화물의 통관수속업무를 대행한다.

### 3-9 보험의 수배

프레이트 포워더는 화물운송보험과 관련된 보험의 종류, 조건, 보험료 등에 정통하고 있으므로 운송로, 운송형태에 따라 화주에게 가장 유리한 조건으로 보험수배를 할 수 있으며, 운송화물에 사고가 발생되었을 경우 화주를 대신하여 이를 효율적으로 처리해 주기도 한다.

### 3-10 화물 추적 서비스

프레이트 포워더는 화주로부터 화물을 수령한 때부터 인도하기까지 자기 관리하에 있는 기간은 물론 실제운송인이 운송하는 기간 동안을 포함하여 항시 화물의 소재를 파악하고 있으면서 화주가 의뢰해 올 경우 언제든지 그 정보를 제공해 준다.

## 제 4 절 프레이트 포워더와 물류기업과의 관계

### 4-1 프레이트 포워더와 제3자 물류

#### 1) 제 3 자 물류의 정의

제 3 자 물류(Third Party Logistics : TPL 또는 3PL)란 화주기업이 고객서비스의 향상, 물류관리 비용의 절감, 그리고 물류활동에 대한 운영효율의 향상 등을 목적으로 공급사슬상의 기능 전체 혹은 일부를 특정 물류 전문업체에게 외주하는 것을 의미한다. 3PL이라는 용어가 본격적으로 사용되기 시작한 것은 1980년대 후반부터라고 볼 수 있다. 1988년 미국의 물류관리협회(Council Logistics Management : CLM)가 화주를 대상으로 한 물류서비스조사에서 제 3 자 제공업체(Third Party Providers)라는 용어를 최초로 사용한 이후 급속한 관심의 대상이 되었다. 미국 CLM은 3PL을 물류경로 내의 다른 주체와 일시적이거나 장기적인 관계를 가지고 있는 물류경로상의 대행자 또는 중개자를 의미하며, 화주와 단일 혹은 복수의 제 3 자 간에 일정기간 동안 일정비용으로 일정서비스를 상호 동의하에 수행하는 과정을 제 3 자 물류 또는 계약물류(Contract Logistics)라고 정의한다. 이처럼 제 3 자 물류는 기업이 사내에서 수행하던 물류기능을 아웃소싱(outsourcing)하는 의미로 사용되기 시작하였다. 우리나라 대한상공회의소도 1999년 8월, 제 3 자 물류업체의 경영실태조사보고서에서 TPL을 화주기업이 고객서비스의 향상, 물류비의 절감 등 물류활동을 효율화할 수 있도록 공급사슬상 기능의 전체 혹은 일부를 대행하여 수행하는 업종으로 정의되었다. TPL이 기존의 물류아웃소싱과 다른 점은 화주기업과 물류기업이 거래기반관계에서 전략적 제휴관계로 전환되어 화주기업의 효율적인 물류전략 내지 계획의 제안에서부터 통합적인 물류서비스가 제공된다는 특징이 있다고 설명하고 있다. 3PL기업 유형을 Muller는 자산형, 관리형, 통합형, 업무형으로 구분하기도 한다. 3PL기업은 직접 물류시설을 확보하여 서비스질을 높이는 추세이다.

물류관리의 개념에 비추어 볼 때 물류기능간의 통합관리형태를 통하여 물류효율성을 증대하기 위하여 제조업체와 유통업체간의 제휴형태로 나타나는 것이 QR(Quick Response; 신속공급) 또는 ECR(Efficient Customer Response; 효율적 고객대응)이라고 한다면, 화주와 물류서비스의 제공업체간의 전략적 제휴형태로 나타나는 것이 3PL서비스라고 할 수 있다.

최근에는 제 3 자 물류에 대한 개념이 단순히 외부의 물류전문업체에게 물류활동을 아웃소싱한다는 개념에서, 보다 장기적인 협력관계의 구축이라는 관점에서 외부 물류업체를 활용하는 개념으로 전개되어 가고 있다.

이상에서 살펴본 바와 같이 제 3 자 물류는 두 가지 관점이 포함되어 있다. 첫째, 기업이 사내에서 직접 수행하던 물류업무를 외부의 전문 물류업체에게 아웃소싱한다는 관점이고, 두 번째는 전문물류업체와의 전략적 제휴를 통해 물류 시스템 전체의 효율성을 증대하기 위한 전략적 목표로 보는 관점이다. 결국 제 3 자 물류의 전개방향은 화주와 물류서비스 제공업체간의 관계가 기존의 거래기반관계에서 보다 긴밀한 파트너십 관계로 진보되고 있다.

제 3 자 물류의 활용범위는 기존에 기업내부에서 보조기능으로 수행되어 오던 것과는 달리 경쟁 우위의 확보의 필요성과 효과적이고 효율적인 고객서비스 제공에 대한 중요성, 핵심역량에 대한 집중, 리엔지니어링에 대한 전략적 가치 등으로 인해 기존의 물류서비스와는 큰 차이가 있음을 인식하여 제3자 물류의 활동범위가 운송, 보관, 물류정보뿐만 아니라 재고보충, 자동재주문, 운송업체 선정, 포장 및 라벨링, 제품조립 및 통관업무까지 그 범위가 확대되고 있다.

### 2) 제3자 물류의 환경변화

수송에 대하여 제3자 물류업은 전통적으로 중개, 운송, 혼재, 창고, 보관, 차량관리, 정보처리서비스를 수행하면서 이용자(User)와 공급자간(Provider)의 중간적 역할을 수행하여 왔다. 물류 활동을 외주화하는 것은 규제완화 이전에도 존재하였으며, 법적인 원리보다는 경제적 원리를 바탕으로 한 가격 운송시스템과 미국에서 새롭게 정립된 자유주의 사상으로 인해 1980년대부터 성장하기 시작했다. 1980년대에는 기업내 물류기능간 통합관리를 강조한 통합물류관리(Integrated Logistics Management)가 중시되었고, 1990년대 이후는 기업간 물류기능의 외연적 통합을 통해 물류효율성을 제고하기 위한 공급사슬관리(Supply Chain Management : SCM)의 개념이 본격적으로 확산되었다. 공급사슬관리에서는 고객, 공급업자, 제3자 서비스제공업체(Third Party Service Providers)가 물류경로를 한층 효율적으로 구축하고, 경쟁우위를 유지하기 위해서는 필요한 정보와 계획을 공유한다. 이 같은 공급사슬관리는 공급사슬을 전반적으로 기획하고 통제하기 위한 통합적 접근방법으로서 단순히 개별기업의 범주를 벗어나서 공급사슬상의 모든 기업에게 통합의 개념을 확대 적용함으로써 물류경로의 효율성과 효과를 높이고자 하는데 그 주요한 목적이 있다. 이와 같이 1990년대부터는 경쟁관계의 설정과 보다 효율적인 물류시스템의 구축노력이 개별 기업차원에서 벗어나 공급사슬의 차원으로 확대되기 시작하였으며, 이에 따라 공급사슬 자체의 물류효율성 증대를 위한 관련 주체간의 파트너십 또는 전략적 제휴 형성이 매우 중요하게 되었다.

### 3) 제3자 물류의 발전과정

환경변화에 따른 제3자 물류의 발전단계 및 과정은 기업의 물류활동을 수행하는 주체를 3가지 단계의 유형으로 구분할 수 있다.

첫째, 기업이 사내에서 물류조직을 두고 물류업무를 직접 수행하는 경우로 이를 자사물류(First-Party Logistics : 1PL)라고 하며 둘째, 기업이 사내의 물류조직을 별도로 분리하여 자회사로 독립시키는 경우로 이를 자회사 물류(Second-Party Logistics : 2PL)라고 한다. 외부의 전문물류업체에게 물류업무를 아웃소싱하는 경우를 제 3 자 물류(Third-Party Logistics : 3PL)라고 하는데 최근 Anderson 컨설팅은 대부분의 제 3 자 물류업체가 공급사슬관리를 위해 충분한 서비스를 제공하지 못하고 있으며, 아웃소싱을 수행하고 있는 한정된 기능의 비용절감에만 초점을 두고 있는 문제점을 지적하여, 지속적이고 시스템 전체적인 개선을 달성하기 위해서 현행 제 3 자 물류를 한 단계 발전시킨 제 4 자 물류(Fourth-Party Logistics : 4PL)로의 전환을 주장하고 있다.

이러한 발전단계별 물류기능은 서비스 정도에 따라 3단계로 구분할 수 있다. 1단계는 운송, 보관, 하역, 포장, 정보처리, 유통가공 등의 일련의 공급사슬상에서 요구되는 물류의 각 기능을 부문별로 외부의 물류업체에게 아웃소싱하는 경우이며, 2단계는 운송, 보관, 하역 등 여러 물류기능을 일괄적으로 아웃소싱하는 경우이며, 제 3 단계는 서비스 범위 면에서 2단계와 비슷하지만 운영, 관리 측면뿐만 아니라 물류전략 및 실행전략의 수립까지도 제공하는 단계이다.

물류기능의 아웃소싱은 기존의 물품 보관 및 운송의 방법으로 이용되었고, 이러한 물류기능 위탁은 비용절감이나 고객서비스 향상과 같은 전략적 목표를 달성하기 위함이 아니라 자사에서 수행하기 어려운 업무를 외부에 아웃소싱하는 것에 지나지 않았다. 전체 기업경영 관점의 차원에서 물류업무의 아웃소싱이 물류부문에서 이루어지기 시작한 것이 제 3 자 물류가 발전하게 되는 시발점이라 볼 수 있다.

미국과 유럽은 제 3 자 물류의 역할이 증대되자 물류업체들은 자국 내에서의 활동은 물론 해외까지 네트워크를 확장하여 활동하는 제 3 자 물류업체가 증가하고 있다.

우리나라는 물류산업이 선진국에 비하여 낙후되어 있으며, 아웃소싱에 대한 화주의 인식이 미흡한 실정이었다. 제 3 자 물류서비스의 이상적인 모델로써 화주기업과 물류기업간의 전략적 파트너십이 제시되고 있지만 갑을관계로서 물류기업을 하청기업 수준으로 생각하는 우리나라의 전통적인 기업문화로 인해 제 3 자 물류서비스가 널리 확산되지는 못하였다. 하지만 최근 기업구조의 개편에 맞물려 물류 및 유통 환경의 변화 속에서 국내 기업들도 물류 아웃소싱에 대한 인식이 증대되어가고 있다.

### 4) 프레이트 포워더와 제 3 자 물류와의 관계

중소제조기업의 경우 국제물류관리를 담당하여 줄 수 있는 제3자 물류업체로 가장 비슷한 역할을 수행하는 프레이트 포워더를 많이 이용한다. 국제물류관리는 운송방법이 복잡하고, 상품의 이동거리와 기간, 여러 가지 기후조건에 대한 노출로 각기 상이한 포장과 보관방법이 요구되며, 많은 문서가 국경을 넘어 이동하는 특징이 있어 일개 기업이 수행하기에는 많은 인력과 비용이 들고 효율적이지 못하다. 따라서 물류관리를 프레이트 포워더에게 위탁하면 화주기업은 수출입 및 국제마케팅에 전념할 수 있으며, 이를 통해 자사의 핵심영역인 상품제조와 수출입 본연의 업무에만 집중할 수 있어 결국 국제경쟁력을 제고할 수 있게 된다.

프레이트 포워더는 국제운송에서 화주를 위하여 운송인과의 운송계약의 체결을 주선, 대리 또는 중개할 뿐만 아니라 운송서류의 작성, 조달, 화물의 통관, 보관, 포장, 인도 등 운송에 부수된 각종 업무를 처리하고, 나아가서 각종 운송수단을 결합하여 "Door-to-Door"의 일관운송을 직접 인수하여 스스로 운송인이 되기도 하며, 이러한 일들을 자기가 갖고 있는 업무조직에 효과적으로 연결시켜 화주를 위해 가장 유리한 국제운송과 그에 부수되는 업무일체를 일관된 책임 아래 주선 또는 수행한다.

이를 위하여 프레이트 포워더는 자기가 취급하는 물류관리를 위해 필요한 업무조직을 형성해야 하며 특히, 포장업자 · 육상운송업자 · 통운업자 · 통관업자 · 검량업자 등 물류관련 업자와 계약을 체결하고 나아가 외국의 포워더와 업무제휴계약을 체결하여 화주의 요구에 부응한다.

## 4-2 프레이트 포워더와 제 4 자 물류

### 1) 제 4 자 물류의 특성

화주기업들이 자사의 핵심역량에 집중하고 물류비용을 절감하여 이익을 극대화시키기 위해서 그들의 물류관리를 제3자 물류기업(3PL)에게 아웃소싱하는 방법이 많이 이용되고 있으나 사내 물류에 대한 통제력이 약화되고 실질적으로 비용절감효과가 기대에 미치지 못한다는 단점으로 인해 컨설팅, 기술적 지원, SCM 상의 전반적인 통합프로세스 관리가 가능한 4PL로 전환하여야 한다는 주장이 제기되고 있다. 물류시장은 기본적으로 다양한 주체가 연계되어 활동하는 곳으로, 전자상거래의 확대 및 SCM 체제의 보편화로 인해 여러 주체간의 상생적인 협력관계가 요구된다. 이에 기존의 제 3 자 물류에 비해 조직상 보다 유연하고 고도화된 물류서비스를 제공할 수 있는 제 4 자 물류가 등장하게 된다.

제 4 자 물류(4PL)는 주로 유력한 제 3 자 업체나 컨설팅 회사가 중심이 되어, 각 부문의 전문 업체를 조직하여 종합물류서비스를 제공하는 공급체인의 통합자이며 조직자 역할을 수행한다.

3PL, 4PL 모두 물류서비스의 아웃소싱을 의미하기 때문에 아웃소싱의 목적이 기업 전체의 전략과 일치하도록 해야 하며, 기업 전략목표의 효율적인 달성을 위해서 자사의 물류업무의 위치를 파악하고 가장 적합한 물류형태를 찾는 것이 중요하다.

물류 아웃소싱의 성공을 위해서는 전문물류업체(3PL, 4PL)가 프로세스의 주체가 되어야 하며 '갑을관계의 주종관계'가 아닌 '전략적 파트너인 동반자'로서 상호 존중과 협력이 필수적으로 요구된다. 물류 아웃소싱의 궁극적인 목표는 현재와 미래의 고객만족에 있기 때문이다.

### 2) 제 4 자 물류의 출현배경과 개념

기업의 물류활동이 복잡해지고 공급사슬관리에 대한 관심이 증대되면서 물류산업도 점차 진화하고 있다. 공급사슬관리의 성과와 능력을 배가시키기 위해서는 가상의 공급사슬(Supply Chain)을 형성하여 제 4 자 물류기업을 통해 공급사슬을 통제하는 노력이 필요하다.

공급사슬의 통제활동이 중요해지면서 제 4 자 물류업이 등장하기 시작하였다. 기본적으로 화주기업이나 제 3 자 물류기업은 스스로 공급사슬을 통제할 능력이 없기 때문에 경영자원, 기술, 그리고 프로세스를 종합적으로 관리할 수 있는 능력을 가진 물류기업을 필요로 하게 된다.

제 4 자 물류기업은 기본적으로 제 3 자 물류기업으로서 공급사슬의 관리 및 솔루션 제공, 변화관리능력(Change Management Capabilities), 부가가치 서비스를 제공할 수 있는 능력을 가진 물류기업으로 볼 수 있다.

제 3 자 물류기업은 최적의 기술, 창고관리, 수송서비스 조합을 만들 수 없기 때문에 지속적인 공급사슬관리상 비용절감이나 효율성을 추구하는데 한계가 있는 반면, 제 4 자 물류기업은 물류 각 분야의 최적화를 도모할 수 있기 때문에 전체적인 공급사슬관리상 다양한 물류서비스를 통합할 수 있는 최적의 위치를 점유하고 있다. 따라서 제 3 자 물류기업과 제 4 자 물류기업에 대한 정의를 종합할 때, 양자간의 기본적인 차이는 제 3 자 물류기업이 창고나 수송 분야를 기본으로 특화된 서비스를 제공하는 수준인데 반하여 제 4 자 물류기업은 공급사슬관리, 컨설팅, 전체적인 물류네트워크 개선 등 한차원 높은 서비스를 제공하는 데 있으며 아웃소싱과 인소싱(in-sourcing)의 이점을 통합한 형태의 전문물류업체로서 경영성과를 극대화시키기 위한 조직으로 인식되고 있다.

### 3) 제 4 자 물류기업의 유형

첫째, 거래 파트너(Trading Partners)유형으로서 이 유형은 화주와 서비스제공자 사이의 조정, 통제역할을 주로 하면서 공급망 설계 및 계획 용역 제공, IT 서비스 통합 등의 서비스를 제공하는 것이다.

[그림 1-2] Trading Partners의 개념

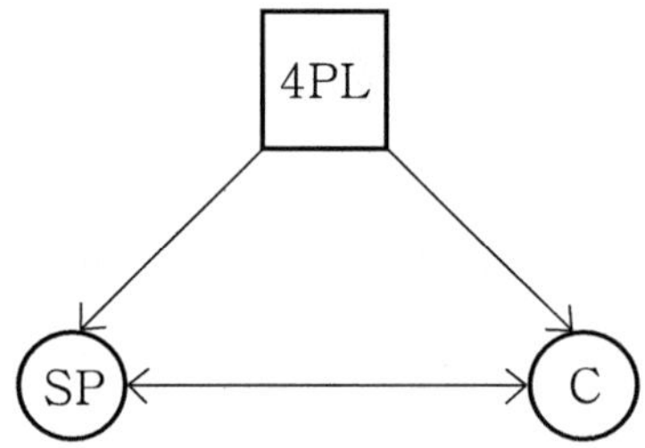


SP : Service Provider or 3PL, C : Client

둘째, 솔루션 통합업체(Solution Integrator)유형으로서 이 유형은 복수의 Service Provider(물류업체, SI업체, 컨설팅사)를 통합하여 화주에게 물류서비스를 제공하는 것이다.

[그림1-3] Solution Integrator의 개념

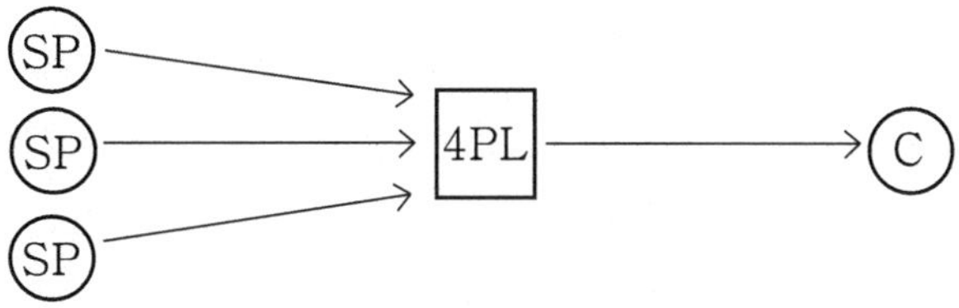


SP : Service Provider or 3PL, C : Client

셋째, 시너지 플러스(Synergy Plus)유형으로 이 유형은 복수의 화주에게 물류서비스를 제공하는 서비스 제공업체의 브레인(Brain) 역할을 수행하는 것이다.

[그림 1-4] Synergy Plus의 개념

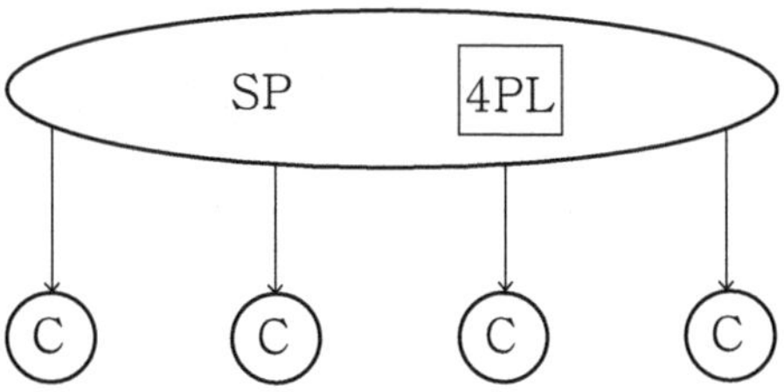


SP : Service Provider or 3PL, C : Client

넷째, 산업혁신(Industry Innovator)유형으로서 이 유형은 복수의 서비스 제공업체(물류사, SI업체, 컨설팅사)를 통합하여 화주에게 물류서비스를 제공하여 동일산업군(Industry Group)은 물류특성이 유사하므로 산업군에 대한 통합서비스 제공을 통해 시너지 효과를 유발하는 형태이다.

[그림 1-5] Industry Innovator의 개념

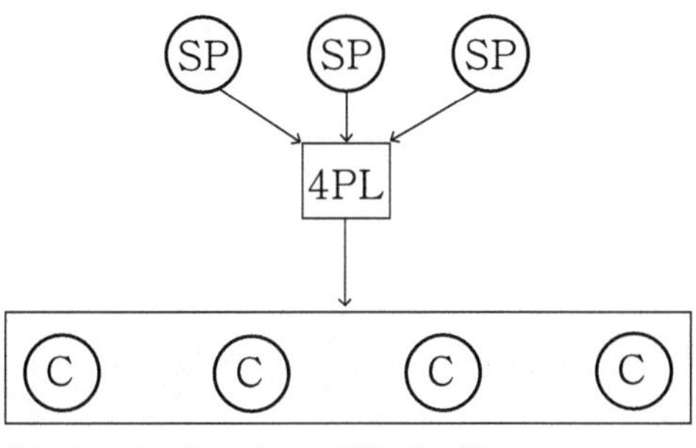


SP : Service Provider or 3PL, C : Client

### 4) 제 3 자 물류업과 제 4 자 물류업의 비교

선진국들을 중심으로 제 3 자 물류기업의 활동영역이 지속적으로 확대되어 왔고 최근에는 개도국으로 확산되고 있는 상황이다. 이는 경제활동의 세계화와 정보, 통신, 수송분야의 기술혁신과 주요시장에서의 기업간, 국가간 경쟁심화로 인해 물류전략의 고도화를 통한 비용절감과 고객 서비스의 향상이 경쟁에서 우위를 점하는 원천임을 인식하게 되었고, 물류서비스를 아웃소싱하는 비율이 급증하면서 나타나는 현상이다.

기업들이 제 3 자 물류기업을 이용함으로써 Supply Chain의 효율적 통합이나 관리가 곤란할 수 있는데 많은 제 3 자 물류기업들이 창고, 수송, 배송관리 업무 등의 물류서비스를 제공하고 있으나, 물류정보기술의 개발과 관리, 고객서비스, 수주관리 등을 포함하는 공급 연쇄상 모든 영역의 물류서비스를 제공할 수 있는 제 3 자 물류기업은 거의 없는 실정이다. 이러한 한계를 극복하기 위하여 제 4 자 물류기업들이 등장하기 시작하였다.

[표 1-1] 제 3 자 물류업과 제 4 자 물류업의 비교

| 구 분 | 제 3 자 물류업 | 제 4 자 물류업 |
|---|---|---|
| Supply Chain 통제방법 | 물적유통, 운송중심 | 물류활동의 통합 |
| 자산형태 | 자산형 | 비자산형 |
| 주요 서비스 형태 | 트럭, 창고 등 | 정보기술, 네트워크 |
| 고객요구의 수렴 | 낮음 | 높음 |
| 계약형태 | 부분별 계약 | One Stop Service 계약 |
| 고객금융지원 | 확대되고 있음 | 낮음 |

# 연 습 문 제

## ❈ 서 술 형

1. 각국의 프레이트 포워더 제도에 대해 기술하시오.
2. 프레이트 포워더의 기능변화에 대하여 기술하시오.
3. 프레이트 포워더의 주요업무에 대해 기술하시오.

## ❈ 용어설명

· NVOCC(Non Vessel Operating Common Carrier)

· Ocean freight forwarder

· 통운송(Though Carrier)

· 혼재(Consolidation)

· 제 3 자 물류(3PL)

· Co-Loading

· 국제물류주선업자

· FIATA(International Federation of Freight Forwarders Association)

· 제 4 자 물류(4PL)

CHAPTER

# 2

# 프레이트 포워더와 국제해상운송업무

## 제 1 절　해운의 기초개념

### 1-1　해운과 해운업

#### 1) 해　　운

해운(海上運送; Shipping; Ocean/Marine transportation)이라 함은 해상에서 선박을 수단으로 하여 화물 또는 사람을 장소적으로 이전하는 현상(운송)을 말한다. 해운은 운송의 한 방법으로서 생산행위이며 그 생산물은 운송용역(運送用役)이라고 하는 즉시재(卽時財)로서 무형재(無形財)이다. 해상운송용역은 생산설비인 선박의 이동에 따라 생산되고, 그 운송용역을 소비함에 따라 재화의 장소적 이동이 이루어져 새로운 장소적 효용(utility of place)이 창출되는 것이다. 해운은 분류기준에 따라 여러 가지 종류가 있지만 여기서는 선박의 운항이 정기적이냐 부정기적이냐를 기준으로 분류한 정기선해운과 부정기선해운에 대하여 살펴보기로 한다.

#### 2) 해 운 업

해운업은 영리를 목적으로 해상으로 선박(생산설비)을 이용하여 생산한 운송서비스를 판매하고 그 대가로 운임을 획득하는 상행위를 영위하는 사업을 말한다. 특히 해상화물운송업이라고 하면 해상(해상과 연접한 내수로 포함)으로 선박을 이용하여 대가를 받고 타인의 화물을 운송하는 업무를 수행하는 사업을 말하며 이와 같은 업무를 수행하는 주체를 해상화물운송인이라 한다.

우리나라 해운법(일부개정 2008. 2. 29. 법률 제8852호) 제 2 조 제 1 항에 의하면 해운업의 범위는 해상여객운송사업, 해상화물운송사업, 해운중개업, 해운대리점업, 선박대여업 및 선박관리업을 포함한다.

해상화물운송업은 내항 화물운송사업(국내항과 국내항 사이에서 운항하는 해상화물운송사업), 외항 정기 화물운송사업(국내항과 외국항 사이 또는 외국항과 외국항 사이에서 정하여진 항로에 선박을 취항하게 하여 일정한 일정표에 따라 운항하는 해상화물운송사업)과 외항 부정기 화물운송사업(내항 화물운송사업과 외항 정기 화물운송사업 외의 해상화물운송사업)으로 구분할 수 있다. 이와 같은 해상화물운송사업을 영위하기 위해서는 선복량 5,000톤 이상을 보유하고, 자본금 5억원 이상의 "상법상 주식회사"로서 국토해양부장관에게 등록하여야 한다(해운법 제24조, 제27조 및 동법 시행규칙 제19조).

### 3) 해상화물운송인

#### (1) 일반운송인(common carrier)

일반 대중의 수요에 따라 해상운송인이 해상운송서비스를 제공하고 이에 대한 보수(운임)를 취득하는 것을 업으로 하는 운송인을 말한다. 이러한 Common Carrier는 선박을 운항하는 운송인(Vessel Operating Common Carrier : VOCC)과 선박을 운항하지 않는 운송인(Non-Vessel Operating Common Carrier : NVOCC)이 있는데, 우리나라의 물류정책기본법(법률 제8617호)상의 「국제물류주선인」은 후자에 속한다.

#### (2) 사적 운송인(private carrier)

특정인의 화물만을 해상으로 운송하는 운송인을 말한다. 부언하면 자사의 화물을 자기 소유 또는 용선 선박을 사용하여 운송하는 자이거나 또는 특정 화주의 화물만을 전담하여 운송을 하는 자를 말한다. 예컨대 포항제철이 A라는 선박자회사를 설립하여 철광석 등 그가 필요로 하는 화물만을 운송하는 경우 A선사는 사적 운송인이다.

## 1-2 부정기선운송과 정기선운송

### 1) 부정기선운송

#### (1) 부정기선운송의 개념

해상화물운송은 수요에 따라 화주가 원하는 시기와 항로에 선주(운송인)가 선복을 제공하여 화물을 운송하는 부정기선(tramper)운송과 정해진 항로를 규칙적·반복적으로 운항하는 정기선(liner)운송으로 구분된다. 부정기선에 의한 화물운송은 운송인(선주)과 화주(용선자)간에 용선계약(주로 항해용선계약)을 체결하여 이루어진다. 오늘날은 컨테이너선의 출현으로 정기선운송이 주류를 이루다시피하고 있지만 계절적으로 많은 운송수요가 유발되는 대량화물 또는 석탄, 곡물, 철광석과 같은 대량의 살(撒)화물은 부정기선 운송의 가치를 높여 준다. 정기선과 부정기선은 그 운용면에서 각각의 특성을 가지고 양자 나름대로의 역할을 담당하며 현대 해운의 기본 형태로 병존, 발전하고 있다.

#### (2) 부정기선운송과 프레이트 포워더

부정기선운송업을 영위하는 운송인으로는 船主 또는 임차선박을 운항하는 선사이므로 프레이트 포워더는 이에 해당되지 않는다. 그리고 부정기선운송에 있어서는 선사와 화주의 사이에서, 선사에게는 운송화물의 수배, 화주에게는 적정 선박을 수배하여 용선계약을 성사시켜주는 역할을 하고 그 수수료를 받는 것을 업으로 하는 해운중개업(해운법 제2조)이 있는데 이 또한 프레이트 포워딩업과는 구분되는 사업이다. 즉 프레이트 포워더에 해당하는 우리나라 물류정책기본법상의 국제물류주선업자는 해상 또는 복합운송의 주선인 내지는 NVOCC의 지위에 있을 뿐이지 해운법상의 해운중개업자가 아니다. 그러므로 국제물류주선업자가 부정기선 운송중개업을 하려면 별도의 요건을 갖추어 국토해양부장관에게 등록하고(해운법 제34조) 해운중개인 등록필증을 교부받아야 한다.

따라서 본 절에서는 프레이트 포워더의 고유 업무영역이 아닌 용선계약에 의한 부정기선운송과 해운중개실무는 다루지 않고 정기선운송에 관하여 논의한다.

## 2) 정기선운송

### (1) 정기선운송의 개념

정기선운송이란 둘 이상의 기항지로 구성된 일정한 항로를 사전에 공시된 운항스케쥴에 따라 선박을 규칙적으로 반복운항하면서 사전에 공표한 운임으로 화물을 운송하는 것을 말한다. 정기선운송은 화주에게 안정적인 운임으로 정기적인 해운서비스를 제공함으로써 수출입 화물을 적기에 수송할 수 있는 교역상의 편의를 제공하는 한편, 특정 항로에 지속적인 해운서비스를 유지함으로써 당사국 간의 경제발전 및 교역을 촉진하는 데에도 기여한다.

### (2) 정기선운송화물과 투입선박

정기선으로 운송되는 화물은 대개 일반 잡화가 많고, 운송을 위하여 투입되는 선박으로는 재래화물선, 세미컨테이너선(semi-container ship),[1] 컨테이너전용선(full container ship)이 있다. 오늘날 정기선운송이라고 하면 컨테이너선에 의한 운송이 주종을 이루고 있고, 프레이트 포워딩 업무와 밀접하게 관련되어 있으므로 본서에서는 특히 정기 컨테이너선에 의한 화물운송에 대하여 자세히 살펴보기로 한다.

[표 2-1] 정기선과 부정기선 운송의 특성 비교표

| 구 분 | 정기선 해운 | 부정기선 해운 |
|---|---|---|
| 운항 및 투입 선대 | —특정 항구 간을 통상적인 항로로 미리 정한 일정에 따라 규칙적, 반복적으로 운항<br>—공표된 스케쥴 준수<br>—Common Carrier | —화주와 운송인이 계약 방식에 의해 개별적으로 결정<br>—Private Carrier |
| 화물 | —불특정 다수 화주의 다종의 일반 화물 또는 포장화물<br>—Container 화물 | —소수 화주(주로 1인)의 동종 · 동질의 대량 원자재 및 산화물<br>—석탄, 철광석, 원목 등 |
| 운임 | —사전에 공표된 화물별 운임(tariff rate) 적용<br>—화주와 운송인이 Service Contract 또는 TUR, Boxvate 등이 적용 | —수요와 공급에 따른 시장경쟁운임<br>—시장경쟁에 의거, 화주와 운송인의 합의로 정해짐<br>—선박이용률(소석률)에 의해 정함 |

1) 세미컨테이너선은 화물창이 非컨테이너화물과 일정분량의 컨테이너를 적재 · 수송할 수 있도록 설계된 선박을 말한다. 재래화물선과 세미컨테이너선은 화물의 선적 및 양륙이 가능하도록 선박 자체에 하역장비(선상크레인, Derrick)를 갖추고 있는 것이 많다.

| | | |
|---|---|---|
| 운송계약 | 불특정 다수의 모든 화주에게 운송계약의 조건(약관)이 동일한 운송증권(Bill of Lading 또는 Sea Waybill)이 사용됨. | 개별 화주(용선자)와 운송인이 항해단위로, 운송시마다 계약조건이 다른 개별 용선계약서(Charter Party)를 사용함 |
| 집하 | 자사(영업)직원 또는 그 대리인(agent)을 통해서 집하 | 중개인(broker)을 통해서 집하 |
| 승객 | 선박운항시 교육 및 관광목적으로 승객 이용가능 | 승객 운송은 고려하지 않고 설계됨 |

자료 : 방희석, 국제운송론, 박영사, 2009, pp. 84~85. [표 3-7]을 참고하여 발췌, 작성.

## 1-3 컨테이너 운송

### 1) 해상운송화물의 컨테이너化 계기

제 2 차 세계대전 후 산업구조의 고도화에 따른 大量생산과 소비를 연결시킬 수 있는 물적 유통구조(신속성, 경제성, 안전성 측면)의 혁신이 요구되었다. 이에 따라 1960년대에 들어와서 석유나 철강원료 등 대량 벌크화물의 항구간(port to port)운송을 맡은 부정기선들은 대형화 또는 전용화되어 이들 요구를 어느 정도 충족시킬 수 있었으나, 개품의 운송을 맡고 있는 재래정기선은 급증하는 물동량을 신속하게 소화하는데 한계가 있었다. 왜냐하면 재래정기선은 터미널에서의 하역작업이 여전히 재래방식으로 행하여지고 있었기 때문에 물량이 증가하면 할수록 그만큼 작업시간이 증가되고, 따라서 선박들이 항만에 머무는 시간이 늘어나서 항만에서 체선현상이 일어나고 불필요한 비용이 증가하게 되었다. 이는 운송의 경제성 · 신속성 · 안정성을 추구하는 선주, 화주 또는 터미널운영자 등 화물이해관계자 모두의 요구에 부응하지 못하는 결과를 지속시켰다. 이와 같은 요구를 충족시키고 해상화물운송의 효율화를 위하여 시작된 것이 화물의 단위화(unitization),[2] 특히 컨테이너화이다.

화물의 컨테이너화는 낱개 화물을 컨테이너라는 용기에 미리 적입해 놓고 이를 기계를 사용하여 선적 및 양륙할 수 있게 되므로 종래 비능률적인 재래방식으로 수행하던 하역시간을 크게 단축할 수 있어서 항만경비를 크게 절감할

2) 화물의 단위화(unitization)는 화물을 일정한 크기로 규격화, 특히 포장외양을 통일시키는 것인데, 그렇게 함으로써 하역의 기계화, 화물사고의 방지, 이종운송수단간의 연계수송이 가능하다. 화물의 단위화를 실무에서 실체화시킨 파렛트(Pallet)화(化) 컨테이너(container)화(化)가 있다.

수 있게 된다.[3] 이렇게 하역시간이 단축됨에 따라 선박이 항만에 머무는 시간도 그 만큼 단축되므로 선박의 운항회전율이 제고되고[4] 선박의 생산성도 높힐 수 있게 된다. 한편 화물은 밀폐된 컨테이너용기에 적입하여 하역·운송함으로 낱개 화물의 멸실이나 훼손율이 재래선에 의한 운송보다 크게 낮아져서 안전성이 확보되며, 화물이 적입된 컨테이너 채로 화주의 문전까지 일관 복합운송도 가능하게 된다.

### 2) 컨테이너운송의 발전

〈 태동기 〉

① 1940년대(2차 세계대전 직 전후) : 미군의 CONEX Plan[5]에 의거, 세계각지에 주둔한 미군기지에 군수품의 보급목적으로 철제 CONEX Box 사용.

② 1950년대 : 미 내륙 철도운송에 Piggyback System[6]의 활성화.

③ 1956년 : 미국人 Malcom P. McLean(트럭회사 운영)씨에 의해 컨테이너의 해상운송이 상용화됨. 그는 Pan Atlantic Shipping사(1960년 회사명을 Sea-Land로 변경)를 인수하고, 벌크선을 컨테이너를 적재할 수 있도록 개조하여, 최초로 미국 내항간(Newark ⇔ Houston)의 화물을 컨테이너로 운송함.

④ 1958년 : Matson Navigation사가 샌프란시스코 ⇔ 하와이 간에 컨테이너선(Hawaiian Merchant 호; 8'×8'6"×24' 적재형)을 취항시킴.

〈 발전기 〉

① 1966년 : 미국 Sea-Land사가 대서양 항로(미 동안 ⇔ (북)구주간)에 컨테이너선을 투입함으로서 컨테이너선의 첫 국제항로 진출.

☞ Full Container선에 의한 국제해상운송의 근대적 의의가 있음.

---

3) 1960년대 재래정기선의 미국 항구내 화물운송비 중 하역비가 차지하는 비중은 60%에 달하며 여기에 항만 정박시간을 계산한다면 전체 운항비 중 약 80%가 항만에서 발생하는 비용이었다고 한다(방희석, 국제운송론, 박영사, 2005, p. 292).

4) 재래정기선은 총 가동일수 중 항해일수가 40%, 정박일수가 약 60%의 비율을 차지해 이를 1년 단위로 보면 130일을 항해하고 235일을 항만에서 정박하는 것이므로(林錫珉, 국제운송론, 삼영사, 1998, p. 229), 선박 회전률의 제고에 커다란 문제가 된다.

5) CONEX는 Container Express에서 따온 군사 전략계획 명칭이며, 당시 Conex Box는 길이, 폭, 높이가 모두 6feet였다.

6) piggyback system은 컨테이너를 기차에 적재, 운송하는 방식을 말하는데, 이는 컨테이너가 탑재된 샤시 채로 철도운송하는 TOFC(trailer on flat car)방식과 컨테이너만을 적재하는 COFC(container on flat car)방식이 있다.

② 1967년 : 극동⇔미국 서남(PSW)항 간 정기 Full Container선 항로개설 (미 Matson사, 日本郵船(NYK) 및 Showa해운과 제휴).

③ 1968년 : 극동⇔미국 서북(PNW)항 간 정기 Full Container선 항로개설 (American Mail Line, Sea-Land는 동 항로에 Weekly Service).

④ 1969년 : 호주⇔구주항로에 정기 Full Container선 투입.

⑤ 1969년 : 호주⇔극동항로에 정기 Full Container선 투입(8월, Australian National Line, 10월, 日本郵船).

⑥ 1970년 : 극동⇔New York 항로 취항(U.S. Line).

〈 성숙기 〉

① 1971년 : 극동－구주항로 개설(TRIO Group).7)

② 1972년 : 국적 첫 Container선(조양상선 "Korean Shipper"호) 한일간 취항.

③ 1975년 : 국적 Container선(대한해운공사 "Korea Wonis One"호) 극동—북미동안 취항.

④ 1979년 : 조양상선, 동영해운과 호주 ANL사와 공동운항으로 호주항로 Full Container선 서비스 개시.

⑤ 1979년 : 한진해운, 극동—북미서안 Full Container선 서비스 개시.

⑥ 1979년 : 고려해운, 극동—북미서안 Full Container선 서비스 개시.

⑦ 1984년 : 대만적 Ever Green사, 세계일주서비스 시작.

⑧ 1985년 : 현대상선의 고려해운 합병. 아시아－북미 Full Container선 취항.

⑨ 1990년 이후 : 선사 간 공동운항 등 전략적 제휴 및 인수합병(M&A) 확산.
－전략적 제휴 : Grand Alliance, New World Alliance, CKYH 등.
－인수합병 : NOL의 APL 인수 Maersk의 Sea-Land 인수 등.

⑩ 2000년 이후 : 컨테이너선박의 초 대형화.
－2005년 : 8,000 TEU급 '한진 볼티모어'호 취항.
－2006년 : 10,000 TEU급 '에마 머스크'호 취항.
－2008년 : 13,500 TEU급 머스크사에서 발주함.

7) 영국, 독일, 일본적 5개 선사(NYK, MOL, P&O, Ben line, Hapag-Lloyd)가 1971년 12월에 결성.

### 3) 컨테이너운송의 효율성(재래선 대비)

(1) 신 속 성

하역시간의 단축으로 항만 대기시간이 단축되어 선박의 운항회전율이 높아지며, 컨테이너선박의 조선기술의 발달로 선박속도가 개선되어 신속성의 요구를 충족시킨다.

(2) 안 전 성

견고하고 밀폐된 컨테이너를 사용하므로 운송 중 화물의 손상, 도난, 자연상실률이 감소되는 등 재래선에 의한 운송에 비하여 그 안전성이 높다.

(3) 경 제 성

컨테이너운송의 효용으로서 가장 두드러진 것은 신속한 하역에 따라 하역비와 항비가 절감되는 경제성을 들 수 있고, 다른 한편 화주는 재래선 운송에 비하여 개품포장비를 절감할 수 있으며 낮은 손해율 덕분에 보험료도 절감할 수 있다. 또한 일관 복합운송과 Door to Door서비스가 가능해짐에 따라 내륙운송료도 절감되는 등의 경제성이 있다. 이외도 통관수속의 간소화 또는 화물의 혼재에 따른 운송비의 절감 등도 컨테이너운송의 효율성으로 볼 수 있다.

### 4) 컨테이너운송의 영향

컨테이너운송이 국제해운산업에 미친 주요 영향을 보면 아래와 같다.

첫째, 컨테이너운송설비의 대형화 · 고가화로 해운이 자본집약적 산업으로 전환되었다.

둘째, 해상운송화물의 하역설비, 하역기술 및 방법에 변혁을 가져왔다.

셋째, 정기선해운의 경영형태에 변화를 초래하였다.

넷째, 정기 컨테이너선 운송인은 해상구간만의 운송을 초월하여 해륙을 유기적으로 결합하는 일관 복합운송서비스 상품을 개발하였고 오늘날은 화주의 문전에서 문전까지(Door to Door)의 운송서비스도 보편화되었다.

다섯째, 국제무역운송과 관련된 국제법체제의 변화가 일어났다.

### 5) 컨테이너화물

(1) 컨테이너화가 가능한 화물

화물은 경제성을 고려하지 않는다면 물리적으로 컨테이너化 할 수 없는 것은 극히 드물다고 할 수 있다. 그러나 해상으로 운송되는 화물 중에는 그 고유의 성질, 크기, 무게, 분량에 따라 물리적, 경제적 측면에서 컨테이너화가 부적합하거나 불가능한 것도 있다(예 : 장척/중량화물, 운임부담능력이 낮은 철광석, 석탄, 비료, 액체화물 등 대량의 살물).

(2) 화물의 분류

화물을 분류하는 방법은 여러 가지가 있겠으나, 컨테이너化 측면에서 분류해 보면 다음과 같다.

① 일반화물(General Cargo) : 일반 Dry 컨테이너에 적입하여 운송

② 특수화물(Special Cargo)

— 육류, 생선, 아이스크림 등 냉동 또는 냉장화물 : 온도조절이 가능한 컨테이너(temperature controled container)를 사용하여 운송

— 생동화물(Livestock, Plant 등) : 동물류는 주로 Pen Container, 식물류는 Ventilated Container(때로는 온도조절 컨테이너)를 사용하여 운송

— 중량(Heavy)화물 : Open Top 또는 Flat Rack Container로 운송

— 장척(Long length)화물 : Open Top 또는 Flat Rack Container로 운송

— 위험화물(Dangerous Cargo) : Dry 또는 Tank Container, 때로는 온도조절이 가능한 컨테이너를 사용하여 운송

— 액체화물(Liquid Cargo) : 주로 Tank 컨테이너로 운송하지만, 액체화물이 Drum 등에 포장된 것은 Dry 컨테이너에 적입, 운송되는 경우도 많다.

— 부패성 화물(Perishable Cargo) : 온도조절이 가능한 컨테이너로 운송

— 살(撒)화물(Break Bulk Cargo) : Dry 또는 Open Top Container로 운송

# 제2절 선 박

## 2-1 선박의 의의

### 1) 사전적 개념

우리나라 말의 '배'에 해당하는 한자로는, 船, 舶, 船舶, 舟, 艇, 舟艇, 함(艦) 등 여러 가지가 있다. 이중 船, 舶, 船舶은 대개 대형선을, 舟, 艇은 소형선을 의미한다(예, 舟艇, 端舟 = 조각배, 短艇 또는 端艇 = 노로 젓는 배). 특히 싸움배는 艦자를 쓴다(예, 艦艇, 艦船, 軍艦). 영어로는 Ship, Vessel, Boat가 있는데, 대개 Ship은 대형선, Boat는 소형선을 의미하고, Vessel은 대형선과 소형선 모두를 포함하는 배의 의미이다.

일반적으로 "선박"이라 함은 사람 또는 물건을 적재하여 항행의 용도에 제공되는 구조물이라 할 수 있고, 선박은 부양성(浮揚性), 적재성(積載性) 및 이동성(移動性)을 갖추어야 한다.

### 2) 법률적 개념

#### (1) 상법상의 선박

상법상 선박은 상행위 기타 영리를 목적으로 항해에 사용하는 선박을 말한다(상법 제740조). 그러나 단정(短艇)이나 주로 노(櫓) 또는 상앗대로 운전하는 선박은 그것이 영리를 목적으로 사용되더라도 상법의 해상편(상법 제5편)이 적용되지 않는다(상법 제741조 제2항).

#### (2) 선박법상의 선박

수상 또는 수중에서 항행용으로 사용하거나 사용될 수 있는 배종류를 말하며 기선(機船),[8] 범선(帆船),[9] 부선(艀船)[10]을 포함한다(선박법 제1조의2). 동법

8) 機船은 機關을 사용하여 추진하는 선박(기관과 돛을 모두 사용하는 경우라도 주로 기관을 사용하는 선박 포함)을 말한다.

9) 범선은 돛을 사용하여 추진하는 선박(기관과 돛을 모두 사용하는 경우라도 주로 돛을 사용하는 것 포함)을 말한다.

10) 艀船은 자력항행능력이 없어 다른 선박에 의하여 끌리거나 밀려서 항행하는 선박을 말한다.

에 의하면 선박의 자력항행능력(自力航行能力) 여부를 불문한다.

### 3) 선박의 인격자 유사성과 부동산 유사성

(1) 인격자 유사성

총톤수 20톤 이상의 선박은 권리주체인 자연인과 같이 선박에 이름(船名)을 붙여야 하며, 사람과 같이 국적(國籍; 船籍)을 가진다. 선박이 대한민국 국적을 취득하기 위한 요건은 아래와 같다(선박법 제 2 조).

① 국유 또는 공유의 선박.

② 대한민국 국민이 소유하는 선박.

③ 대한민국의 법률에 의하여 설립된 상사법인이 소유하는 선박.

④ 대한민국에 주된 사무소를 둔 위 ③ 이외의 법인으로서 그 대표자(공동대표인 경우에는 그 전원)가 대한민국 국민인 경우에 그 법인이 소유하는 선박.

(2) 부동산 유사성

① 선박등기(登記) : 선박은 유체동산이지만 준(準)부동산으로 취급하여 일정규모 이상(총톤수 20톤 이상)의 선박은 등기를 하도록 하고 있다.[11] 선박의 등기는 선박등록부에 일정한 사항(예, 소유권, 저당권 등의 설정, 이전 · 변경 등)을 기재하는 것으로 선박의 선적(船籍)을 관할하는 지방법원 및 동 지원 또는 등기소에서 한다.

② 선박등록(登錄)과 국적증서의 취득 : 한국선박의 소유자는 선박등기를 한 후 선적항(船籍港)을 관할하는 지방해운청장에게 등록을 하고, 선박국적증서(船舶國籍證書)를 교부받아야 한다.

(3) 선박의 국기게양

모든 선박은 국제조약 및 관련법에 의거, 항해시에는 반드시 선미(船尾)에 선적국의 국기를, 선수(船首)에는 목적지국의 국기를 게양하여야 한다. 선박에 국기의 게양은 법적 의무이자 권리이다. 선박이 합당하지 않은 국기를 게양하는 경우에는 무거운 벌칙이 따른다.[12]

---

11) 선박법 제 8 조; 상법 제743조, 제745조 참조.

12) 한국적이 아닌 선박이 국적을 사칭할 목적으로 태극기를 게양하거나 한국적 선박이 태극기 아닌 다른 기장을 게양한 선박의 선장은 5년 이하의 징역 또는 1천만원 이하의 벌금에 처한다(선박법 제32조).

### 4) 편의치적제도(便宜置籍制度)

편의치적(Flags of Convenience : FOC)제도란, 선박이 국적을 취득하는 조건으로서 선박의 소유권이나 승무선원의 국적에 아무런 제한을 두지 않고 선박을 등록만 하고 국적을 취득하는 제도를 말한다. 이러한 편의치적제도는 선주의 입장에서 보면 자국정부의 각종 선박관련 세금 및 규제를 회피하고, 값싼 외국 선원을 자유로이 고용할 수 있으므로 해운경영상 경쟁력을 도모하기 위한 목적에서, 그리고 편의치적 공여국의 입장은 선박등록비의 징수만으로도 그 나라의 재정수입에 보탬을 주기 위하여 발전한 제도이다. 라이베리아, 파나마, 사이프러스, 소말리아, 레바논, 온두라스 등이 편의치적에 주로 이용되고 있는 국가이다.

## 2-2 선박의 구조

선박의 구조는 크게 선체, 기관, 보조시설(기기)의 세부분으로 나눌 수 있는데, 이들은 감항성(堪航性)의 유지와 인명 및 재화를 안전하게 운송하기 위한 필요한 시설을 갖추고 있다.[13]

### 1) 선체(船體; Hull)

(1) 개 념

선체는 선박의 외형을 이루는 일체의 구조물을 말하는데, 용골(龍骨, keel), 늑골(肋骨, transverse frame), 선박내부를 수직으로 분리하는 격벽(隔壁, bulkhead)과 수평으로 분리하는 갑판(deck) 및 외판으로 구성되어 있다.

(2) 선체관련 주요명칭

① 용골(龍骨, keel) : 선체의 밑바닥 중심선을 따라 船首에서 船尾까지 이어진 강력한 골재로서 선체의 강도를 유지하는 부분이다.

② 늑골(肋骨, transverse frame) : 선체의 좌우선측을 구성하는 뼈대로서, 용골에 직각으로 배치되어 갑판보의 양끝, 선측외판을 지지한다.

---

13) 선박안전법에서는, 선박은, 선체, 기관, 범장(帆裝), 배수설비, 조타(操舵), 계선(繫船)과 양묘(揚錨)설비, 구명과 소방설비, 거주 · 위생설비, 항해용구, 위험물 기타 특수화물의 적부설비, 하역작업설비, 전기설비, 그외에 전파관리법이 정하는 무선설비를 갖추어야 한다고 규정하고 있다.

[그림 2-1] 선체 관련 외부 명칭

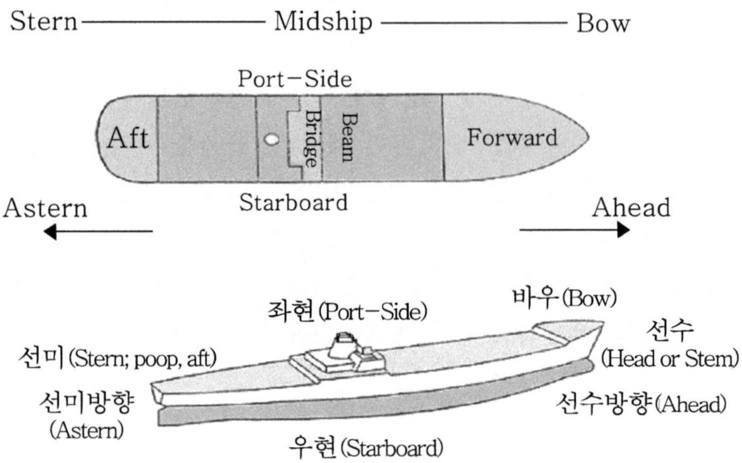


③ 외판(外板, shell) : 선체를 이루는 바깥의 철판

④ 선교(船橋, bridge) : 선박운항에 필요한 각종 계기 및 설비가 갖추어져 있고 선장이 운항지휘하는 장소로서 선체의 가장 상갑판에 위치한다.

⑤ 선저(船底, bottom) : 선체 바닥(Single 또는 Double bottom 구조)

⑥ 갑판(甲板, deck) : 선체에 수평으로 설치된 구조물. 선체에 수밀성 · 강도를 유지함과 동시에 선원, 화물, 각종 기계에 필요한 구획을 제공한다.

⑦ 선수(船首, bow 또는 stem) : 선체의 전단부분. 이물이라고도 한다.

⑧ 선미(船尾, stern) : 선체의 후단부분. 고물이라고도 한다.

⑨ 우현(右舷, starboard) : 선박의 오른편을 의미

⑩ 좌현(左舷, port-side) : 선박의 왼편을 의미

### 2) 기관(Engine)

(1) 내연(內燃)기관(internal combustion engine)

기관의 실린더 내에서 연료를 연소하여 발생한 고압가스를 피스톤에 작동시켜 동력을 발생케 하는 장치를 말한다. 내연기관으로는 Diesel engine, Hot bulb engine, Gasoline engine 등이 있으며, 대부분의 선박에서는 Diesel engine을 채용하고 있다.

(2) 외연(外燃)기관(external combustion engine)

Boiler 등 장치에서 연료를 연소시켜 그 열을 Boiler 내의 물에 전하여 고압 증기를 만들고 이를 기관의 Piston 또는 Turbine에 작용시켜 동력을 발생하게 하는 장치이다. 외연기관은 Steam turbine engine, Reciprocating engine 등이 있는데 선박은 주로 Steam turbine engine을 채용한다.

### 3) 보조 기기(機器; machinery)

- 발전기 및 비상용 발전기(emergency generator) : 선내 각종 전기 공급
- 펌프 : General pump, Bilge pump, Ballast pump 등
- 조수기(操水機, water generator) : 해수를 담수로 만드는 장치
- 조타기(操舵機, steering gear) : 선박의 키를 조종하는 장치
- 냉동, 공기조화장치(refrigerator and air-conditioning system)
- 양정기(揚艇機, boat winch) : 구명정을 올리고 내리는 설비
- 계선기(繫船機, mooring Machine) 및 Anchor : 정박시 선박의 고정도구
- 공기 압축기(air compressor)
- 유수분리기(oil separator) : 비중차를 이용하여 물과 기름을 분리하는 기계
- 유분 소각기(incinerator) 등

## 2-3 선박의 톤수

### 1) 용 적 톤

(1) 총톤수(Gross Tonnage : G/T)

총톤수는 한 선박의 용적량을 말한다. 선박의 갑판하의 용적과 갑판상부의 밀폐된 공간을 합한 선박 전체의 내실적(內室積)을 100 CuFt(2.832m³)로 나누어 산출된 톤수이다. 이 총톤수는 각국의 선박 통계, 입거료(入渠料), 등록세, 선박의 검사료, 도선료(導船料) 등의 계산 기준이 된다.

(2) 순톤수(Net Tonnage : N/T)

선박 총톤수에서 승무원실, 기관실, 해도실 등 선박운항에 필요한 장소의 용적을 뺀 톤수이다. 이것은 선박에 부과하는 톤세, 항세, 부표(浮漂)사용료, 예선(曳船)료, 항만시설사용료 등의 산정기준이 된다.

(3) 재화용적(載貨容積)톤수(Measurement Tonnage)

화물을 실을 수 있는 선창의 용적을 40 CuFt(1.133㎥)로 나눈 톤수이다.

### 2) 중 량 톤

(1) 배수톤수(Displacement Tonnage)

선박 중량은 선체가 수면 아래에 잠기는 부분의 용적에 상당하는 물의 중량과 같은데, 이 물의 중량을 배수톤수라 한다. 이 톤수는 주로 군함에서 사용된다.

(2) 재화중량톤수(Deadweight Tonnage : DWT)

선박에 최대로 적재할 수 있는 화물중량인데 이는 경화(輕貨)상태의 흘수에서 만재흘수선(滿載吃水線)[14]까지 적재한 모든 것의 총중량을 2,204 Lbs(1,000Kgs)로 나누어 산출된 톤수이다.[15] 일반적으로 재화중량톤이라고 하면 이 톤수를 의미하며, 선박의 매매, 용선료의 기준 등 해운경영에 사용되고 있다. 특히 순재화중량톤(Net Deadweight)이라고 하면 재화중량톤수에서 연료, 식수, 식료품, 선용품, 선원 소지품, Ballast 등의 중량을 제외한 純 화물수송능력으로서의 톤수를 말한다.

### 3) 운하톤수

특히 파나마 또는 수에즈 운하(canal) 등을 통과하는 선박에 대해 통항료를 징수하기 위하여 운하당국이 특별한 기준에 의거 산출한 톤수도 있다.

---

14) 국제만재흘수선 조약(International Convention on Load line, 1966)에 기준을 둔 하계 만재흘수선 상에 떠 있는 상태가 만재상태이다.

15) 재화중량톤수의 산정방법은 선박톤수측정에 관한 규칙(1983. 3. 7. 제정 교통부령 제758호) 참조.

### 4) 선박의 톤수와 크기관련 용어

(1) 건화물 벌크선[16)]

① Handy Size : 20,000~34,999 DWT급 선박

② Handymax : 35,000~49,999 DWT급 선박

③ Panamax : 50,000~79,999 DWT급 선박

④ Capesize[17)] : 80,000 DWT급 이상의선박

(2) 유 조 선

① Aframax[18)] : 50,000~99,000 DWT급 선박

② Suezmax(Sumax) : 100,000~149,000 DWT급 선박

③ VLCC(Very Large Crude oil Carrier) : 250,000~299,999 DWT급 선박

④ ULCC(Ultra Large Crude oil Carrier) : 300,000 DWT 이상의 선박

(3) 컨테이너선

일반적으로 20피트 컨테이너(TEU : twenty foot container equivalent unit)를 적재할 수 있는 개수로 그 크기를 나타낸다.

[예] 600TEU, 2,000TEU, 4,000TEU, 6,000TEU, 10,000TEU 13,000TEU급 등

## 2-4 선박의 종류

### 1) 추진원동력에 의한 분류사용목적에 의한 분류

(1) 인력에 의한 것 : 노도선(櫓棹船, rowing ship)

(2) 풍력에 의한 것 : 범선(帆船, sailing ship)

(3) 풍력과 기계력에 의한 것 : 기범선(sailing ship with auxiliary machinery)

(4) 기계력에 의한 것 : 기선, 내연기관선, 디젤기관선, 가스 터빈기관선 등

(5) 원자력에 의한 것 : 원자력선(atomic powered ship, nuclear ship)

---

16) 선형별 DWT범위는 학자에 따라 약간의 차이가 있다. 여기서는 권오주, 박인흠, 해사개론, 해인출판사, 2005, p. 105를 참조한 것임.

17) 선박이 수에즈운하를 통항할 수 없을 정도로 커서 희망봉을 돌아 운항하여야 하는 선박을 말한다.

18) Aframax(Average Freight Rate Assessment at the maximum) : 운임, 선가 등을 고려했을 때 최대의 이윤을 창출할 수 있는 경제적 사이즈의 선박을 지칭한다.

### 2) 사용목적에 의한 분류

(1) 상업상의 목적에 사용되는 상선(merchant ship)
(2) 전쟁행위를 목적으로 하는 군함(warship)
(3) 어로에 종사하는 어선(fishing boat)
(4) 기타 특수 업무의 수행을 목적으로 하는 특수선

### 3) 운송의 목적물(객체)에 의한 분류

(1) 화물선(Cargo Ship)
① 재래 일반화물선
② 컨테이너선(그림 2-2) : Full container ship, Semi-container ship
③ 살물선(撒物船, Bulk Cargo Carrier : 그림 2-3)
④ 유조선(Oil Tanker : 그림 2-4) : Dirty Tanker, Clean Tanker
⑤ Chemical Tanker
⑥ 전용선 : 자동차 전용선(그림 2-5), 목재전용선 등
⑦ 겸용선(Combination Ship)
⑧ 액화천연가스(LNG)운반선(그림 2-6) : Membrane형, Moss형
⑨ 액화석유가스(Liquified Petroleum Gas : LPG)운반선 등
(2) 여객선(Passenger Ship)
(3) 화객선(貨客船), 카페리(Car Ferry) 등

[그림 2-2] 컨테이너선

〈CSCL BUSAN(中海釜山)〉호

— Length : 336.67m — Breadth : 45.6m — Depth : 22.81m — DWT : 111,792톤
— 적재능력 : 9,572TEU(On deck : 4,906T, In hold : 4,666)

[그림 2-3] BULK선

[그림 2-4] 유조선(Oil Tanker)

[그림 2-5] 자동차 전용선(RO-RO 방식)

[그림 2-6] 액화천연가스(LNG) 운반선

## 2-5 프레이트 포워더와 선박

### 1) 선박의 보유 문제

해운업을 영위하려는 선박회사는 무엇보다 가장 기본적인 생산설비인 선박이 있어야 가능하다. 따라서 해운기업은 거대한 자본을 투입하여 신조선을 발주하거나 또는 중고선을 매입하는 방법에 의해 선박을 확보한 다음 적정 선원을 채용하여 이를 운항하여야 한다. 물론 용선료를 지급하고 타 선주의 선박을 용선하는 방법도 있지만 이는 어디까지나 자사가 구축한 일정규모의 선대의 보충적 수단에 불과하고 근본적인 확보방법은 아니다. 그러나 프레이트 포워더는 선박을 직접 보유·운항하지 않으면서 화주를 위해 포워딩 업무를 수행하는 자이므로 위와 같이 선박의 확보문제는 일어나지 않는다.

### 2) 프레이트 포워더가 운송선박에 대하여 사전 확인을 요하는 주요사항

프레이트 포워더가 화주의 화물운송을 주선할 시에 화물을 운송할 선박에 대하여 다음과 같은 사항들은 반드시 사전에 점검할 필요가 있다.

(1) 운송선박의 국적(國籍) 관련 사항

수입국에 따라서는 특정 기국 선박의 입항이나 선적을 금지하는 경우가 있다. A국이 특정 기국(B)의 선박(C)에 대해 법률 등으로 A국에 입항을 금지하는 경우임에도 프레이트 포워더가 그러한 사실을 알지 못하고 화주의 화물을 C선박에 선적하였다면, 당해 운송은 완성될 수 없다. 또 다른 예로는 한 신용장에서 특정 기국(예, Korean Flag)의 선박을 지정한 경우라면 프레이트 포워더는 반드시 선적 전에 당해 화물을 운송할 선박의 국적을 확인하여야 할 것이다. 왜냐하면, 주 사업소재지를 한국에 둔 선박회사라 하더라도 그 회사가 운항하는 선박 모두가 한국적(Korean Flag) 선박이 아니라 외국(예, 파나마)에 편의치적(便宜置籍)하였거나(이 경우에는 Panamanian Flag임), 외국적 선박을 정기용선하여 운항하거나 또는 외국적 선박회사와 선복공동사용계약을 체결하여 일정량의 선복을 상호 이용하는 일이 허다하기 때문이다.

(2) 운송선박의 선령(船齡) · 선급(船級) 관련 사항

수입자는 그의 화물을 감항성 있는 선박으로 안전하게 수입하기 위하여 운송선박의 선령을 제한(예, 선령 15년 미만 등)하거나 또는 어떤 특정 선급(예, KR, AB, LR, NK 등)을 가진 선박에 선적하고 선박회사발행의 증빙서를 첨부할 것을 조건으로 하는 신용장을 개설하는 경우가 종종 있다. 만약 이러한 조건이 있는 화물운송을 주선하는 프레이트 포워더는 선박회사에게 운송예정선박의 선령 또는 선급에 대하여 미리 확인을 한 후에 선복예약을 하여야 할 것이다.

## 제 3 절 컨테이너운송의 주요 설비

컨테이너선에 의한 화물운송을 위한 주요 설비로는 컨테이너선박, 컨테이너선 전용항만, 컨테이너터미널(CY, CFS, ICD, RY, RFS 등) 및 터미널장비(Gantry Crane, Straddle Carrier, Transtainer, Top Handler, Reach Decker, Tractor 등) 그리고 선사의 컨테이너와 육상운송인의 육상운송장비 등을 들 수 있는데, 이중 선박에 관

하여는 앞 절에서 그 개요를 살펴본 바 있다. 그러나 컨테이너전용 항만/터미널의 개발, 그 시설과 장비 및 운영 등에 대한 논의는 별본에서 구체적으로 다루어져야할 또 다른 하나의 전문분야이므로 본서에서는 이를 다루지 않고, 여기에서는 프레이트 포워더와 관련 있는 컨테이너운송 장비(Chassis 포함)에 한정하여 살펴보기로 한다.

## 3-1 컨테이너

### 1) 컨테이너의 정의

컨테이너(container)란 화물의 보관을 위한 격실이 형성되도록 둘러싸여 있고(전부 또는 일부) 그 내부용적이 1㎥ 이상으로서, 내구성을 가지고 반복사용에 적합할 정도로 견고하며, 화물의 적출이 용이하도록 설계되고 해륙공의 운송수단에 적재·운송이 가능해야 함은 물론, 운송수단 간에 환적이 용이하도록 특별 설계된 수송용기를 말한다.[19]

### 2) 컨테이너의 종류

컨테이너의 종류는 규격 및 화물별 용도에 따라 다음과 같이 분류할 수 있다.

#### (1) 규격에 따른 분류

① 20Ft 컨테이너 : 길이 20'(feet)×폭 8'(feet)×높이 8' 6"(inch)

② 40Ft 컨테이너 : 길이 40'×폭 8'×높이 8'6"

③ 40Ft High Cube 컨테이너 : 길이 40'×폭 8'×높이 9' 6"

④ 특수규격의 컨테이너 : 길이 10' · 35' · 45'· 48' · 53'×폭 8'.0×높이 8' 6" 또는 9' 6"

#### (2) 화물별 용도에 따른 분류

① Dry Cargo Container : 일반화물의 운송용 컨테이너(그림 2-7)

---

19) 컨테이너관리에 관한 고시(관세청고시 제2005-37호, 2005. 12. 7. 개정) 제1-0-2조 제 1 호; 국제표준화기구(ISO : International Organization for Standardization)의 컨테이너의 정의 참조.

② Reefer Container : 온도조절을 요하는 화물(육류, 생선, 식품, 과일 등)의 운송용으로 -30~+30℃ 까지 조절이 가능한 컨테이너(그림 2-8)

☞ Deep Frozen Control Container : 2가지 냉매사용으로 -60℃까지 가능

[그림 2-7] Dry Container

[그림 2-8] Reefer Container

③ Open-Top Container : 화물의 높이가 일반컨테이너보다 높은 화물의 운송용으로 컨테이너의 윗면이 없는 컨테이너(그림 2-9)

☞ 드물게는 옆면이 없는 컨테이너(Open-Side container)도 있다(그림 2-10).

④ Flat Rack Container : 대형 또는 중량화물의 운송용으로, 이는 윗면과 옆면이 없고 바닥과 기둥만 있는 컨테이너(그림 2-11)

☞ 바닥만 있는 Flat Bed 또는 Flat form 컨테이너도 있다.

[그림 2-9] Open-top Container

[그림 2-10] Open-Side Container

⑤ Tank Container : 액체 또는 기체 화물을 수송하기 위해 제작된 원통형 컨테이너(그림 2-12). 탱크컨테이너에는 보냉(保冷) 또는 가열(加熱)기를 부착, 운송 중 온도조절이 가능하도록 되어 있다.

[그림 2-11] Flat Rack Container

[그림 2-12] Tank Container

⑥ Ventilation Container : 화물 자체에서 나오는 Gas를 배출하거나 호흡을 필요로 하는 화물(예 : 감자, 양파 등)의 수송용 컨테이너인데, 이는 컨테이너 측면의 상하에 Ventilation Hole 수가 일반컨테이너보다 많다.

⑦ C/A(Control Atmosphere) Container : 신선도 주기(life cycle)가 짧은 채소 등의 신선도를 유지하기 위해 고도의 과학기술을 응용하여 제작된 특수 컨테이너이다.[20)]

☞ C/A 및 습도(Humidity)의 조절기능이 합쳐진 컨테이너도 있다.

## 3-2 샤시와 트랙터

### 1) 샤시(chassis)의 의의

Chassis는 컨테이너의 육상수송용으로 개발된 장비로서, 차축, 차륜, 스프링장치, 제동장치 등을 갖춘 무동력 피견인차이다. 동력장치가 있는 Tractor(일명 : Head)와 결합하여 이동이 가능하도록 설계되어 있다.

### 2) 샤시의 유형

(1) Flat Bed Chassis(Trailer)

컨테이너와 일반 화물 수송용으로 사용되며 상부에 목재 등을 깔았기 때문에 일명 평판 트레일러라고도 하나 자체중량이 무거우므로 컨테이너운송용

---

20) C/A컨테이너는 컨테이너 내부의 온도뿐만 아니라 공기의 비율의 조절(질소비율의 증가, 산소비율의 감소 조절)을 통하여 화물(채소, 과일, Live plant 등)의 호흡작용을 억제하는 원리를 이용, 화물의 신선도를 유지하기 위해 개발된 첨단컨테이너이다.

으로는 사용도가 떨어진다(그림 2-13).

(2) Flat Frame Chassis

컨테이너 전용 샤시로서 20'컨테이너용, 40'컨테이너용 및 20' & 40' 겸용(Combi)이 있는데 프레임 위에 평판이 깔려 있지 않다(그림 2-14).

[그림 2-13] Flat (bed) Chassis

[그림 2-14] Flat Frame Chassis

(3) 40' Gooseneck Chassis

앞부분이 거위 목처럼 휘어지게 설계되어서 붙어진 이름이다. 40피트 컨테이너 전용 샤시이다(그림 2-15).

(4) Low Bed(dropped frame)Chassis

Frame이 일반 샤시에 비하여 낮은 샤시로서, 부피가 크거나 중량화물의 운송에 이용된다(그림 2-16).

[그림 2-15] Gooseneck Chassis

[그림 2-16] Low Bed Chassis

### 3) 트 랙 터

트랙터(tractor)는 샤시(chassis)를 견인하는 차량으로서, 이는 컨테이너선사가 보유하기보다는 육상운송업자가 보유·관리·운영하는 장비이다. 프레이트 포워더가 육상운송사업을 겸업하는 경우에는 이를 보유할 수 있음은 물론이다.

## 3-3 프레이트 포워더와 컨테이너장비

### 1) 프레이트 포워더의 컨테이너장비 보유 여부

컨테이너선사는 운항선박의 총선복량, 수송물량, 배선간격 그리고 장비의 회귀일수[21] 등을 감안하여 총 컨테이너 및 샤시의 소요량을 산출하고 장·단기적 보유계획을 세워서 적정 보유량을 확보(구매, 임차)하여야 한다. 그리고 선사는 이렇게 보유한 장비를 서비스 지역별로 배분하여 항시 적정 재고량(Equipment Standard Pool: ESP)이 유지되도록 공급하거나 또는 장비부족지역으로 이동(Repositioning)시킨다. 또한 선사는 보유장비의 소재를 실시간으로 파악해야 하며, 항시 양호한 상태를 유지하기 위해 보수하고 노후장비는 처분하는 등의 관리를 하여야 한다.

그러나 프레이트 포워더는 집하한 화물을 특정 선사를 통하여 운송하면 해당 선사의 컨테이너를 무료로 이용하는 자의 지위에 있으므로 위와 같은 장비의 확보나 운영, 관리문제는 일어나지 않는다. 다만 프레이트 포워더가 선사의 장비를 이용할 시에는 다음과 같은 점을 유의할 필요가 있다.

### 2) 프레이트 포워더가 선사의 컨테이너장비를 사용할 시 유의할 사항

(1) 컨테이너별 치수, 내부용적의 숙지

프레이트 포워더는 집하한 화물의 총용적 및 개별 화물의 크기(가로, 세로, 높이)를 고려하여 당해 화물이 적입될 수 있는 적정한 크기의 컨테이너를 선사에게 요청할 필요가 있다. 예컨대 화물의 총 용적은 20'Dry컨테이너가 수용할 수 있는 범위 내에 있다고 하더라도 화물 하나의 길이나 폭, 또는 높이가 20'컨

21) 회기일수란 컨테이너의 양륙일로부터 재선적일까지의 기간을 말한다. 이 기간이 길면 장비의 효율성이 떨어져서 선사는 보유량을 늘려야 한다.

테이너 내부의 길이나 문의 크기를 초과하는 경우에는 20'컨테이너에 적입하여 운송할 수 없을 것이므로 Flat Rack 컨테이너나 40'컨테이너를 사용하여야 할 것이기 때문이다.

아래 [표 2-2]는 컨테이너의 내부 칫수 및 최대로 적재할 수 있는 화물의 중량을 표시한 것이다. 그러나 이는 선박회사별 또는 材質(aluminium, steel 등)에 따라 약간의 차이(0.1~0.5cm)가 있다. 그리고 컨테이너의 내부 용적과 수용가능하다는 최대 적재 중량은 기술적/계산적 측면에서 가능하다는 것이지 실제로는 그렇지 않은 경우가 많다. 왜냐하면 컨테이너 내부에 포장화물을 적입하면 필연적으로 그들 사이에 빈 공간(dead space)이 생길 수 있고, 화물의 중량은 컨테이너가 수용할 수 있는 범위 내에 있다고 할지라도 각국의 도로운송관계법에서는 통행차량의 최대 적재한도를 규정하고 있어서 컨테이너 내부에 여유공간이 있더라도 중량이 그 한도를 초과하면 내륙 운송이 될 수 없기 때문이다. 그러므로 프레이트 포워더는 집하한 화물의 발착지 국가의 제한 중량이 얼마인지를 사전에 확인할 필요가 있다.[22)]

[표 2-2] 컨테이너 종류별 내부규격

| 구분 / 컨테이너 | | 길이 (cm) | 폭 / Door폭 (cm) | 높이 / Door높이 (cm) | 내부용적 (CBM) | 컨테이너 자체중량 (Kg) | 최대 적재 화물중량 (kg) |
|---|---|---|---|---|---|---|---|
| 20' | Dry | 589.7 | 234.8 / 233.7 | 238.5 / 227.2 | 33.0 | 2,290 | 28,190 |
| | Reefer | 545.5 | 229.0 / 229.0 | 226.2 / 222.7 | 28.3 | 2,960 | 21,040 |
| | F/R | 595.8 | 201.8 / - | 209.7 / - | 25.0 | 2,720 | 27,760 |
| | O/T | 589.8 | 234.6 / 233.8 | 238.1 / 224.4 | 32.6 | 2,450 | 21,550 |
| 40' | Dry | 1203.1 | 234.8 / 233.7 | 238.5 / 227.2 | 67.4 | 3,770 | 26,710 |
| | Reefer | 1155.4 | 228.6 / 228.6 | 221.6 / 218.2 | 58.5 | 4,240 | 26,240 |
| | F/R | 1198.6 | 223.6 / - | 196.8 / - | 52.7 | 5,850 | 39,150 |
| | O/T | 1202.2 | 234.6 / 233.8 | 238.1 / 224.4 | 66.4 | 4,020 | 26,460 |
| 40'HC | Dry | 1203.1 | 234.8 / 233.7 | 269.0 / 257.7 | 76.0 | 3,990 | 26,490 |
| | Reefer | 1158.5 | 229.0 / 229.0 | 252.7 / 249.1 | 67.0 | 4,110 | 26,370 |
| 45' | Dry | 1355.5 | 234.8 / 233.7 | 269.0 / 257.7 | 85.6 | 4,880 | 25,600 |

〈참고〉 HC : High cube container, O/T : Open-top container, F/R : Flat-rack container.
〈자료〉 http://ecamp21.hanjin.com 및 http://www.gohanjin.com의 자료를 참조하여 작성.

22) 우리나라는 총중량(차량+컨테이너+화물)이 40톤으로 제한되어 있고[도로법 시행령(대통령령 제19829호, 제28조의3 제2항 1호)] 이를 초과하여 운행하는 경우 처벌하고 있다.

### (2) 과적수출입화물에 대한 관세청의 보세운송제한

수출입화물 운송차량이 과적차량으로 적발되어 세관에 통보될 경우, 종전에는 탈세의도 등 고의성이 입증된 경우에만 관세법에 의거 처벌을 하였으나, 2005년 1월부터 고의성 여부와 상관없이 적하목록 기재(중량) 부실로 적하목록을 작성한 자(선박회사 또는 프레이트 포워더)에 대하여 과태료를 부과한다. 또한, 보세운송신고단계에서 B/L당 화물의 총중량이 25톤을 초과하는 컨테이너 화물에 대하여는 애초에 보세운송신고가 되지 않도록 하고 있으며, 하나의 B/L에 여러 개의 컨테이너가 있는 경우에는 컨테이너 개수로 나눈 평균중량이 25톤을 초과하는 경우가 해당된다. 이 경우 화물의 총중량 25톤에는 컨테이너 및 차량 무게는 포함되지 않으며, 또한 도로법상 단속기준이 총중량 40톤이므로 컨테이너 규격(20피터, 40피트 등)에 상관없이 25톤을 초과하는 경우에는 보세운송신고의 수리가 제한된다.

### (3) 선사장비의 무료사용기간(free time)의 숙지

프레이트 포워더가 수출화물의 운송을 위하여 선사로부터 빈 컨테이너를 사용할 경우에는 선사별로 정한 무료사용기간 내에 화물을 컨테이너에 적입하여 선사의 지정 터미널에 반입시켜야 한다. 수입화물의 경우에는 화물이 적입되어 있는 컨테이너를 픽업하여 선사가 정한 무료사용기간 내에 컨테이너로부터 화물을 적출한 다음 빈 컨테이너를 선사의 지정 터미널에 반입시켜야 한다. 그러지 않으면 선사로부터 장비지체료(detention charge)를 부과받게 된다.[23)]

### (4) 장비의 선량한 관리

프레이트 포워더는 수출 또는 수입화물을 위하여 선사의 컨테이너가 그의 관리 아래에 있는 동안에는 항상 선량한 관리자로서 이용하여야 한다. 만약 그의 관리아래 있는 동안 장비가 손상되거나 멸실된 경우에는 선사에게 그 손해를 배상할 책임이 있기 때문이다.

---

23) 장비의 Free Time과 Detention Charge의 수준 : 이는 선사별로 약간씩 다를 수 있으나 2008년 국적선사 H해운이 공표한 Tariff Rule을 보면, 한국발 미국향 수출의 경우 40'dry컨테이너의 free time은 8일, Detention charge는 6000원/day이며(HJSC-700, Rule 21B), 미국발 한국향 수입의 경우는 40'dry컨테이너의 free time이 6일이고 Detention charge는 7,000원/day 수준이다(HJSC-300, Rule 21D).

# 제 4 절 해상화물운임

## 4-1 해상화물운임의 기초 개념

### 1) 해상운임의 의의

해상운임(ocean freight)은 해상운송인이 화물을 운송한 대가로 화주가 운송인에게 지급하는 보수이다.[24] 해운회사는 해상운송을 통해 영리를 추구하는 기업이고 영리의 원천이 되는 것이 운임이다. 해운회사의 수익(profit)은 이 운임수입에서 운송에 소요된 비용을 공제한 차액이므로, 운임을 제고하는 것은 경비의 절감과 함께 해운회사 경영의 가장 중요한 기초이자 목적 중의 하나이다.

### 2) 운임에 관한 학설[25]

(1) 생산비설(원가설; 운송비용설; 생산가격설)

운임은 운송서비스를 생산하는 데 소요된 비용에 의하여 결정된다는 학설이다. 즉 운임의 최저점의 수준은 운송원가 된다는 이론이다.

(2) 운임부담력설

운임수준은 상품가치의 창조를 위하여 제공된 운송서비스에 대한 대가로 수요자가 지불할 수 있는 운임의 부담력(charging what the traffic will bear)을 한도로 결정된다는 이론이다. 즉 실무적으로도 저가화물은 운임부담력이 낮으므로 낮은 운임이, 고가화물은 운임부담력이 높으므로 높은 운임이 형성된다고 한다.

(3) 운송용역가치설

운임수준은 수요자(화주)가 운송용역(상품)에 대한 가치를 인정하는 정도에 따라 결정된다는 학설이다. 즉 운임은 운송인이 제공하는 운송용역에 의하여

---

24) Mark S.W. Hoyle, The Law of International Trade(2nd ed.), CCH Edition Limited, 1985, p. 232; Saul Sorkin, GOODS IN TRANSIT, vol. 3, Mattew Bender & company, 1991, p. 20-8; 沈載斗, 전게서, p. 507.

25) 방희석, 전게 국제운송론, pp. 185~189.

수요자에게 발생되는 부가가치(부가가치의 정도는 수요자의 주관적 판단임)에 의해 결정된다는 이론이다. 이 설은 화주가 부담할 수 있는 최고 운임수준을 제시하는데 그치고 실질적으로는 위에 언급한 운임부담능력에 의해 결정되므로 양설을 같은 것으로 보는 견해가 많다.

(4) 절 충 설

운임의 최고한도는 화주의 부담능력이고, 최저한도는 운송원가이다. 그러므로 운임은 화주의 부담능력과 운송원가 사이의 중간 수준에서 결정된다는 이론이다.

위의 이론들은 운임수준을 결정하는 기본 이론으로서, 이중 어느 한 학설이 정기선·부정기선 운임의 결정에 공통적으로 그대로 적용되는 것이 아니다. 다만 이를 기본으로 아래와 같은 여러 가지 다른 요소들이 감안되어 운임수준이 형성된다.

### 3) 해상화물운임의 결정에 고려되는 주요 요소

(1) 운송용역의 생산비

해상화물운임의 결정시에 고려되는 요소 중 가장 큰 비중을 차지하는 것이 비용이라 할 수 있는데 이 비용이 곧 운송용역의 원가이자 생산비라 할 수 있다. 선사에게 발생되는 주요 비용은 다음과 같은 것이 있다

① 비용의 종류

— 선박의 감가상각비(사선의 경우), 용선료(용선의 경우)
— 고정선비 : 선박유지비, 선용품비, 윤활유비, 선원비 등
— 운항변동비 : 선박연료비, 도선료, 예선료, 부두사용료, 입항세 등의 항비
— 화물변동비 : 하역비, 화물의 보관/관리 등에 수반되는 비용
— 운반비 : Shuttle료, Feeder료 또는 육상운송비
— 장비비 : 컨테이너, 샤시 등의 감가상각비, 유지 · 보수 비용
— 영업비 : 대리점비, 판매촉진비 등 영업수입을 위한 제반비용
— 일반관리비 : 임직원의 보수와 급료, 사무실등 점비(店費), 세금 등

② 화물별 운임의 결정을 위한 총비용의 배분

부정기선운송은 선박단위로 단일화물을 운송하므로 항해 총비용을 화물에

대입하는 측면에서 운임수준을 결정하기가 정기선에 비해 단순하다. 그러나 정기선운송은 다종, 다수, 다계층의 운임부담력을 가진 개품을 운송하기 때문에 발생된 총비용을 그때마다 각각의 화물에 배분하는 것은 사실상 불가능하다. 그래서 정기 선사들은 특정항로에 투입된 선대가 일정기간동안 발생시킨 총비용을 그 기간에 운송된 총 화물에 배분하여 화물단위당 평균운임수준을 구한다. 그런 다음 개별 화물의 운임부담능력 및 여타 요소를 고려하여 품목별 운임수준을 결정한다.

(2) 화물의 종류와 특성

고가품, 위험물, 냉동/냉장화물, 거대화물 등은 운임부담력이 높은 반면, 운송인은 일반화물에 비하여 더 많은 주의를 해야 하고 또 화물이 운송인의 관리아래에 있는 동안에 손상된 경우에는 더 큰 책임이 뒤따르므로 운임액도 상대적으로 높게 형성된다.

(3) 항해거리 및 항로

항해거리가 길거나 항해에 위험이 있는 항로를 통과하여야 하는 경우에는 그렇지 않은 경우보다 상대적으로 높은 운임이 형성된다.

(4) 기항지의 상황

예컨대 선박이 기항하는 국가에 전쟁 또는 소요사태가 발생하고 있거나 항만이 번잡하여 선박의 대기시간이 길거나 또는 항만사용료가 높은 경우에는 그러지 않은 기항지보다 상대적으로 높은 운임이 형성된다.

(5) 복항(復航)화물의 유무

전통적으로 수입화물이 많고 수출화물이 적은 지역으로 운송되는 화물의 운임은 복항시의 선박소석률을 감안하여 왕항(往航)시의 운임이 그러지 않은 지역보다 상대적으로 높은 운임이 형성된다.

선사는 위와 같은 요소를 기본으로 생산원가를 보전하는 수준에서 수요자(화주)와의 타협(compromise), 타선사가 설정한 운임과의 비교(comparison) 및 경쟁성(competition)이 작용하여 운임액을 결정한다.

### 4) 특별 추가운임

기본운임을 설정하여 운영하는 도중에, 운임을 결정할 당시에는 예상하지 못했던 갑작스런 변화(예 : 갑작스런 국제유가의 상승, 운임으로 정한 통화가치의 하락, 기항 항구에 Strike나 폭동 등 돌발적인 사태의 발생 등)가 운송비용이나 위험을 증가시켜 실질 운임을 하락시키는 효과를 가져오는 경우에는 그것을 보전하기 위하여 그때마다 특별 추가요금(charge or surcharge)을 설정하기도 한다.

## 4-2 선박회사의 운임 운영

### 1) 운임동맹과 운임률의 결정

정기선에 의한 운송은 부정기선운송과 달리, 불특정 다수 화주의 다양한 개품을 선적하고 미리 정해진 운항스케쥴에 따라 선박이 출항하는 특성 때문에 정기선사가 그때마다 화주와 합의로 운임을 결정하기 어렵다. 그래서 특정 항로에 취항하는 정기선사들은 해당항로에서 적정수준의 운임의 유지와 선사간의 과당경쟁을 피하기 위하여 전통적으로 운임동맹(Freight Conference)[26] 등을 결성하고 그 동맹체가 전술한 바와 같은 선사의 한계비용과 운임의 결정요소 등을 참작하여 화물별로 적정 운임률(commodity rate)을 결정하면 전 회원 선사들이 공통으로 그것을 사용한다.[27]

오늘날은 이러한 전통적 운임동맹들이 거의 와해되었지만[28] 동맹이 존재

---

26) 운임동맹을 해운동맹 때로는 운임협정(Rate Agreement)이라 하기도 한다. 참고로 TPDA(Trans Pacific Discussion Agreement)나 TSA(Trans-pacific Stabilization Agreement) 등은 전통적 운임동맹이 아니다.

27) 1875년 8월 영국/캘커타 항로에 P&O 외 5개 선사가 처음으로 해운동맹을 결성한 이래, 세계 주요 정기선 항로에 수백여 개의 해운동맹/협정들이 결성 및 해체를 거듭하면서 오늘날까지 이어지고 있다. 그간의 주요 동맹 또는 협정의 예를 들면 ① TPFC J/K(Trans Pacific Freight Conference Japan/Korea), ② PWC(Pacific Westbound Conference), ③ ANERA(Asia North America Eastbound Rate Agreement), ④ TWRA(Trans Pacific Westbound Rate Agreement), ⑤ FEFC(Far Eastern Freight Conference), ⑥ KNFC(Korea Near-Sea Freight Conference), ⑦ TACA(Trans-Atlantic Conference Agreement) 등이 있는데, 미국발착 해상화물운송을 규율하는 미국 개정해운법(OSRA 1998) 규정 중 특히 IA (Independent Action)와 S/C(Service Contract)의 영향으로 오늘날은 대부분의 운임동맹이 와해되었고 동맹이 현존하더라도 전통적 동맹 고유의 기능은 상실되었다. 그러므로 본서에서는 동맹에 관한 자세한 내용은 다루지 않는다.

28) EU는 2008년 10월부터 유럽역내에서 활동하고 있는 정기선 해운동맹의 공동운임설정 및 선복량 조절행위를 불법화하고 이를 금지키로 결정했다. 이러한 결정은 1870년대부터 140여년간 지

한다고 하더라도 이에 가입하지 않고 독자적으로 영업을 하는 선사(비동맹선사; Non-Conference Line)도 많다. 물론 이 경우에는 비동맹선사가 독자적으로 운임률을 결정하여 운영하게 되는데 비동맹선사도 동맹선사들과의 경쟁이 불가피하기 때문에 그들의 운임률은 동일 항로의 동맹선사가 운영하는 운임수준과 같거나 약간 아래 수준을 유지하는 것이 보통이다.

### 2) 결정된 운임의 운영

#### (1) 운임률표(Tariff)에 의한 운임의 운영

정기선사는 위와 같이 결정된 품목별 운임률(rate)을 규칙(Rules; 이에 포함되는 주요 내용은 [표 2-3] 참조)과 함께 일반인에게 공표하고 적용하는 것이 일반적이다.[29)]

[표 2-3] Tariff Rule에 포함되는 주요내용

1) Tariff의 적용범위(scope) : Origin/Destination(Ports 또는 Inland points)
2) 운임 및 요금의 적용방법 : per Ton(KT, CBM) Rate, per Container Rate
3) 특수화물(Reefer, 중량, 장척, 위험화물 등)에 관한 사항
4) 유효일(effective date)과 종료일(expiration date)에 관한 사항
5) Store Door Delivery에 관한 사항
6) Diversion에 관한 사항
7) B/L일자의 기준
8) B/L Surrender 등에 관한 사항
9) Minimum B/L charge, Minimum Container Charge등에 관한 사항
10) 운임의 지불방법에 관한 사항 : Prepaid조건, Collect조건, Credit 관련 규정
11) Surcharge 및 Charge에 관한 사항
12) Arbitrary에 관한 사항 : Origin 및 Destination에서의 Arbitrary
13) 고가화물과 종가운임(Ad Valorem Rates)에 관한 사항
14) 운송인장비의 사용에 관한 사항 : Free Time과 Detention Charges
15) 터미널(CY, CFS)에 관한 사항 : Receiving & Delivery Charges, Origin & Destination의 Cargo Free Time, Storage and Demurrage 규정 등
16) Return화물에 관한 사항
17) Overcharged된 경우의 환불절차
18) 기타 : Tariff에 사용된 용어의 정의, 지역별 특별적용규정 … 등

속된 해운동맹체제 해체를 의미하는 역사적인 해운규제개혁조치이다.

29) 특히 미국발착화물을 해상운송하는 운송인은 그의 Tariff를 반드시 공표하여야 한다(미해운법 제8조).

(2) Service Contract(S/C)[30]에 의한 운임의 운영

S/C운임이란 일정기간에 일정량의 화물을 해상운송인인 선사에게 제공하기로 약정한 화주(NVOCC 포함)와 선사 간에 합의된 운임을 말하는데, 이는 선사가 미연방해사위원회(FMC)에 신고(file)해야 사용할 수 있다. 특히 미국을 발착하는 화물은 S/C 운임에 의한 운송의 비중이 전술한 Tariff 운임에 의한 운송보다 높다.

## 4-3 프레이트 포워더의 운임 운영

프레이트 포워더가 NVOCC로서 행위할 경우에는 실화주에 대하여는 운송인(運送人, carrier)의 지위에 있지만, 실제운송을 실행하는 선박회사(VOCC)에 대해서는 송하인(送荷人, shipper)의 지위에 있으므로 NVOCC의 운임운영이라고 하면 이 양자의 측면에서 살펴보아야 한다.

### 1) 운송인의 지위에서의 운임의 결정과 운영

(1) 운임의 결정

NVOCC도 화주에게 부과할 운임을 결정할 시에 고려하는 것 중 가장 큰 비중을 차지하는 부분은 무엇보다도 당해 운송을 완성하는 데 소요되는 비용/원가이다. 그러나 NVOCC는 화주에 대하여 운송인의 지위에 있기는 하지만 그는 선박을 운항하지 않기 때문에 선사가 운임수준을 결정할 때 고려하는 비용의 종류와는 크게 다르다. 다시 말하면 NVOCC에게는 선박의 보유, 유지와 관련된 비용, 선박운항과 관련된 비용 그리고 컨테이너나 샤시의 보유와 유지와 관련된 장비비 등은 직접적으로 발생되지 않으므로 이러한 비용이 얼마나 발생하며 이를 화물별로 어떻게 배분할 것인가의 문제는 발생하지 않는다. 그러므로 NVOCC는 VOCC가 설정한 운임을 기본으로 하고, 자신의 영업비, 일반관

30) "Service Contract" means a written contract, other than a bill of lading or a receipt, between one or more shippers and an individual ocean common carrier or an agreement between or among ocean common carriers in which the shipper or shippers makes a commitment to provide a certain volume or portion of cargo over a fixed time period, and the ocean common carrier or the agreement commits to a certain rate or rate schedule and a defined service level, such as assured space, transit time, port rotation, or similar service features(미해운법 제3조(19) 참조).

리비 및 파트너 또는 대리점 비용에 적정이윤을 더한 합계 금액을 운송화물에 평균 배분한 수준으로 운임을 결정하면 된다. 물론 이때 실화주와의 타협, 타 NVOCC와의 경쟁성이 작용함은 VOCC와 다를 바 없다.

(2) 운임률표(Tariff)의 운영

NVOCC도 결정된 품목별 운임률표를 규칙(Rules) 함께 일반인에게 공표하여 그대로 적용하는 것이 대내외적 대항력과 공신력이 있을 것이다. 우리나라의 NVOCC 중에는 이를 공표하지 않고 그때마다 화물별 선사운임 및 경쟁 NVOCC의 운임을 비교, 자신의 비용을 감안한 운임을 화주에게 제시하여 영업하는 NVOCC도 많다.

그러나 특히 미국을 발착화물을 취급하는 NVOCC는 일정한 자격요건을 갖추고 VOCC와 마찬가지로 그의 Tariff를 일반에게 공표하고, 그 Tariff Rate와 Rules대로 화물을 운송하여야 한다.[31]

(3) Service Arrangement(NSA)[32]운임의 운영

NSA운임이란 일정기간에 일정량의 화물을 NVOCC에게 제공하기로 약정한 화주와 NVOCC간에 합의된 운임을 말하는데 이는 전술한 선사의 S/C와 비슷한 성격을 지닌다. NSA도 NVOCC가 FMC에 신고하고 발효되어야 사용할 수 있다.

### 2) 화주지위에서의 운임 운영

NVOCC는 선사에 대하여는 화주의 지위에서 선사로부터 일정한 금액으로 운송서비스를 구매하여 그보다 비싼 값으로 그들의 실화주에게 되팔아(resale) 그 차액을 수입원(收入源)으로 하는 것을 목적으로 하는 업자이다.[33] 그러므로 NVOCC가 화주지위에서 “운임을 운영한다”라는 의미는 어떻게 선사로부터 보다 저렴한 운임을 획득할 것인가에 초점이 맞추어 질 수밖에 없다. 이를 위하여 NVOCC는 먼저 그들이 집하할 수 있는 화물의 분량을 제시하면서 선사와

31) 미해운법 제 8 조, 제10조 참조.

32) NSA(NVOCC Service Arrangement) means a written contract, other than a bill of lading or receipt, between one or more NSA shippers and an individual NVOCC or two or more affiliated NVOCCs, in which the NSA shipper makes a commitment to provide a certain minimum quantity or portion of its cargo or freight revenue over a fixed time period, and the NVOCC commits to a certain rate or rate schedule and a defined service level(46CFR § 531.3(p) 참조).

33) 미연방규칙(46 CFR) 제515.2조, l), (1) 참조.

운임협상을 하게 된다. 운임수준에 관하여 NVOCC와 선사간에 상호합의가 이루어지면 협정(미국발착화물은 Service Contract 체결, 그 외 지역간의 화물은 Gentleman's Agreement 체결 등)을 통하여 선사의 일반화주에게 적용하는 Tariff운임보다 저렴한 운임을 획득한다. NVOCC가 화주에게 부과하는 자신의 Tariff운임은 선사와 협정한 운임액보다 높아야 함은 부언의 여지가 없다. 이와 같이 NVOCC는 될 수 있는 한 선사로부터 최대로 낮은 운임을 획득하여야 그들의 화주에게 경쟁력 있는 운임을 제시할 수 있는 것이다. 그러지 않으면 화주는 선사와 직거래를 하거나 또는 다른 NVOCC를 선택할 것이기 때문이다.

NVOCC의 수익은 실화주로부터 받는 운임에서 그의 원가(선사에게 지불하는 운임 포함)를 공제하고 남는 차액이라 할 수 있는데, 이는 단일 화주의 FCL화물의 집하보다는 여러 화주의 LCL화물을 집하하는 경우가 훨씬 높다. 왜냐하면 NVOCC는 여러 LCL화주로부터 톤(CBM 또는 KT)단위의 운임을 적용하여 집하한 뒤 이를 컨테이너에 혼재(混載, Consolidation)하여 선사로부터는 컨테이너단위의 운임을 적용받기 때문이다.

## 4-4 정기선 운임의 구조

정기선 운임은 기본 운임과 여러 가지 종류의 할증료, 요금으로 구성되어 있다.

### 1) 기본운임

기본운임(Basic Freight)은 화물의 중량 1 KT(1000kg) 당 또는 용적 1CBM(cubic meter)당 또는 1 컨테이너(20' 또는 40'container 등) 당 얼마로 정해진다.

### 2) 할증료 · 부가 서비스 요금

(1) 할증료(surcharge)는 아래와 같은 종류가 있다

— 유류할증료(bunker fuel surcharge, BFS 또는 bunker adjustment factor, BAF) : 기본운임 설정 당시에는 예상되지 않았던 유가가 갑작스레 폭등하는 경우 이를 보전하기 위해 부과하는 할증료

— 통화할증료(currency adjustment factor, CAF) : 미국 달러로 설정해 놓은 운임이 달러가치가 운임징수국가의 통화가치보다 급락할 경우 이를 보전하기 위해 부과하는 할증료
— 혼잡항 할증료(congestion surcharge)
— 운하통과 할증료 : 수에즈운하 또는 파나마운하 통과 할증료 등
— 전쟁위험 할증료(war risk surcharge/premium)
— 위험물철도운송할증료(Hazardous Cargo Rail Surcharge)

(2) 부가서비스 요금(additional charge)으로는 아래와 같은 종류가 있다
— 외항 추가운임(out port arbitrary charge)
— 선택항 추가운임(optional charge)
— 양륙항 또는 목적지 변경료(diversion charges)
— 환적료(Transshipment charge)
— 중량화물 취급료(heavy lift charge)
— 장척화물 취급료(long length charges)
— CFS Charge : LCL화물을 CFS에서 혼적 또는 분류작업비용 등을 보전하기 위하여 부과되는 요금

(3) 기타 요금
— THC(terminal handling charge) : 출발지 및 목적지 터미널에서 발생하는 비용을 보전하기 위하여 부과되는 요금
— Wharfage : 부두 사용료
— Documentation Fee(서류 발급비) : B/L, D/O의 발급시 소요되는 서류비용
— Demurrage : 일정 Free time이 경과된 화물에 대하여 부과되는 요금
— Detention : 화주가 선사의 장비를 일정한 free time이 경과되도록 사용한 경우에 부과되는 요금

# 제 5 절 해상화물운송실무

## 5-1 OUTBOUND화물 처리절차

프레이트 포워더의 outbound화물처리절차를 도식화하면 [그림 2-17]과 같다.

### 1) 예약(booking) 접수

(1) 송하인(shipper)

프레이트 포워더(여기서는 NVOCC라 함)를 통운송하려는 송하인은 당해 NVOCC

[그림 2-17] 해상화물 Outbound업무 흐름도

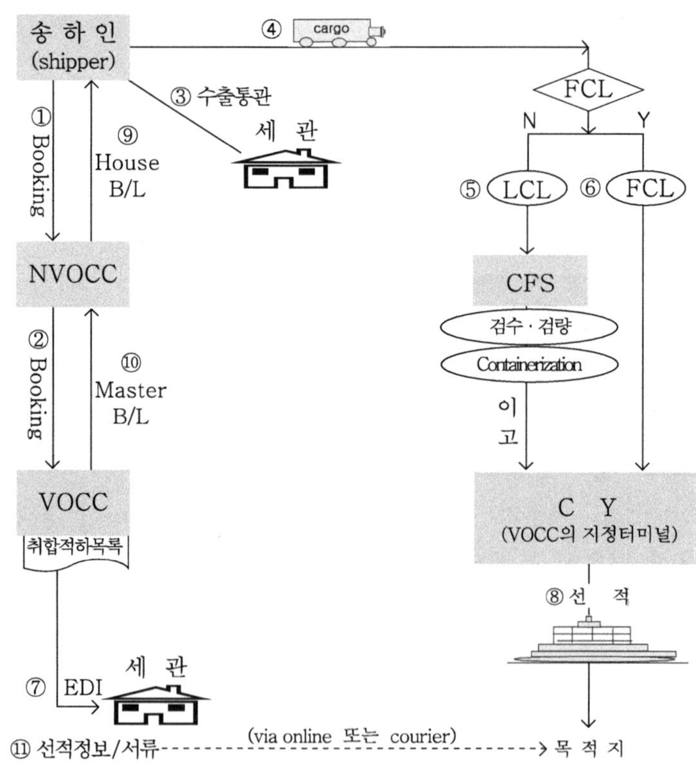

가 게시한 선박일정에 맞추어 운송예약(booking)을 하고 선적신청서와 운송에 필요한 서류를 NVOCC에게 제출한다(그림 2-17의 ①).

(2) NVOCC

송하인으로부터 전화 등으로 Booking을 받은 NVOCC는 운송에 필요한 서류(Shipping Request; 별지 2-1, 필요시에는 Packing List, Commercial Invoice, 신용장사본 등)를 접수한다.

### 2) 운송실행선박의 수배 및 해당 선사에 예약

NVOCC는 송하인의 화물운송을 실행할 선박을 수배하고, 적합한 선사에 전화, 인터넷 등으로 선복을 예약하고, S/R[34]및 운송에 필요한 서류를 제출한다(그림 2-17의 ②).

FCL 화물운송을 선사에 Booking할 시에는 컨테이너종류와 개수도 함께 예약하여 송하인이 FCL화물의 적입(stuffing)을 위하여 선사의 빈(empty) 컨테이너를 사용하는데 차질이 없도록 주선한다.

### 3) 선적물품의 통관과 국내운송의 주선

(1) 송 하 인

수출물품을 확보한 후, 수출신고 등 수출에 필요한 관공서 절차를 이행한 다음, LCL화물의 경우에는 화물을 컨테이너에 적입하지 않은 채 NVOCC의 CFS로 운송하고, FCL화물의 경우에는 NVOCC가 주선한 선사의 빈(empty) 컨테이너를 Spotting받아 송하인 스스로 컨테이너에 화물을 채우고, 봉인(seal)하여 지정(선사) 터미널로 운송한다(그림 2-17의 ③, ④). 이때 수출통관과 국내운송의 실행은 프레이트 포워더에게 위탁할 수 있다.

(2) 프레이트 포워더

송하인이 프레이트 포워더에게 수출통관절차의 이행과 국내운송을 위탁한 경우에는 신중하고 성실한 수탁자로서 이를 수행한다.

---

34) NVOCC가 선사에게 제출하는 S/R과 실송하인이 NVOCC에게 제출하는 S/R이 특히 다른 점은, 전자의 Shipper는 NVOCC이고 후자의 그것은 NVOCC의 송하인인 점이다.

① 통관의 주선 : 통관사를 선정하여 그로 하여금 수출신고 등 수출에 필요한 세관절차를 마치게 한다.

② 국내운송의 주선 : 트럭업자를 선정하여 국내운송을 수행하게 한다. FCL 화물의 경우에는 공(Empty)컨테이너의 Spotting 및 Full컨테이너의 터미널 반입을 위한 국내운송을 해당 선사에게 위탁하는 수가 많다. 그런 경우에 선사는 그의 지정 House Trucker로 하여금 이를 수행하도록 협조한다.

(3) 국내운송의 요청을 받은 트럭운송인

LCL화물은 송하인 또는 NVOCC의 지시에 따라 NVOCC의 지정 CFS로 운반하고, FCL화물은 송하인, NVOCC 또는 선사의 지시에 따라 선사의 CY 또는 CD로부터 Empty컨테이너를 Pick-up하여 송하인의 공장에 운반해 주고, 화물이 적입된 컨테이너를 송하인 공장에서 선사의 지정 CY로 운송한다.

### 4) 화물의 수령

(1) LCL화물

LCL화물은 NVOCC가 지정한 CFS에서 수령한다. CFS운영자는 화주로부터 LCL화물을 수령하고 다음과 같은 업무를 수행한다(그림 2-17의 ⑤).

— Booking과 대조하여 LCL화물을 수령하고 화주에게 인수증을 교부한다.
— 화물을 계수(計數, tallying), 계량(measuring, weighing)한다.
— NVOCC가 작성한 혼재계획(consolidation plan)에 의거 목적지가 동일한 화물별로 컨테이너에 적입(積入, stuffing; containerizing)작업을 한다.
— 컨테이너 적부도(積付圖, container load plan) 작성하여 CFS에게 제공한다.
— 화물이 적입된 컨테이너를 선사의 지정 CY로 이고(移庫)시킨다.

(2) FCL화물

송하인이 화물을 적입한 컨테이너는 NVOCC가 운영하는 Off-Dock CY에서 수령한 후 다시 해당선사의 On-Dock CY로 이송하는 경우도 있을 수 있지만 실무적으로는 곧바로 해당선사의 CY로 입고시킨다(그림 2-17의 ⑥).

(3) 실무적으로 NVOCC는 화물을 수령한 후 송하인의 요청에 의하여 영수증서로서 Freight forwarder's Cargo Receipt(FCR)를 발행하기도 한다. 이것은 후술

하는 선하증권과 그 성질이 다르다.

### 5) 세관에 적하목록 신고

적하목록은 선박에 적재된 화물의 목록이며, 선박의 입항, 출항허가를 위하여 관할 세관에 필수적으로 제출(전송)하는 서류이다. 운송인이 적하목록을 제출하지 않거나 허위 또는 적재물품과 부합되지 않는 적하목록을 제출한 경우에는 관세법 위반으로 처벌받게 된다. 적하목록의 작성책임자, 세관에 제출 의무자 및 벌칙내용을 살펴보면 아래와 같다.

#### (1) 적하목록의 작성책임자

적하목록을 작성하는 책임자는 ① 화물이 선적된 선박의 운항선사, ② 공동배선의 경우에는 선복을 용선한 선사 그리고 ③ 화물운송주선업자의 혼재화물의 경우는 NVOCC로서 화물운송주선업자이다. 따라서 NVOCC는 그들이 집하한 화물에 대하여는 House B/L단위로 적하목록을 작성하여야 한다.

#### (2) 적하목록 제출의무자

선박운항선사가 선적화물 전체에 대한 적하목록을 선장명의로 세관장에게 제출하여야 한다(관세법 제136조 제 2 항). 그러므로 선박운항선사는 자사의 화물목록과 공동배선의 경우에는 용선선사가 작성 · 제공한 적하목록를 취합하여 제출하여야 하며, 혼재화물에 대하여는 NVOCC가 작성 · 제공한 혼재화물적하목록을 MFCS로[35] 취합하여 세관장에게 제출하여야 한다.[36]

#### (3) 적하목록 제출시기와 방법

선박에 화물을 적재하기 전까지(미국행 화물은 적재 24시간 전) 선박의 출항지 세관장에게 전자문서로 제출한다(그림 2-17의 ⑦).[37]

#### (4) 벌　　칙

① 부정한 방법으로 적하목록을 작성, 제출한 자 : 2,000만원 이하의 벌금

---

35) MFCS(Manifest Consolidation System) : 선사가 전송하는 Master 적하목록과 NVOCC가 전송하는 House 적하목록을 취합하여 우리나라 세관에 EDI방식으로 전송하는 시스템이다.

36) 보세화물입출항하선하기 및 적재에 관한 고시 제1-0-2조 및 제3-1-7조 참조.

37) 상기 고시 제3-1-7조 제 1 항.

(관세법 제276조 제 2 항).

② 과실로 적하목록의 제출의무를 이행하지 않은 경우 : 300만원 이하의 벌금.

③ 적재물품과 부합되지 않는 적하목록 제출자 : 100만원 이하의 과태료(관세법 제277조 제 2 항 1호).

※ 양벌규정 : 위 벌칙에 해당하는 행위를 한 경우 그 행위자(선장)를 처벌하는 외에 법인도 처벌하므로[38] 운송회사(법인) 입장에서 보면 결국 위 금액의 2배의 벌금이나 과태료가 된다.

#### (5) 미국행 화물의 적하목록

특히 미국행 화물의 적하목록은 미국 관세법규정에 의거 화물을 적재한 선박이 외국항구를 출항하기 24시간 전에 미국의 세관에 전자적 방식으로 제출되어야 한다.[39] 그러므로 NVOCC가 International Carrier Bond를 소지한 경우에는 직접 미국세관에 전송할 수 있으며 또는 VOCC에게 모든 화물정보를 제공하여 그로 하여금 제출(전송)하게 할 수 있다.

### 6) 화물의 선적

선박회사가 선박에 적재될 화물에 대하여 선박화물적부계획(Stowage Plan)을 작성, 터미널운영자에게 제공하면 터미널운영자는 그에 따라 화물을 선적하고, 선적완료된 컨테이너목록(load list)을 선사 등 필요처에 제공한다.

### 7) 선하증권의 작성 · 발행

① 송하인이 제출한 S/R 기타 서류에 의거하여 선하증권(bill of lading : B/L)을 작성한다(선하증권에 관하여는 후술, 제 5 장 참조).

② Tariff 또는 NVOCC Service Arrangement에 의거, 운임을 적용한다.

③ 해당 선사에게 자사(NVOCC)의 화물이 선적되었는지 여부를 확인한다.

④ 송하인의 청구에 응하여 선하증권(House B/L)을 발행한다(그림 2-17의 ⑨).

— 선적선하증권(on board B/L or shipped B/L)의 발행 : NVOCC는 송하인에게, 운임선급(freight prepaid)조건의 경우는 운임을 징수하고, 통상 3

38) 관세법 제279조 및 제280조 참조.

39) Electronic Code of Ferderal Regulation, Title 19, Section 4.7.

통의 Original B/L과 5~10매 정도의 Copy B/L을 교부한다.

— 수령선하증권(Received for shipment B/L)의 발행 : 송하인이 NVOCC에게 수령선하증권의 발행을 요청한 경우에는 화물이 선적되기 전이라도 화물을 지정 CY 또는 CFS에서 수령한 후에 발행할 수 있다.

— B/L의 발행점검 : 선적된 모든 화물의 B/L이 모두 교부되었는지를 점검하고, 미교부된 B/L이 있는 경우 해당 송하인에게 최고(催告)하는 등 적정한 조치를 취한다.

### 8) VOCC로부터 운송증권(Bill of Lading 또는 Sea Waybill) 수령

① NVOCC는 화물이 선적된 후 선급조건의 운임이 있으면 그것을 VOCC에게 지급하고 B/L(실무적으로는 이를 Master B/L이라 함; 통상 3통의 Original B/L과 5~10매 정도의 Copy B/L)을 교부받거나 또는 화물을 VOCC의 지정 CY 또는 CFS에 반입시킨 후 선적이전이라도 수령선하증권을 발급받을 수 있다(그림 2-17의 ⑩).

② NVOCC는 VOCC로부터 선하증권을 발급받는 대신, 해상화물운송장(Sea Waybill; SWB)의 발행을 요청할 수 있다.

### 9) 목적지 NVOCC에게 선적정보의 통보와 Master B/L의 송부

선적지 NVOCC는 그가 집하한 화물이 선적되면 화물 목적지의 NVOCC(대리점 또는 Partner)에게 선적정보를 통보하는 한편, 목적지의 NVOCC가 VOCC로부터 화물을 인도받을 수 있도록 Master B/L 원본을 송부한다(그림 2-17의 ⑪).

Master B/L이 발행되지 않은 SWB에 의한 운송의 경우에는 목적지의 VOCC로부터 화물을 인도받을 시 이를 상환하지 않아도 되므로 목적지 Partner에게 SWB원본을 송부할 필요 없이 FAX 등의 방법으로 송부하면 된다. NVOCC가 VOCC를 통하여 운송하는 화물은 B/L대신 SWB에 의한 운송이 많다.

### 10) 선박의 출항

화물의 적재가 완료된 선박의 선장은, 위의 적하목록 외에 관할세관장에게 출항신청서를 제출하여 허가를 받고 출항한다.[40)]

40) 출항신청서에는 1. 선박의 종류 · 등록기호 · 명칭 · 국적 · 총톤수 및 순톤수, 2. 승무원수, 3. 적재물품의

## 5-2 INBOUND화물 처리절차

프레이트 포워더의 Inbound화물처리절차를 도식화하면 [그림 2-18]과 같다.

### 1) 선적지로부터 화물의 선적정보 및 서류의 입수

화물의 목적지의 NVOCC는 출발지 NVOCC로부터 e-Mail 또는 텔렉스 등으로 자사화물의 선적정보를 사전에 통보받고 다음과 같은 서류를 송부받는다(그림 2-18의 ①).

— 선하증권 : Master B/L원본[41] 및 Copy, House B/L Copy

[그림 2-18] 해상화물 INBOUND업무 흐름도

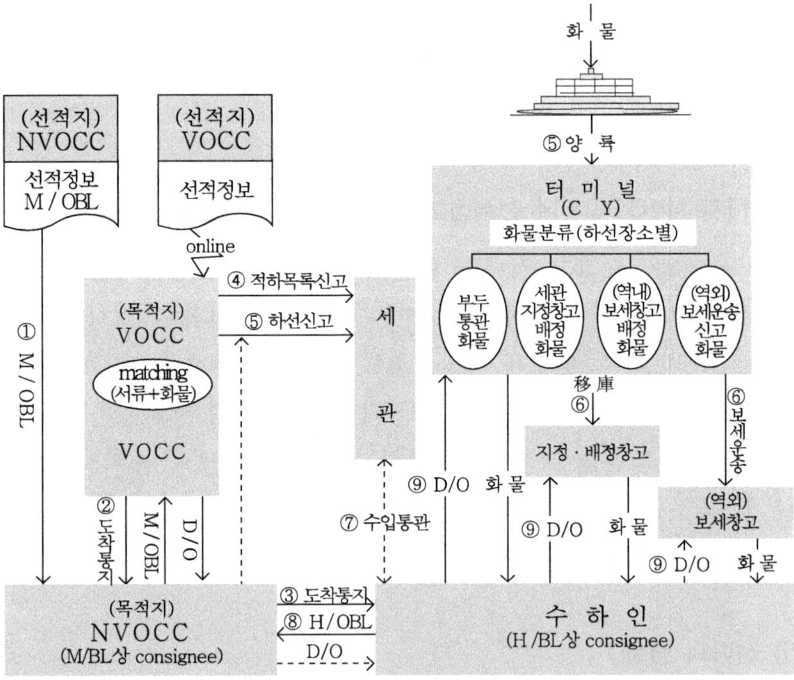


개수 및 톤수, 4. 선적지 · 목적지 및 출항일시가 기재된다(관세법 제136조 제1항; 동법시행령 제158조).

41) 현행 실무에서는 선적지의 NVOCC가 VOCC로부터 발급받은 Master B/L원본을 목적지 NVOCC에게 송부하여 화물을 인도받을 때 VOCC에게 제출하는 대신, 이를 선적지(또는 발행지)의 VOCC에게 제출(surrender OBL at origin)하는 사례가 많다.

— 적하목록(IFM; inward foreign cargo manifest)
including Dangerous, Reefer, Botanical cargo manifest(if any)
— 혼재 컨테이너의 적부도(CLP : container load plan)
— 정정통지서(Correction Advice)(필요한 경우)
— 기타 : Credit/Debit Note 등

### 2) VOCC로부터 화물도착통지 접수

목적지의 NVOCC는 Master B/L상 수하인이므로 VOCC로부터 화물도착예정통지를 받는다(그림 2-18의 ②). 이로서 NVOCC는 자사 화물의 선적확인과 도착예정일자를 알 수 있으므로 그의 화주(House B/L상의 통지처(notify party)에게 화물도착통지를 할 수 있다.

### 3) 화물도착 전 확인업무

NVOCC는 Master B/L은 물론 House B/L상에 기재되어 있는 모든 컨테이너가 선적되었는지, 그리고 혼재 컨테이너의 CLP에 표시된 모든 LCL Cargo에 대한 House B/L이 있는지 등 화물과 서류가 부합하는지를 확인한다.

### 4) 화물도착예정 통지서의 발송과 그 효과

#### (1) 화물도착통지

① 목적지의 VOCC는 화물이 도착하기 전에 화물도착예정통지서(Arrival Notice, 별지 2-2 참조)를 선하증권(Master B/L) 상의 통지처(notify party)에게 발송한다.

② 목적지의 NVOCC는 VOCC로부터 자사가 수하인으로된 화물을 적재한 선박의 도착예정일자를 통지받거나 통지를 받지 않더라도 스스로 확인하여 그의 화주(House B/L상)의 통지처(notify party)에 화물도착통지를 한다(그림 2-18의 ③).

#### (2) 화물도착예정통지의 목적

수하인이 화물인수를 위한 사전준비를 하여 화물이 도착하는 즉시 적기에 인도받아 상기(商機)를 놓치는 것을 방지함은 물론 불필요한 비용(Demurrage, 창고료 등)이 발생되는 것을 방지하기 위함이다. 그리고 다른 한편, 선사측면에서는 화주가 화물을 늦게 인도받음에 따라 장비가 묶여 회전율이 낮아지는 것을 방지하기 위한 목적도 있다.

(3) 운송인이 약정 통지처에 발송한 통지의 효과

운송인이 송하인과 약정한 통지수령인(실무적으로는 운송증권에 "Notify Party"에 기재)에게 운송물에 관한 통지를 한 때에는 송하인, 선하증권소지인 그리고 기타 수하인에게 통지한 것으로 된다(상법 제852조 제4항).

### 5) 세관에 적하목록 신고

외항선박이 입항하는 때에는 선장은 선용품목록, 승무원 및 휴대품목록과 함께 당해 항구에서 양륙할 화물의 목록(환적화물 포함)을 관할 세관장에게 전자적 방식으로 신고한다(그림 2-18의 ④). 적하목록에는 특히 화물의 내역을 정확하게 수록하여 세관에 신고(전송)하여야 하며 이를 위반할 시는 적하목록의 작성 및 제출의무자에게 무거운 벌칙이 있다.[42]

(1) 적하목록의 작성책임자

적하목록의 작성책임자는 ① 물품을 집하·운송하는 운항선사, ② 공동배선의 경우에는 선복을 용선한 선박회사 그리고 ③ 화물운송주선업자(NVOCC)의 혼재화물의 경우에는 NVOCC이다.

(2) 적하목록의 제출의무자

선박의 운항선사가 당해 항에 양륙할 화물목록을 취합하여 선장명의로 관할 세관장에게 제출한다(관세법 제135조 제1항). 그러므로 선박의 운항선사는 자사화물의 목록과 공동배선의 경우에는 용선선사가 작성·제공한 적하목록을 취합하여 제출하여야 하며, 혼재화물에 대하여는 NVOCC가 작성·제공한 혼재화물적하목록을 MFCS로 취합하여 세관장에게 제출하여야 한다.[43]

(3) 적하목록의 제출시기와 방법

선박이 입항하기 24시간 전까지(예외: 중국, 일본 등 근거리지역으로부터 입항하는

---

42) 벌칙에 관하여는 본절 5-1 OUTBOUND화물 처리절차 9), (4)와 동일.

43) 보세화물입출항하선하기 및 적재에 관한 고시 제2-1-1조; 제5-1-4조 참조.

경우는 선박입항시까지) 입항예정지 세관장에게 전자문서로 제출하여야 한다.[44]

### 6) 수입화물의 하선(장치)장소 신고

#### (1) 신고방식

Master B/L 단위의 적하목록을 기준으로 하선장소를 기재한 하선신고서를 세관장에게 전자문서(예외적인 경우 서류)로 제출한다(그림 2-18의 ⑤).

#### (2) 우리나라 수입화물의 하선장소 배정기준

운송인은 화주가 정하는 장소를 하선장소로 하여 신고함이 원칙이다. 다만 화주가 별도의 의사표시가 없는 경우 Master B/L화물은 선사가, House B/L화물은 NVOCC가 선사 및 보세구역운영인과 협의하여 하선장소를 결정하여 한다. 사전에 수입신고된 물품은 부두에서 통관절차를 밟아 부두지역 보세창고 등에 하선·장치하지 않고도 부두에서 직반출할 수 있으며, 사전에 보세운송신고된 물품은 보세운송하며, 위험물, 보온·보냉 물품, 검역대상물품, 귀금속 등은 당해물품을 장치하기에 적합한 요건을 갖춘 특수보세구역을 하선장소로 하여야 하고, 특히 수입고철은 고철전용장치장을 하선장소로 하여야 한다.[45]

#### (3) 운송인이 물품을 하선할 수 있는 장소는 아래 [표 2-4]와 같다

[표 2-4] 수입물품의 하선장소

| 화 물 구 분 | 하선 장소 |
|---|---|
| 일반 컨테이너화물 | FCL은 CY, LCL은 CFS |
| 냉동 컨테이너화물 | 냉동시설을 갖춘 보세구역 |
| 살물 등 | 부두 내 보세구역 |
| 액체, 분말 등 화물로서 본선에서 탱크, 사이로 등 특수저장시설로 직송되는 화물 | 해당 특수 저장시설을 갖춘 보세구역 |

### 7) 선박의 입항과 화물의 양륙

이는 VOCC의 업무절차에 속하므로 여기서는 구체적인 설명은 생략한다.

44) 상기 고시 제2-1-1조 제1항.
45) 보세화물관리에 관한 고시(관세청고시 제2001-7호 01. 1. 18) 제4조.

### 8) 하선장소에 화물의 반입

선박으로부터 양륙된 화물은 위와 같이 신고된 하선장소에 세관규정이 정한 기간 내에 반입시킨다(그림 2-18의 ⑥). 컨테이너화물의 경우는 하선신고서 수리일로부터 5일 이내에, 원목 · 곡물 · 원유 등 살화물은 하선신고서의 수리일로부터 10일 이내에 반입시켜야 하며 이 기한내에 반입이 지연될 시에는 세관장으로부터 반입기간 연장승인을 받아야 한다.

### 9) 수입화물의 통관

#### (1) 수입신고와 수리

우리나라에 양륙된 외국화물은 관할 세관에 수입신고를 하여 세관이 이를 수리하여야 국내화물이 되고 비로소 수입자가 반출하여 사용할 수 있다. 따라서 수입화주(또는 관세사, 관세사법인, 통관취급법인)는[46] 세관양식의 수입신고서에 송품장, 가격신고서, 선하증권(B/L)부본, 포장명세서 등을 첨부하여[47] 관할 세관장에게 신고하고 수리를 받는다(그림 2-18의 ⑦).

#### (2) 프레이트 포워더와 수입통관업무

프레이트 포워더를 통하여 운송된 화물의 수하주가 일관운송의 일환으로 수입통관업무도 이행해 줄 것을 요청한 경우 프레이트 포워더는 위에서 언급한 바와 같이 그의 명의로 수입신고를 할 수 없다. 따라서 이런  경우에는 프레이트 포워더가 관세사를 선정하여 일정 수수료를 지급하고 관세사명의로 수입신고를 하여 세관으로부터 수입신고필증을 받는 등 수입통관절차를 취하게 한다.

### 10) 화물의 인도절차

① 운송인은 적정히 배서된 선하증권원본의 소지인[48] 또는 은행이 연대보증한 화물선취보증장(Bank's Letter of Guarantee : L/G, 별지 5-5 참조)을 제출하는 자에게 운임 및 부대요금(if, collect 조건)을 징수한 후, 화물인도지시서(Delivery Order; D/O, 별지 2-3 참조) 발행한다(그림 2-18의 ⑧).

---

46) 수입신고를 할 수 있는 자에 대해서는 수입통관사무처리에관한고시(2006. 9. 29. 관세청고시 제2006-41호) 제2-1-4조 참조.

47) 수입신고시 제출서류의 종류에 대하여는 위의 고시 제2-1-7조 참조.

48) VOCC는 Master original bill of lading, NVOCC는 House original bill of lading.

② 운송인이 발행한 D/O소지인은 화물장치장운영자(CY, CFS, 또는 보세창고)에게 D/O를 제출하고 화물을 인도받게 된다(그림 2-18의 ⑨).

③ CY운영자가 그의 CY로부터 화물을 반출하는 경우로는 다음의 네 가지로 구분할 수 있다. 첫째, 부두에서 통관절차를 필한 화물을 수하인에게 직접 인도하는 경우 둘째, 세관의 보세운송절차를 마치고 운송인이 보세운송 동의한 화물을 보세운송인에게 인도하는 경우 셋째, CFS로 하선신고된 LCL화물을 CFS 운영자에게 인도하는 경우, 그리고 Local 창고로 하선신고된 화물을 Local보세구역(창고)운영자에게 인도하는 경우이다.

④ CFS운영자(보세구역창고업자 포함)는 LCL화물이 적입된 컨테이너를 CY운영자로부터 인수, 그의 CFS로 이송하여 화물의 적출(積出, devan)작업을 한다. 그리고 이들 화물의 검량, 검수, 상태 등을 점검하고 적정히 분류하여 수하인에게 인도하기까지 선량한 관리자로서 보관하고 있다가, 통관절차를 마친 화물에 대하여 정당한 수하인(운송인이 발행한 D/O소지자 등)에게 화물을 인도한다.

⑤ 화물장치장운영자(보세창고업자 포함)는 그의 창고에 있는 화물의 현황과 일정기간이 경과되도록 미인도된 화물의 현황을 운송인(필요시 세관)에게 보고하여 장기체화의 방지에 노력한다.

### 11) 컨테이너의 반환

수하인은 화물이 적입된 컨테이너를 인도받은 후 일정한 무료기간(Free Time) 내에 화물을 적출하고 빈 컨테이너를 운송인의 지정 CY로 반환한다. 이 기간이 경과되는 경우 컨테이너 지체료(Detention Charge)가 부과된다.

### 12) 운송인의 미인도 수입화물의 점검과 수하인에게 인수독려

운송인이 운송하여온 화물이 정당한 수하인에게 지체없이 인도되어야 운송계약상 의무가 종료된다. 따라서 운송인은 항시 수입화물현황을 점검하고 미인도된 화물에 대하여는 해당 수하인에게 인수를 독려하여 불필요한 보관비용이나 미수운임이 발생되지 않도록 한다.

[별지 2-1] 선적요청서(예시)

## SHIPPING REQUEST

TO : XXX SHIPPING CO. June 20, 2009

<table>
<tr><td colspan="2">Shipper<br>ABC EXPORTING CO., LTD<br>ON HALF OF XYZ TRADING CO.<br>SEOUL, KOREA</td><td colspan="2">Booking Number :<br>House B/L Number :</td></tr>
<tr><td colspan="2">Consignee<br>TO THE ORDER OF WACHOVIA BANK, N.A.</td><td colspan="2" rowspan="4">TO : XXX SHIPPING CO.<br>ATTN : 홍길동 대리님<br>TEL : 02-XXX-XXXX<br>FAX : O2-XXX-XXXX<br>FROM: ABC LOGISTICS CO., LTD<br>김갑순<br>TEL : 02-000-0000<br>CY/CY</td></tr>
<tr><td colspan="2">Notify Party<br>xyz IMPORTING CO.<br>65 CRESTRIDGE RD.<br>GARDENA, GA 30024<br>PHONE (XXX) XXX-XXXX</td></tr>
<tr><td>Vessel / voy</td><td>HANJIN WASHINGTON 0039E</td></tr>
<tr><td>Port of Loading</td><td>BUSAN,</td></tr>
<tr><td>Port of Discharge</td><td>NEW YORK</td><td colspan="2">Ref. no. : N-20030101203</td></tr>
<tr><td>Place of Delivery</td><td>NEW YORK, NY</td><td>Final Destination</td><td></td></tr>
</table>

| Marks & Numbers | No of Package | Description of Goods | Weight Measurement |
|---|---|---|---|
| | 600 BAGS | SHIPPER'S LOAD & COUNT | |
| LG CHEM LUPOY<br>CAPITAL<br>(in diamond)<br>NEW YOK, NY | 20 D×1 | SAID TO CONTAIN :<br>600 Cartons OF COLOR T.V.<br>A21 COLOR : 400 CTNS<br>A32 COLOR : 160 CTNS<br>B30 COLOR : 40 CTNS | 15,000 KGS<br>20.000 CBM |
| -CONTAINER NO -- | | INV. NO : SSH-220778 | |
| CNTR / SEAL NO.<br>HJCU 9825371/K72689 | | "FREIGHT PREPAID" | |

**Remarks** : All water.

[별지 2-2] 화물도착예정통지서(예시)

# ARRIVAL NOTICE

To : XYZ Trading company, Import Dept
From : ABC해운 부산지점 / 김갑순 TEL : XXX-XXX-XXXX

<table>
<tr><td colspan="3">항상 저희회사 선박을 애용해 주시는 귀사에 감사드리오며 귀사의 무궁한 발전을 기원합니다.<br>귀사 화물이 아래의 날짜에 부산항에 도착예정이오니 수입업무에 참조바라며 조기에 화물을 인수하시기 바랍니다</td></tr>
<tr><td colspan="3">Arrival Vessel : HANJIN ROME 0028E Call Sign : 3FRK8 Surrender : No<br>B/L No : HJSCKHHI30139903 MRN : 03HJSC00184 MSN : 0001</td></tr>
<tr><td colspan="2">CONSIGNEE / NOTIFY ADDRESS</td><td>SHIPPER ADDRESS</td></tr>
<tr><td colspan="2">TO THE ORDER OF WOORI BANK SEOUL</td><td>KILURIN CO.,LTD.<br>KAOHSIUNG, TAIWAN</td></tr>
<tr><td>Port of Discharge<br>ETA<br>Place of Delivery<br>ETA<br>Place of Receipt<br>Available Date<br>Last Free Date<br>General Order<br>Date<br>I.T Number</td><td>BUSAN<br>09Jan09 19:00<br>INCHON<br>09Jan09 19:00<br>KAOHSIUNG</td><td>AVAILABLE CONTAINER YARD<br><br>HANJIN GAMMAN TERMINAL CO.,LTD<br>GAMMAN-DONG NAM-GU BUSAN, KOREA<br>TEL : 8251-XXX-XXXX<br>FAX : 8251-XXX-XXXX<br>Customs Code : ST03012226</td></tr>
<tr><td colspan="2">CONTAINER # TP/SZ SEAL# QTY TP</td><td>COLLECT FREIGHT AMOUNT</td></tr>
<tr><td colspan="2">HJCU6206265 R2 HJS1064014 550 CT</td><td>CHG RATED AS RATE PER COLLECT<br>DTH KRW 1.000 132000.00 R2 KW 132,000.00<br>DHF KRW 1.000 15000.00 BL KW 15,000.00<br>WHF KRW 1.000 4200.00 R2 KW 4,200.00<br>(TOTAL AMOUNT)KRW : 163,200.00</td></tr>
<tr><td>Total Piece Count<br>REP. Commodity</td><td colspan="2">550 CT Total Weight : 6,380.000kgs<br>FROZEN SEA BASS PILLET, SKINLESS</td></tr>
<tr><td colspan="3">IMPORTANT</td></tr>
<tr><td colspan="3">Prior to cargo release following are required :<br>1. 보세운송, 자가운송, 창고배정 등 화물배정(통관장소)에 관한 사항은 입항 전에 요청하여 주시기 바랍니다.<br>2. 화물지체료 또는 보관료의 발생을 방지하기 위하여 무료장치 허용기간 내에 화물을 인수하시기 바랍니다.<br>— Demurrage Free Time : 양하일부터 기산하여 일반화물은 10일, 냉동화물은 6일입니다.<br>— Detention Free Time : 터미널반출 익일부터 기산하여 일반컨테이너는 6일, 냉동컨테이너는 4일입니다.<br>※ 화물 적출후 운송사의 Pick up 지연은 051-440-1740으로 문의 바랍니다.<br>3. 귀사께서 은행 L/G를 제출하고 화물의 인수를 원하실 경우에는 Shipper측의 동의/확인을 위한 소정의 절차가 필요하오니 양지하시기 바랍니다.<br>4. 2009.5. 1부 수입화물 WHF BOX RATE가 적용됩니다(적용요율 : 4200원/D2, 8400원/D4, 9600원/D7).<br>5. Documentation Fee 인상 : KRW15,000(I/B : 2009. 5. 10 기준, O/B : 2009. 5. 3 기준)<br>6. 2009년 9월 1일부 B/L상 최종 도착지가 부산 CY인 Reefer Container는 사용 후 부산 CY로 반납하여 주실 것을 요청드리오니 협조하여 주시기 바랍니다.</td></tr>
</table>

**Remarks :**

[별지 2-3] 화물인도지시서(Delivery Order, D/O)(예시)

❄ ABC Shipping Company **DELIVERY ORDER**

| | | | |
|---|---|---|---|
| Our Ref D/O No. : SEL301139900 | Issue Office : SELBB | | Date : 2009. 2. 14 |
| B/L No. : SAVA84001203 | Manifest Ref. No. : 02YMLU00869 | | MSN : 0038 |
| Consignee | : TO THE ORDER OF SHINHAN BANK SEOUL | | |
| D/O Receiver | : ○○주식회사 | | |
| Phone | : 02. XXX. XXXX | | |
| Vessel Voyage Dir | : HANJIN YOKOHAMA 0063W | | |
| Place of Receipt | : | | |
| Port of Loading | : SAVANNAH, GA | | |
| Port of Discharge | : BUSAN, KOREA | Vessel Arrival Date : 16 May08 | |
| Place of Delivery | : | | |
| Rep. Commodity | : DIXIE HARD CLAY | | |
| Total QTY of Container | : 20ft - 0.00 / 40ft - 2.00 | | |
| Total Package | : 1800 Bags | | |
| Total Weight | : 41,231KGS | Total Measure : 50.971CBM | |
| Demmurage Period | : - | Amount : 0 | |
| Warehouse/CY Designated | | | |
| Name | : Busan BO SE JANG CHI JANG | | |
| Phone | : 052 -XXX-XXXX | Contact : 홍 길 동 | |
| Container No. | : HJCU7281474-D4 HJCU7694328-D4 | | |

Remarks :

ORIGINAL DELIVERY ORDER

Authority is hereby granted to release above shipment to the holder of this Original Delivery Order(○○산업주식회사).

〈화물을 적출한 후 공 컨테이너는 당사지정 부산 CY로 즉시 반납해 주시기 바랍니다〉

ABC Shipping Company Ltd.

TEL : 02-XXX-XXXX

FAX : 02-XXX-XXXX

P.I.C : OH, HEEJIN

Signed By : K.H. LEE / ABC Shipping Co., Ltd.

# 연습문제

## ❋ 서 술 형

1. 컨테이너의 중요성과 종류에 대해 기술하시오.
2. 해상화물운임의 구조와 결정요인에 대해 기술하시오.
3. 해상화물에 있어 Outbound 및 Inbound 화물 처리 절차에 대해 설명하시오.

## ❋ 용어설명

· 부정기선 운송과 정기선 운송
· 편의치적제도(Flags of Convenience : FOC)
· 총톤수(Gross tonnage : G/T)와 순톤수(Net tonnage : N/T)
· 배수톤수(Displacement Tonnage)와 재화중량톤수(Deadweight Tonnage : DWT)
· 일반컨테이너(Dry Cargo Container)와 냉동컨테이너(ReeFer Container)
· 샤시(Chassis)
· Tariff와 Service Contract(S/C)
· 적하목록과 인도지시서(D/O)
· 운임부담력설

CHAPTER

# 3

# 프레이트 포워더와 국제항공운송업무

## 제 1 절 국제항공운송의 일반사항

국제교역물품의 항공기에 의한 운송은 현재 1%(중량기준)에도 미치지 못하고 대부분(99.5%이상)이 해상운송에 의존하고 있지만[1] 오늘날은 세계가 일일생활권화 되면서 신속한 운송이 요구되는 화물도 늘어나고 있다. 특히 전자산업의 발달에 힘입어 경박단소(輕薄短小)형 고가제품이나 신선도의 유지를 요하는 화물의 이동량이 늘어나면서 항공운송수요가 증가하는 추세이고,[2] 한편으로는 항공기술의 발달로 항공기가 대형화되고 화물전용기의 취항도 늘어나면서 어느 정도의 대량운송도 가능해졌다. 본장에서는 항공운송에 대한 개념, 항공기와 운송장비, 관련법제, 항공화물운송실무절차, 항공운송장 등의 기본적인 내용을 살펴보기로 한다.

---

1) 항공운송화물은 우리나라 전체 수출입화물의 0.33%(2003년, 중량기준)에 불과하나(건설교통부, 국가물류기본계획, 2006, p. 12), 금액으로는 26%를 점유하고 있어 국제화물운송에 있어서 항공운송은 고가화물운송에 기여하고 있는 것으로 나타났다.

2) 항공운송수요의 증가요인 : ① 기업의 재고비용 증가에 따른 JIT배송 요구증가, ② 소형 고가품의 증가, ③ 생산의 국제적 분업화에 따른 물품의 이동량의 증가, ④ 제품의 수명주기(Life Cycle)의 단축으로 신속한 유통의 요구 증대 등.

## 1-1 항공운송의 의의

### 1) 개　념

항공운송(air transportation)은 항공기의 기복(機腹, plane's space)을 이용, 사람 또는 화물을 한 공항으로부터 공로(空路, air route)를 통하여 다른 공항까지 장소적으로 이동하는 서비스(운송)를 말한다.

본 절에서는 貨物의 국제항공운송에 대하여 논의하며, 그중에서도 항공화물운송장(air waybill)에 의해 운송되는 화물에 한하고, 승객의 수하물(passenger's baggage)과 우편물은 제외한다.

### 2) 항공운송업 · 항공화물운송 유관업

#### (1) 항공화물운송업

항공운송업은 타인의 수요에 응하여 항공기를 사용하여 유상으로 여객 또는 화물을 운송하는 사업을 말하는데(항공법 제 2 조 제26호), 이런 사업을 영위하는 자가 항공운송사업자이며 일반적으로 항공사(Airline), 때로는 항공운송인(Air Carrier)이라고 불린다. 특히 대가를 목적으로 항공기에 의한 화물운송서비스를 제공하는 것을 업으로 하는 자를 항공화물운송업자라고 한다.

항공운송업은 한 지점과 다른 지점 사이에 노선을 정하고 정기적으로 항공기를 운항하는 정기항공운송업과 그렇지 않은 부정기항공운송업으로 나눌 수 있다. 정기항공운송업을 경영하려면 노선별로 국토해양부장관의 免許를 받아야 하고(항공법 제 2 조 제27호 및 제112조 참조), 부정기 항공운송업을 경영하려는 사람은 관계법규가 정하는 일정요건을 갖추고 국토해양부장관에게 登錄하여야 한다(항공법 제 2 조 제28호 및 제132조 참조). 항공기를 보유하고 항공운송사업을 영위하려면 거대한 자본이 필요하다.[3)]

---

3) 항공기의 가격은 계약조건에 따라 정도의 차이가 있지만, 2006년 말 보잉사가 발표한 자료에 따르면, 대형화물기 B747-400F 및 B777-300ER는 2천2백억~2천5백억원(U$ 2억3천~2억6천만), B747-8F나 B777F는 2천6백억원에 달하고, 중소형기 B737-800도 700억~770억원 정도라고 한다(http://www.centreforaviation.com/aviation/Info_Services_News/Aviation_News/Boeing).

(2) 항공화물운송 유관업

항공화물운송업과 연관되는 업종으로는 i) 항공운송업자를 위하여 유상으로 항공화물운송계약의 체결을 대리하는 항공운송 총 대리점업,[4] ii) 항공운송사업자의 항공기를 이용하여 타인의 화물의 항공운송을 주선하는 항공화물운송주선업,[5] 그리고 iii) 수출입과 관련된 서류, 견본품, 팜플렛 등을 항공기를 이용하여 송달하는 국제 상업서류송달업(International Courier)[6] 등이 있고 이외에도 항공화물운송과 유관된 업으로 항공터미널업, 항공화물포장업, 항공화물하역업 등이 있다.

## 1-2 항공화물운송의 특성과 장단점

### 1) 항공화물운송의 특성

항공화물운송의 특성은 신속성, 적시성, 안정성, 고운임성, 화물기의 야행성을 들 수 있다. 첫째, 항공기에 의한 운송은 다른 운송수단(선박, 기차, 자동차 등)에 의한 운송에 비하여 그 속도가 가장 빠르다. 둘째, 항공기의 발착시간의 정시성, 운항기간의 정확성은 항공운송의 두드러진 특징이다. 셋째, 항공기에 의한 운송은 수송 중 진동 및 충격이 적고 화물의 멸실 또는 훼손율이 낮아 안정성이 높다. 넷째, 항공화물운임은 타 운송수단의 운임에 비하여 월등히 높다. 따라서 운임부담력이 있는 고가화물이 주종을 이룬다. 그리고 항공화물운송인은 주간(오후까지)에 화물을 집하하고 화물항공기는 야간시간에 운항하여 다음날 아침부터 고객에게 화물을 인도할 수 있도록 하는 형식이 관례화되어 있다.

4) 항공운송 총대리점업을 경영하기 위해서는 국토해양부장관에게 申告하여야 한다(항공법 제139조).
5) 항공화물운송주선업을 수행하기 위해서는 국제물류주선업자로서 국토해양부장관에게 登錄하여야 한다(물류정책기본법 제43조).
6) 국제상업서류송달업을 경영하기 위해서는 국토해양부장관에게 申告하여야 한다(항공법 제 2 조 및 제139조).

[표 3-1] 항공운송과 타운송과의 특성 비교

| 구 분 | 항공기 | 선 박 | 기 차 | 자동차 | Pipeline |
|---|---|---|---|---|---|
| Speed(mph) | 0-500 | 0-20 | 0-50 | 0-60 | 0-5 |
| Routes | some limited | limited | some limited | vast network | very limited |
| Frequency | fairly good | limited | good | very good | continuous |
| Cost/Ton-Mile | high | low | low to medium | medium | very low |

자료 : Distribution Management Handbook, McGraw-Hill Ryerson(정재락, 전게서, p. 81).

## 2) 항공화물운송의 장 · 단점

### (1) 장 점

항공화물운송의 장점으로는 첫째, 긴급을 요하는 화물의 운송수요를 충족시켜 준다. 예를 들면, 유행성 물품, 계절성 물품 등 물품수요기간이 짧거나 한정되어 있는 물품의 운송, 의학상 긴급을 요하는 의약품의 운송, 재해지역에 필요한 긴급 구호물자의 운송, 시기가 지나면 가치가 없어지는 신문, 정기간행물의 운송, 긴급수리를 위한 선박 · 항공기 · 공장기계 등의 부품 또는 대체품의 긴급운송수요를 충족시킨다. 둘째, 화물 고유의 성질상 변질되기 쉬운 물품(예, 活魚, 鮮魚, 과일, 야채, 생화 등)의 신속한 수송으로 원격지 시장의 확대와 기존시장에 대하여 판매경쟁력을 높일 수 있게 하고, 급격한 수요의 변화에 대응할 수 있어 상기(商機)를 잃지 않게 해준다. 셋째, 일정 분야에서는 비용이 절감된다. 항공화물은 해상 또는 육상운송에 비해 포장을 최소화함으로써 포장비가 절감될 뿐 아니라 포장이 경량화되므로 운임도 그만큼 절감된다. 또한 운송기간이 짧아 화물취급횟수가 줄어 도난, 파손위험이 적고, 운송이 신속, 안전, 확실하므로 보험료도 저렴하다. 그리고 수요에 응해 적시에, 적량을 빈번하게 조달할 수 있으므로 발착지에서 화물보관시설의 확보비용 및 보관비가 절감되며 운송기간이 짧으므로 상품의 투자자본의 이자가 그만큼 절감되는 등의 장점이 있다.

### (2) 단 점

항공화물운송의 주요 단점으로는 다음과 같이 5가지로 요약할 수 있다.

첫째, 중량과 용적에 제한이 심하고 둘째, 운임이 상대적으로 고가이다. 수출입업자들이 항공운송을 기피하는 주된 이유가 항공운임이 해상운임에 비해 매우 높은 단점 때문이다. 그러나 이는 총물류비용(운임 + 포장비 + 보험료 + 물류부대비용 + 기회비용 등)관점에서 해상운송과 비교할시 경쟁력 있는 화물도 많다. 셋째, 국제항공화물운송은 국제공항시설이 있는 대도시만 가능하며 넷째, 기후에 많은 영향을 받는다. 마지막으로 항공기의 에너지 소비량이 높아 운항원가가 높은 단점이 있다.

# 제 2 절　항공기와 운송장비

## 2-1　항 공 기

### 1) 항공기의 정의

항공법상 "항공기"라 함은 민간항공에 사용하는 비행기, 비행선, 활공기(滑空機, glider), 회전익항공기(回轉翼航空機, helicopter) 그리고 자체중량 · 연료용량이 일정수준을 초과하는 동력 비행장치를 포함하는 개념이다(항공법 제 2 조 1호).

비행기는 고정날개와 동력장치를 가지고 있는 것을 말하는데, 날개는 단엽(單葉)과 복엽(複葉)이 있고, 동력장치에 따라 프로펠러기, 터보프로펠러기, 제트기가 있다. 항공기는 용도(민간용, 군용, 화물수송용, 여객수송용, 농업용), 추진장치, 착륙장치 등 분류기준에 따라 여러 가지 종류로 나눌 수 있지만 여기서는 국제화물운송과 관련한 화물기에 대하여 살펴보기로 한다.

### 2) 화물기의 종류

#### (1) 크기에 따른 분류

① Narrow Body 항공기 : 이 항공기는 동체가 좁아 화물실(cabin)의 내부 폭이 3m정도인 소형기종으로서 Main deck와 Lower deck로 구획되어 있다. 단위탑재용기(unit load device; ULD)화물은 Main deck에만 적재할 수 있고, Low deck는 협소하여 낱개 화물만을 탑재할 수 있다. 주요 Narrow Body 항공기종으로

는 B727, MD82 등을 그 예로 들 수 있다.

② Wide Body 항공기 : 이 항공기는 동체가 넓은 대형기종으로서 Main Deck와 Lower Deck로 구획되어 있으며 양 Deck 모두 단위탑재용기(ULD : unit load device)를 적재할 수 있는 항공기이다. 주요 Wide Body 항공기종으로는 B747, B767, DC10, A300 등이 있다.

### (2) 탑재대상에 따른 분류

① 화물전용기(Pure Freighter 또는 단순히 Cargo Aircraft) : 항공기 상하부 Deck 모두 화물만을 적재하도록 제작된 항공기를 말한다. 주요 화물전용기종으로는 B727F, B747F, DC8F, DC10F 등이 있다.

② 화객 혼용기(貨客混用機, Combination Aircraft) : 상부 여객실의 일부까지 화물을 탑재할 수 있도록 제작된 항공기이다. 콤비라고 부르기도 한다. 이 항공기는 여객과 화물의 수요가 적절히 혼재된 노선에 경제적 장점이 있다. 그러나 객실의 일부를 화물칸으로 이용하므로 승객에게 쾌적한 분위기를 제공하지 못한다는 단점이 있다.

③ 화객 겸용기(兼用機, Convertible Aircraft) : 필요에 따라 여객전용 또는 화물전용으로 전환이 가능하도록 제작된 항공기를 말한다. 주요화객 겸용기종으로는 B707C, DC-8C 등이 있다.

④ 여객기 : 상부격실(main deck)에는 여객이 탑승하고, 하부격실(lower deck)에 화물을 탑재할 수 있도록 제작된 항공기이다. 항공화물은 화물전용기로만 수송하는 것이 아니라, 여객기의 화물실을 이용하여서도 수송하고 있는데 오늘날 항공화물의 약 절반은 여객기가 수송하고 있다. 주요 여객기종으로는 B747-400B, B747-200B, B777-200, A300-600B 등이 있다.

### (3) 주요 항공기종별 화물탑재능력[7)]

오늘날 운항되고 있는 주요 화물전용기 및 여객기의 화물 탑재능력은 [표 3-2], [표 3-3]과 같다.

---

7) http://cargo.koreanair.co.kr; 대한항공중앙교육원, 전게서, pp. 35~57에서 발췌, 정리.

[표 3-2] 주요 화물전용기의 화물탑재능력

| 기 종 | 화 물 탑 재 능 력 |
|---|---|
| B747-400F<br>(화물실구조도 :<br>그림 3-1 참조) | —Main Deck : 96"×125"x 96" 크기의 ULD 30개 탑재가능<br>—Lower Deck : LD-3(61.5"×60.4×64") 32개 탑재가능<br>—무게로는 최대 117.5톤 탑재가능 |
| B747-200F | —Main Deck : 96"×125"×96" 크기의 ULD 29개 탑재가능<br>—Lower Deck : LD-3(61.5"×60.4×64") 30개 탑재가능<br>—무게로는 최대 112.9톤 탑재가능 |
| MD11F | - Main Deck : 96"×125"×86" 크기의 ULD 26개 탑재가능<br>- Lower Deck : LD-3 32개 탑재가능<br>- 무게로는 약 70톤 정도 탑재가능 |
| A300-600F | —Main Deck : 96"×125"×86" 크기의 ULD 14개 탑재가능<br>—Lower Deck : LD-3 20개 탑재가능<br>—무게로는 최대 46.9톤 탑재가능 |

[표 3-3] 주요 여객기의 화물탑재능력

| 기 종 | 화 물 탑 재 능 력 |
|---|---|
| B747-400B | —화물실(Lower Deck)에 LD-3 32개 탑재가능<br>—무게로는 최대 51톤 탑재가능 |
| B747-200B | —화물실(Lower deck)에 LD-3 30개 탑재가능<br>—무게로는 최대 48톤 탑재가능 |
| A330-300 | —화물실(Lower deck) : LD-3 32개 탑재가능<br>—무게로는 최대 41톤 탑재가능 |
| A300-600B | —화물실(Lower deck) : LD-3 22개 탑재가능<br>—무게로는 최대 31톤 탑재가능 |

[그림 3-1] 화물전용기(B747-400F)의 화물실 구조도

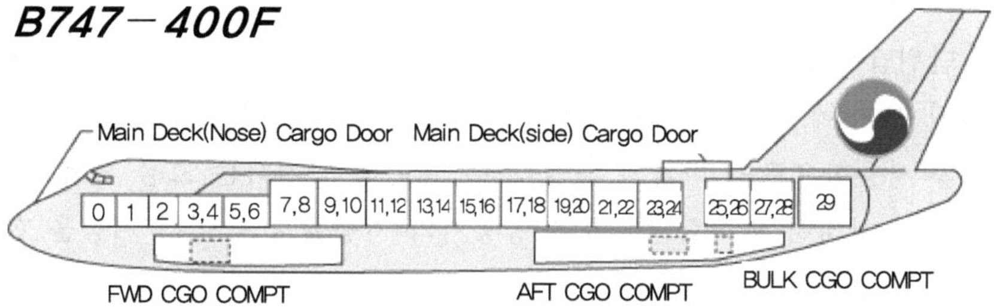


—Length : 70.66m, Wing Span : 64.44m, Height : 19.41m

—최대 화물탑재중량 : 117.55톤, 최대 화물탑재용적 : 24,923CuFt

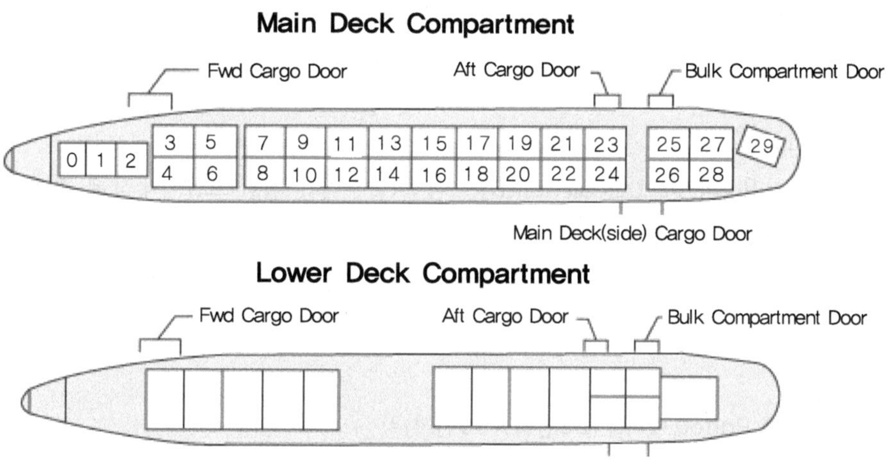


자료 : http://www.koreanaircargo.com

## 2-2 항공화물의 단위화를 위한 용기

### 1) 단위탑재용기의 의의

단위탑재용기(unit load device : ULD)란 항공화물을 단위화(單位化)하기 위하여 제작된 용기(예, Container, Pallet, Igloo 등)를 말한다. 대량의 낱개 화물의 운송에 ULD를 사용함으로써 화물의 멸실 또는 훼손을 방지하는 효용 외에 화물의 조업시간을 현저히 단축할 수 있어 항공기의 가동률을 높이는 기능을 한다.

### 2) ULD의 종류

ULD는 파렛트(Pallet), 컨테이너(Container) 및 특수화물용 ULD가 있는데, 특히 국제항공운송협회(International Air Transport Association : IATA)가 승인한 각종 항공기의 화물칸에 맞도록 제작된 ULD를 Aircraft ULD라 하고(certified ULD라고도 함), 그러지 않은 것을 Non-Aircraft ULD(non-certified ULD)라 한다.

#### (1) 파 렛 트

항공기용 파렛트(Aircraft Pallet)는 금속(알루미늄 합금)으로 제작된 평판으로, 그 위에 화물을 특정 항공기의 내부모양에 맞도록 적재작업을 한 후[8] Net 등으로 화물을 고정시킨다. 이렇게 작업된 Pallet를 항공기 화물실에 탑재하여 바닥에 고정시킨다.

[그림 3-2] Pallet(예시, 125인치×96인치)[9]

8) 파렛트에 화물을 적재할 경우에는 가로와 세로는 파렛트 평판의 내부크기에 맞추고, 높이는 64인치에서 최대 96인치까지 항공기종별 화물실의 위치에 따라 제한된다.

9) 파렛트는 기종에 따라 적정히 사용할 수 있도록 그 규격이 125"×96" 외에도 125"×88", 125"×60.4", 238.5"×96"(20Foot Pallet) 등 다양한 것이 있다.

### (2) 컨테이너

항공기용 컨테이너(Aircraft Container)는 항공기 화물실의 형상(contour)에 맞도록 제작한 단위탑재용기이다. 컨테이너는 적재화물의 하중을 충분히 견딜 수 있는 강도를 가지고 있어야 하나, 자체무게를 줄이기 위하여 그 재질은 주로 알루미늄이나 유리섬유(fiberglass)로 제작한다.

Aircraft Container는 아래 그림에서 보는 바와 같이 항공기의 종류에 따라 또는 같은 기종이라도 Main Deck 또는 Lower Deck용으로 모양 및 규격이 다른 여러 가지 종류가 있다.

[그림 3-3] Low deck Container(예시)

| | |
|---|---|
| LD3 Container<br><br>60.4"×61.5"×64" (H) | —최대 적재중량 : 1,588kgs<br>—가용 기종 : B747, B747F, B747-Combi,<br>B777, A330, A300<br>(Lower Deck Only) |
| LD6 Container(ALF)<br><br>60.4"×125"×64"(H) | —최대 적재중량 : 3,175kgs<br>—가용 기종 : B747, B747F, B747-Combi,<br>B777, A330, A300<br>(Lower Deck Only) |

[그림 3-4] Main deck Container(예시)

| | |
|---|---|
| GM1 Container(AMA)<br><br>96"×125"×96"(H) | —최대 적재중량 : 6,804kgs<br>—가용기종 : B747F, B747-Combi<br>(Main Deck Only) |

| MD11F M1 Container (AMJ)<br><br>96"×125"×96"(H) | —최대 적재중량 : 6,804kgs<br>—가용기종 : MD11F, B747F, B747-Combi<br>(Main Deck Only) |
|---|---|

* 항공화물 컨테이너로서 가장 큰 것으로는 8'×20'×8'인데 B747F에 탑재가능하다.

(3) 특수 ULD

특수 ULD로는 자동차 운반용인 Car Transporter, 소 또는 말 운송용인 Horse Stall, Cattle Pen, 의류 운반용인 GOH(garment on hanger) 컨테이너, 식품 등 온도조절(냉장, 냉동)을 요하는 물품의 운송용 컨테이너 그리고 Non Aircraft ULD로서 애완동물용 Kennel, Cage 등이 있다.

## 2-3 항공화물을 위한 지상조업설비

공항에 화물을 취급할 수 있는 적절한 설비가 갖추어져 있는가의 여부는, 항공화물운송인이 어떤 특정화물의 운송을 인수할 수 있는가의 여부를 결정하는데 필수 요소이다.[10] 항공화물운송을 위한 터미널의 주요 시설과 장비는 아래와 같다.

### 1) 항공기에 화물을 탑재 · 하기하는 장비

항공기에 화물을 탑재 또는 하기하는 장비로는 첫째, ULD를 탑재 또는 하기하는 장비로 Main Deck Loader(그림 3-5)와 Lower Deck Loader가 있고,[11] ULD

10) 예컨대 무게가 25톤인 대형화물이 있는 경우, 만약 출발지 또는 도착지 공항에 이를 탑재 또는 하기할 수 있는 장비(loader 등)가 없다면 그 화물은 항공운송이 불가할 것이기 때문이다.

11) Main Deck Loader는 하중 40,000Lbs(18톤), 60,000Lbs(27톤), Lower Deck Loader는 하중 15,000Lbs(6.75톤)를 취급할 수 있다.

[그림 3-5] Main Deck Loader

[그림 3-6] Self-propelled Conveyor

화 되지 않은 화물을 탑재 또는 하기하는 장비로 Self-propelled Conveyor(그림3-6 참조)가 있다.

### 2) 터미널 내에서 화물을 수평이동하는 장비

터미널 내에서 ULD화물을 운반하는 장비로는 자체구동력이 있는 Transporter, 자체 구동력이 없는 Dolly와 이를 끌어 이동하는 견인차(tug car)등이 있다.

[그림 3-7] Dolly

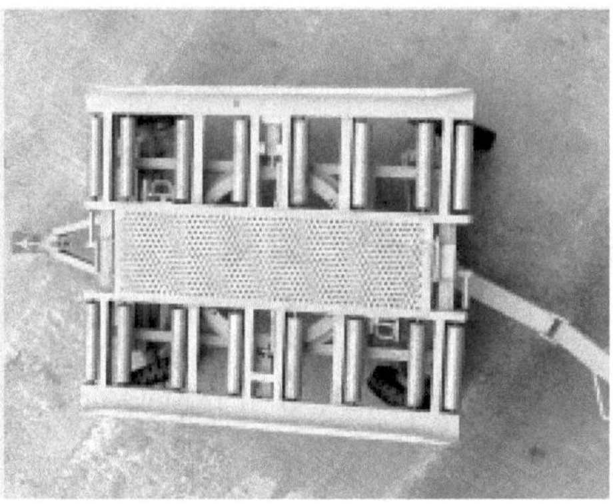

[그림 3-8] Dolly와 Tug car

### 3) 항공화물을 장치(藏置)하는 시설

공항터미널에는 Outbound화물의 수령, 검수, 분류, ULD화 작업, 해당항공기에 탑재시까지의 보관기능, 그리고 하기된 Inbound화물의 수령, ULD의 해체작업, 검수, 분류, 수하인에게 인도하기까지의 보관(또는 A항공기로부터 하기된 화물을 B항공기로의 환적시까지 보관) 및 인도기능 등을 수행할 수 있는 창고시설이 필요하다. 이러한 시설은 일반 화물의 보관창고를 포함하여 냉동/냉장화물, 귀중품, 생동물, 위험물품 등 특수화물의 보관창고 및 검역대상물품을 위한 창고 및 시설도 갖추어야 한다.

#### 4) 항공화물장치장내의 조업장비

화물장치장내의 조업장비는 ULD를 수평 또는 수직으로 이동하는 장비인 EVT(elevating transfer vehicle), ULD를 수평으로 이동하는 Traversing Vehicle, 그리고 낱개 화물을 ULD에 쌓거나 또는 이를 다른 운송구에 올리거나 내릴 때 사용하는 장비로서 Elevating Platform, Roller Deck, 4-Way Transfer Deck, Contour Gauge, 지게차(Forklift 및 Tomiruc) 등이 있다.

#### 5) 항공화물터미널과 장치장의 자동화 시스템

화물의 터미널 내에서의 보관, 이동, 관리, 탑재, 하기 등을 신속하고 효율적으로 수행하기 위해서는 위와 같은 하드웨어를 구비하여야 함은 물론이지만 이러한 일련의 업무과정을 전자적으로 처리, 관리하는 시스템도 갖추어야 함은 부언의 여지가 없다.

## 제 3 절 항공운송관련 국제기구 및 법제

항공운송과 관련한 대표적인 국제기구로는 국제민간항공기구(ICAO : International Civil Aviation Organization), 국제항공운송협회(IATA : International Air transport Association) 등이 있고, 항공운송에 관한 대표적인 국제법제로는 1929년의 바르샤바조약(Convention for the Unification of Certain Rules relating to International Carriage of Air, 1929)과 이를 개정한 1955년의 헤이그의정서(Protocol to amend the Convention for the Unification of Certain Rules relating to International carriage by air signed at Warsaw on 12 October 1929)가 있다. 그 외에도 1971년의 과테말라 의정서와 1975

년의 몬트리올 의정서, 1999년의 몬트리올조약 등이 있는데 아래에서 이들에 대한 주요내용을 살펴보기로 한다.

## 3-1 항공운송관련 국제기구

### 1) International Civil Aviation Conference(일명, 시카고 컨퍼런스)

(1) 개　요

1944년 시카고에서 개최되었던 이 컨퍼런스의 주요 의제는, ⅰ) 하늘의 자유화(The Five Freedoms of the Air),[12] ⅱ) 국제민간항공조약의 성립, ⅲ) 국제민간항공기구의 설치 등이었는데, 이 중 ⅱ)와 ⅲ)만 가결되었고 ⅰ)에 대해서는 대부분의 국가들이 국익을 위하여 자국의 영토와 영공을 비행하는 항공기에 대하여 합리적인 규제를 할 수 있도록 하는 데 동의함으로써 부결되었지만 이 컨퍼런스에서 "하늘의 자유의 개념"을 명확하게 규정하였다는 점에서는 그 의의가 크다.

(2) 시카고 회의의 주요 결과

시카고회의의 결과 후술할 국제민간항공조약(Convention of International Civil Aviation)을 성립시켰고, 국제항공의 안전과 질서의 유지를 목적으로 한 국제항공기구(ICAO)와 국제항공운송의 표준화와 운임의 결정 등을 위해 민간항공사단체(IATA)가 탄생되어 오늘에 이르고 있다.

### 2) ICAO(International Civil Aviation Organization, 국제민간항공기구)

(1) 개　요

ICAO는 국제민간항공의 안전 및 발전을 도모하기 위한 목적으로 1947년 4월에 설립된 정부간 협의기구이다. ICAO는 1947년 10월에 유엔 경제사회이사회 산하 전문기구로 편재되어 현재에 이르고 있다. 2007년 2월 현재 세계 189개국이 가입하고 있다.[13] 우리나라는 1952년 12월 동 기구에 가입한 이래 민간

12) The Five Freedoms of the Air : ① Fly-Over Right(영공통과), ② Technical Landing Right(급유, 정비 등 기술적 목적을 위한 착륙), ③ Set-Down Right(자국 貨客을 상대국으로 운송), ④ Bring-Back Right(상대국 화객을 자국으로 운송), ⑤ Beyond Right(상대국과 제 3 국간의 화객운송).

13) http://www.icao.int, (Contracting States) 참조.

항공의 괄목할만한 발전을 이루어 2001년 10월 개최된 제33차 ICAO총회에서 상임이사국으로 선출되었다.

(2) ICAO의 주요활동

ICAO의 주요활동은 첫째, 항공기 및 운항기술에 관한 기술적 기준을 설정하고 항공사들에게 이를 장려하는 활동 둘째, 공항시설(보안시설포함) 및 공항운영에 관한 기술적 지원활동 셋째, 국제항공법의 통일 및 법제화[14] 넷째, 개별 당사국간의 항공관련 문제의 해결을 위한 중재활동[15] 그리고 국제민간항공의 전반적인 발전을 촉진하기 위한 제반활동을 한다.

### 3) IATA(International Air Transport Association, 국제항공운송협회)

(1) 개　요

IATA는 1945년 4월에 32개국 61개 항공사들이 쿠바의 하바나에서 회합을 갖고 항공사 간의 협력, ICAO와의 협력 그리고 항공운송상 어떤 문제가 발생할 경우 그것의 원활한 해결 등을 목적으로 설립한 기구이다. 우리나라는 국적 민간항공사 대한항공이 1989년 1월에 처음 IATA회원으로 가입하였으며, 2007년 2월 현재 전 세계의 209개 항공사가 회원사로 가입하고 있다.[16] [17]

(2) IATA의 주요활동

IATA의 활동은 상당히 활발하다. 그 중에서도 두드러진 주요활동을 보면, 항공운송관계규칙의 제정활동, 항공화물운송장의 표준양식의 도안, 약관의 제정, 항공운송장의 발행절차의 표준화, 항공사와 대리점간의 표준계약서의 제정 및 대리점의 자격요건 · 권리 · 의무 · 책임 등을 규율하는 규칙을 제정하여 각 항공사 및 그 대리점들이 이를 채택 · 이용하도록 하고 있다. 또한 IATA는 항공

---

14) 항공운송인의 책임에 관한 바르샤바조약 및 헤이그 의정서, 제 3 자 손해배상책임에 관한 로마조약 등을 성립시켰다.

15) 1996년 남북한 간에 합의가 어려웠던 북한 영공통과(평양관제구역)문제, 2001년 러시아와 개별국가간에 합의가 어려웠던 북극항로(Polar Route)의 개방문제도 ICAO가 중재하여 실현시킨 바 있다.

16) http://www1.iata.org/membership/index.

17) IATA의 회원은 정회원(Active Member)과 준회원(Associate Member)으로 구분되며, ICAO 가맹항공사만이 IATA회원이 될 수 있는데, 국제항공운송에 종사하는 항공사는 正회원, 국내항공운송에 종사하는 항공사는 準회원이 될 수 있다. IATA는 원래 정기항공사의 단체로 발족했지만 1975년 캐나다 회의에서 부정기항공사도 IATA의 회원이 될 수 있도록 하였다.

운송서비스의 내용 등을 면밀히 분석하여 여객 및 화물의 운임을 결정하는 활동을 한다. IATA의 결정사항은 관계국 정부의 인가를 얻어 발효된다. 특히 2국간 항공협정은 관계국 정부의 인가를 국제항공운임의 발효조건으로 규정하고 있으며, 거의 모든 국가가 IATA의 운임결정기능을 정식으로 인정하고 있다.

이외에도 IATA는 항공운송사간 운임정산절차를 표준화하고 이를 항공사들이 적용할 수 있도록 현실화하고 있다. IATA에 가입한 항공운송인들은 상호간 운송협정(interline traffic agreement)을 체결하여 항공권과 항공화물운송장(Air Waybill : AWB)을 상호 대리판매한다. 이 경우 항공권의 발매사 또는 AWB의 발행사는 운송을 실행한 항공사와 직접 정산하는 것이 아니라, IATA의 표준절차에 따라 제네바에 소재한 "Clearing House"를 통하여 월 1회 정산하므로 수백 여 개의 타항공사와의 정산이 간편하게 이루어질 수 있다.

## 3-2 국제항공운송관련 법제

### 1) 국제민간항공조약(Convention of International Civil Aviation)

#### (1) 개 요

1944년(세계 2차대전 말), 52개국 대표가 시카고에 모여 전후 국제 민간항공의 안전과 질서를 확립하여 민간항공의 건전한 발달을 도모하기 위한 목적으로 채택한 조약으로 1947년 4월 4일에 발효하였다. 우리나라는 1952년 12월 11일 동 조약에 가입하였다.

#### (2) 조약의 주요내용

국제민간항공조약의 주요내용은 아래와 같이 크게 6가지로 요약할 수 있다. 첫째 동 조약은 영공주권주의를 원칙으로 하며, 둘째, 국가의 특수 업무(군, 세관, 경찰 등)의 수행을 목적으로 하는 정부소유 항공기가 타국 영공을 통과하거나 타국영토에 착륙할 시에는 당해 국가의 특별허가를 받아야 하며, 셋째, 체약국가의 항공기에 대해 급유 등 기술착륙(technical landing)을 허용하며, 넷째, 정기국제항공사업은 체약국의 특별한 허가를 받도록 하고 있다. 이를 위하여 실무적으로는 관련 당사국 정부 간에 항공협정을 체결하여 각국의 항공사가 정기항공운송사업을 하고 있다. 다섯째, 타국의 항공기는 다른 국가의 국내 항공운송을 금지하며,[18] 여섯째, 국제 항공기는 해당 국가가 정한 開港공항에서만 이착륙할 수 있다.

### 2) 바르샤바조약(Warsaw Convention)

#### (1) 개 요

이 조약은 국제항공운송에 관한 각 국가의 다양한 규정들을 국제적으로 통일하려는데 목적을 두고, 특히 국제항공운송 당사자들의 권리 · 의무 등을 포괄적으로 규정한 최초의 조약이라는데 커다란 의의가 있다. 본 조약의 정식명칭은 "국제항공운송관련 규칙의 통일에 관한 조약"(Convention for the unification of certain rules relating to international carriage by air, 1929)인데 편의상 이를 줄여서 바르샤바조약(Warsaw Convention)이라고 한다.

본 조약은 1929년 바르샤바에서 개최된 국제사법 회의에서 채택한 총 41개 조문으로 구성된 항공사법(航空私法)에 관한 조약으로서 1933년 발효한 이래 오늘까지 국제항공운송의 길잡이 역할을 해 오고 있다.

#### (2) 조약의 주요내용

화물뿐만 아니라 여객과 비동반수하물(unaccompanied baggage)의 항공운송에 적용하는 바르샤바조약의 주요내용은 다음과 같다.

첫째, 항공화물운송장(AWB)의 기능을 명문으로 규정하였다. AWB는 항공운송인에 의한 화물수령증서, 운송계약증서 기능을 한다.

둘째, 송하인은 화물에 대한 처분권이 있으며, 한편 운임지급의무, 운송에 필요한 서류의 제공의무 및 그 기재의 정확성을 담보하는 의무가 있다. 또한 수하인은 목적지에서 운송인에 대하여 화물인도청구권이 있는 한편, 운임지급의무가 있다. 운송인은 운임가득권이 있으며, 운임이 지급되지 않을 경우에 화물에 대한 유치권을 가진다.

셋째, 항공운송인은 화물이 운송인의 관리아래에 있는 기간 동안 그의 과실로 멸실, 훼손 또는 지연손해가 발생한 경우 배상책임이 있다. 운송인이 면책되려면 운송인이 무과실임을 입증해야 한다.

---

18) 이를 Cabotage라고 한다.

[표 3-4] 항공운송인의 책임제한금액

| 구 분 | 책 임 제 한 금 액 |
|---|---|
| 화 물 | Kg당 FGF[19] 250(= U$ 20) |
| 위탁수하물 | Kg당 FGF 250(=U$ 20) |
| 휴대수하물 | 1인당 FGF 5,000(=U$ 400) |
| 여 객 | 1인당 FGF 125,000(=U$ 10,000) |

넷째, 화물의 멸실이나 훼손 또는 여객의 사상 손해가 발생하였을 경우 항공운송인은 책임제한제도를 향유할 수 있다(조약, 제22조). 항공운송인의 책임제한금액은 [표 3-4]와 같다.

다섯째, 손해의 방지를 위해 운송인이 필요한 조치를 취하였음을 증명한 경우, Pilot의 행위 그리고 항공기승무원의 항공기의 취급 및 운항상의 과실 등에 기인하여 발생한 화물손해의 경우에는 항공운송인은 면책된다(조약, 제20조).

여섯째, 화물이 멸실 또는 훼손되어 손해가 발생한 경우에는 화주가 화물을 인수한 후 7일 이내(위탁수하물의 경우는 인수 후 3일 이내)에 운송인에 대하여 그 배상청구를 하여야 한다. 그리고 지연손해의 경우는 화주가 화물을 처분할 수 있게 된 날부터 14일 이내에 운송인에 대하여 그 배상청구를 하여야 한다.

### 3) 헤이그 의정서(Hague Protocol : 개정 바르샤바조약)

(1) 개 요

1929년 체결된 바르샤바조약은 25년이 지나는 동안 세계경제의 발달과 인간의 존엄성 및 가치가 향상됨에 따라 특히 여객의 사상에 대한 배상책임액이 현실과 맞지 않게 되자 1955년에 바르샤바조약의 일부를 개정하게 되었다. 그래서 본 의정서의 명칭도 "1929년 바르샤바에서 서명된 국제항공운송관련 규칙의 통일에 관한 조약의 개정을 위한 의정서"(Protocol to amend the Convention for the unification of certain rules relating to international carriage by air signed at Warsaw on 12 October 1929)라고 하였으며 이를 약하여 "헤이그 의정서" 또는 "개정 바

19) FGF(Franch Gold Franc)은 Poincarĕ Franc으로서 순도 100분의 90인 금 65.5mg의 가치가 있다.

르샤바조약"이라고도 불린다.

본 의정서는 1955년 9월 8일 헤이그에서 서명되었고 1963년 발효하였다. 동 의정서에서 여객의 배상책임액을 두 배로 인상(FGF 125,000에서 FGF 250,000으로 인상)하였음에도 미국은 여전히 너무 낮다는 불만을 표시하고 아직까지 동 의정서를 비준하지 않고 있다.

우리나라는 바르샤바조약은 비준하지 않았지만 헤이그 의정서를 1963년에 비준하고 1967년에 공포함으로써 국내법과 동일한 효력을 가지게 되었다.[20)]

(2) 주요개정 내용

헤이그 의정서로서 개정된 주요내용은 다음과 같다.

첫째, 항공운송인의 여객의 사상(死傷)에 대한 책임한도액을 2배로 증액하였다. 즉 화물손해에 대한 운송인의 책임제한액(FGF250 = U$ 20)은 그대로 두었으나, 여객은 1인당 FGF 125,000에서 FGF 250,000(= U$ 20,000)으로 대폭 증액하였다.

둘째, 운송인의 면책사유를 축소하였다. 즉 승무원의 항공기 운항상의 과실에 기한 손해에 대하여 운송인은 면책된다는 내용(원 조약 제22조 2항)을 삭제함으로써 운송인의 귀책사유를 확대하였다.

셋째, 화주의 손해배상청구기한을 연장하였다. 즉 화물의 멸실 또는 훼손 손해가 발생한 경우 화주의 배상청구기한을 종전 7일 이내에서 14일 이내로 연장하였고, 지연손해의 경우에도 화주가 화물을 처분할 수 있게 된 날부터 21일 이내에 운송인에 대하여 그 배상청구를 하면 되도록 개정하였다.

넷째, 항공운송인의 이행보조자, 사용자 등도 운송인의 책임제한 특권을 향유할 수 있도록 개정하였다.

### 4) 몬트리올 협정(Montreal Agreement)

(1) 개　　요

미국은 전술한 헤이그 의정서에 대하여 여객의 사상(死傷)에 대한 항공운송인의 책임 한도액(25만 골드 프랑)이 너무 낮다는 이유로 이를 비준하지 않았

---

20) 헤이그의정서를 비준한 당사국 사이에 있어서는, 1929년의 바르샤바조약과 1955년의 헤이그 의정서를 합쳐 단일협약으로 간주하고 있기 때문에 우리나라가 비록 바르샤바조약을 비준하지 않았더라도 동 조약의 효력을 가진다.

고, 나아가 1965년에는 바르샤바조약마저 탈퇴하겠다는 의사를 표시함에 따라 항공사협회인 IATA가 1966년 5월 미국을 발착 또는 경유하는 항공사들의 회의를 캐나다 몬트리올에서 소집, 아래와 같은 내용을 합의하고 항공사들이 협정을 체결하였는데, 이것을 이른바 '몬트리올 협정'(Montreal Agreement)이라고 한다. 이 몬트리올협정은 1966년 5월 미국 민간항공국(Civil Aeronautics Board)의 승인을 얻어 발효되었다. 따라서 항공기가 출발, 도착, 경유하는 곳이 특히 "미국"의 경우에는 이 몬트리올협정이 적용된다.

(2) 주요 내용

몬트리올협정의 주요내용은 다음과 같다.

첫째, 여객의 死傷에 대한 항공운송인의 책임한도액를 대폭 인상하였다. 즉 소송비용을 포함하지 않을 경우는 U$ 58,000, 소송비용을 포함할 경우는 1인당 U$ 75,000로 인상하였다. 다만 화물손해에 대한 운송인의 책임제한액(FGF 250)은 인상하지 않고 헤이그 의정서와 동일하게 존치하였다.

둘째, 여객의 사상에 대하여는 항공운송인에게 절대책임주의를 채택하였다. 즉 바르샤바조약은 여객 및 화물을 구분하지 않고 과실추정주의를 채택하고 있는데 비하여, 몬트리올협정에서는 승객의 死傷손해에 대하여는 절대책임(면책항변이 허용되지 않는 책임)을 지우고 다만 승객에게 기여과실(contributory negligence)이 있는 경우에 한하여 예외를 인정하고 있다. 몬트리올협정도 화물손해에 대하여는 운송인과실추정주의를 채택하고 있다.

### 5) 몬트리올조약(Montreal Convention)

(1) 개 요

몬트리올조약(Convention for the Unification of Certain Rules for International Carriage by Air done at Montreal on 28 May 1999; 일부규칙의 통일에 관한 협약)은 기존의 바르샤바조약 등 항공관련 협약[21]을 현대화 및 통합화하기 위하여 국제민간항공기구(ICAO)가 1999년 5월 28일 캐나다 몬트리올에서 개최한 국제항공법회의에서 채택하였고 2003년 11월 4일부터 발효되었다. 몬트리올조약의 성립은

21) 바르샤바조약(1929)과 헤이그 개정의정서(1995), 과테말라협약(1966), 과테말라시트의정서(1971), 몬트리올 추가의정서 제1-4(1975), IATA 항공사간 협정(1995~96) 등을 통틀어 바르샤바체제라 부르기도 한다.

바르샤바조약이 성립된 이래 국제항공산업의 발달과 함께 항공 여객 및 화물이 대폭 증가하였고 사고가 발생하는 경우에는 그 규모가 방대하여 기존 조약의 운송인의 배상책임한도액을 인상하는데 대한 공감대가 국제적으로 형성되었기 때문에 가능하였다.

우리나라는 2007년 9월 20일, 동 몬트리올조약을 비준하여(조약 제1876호) 2007년 12월 29일부터 발효하게 되었다.

(2) 주요내용(특징)

몬트리올조약의 기존 조약 대비 특기할 사항은 아래와 같다.

첫째, 항공운송인의 배상책임한도액을 증가시킨 점이다. 즉 승객의 휴대수하물이 분실, 훼손 또는 지연되어 손해가 발생된 경우 바르샤바조약이 승객 1인당 미화 400달러로 제한할 수 있던 것을 몬트리올조약에서는 1,000SDR로 인상하였고, 화물손해의 경우도 1Kg당 20달러이던 것을 17SDR로 인상하였다(조약 제22조). 나아가 본 조약은 항공운송인의 배상책임한도액을 매 5년마다 재검토하며 물가의 상승률/하강률을 감안하여 자동 조정되도록 하는 규정을 두고 있다(조약 제24조).

둘째, 재판관할권이 확대되었다. 즉 승객의 사망 또는 부상으로 인한 손해배상을 구하는 소송은 승객의 편의를 고려하여 바르샤바조약의 4개 재판관할[22] 외에 사고발생 당시 승객의 영구거주지(principal and permanent residence)로서 항공운송인이 여객운송서비스 영업을 하는 장소를 관할하는 법원에도 소송을 제기할 수 있도록 추가하였다(조약 제33조).

운송인에 대한 클레임 제기기한과 제소기한은 개정 바르샤바조약(헤이그 의정서)과 동일하다(표 3-5 참조).

22) 4개 재판관할은, i) 운송인의 주소지, ii) 운송인의 본사 소재지, iii) 계약체결영업소의 소재지 또는 iv) 도착지를 관할하는 법원을 말한다.

[표 3-5] 3협약의 책임한도액 비교

<table>
<tr><th colspan="3"></th><th>바르샤바조약</th><th>헤이그 의정서<br>(개정 바르샤바조약)</th><th>몬트리올조약</th></tr>
<tr><td colspan="3">특 징</td><td>국제항공운송에 관한 각 국가의 다양한 제규칙을 국제적으로 통일하며, 항공운송인의 책임을 규정함.</td><td>기존 Warsaw 협약을 현대의 항공기업, 법률, 항공안전 등 제부문을 고려하여 현실화시킴. 특히, 여객에 대한 운송인의 책임한도액을 증액 조정함</td><td>바르샤바 조약 및 관련문서의 현대화 및 통합화, 소비자 이익보호를 중시하여 여객 및 화물 손해에 대해 운송인의 배상책임액 인상</td></tr>
<tr><td colspan="3">서명일</td><td>1929. 10. 23</td><td>1955. 9. 8</td><td>1999. 5. 28</td></tr>
<tr><td colspan="3">발효일</td><td>1933. 2. 13</td><td>1963. 8. 1</td><td>2003. 11. 4</td></tr>
<tr><td colspan="3">한국 발효일</td><td>—</td><td>1967. 10. 11</td><td>2007. 12. 29</td></tr>
<tr><td rowspan="4">책임<br>한도액</td><td colspan="2">여객<br>(1인당)</td><td>12만 5천<br>금프랑<br>(US$ 10,000)</td><td>25만 금프랑<br>(US$ 20,000)</td><td>10만 SDR</td></tr>
<tr><td colspan="2">위탁수하물</td><td>kg당 US$ 20.00</td><td rowspan="3">바르샤바 조약과 동일<br>(좌 동)</td><td>kg당 17 SDR</td></tr>
<tr><td colspan="2">휴대수하물</td><td>1인당 US$<br>400.00</td><td>1인당 1,000 SDR</td></tr>
<tr><td colspan="2">화물</td><td>kg당 US$ 20.00</td><td>kg당 17 SDR</td></tr>
<tr><td colspan="3">책임원칙[23]</td><td>과실추정주의</td><td>(좌 동)</td><td>절대책임주의</td></tr>
<tr><td rowspan="4">이의<br>제기<br>기한</td><td rowspan="2">훼손</td><td>위탁<br>수하물</td><td>수취일 후 3일<br>이내</td><td>수취일 후 7일 이내</td><td rowspan="4">헤이그 의정서와<br>동일함</td></tr>
<tr><td>화물</td><td>수취일 후 7일<br>이내</td><td>수취일 후 14일 이내</td></tr>
<tr><td rowspan="2">지연</td><td>휴대<br>수하물</td><td rowspan="2">처분 가능일 후<br>14일 이내</td><td rowspan="2">처분 가능일 후 21일<br>이내</td></tr>
<tr><td>화물</td></tr>
<tr><td colspan="3">조세기한</td><td>목적지<br>도착일로부터<br>2년 이내</td><td>(좌 동)</td><td>(좌 동)</td></tr>
</table>

23) 1. 과실추정주의는 운송인이 손해를 방지하기 위해 필요한 모든 조치를 취하였음을 증명한 때에는 책임이 면제되며, 절대책임주의는 운송인이 손해 방지를 위해 필요한 모든 조치를 취하였다는 항변을 할 수 없는 것을 말한다. 다만 화물의 내재적 결함, 불완전한 포장, 전쟁 및 정부기

# 제 4 절 국제항공화물운임

각 항공사가 적용하는 항공화물운임은 IATA가 제정한 운임률표와 규정이 기본이 된다. IATA는 운임조정회의(Cargo Tariff Coordinating Conference)에서 운항원가를 분석하여 이를 토대로 운임률(freight rate)과 요금(charge)의 결정은 물론 대리점의 수수료의 수준도 설정하며 국제항공화물운송과 관련된 제반규칙의 제정과 개정업무를 수행한다.

IATA에서 정해진 운임이나 규칙 등은 당해 정부의 승인 또는 신고를 조건으로 효력을 가진다. 우리나라 항공법에서도 정기항공운송사업자는, 국제항공노선관련 국가간의 항공협정이 정하는 바에 따라 운임 및 요금을 정하여 국토해양부장관의 인가 또는 신고하도록 규정하고 있다. 이를 변경하는 경우도 같다(항공법 제117조; 항공법시행규칙 제284조 참조).

IATA에 가입하지 않은 항공화물운송인은 IATA가 정한 운임에 따르지 않고 해당 국가간에 독자적인 운임을 설정 · 운영할 수 있다. 그러나 우리나라를 비롯한 대부분의 항공사들은 IATA에서 설정한 운임, 요금과 규칙을 채택하여 운영하고 있다.

## 4-1 항공화물운임의 적용원칙

우리나라 항공사는 IATA가 정한 운임률과 그 적용규정인 "The Air Cargo Tariff(TACT) Ⅰ, Ⅱ" 및 IATA의 "Tariff Co-ordinating Conference Regulation"에 따라 운임을 적용하고 있는데 그 주요 내용은 다음과 같다.

첫째, 항공화물의 운임이나 요금 및 이와 관련된 규정은 항공화물운송장(Air Waybill: AWB)을 발행한 당일에 유효한 것을 적용한다.

둘째, Tariff에 표기된 운임률은 단지 출발지공항과 목적지공항 구간의 운

---

관의 행위로 발생한 책임의 경우 항변이 가능하다.

2. 모든 이의는 상기 기한내에 서면으로 제출하여야 하며, 항공운송인의 책임에 관한 소송은 2년 이내에 제기하여야 함.

송서비스에 대하여만 설정된 보수이다. 따라서 그 이외에 부수적으로 이적료(移積料), 통관비용, 창고료, 보관료가 발생되거나 이와 유사한 서비스가 추가로 제공된다면 그에 대한 요금은 별도로 부과된다.

셋째, 항공화물의 운임은 출발지국가의 현지통화로 표기되며(예외, 한국은 미국 Dollar로 표기), 출발지로부터 목적지까지의 한 방향으로만 적용된다.

넷째, 별도로 정함이 없는 한, 운임과 요금의 산정방법이 여러 가지가 있는 경우에 그중 가장 낮게 산출되는 것을 적용한다.

다섯째, 항공화물운임은 출발지에서의 중량(chargeable weight)에 Kg단위(미국 출발화물은 Lb단위로 표시가능)요율을 곱하여 산출한다.

여섯째, 운임 또는 從價운임은 모두 선급(先給)하든지 아니면 착급(着給)하든지 함께 지급되어야 한다.

일곱째, 출발지와 목지지 구간에 설정된 항공화물운임은 운임을 산출할 당시에 통상적으로 예상된 운송경로와 실제 운송경로가 다르더라도 상관없이 그대로 적용된다.

여덟째, IATA Tariff Co-ordinating Conference에서 결의하는 각 구간별 요율은 해당 정부의 승인을 얻은 경우에 유효한 것으로 이용할 수 있다.

## 4-2 항공화물운임의 적용을 위한 중량에 대한 이해

항공화물에 대하여 운임을 적용하기 위해서는 무엇보다도 운임을 부과하기 위한 중량(chargeable weight)이 먼저 결정되어야 한다. 항공사에서 운임의 부과를 위해 중량을 결정하는 방법으로는 다음의 2가지가 있다.

### 1) 실제 중량(actual weight)에 의한 방법

(1) 개　　념

화물의 실제 무게를 킬로그램(kilogram : Kg) 또는 파운드(pound : Lb) 단위로 측정하여 그 중량에 근거하여 운임을 부과하는 방법이다. 일반적으로 항공화물운임의 부과는 Kg단위에 기준을 두고 산출하지만, 특히 미국을 출발하는 화물의 경우는 파운드를 기준으로 운임을 산출하는 경우가 많다.

[표 3-6] 항공화물중량의 정수이하 중량의 처리방법

| 킬로그램(kg)의 경우 | | 파운드(lb)의 경우 | |
|---|---|---|---|
| 화물의 실중량(예) | 운임적용 무게 | 화물의 실중량(예) | 운임적용 무게 |
| 11.001Kgs | 11.5Kgs | 11.001Lbs | 12.0Lbs |
| 11.499Kgs | 11.5Kgs | 11.499Lbs | 12.0Lbs |
| 11.501Kgs | 12.0Kgs | 11.501Lbs | 12.0Lbs |
| 11.999Kgs | 12.0Kgs | 11.999Lbs | 12.0Lbs |

(2) 정수미달 중량의 처리 방법

화물의 실제 중량이 정수아래 소수점이 있는 경우에는 0.001Kg~0.5Kg미만은 0.5Kg로, 0.501Kg~1Kg미만은 1Kg로 절상하고, Lb로 계측한 경우에는 0.001Lb~1Lb 미만은 1Lb로 절상하여 운임을 산정한다(표 3-6 참조).

### 2) 용적(부피)에 의한 방법

(1) 개 념

화물의 용적을 입방센티미터(cubic centimeters) 또는 입방인치(cubic inches) 단위로 측정하여 거기에 일정한 공식(아래 (3) 참조)에 의거 운임적용중량을 산출하여 운임을 부과하는 방법이다.

(2) 측정방법

화물이 육면체인 경우에는 화물의 가로·세로·높이의 길이를 곱하여 부피를 산출하고, 육면체가 아닌 경우(원뿔 등 불규칙 형태)에는 화물의 가로·세로·높이 중 최장 길이를 기준으로 부피를 측정한다(그림 3-9 참조). 물품의 가로, 세로, 높이의 길이가 소수점 이하인 경우에는 그 각각의 길이(Cm 또는 Inch)를 먼저 사사오입한 다음에 이들을 곱하여 부피를 산출한다.

[그림 3-9] 화물부피측정을 위한 가로·세로·높이

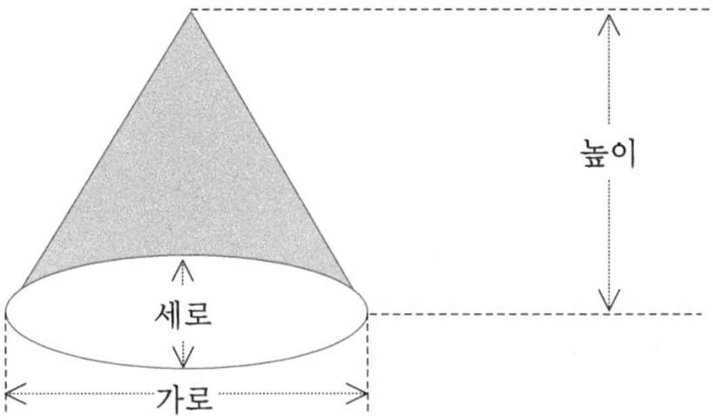


(3) 부피를 운임산출을 위한 중량으로 계산하는 방법

위와 같은 방법으로 화물의 부피를 측정하였다고 해서 그 부피단위에 곧 바로 요율(rate)을 곱하여 운임을 산출하는 것이 아니라 다음과 같이 부피를 운임적용중량(chargeable weight)단위로 환산하여야 한다.

① Cubic Cm를 kg으로의 산출 : $\frac{\text{물품의 Gross Cubic Cm}}{6,000} = 1\text{kg}$

② Cubic Inch를 kg으로의 산출 : $\frac{\text{물품의 Gross Cubic inch}}{366} = 1\text{kg}$

③ Cubic Inch를 pound로의 산출 : $\frac{\text{물품의 Gross Cubic Cm}}{366} = 1\text{kg}$

AWB에는 위와 같이 산출된 용적중량과 실제중량이 함께 표시되며, 운임은 양자 중 큰 쪽을 취하여 적용된다.

## 4-3 항공화물운임의 종류와 적용 방법

### 1) 항공화물운임의 종류

항공화물의 운임은 아래와 같은 종류가 있다.

| 운 임 | ─최저운임(minimum Charge)<br>─일반품목운임(General Commodity Rate : GCR)<br>─특별품목운임(Special Commodity Rate : SCR)<br>─품목종별운임 (Commodity Classification Rate : CCR) |
|---|---|

| | |
|---|---|
| | —단위탑재용기운임(Bulk Unitization Charge : BUC)<br>—종가운임(valuation charge) 등 |
| 요 금 | —위험물취급수수료<br>—운송장작성수수료<br>—입체(立替)지불금수수료<br>—착지불수수료 등 |

### 2) 최저운임(minimum charge)

한 건의 항공화물운송에 적용되는 최저 운임을 말하는데, 테리프(Tariff)에는 품목별 최저운임이 정해져 있으며 'M'으로 표시되어 있다. 어떤 화물의 실제중량이나 부피중량에 운임률을 곱하여 산출되는 금액이 Tariff에서 정한 최저운임보다 낮을 경우에는 Tariff에서 정한 최저운임을 적용한다.

〈최저 운임의 적용실무(예시)〉

운송화물 : 라디오, 무게 : 7.5kg,
Tariff표시요율 : M/30,000원, N/3000원, 45/2000원

☞ 운임계산 : 7.5kg×3000 = 22,500원
⇒ 이것은 Minimum에 미치지 못하므로 Minimum 30,000원이 적용됨.

### 3) 일반품목 운임(General Commodity Rate : GCR)

GCR은 특별한 예외규정이 없는 모든 일반화물의 항공운송시에 적용되는 운임률이다. 이는 기본요율, 중량단계별(할인)요율 등으로 구분된다.

#### (1) 기본요율

화물의 중량이 45kg 미만인 경우에 적용되는 일반 요율을 말하는데 항공화물 Tariff에 'N'으로 표시되어 있다.

〈기본요율의 적용실무 사례〉

운송화물 : 가구 2개
실제 무게 : 24.0kgs
한 개의 크기 : 40.5cm×40.0cm×50.0cm

Tariff상 **표시요율** : M / 30000원 N / 3000원 45 / 2000원

☞ 운임계산

① 부피중량 계산 : $\frac{(40.5\times40.0\times50.0)\times2(\text{개})}{6000\ \text{cucm}}$ = 27.0kgs

② 실중량과 비교 : 24.0Kgs < 27.0kgs
부피중량(27kgs)이 실중량(24kg)보다 더 크므로 27kgs를 취하여 운임을 산정함.
③ 운임산정액 : 27kgs × 3000 = 81,000원

### (2) 중량단계별(할인)요율

항공화물운송에 있어서는 화물의 분량이 일정량 단계에 도달하면 기본요율보다 할인된 운임률을 설정하여 운영하고 있다. 일반적으로 45Kg을 기준으로 그 이상의 화물을 대량으로 취급하여 단위(kg)당 요율이 낮게 설정되어 있다(Tariff에 '45'로 표시되어 있음). 위의 예시에서 중량이 45kg 이상이라면 Normal 요율인 Kg당 3000원을 적용하는 것이 아니라 2000원을 적용한다. 그리고 만약 화물의 실제 중량(chargeable weight)이 40kg이라고 하더라도 이에 45kg Rate(예, 2000원)를 적용한 결과, 총운임이 40kg에 대한 요율(예, 3000원)을 적용한 것보다 더 낮게 산출되는 경우에는 Chargeable Weight를 45kg으로 올려서 운임을 적용할 수 있다(아래의 운임적용 사례 참조).

〈 45kg미만 화물에 대해 45kg 할인운임률을 적용하는 사례 〉

**운송화물** : T.V. 3개
**실제 무게** : 40kg
**한 개의 크기** : 40.5cm×40.0cm×50.0cm
Tariff상 **표시요율** : M/30000원, N/3000원, 45/2000원

☞ 운임적용
① 총운임비교 : 40kg 요율을 적용할 경우의 운임액은 120,000(40kg×3000)이고,
45kg 요율을 적용할 경우에는 90,000원(45kg×2000원)이 된다.
② 총운임을 비교한 결과 45kg 요율을 적용하는 것이 40kg요율을 적용하는 것 보다
총운임액이 더 낮으므로 실제중량은 40kg이지만 이를 45kg로 올려서 운임을 적용한다.

중량단계별(할인)요율은 45kg, 100kg, 300kg, 1000kg 단위로 차등요율이 설정되어 있는 품목도 있다.

(3) 포워더와 중량단계별(할인)요율

포워더는 위와 같은 차등할인운임체계를 활용하여 화주로부터 기본요율로 소량화물을 집하하고 이를 45kg이상으로 혼재함으로서 항공운송사로부터는 할인운임을 적용받아 그 차액으로 이익을 시현할 수 있는 것이다.

### 3) 특정 품목운임(Specific Commodity Rate : SCR)

SCR은 특정구간의 특정품목에 대하여 GCR보다 낮게 설정한 차별화된 요율을 말한다. SCR의 설정목적은 항공운송인이 특정구간에서 반복적으로 운송하는 특정품목[24]에 대하여 운임의 할인혜택을 줌으로써 타 운송수단(육상, 해상 등)과의 경쟁성을 유지하여 항공수요를 확대하기 위한 것이다. SCR은 항공화물의 판매상 중요한 비중을 차지하고 있으며 노선에 따라 필요시에 추가 또는 폐기할 수 있다.

항공화물 Tariff에는 SCR 적용대상 물품을 'Item'이라는 항목아래 숫자(화물을 숫자로 코드화(예컨대, Seafood는 0300, Mushroom은 0850, Flower는 1400 등)하여 표시하고 있다.

SCR로 분류되어 있는 품목이라고 하더라도 그것이 전술한 GCR이나 또는 후술의 품목분류운임(CCR)과 비교하여 더 낮은 운임이 산출될 경우에는 그 낮은 요율을 적용할 수 있다.

### 4) 품목 분류운임(Commodity Classification Rate : CCR)

CCR이란 수많은 화물 중에서 특별 취급을 요하는 품목을 사전에 분류하여 그러한 품목에 대하여 설정한 요율을 말하는데, 이는 GCR의 백분율에 의한 할증(割增) 또는 할인(割引) 운임체계로 되어 있다. CCR의 적용대상 품목과 운임적용방법은 [표 3-7]과 같다.

---

24) 예컨대, 서울에서 동경으로 운송되는 Seafood, Mushroom, Floral stock 등.

[표 3-7] CCR 적용대상 품목과 운임[25)]

| CCR 적용대상으로 분류된 품목 | 운임적용 방법 |
|---|---|
| ① 신문, 잡지, 정기간행물, 책, 맹인용 점자 장비 및 서적 등 | Normal GCR의 50%<br>예외 : 미주지역行 화물의 경우는 GCR의 75% |
| ② 여행자 비동반 수하물 | Normal GCR의 50%. |
| ③ 귀 중 품 | Normal GCR의 200% |
| ④ 유 해 | 중량에 관계없이 45kg 미만 요율(Normal GCR) 적용 |
| ⑤ 생 동 물 | Normal GCR의 125~150%<br>(지역별, 동물별로 다름; 표 3-8 참조) |

[표 3-8] 생동물의 CCR 수준

| 구 간 / 품 목 | 한국⇒IATA 2, 3 지역<br>(유럽, 중동, 아프리카, 아시아, 대양주) | 한국⇒IATA 1 지역(미주지역) | | |
|---|---|---|---|---|
| | | 미 국 | 캐나다 | 기타 미주국가 |
| 생 동 물 | 45kg 미만요율 | GCR의 140% | GCR의 150% | 45kg 미만요율 |
| 냉혈동물[26)] | 상 동 | GCR | GCR의 125% | 상동 |

### 5) 종가요금(Valuation Charge)

#### (1) 개 념

종가요금은 화주가 화물가격을 AWB상에 기재하여 항공운송인에게 사전신고한 경우, 그 금액이 일정 단위당 일정 액수(예, Kg당 17 SDR)를 초과할 경우에 운임에 더하여 부과되는 일종의 할증료이다.

화주가 화물가액을 신고하는 목적은 화물의 멸실이나 훼손 등 손해가 발생하였을 경우 항공운송인의 법정 책임제한금액을[27)] 배제하고 신고한 화물가격 전액을 배상받기 위함이다. 그러므로 화주는 화물가격이 Kg당 17 SDR을 넘더라도 이를 신고하지 않으면(AWB에 NVD- no value declared 표시) 종가요금을 지

25) 대한항공, 전게서, p. 127 참조.

26) 냉혈동물 : 밀폐된 컨테이너에 별도의 통풍장치가 없이도 운송이 가능한 동물(개구리, 뱀, 곤충, 파충류, 거북이, 환형동물 등).

27) Warsaw Convention에 의하면 항공운송인의 책임은 kg당 250 Gold Franc으로 제한된다고 규정하고 있으며(제22조), Montreal Convention의 발효(한국 2007.12.29)에 따라 우리나라 항공사의 약관도 이와 등가인 kg당 17 SDR로 제한된다고 규정하고 있다.

〈종가운임의 산정실무(예시)〉

| 품목 : 컴퓨터 PART, PC/WT : 50개/100kg,<br>Tariff상 요율 : M/50000원, N/5000원, 45/4000원<br>신고가액 : U$ 20,000<br><br>☞ 운임의 계산방법<br>① 운임(GCR, Q45) : 100kg×4000원 = 400,000원<br>② 종가요금계산<br>—Kg당 가액은? U$20,000 ÷ 100(kg) = U$200<br>—종가 대상여부? U$의 SDR로의 산출은 AWB발행일의 IMF의 "SDR Valuation"으로 계산<br>(예컨대, AWB발행일이 2009. 1. 27. 인 경우 : U$1은 0.632SDR, 즉 1SDR = U$1.506임)<br>U$ 200/KG ⇒ 0.632 = 126SDR … 17SDR을 초과하므로 종가요금 대상임.<br>—종가요금 = {U$20,000−(100Kg×17SDR = U$25.60)}×0.75%<br>= U$17,440×0.0075 = U$ 130.80 ⇒ 176,580원(BTTS 1350원 기준))<br>③ 합계운임(① + ②) : 400,000원 + 176,580원 = 576,580원 |
|---|

불하지 않아도 된다. 그러나 이 경우에는 화물에 손해가 발생하더라고 항공운송인의 책임제한금액한도 내에서 배상받게 된다.

(2) 종가요금의 부과기준과 적용

종가요금을 부과할 것인가의 결정기준은 화주가 운송인에게 신고한 화물의 가액을 기준으로 단위 중량(kg 또는 Lb)당 산출되는 금액이다.

즉 {신고가액(U$)} ÷ (Gross weight)의 값이 Kg당 17 SDR를 초과하면, 그 초과분에 대하여 0.75%의 종가요금이 부과된다. 종가요금은 운임과 함께 전액이 선급 또는 후급되어야 한다.

### 6) 단위탑재용기 운임(Bulk Unitization Charge : BUC)

(1) 개 념

BUC는 화주가 화물을 파렛트나 컨테이너 등 단위탑재용기(ULD)에 적재한 상태로 항공사에 운송을 의뢰한 경우에 적용되는 운임이다. 이는 특정화물(위험품, 생동물, 귀중품, 유해 등)을 제외하고 화물의 종류에 관계없이 일정구간에 한정하여 ULD의 종류 및 크기별로 부과되는 운임이다.

[표 3-9] Tariff상 한국발 미국행 BUC

| ULD | | Pivot wt (kg) | Pivot Charge(U$/ULD) | | |
|---|---|---|---|---|---|
| Type | Dimension (inch) | | LA | Chicago | New York |
| 1/1S | 96×238.5×96 | 5,000 | 13,700 | 15,250 | 16,250 |
| 2H | 96×125×118 | 3,040 | 8,330 | 9,277 | 9,880 |
| 2/2Q | 96×125×96 | 2,530 | 6,932 | 7,717 | 8,223 |
| 2A | 88×125×96 | 2,390 | 6,549 | 7,290 | 7,768 |
| 5 | 88×125×64 | 1,690 | 4,631 | 5,155 | 5,493 |
| 8 | 60.4×61.5×64 | 680 | 1,863 | 2,074 | 2,210 |
| Over Pivot Rate($/kg) | | | 2.20 | 2.44 | 2.67 |

자료 : TACT Rule book.

### (2) BUC의 적용

BUC는 아래 표에서와 같이 ULD 타입별로 기준 운임(pivot charge)과 그 운임으로 적재할 수 있는 기준 중량(pivot weight)이 설정되어 있는데[28] 화주가 이 BUC운임을 사용하는 경우에는 ULD에 적재한 화물이 기준중량에 미달되더라도 정해진 BUC가 적용된다. 그러나 ULD별 Pivot Weight를 초과하여 화물이 적재된 경우에는 초과분에 대하여 별도로 정한 기준중량 초과요율(Over Pivot Rate)이 적용된다.

〈BUC의 산정실무(예시)〉

| ※ BUC = ULD Type별 기준운임 + (기준초과중량×기준중량초과요율) |
|---|
| **화 물** : Leather jacket,<br>**총 중 량** : 1,975 kgs in ULD Type 5<br>**ULD자체중량** : 200kgs<br>**구 간** : Seoul / LA<br>☞ 운임 적용<br>— 점검사항 : ULD Type = Type 5<br>발착지 = Seoul / LA,<br>Pivot weight의 초과여부<br>— 운임계산 : ULD Type 5의 LA향<br>Pivot Rate + {(총중량 − ULD중량 − Pivot weight)×Over Pivot Rate}<br>= $ 4,631 + {(1,975 kg − 200kg − 1,690kg)×$ 2.2}<br>= $ 4,631 + (85kg×$ 2.2 )<br>= $ 4,631 + $ 187 = $ 4,818 |

28) TACT rate section 4.3 참조.

### 7) 기타 요금

여기에서 언급하는 기타 요금이란 화물의 운송대가인 운임이라기보다 당해 화물과 관련하여 특별히 발생된 부수적 비용 또는 항공운송인이 화주의 편의를 위하여 추가로 서비스를 제공한데 대한 일종의 수수료의 성격을 띤 금액이다. 요금의 종류는 아래와 같은 것이 있다

#### (1) 입체(立替)지불 수수료(Disbursement Fee)

입체지불수수료란 화물의 항공운송이 시작되기 이전 출발지에서 발생한 비용 중 수하인이 지불해야 할 것을 출발지에서 송하인(또는 운송인)이 먼저 지불하고 항공운송인이 이를 수하인으로부터 후에 징수하는 금액을 말한다. 입체지불금의 종류로는 항공사가 보험사에 선 지불한 항공화물화주보험료, 송하인이 선 지불한 Trucking Charge, Handling Charge, AWB작성 수수료 등이 있다. 입체지불수수료란 항공운송인이 이와 같은 입체지불금을 먼저 지급해 주고 수하주로부터 회수할 시에 원금에 부가하여 징수하는 요금을 말한다. 입체지불수수료는 입체지불금이 U$ 50 미만일 때 운송장의 U$ 8 이며 U$ 50 이상일 시 항공운송인이 입체지불한 금액의 10%정도이며 최저 수수료는 U$ 20.00이다.

#### (2) 착지급수수료(Charges Collect Fee)

착지급(着地給)수수료란 항공화물운임(종가요금 포함)을 목적지에서 수하인이 지급하는 조건으로 운송되는 화물에 대하여 항공운송인이 운임의 일정률에 해당하는 금액을 징수하는 수수료를 말한다. 항공운송인이 착지급수수료를 징수하는 목적은 운임을 받지 않은 상태에서 운송을 완료한 후에 운송계약의 당사자가 아닌 자(수하인)로부터 운임을 징수하여야 하는 위험, 타국통화로 징수하여 출발지국으로 송금하는데 소요되는 비용, 현지통화와 자국통화간의 환차손 등을 보전하기 위함이고, 다른 한편으로 착지급 조건에 의한 운송을 억제하기 위함도 있다. 착지급 수수료는 국가별로 다르다.[29] 참고로 한국이 목적지인 화물의 경우는 운임(기본운임+종가요금)의 2%이며, 최저요금은 운송장당 10,000원이다(TACT rule 7.2 참고). 이러한 수수료제도에도 불구하고 생동물, 유해, 부패성 화물, 개인용품, 이삿짐 및 송수하인이 同一人인 화물 등은 착지급조건이

---

29) TACT Rule, sec.7.2.2 국가별 List.

허용되지 않는다.

(3) 기 타

위에 언급한 것 외에도 AWB작성수수료라든지, 위험품의 경우 그 취급수수료 등이 있다.

## 제 5 절 프레이트 포워더의 항공화물업무절차

우리나라에서 실무적으로 항공 프레이트 포워딩업을 영위하는 실체로는 물류기본정책기본법이 규율하고 있는 국제물류주선업자이고, 항공화물대리점업자라든지 또는 항공화물주선업자라는 명칭은 현행의 법률로는 존재하지 않는다.[30] 그러므로 우리나라에서는 국제물류주선업자로 등록된 업체라면[31] 업무영역별로 지배받는 법체계가 각기 다른 해상운송주선업, 항공운송주선업 또는 해상 · 항공 · 육상운송을 결합한 복합운송주선업을 경영할 수 있음은 물론, 항공사를 대리하는 항공화물대리점업 또는 독립적인 항공화물운송주선업(항공기를 운항하지 않는 항공화물운송업 포함)도 수행할 수 있는 것이다.

본 절에서는 이러한 지위에 있는 국제물류주선업자가 특히 항공 프레이트 포워더(air cargo freight forwarder)로서 수행하는 업무를 중심으로 일련의 항공화물운송절차에 대하여 살펴보기로 한다.

### 5-1 수출화물업무절차

항공 프레이트 포워더의 수출화물을 위한 주요 업무를 살펴보면, 항공화물을 유치하기 위한 Sales활동을 전개하여 송하인과 운송계약을 체결하고, 그로부

30) 1992년 12월 08일 항공법(법률 제4533호)에서는 항공화물운송대리점업자 및 항공운송주선업자의 정의(제 2 조)와 사업을 하기 위한 등록요건(제139조)에 대하여 규정하고 있었는데, 1993년 12월 27일 개정 항공법(법률 4647호)에서 이를 삭제하여 오늘에 이르고 있다.

31) 종래 화물유통촉진법에 따라 등록된 복합운송주선업자는 현행 물류정책기본법상의 물류주선업자로 본다(물류정책기본법, 부칙 제 7 조 제 1 항).

터 화물을 수령, 운송준비(RFC, Ready for Carriage)상태로 처리한 다음, Air Waybill을 작성하고 특정항공사에 예약한 후 화물과 필요서류를 항공사에 제공하는 업무이다(그림 3-7 참조). 이외에도 프레이트 포워더는 화주고객을 위하여 항공화물운송에 관한 상담(consulting), 국내운송의 주선 또는 직접이행, 통관의 주선, 보험의 부보, 화물의 추적 등의 고객서비스를 제공하기도 한다.

프레이트 포워더의 업무는 특정 항공사의 대리인의 지위[32]에서 수행할 수도 있고 독립적 항공운송주선업자의 지위에서 수행할 수도 있다. 그러므로 프레이트 포워더가 어떤 지위에서 업무를 수행하는가에 따라 사용하는 운송장양식, 화주에 대한 운송책임의 주체자 그리고 수입원 등이 달라지게 된다.

### 1) 집하(集荷)업무

항공화물 프레이트 포워더의 집하업무는 항공사의 대리점자격과 프레이트 포워더 자격에서 수행하는 것으로 나눌 수 있다.

#### (1) 항공사의 대리점(air cargo agent) 자격에서 집하

항공화물대리점은 항공으로 수출입되는 다양한 화물 및 화주의 정보를 확보하고, Principal(항공사)을 대신하여 항공사의 Tariff에 의한 운임 및 서비스, 운송약관(조건)에 의거 화주에게 집하활동을 전개하여 운송계약을 체결하고 그에 따른 부수업무를 이행하고 항공사로부터 일정수수료(대개 항공운임의 5% 정도)를 받는다.

#### (2) 항공화물운송주선업자(air freight forwarder) 자격에서 집하

항공화물운송주선업자(여기서는 편의상 NAOCC라 함)는 전술한 바와 같이 자기의 명의로 개별 화주를 대상으로 영업활동을 전개하여 화물을 집하하고, 이를 혼재(consolidate)하여 항공사의 항공기를 이용하여 운송서비스를 하는 자이다.[33] 따라서 NAOCC도 항공으로 수출입되는 다양한 화물 및 화주의 정보를 확보하고, 실화주에 대해서는 항공화물운송인(carrier)의 지위에서 자체 Tariff에

---

32) 항공사의 화물대리점(Air Cargo Agent)은 항공사(또는 그의 총대리점)를 대리하여 집하활동을 하고 해당 항공사양식의 Air Waybill을 발행하며, 항공사와 약정한 업무를 수행하고 그 대가로 일정한 수수료를 받는 것을 업으로 하는 자이다. 우리나라에서는 국제물류주선업자가 특정 항공사(principal)와 계약으로 대리점지정을 받아야 대리점업무를 할 수 있다.

33) 개정전 항공법(법률 제4533호) 제 2 조 제31호.

[그림 3-10] 항공화물 Outbound업무의 흐름도

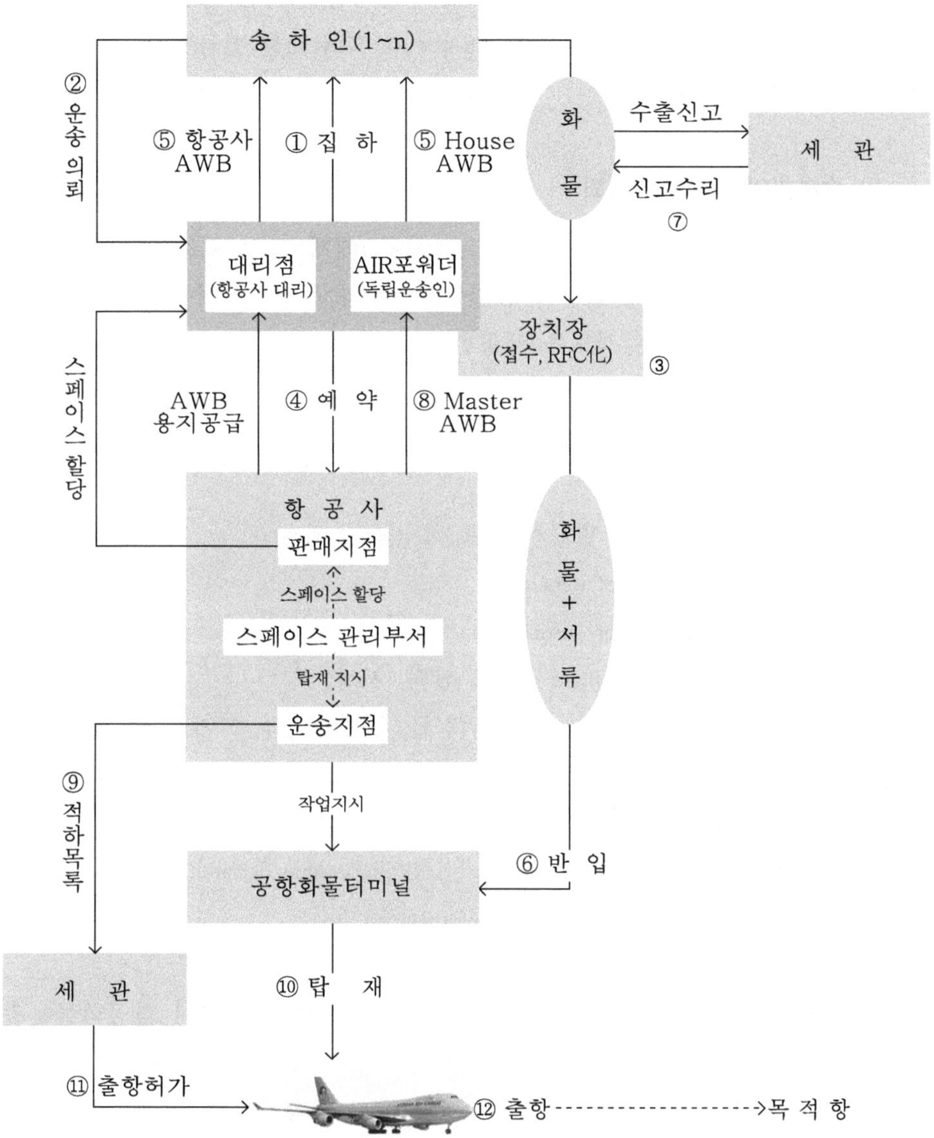


prepared by YD Um

의한 운임 및 서비스, 운송약관(조건)에 의거 화주에게 집하활동을 전개하여 운송계약을 체결하며 그에 따른 부수업무를 이행한다.

NAOCC는 항공기를 운항하지 않으므로 항공사에 대하여 다시 송하인(shipper)의 지위에서 자신이 여러 화주로부터 집하 · 혼재한 화물을 항공사에 운송위탁하고 운임을 지불하며, 항공사로부터 Master Air Waybill을 발급받아 송하인으로서의 권리 · 의무를 진다.

### 2) 송하인의 화물운송의뢰

화주는 프레이트 포워더(대리점 또는 NAOCC)에게 그의 화물을 항공운송할 것을 요청하면서 항공기에 의한 운송가능성여부와 특별취급여부 및 운임의 산정을 위하여 아래와 같은 정보를 제공한다.

〈항공화물운송의뢰시 화주가 프레이트 포워더에게 제공하는 내용〉

① 송하인(shipper)
② 수하인(consignee) 및 필요시는 통지처(notify party)
③ 출발지 공항(airport of departure)
④ 도착지 공항(airport of destination)
⑤ 특정항공사 및 기편(flight no.)의 선택, 지정
⑥ 화물명세 : 품명, 생동물, 유해, 위험물, 부패성화물, 고가품 등 특수 화물 구분, 포장의 종류 및 개수, 하인(荷印, marks and number), 중량과 용적
⑦ 운임의 지급조건 : 선급(先給, prepaid), 착급(着給, collect)[34] 구분
⑧ 화물가격신고여부 : 화물가액 또는 NVD(no value declared) 표시
⑨ 화물취급시 주의사항(Handling Information) 등

화주가 항공화물운송을 의뢰할 시에는 사후 증빙을 위하여 항공화물운송의뢰서(shipper's letter of instruction : SLI)를 작성하여 프레이트 포워더에게 제출하는 형식을 취한다. 그러나 항공운송은 무엇보다도 신속성을 요하므로 실무적으로는 화주가 프레이트 포워더에게 화물내역을 전화 등으로 통보하거나 Invoice 또는 L/C 사본을 FAX하는 것으로 대신하기도 한다.

---

34) 생동물, 부패성물품, 有害물품, 이사화물, 수하인과 송하인이 同一人인 경우, 수하인이 죄수 혹은 자유가 제한된 자인 경우, 수하인의 주소가 공항, Hotel 등 유동적인 경우, 화물의 가격이 운임보다 싼 경우 등은 항공사에서 착급이 허용되지 않는다.

프레이트 포워더가 화주로부터 화물의 항공운송을 의뢰받은 경우에는 항공사에게 화물의 내역과 운송경로 등의 정보를 제공하여 운송가능성여부를 미리 확인하고 그 결과를 화주에게 통보한다. 운송이 가능하다면 아래의 절차로 이어진다.

### 3) 화물의 수령과 발송준비

(1) 화물의 수령

화주가 항공운송을 의뢰한 화물을 프레이트 포워더의 지정창고까지 가져오면 창고운영자가 이를 서류와 대조하여 수령하고 화주에게 인수증(화물반입계)을 발급해 준다. 만약 화주가 프레이트 포워더에게 국내 육상운송도 요청한 경우라면 프레이트 포워더가 자신의 트럭으로 화물을 픽업(pick up)하거나 또는 자기 책임으로 타사의 트럭을 수배하여 국내운송을 하게하고 화주로부터 그 보수를 받는다(그림 3-10의 ③).

(2) 화물의 발송준비(Ready for Carriage; RFC)

프레이트 포워더는 접수한 화물을 항공운송에 적합하도록 포장, 적정한 마킹(marking)과 라벨링(labelling; 항공사 식별라벨 및 특수화물 식별라벨 포함)을 하며, 위험품이나 생동식물 등 특수화물의 경우에는 신고나 검역 등 필요한 조치를 취하는 등 항공기에 기적될 수 있는 상태로 준비한다.

### 4) 항공사 예약과 확인

(1) 프레이트 포워더의 항공사에 대한 예약

프레이트 포워더는 화주의 화물이 신용장등이 정한 기간 내에 기적(機積)될 수 있는 항공기스케줄에 맞추어 해당 항공사에 운송에 필요한 화물정보를 제공함과 아울러 운송예약을 한다(그림 3-10의 ④). 그렇게 함으로써 항공사도 한정된 기복(space)을 최적으로 활용, 고객의 화물에 대한 원활한 운송서비스를 사전에 준비할 수 있는 것이다. 프레이트 포워더가 항공사에 항공화물운송을 예약할 시 제공하는 내용은 전술 2)항과 같다.

(2) 항공사의 예약접수와 확인

프레이트 포워더로부터 예약요청을 받은 항공사는 화물의 내용(종류, 크기, 중량 및 특성 등) 및 요청하는 특정 항공기에 Space가 있는지 여부를 점검하여 운송이 가능한 경우에 예약을 접수하고, 프레이트 포워더에게 전화 등으로 이를 확인(booking confirmation)하여 준다.

### 5) 항공화물운송장의 작성/발행

프레이트 포워더는 항공운송을 하기 위하여 화주로부터 화물을 수령한 후 필요사항을 기재하여 항공화물운송장(Air Waybill : AWB)을 발행한다. 여기서 프레이트 포워더가 사용하는 AWB 양식은 그가 어떤 지위에서 행위하는가에 따라 달라진다. 즉 프레이트 포워더가 특정 항공사의 대리점 지위에서 AWB를 발행하는 경우에는 해당 항공사의 AWB양식을 사용·발행하고, 항공화물운송주선업자(항공기를 운항하지 않는 항공운송인 : 여기서는 편의상 NAOCC라 함)의 지위에서 발행하는 경우에는 NAOCC 자신의 AWB양식을 사용·발행한다(그림 3-10의 ⑤). 후자의 경우는 NAOCC가 실화주에 대하여 항공운송인으로서의 책임을 지고 AWB(House AWB)을 발행하지만 그는 항공기를 운항하지 않기 때문에 자신이 혼재한 화물을 다시 항공사에 운송을 위탁하고 송하인(shipper)의 지위에서 항공사로부터 AWB(Master AWB)를 발급받는다(그림 3-10의 ⑧).

[표 3-10] Air Waybill 발행 주체별 사용양식

| | Air Waybill의 발행주체별 유형 | 사용하는 AWB양식 | AWB상 송하인 | AWB상 수하인 | AWB 서명자 |
|---|---|---|---|---|---|
| 1 | 송하인(A)이 수하인(A')에게 발송하는 화물에 대하여, 항공사(X)의 대리점(Y)가 발행하는 AWB | X의 양식 | A | A' | Y |
| 2 | 송하인(B)이 수하인(B')에게 발송하는 화물에 대하여, NAOCC(Z)가 발행하는 AWB(House AWB) | Z의 양식 | B | B' | Z |
| 3 | 위 2의 운송을 위하여 NAOCC(Z)가 해외파트너(Z')에게 발송하는 화물에 대하여, 항공사(X)가 발행하는 AWB(Master AWB) | X의 양식 | Z | Z' | X |

AWB는 항공사 대리점이 항공사를 대리하여 화주에게 발행하는 것, NAOCC가 화주에게 발행하는 것, 항공사가 NAOCC에게 발행하는 것 등이 있는데 이들의 차이점을 보면 [표 3-10]과 같다.

### 6) 항공사 지정의 공항터미널에 화물반입

(1) 프레이트 포워더

프레이트 포워더는 화주로부터 인수한 화물을 운송준비완료(Ready for Carriage : RFC)상태로 만들어 Air Waybill 등 운송에 필요한 서류와 함께 공항의 해당 항공사의 화물터미널에 반입시킨다. 이로써 화물이 프레이트 포워더의 관리아래에 있던 화물이 비로소 항공사의 관리아래로 이전하게 된다(그림 3-10의 ⑥).

(2) 공항터미널운영자

화물의 종류, 개수, 중량, 용적, 상태, 포장, Marking과 Label 등 실물이 서류와 일치하는지의 여부를 확인하여 인수하고, 항공기에 탑재가 용이하도록 화물에 따라 적절한 ULD작업을 한다.

### 7) 화물의 수출통관

외국으로 수출되는 화물은 관세법규에 의거 일정 장소에 장치하고 그 장치장을 관할하는 세관장에게 신고하고 수리를 받아야 외국을 왕래하는 선박, 항공기 등의 운송수단에 적재할 수 있다.[35]

(1) 수출화물의 통관가능 시기와 장소

수출통관은 화물이 외항 선박 또는 항공기에 적재되기 전에 이루어져야 하므로 화물이 화주의 자가 장치장에 있는 동안, 또는 프레이트 포워더가 지정한 장치장이나 공항의 화물터미널에 화물이 입고되어 있는 동안에 가능하다.

(2) 수출신고의 방법

수출신고자는 관세청이 정한 수출신고서양식에 따라 전자문서로 수출신고서를 작성하여 관세청 통관시스템으로 전송한다.

35) 수출통관사무처리에관한고시(관세청고시 제2005-40호) 제2-1-1조 제1항 참조.

(3) 관할세관의 수출신고서의 수리

수출신고를 받은 관할세관은 수출화물에 대하여는 현품검사를 하지 않는 것을 원칙(서류심사)으로 하고 있으나 필요시에는 현품을 검사한 후 이상이 없을 시 그 신고를 수리하고 수출신고필증을 신고인에게 교부한다.[36]

(4) 프레이트 포워더의 수출통관업무 대행

화주가 프레이트 포워더에게 수출통관업무도 대행해 줄 것을 요청한 때에는 프레이트 포워더가 관세사에게 의뢰하여[37] 수출통관절차를 이행하게 하고 화주로부터 그에 따른 수수료를 받는다.

(5) 수출신고가 수리된 물품의 항공기 탑재 기한

화주는 수출신고 수리일부터 30일 이내에 우리나라와 외국간을 왕래하는 운송수단에 적재하여야 한다.

### 8) 항공사로부터 Master Air Waybill 발급 받음

프레이트 포워더는 화물을 항공사에 접수시키고 항공사가 서명한 송하인용 Master Air Waybill(제 3 원본)을 발급받는다(그림 3-10의 ⑧).

### 9) 적하목록의 작성과 제출

(1) 적하목록의 의의

적하목록이란 항공기에 적재된 화물의 목록으로서 항공기가 입출항시 세관에 제출되어야 하는 필수서류이다.

(2) 출항 적하목록의 제출시기

항공기가 개항을 출항하려면 기장은 관할 세관장으로부터 출항허가를 받아야 하며 이를 위해서는 당해 공항에서 적재한 화물의 목록을 제출하여야 한

---

36) 위 고시 제2-3-1조 및 제2-4-2조 참조.

37) 프레이트 포워더가 외부 관세사에게 통관을 의뢰하는 이유는 현행의 우리나라 관세규정상 수출신고를 할 수 있는 자로서 관세사(관세사법인, 통관취급법인), 수출화주로 규정하고 있고(위 고시 제2-1-1조 제 2 항), 프레이트 포워더에게 직접 통관업무를 이행할 수 있도록 허용하고 있지 않기 때문이다.

다.[38] 그런데 특히 세관장이 출항절차의 신속화를 위하여 필요하다고 인정한 경우에는 예외적으로 항공기가 출항한 익일 24시까지 적하목록을 제출하면 된다.[39]

(3) 적하목록의 작성 · 제출 의무자

적하목록의 작성과 제출의무자관계를 살펴보면 아래와 같다.

첫째, 적하목록을 세관에 제출할 의무는 "항공기를 운항하는 항공사"에게 있다. 둘째, 공동운항의 경우 : 예컨대 A항공사와 B항공사가 그들의 항공기의 일정량의 스페이스를 상호 사용하는 경우, A항공사의 AWB가 발행된 화물이 B항공사가 운항하는 항공기에 적재된 경우, A화물에 대한 적하목록은 A항공사가 작성하지만 그것을 취합하여 세관에 제출하는 의무자는 B항공사이다. 셋째, 혼재화물의 경우 : 예컨대 X 프레이트 포워더가 집하하여 House AWB가 발행된 혼재화물이 B항공사가 운항하는 항공기에 적재되었다면 적하목록(별지 3-1 참조)은 X가 작성하여 B항공사에 제공하지만 이를 취합하여 세관장에게 제출하는 의무는 B항공사에게 있다.

(4) 적하목록의 작성과 제출방법

적하목록의 작성의무자는 항공기편명, 송 · 수하인, 화물명세 등 필요사항을 세관적하목록 시스템에 입력하는 방법으로 작성하고, 적하목록제출의무자는 이를 취합하여 전자문서로 세관에 전송하는 방법으로 세관에 제출하여야 한다(그림 3-10의 ⑨).[40]

(5) 적하목록제출의무위반자에 대한 벌칙

부정한 방법으로 적하목록을 작성하였거나 제출한 자에게 2천만원 이하의 벌금, 과실로 적하목록을 제출하지 않은 자에게는 300만원 이하의 벌금이 부과된다.[41] 그리고 적하목록은 항공기를 운항하는 기장명의로 세관에 제출하게 되는데 어떤 항공사가 위와 같이 적하목록관계 법규를 위반한 경우에는 기장

38) 관세법 제136조 제 1 항 및 제 2 항 본문 참조.

39) 관세법 제136조 제 2 항 단서 및 보세화물입출항하선하기 및 적재에 관한 고시(관세청고시 제 2006-27호 2006. 6. 28. 개정) 제3-1-7조.

40) 상기 고시 제2-2-1조.

41) 관세법(법률 제7887호 일부개정 2006. 3. 24.) 제276조 제 2 항 제 1 호 및 2호.

에게만 벌금을 부과하는 것이 아니라 그가 속한 법인(항공사)에게도 동일금액의 벌금에 처하도록 규정하고 있다(관세법 제280조).

### 10) 항공기에 화물탑재(항공사 조업사)

항공사는 작업완료된 ULD의 크기와 무게를 감안하여 항공기에 중량이 안배되도록 화물의 탑재위치를 사전에 계획하고, 조업사로 하여금 정해진 위치에 탑재하도록 한다(그림 3-10의 ⑩).

### 11) 항공기의 출항허가의 획득과 항공기의 출발

화물을 적재한 항공기의 기장은 출발지 관할세관장으로부터 출항허가를 받은 후 목적지를 향하여 출항한다(그림 3-10의 ⑪).

### 12) 목적지에 탑재화물내용 통보

출발지 항공사는 자사의 전산시스템(online system)을 통하여 목적지별로 하기작업, 수하인(Master AWB상)에게의 화물도착통지 등을 사전에 준비할 수 있도록 탑재된 화물의 내역과 탑재위치 등을 통보한다.

한편 프레이트 포워더도 목적지의 파트너로 하여금 항공사로부터의 화물을 적기에 인수하고, 수하인(House AWB상)에게 화물도착통지서의 발송 등 필요한 준비를 사전에 할 수 있도록 화물의 기적사항을 통보(대개 AWB사본을 FAX)한다.

## 5-2 수입화물업무절차

### 1) 기적(機積)화물의 정보입수와 관련처 통보

#### (1) 기적(機積)화물의 정보입수

목적지 항공사는 출발지 항공사로부터 탑재된 화물의 내용(명세 및 탑재위치 포함)을 전자적 방법으로 입수하여 적하목록의 작성, 하기작업계획의 수립 등을 사전에 준비하는 한편, 목적지 프레이트 포워더도 그의 해외 파트너로부터 자사가 수하인으로 된 화물정보를 FAX, 전신문 등을 통하여 입수하여 적하목

[그림 3-11] 항공화물의 Inbound업무의 흐름도

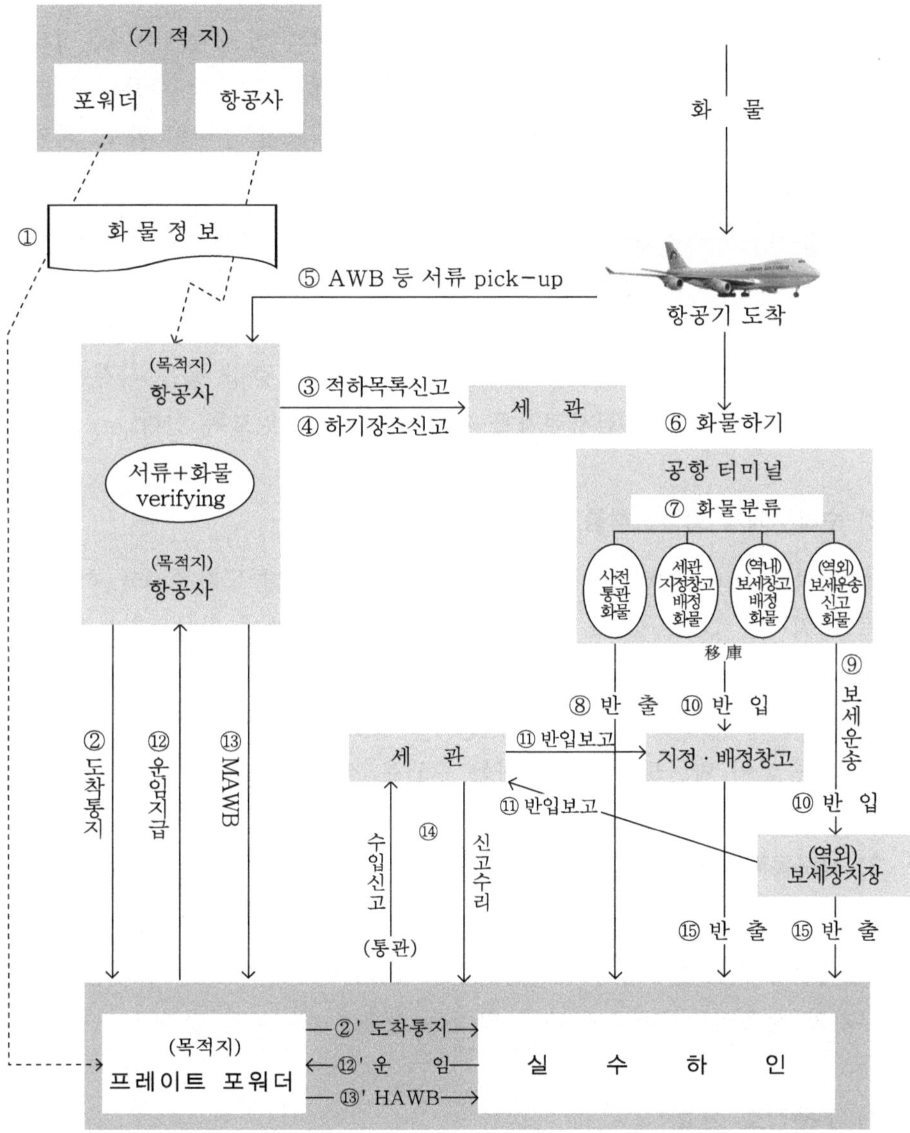


록의 작성, 항공사로부터 화물의 인수계획, 실수하인(House AWB상)에게의 화물 도착예정통지서의 발송 등 필요한 준비를 한다(그림 3-11의 ①).

(2) 관련처에 화물정보 통보

① 下機할 전체화물정보를 조업사에 통보 : 목적지 항공사는 신속, 정확한 조업을 위하여 항공기가 도착하기 전에 당해공항에서 하기할 화물의 내역을 조업사에게 통보하여 그들이 하기 및 화물취급에 필요한 장비의 확보, 작업계획의 수립 등을 사전에 준비하도록 한다.

② 특수화물정보를 관련기관에 통보 : 生동물, 식물, 유해, 총포류 등 특수화물이 탑재된 경우 항공사는 수하인 외에 관련 관청(예, 농림수산식품부의 국립수의과학검역원, 국립식물검역소, 보건복지가족부 검역소, 세관, 국가정보원, 경찰청 등) 항공기편수, 도착예정시간, AWB번호, 화물의 종류, 개수, 중량 등을 사전에 통보하여 당해 화물이 신속한 검사절차를 거쳐 인도될 수 있도록 한다.

### 2) 수하주에게 화물도착통보

항공사는 Master AWB상의 통지처(수하인)[42]에게 화물도착통지를 하고, 프레이트 포워더는 그의 House AWB상의 통지처(수하인)에게 화물도착통지를 한다(그림 3-11의 ②, ②'). 그렇게 함으로써 실수하인은 AWB의 입수, 통관 또는 보세운송서류를 구비하는 등 적기에 화물을 인도받기 위한 사전준비를 할 수 있다. 항공운송인이 화물도착통지를 하는 수단은 전화, FAX 또는 e-Mail 등이다.

### 3) 적하목록 제출

목적지 항공사는 항공기가 입항하기 전에 당해 공항에 내릴 화물의 목록을 관할세관장에게 전자문서로 제출한다(그림 3-11의 ③).[43] 수입적하목록의 제출의무자와 제출의무위반자에 대한 벌칙은 전술(5-1)한 바와 같다.

### 4) 下機장소 신고

목적지 항공사는 항공기가 입항하기 전 관할세관장에게 당해 공항에 내릴 적하목록과 함께 화물의 하기장소(장치장소)도 함께 신고하여야 한다(그림 3-11의 ④).

42) Master AWB상의 통지처(수하인)로는 실수입자도 있고 프레이트 포워더도 있다.

43) 보세화물입출항하선하기 및 적재에 관한 고시(관세청고시 제2006-27호) 제2-2-1조; 관세법 제135조 2항 참조.

(1) 하기장소의 신고의무

세관에 하기장소를 신고할 의무는 항공사에 있다. 항공사는 下機하는 화물의 장치장소를[44] 아래 순위에 의거 결정하여 신고하여야 한다. 항공사가 하기장소를 신고하는 실무적 방법은 별개의 신고서를 작성하여 제출하는 것이 아니라 적하목록의 "장치장소"란에 하기장소코드를 입력하는 것으로 갈음하고 있다.

(2) 화물의 하선장소를 결정하는 우선순위

항공사가 수입하물의 하선장소를 결정할 시에는 아래의 순위에 따라야 한다.

① 제 1 순위 : 세관의 강행규정으로 정한 장치장

— 검사대상화물로 선별되어 반입지시서가 발급된 물품은 세관이 지정한 곳을 하선장소로 하여야 한다.

— 위험물, 보온 · 보냉물품, 검역대상물품, 귀금속 등은 당해화물을 장치하기에 적합한 요건을 갖춘 보세구역(예, 보온 · 보냉물품은 온도조절시설을 갖춘 창고, 생동식물 등 검역을 요하는 화물은 검역창고 등)을 하선장소로 하여야 한다.

— 화물의 크기 등의 이유로 특히 세관으로부터 보세구역 외의 장소에 장치허가를 받은 물품은 그 허가받은 장소를 하선장소로 한다.

— 이사물품, 개인용품 및 유치물품 등은 세관이 지정한 장치장을 하선장소로 하여야 한다.

— 수입고철(비금속설 포함)은 고철전용 장치장을 하선장소로 하여야 한다.

② 제 2 순위 : 화주(또는 그 위임을 받은 자)가 정하는 장치장

③ 제 3 순위 : 항공운송인이 정한 장치장

— Master AWB화물은 항공사가 선량한 관리자로서 결정한 장치장

— House AWB화물은 프레이트 포워더가 선량한 관리자로서 결정한 장치장

(3) 공항역내 보세창고에 반입하지 않는 화물

① 입항 전 또는 下機 전에 수입신고가 된 화물 : 공항역내 보세창고에 반입하지 않고, 기내 또는 계류장에 있을 때 수입통관절차를 마치고 화주가 직반

---

44) 관세청의 보세화물입출항하선하기 및 적재에 관한 고시에서는 이를 하기장소라 하는데, 하기장소라 함은 화물을 항공기로부터 내려서 반입할 수 있는 보세구역을 말한다(동 고시 제1-0-2조 5항).

출해 간다(그림 3-11의 ⑧).

② 사전(입항전 또는 下機전)에 보세운송신고가 된 화물 : 공항역내 보세창고 등에 반입하지 않고 기내 또는 계류장에 있을 때 보세운송신고절차를 마치고 공항에서 보세운송신고시의 목적지로 보세운송하여 해당보세구역에 장치한다(그림 3-11의 ⑨).

### 5) 항공기의 도착과 AWB 등 운송서류의 인수

항공기가 도착하면 항공사직원이 운항승무원으로부터 출발지에서 발급한 AWB 등 운송서류를 인수받는다(그림 3-11의 ⑤).

### 6) 화물의 하기(下機)와 분류

항공사의 지정조업사가 당해 공항에서 하기할 화물(수입화물 및 환적화물)을 선별하여 전술한 장비를 이용, 항공기에서 하기한다(그림 3-11의 ⑥).

하기된 화물은, 계류장에서 직반출되는 화물, 공항역내에서 보세창고로 입고하여 통관되는 화물, 타 세관 관할지역으로 보세운송되는 화물, 세관장이 지정한 검사대상 화물, 특수화물(보냉 또는 보온을 요하는 화물, 위험화물 등)로 구분하여 장치한다(그림 3-11의 ⑦).

### 7) 장치장소에 화물반입과 반입신고

#### (1) 반입시한

항공사는 직반출 또는 보세운송화물을 제외한 모든 화물을 항공기의 입항 후 24시간 이내에 하기신고시에 배정한 장치장에 반입시킨다(그림 3-11의 ⑩).

(2) 보세운송화물은 세관이 보세운송신고를 수리한 날로부터 7일 이내에 목적지에 도착 · 반입시켜야 한다.[45]

#### (3) 반입신고

화물을 인수받은 보세구역운영인은 화물이 반입되는 즉시 House AWB 단위로, House AWB이 개입되어 있지 않은 화물은 Master AWB 단위로 세관장에

45) 보세운송에관한고시(관세청고시 제2006-34호, 2006. 8. 26. 개정) 제1-0-6조.

게 전자문서로 화물반입보고를 한다(그림 3-11의 ⑪).

### 8) 후급조건운임의 정산과 항공화물운송장의 인수(수하인)

수하인은 운임 또는 기타 요금이 도착지에서 지급하는 조건으로 운송된 화물의 경우에는 이를 항공사 또는 프레이트 포워더(House AWB이 개입되어 있는 경우)에게 이를 지급하고(그림 3-11의 ⑫, ⑫'), AWB을 인수받아(그림 3-11의 ⑬, ⑬') 수입통관절차를 밟는다. 착급(着給)조건으로 항공운송되는 경우에는 수하인이 운임에 더하여 일정액의 "Charge Collect Fee"를 항공운송인에게 지불하여야 한다. 이 수수료는 국가별로 다르나 한국이 착지인 경우에는 운임의 2%이다.

### 9) 수입통관을 위한 신고와 수리(수입자와 세관)[46]

외국으로부터 운송되어온 화물은 관세법규에 의거 수하인 스스로 또는 관세사에게 의뢰하여 수입통관(신고 · 수리)절차를 취한다(그림 3-11의 ⑭). 이렇게 함으로써 외국화물이 비로소 내국화물이 되고 수하인이 이를 반출하여 사용할 수 있는 것이다.

(1) 수입신고를 할 수 있는 자 : 관세사, 관세사법인, 통관취급 또는 화주

(2) 수입신고시 신고서에 첨부할 서류 : 송품장, 가격신고서, AWB부본, 포장명세서, 원산지증명서(해당물품에 한함), 합의에 의한 세율적용승인(신청)서, 납세담보확인서, 기타 과세의 결정을 위해 세관이 필요로 하는 서류 등

(3) 수입신고를 할 수 있는 시기와 장소 : 수입신고자는 아래 ①, ② 및 ③ 중에서 필요에 따라 신고방법을 선택하여 수입신고할 수 있다.

① 입항 전 신고 : 수입화물을 적재한 항공기의 입항지 관할 세관

② 보세구역 도착전 신고 : 화물이 도착할 보세구역 관할 세관

③ 보세구역 장치후 신고 : 화물이 장치된 보세구역 관할 세관

(4) 수출신고의 방법 : 수입신고자는 관세청이 정한 수입신고서양식에 따라 전자문서로 수입신고서를 작성하여 관세청 통관시스템으로 전송한다.

46) 수입통관사무처리에관한고시(관세청고시 제2006-41호, 2006. 9. 29. 개정) 참조.

(5) 관할세관의 수출신고서의 수리 : 수입신고를 받은 관할세관은 서류심사 또는 필요시에는 현품을 검사한 후 그 신고를 수리하고 수입신고필증을 교부한다.

(6) 프레이트 포워더의 수입통관업무 대행 : 화주가 프레이트 포워더에게 수입통관업무도 대행해 줄 것을 요청한 때에는 프레이트 포워더가 관세사에게 의뢰하여 수출통관절차를 이행하게 하고 화주로부터 그에 따른 수수료를 받는다.

### 10) 창고료의 정산과 화물인수(수하인)

수하인은 통관절차를 마친 후 하물이 장치되어 있는 창고설영인에게 소정의 보관료 등 창고료를 납부하고 화물을 인도받는다(그림 3-11의 ⑮).

## 5-3 프레이트 포워더의 사후관리업무

인도된 화물에 이상(멸실, 훼손, 지연 등)이 있어서 화주가 손해배상청구를 해 올 경우 프레이트 포워더에게는 손해발생의 원인, 귀책자의 규명, 그의 책임 있는 사유로 발생된 손해에 대한 배상금액의 절충, 배상금의 지급, 보험자와의 정산 등 적절한 사후처리도 뒤따른다.

[별지 3-1] 항공수출 혼재화물적하목록

대 한 민 국 세 관
KOREA CUSTOMS SERVICE

**혼재화물적하목록 (항공수출)**
Air Consolidated Cargo Manifest

1.연번(Page No.)

2. 적하목록관리번호(Manifest Reference No.)

| 3. 항공사명(Owner Or Operator) | 4. 국내화물운송주선업자명(Consolidator) | 5. 항공편명(Flight No) | 6. 출항일자(Date of Departure) |
|---|---|---|---|
| | | | |

| 7. Master AWB No. | 9. 화물구분 (E: Export, R: Reshipment) 8. House AWB No. | ⬇ | 10. 포장개수 (No. of Pieces) | 11. 총중량(KGS) (Weight) | 12. 송하인 성명 / 주소 (Shipper Name and Address) | 13. 수하인 성명 / 주소 (Consignee Name and Address) | 14. 품 명 (Nature of Goods) | 15. 수출신고번호 (Export Clearance Number) | 16. 장치장소 (Place of Storage) | 17. 화물특성부호 |
|---|---|---|---|---|---|---|---|---|---|---|
| | | | | | | | | | | |

297×210㎜(백상지 60g/㎡)

[자료] 보세화물입출항하선하기및적재에관한고시(관세청고시 2006-27)의 별지 제4-2호서식.

[별지 3-2] 항공수입 혼재화물적하목록

대 한 민 국 세 관
KOREA CUSTOMS SERVICE

**혼재화물적하목록 (항공수입)**
Air Consolidated Cargo Manifest

| 1. 연번(PAGE NO.) | | | |
|---|---|---|---|
| 2. 적하목록관리번호(Manifest Reference No.) | | | |
| 3. 항공사명(Owner Or Operator) | 4. 국내화물운송주선업자명(De-consolidator) | 5. 항공편명(Flight No) | 6. 입항일자(Date of Arrival) |

| 7. MSN (Master B/L Seq No.) | 8. HSN (House B/L Seq No.) | 9. 화물구분 (I:Import T:T/S) ⬇ 10. Air Waybill No | 11. 포장개수 (No. of Pieces) | 12. 총중량(KGS) (Weight | 13. 송하인 성명 / 주소 (Shipper Name and Address) | 14. 수하인 성명 / 주소 (Consignee Name and Address) 통지처 성명 / 주소 (Notify Name And Address) | 15. 품 명 / HS6단위 (Nature of Goods) | 16. 세관 기재란 (Customs Use Only) |
|---|---|---|---|---|---|---|---|---|
| | | | | | | | | |

297×210㎜(백상지 60g/㎡)

[자료] 보세화물입출항하선하기및적재에관한고시(관세청고시 2006-27)의 별지 제3-2호서식.

# 연습문제

## ❄ 서 술 형

1. 항공화물운송의 장단점에 대해 설명하시오.
2. 항공운송관련 국제기구에 대해 설명하시오.
3. 항공화물운임의 종류와 적용 방법에 대해 설명하시오.

## ❄ 용어설명

· 단위탑재용기(ULD : Unit Wad Device)
· 항공화물운송장(AWB : Airwaybill)
· 특별품목운임(SCR)과 단위탑재용기운임(BUC)
· 종가요금(Valuation charge)
· 항공화물운송의뢰서(SCI : Shipper's letter of instruction)
· IATA(International Air Transport Association)
· 헤이그 의정서(Hague Protocol)

CHAPTER

# 4

# 프레이트 포워더와 국제복합운송업무

## 제 1 절 복합운송의 일반적 사항

### 1-1 복합운송의 의의

#### 1) 복합운송의 개념

복합운송에 관한 용어로는, Multimodal Transport[1] 외에도 Combined Transport[2] 또는 Intermodal Transport 등으로 불리어지고 있지만 그 의미는 모두 같다.[3] 국제복합운송이란 하나의 복합운송계약[4]에 의거 운송을 인수한 복합운송인이 한 국가의 화물수령지(place of receipt)에서 다른 국가에 위치한 인도지(place of delivery)까지 적어도 2가지 이상의 운송수단(at least two different modes of transport)을 결합 · 사용하여 운송을 완료시키는 것을 말한다.

---

1) U.N. Convention on International Multimodal Transport of goods, 1980 및 UNCTAD/ICC Rules for Multimodal Transport Documents, 1992에서 사용한 용어임.
2) 1971년 TCM조약안 및 1975년 ICC의 복합운송증권규칙에서 사용한 용어임.
3) UN ESCAP, Manual on Freight Forwarding, p. 7.1.
4) 복합운송계약(multimodal transport contract)은 복합운송업자가 복합운송을 실행하거나 또는 실행을 확보할 것을 인수하고 상대방(화주)이 그 대가로 운임을 지급할 것을 약정하는 계약을 말한다 (UN Convention on International Multimodal Transport of goods 1980, Article 1, 3).

### 2) 복합운송의 특징

복합운송의 주요 특징은 다음과 같이 요약할 수 있다.

첫째, 하나의 운송계약을 완성하기 위하여 두 가지 이상의 운송수단(combined transportation means)이 채용된다.

둘째, 화주와 복합운송계약을 체결한 복합운송인이 전 구간운송에 대하여 단일책임을 부담한다(single liability).

셋째, 복합운송은 복수의 구간별 운송인이 개입되어 있으나 복합운송을 인수한 운송인은 화주에 대하여 전체 운송구간을 커버(cover)하는 단일 운송증권을 발행한다(single Documents).

넷째, 복합운송인은 화주에 대하여 이종(異種) 운송구간별로 운임을 적용하여 합산하는 것이 아니라 운송계약구간 전체를 커버하는 단일 일관운임을 적용한다(through or single freight).

### 3) 복합운송의 이점

복합운송은 여러 단계의 단일운송에 비하여 여러 가지 이점이 있는데 이를 상업적 측면, 특히 화주(貨主)측면에서 보면 다음과 같은 것들이 있다.

#### (1) 인력과 시간절약

복합운송에는 화물이 출발지에서 목적지까지 운송되는 동안 최소한 2가지 이상의 구간별 운송수단이 결합되므로 필연적으로 환적(換積, transshipment)이 일어난다. 그러나 이러한 환적이 수회에 걸쳐서 일어나더라도 이는 순전히 복합운송을 인수한 운송인의 조직망을 통하여 그의 위험과 책임으로 수행되기 때문에 운송을 의뢰한 화주가 환적지마다 구간운송인을 선택하여 구간별로 운송계약을 체결하는 등의 복잡한 업무를 위한 인력과 시간이 절감된다.

#### (2) 비용절감

화주는 복합운송인으로부터 화물의 출발지에서 목적지까지 일관운임을 적용받으므로 화주 스스로 각 구간 운송인별로 운임협상을 하여 개별운임을 적용받는 것보다 총운임이 비교적 낮아진다.

(3) 서류 및 절차의 간소화

복합운송은 단일운송계약에 의거 화물이 운송되므로 화주는 운송에 필요한 서류를 복합운송인에게만 제공하면 각 구간별 운송에 필요한 서류의 작성과 연계운송을 위한 절차의 이행은 복합운송인이 수행하므로 화주는 서류의 작성업무 및 단계별 절차의 이행업무가 간소화된다.

(4) 손해배상청구업무의 간편화

복합운송에 있어서는 복합운송인이 화물을 수령하여 인도하기까지의 기간 동안 화물이 멸실 또는 훼손되어 손해가 발생한 경우 그 배상책임이 운송을 인수한 복합운송인에게 집중되어 있다. 따라서 화주는 그 손해가 어느 구간의 실제운송인의 관리아래에 있을 때에 발생하였는가에도 불구하고 복합운송계약을 체결한 상대방, 즉 복합운송을 인수한 단일의 복합운송인을 상대로 그 배상청구를 하면 되므로 손해배상청구업무가 간편하게 된다.

## 1-2 복합운송인의 유형

### 1) 복합운송인의 정의

일반적으로 Multimodal Transport Operator(MTO), Combined Transport Operator(CTO) 또는 Intermodal Transport Operator(ITO) 등으로 불리어지고 있는 복합운송인이란 자기의 명의와 계산으로 송하인과 복합운송계약을 체결하고 복합운송을 인수한 당사자로서 운송인(carrier)의 지위에서 복합운송증권을 발행하며, 전 운송구간의 운송과 화물의 멸실, 훼손 또는 지연으로 인한 손해에 대하여 책임을 지는 주체자를 말한다.[5] 그러나 복합운송인은 아래에서 보는 바와 같이 반드시 전 운송구간 또는 어떤 일부구간의 운송을 실제로 수행하는 운송인(performing carrier)이어야 하는 것은 아니다.

5) UN 국제물품운송조약 제 1 조 2항; UNCTAD/ICC복합운송증권규칙 제 2 조 3항 참조.

### 2) 복합운송인의 유형

(1) 운송수단을 운행하는 복합운송인

송하인과 복합운송계약을 체결하고 전구간의 운송을 인수한 운송인이 국제 화물운송수단(예, 선박)을 직접 운행하면서 여러 운송구간 중 일부(예, 해상구간)의 운송을 수행하고 다른 운송구간(예, 철도 또는 도로)의 운송은 자기책임으로 해당 구간의 실제운송인에게 하도급을 주어 전체의 복합운송을 완성하는 운송인을 말한다. 이와 같은 유형의 복합운송인으로는 선박회사 외에 항공회사, 철도회사 또는 트럭회사도 있는데 이중 특히 컨테이너선박회사가 가장 활발히 국제복합운송을 수행하고 있다.

(2) 운송수단을 운행하지 않은 복합운송인

국제 화물운송수단(선박, 항공기, 기차 또는 트럭)을 직접 운행하지 않으나 운송인의 지위에서 송하인과 복합운송계약을 체결하고 전 구간의 운송을 그의 책임으로 이행하고 그에 대한 보수를 받는 자를 말한다.[6] 그러나 이들은 운송수단이 없기 때문에 그의 화주로부터 인수한 복합운송을 이행하기 위해서 운송수단을 실제로 운행하는 구간운송인(해상운송인, 육상운송인, 항공운송인 등)에게 송하인의 지위에서 운송을 위탁하여 구간별 운송을 실행하게 하고 대가를 지불한다. 따라서 운송수단을 운행하지 않은 복합운송인에게는 화주로부터 받는 일괄운임과 각 구간 운송인에게 지불하는 운임합계의 차액이 수익이 된다. 운송수단을 운행하지 않으면서 복합운송업을 영위하는 전형적인 실체는 아래와 같다.

① 우리나라의 국제물류주선인 : 우리나라 법률에는 '복합운송인'의 정의에 대하여 명문으로 규정하는 바가 없다. 다만 종래 화물유통촉진법상에 '복합운송주선업'의 정의규정이 있었고, 2007년 8월 3일 동법을 전부 개정한 물류정책기본법에서는 '복합운송주선업'이라는 용어마저 없어지고 '국제물류주선업'이라는 용어가 새로이 정의되어 있다.[7] 그러나 이들 법에 의하여 복합운송주선업을 영위하는 자도 '복합운송주선인' 또는 '국제물류주선인'일 뿐 '복합운송인'은 아니다. 그렇지만 우리나라에서는 실무적으로 이들이 화주로부터 복합운송을 인수하고 복합운송증권을 발행하는 등 복합운송인의 기능을 수행하고 있다.

6) 이를 계약운송인형 복합운송인이라 부르기도 한다.
7) 물류정책기본법(2008년 2월 4일 발효) 제 2 조 제11호.

② 미국의 NVOCC : 미국 해운법은 OTI(ocean transport intermediary, 즉 NVOCC와 Ocean Freight Forwarder)에 대하여 각각의 업무범위를 규정하고 있는데[8] 이중 Ocean Freight Forwarder는 '운송인'이 아니므로 복합운송서비스업을 할 수 없다. 그러나 NVOCC는 '운송인'이므로 국제 해상운송은 물론 복합운송서비스업을 할 수 있다.

③ 국제 프레이트 포워더 협회(FIATA)가 정의하는 Freight Forwarder : FIATA에서는 Freight Forwarder를 "운송의 설계자"(architects of transport)라 하고 있고 이를 복합운송인(MTO 또는 CTO 등)이라고 하는 명확한 정의는 없다. 그러나 이들은 화주를 위한 국제운송의 설계자로서 복합운송의 주선은 물론, FIATA복합운송증권을 발행하는 등 운송수단을 보유하지 않은 복합운송인으로서의 업무를 수행하고 있다.

### 3) 복합운송인의 서비스 범위의 확대

화주의 니즈(Needs)가 다양해짐에 따라 복합운송인은 고품질 · 다종의 서비스(운송주선, 직접운송, 포장, 보관, 통관, 하역, 보험 등)는 물론 화주생산자의 공급사슬관리(supply chain management: SCM)와도 연계한 복합운송으로 종합물류서비스의 제공 등 그 서비스범위를 확대시킬 필요가 있다. 또한 복합운송인은 국제서비스 망의 구축은 물론, 폭넓고 깊이 있는 전문지식을 함양하여 화주의 다양한 Needs를 충족시켜 주는 방향으로 나아가야 할 것이다.

## 1-3 복합운송인의 책임이론과 우리나라의 입장

### 1) 복합운송인의 책임이론

#### (1) 單一책임제도(Uniform Liability System)

이는 화물의 멸실, 훼손, 지연손해가 복합운송의 어느 구간에서 발생하였느냐를 가리지 않고 복합운송인은 하나의 동일한 기준에 따라서 책임을 부담

8) a person that (i) in the United States, dispatches shipments from the United States via a common carrier and books or otherwise arranges space for those shipments on behalf of shippers; and (ii) processes the documentation or performs related activities incident to those shipments(U.S. Shipping Act of 1984, 제3조 (17)호).

한다는 이론이다. 이 책임체계를 채택할 경우에는 간편하다는 측면에서 장점이 있다. 그러나 동 체계에서 정한 내용은 기존의 운송법제 하에서 확립되어 있는 책임원칙 및 한도액 등과 같지 않을 것이므로 양자 간에 법적 충돌을 가져올 수 있다. 현재까지 이 이론을 채택한 국가나 국제규칙 또는 조약은 없다.

(2) 異種책임제도(Network Liability System)

이는 손해의 발생구간이 확인된 경우에는 그 구간에 적용될 국내법이나 국제조약을 적용하고 손해의 발생구간이 확인이 되지 않는 경우에는 손해가 '해상구간'에서 발생한 것으로 추정하여 복합운송인의 책임을 적용한다는 이론이다. 이 체계에 의하면 단일의 복합운송계약이지만 운송인의 책임에 관한 한 화주가 각 운송방식별 운송인과 개별적으로 계약을 체결하는 것과 같이 하나의 복합운송 내에 이종의 책임제도가 공존하는 결과가 되어 기존에 적용하는 운송법규와 충돌이 생기지 않는 장점이 있다. 그러나 동 체계에 따를 경우는 운송계약의 당사자가 당해 운송에 적용될 국제협약이나 관련국가의 법이 정한 책임의 내용을 모두 알아야 하는 어려움이 있다. 이 체계는 UNIDROIT초안(1965), ICC복합운송규칙(1975) 등에서 채택되었고, 실무적으로도 이 책임체계가 현실적인 것으로 인식되어 오늘날 사용되는 대부분의 선박회사의 복합운송(선하)증권은 이 책임체계를 따르고 있다.

(3) 변형단일책임체계(Modified Uniform Liability System)

이는 원칙적으로 손해의 발생구간과 관계없이 동일책임을 적용하나 예외적으로 손해의 발생구간이 확인되고 그 구간의 강행법규의 책임한도액이 UN국제복합운송조약(1980)보다 높은 경우에는 그 구간의 법을 적용한다는 이론이다. 이 체계는 UN국제복합운송조약(1980)이 채택하고 있으며 Hamburg Rules와 UNCTAD/ICC복합운송증권규칙(1992)도 이 체계와 유사하다.

### 2) 우리나라의 복합운송인의 책임체계

(1) 상 법

우리나라의 현행 법률에는 복합운송 및 복합운송인 등에 관한 정의규정은 없지만 2007년 개정 상법(해상편)에서 해상구간이 포함된 복합운송인의 책임체계에 관한 규정을 신설하였다. 이는 전술한 Modified Uniform Liability System을 다시 변형한 새로운 책임체계라 할 수 있다.

우리 상법은 어떤 운송인이 인수한 운송에 해상 외의 구간이 포함된 복합운송(즉 해상과 도로운송의 결합 또는 해상과 철도운송의 결합 또는 해상과 항공운송이 결합되는 복합운송)의 경우, 책임체계를 손해발생구간이 분명한 경우와 그러지 않은 경우로 구분하여 규정하고 있다. 그 내용은 아래와 같다.

① 손해가 발생한 구간이 분명한 경우(상법 제816조 제1항) : 복합운송인은 손해가 발생된 구간에 적용되는 법에 따라 책임을 진다(그림 4-1 참조).

② 손해가 발생한 구간이 불분명한 경우(상법 제816조 제2항 단서) : 손해가 어느 구간에서 발생되었는지 알 수 없는 경우, 복합운송인은 채용된 운송수단별 운송구간 중 가장 긴 운송구간에 적용될 법에 따라 책임을 지며(상법 제816조 제2항 본문), 운송수단별 거리가 같거나 가장 긴 구간을 정할 수 없는 경우, 복합운송인은 운임이 가장 비싼 구간에 적용되는 법에 따라 책임을 진다.

③ 법 적용상의 문제점(상법 제816조 제2항 단서 관련 문제점) : 예컨대 항공운송이 포함된 해공복합운송에 있어서 손해의 발생구간이 불분명하고 운송수단별 거리가 같거나 가장 긴 구간을 정할 수 없는 경우가 실제적으로 발생한다면 항공구간의 운임이 더 비싸므로 해공복합운송을 인수한 프레이트 포워더는 바르샤바조약에 따른 책임을 지게 되므로 실제적으로 국제복합운송실무관행에 부합되지 않는다. 그 이유 중 하나로서 복합운송인의 책임제한액을 예로 들면 현재 전 세계적으로 포워딩업계에 널리 사용되고 있는 FIATA MT B/L은 복합운송인의 책임을 포장당 666.67 SDR 또는 Kg당 2 SDR중 높은 금액으로 제한되는 것으로 규정하고 있는데[9] 비하여 몬트리올 조약에 따르면 kg당 17 SDR로 제한되므로 海空복합운송을 인수한 포워더의 책임이 그만큼 가중되기 때문이다.

### (2) 물류정책기본법

물류정책기본법은 국제물류주선업의 정의와 그 사업을 수행하기 위한 자격요건만을 규정하고 있을 뿐 복합운송인의 책임에 관하여는 규정하고 있지 않다.

---

9) FIATA MT B/L 약관 제8조; 1992년 UNCTAD/ICC복합운송증권규칙 제6.1조.

[그림 4-1] 우리나라의 복합운송인의 책임을 적용하는 법체계

← 운송인이 인수한 운송구간 →

| Place of Receipt | ① 철도운송 | Port of Loading | ② 해상운송 | Port of Discharge | ③ 도로운송 | Place of Delivery |
|---|---|---|---|---|---|---|
| 헬싱키 | → | 로테르담항 | → | 부산항 | → | 대 구 |

①의 구간에서 손해발생이 판명된 경우 : CIM에 의거 책임 적용
(책임제한액 17 SDR/Kg)
②의 구간에서 손해발생이 판명된 경우 : 상법(해상법)에 의거 책임 적용
(책임제한액 666.67 SDR/포장)
③의 구간에서 손해발생이 판명된 경우 : 상법(국내물건운송법)에 의거 책임적용
(책임제한 없음 : 인도한 날의 도착지가격)

# 제 2 절 복합운송관련 국제법규

## 2-1 복합운송관련 국제법규의 필요성

국제화물운송이 동종(同種) 운송수단으로만 완성되는 경우는 그것을 규율하는 국제조약이나 규칙이 각각 성립되어 있다.[10] 그러나 복합운송은 전술한 바와 같이 단일의 운송계약에 대하여 복수의 이종(異種) 운송수단(선박, 자동차, 기차, 항공기 등)을 결합 · 사용하여 운송이 완성되는 것이고, 또한 단일의 운송주체가 일관 운송증권을 발행하고 단일책임을 지는 제도인 것이다.

이러한 단일의 운송인임에도 불구하고 구간별로 상이한 법규를 적용하여야 하는 문제점을 해소하기 위하여 국제적으로 통일된 어떤 조약이나 규칙의 제정이 필요하게 되었다. 이를 위하여 국제 私法통일협회(UNIDROIT)[11]는 유엔 유럽경제위원회(ECE : Economic Commission for Europe)의 의뢰에 따라 1966년 '국제

10) 해상운송조약으로는 헤이그규칙, 헤이그-비스비규칙, 함브르크규칙이 있고, 항공운송은 바르샤바조약, 육상운송관련조약은 국제철도화물운송조약(CIM) 및 국제도로화물조약(CMR) 등이 있다.

11) UNIDROIT: *Institut International pour I'unification de Droit Private* = International Institute for Unification of Private Law.

복합화물운송계약에 관한 협약안'을 제출한 적이 있고,[12] 이와는 별도로 1969년에 국제 해법회(CMI)가 '국제복합운송조약초안'을 도쿄 총회에서 채택하였다.[13] 이에 ECE는 이 두개 안의 통합작업을 벌여 1971년에 ECE, IMCO(정부간해사자문기구)합동으로 TCM개정안(국제복합운송조약안 : Project de Convention sur le Transport Combinĕ Internationale de Marchandises)을 공포하였으나 개발도상국들의 반대로 백지화되었다.

## 2-2 ICC의 복합운송증권규칙(1975)

### 1) 제 정

TCM조약안이 백지화됨에 따라 1975년 ICC(국제상업회의소)가 "복합운송증권에 관한 통일규칙"(Uniform Rules for Combined Transport Document 1975)을 제정 · 공표(ICC Publication No. 298)하였다. 이 규칙은 FIATA CT B/L(FIATA Multimodal Transport B/L)의 약관으로 채택되었고, 1992년 UNCTAD/ICC의 복합운송증권에 관한 국제규칙이 시행되기까지 널리 사용되었다.

### 2) 복합운송인의 책임규정의 주요내용

1975년의 ICC복합운송증권규칙은 복합운송인의 책임기간을 화물의 수령시부터 인도시까지로 하고, 복합운송인의 책임제한액은 손해의 발생구간이 밝혀진 경우와 그러지 않은 경우로 구분하여 규정하고 있다. 전자의 경우는 그 손해가 발생된 구간에 적용되는 법규(국제협약 또는 국내법)에 따라 제한되고, 손해의 발생구간이 불명(不明)한 경우는 Kg당 30 포앙카레프랑 또는 U$ 2.5로 제한된다고 규정하고 있다.

12) 이 안의 작성에 공헌한 스웨덴의 Bagge판사의 이름을 따 이를 "Bagge 안"이라고도 한다.
13) Tokyo에서 채택되었다고 하여 "Tokyo Rules"라고도 한다.

## 2-3 유엔국제복합운송조약(1980)

### 1) 제 정

1980년 유엔무역개발회의(United Nations Conference on Trade and Development; UNCTAD)는 "국제복합운송협약"(United Nations Convention on International Multimodal Transport of Goods, 1980)을 채택하였는데, 동 조약은 30개국 정부가 비준한 후 12개월 후부터 발효하도록 되어 있었으나 아직까지 그 정족수를 채우지 못하여 2009년 현재까지 발효되지 않은 상태이다.

### 2) 복합운송인의 책임규정의 주요내용

(1) 복합운송인의 책임기간

복합운송을 인수한 복합운송인의 책임기간은 화물을 「수령한 때부터 인도하기까지」이다(조약 제14조). 따라서 이 기간 동안에 복합운송인의 귀책사유로 화물이 멸실 또는 훼손되어 화주가 손해를 입었다면 복합운송인은 그에 대한 배상책임을 진다.

(2) 복합운송인의 책임제한

① 해상 또는 내수로 운송이 포함된 복합운송의 경우 : 멸실 또는 훼손된 화물 포장당 920 SDR 또는 Kg당 2.75 SDR 중 높은 금액으로 제한된다(조약 18조).

② 해상 또는 내수로 운송이 포함되지 않는 복합운송의 경우 : 멸실 또는 훼손된 화물의 무게를 기준으로 1Kg당 8.33 SDR로 제한(포장단위기준이 아님)된다(조약 18조).

③ 화물의 멸실 또는 훼손이 발생된 구간을 알 수 있는 경우(조약 제19조) : 그 구간에 적용되는 국제조약 또는 당해 국가의 강행법규가 위 ① 및 ②보다 높은 경우에는 그 금액에 따른다.

(3) 인도지연의 경우

① 인도지연의 정의 : 당사자간에 明示的으로 합의된 기한 내에 화물이 인도되지 않는 경우가 인도지연이다. 이러한 합의가 없는 경우는 당시의 상황을 고려하여 성실한 운송인에게 합리적으로 요구되는 기한 내에 화물이 인도되지

않는 때에 생긴다(조약 제16조 2항).

② 인도지연이 생긴 경우의 복합운송인의 책임한도 : 지연된 화물운임의 2.5배로 제한하되, 당해 복합운송계약으로 약정한 총 운임액을 초과하지 않는다(조약 제18조 4항).

### 3) 복합운송증권 기재의 효력

복합운송증권의 기재에 추정적 증거력(prima facie evidence)을 인정하면서, 그러나 善意의 제 3 증권취득자에 대하여는 복합운송인의 反證이 허용되지 않는다(조약 제10조).

## 2-4 UNCTAD/ICC 복합운송증권규칙(1992)

### 1) 제　　정

유엔국제복합운송조약이 발효될 기미가 보이지 않자 유엔무역개발회의(United Nations Conference on Trade and Development; UNCTAD)에서는 거래 당사자 및 국제상업회의소(International Chamber of Commerce; ICC)와 합동으로 1988년부터 복합운송증권규칙의 제정작업에 착수하여 1991년 6월 "UNCTAD/ICC Rules for Multimodal Transport Documents"(ICC Publication 481; 여기서는 편의상 "1992년 규칙"이라 함)를 채택, 1992년 1월 1일부터 시행에 들어갔다.

"1992년 규칙"의 시행으로 1975년의 ICC 복합운송증권규칙(ICC Publication 298)은 철회되었으며, 따라서 1975년 규칙을 채용하여 오랜 기간 동안 사용되어 오던 FIATA MT B/L도 본 1992년 규칙(ICC Publication 481)에 의거 제작된 FIATA MT B/L(별지 6-2 참조)로 대체되어 오늘날까지 국제적으로 널리 사용되고 있다.

### 2) 복합운송인의 책임규정의 주요내용

(1) 복합운송인의 책임기간

복합운송인의 책임기간에 대하여는 1992년 복합운송증권규칙도 1975년 규칙을 계승하여 화물의 '수령시부터 인도시까지'로 하고 있다.

(2) 복합운송인의 책임제한금액

① 해상이나 內水路운송이 포함된 경우 : 멸실 또는 훼손된 물품의 포장당 666.67 SDR 또는 1Kg당 2 SDR 중 큰 금액으로 제한된다(규칙 제6.1조).

② 해상이나 내수로운송이 포함되지 않은 경우 : 멸실 또는 훼손된 물품의 1Kg당 8.33 SDR로 제한된다(동 제6.3조).

③ 물품의 멸실 또는 훼손이 발생된 구간을 알 수 있는 경우 : 손해가 발생된 구간에 적용되는 국제조약 또는 해당국가의 강행법이 정한 책임제한액에 따른다(제6.4조).

(3) 인도지연의 경우

인도지연이란 당사자 간에 明示的으로 합의된 기한 내에 화물이 인도되지 않는 경우를 말한다. 당사자 간에 이러한 합의가 없는 경우에는 당시의 상황을 고려하여 성실한 운송인에 대하여 기대할 수 있는 합리적으로 요구되는 기한 내에 화물이 인도되지 않는 때에 지연이 생긴다(동 제5.2조).

인도지연이 생긴 경우 복합운송인의 책임은 복합운송계약으로 정한 운임을 초과하지 않는 금액으로 제한된다(동 제6.5조).

(4) 복합운송인의 책임 총액

복합운송인의 종합적 책임 총액은 화물이 全損되었을 경우의 책임금액 이내로 제한된다(동 제6.6조).

(5) 복합운송인의 사용인, 대리인의 행위에 대한 책임

복합운송인의 사용인, 대리인, 기타 피용자가 복합운송인의 업무범위 내에서 한 행위(작위, 부작위 포함)에 대해서도 마치 본인이 한 행위와 마찬가지로 책임을 진다(동 제4.2조).

### 3) 복합운송증권 기재의 효력

복합운송증권상에 기재된 정보는 부지문언(shipper's weight, load, and count 등)이 있는 경우를 제외하고 복합운송인이 기재된 화물을 수령하였다는 추정적 증거(prema-facie evidence)가 된다. 그러나 복합운송증권의 기재정보를 신뢰하고

선의로 행위하는 수하인에 대해서는 반증이 허용되지 않는다(동 제3조).

## 2-5 국제도로화물운송조약

### 1) 개　요

도로를 통하여 트럭으로 국가 간의 화물운송을 규율하는 조약으로는 유럽 국가들이 1956년 제네바에서 채택한 국제도로화물운송조약(Convention au Contract de Transport International Merchandise par Route(Convention on the Contract for the International Carriage of Goods by Road : CMR)이 있는데 1978년에 개정되었다. CMR은 철도화물운송조약(CIM)과 함께 국제육상운송에 관한 주요 국제조약으로서 대부분의 유럽 국가 간의 도로화물운송에 널리 적용되고 있다.[14] 따라서 국제복합운송의 경우에도 CMR 가맹국가간의 도로운송이 포함되어 있다면 그 도로구간에는 CMR이 적용되므로 이의 주요 내용을 살펴볼 필요가 있다.

### 2) 국제도로화물운송조약(CMR)의 적용

국제도로화물운송조약은 조약에 가맹한 국가(출발지 또는 목적지 국가 중 한 쪽만 가맹국이면 해당)간의 도로화물운송에 적용된다(CMR 제1조).

### 3) 국제도로운송계약 당사자의 주요 권리 · 의무 · 책임

#### (1) 송 하 인

송하인(sender; CMR사용 용어)은 기본적으로 도로운송인에 대하여 운송의 대가인 운임지급의무가 있고, 운송 또는 통관업무 등에 필요한 서류를 운송인에게 제공할 의무(제11조), 그리고 송하인이 작성한 운송서류상 기재가 정확하다는 담보의무가 있다(제7조). 특히 송하인은 그의 화물을 해당운송에 견딜 수 있을 정도로 적절한 포장을 하여야 하며 만약 부적합한 포장으로 인하여 타인

---

14) 가맹국(2003. 5. 30 현재 43개국) : Austria, Belarus, Belgium, Bosnia, Bulgaria, Croatia, Czech, Denmark, Estonia, Finland, France, Geogia, Germany, Greece, Hungary, Iran, Iraq, Ireland, Italy, Kazakhstan, Kyrgyzstan, Latvia, Lithuania, Luxemborg, Netherland, Norway, Poland, Moldova, Romania, Russia, Servia and Montenegro, Slovakia, Spain, Sweden, Switzerland, Tajikistan, The FYR of Macedinia, Tunisia, Turkey, Turkmenistan, U.K., Uzbekistan〈자료 : U.N. ECE, Transportation Div〉.

의 인명 또는 재산에 손해를 입힌 경우에는 송하인에게 그 배상책임이 있다(제10조). 한편 CMR은 송하인에게 운송화물의 처분요청권을 부여하고 있다. 즉 송하인은 수하인이 화물인도요청을 하기 이전이라면 도로운송인에 대하여 운송의 중지, 인도지의 변경 또는 수하인의 변경 요청을 할 권리가 있다(제12조).

(2) 수 하 인

수하인(consignee)은 목적지에 화물과 도로운송장이 도착한 이후부터 운송인에 대하여 화물의 인도를 청구할 권리가 있으며 화물이 멸실 또는 훼손된 경우 운송계약에 의거 운송인을 상대로 손해배상청구를 할 수 있다. 한편 수하인은 화물을 인도받기 위하여 미지급운임이 있는 경우에는 이를 지급하여야 한다(제13조).

(3) 도로운송인

도로운송인은 운송계약에 따라 수령한 화물을 목적지까지 운송하여 수하인에게 인도할 의무가 있다. 이러한 의무를 다하지 못하여 화주에게 손해를 발생시켰다면 그 배상책임을 져야 한다. 도로운송인은 운송의 대가로서 화주와 약정한 운임을 받을 권리가 있으며 화주가 이를 지불하지 않을 시에는 화물을 인도하지 않을 권리(화물유치권)가 있다.

### 4) 국제도로운송인의 책임

(1) 책임사유

도로운송인이 운송을 위하여 화물을 수령한 때부터 인도하기까지의 기간동안 화물이 멸실 또는 훼손되거나 지연되어 손해가 발생한 경우(화주의 불법행위나 과실로 발생된 것 제외), 운송인은 그에 대한 배상책임이 있다.

여기서 멸실(loss)이란 운송계약당사자가 화물인도일을 약정한 경우에는 그 일자로부터 30일이 경과되도록 운송인이 당해 화물을 인도하지 못하게 된 때, 인도일을 약정하지 않은 경우에는 운송인이 화물을 수령한 때로부터 60일이 경과하면 멸실로 간주된다. 그리고 지연(delay)은 당사자가 인도일을 약정한 경우에는 그 일자가 경과된 때, 인도일을 약정하지 않는 경우에는 합리적인 운송기간이 초과된 경우를 말한다.

(2) 책임기간

도로운송인의 책임기간은 화물이 도로운송인의 관리아래 있는 전 기간(화물을 수령한 때부터 인도시까지)동안이다.

(3) 도로운송인의 면책사유

도로운송인은 화주의 행위에 기인하여 발생한 손해, 화주의 지시에 따라 운송인이 이행한 결과 발생한 손해, 화물 고유의 성질에 기인한 손해, 운송인이 피할 수 없는 환경(예, 사고)에 기인한 손해, 합의된 무개(無蓋)차량사용으로 인한 손실, 화주의 불량포장에 기인한 손해, 포장의 부적절한 화인(貨印; marks and numbers)으로 인한 손해 및 생동물의 특수위험에 따른 손해에 대하여는 면책된다(제17조). 화물의 손해가 위와 같은 운송인의 면책사유로 발생하였다는 거증책임(擧證責任)은 운송인에게 있다(제18조).

(4) 도로운송인의 책임제한(제23조)

도로운송인은 화물을 수령한 때와 곳의 화물 시가를 기준으로 책임지되, 화물의 멸실 또는 훼손의 경우는 Kg당 8.33 SDR,[15] 지연손해의 경우는 운임액을 한도로 도로운송인의 책임이 제한된다. 그러나 송하인이 사전에 화물가액을 도로운송인에게 신고하고 추가운임을 지급한 경우에는 위의 책임제한규정이 적용되지 않고 도로운송인은 송하인의 신고가액 전액을 배상하여야 한다.

### 5) 국제도로화물운송장

(1) 개 념

도로화물운송장(Consignment Note; Truck Waybill; CMR-Lettre de Voiture; CMR-Frachtbrief : 별지 4-1 참조)[16]은 트럭운송인이 송하인과의 도로운송계약에 의거 운송을 위하여 화물을 수령하였음을 인증(認證)하며, 이를 목적지까지 운송하여 약정된 수하인에게 인도할 것을 약정하는 증서(證書)이다.

---

15) 개정 전에는 Kg당 25 Gold Franc(Gold Franc = 순도 900/1000의 금 10/31 gram(CMR 제23조 3항).

16) CMR에서는 이를 "Consignment Note"라 하고 있다(제 6 조). 우리나라에는 현재까지 국제도로화물운송이 없고 이를 규율하는 법제가 제정되지 않아 공식용어는 없으나 여기서는 편의상 "도로화물운송장"이라 한다.

(2) 도로화물운송장 원본의 발행통수

원본 3통(1번 송하인용, 2번 목적지수하인용, 3번 운송인용)에 송하인과 운송인이 서명하여 발행한다(제 5 조).

(3) 도로화물운송장의 기재사항

도로화물운송장에는 다음과 같은 필수적 사항과 운송계약의 당사자가 특약으로 정한 사항이 기재된다(제 6 조).

도로화물운송장의 필수적 기재사항으로는 운송장의 발행일과 발행장소, 송하인의 명칭, 운송인의 명칭, 운송인에 의한 화물의 수령지와 수령일자 및 인도지, 수하인의 명칭, 화물명세, 포장형태, 포장의 개수 및 기호(marks & numbers), 총중량, 운임(요금, 인도와 관련하여 발생되는 비용 등도 포함), 세관 또는 유관 관공서절차의 이행을 위한 필요사항, 그리고 국제도로운송조약과 다른 것이 있는 경우에는 그 내용 등이 포함된다.

당사자 간의 특약사항으로서는 예컨대, 환적금지 문언, 송하인이 지급할 운임액, 물품대금을 화물인도시에 수하인으로부터 운송인이 송하인을 대신하여 받아주는 경우(Cash on Delivery; COD) 그 수수료 금액, 화물운송보험과 관련된 송하인의 요청사항, 운송인의 책임제한배제를 위한 화물가액, 인도일을 합의한 경우 그 일자 등이 기재될 수 있다.

(4) 도로화물운송장 기재의 효력

국제도로운송조약은 운송인과 송하인간에 운송장에 기재된 바와 같은 내용과 조건으로 운송계약이 성립되었으며 유보문구가 있는 경우를 제외하고 운송인이 운송장기재의 화물, 포장, 수량을 양호한 상태로 수령하였다고 추정하므로 도로운송장의 기재에 추정적 증거력(prima facie evidence)을 부여하고 있다(제 9 조).

### 6) 화물손해가 발생한 경우 운송인에 대한 통고와 제소

(1) 손해의 통고기한

화물이 멸실된 경우와 화주가 화물인수시에 훼손이 발견된 경우에는 발견즉시, 그리고 화물인수시에는 외관상 훼손이 발견되지 않았는데 사후에 발견된 경우에는 화물인수 후 7일 이내에 서면으로 운송인에게 통고하여야 한다. 지연손해의 경우에는 수하인이 도착화물에 대하여 임의처분이 가능하였을 날로부터 21일 이내에 서면으로 운송인에게 통고하여야 한다(제30조).

(2) 제소기한

화물의 일부 멸실 또는 훼손 및 지연손해를 배상받기 위한 소송은 화물을 인도받은 날로부터 1년 이내에 제기하여야 한다(제32조). 그리고 화물이 전부 멸실된 손해를 배상받기 위한 소송의 경우는 당사자가 약정한 인도일자 경과 후 30일부터 1년 이내에, 인도일을 약정하지 않은 경우라면 운송인이 운송을 위하여 화물을 수령한 후 60일부터 1년 이내에 제기하여야 한다.

(3) 제소법원

원고가 피고를 제소할 수 있는 법원으로는 피고의 거주지나 주 사업장 소재지를 관할하는 법원, 운송계약을 체결한 장소를 관할하는 법원, 운송인이 화물을 수령한 장소를 관할하는 법원, 또는 화물의 인도지를 관할하는 법원 중 하나를 선택할 수 있다(제31조).

## 2-6 국제철도화물운송조약(CIM)

### 1) 개　요

철로를 통하여 기차로 국가 간의 화물운송을 규율하는 최초의 조약으로는 1890년 유럽 국가들이 스위스 베른(Berne)에서 조인한 국제철도화물운송조약(Convention Internationale Concernant le Transport des Marchandises par Chemins de Fer; Convention concerning International Carriage of Goods by Rail : CIM)이 있었는데, 현재 적용되고 있는 것은 그 동안 여러 차례의 개정을 거쳐 1980년에 채택된 국제철도운송조약(Convention relative aux Transports Internationaux Ferroviaires : Convention concerning International Carriage by Rail : COTIF)에 포함되어 있는 국제철도화물운송통일규칙(Regles uniformes concernant le contrat de transport international ferroviaire des marchandises : Uniform Rules concerning the Contract for International Carriage of Goods by Rail)이다.

COTIF는 국제철도화물운송규칙(CIM)과 여객/수화물운송규칙(Règles uniformes concernant le contrat de transport international ferroviaire des voyageurs; Uniform Rules concerning the Contract for International Carriage of Passengers and Luggage by Rail : CIV)을 포함하고 있다.[17)]

CIM은 1990년에 개정(COTIF Protocol 1990)을 거쳐 오늘날 특히 유럽 각국에서 널리 적용하고 있는데[18)] 그 주요 내용은 다음과 같다.

### 2) 국제철도화물운송조약의 적용

국제철도화물운송조약은 최소 2개의 체약국가의 영토를 통과하는 철도노선으로 단일 통운송장(a through consignment note)에 의해 운송되는 화물에 적용된다(CIM 제 1 조).

### 3) 철도화물운송계약당사자의 주요 권리 · 의무 · 책임

#### (1) 송하인(consignor)

송하인은 기본적으로 철도운송인에 대하여 운송의 대가인 운임지급의무가 있으며(제15조), 그 외 철도화물운송장(Rail Consignment Note)을 정확하게 작성하여 운송인에게 제출할 의무(제12조), 운송을 위하여 세관 등 관공서에 필요한 서류의 제공의무(제25조)가 있다. 그리고 송하인은 그가 작성한 서류의 부정확성에 대한 책임(제18조)과 운송화물의 부적합한 포장으로 타인에게 손해를 입힌 경우 그에 대한 배상책임(제19조)이 있다.

CIM은 송하인에게 운송계약내용의 변경청구권을 부여하고 있다. 즉 송하인은 수하인이 목적지에서 철도화물운송장을 인수, 화물인도청구를 하기 이전까지는 운송인에 대하여 운송의 중지 · 반송청구 그리고 인도지 또는 수하인의

17) COTIF의 Appendix A가 CIV, Appendix B가 CIM이다. COTIF는 이외에도 RID(carriage of dangerous goods), CUV(contracts of use of vehicles, CUI(contract of use of railway infrastructure), APTU (validation of technical standards and the adoption of uniform technical prescriptions for railway material), ATMF (procedure for technical admission of railway vehicles and other railway material used in international traffic) 등에 대하여 규정하고 있다.

18) 가맹국(37개국) : Albania, Algeria, Austria, Belgium, Bulgaria, Croatia, Czech Republic, Denmark, Finland, France, Germany, Greece, Hungary, Iran, Iraq, Ireland, Italy, Lebanon, Liechtenstein, Lithuania, Luxembourg, Monaco, Morocco, Netherlands, Norway, Poland, Portugal, Romania, Slovak Republic, Slovenia, Spain, Sweden, Switzerland, Syria, Tunisia, Turkey, United Kingdom〈자료: www.unecw.org/trade/cotif/〉.

변경청구를 할 수 있다(제30조).

(2) 수하인(consignee)

수하인은 철도화물운송장을 인수하고 목적지 철도운송인에 대하여 화물인도청구권을 행사할 수 있다(제28조).

수하인은 철도운송인과 직접 운송계약을 체결한 당사자는 아니지만 철도화물운송장을 인수하고 화물에 대한 권리를 취득한 경우에는 송하인이 갖고 있던 운송계약내용(수하인, 인도지 등)의 변경청구권이 있으며(제31조), 화물이 멸실 또는 훼손된 경우 운송계약에 의거 철도운송인을 상대로 손해배상청구를 할 수 있다.

수하인은 화물을 인도받기 위하여 미지급운임이 있는 경우에 이를 지급할 의무가 있다(제15조).

(3) 철도운송인

철도운송인은 운송계약에 따라 수령한 화물을 목적지까지 운송하여 수하인에게 인도하는 것이 기본의무이다. 여기에는 국경통과와 관련된 운송인의 제반업무의 수행과 약정한 수송기간(특별히 운송수송기간을 약정하지 않은 경우의 운송기간은 [표 4-1] 참조) 이내에 화물을 운송해야 할 의무가 포함되어 있다. 철도운송인이 이러한 의무를 다하지 못하여 화주에게 손해를 발생시켰다면 그 배상책임을 져야 한다(철도운송인의 책임, 면책 등에 관하여는 아래 항 참조).

철도운송인은 운송의 대가로서 화주와 약정한 운임을 받을 권리가 있으며 화주가 이를 지불하지 않을 시에는 화물을 인도해주지 않을 권리(화물유치권)가 있다.

[표 4-1] 철도화물의 최장운송기간(화주-운송인간에 약정이 없는 경우)

| 화 물 구 분 | 수송기간(maximum transit period) | | |
|---|---|---|---|
| | 발 송 시 한 | 수 송 시 간 | 비 고 |
| Full Wagonload | 철도운인이 화물을 수령한 후 12시간 이내에 발송 | 매 400km를 24시간 이내로 운송 | 일요일 등 해당국 공휴일은 제외 |
| Less than Wagonload | 철도운송인이 화물수령 후 24시간 이내에 발송 | 매 200km를 24시간 이내로 운송 | |

자료 : CIM 제27조 §2, §8.

### 4) 철도운송인의 책임

(1) 책임사유

철도운송인이 운송을 위하여 화물을 수령한 때부터 인도하기까지의 기간 동안 화물이 멸실 또는 훼손되거나 지연되어 손해가 발생한 경우(화주의 불법행위 또는 과실로 발생된 것을 제외) 운송인은 그에 대한 배상책임이 있다(제39조 § 1). 여기서 멸실(loss)이란, 화물이 수하인에게 인도되지 않거나 법정 또는 약정운송기간(Transit Period) 이후 30일이 경과되도록 수하인이 화물을 처분할 수 없는 상태이면 멸실로 간주된다(제39조). 그리고 지연(delay)이란 Transit period를 경과한 경우를 말한다.

(2) 책임기간

운송을 인수한 철도운송인의 책임기간은 화물을 수령한 때부터 인도하기까지의 全기간이다(제35조 1항).

(3) 운송에 참여한 후속 철도운송인의 책임

철도화물운송장과 함께 화물을 인수받은 후속 철도운송인(succeeding railway)도 그의 구간에 대하여는 운송계약의 당사자로서 운송장의 조건에 따라 책임을 진다(제35조 2항).

(4) 철도운송인의 면책사유

철도운송인은 화주의 과실로 발생한 손해, 합의에 따라 무개화차(無蓋貨車, open wagon)를 사용한 경우의 손해, 화주가 포장을 하지 않았거나 부적절한 포장 때문에 발생한 손해, 송수하인이 화물을 적재하거나 적출할 시에 발생한 손해, 화물고유의 성질·하자에 기인한 손해, 송하인의 부정확한 기재(사전 주의사항 포함)때문에 발생한 손해, 생동물의 특수위험에 따른 손해 등에 대하여는 면책된다(제36조). 화물의 손해가 위와 같은 면책사유로 발생하였다는 거증책임(擧證責任)은 철도운송인에게 있다(제37조).

(5) 철도운송인의 책임제한

철도운송인은 화물이 멸실된 경우에 화물을 수령한 때와 곳의 시가를 기준으로, 훼손의 경우에는 목적지의 시가를 기준으로 책임지되 양자 모두 Kg당

17 SDR로 제한된다(제40조).

지연손해의 경우 철도운송인의 책임은 운임의 4배까지로 제한된다. 그러나 지연으로 인하여 화물이 전부멸실(total loss)된 경우의 운송인의 책임은 전술한 멸실책임(Kg당 17 SDR)과 동일하고 일부멸실(partial loss)의 경우는 운임의 3배로 제한된다(제43조).

### 5) 철도화물운송장

#### (1) 개 념

철도화물운송장(Rail Consignment note; Rail Waybill; Bulletin de remise; CIM-Frachtbrief : 별지 4-2 참조)[19]이란 철도운송인이 송하인과의 철도운송계약에 의거 운송을 위하여 화물을 수령하였음을 인증하며, 이를 목적지까지 운송하여 약정된 수하인에게 인도할 것을 약정하는 증서(證書)를 말한다.

#### (2) 철도화물운송장의 작성

철도화물운송장은 송하인이 건별로 작성(수하인용 포함)하여 철도운송인에게 제출하여야 한다. 철도화물운송장은 2개 언어로 작성하여야 하며(필요시에는 3개 언어), 그 중 하나는 조약이 사용하는 언어이어야 한다(제12조).

#### (3) 철도화물운송장의 기재사항

철도화물운송장에는 CIM규정이 정한 사항이 모두 기재되어야 하는 한편, 관련국가 법규가 허용하지 않는 사항이 기재되어서도 안 된다.

CIM은 철도운송장에 목적지 철도역명, 수하인의 명칭(단일의 성명이나 상호)과 주소, 화물명세, 포장의 종류 및 개수, 운송장에 첨부된 서류의 목록과 용도, 송하인의 명칭(성명이나 상호)과 주소(이상 제13조), 운임 및 요금(송하인과 수하인이 지급할 금액 구분), 그리고 철도운송인이 화물을 수령한 일자를 기재할 것을 규정하고 있다.

철도운송장에는 상기사항 외에도 당사자간의 계약으로 정한 사항 예컨대,

19) CIM에서는 이를 "Consignment Note"라 하고 있다(제12조). 우리나라에서는 현재까지는 국제철도화물운송이 없고 관련 법규가 제정되지 않아 공식 용어가 없다. 이를 화물수탁증이라고 하는 학자도 있지만, 필자는 항공화물운송장, 해상화물운송장 등을 감안하여 이를 '철도화물운송장'이라 함이 좋다고 생각한다.

운송로(route; 통과할 국경 및 역), 화물의 통관역, 적용 Tariff, COD(cash on delivery)의 경우 그 수수료 등을 기재할 수 있다.

# 제 3 절 주요 복합운송경로

## 3-1 미국대륙 경유 경로

### 1) American Land Bridge(ALB)

ALB는 아시아와 유럽 간의 화물운송에 있어서, 아시아국가 항구에서 미국 西岸항구까지는 해상 운송한 다음, 거기에서 철도화차에 환적하여 미대륙 횡단 철도를 이용, 미국 東岸의 항구까지 육상운송하며 거기에서 다시 유럽의 항구까지 해상 운송하는 경우이다.

ALB서비스는 1972년 미국의 Sea Train Line이 최초로 개발, 시행하였는데 오늘날은 전 구간 해상운송(All Water)서비스에 비해 비경쟁적이어서 거의 이용되지 않고 있다.

[그림 4-2] ALB 경로

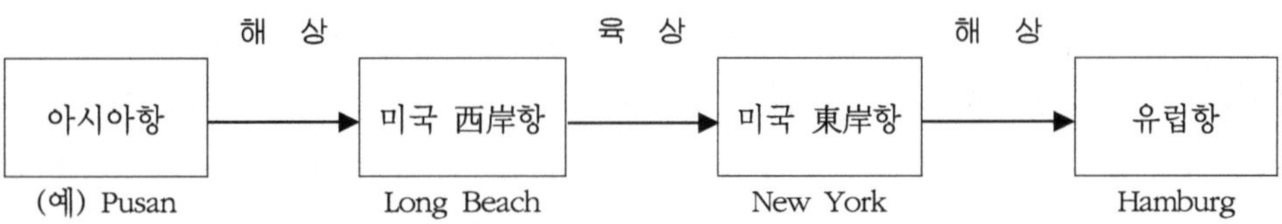


### 2) Mini Land Bridge(MLB)

MLB는 아시아와 미국 걸프(Gulf)岸 또는 東岸까지의 화물운송에 있어서, 미국 西岸 항구까지는 해상운송, 거기에서 화물을 양륙한 후, 미국 Gulf항 또는 Atlantic항까지는 철도 등 육상운송수단을 이용하여 복합운송계약을 완성하는 경우이다.

[그림 4-3] MLB 경로

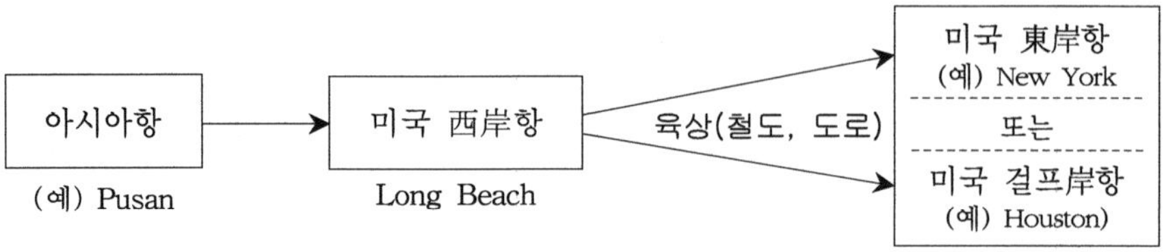


### 3) Micro Land Bridge(MCB)[20)]

MLB의 목적지가 미국 Gulf Coast의 항구(port) 또는 Atlantic Coast의 항구(port)인데 비하여 MCB는 그 목적지가 내륙지점(point)인 점이 다르다.

[그림 4-4] MCB 경로

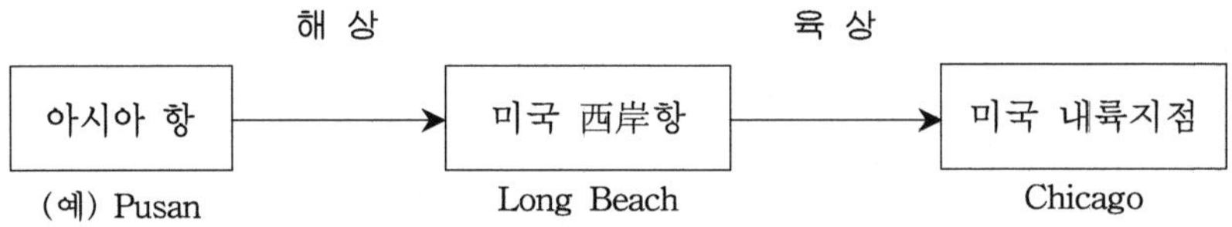


### 4) 미국의 MLB 및 MCB 화물과 이단적 열차(Double Stack Train)

미국의 주요 철도회사는 미국을 기항하는 대부분의 컨테이너 선박회사가 MLB 및 MCB 서비스를 실시함에 따라 대량으로 발생하는 컨테이너의 내륙운송 수요를 효율적으로 소화하기 위하여 철도 "Hub Center" 개념을 도입하고 주요 간선로에 이단적 열차(Double Stack Train)를 투입 · 운영하게 되었다(그림 4-5 참조).

Double Stack Train 운송방식은 미국의 Southern Pacific Transportation철도회사가 1982년에 최초로 개발하여 미국 남서부 지역(Los Angeles; Long Beach California 지역)과 걸프 지역(Houston, Texas 지역) 사이의 철도구간에 도입하였는데 오늘날은 미국의 모든 주요 간선철도로 확대되었다.

20) Interior Point Intermodal(IPI)과 동일한 개념이다.

[그림 4-5] 이단적열차(Double Stack Train)의 구성

— Platform : 2개의 40 ' 컨테이너 적재

— Car : 5개의 Platform으로 구성된 화차를 말함.
One car는 40 ' 컨테이너 10개(또는 20 ' 컨테이너 4개와 40 ' 컨테이너 8개)를 적재할 수 있음.

— Train : 운행열차단위. 대개 15~20대의 화차(car)로 구성되며 40 ' 컨테이너 150~200개 적재 가능함.

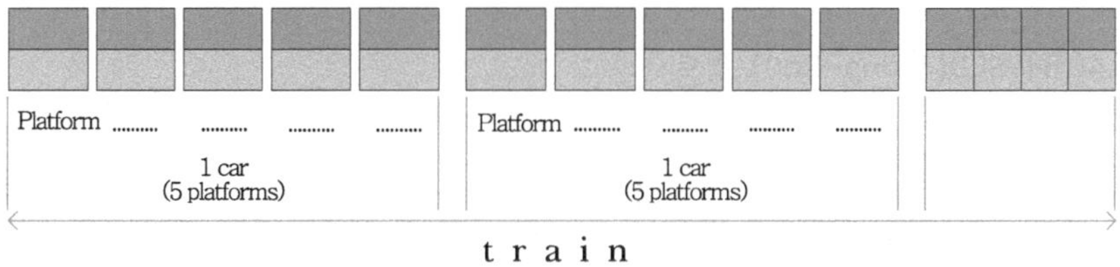


## 3-2 유라시아대륙 경유 경로

유라시아대륙 경유 경로는 아시아 및 오세아니아 국가와 유럽국가 간에 운송되는 화물을 러시아 또는 중국대륙을 가교로 하여 이루지는 해륙(海陸) 또는 해륙해(海陸海)로 결합되는 운송경로를 말하는데 아래와 같은 것이 있다.

### 1) Siberian Land Bridge

(1) 개 요

시베리아횡단철도(Trans-Siberia Railroad : TSR)를 이용한 시베리아 랜드 브리지(Siberian Land Bridge : SLB)는 오래 전(1929년)에 개발되긴 하였으나 세계 제2차 대전으로 중단되었고, 그 후 1967년에 전 소련 대외운송공단과 일본선사(YS Line)간 협정체결로 1971년 유럽행 일관수송이 재개되었으나 관리상의 문제 등으로 활성화되지는 못하고 있다.

SLB는 아시아 및 호주 발 화물을 러시아의 보스토치니(Vostochny)항 또는 나호드카(Nakhodka)항까지 해상운송하고, 거기서부터 시베리아철도를 이용, 러시아 서부, 유럽국가, 스칸디나비아 또는 중동국가간을 해륙(海陸) 또는 해륙해(海陸海)복합운송으로 연결하는 운송방식인데 이는 운송수단의 편성방법에 따

라 “Trans-Rail”, “Tracons”, “Trans-Sea”로 구분할 수 있다.

(2) Trans-Rail

아시아항구에서 선적한 화물을 러시아 보스토치니(또는 나드호카)항까지 해상운송하고, 동 항구에서 시베리아철도 화차로 환적하여 TSR을 이용 러시아/유럽 접경 철도역까지 철도운송하며 그 국경역에서 유럽의 목적지까지는 유럽철도를 이용하여 운송하는 방식이다.

[그림 4-6] SLB(Trans-Rail) 경로

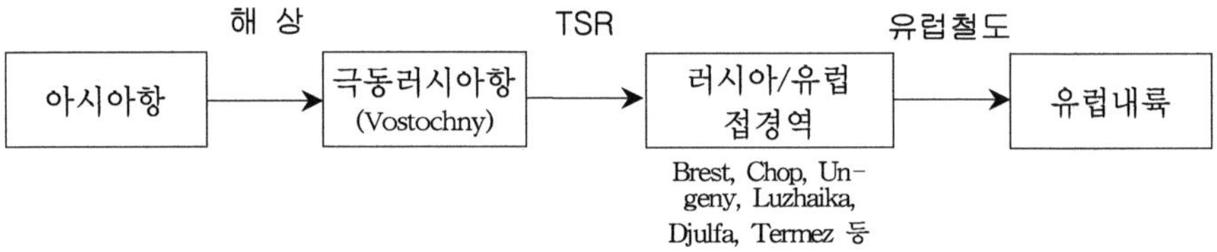


(3) Tracons

아시아 국가 항구에서 선적한 화물을 러시아 극동, 보스토치니(또는 나드호카)항까지 해상운송하고 거기에서 시베리아철도 화차로 환적하여 TSR을 이용하여 러시아/폴란드의 국경 철도역(예, 폴란드 Brest 등)까지 철송하며 Brest역에서 유럽내륙의 최종목적지까지는 트럭으로 운송하는 방식이다.

[그림 4-7] SLB(Tracons) 경로

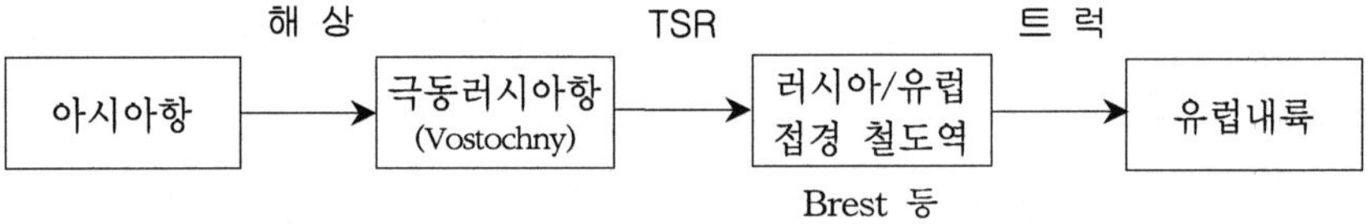


(4) Trans-Sea

아시아항구에서 선적한 화물을 러시아 보스토치니(또는 나드호카)항까지 해상운송하고 거기에서 시베리아철도화차에 환적, 러시아 서부 유럽국경 항구(Tallin 등)까지 철송하며 그 국경 항구에서 유럽의 목적지 항구까지 다시 해상운송하는 방식이다.

[그림 4-8] SLB(Trans-Sea)경로

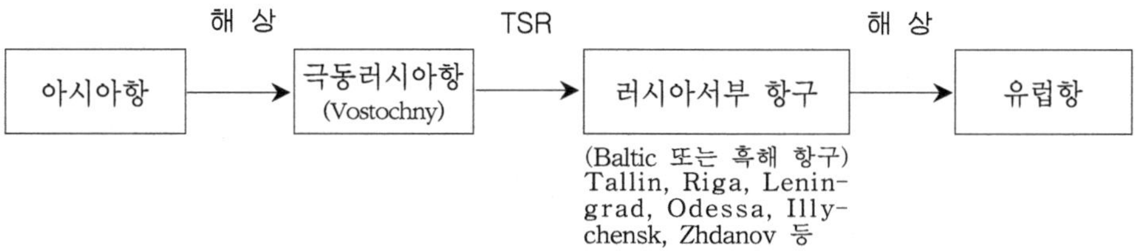


### 2) Chinese Land Bridge(CLB)

CLB는 아시아 국가(호주 등 포함)발 화물을 중국의 항구까지 해상운송하고, 거기에서 중국 횡단철도(Trans-China Railroad: TCR)로 중국/러시아 접경까지 철도운송하여 TSR과 연결, 유럽지역까지 운송하는 복합운송방식이다. TCR을 이용하게 되면 [표 4-2]에서 보는 바와 같이 우리나라를 포함한 극동아시아의 경우 유럽까지의 수송거리가 가장 짧아 운송기간(transit time)이 단축될 수 있는 이점이 있다.

이 경로를 통한 국제무역은 아직 활성화되고 있지는 않지만 추진되고 있는 노선은 아래와 같다.

[표 4-2] 극동아시아～북유럽 간 거리비교

| 구 분 | 경 로 | 거 리 |
|---|---|---|
| 연운항 기점 CLB (TCR + TSR) | 극동아시아 ~ 해상 ~ 연운항 ~ TCR + TSR ~ 북유럽(로테르담) | 약 11,000km |
| 브라디보스톡항기점 SLB(TSR) | 극동아시아 ~ 해상 ~ 블라디보스톡항 ~ TSR ~ 북유럽(로테르담) | 약 13,000km |
| All Water | 극동아시아 ~ 해상(수에즈운하 경유) ~ 로테르담 | 약 20,700km |
| | 극동아시아 ~ 해상(파나마운하 경유) ~ 로테르담 | 약 23,000km |

자료 : 전일수, 국제복합운송시스템, 21세기한국연구재단, 1997, p. 278과 p. 290에서 발췌하여 정리.

#### (1) (중국) 연운항(連雲港) 기점 노선

연운항을 기점으로 하는 CLB는 아시아 국가 항구에서 선적된 화물을 해상으로 연운항까지 운송한 다음, 거기에서부터 철도(TCR)로 서주(徐州) ~ 정주(鄭州) ~

보계(寶鷄) ~ 난주(蘭州) ~ 우루무치~아라산쿠까지 운송하여 동역에서 TSR로 환적, 카자흐스탄을 거쳐 유럽 국가까지 연결하는 노선이다.

이 노선은 [표 4-2]에서 보는 바와 같이 아시아와 북유럽간의 운송에 있어서 최단거리이다. 그러나 이 노선을 통한 국제화물운송은 현재 카자흐스탄 및 러시아 국경까지만 이루어질 뿐 TSR과 연계한 유럽까지의 일관운송은 관련국간의 이해, 환적 등의 실무적 및 제도적 문제로 아직까지 활성화되지 못하고 있다.

(2) 대련항(大連港) · 천진항(天津港) 기점 노선

대련항 또는 천진항을 기점으로 하는 CLB는 아래와 같은 3가지 노선이 있다.

① 아시아국가 ~ 〈해상운송〉 ~ 대련항 ~ 〈TMR(Trans Manjulia Railway: TMR)〉 ~ 하얼빈 ~ 〈TSR〉 ~ 유럽

② 아시아국가 ~ 〈해상운송〉 ~ 천진항 ~ TMR ~ 하얼빈 ~ TSR ~ 유럽국가

③ 아시아국가 ~ 〈해상운송〉 ~ 천진항 ~ TMGR(Trans Mongolia Railway) ~ 울란바토르 ~ 〈TSR〉 ~ 유럽

(3) 두만강지역 기점 노선

UNDP(United Nations Development Programme; 유엔개발계획)21)가 주관하는 두만강지역개발계획(Tuman River area Development)22)이 계획대로 추진될 경우, 아래와 같은 새로운 운송망이 형성되어 아시아와 유럽간의 화물운송에 기여할 것으로 기대된다.

① 두만강지역 ~ 훈춘 ~ 하얼빈 ~ 만주 ~ Zabaikalsk ~ TSR ~ 유럽

② 두만강지역 ~ 훈춘 ~ 도문 ~ 길림 ~ 장춘 ~ Yirch ~ Choibalsan(몽고) ~ Borzaya (러시아) ~ TSR ~ 유럽

### 3) 한반도 종단 노선

남북한의 철도(경부선/호남선 ~ 신의주 및 원산/청진/나진 등)가 연결되면 그것이

---

21) 1965년 개발도상국의 경제적 · 사회적 개발 촉진을 위한 기술원조를 제공하기 위해 설립된 유엔 기구로서 본부는 뉴욕에 있다. 우리나라는 1961년 UNDP의 전신인 UNSF와 특별기금원조협정을 체결하였고, 북한은 1979년 UNDP와 정식협정을 체결하였다. 2002년 현재 141개국이 가입되어 있다.

22) 1991년 7월 UNDP가 동북아지역의 우선 사업으로 지정한 두만강지역개발계획은 북한의 나진 · 선봉, 중국 연변의 훈춘, 러시아 연해주의 포시에트를 잇는 두만강 하구 약 1000km의 소 삼각지구에 국제 자유무역지대를 설립하려는 동북아지역 협력프로젝트이다.

곧 한반도 종단철도 노선(Trans-Korea Railway: TKR)이 구축되는 것이다. 동 노선이 활성화 될 경우, 극동아시아국가와 유럽간 교역물품이 부산 또는 광양항까지 해상운송되고, TKR을 통하여 TCR 또는 TSR과 연결, 중국 및 러시아의 주요 내륙 도시는 물론, 유럽도시까지 운송되는 경쟁력 있는 노선이 될 것이다. 따라서 우리나라 항구는 동북아시아 국가와 유럽 국가 간의 복합운송에 있어서 주요한 결점점(Node) 역할을 담당할 것이 기대된다.

남북한 철도(TKR)가 연결될 경우에는 아래와 같은 복합운송노선을 예상할 수 있다.

① 아시아 ~ 〈해상〉 ~ 부산 ~ 〈TKR(경부선 + 경원선)〉 ~ 청진—나진 ~ (러시아)하산 ~ 러시아 내륙 도시 ~ 〈TSR〉 ~ 유럽

② 아시아 ~ 〈해상〉 ~ 부산 ~ 〈TKR(동해선; 울산—강릉—원산—청진—나진)〉 ~ 하산 ~ 러시아 도시 ~ 〈TSR〉 ~ 유럽

③ 아시아 ~ 〈해상〉 ~ 부산 ~ 〈TKR(중앙선 + 평강—원산—청진—나진)〉 ~ 하산 ~ 러시아 도시 ~ 〈TSR〉 ~ 유럽

④ 아시아 ~ 〈해상〉 ~ 부산 ~ 〈TKR(경부선 + 경의선)〉 ~ 단동 ~ 중국 도시 ~ 〈TCR + TSR〉 ~ 유럽

⑤ 아시아 ~ 〈해상〉 ~ 한국 ~ 〈TKR(경의선)〉 ~ 단동 ~ 중국 도시 ~ 〈TCR〉 ~ 중앙아시아 등

[표 4-3] 한국과 로테르담간의 수송 루트별 거리 비교

| 거리(km) / ROUTE | 부산기점 | 인천기점 |
|---|---|---|
| 해 상 | 19,790 | 20,109 |
| TSR 경유 | 12,230 | 12,937 |
| TCR 경유 | 10,370 | 10,246 |

자료 : 국토해양부.

TKR의 실용화를 위한 선결과제

TKR이 활성화 되면 우리나라는 중국, 러시아, 중앙아시아, 유럽이 육로로 연결되므로 경제적 공간이 그 만큼 넓어지고 이들 국가들과의 교역물품이 전

구간 육로를 통해 운송될 수 있기 때문에 그만큼 시간이 절감되어 경쟁력도 향상될 수 있다. 나아가서는 일본을 비롯한 동북아시아 제 국가들도 그들의 교역물품을 우리나라 항만까지 해상운송하고 TKR을 통하여 TSR 또는 TCR과 접속, 유럽 등지까지 해륙복합운송이 가능하다. 그러나 이 노선의 실용화는 체제를 달리하는 국가들이 연루되어 있기 때문에 여러 분야(예 : 남북철도의 연결, 노후철도의 개량을 위한 자금조달, 한국/러시아철도 폭의 차이,[23] 연결역의 보관/환적시설, 국경통과절차, 화물추적시스템의 구축, 관련 국가간의 협정, 운송당사자의 권리의무 등을 규율하는 국제규칙의 제정,[24] 기타 열차운행에 필요한 신호, 통신 등)에 걸쳐 범국가적으로 선결되어야 할 난제들이 많다

### 4) 아 · 태 경제사회이사회(ESCAP)가 추진 중인 유라시아철도노선

유엔 산하 아시아태평양경제사회이사회(ESCAP)는 1992년 아시아횡단 고속도로를 포함하여 아래와 같은 5개의 아시아횡단철도(TAR: Trans Asian railway)노선을 추진하기로 승인하였고 2003년 10월에는 한반도관통노선(TKR)을 제외한 4개 노선을 시험운행하기로 결정하였다.

ESCAP가 추진 중인 5개 TAR노선은 아래와 같다.

○ 러시아 보스토치니 ~ 모스크바 ~ 벨로루시(TSR) ~ 유럽

○ 중국 레윈강 ~ 우루무치(TCR) ~ 카자흐스탄 ~ 러시아 ~ 유럽

○ 중국 천진항 ~ 몽골(TMGR) ~ 러시아 ~ 유럽

○ 북한 나진 ~ 러시아 ~ 유럽

○ 한국 부산/광양 ~ TKR ~ 러시아 또는 중국 ~ 유럽

우리나라 주요 항구에서 경의선, 경원선 또는 동해선 등을 거쳐 TMR, TCR, TSR을 통하여 유럽까지 연결시키는 것은 동북아물류중심지계획의 핵심과제 중 하나이므로 남북한의 철길의 연결 등 하드웨어의 구축은 물론, 안전한 운영절차의 수립, 관련 법제(예, 관련 경유 국가 간의 철도화물운송협약, 화차 또는 컨테이너

23) 우리나라의 철도는 그 폭이 1.435m인 표준궤도(철도를 최초로 개설한 영국에서 비롯됨)이다. 궤간이 1.435m보다 넓거나 좁은 것을 사용하는 나라도 있는데 표준궤보다 넓은 것을 광궤(1.520m), 좁은 것을 협궤라 한다. 북한의 철도는 87%가 표준궤이나 협궤도 있다(http://nongae.gsnu.ac.kr/~whcho). 러시아, 카자흐스탄, 몽고, 핀란드 등은 광궤를 쓰고 있으며, 중국, 폴란드, 서유럽은 표준궤를 쓰고 있다(http://cuth.cataegu.ac.kr/~nomoon/right/ru_about/04.html).

24) 기존의 사회주의권을 중심으로 체결된 사회주의국가철도연결운송협약(SMGS)과 유럽 국가들이 중심이 된 국제철도화물운송협약(CIM)의 조화 문제 등.

내장화물의 국경통과협약)의 마련 등을 위하여 범국가적으로 가능한 모든 방안이 모색되어야 할 것이다.

## 3-3 海空복합운송경로

### 1) 개 념

해공(Sea & Air)복합운송은 화물의 출발지에서 목적지까지의 운송구간 중 일정구간은 선박으로 운송하고 나머지 구간은 항공기로 운송하는 방식(반대, Air & Sea 경우 포함)으로서, 이는 해상운송이 가지는 운임의 저렴성과 항공운송이 갖는 신속성이라는 양자의 장점을 효과적으로 결합한 국제복합일관수송방식이다.

海空복합운송은 1962년 미국적 항공사 플라잉 타이거(Flying Tiger)가 일본발 유럽행 화물에 대하여 일본에서 미국 서안까지는 해상운송하고 거기에서부터 유럽의 목적지까지는 항공기로 운송한 것에서 시작되었으나, 오늘날에는 항공사보다는 많은 프레이트 포워더들에 의해 동 서비스가 제공되고 있다.

海陸복합운송의 경우에는 해상화물운송용으로 제작된 컨테이너를 그대로 육상운송수단(기차, 트럭)에 적재, 운송될 수 있지만 海空복합운송의 경우에는 해상운송용 컨테이너를 그대로 항공기에 탑재할 수 없으므로 이를 항공으로 연계하기 위하여 항공기에 적합한 규격의 단위탑재용기(ULD; 항공운송용 컨테이너 또는 Pallet 등)를 사용하여야 한다. 따라서 Sea & Air 복합운송의 경우에는 중계지에서 해상컨테이너에 적입되어 있던 화물을 적출(devaning), 항공기용 ULD에 환적(Air & Sea의 경우에는 그 반대)하는 실무적 절차의 차질 없는 이행 그리고 화물의 손상이나 지연 등에 의한 손해발생시 그 귀책자의 규명문제 등 약간의 복잡성이 따른다.

### 2) 해공복합운송화물과 주요 경로

해공복합운송이 이용되는 경우, 해륙복합운송보다는 더 신속을 요하는 화물로서 화물의 발착지가 내륙에 위치해 있거나 또는 인접된 국경이 모두 육지로 둘러싸여 있어서 선박에 의한 해상운송이 불가능한 경우이다. 해공복합운송의 주요노선은 아래와 같은 것이 있다.

① 아시아~북미 서안 경유~유럽 노선: 아시아국가 항구에서 북미 서안 항구(예, L.A. seaport)까지는 해상운송한 화물을 공항터미널(예, L.A. airport)로 이송, 항공 ULD에 환적하여 유럽의 목적지까지를 항공운송하는 경로.

[그림 4-9] 아시아 ~ 북미 서부 경유 ~ 유럽 간 해공복합운송경로

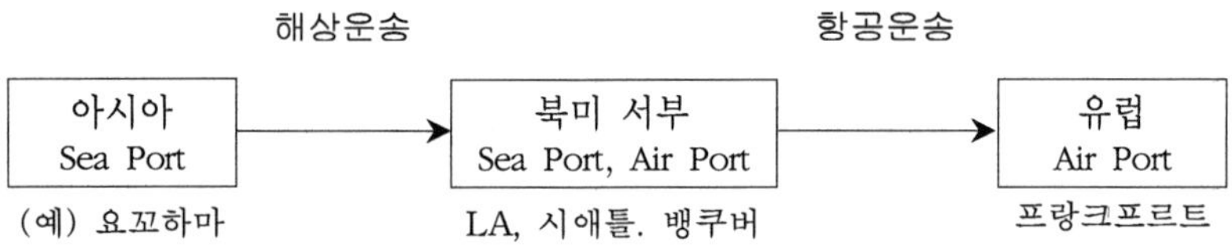


② 아시아~미국 서부 또는 동남부 경유~중남미 노선

[그림 4-10] 아시아 ~ 미국 서부 또는 동남부 경유 중남미 간 해공복합운송경로

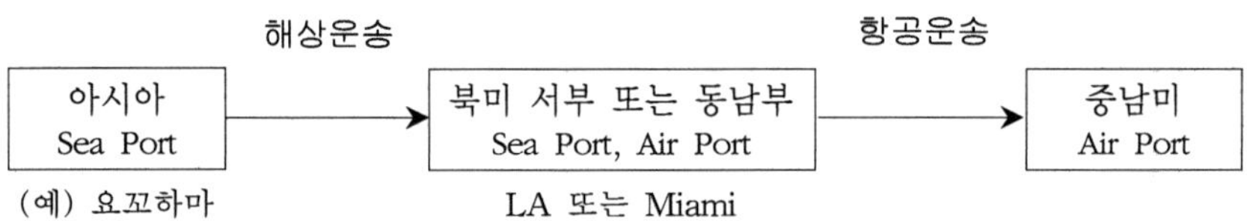


③ 아시아~홍콩 또는 싱가폴 경유~유럽 노선: 예컨대, 일본 오사카 또는 부산에서 유럽의 도시 간의 화물운송에 있어서 오사카항 또는 부산항에서 싱가폴(또는 홍콩)까지는 해상운송한 다음, 거기에서부터는 항공기를 이용, 유럽의 도시까지 항공운송하는 경로.

[그림 4-11] 아시아 ~ 싱가폴 또는 홍콩경유 ~ 유럽간 해공복합 운송경로

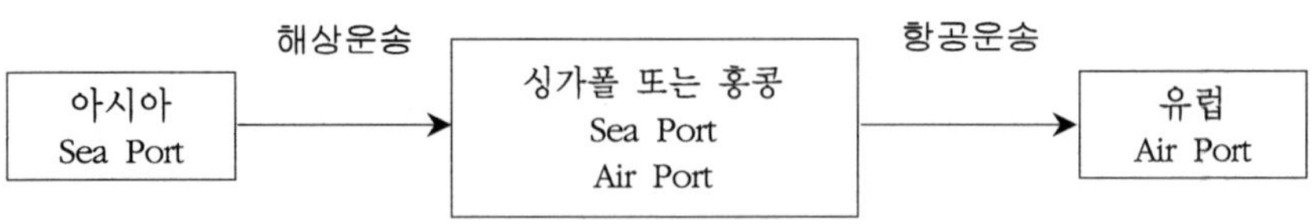


④ 아시아~(러시아) 보스토치니 경유~유럽 노선: 아시아 국가 항구에서 러시아의 보스토치니(Bostochny)까지 해상운송한 화물을 블라디보스톡(Vladibostok)공항터미널까지 이송한 다음, 거기에서부터 항공기를 이용, 유럽의 목적지까지 항공으로 운송하는 경로.

[그림 4-12] 아시아～러시아(보스토치니) 경유～유럽간 해공복합 운송경로

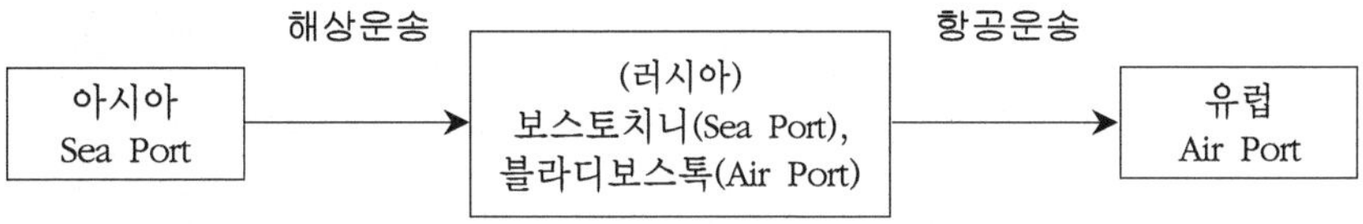


## 제 4 절 복합운송업무절차

국제복합운송업무절차는 선박 또는 항공기를 운항하는 선사 또는 항공사의 경우와 타인(선사, 육상운송인, 항공사 등)의 운송수단을 적절히 결합하여 복합운송서비스를 제공하는 프레이트 포워더의 경우가 동일하지 않다. 따라서 여기에서는 복합운송서비스를 제공하는 주체별로 해륙(海陸)복합운송과 해공(海空)복합운송절차에 대하여 간략히 살펴보기로 한다.

### 4-1 海陸복합운송업무절차

해륙복합운송서비스의 제공자로는 컨테이너선박을 운항하는 선사와 선박을 운항하지 않으면서 해륙복합운송서비스를 제공하는 프레이트 포워더가 있다.

#### 1) 선사주체의 해륙복합운송업무절차

선사주체의 해륙복합운송은 컨테이너선사가 복합운송인의 지위에서 송하인과 복합운송계약을 체결하여 해상구간의 운송은 직접 수행하고 육상구간은 선사의 책임으로 타 운송(기차 또는 트럭)을 이용하여 복합운송을 완성하는 것인데 이 경우의 업무절차를 요약하면 다음과 같다.

[그림 4-13] 해륙복합운송업무의 흐름도(예시)

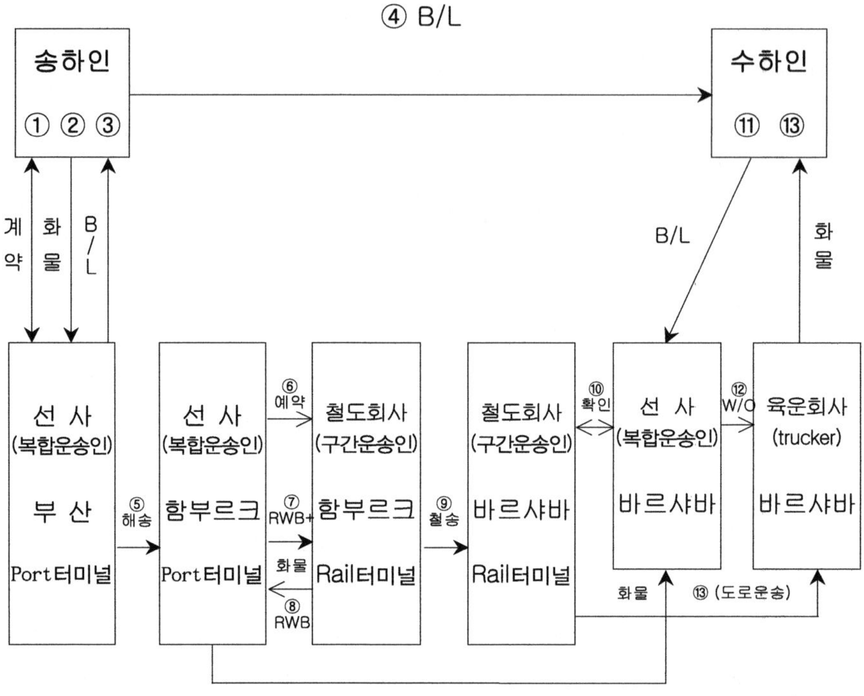


※ W/O : Working Order
RWB : Rail Waybill (Rail Consignment)

(화물수령지 : 부산항, 환적지 : 함부르크항, 인도지 : 바르샤바)

(1) 복합운송계약의 체결과 화물인수

선사는 송하인(실화주 또는 NVOCC)과 해륙복합운송을 체결하고 화물을 수령한다(그림 4-13의 ①, ②). 해륙복합운송을 인수하는 선사는 정기 컨테이너선을 운항하는 선사이므로 실무적으로는 별도의 복합운송계약서를 작성하지 않고 화주가 전화 또는 EDI 등으로 미리 공표된 선박에 선복예약을 하는 것으로 갈음한다. 운송계약의 내용과 조건은 선사가 발행하는 복합운송증권의 기재내용으로 증명된다.

(2) 복합운송증권의 발행

해륙복합운송을 인수한 선사는 화물을 수령한 후 또는 선적한 후에 선사

고유의 Bill of Lading(또는 Waybill)양식에 운송계약의 내용과 조건 등 필요사항을 기재하여 복합운송증권을 발행한다(그림 4-13의 ③).

복합운송증권에는 선적항(port of loading)과 양륙항(port of discharge)에 더하여 해륙복합운송인과 운송인의 책임구간을 명확히 하기 위하여 선사가 화물을 수령한 곳(place of receipt)과 인도하는 곳(place of delivery)이 표시된다.

### (3) 송하인의 운송증권 발송

선사로부터 복합운송증권을 발급받은 송하인은 이를 수하인에게 발송한다. 물품대금의 결제에 은행이 개입되어 있는 경우에는 은행경로(예, 네고은행—개설은행 등)를 통하여 수하인에게 전달되며 그러지 않은 경우에는 송하인이 수하인에게 직송한다(그림 4-13의 ④).

### (4) 해상운송

복합운송을 인수한 선사는 해상구간(부산항—함부르크항)을 자기의 운송수단인 선박으로 해상운송한다(그림 4-13의 ⑤).

### (5) 환적지(transshipment point)에서 환적업무

환적지에서 타 운송수단으로의 환적업무는 환적지에 소재한 선사(복합운송을 인수한 선사)의 책임으로 이행한다.

환적업무에는 양륙화물목록의 제출, 내륙구간의 보세운송신고 및 허가의 취득 등 환적항 관할세관과 관련된 업무와 타운송수단과의 연계운송을 위한 업무(철도운송인과의 예약 및 항만에서 철도터미널까지의 운송 등)가 포함된다.

환적지의 선사는 송하인 지위에서 철도운송인과 화물운송예약을 하고 철도화물운송장(Rail Waybill)[25]을 작성하여 화물과 함께 출발지 철도터미널(함부르크 역)에 제공한다(그림 4-13의 ⑥, ⑦).

### (6) 철도운송인의 철도화물운송장 발행과 운송의 실행

철도운송인(해당 철도역)은 Rail Waybill(RWB)내용과 대조하여 화물을 수령하고 RWB에 서명하여(실무적으로는 日附印을 stamping함) 송하인(즉 선사)에게 교부하

25) 철도화물운송장은, "Bulletin de remise", "CIM-Frachtbrief"(Rail waybill based on CIM-rules의 뜻), "Ubergabeschein", "Rail Waybill", "Rail Consignment Note" 등으로 불린다(별지 4-2 참조).

고(그림 4-13의 ⑧),[26] 선사로부터 수령한 화물을 함부르크역에서 바르샤바역까지 국제 철도운송을 수행한다(그림 4-13의 ⑨).

#### (7) 철도운송인으로부터 화물인수

철도운송의 목적지(바르샤바)에 소재한 선사(RWB상 기명수하인)는 철도운송인에게 RWB의 제시 등 철도운송인으로부터 화물의 인수에 필요한 절차를 취한다. 철도운송인은 RWB상 수하인임을 확인하고(그림 4-13의 ⑩) 화물을 인도한다.

#### (8) 최종 수하인에게 화물 인도 절차

목적지소재 선사는 아래와 같은 절차로 수하인(Consignee on MT B/L)에게 화물을 인도한다.

① 정당한 수하인임을 확인한다(M/T B/L에 의한 운송의 경우에는 적정히 배서된 B/L원본 회수; Waybill에 의한 운송의 경우에는 기명수하인; 그림 4-13의 ⑪).

② 약정 목적지가 철도터미널(바르샤바)인 경우에는 그곳에서 화물이 수하인에게 인도되면 복합운송인(선사)의 복합운송계약의무가 완성된다.

③ 약정 목적지가 바르샤바 소재 수하인 공장인 경우에는 선사는 도로운송인(트럭커)에게 작업지시(working order)를 한다(그림 4-13의 ⑫).

선사로부터 도로운송지시를 받은 트럭커가 바르샤바 철도터미널부터 화물을 인수하여 수하인의 공장까지 운송, 수하인에게 인도하면 복합운송인(선사)의 복합운송계약의무가 완성된다(그림 4-13의 ⑬).

### 2) 프레이트 포워더 주체의 해륙복합운송

프레이트 포워더 주체의 해륙복합운송은 선박 또는 육상운송수단을 운항하지 않는 프레이트 포워더가 화주와 해륙복합운송계약을 체결하고, 전 구간에 대한 복합운송을 인수하는 방식이다.

해륙복합운송경로는 전술한 바와 같이 여러 가지가 있을 수 있지만 프레이트 포워더는 개별 사안에 따라 경제성, 신속성 및 안전성을 충족시킬 수 있는 적절한 복합운송경로(route)와 운송 실행자(해상 및 육상운송인)를 선정하여야 할 것이다.

---

26) 철도운송인(해당 철도역)이 화물을 수령하고 Rail Waybill에 서명함으로써 철도운송계약의 효력이 발생한다(국제철도화물운송조약(CIM) 제11조 2항).

오늘날은 해륙복합운송경로가 잘 개발되어 있고 복합운송서비스는 해당 국가의 항만에 취항하는 거의 모든 컨테이너선사에 의해서 제공되고 있으므로 프레이트 포워더도 이들의 서비스를 이용하면 시간과 인력 등이 절감되는 편리함이 있다. 그러나 만약 선사가 해상구간만의 운송에 그치거나 또는 현재까지 보편화되어 있지 않은 경로를 통한 복합운송의 경우에는 프레이트 포워더가 운송의 설계자로서 해당 지역에 취항하는 선사, 내륙운송업자, 환적지의 대리점 등의 서비스를 적정히 결합하여 해륙복합운송서비스를 제공할 수 있다.

프레이트 포워더가 복합운송인의 지위에서 송하인과 해륙복합운송계약을 체결하고 그의 책임으로 운송을 완성하는 경우의 업무절차는 해상구간의 운송을 복합운송을 인수한 선사가 직접 수행하는 부분을 제외하면 선사주체의 해륙복합운송과 대동소이하므로 여기에서는 전항과 상이한 부분에 대해서만 살펴보기로 한다.

**[그림 4-14] 프레이트 포워더의 해륙복합운송업무의 흐름도(예시)**

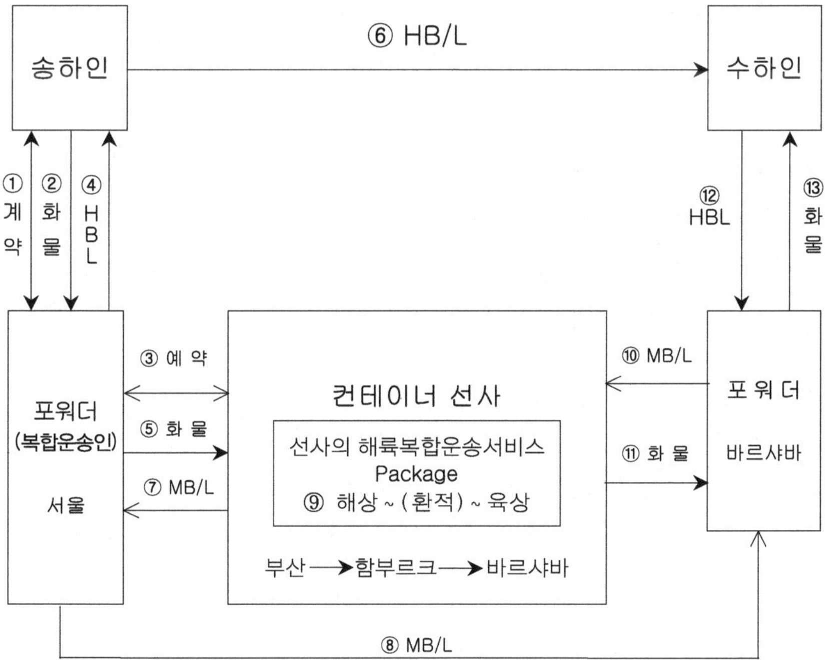


※ HBL : 포워더가 그의 송하인에게 발행하는 House B/L.

(서울 송하인 Door ~ 부산항 ~ 함부르크항 ~ 바르샤바 수하인Door)

(1) 해륙복합운송계약의 체결

프레이트 포워더는 송하인(실화주)과 해륙복합운송계약을 체결한다(그림 4-14의 ①). 이때 운임은 프레이트 포워더가 운송의 수행자(선사 등)에게 지급할 운임, 기타 부대요금 그리고 적정이윤을 감안하여 설정한 일관운임으로 약정한다.

복합운송계약서는 실무적으로 작성되지 않고 송하인이 전화 또는 EDI방식 등으로 프레이트 포워더에게 운송을 의뢰하고 프레이트 포워더가 이를 수락하는 형식을 취하며 운송계약의 내용과 조건은 프레이트 포워더가 발행하는 복합운송증권의 기재내용으로 증명된다.

(2) 화물의 수령과 복합운송증권의 발행

프레이트 포워더는 복합운송을 위하여 화물을 수령한 후 수령지에서부터 약정 목적지까지 전 구간을 포괄하는 복합운송증권(FIATA MT B/L 또는 M/T Waybill)을 송하인에게 발행한다(그림 4-14의 ②, ④).[27]

프레이트 포워더로부터 복합운송증권을 발급받은 송하인은 이를 은행경로를 통하거나 또는 직접 수하인에게 송부한다(그림 4-14의 ⑥).

(3) 선사와 복합운송계약의 체결과 화물반입

송하인으로부터 복합운송을 인수한 프레이트 포워더는 전체 구간의 운송을 설계하여 해당구간의 복합운송서비스를 실행하는 선사와 복합운송계약을 체결하고 화물을 선사가 지정한 장소(CY 또는 CFS)에 반입시킨다(그림 4-14의 ③, ⑤).

(4) 선사로부터 복합운송증권 수령과 목적지 송부

프레이트 포워더는 선사가 지정한 장소에 화물을 반입시킨 후 또는 선적 후 선사로부터 복합운송증권을 발급받는다(그림 4-14의 ⑦).

선사로부터 복합운송증권을 발급받은 선적지 프레이트 포워더는 이를 수하인(목적지의 프레이트 포워더임)에게 송부한다(그림 4-14의 ⑧).

27) 이는 프레이트 포워더가 선사로부터 발급받는 master B/L(또는 Waybill)과 구분하여 일반적으로 House B/L(또는 Waybill)이라 부른다.

(5) 운송의 실행과 환적지에서의 환적업무

프레이트 포워더가 복합운송의 각 구간별로 운송인에게 운송을 위탁한 경우에는 각 구간운송인의 책임으로 운송을 실행하며 다른 운송수단으로의 연계업무는 프레이트 포워더의 책임으로 환적지에 소재한 그의 대리인이 수행한다. 그러나 특정 복합운송구간의 환적업무까지 이미 포함되어 있는 선사의 복합운송서비스 패키지(package)를 이용하는 경우에는 프레이트 포워더가 선사의 환적업무에 개입할 필요가 없다(그림 4-14의 ⑨).

(6) Master B/L제출과 화물수령

목적지 소재 프레이트 포워더는 Master B/L을 선사에게 제출하고 화물을 인도받는다(그림 4-14의 ⑩, ⑪).

(7) 수하인에게 화물인도

목적지의 프레이트 포워더는 선사 등 운송실행자로부터 인도받은 화물을 적정히 배서된 House B/L 원본과 상환으로 수하인에게 인도한다(그림 4-14의 ⑫, ⑬).

프레이트 포워더와 송하인 간의 복합운송계약상 목적지가 철도터미널(바르샤바)인 경우에는 프레이트 포워더가 그곳에서 수하인에게 화물을 인도하면 되나 약정 목적지가 수하인공장인 경우에는 도로운송인을 지정하여 수하인의 공장까지 운송, 인도하여야 복합운송계약의무가 완성된다.

## 4-2 海空복합운송업무절차

海空(Sea & Air) 복합운송서비스의 제공자로는 운송수단을 보유한 항공사나 선사 그리고 프레이트 포워더가 있다. 그러나 실무적으로 前者에 의한 복합운송은 활성화·보편화되어 있지 않고 더구나 운송증권이나 운임의 적용 면에서는 엄밀한 의미의 일관복합운송이 아니다. 왜냐하면 항공운송구간에 대하여는 항공사의 운송장(Air Waybill)이 발행되고[28] 해상구간에 대하여는 선사의 운송증

28) AWB에 "This air waybill has been made out in conjunction with bill of lading no. 12345 dated 25/08/2008 xyz-Vessel of ABC Shipping co."등의 항공·해상운송을 연계되었음을 표시한다(西山昌敏, "シ-・ァンド・エア・サ-ビス," 國際複合輸送業務の手引, JIFFA, 平成13年, p. 239).

권(B/L 또는 Sea Waybill)이 발행되므로 單一운송증권에 의하지 않으며, 따라서 해공복합운송계약 당사자의 권리 · 의무 · 책임도 각 구간(해상구간 및 항공구간)에 적용되는 운송법규에 따라 결정된다(Network Liability System). 그리고 복합운송의 운임도 항공구간의 운임과 해상구간의 운임을 따로 따로(항공운임 + 해상운임 + 부대요금) 적용하므로 一貫운임이 아니다.

후자에 의한 해공복합운송은 선박 또는 항공기를 운항하지 않은 프레이트 포워더가 복합운송인의 지위에서 송하인의 화물을 일정구간은 해상으로, 일정구간은 항공으로 운송하는 것을 송하인과 합의하고 전체 구간에 대한 운송책임을 지고 복합운송을 완성하는 것을 말한다. 오늘날 해공복합운송은 대부분 프레이트 포워더 주체로 이루어지고 있다. 그 주요업무절차는 아래와 같다.

[그림 4-15] Sea & Air 복합운송업무의 흐름도(예시)

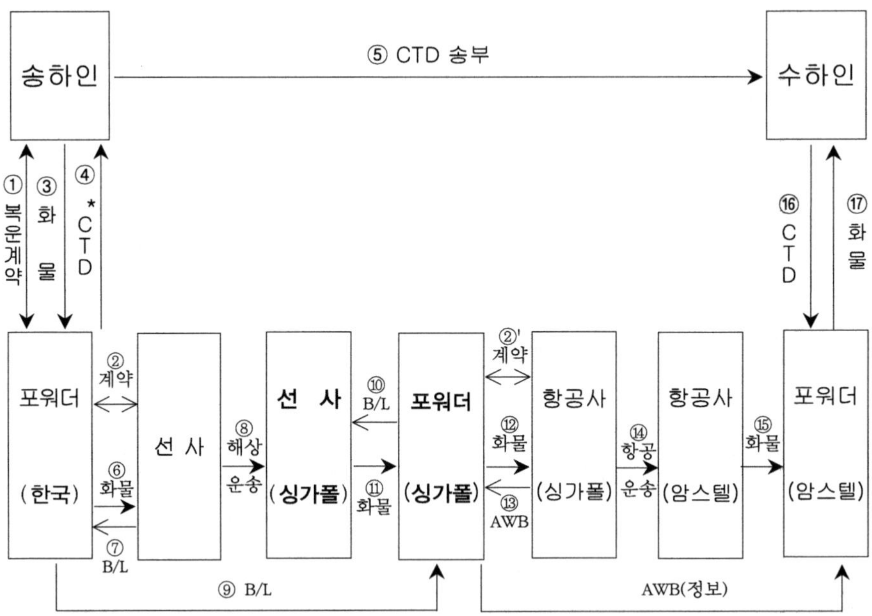


(부산항 ~ 〈해상운송〉 ~ 싱가폴 ~ 〈항공운송〉 ~ 암스테르담의 경우)
* CTD : 프레이트 포워더 발행의 해공복합운송장

### 1) 해공복합운송계약의 체결

#### (1) 복합운송인 지위에서의 계약

프레이트 포워더는 운송인의 지위에서 송하인(실화주)과 해공복합운송계약을 체결한다(그림 4-15의 ①). 실무적으로는 해공복합운송계약서가 별도로 작성되지 않고 송하인이 전화 또는 서면으로 프레이트 포워더에게 화물의 명세, 해상 및 항공운송구간, 최종 목적지 등 운송에 필요한 정보의 제공과 함께 해공복합운송을 의뢰하고 프레이트 포워더가 이를 수락하는 형식을 취한다. 해공복합운송계약의 내용과 조건은 프레이트 포워더가 송하인이 서면으로 제공한 운송의뢰서(S/R 등)에 의거 작성·발행하는 해공복합운송증권의 기재내용으로 증명된다.

해공복합운송에 대한 보수는 프레이트 포워더가 운송실행자(항공사, 선사 등)에게 지급할 운임, 부대요금 그리고 적정이윤을 감안하여 설정한 일관운임(through freight rate)으로 송하인과 약정한다.

#### (2) 송하인지위에서의 계약

해공복합운송을 인수한 프레이트 포워더는 해상구간의 운송과 항공구간의 운송의 실행을 위하여 해당 구간에 취항하는 적정 선사 및 항공사를 선택하여 송하인의 지위에서 구간운송계약을 한다. 계약방식은 전술한 해상운송과 항공운송과 동일하다(그림 4-15의 ②, ②').

### 2) 화물수령과 해공복합운송증권 발행

프레이트 포워더는 복합운송인의 지위에서 화물을 수령한 후 수령지에서부터 약정 목적지까지 전 구간(부산~싱가폴~암스테르담)을 커버하는 해공복합운송증권을 송하인에게 발행한다(그림 4-15의 ③, ④). 해공복합운송증권은 FIATA B/L과 달리, 화물의 적재항(Seaport 또는 Airport), 환적항, 양륙항, 인도지와 첫 번째 운송수단과 연결운송수단(vessel 또는 air Flight)을 기재할 수 있도록 그 난을 마련하여 당해 운송이 Sea & Air(또는 Air & Sea)복합운송임을 명확히 하고 있다. 실무적으로 프레이트 포워더가 사용하는 해공복합운송증권은 항공운송이 포함되어 있으므로 선하증권(B/L)이라는 표제보다는 배서유통이 불가능한 운송장(Waybill)형식을 취한다.

프레이트 포워더로부터 해공복합운송증권을 발급받은 송하인은 이를 수하인에게 송부한다(그림 4-15의 ⑤).

### 3) 화물의 선적과 선하증권의 수령 및 송부

송하인의 지위에서 해상운송을 위탁한 선적지(부산)의 프레이트 포워더는 화물을 선사의 지정 터미널에 반입시킨 후(또는 선적 후) 선사로부터 해상구간(부산~싱가폴)을 커버하는 선하증권을 발급받아 해상·항공운송의 연계지(싱가폴)에 소재한 포워더(지점 또는 대리점)에게 송부한다(그림 4-15의 ⑦, ⑨).

선사는 프레이트 포워더와 약정한 해상구간의 운송을 실행하며, 싱가폴항에서 세관 등 필요 절차를 마치고 화물을 양륙한다(그림 4-15의 ⑧).

### 4) 해상·항공 연계 업무

#### (1) 선사로부터 화물인수

해공운송의 연계지(싱가폴) 소재의 프레이트 포워더는 선사에게 선하증권을 제출(또는 선적지 선사에 surrender)하고 화물을 인도받는다(그림 4-15의 ⑩, ⑪).

#### (2) 환적을 위한 업무

해공복합운송의 연계지에 소재한 프레이트 포워더는 그의 책임으로 다음과 같은 환적업무를 수행한다.

① 관할세관에 이적(移積)신고와 허가취득 업무
② 선사로부터 인수한 화물을 항공운송이 가능하도록 ULD 작업
③ 해상터미널에서 공항터미널까지의 보세운송주선
④ 항공적하목록의 작성 등 출발지 공항세관 관련업무 수행 등
⑤ 사전에 예약된 항공기에 화물 기적(機積) 관리

#### (3) 화물반입과 항공화물운송장의 수령 및 송부

송하인의 지위에서 항공사에 화물운송을 위탁한 연계지(싱가폴)의 프레이트 포워더는 항공사의 지정 터미널에 화물을 반입시킨 후 항공사로부터 항공운송구간(싱가폴~암스테르담)을 커버하는 항공운송장(AWB)을 발급받고(그림 4-15의 ⑫, ⑬), 목적지(암스테르담)에 소재한 포워더(지점 또는 대리점)에 그 정보를 송부한다.

해공복합운송에 있어서 위와 같은 연계지에서의 업무가 얼마나 정확하고 신속하게 수행되는가의 여부가 해공복합운송을 인수한 프레이트 포워더의 서비스 질을 가늠하는 주요한 척도가 된다.

### 5) 항공운송

항공사는 프레이트 포워더로부터 수령한 화물을 약정구간의 항공운송을 실행하며(그림 4-15의 ⑭) 목적지(암스테르담)에서 세관 등 관련절차를 마치고 화물을 하기한다.

### 6) 화물의 인수와 인도

목적지(암스테르담)의 프레이트 포워더(지점 또는 대리인)는 선적지의 포워더가 발행한 해공복합운송증권, 항공사가 발행한 AWB 등에 근거하여 수하인(통지처)에게 화물도착통지서를 발송하고 항공사로부터 화물을 인도받아 그의 수하인에게 해공복합운송장 원본과 상환으로 화물을 인도한다(그림 4-15의 ⑮~⑰).

[별지 4-1] CMR 국제도로화물운송장(CMR Consignment Note) -전면-

5 997515 112012

NEMZETKÖZI FUVARLEVÉL
INTERNATIONAL CONSIGNEMENT
INTERNATIONALER FRACHTBRIEF

A fuvarozásra eltérő megállapodás esetén is a Nemzetközi Árufuvarozási egyezmény (CMR) rendelkezései az irányadók.
This carriage is subject, notwithstanding any clause to the contrary to the Convention on the Contract for the International Carriage of Goods by Road (CMR)
Diese Beförderung unterliegt trotz einer gegenteiligen Abmachung den Bestimmungen des Übereinkommens über den Beförderungsvertrag Im Internationalen Strassengüterverkehr (CMR)

**1** Feladó (Név, cím, ország) Sender (Name, address, country) Absender (Name, Anschrift, Land)

Naturtex Kft.
H-6728.Szeged,Cserje sor 2.
Hungary.

**2** Átvevő (Név, cím, ország) Consignee (Name, address, country) Empfänger (Name, Anschrift, Land)

The Daiei Inc.

**16** Fuvarozó (Név, cím, ország) Carrier (Name, address, country) Frachtführer (Name, Anschrift, Land)

BETA-TRANS BT.
ÁRUÁTVÉTEL
Adószám: 24491547-2-13
FIV - 142

**3** Az áru kiszolgáltatási helye (helység, ország) Place of delivery of the goods (Place, country) Auslieferungsort des Gutes (Ort, Land)

helység / place / Ort

ország / country / Land

**17** További fuvarozók (Név, cím, ország) Successive carriers (Name, address, country) Nachfolgende Frachtführer (Name, Anschrift, Land)

**4** Az áru átvételének helye és időpontja (helység, ország, időpont) Place and date of taking over of the goods (Place, country) Ort und Tag der Übernahme des Gutes (Ort, Land, Datum)

helység / place / Ort Szeged-Vajhát

ország / country / Land Hungary

időpont / date / Datum 01.08.2003.

**18** A fuvarozó fenntartásai és bejegyzései Carrier's reservations and observations Vorbehalte und Bemerkungen der Frachtführer

ONESEAL 456 905 SZ. HATÁR

**5** Mellékelt okmányok Beigefügte Dokumente Annexed documents

51/00049 Invoice,Packinglist,

CMR

| 6 Jel és szám Marks and Nos Kennzeichen und Nummern | 7 Darabszám Number of packages Anzahl der Packstücke | 8 Csomagolás módja Method of packing Art der Verpackung | 9 Az áru megnevezése Nature of the goods Bezeichnung des Gutes | 10 Statisztikai szám Statistical number Statistiknummer | 11 Bruttó súly (kg) Gross weight in kg Bruttogewicht in Kg | 12 Térfogat (m³) Volume in m³ Umfang in m³ |
|---|---|---|---|---|---|---|
| | 575 Cartons | | DOWN QUILTS | 9404900000 | ~~2720,50KGM~~ 2809,60KGM | |
| | ISO 40'Container: HJCU | | | | | |

Osztály Class | Szám Number | Betű Letter | Klasse, Ziffer, Buchstabe | ADR

**13** A feladó rendelkezései (Vám- és egyéb hivatalos kezelés) Sender's instructions (Customs and other formalities) Anweisungen des Absenders (Zoll- und sonstige amtliche Behandlung)

| 19 Fizetendő To be paid by Zu zahlen vom | Feladó, Sender, Absender | Pénznem, Currency, Währung | Átvevő Consignee Empfänger |
|---|---|---|---|
| | | | |

**14** Visszatérítés Reimbursement Rückerstattung

**15** Fuvardíj-fizetési rendelkezések Directions as to freight payment Frachtzahlungsanweisungen

Bérmentve, freight paid, frei CFR Kobe

Bérmentesítés nélkül, freight to be paid, unfrei

**20** Különleges megállapodások Special agreements Besondere Vereinbarungen

**21** Kiállítás helye, időpontja Established in Ausgefertigt in Szeged,01.08.2003. am on

**24** Az áru átvétele: Kelet Goods received: Date on........ Gut empfangen: Datum am.

**22** A feladó aláírása és bélyegzője Signature and stamp of the sender Unterschrift und Stempel des Absenders

NATURTEX Kft. SZEGED

**23** A fuvarozó aláírása és bélyegzője Signature and stamp of the carrier Unterschrift und Stempel des Frachtführers

BETA-TRANS BT. ÁRUÁTVÉTEL 24491547-2-13

Az átvevő aláírása és bélyegzője Signature and stamp of the consignee Unterschrift und Stempel des Empfängers

| 25 Jármű Vehicle Fahrzeug | Rendszám Registration number Kennzeichen | Raksúly Useful load Nutzlast |
|---|---|---|
| | FIV 142 | |

Kiv.ell.:
Vámzár: 14 349
VÁMHIVATAL 
M 03 08 01

E. 10. r. sz. — Nyomell Kft. — N. P.

# [별지 4-1] CMR 국제도로화물운송장(CMR-Consignment Note : Bulletin de Remise)-이면-

## CONDITIONS GÉNÉRALES DE TRANSPORT ROUTIER

Art. 1. A défaut d'autres dispositions entre parties, le présent contrat de transport est régi par les dispositions de la Convention C.M.R. (Convention relative au contrat international de transport de marchandises par route du 19 mai 1956 - Moniteur Belge du 8 novembre 1962), précisées et complétées par les conditions générales définies ci-après:

**I. Etablissement de la lettre de voiture - documents.**

Art. 2. L'indication sur la lettre de voiture de l'identité de l'expéditeur et du destinataire fait foi entre parties.

Art. 3. Le poids déclaré par l'expéditeur est reconnu par le transporteur pour autant que celui-ci ait eu la possibilité d'en effectuer le contrôle lors de la prise en charge.

En cas d'impossibilité de vérifier, le transporteur doit acter et motiver ses réserves.

Art. 4. Les véhicules et les conteneurs remis remplis au transporteur ainsi que les marchandises en caisses, balles ou fûts, sont pris en charge sans vérification de leur contenu et de l'état de celui-ci; dans ces cas, la clause "said to contain" est d'application de plein droit.

Néanmoins, l'expéditeur a le droit d'en exiger la vérification conformément à l'art. 8.3 C.M.R.

**II. Chargement - Déchargement**

Art. 5. Sauf mention écrite en sens contraire, il est présumé que :
A. Le chargement a été effectué par l'expéditeur ou pour son compte.
B. Le déchargement a été effectué par le destinataire ou pour son compte.
C. L'arrimage a été effectué par le transporteur ou pour son compte.

Art. 6. La prise ou la remise à domicile s'entend sur le seuil ou le quai des bâtiments.

L'itinéraire à suivre par le véhicule dans les usines, magasins, chantiers et autres endroits est indiqué par les gestionnaires des lieux.

Ils sont responsables de cet itinéraire.

Le transporteur pourra s'y opposer si les conditions locales mettent son véhicule ou le chargement en danger.

**III. Instructions et déclarations.**

Art. 7. Les préposés du transporteur ne peuvent accepter aucune instruction ou déclaration engageant le transporteur en dehors des limites prévues, en ce qui concerne :
- la valeur de la marchandise qui doit servir de référence en cas de perte totale ou partielle, ou encore d'avarie (C.M.R., art. 23 et 25) ;
- les instructions de remboursement (C.M.R., art. 21) ;
- les délais de livraison (C.M.R., art. 19);
- une valeur spéciale (C.M.R., art. 24) ou un intérêt spécial à la livraison (C.M.R. art. 26).

**IV. Entreposage.**

Art. 8. L'entreposage et toute opération dans le cadre du contrat de transport, sont soumis aux présentes conditions.

**V. Paiement.**

Art. 9. Le donneur d'ordre est responsable du paiement du fret, même en cas de "port dû".

Art. 10. Aucune compensation ne pourra être opérée entre le fret et les montants éventuellement dus par le transporteur.

Art. 11.
1. A défaut de paiement de la facture à son échéance et sans mise en demeure, le montant restant dû portera intérêt au taux d'escompte de la Banque Nationale de Belgique majoré de 3 % (trois %).
2. Lorsque dans le délai de quinze jours, à dater de l'envoi d'une mise en demeure par lettre recommandée à la poste, le débiteur reste en défaut, le montant de la créance sera en outre augmenté de plein droit de 10 % avec un minimum de 5.000 F., à titre de dédommagement forfaitaire pour frais administratifs supplémentaires, surveillance de débiteurs et perturbations commerciales.

**VI. Chômage du véhicule.**

Art. 12. Les temps et taux d'immobilisation du véhicule au chargement et au déchargement font l'objet de conventions entre parties.

Art. 13. Le transporteur agit, pour l'accomplissement des formalités en douane, comme mandataire de l'expéditeur.

Les temps d'arrêt en douane donnent droit à un supplément de prix lorsqu'ils sont anormalement longs du fait de la marchandise, en particulier par rapport à ceux des dispositions tarifaires en vigueur, ou lorsqu'ils sont dus à l'insuffisance ou à l'inexactitude des documents remis par l'expéditeur ou son mandataire ou de la lettre de voiture.

**VII. Juridiction.**

Art. 14. Sont compétents pour connaître des litiges auxquels le présent contrat donne lieu, les tribunaux:
a. du lieu où le défendeur a sa résidence habituelle, son siège principal ou la succursale ou l'agence par l'intermédiaire de laquelle le contrat de transport a été conclu, ou
b. du lieu de la prise en charge de la marchandise ou celui prévu pour la livraison.

Art. 15. Si une ou plusieurs clauses de la présente convention sont inapplicables pour une raison quelconque, les autres clauses resteront néanmoins valables.

**Reproduction interdite.**
Distribution exclusive de ce document
(A.M. du 11.9.1967, MOD. : 10.7.1989) G.37/5/25

## ALLGEMEINE BEDINGUNGEN BEFÖRDERUNG AUF DER STRAßE

Art. 1. Soweit nicht anders zwischen den Parteien vereinbarte Bestimmungen vorhanden sind, für gelten den vorliegenden Beförderungsvertrag die Bestimmungen des C.M.R. (Übereinkommen über den Beförderungsvertrag im Internationalen Straßengüterverkehr vom 19. Mai 1956 - Moniteur Belge vom 8. November 1962), die durch die nachstehend dargelegten allgemeinen Bedingungen präzisiert und ergänzt werden:

**1. Ausstellung des Frachtbriefes - Urkunden.**

Art. 2. Die auf dem Frachtbrief angegebenen Personalien von Absender und Empfänger dienen für die Parteien als Nachweis.
Art. 3. Das vom Absender angegebene Gewicht wird vom Frachtführer anerkannt, soweit der letztere die Möglichkeit hatte, dieses bei der Übernahme zu überprüfen.
Besteht die Möglichkeit der Überprüfung nicht, so muß der Frachtführer seine Vorbehalte geltend machen und begründen.

Art. 4. Die dem Frachtführer gefüllt übergebenen Fahrzeuge und Container sowie die in Kisten, Ballen und Fässern verpackten Güter werden ohne Überprüfung ihres Inhalts und des Zustands des Inhalts übernommen; in diesem Fall ist die Klausel "Said to contain" von Rechtswegen anwendbar.
Der Absender kann jedoch die Überprüfung gemäß Artikel 8. 3 C.M.R. verlangen.

**II. Verladen - Ausladen - Verstauen.**

Art. 5. Falls nicht schriftlich anders vermerkt, wird vermuten, daß:
A. das Verladen vom Absender oder für Rechnung des Absenders vorgenommen wurde.
B. das Ausladen vom Empfänger oder für Rechnung des Empfängers vorgenommen wurde.
C. das Verstauen vom Frachtführer oder für Rechnung des Frachtführers vorgenommen wurde.

Art. 6. Die Abholung oder Ablieferung im Haus versteht sich als Abholung oder Ablieferung an der Türschwelle oder an der Laderampe der Gebäude.
Der Weg, den das Fahrzeug in den Fabriken, Geschäften, Werften und an anderen Orten zu durchlaufen hat, wird von den für die Verwaltung der jeweiligen Orte zuständigen Personen angegeben.
Sie sind für diesen Weg verantwortlich.
Der Frachtführer kann sich dem widersetzen, wenn durch die örtlichen Verhältnisse sein Fahrzeug oder die Ladung gefährdet sind.

**III. Weisungen und Angaben.**

Art. 7. Die Bediensteten des Frachtführers können keine Weisung oder Angabe annehmen, durch die der Frachtführer außerhalb des vorgesehenen Rahmens verpflichtet wird in bezug auf:
- den Wert des Gutes der im Falle des gänzlichen oder teilweisen Verlustes oder im Falle von Beschädigungen (C.M.R. Artikeln 23 und 25) zugrunde gelegt wird
- die Weisungen über Nachnahme C.M.R. Artikel 21)
- die Lieferfristen (C.M.R. Artikel 19)
- einen speziellen Wert (C.M.R. Artikel 24) oder ein besonderes Interesse an der Lieferung (C.M.R. Artikel 26).

**IV. Zwischenlagerung.**

Art. 8. Für die Zwischenlagerung und jede im Rahmen des Beförderungsvertrages getroffene Maßnahme gelten die vorliegenden Bedingungen.

**V. Zahlung.**

Art. 9. Der Auftraggeber haftet für die Zahlung der Fracht, selbst im Falle vom "Fracht zu Lasten des Empfängers".

Art. 10. Die Fracht und gegebenenfalls vom Frachtführer geschuldete Beträge können in keiner Weise gegeneinander aufgerechnet werden.

Art. 11.
1. Wird die Rechnung bei Fälligkeit nicht bezahlt, so fallen, ohne daß es einer Mahnung bedarf, für den geschuldeten Betrag Zinsen in Höhe eines Betrages an, der 3 % (drei Prozent) über dem Diskontsatz der Banque Nationale de Belgique liegt.
2. Falls der Schuldner innerhalb von fünfzehn Tagen nach der durch eingeschriebenen Brief erfolgten Mahnung noch in Zahlungsverzug ist, wird der Betrag der Schuld außerdem von Rechtswegen als Pauschalentschädigung für zusätzliche Verwaltungskosten, Überwachung von Schuldnern und Störung des Geschäftsablaufs um zehn Prozent, mit einem Minimum von 5.000 F., erhöht.

**VI. Standzeiten des Fahrzeuges.**

Art. 12. Die für die Ver- und Ausladung erforderlichen Standzeiten des Fahrzeugs und die entsprechende Vergütung werden zwischen den Parteien vereinbart.

Art. 13. Der Frachtführer handelt, für die vor der Ablieferung des Gutes zu erledigende Zollbehandlung, als Bevollmächtigter des Absenders.

Wenn die Aufenthaltszeiten beim Zoll wegen des Gutes ungewöhnlich lang sind und zwar besonders im Vergleich zu den in den geltenden Tarifbestimmungen festgelegten Zeiten, oder wenn sie auf die Unvollständigkeit oder Ungenauigkeit der durch den Absender oder dessen Bevollmächtigten überreichten Urkunden oder das Frachtbriefes zurückzuführen sind, so ergibt sich daraus die Berechtigung zu einem Zuschlag zur Fracht.

**VII. Gerichte.**

Art. 14. Wegen Streitigkeiten, aus dem vorliegenden Vertrag ergeben, sind folgende Gerichte zuständig:
a. das Gericht des Ortes, an dem der Beklagte seinen gewöhnlichen Aufenthalt, seine Hauptniederlassung oder die Zweigniederlassung oder Geschäftsstelle hat, durch deren Vermittlung der Beförderungsvertrag geschlossen worden ist, oder
b. das Gericht des Ortes der Übernahme das Gutes oder des für die Ablieferung vorgesehenen Ortes.

Art. 15. Wenn aus irgendeinem Grund eine oder mehrere Klauseln des vorliegenden Übereinkommens nicht anwendbar sind, so bleiben die anderen Klauseln dennoch gültig.

Nachdruck verboten
Exklusive Verteilung dieses Speditionsdokumentes
(Ministerialerlaß von 11.9.1967; ÄNDERUNG : 10.7.1989).

## ALGEMENE VOORWAARDEN VOOR WEGVERVOER

Art. 1. Bij ontstentenis van andere bedingen tussen partijen wordt deze vervoerovereenkomst beheerst door de bepalingen van het C.M.R.-verdrag, (Verdrag betreffende de overeenkomst tot internationaal vervoer van goederen over de weg van 19 mei 1956 - Belgisch Staatsblad 8 november 1962), gepreciseerd en aangevuld door de hierna omschreven algemene voorwaarden:

**I. Opmaak van de vrachtbrief - bescheiden.**

Art. 2. De aanduiding op de vrachtbrief van de identiteit van de afzender en van de geadresseerde levert volledig bewijs tussen partijen.

Art. 3. Het door de afzender aangegeven gewicht wordt door de vervoerder erkend zo deze de mogelijkheid heeft gehad bij de inontvangstneming er de controle van uit te voeren.

In geval van onmogelijkheid tot verifiëren moet de vervoerder zijn voorbehoud aanduiden en met redenen omkleden.

Art. 4. De voertuigen en de containers gevuld afgegeven aan de vervoerder, alsmede de goederen verpakt in kisten, balen of fusten, worden in ontvangst genomen, zonder onderzoek naar de inhoud en de staat van deze; in die gevallen is het beding "said to contain" van rechtswege van toepassing.

Nochtans heeft de afzender het recht er het onderzoek van te eisen conform art. 8.3 C.M.R.

**II. Lading - Lossing - Stuwing.**

Art. 5. Behoudens schriftelijke vermelding in tegengestelde zin, wordt vermoed dat:
A. De lading werd uitgevoerd door de afzender of voor diens rekening.
B. De lossing werd uitgevoerd door de geadresseerde of voor diens rekening.
C. De stuwing werd uitgevoerd door de vervoerder of voor diens rekening.

Art. 6. Onder afhaling of bestelling ten huize wordt verstaan aan de drempel of aan de kaai van de gebouwen.

De door de voertuigen te volgen weg in de fabrieken, magazijnen, werven en andere plaatsen wordt aangeduid door de beheerders van deze plaatsen.

Zij zijn verantwoordelijk voor deze te volgen weg (trajekt).

De vervoerder kan er zich tegen verzetten indien de plaatselijke omstandigheden zijn voertuig of de lading in gevaar brengen.

**III. Instructies en aangiften.**

Art. 7. De aangestelden van de vervoerder kunnen geen enkele instructie of aangifte aanvaarden die de vervoerder verbindt buiten de voorziene perken voor wat betreft:
- de waarde van de goederen die moet dienen als referentie in geval van volledig of gedeeltelijk verlies, of nog van beschadiging (C.M.R. art. 23 en 25) ;
- remboursementsinstructies (C.M.R., art. 21) ;
- afleveringstermijnen (C.M.R., art. 19) ;
- een bijzondere waarde (C.M.R., art. 24) of een bijzonder belang bij de aflevering (C.M.R., art. 26).

**IV. Opslaan.**

Art. 8. De opslag en elke handeling in het kader van de vervoerovereenkomst worden aan deze voorwaarden onderworpen.

**V. Betaling.**

Art. 9. De opdrachtgever is aansprakelijk voor de betaling van de vrachtprijs, zelfs in geval van "te betalen port".

Art. 10. Er mag geen schuldvergelijking worden toegepast tussen de vrachtprijs en de eventueel door de vervoerder verschuldigde bedragen.

Art. 11.
1. Bij gebrek aan betaling van de factuur op haar vervaldag en zonder dat een ingebrekestelling noodzakelijk is, zal het nog verschuldigde bedrag interesten opleveren gelijk aan de discontovoet van de Nationale Bank van België vermeerderd met 3 % (drie %).
2. Wanneer binnen de termijn van vijftien dagen, volgend op de verzending van een ingebrekestelling per bij de post aangetekende brief, de schuldenaar in gebreke blijft zal het bedrag van de schuldvordering bovendien van rechtswege vermeerderd worden met 10 % met een minimum van 5.000 F., als forfaitaire schadevergoeding voor de bijkomende administratieve kosten, toezicht op schuldenaars en handelsverstoringen

**VI. Stilstand van het voertuig.**

Art. 12. De immobilisatietijden en -vergoedingen van het wegvoertuig bij het laden en het lossen maken het voorwerp uit van overeenkomsten tussen de partijen.

Art. 13. Voor de vervulling van de douaneformaliteiten handelt de vervoerder als lasthebber van de afzender.

De wachttijden bij de douane geven recht op een prijstoeslag wanneer zij abnormaal langdurig zijn omwille van de goederen, in het bijzonder in verhouding tot de in voege zijnde tarifaire beschikkingen of wanneer zij te wijten zijn aan de onvolledigheid of de onnauwkeurigheid van de bescheiden afgegeven door de afzender of zijn mandataris, of door de vrachtbrief.

**VII. Rechtsmacht.**

Art. 14. De rechtbanken bevoegd om kennis te nemen van de rechtsgedingen naar aanleiding van deze overeenkomst, zijn deze:
a. van de plaats waar de gedaagde zijn gewone verblijfplaats heeft, zijn hoofdzetel of het filiaal of agentschap door bemiddeling waarvan de vervoerovereenkomst is gesloten, of;
b. van de plaats van inontvangstneming der goederen of de plaats bestemd voor de aflevering der goederen.

Art. 15. Indien één of meer bedingen van deze overeenkomst om welke reden ook niet van toepassing kunnen zijn, blijven de overige bedingen desondanks geldig.

Nadruk verboden
Uitsluitende distributie van dit document :
(M.B. van 11.9.1967; GEW. : 10.7.1989).

[별지 4-2] CIM 국제철도화물운송장(Rail Consignment Note : Bulletin de Remise) －전면－

intercontainer

Intercontainer-Interfrigo (ICF) S.C.
CH-4008 Basel, Margarethenstrasse 38
Téléphone (061) 278 25 25, Télex 962 298 ITC CH
Téléfax (061) 278 24 45

**Transfer Note - Bulletin de remise** N° TR 07642370

1 Company name and address of **principal** - Raison soc. et adresse du **commettant** | 1a

2 **Offer / Offre** N° | 3 with / avec — Lists of containers / Relevés

4 **Freight payer - Payeur des frais** | 4a

5 Company name and addr. of **receiver** - Raison sociale et adr. du **réceptionnaire** | 5a

6 Information concerning the consignment - Informations relatives au transport | 6a | 6b | 6c

7 Information for the receiver - Informations pour le réceptionnaire

8 Routing - Itinéraire | 8a

For shipment - Embarquement
Shipping line / Cie maritime / Ship / Bateau — Dest. port / Port destinat. — Closing / Limite de chargt. — Date / Date — hr / h

9 Destination station/Unloading point or private siding / Gare destinataire/Lieu de déchargement ou embranchement particulier | 9a | 9b

10 Sending station/Loading point or private siding / Gare expéditrice/Lieu de chargement ou embranchement particulier | 10a | 10b

11 Conditions of delivery - Conditions de livraison | 11a | 11b km | 11c miles | 11d Zone
☐ on wagon / sur wagon ☐ on ground / sur parking ☐ on road vehicle / sur camion
☐ Delivery by road to (address) / Livraison par camion (adresse) ☐ Delivery by rail to (destination station) / Parcours fer complément. (gare dest.)

12 Conditions of acceptance - Conditions de remise | 12a | 12b km | 12c miles | 12d Zone
☐ on wagon / sur wagon ☐ on ground / sur parking ☐ on road vehic. / sur camion
☐ Collection by road from (address) / Enlèvement par camion (adresse) ☐ Collection by rail to (sending station) / Parcour fer complément. (gare dep.)

13 Accompanying documents - Pièces annexées

14 Customs clearance at/by - A dédouaner à/par

15 For customs use - Réservé à la douane

16 Demand for specialised services - Revendication de services spécialisés | UTI-Preparing by ICF / Fourniture d'UTI par ICF ☐ yes - oui | 15a

1
17 **UTI** Type | 17a | 18 Initials + serial number / Marque et No | 19 Ref.
20 Lenght - Longueur | 21 Width - Largeur | 22 Height - Hauteur | 24a NCM-Code/NHM-Code | 24 Description of goods - Désignation de la marchandise | 25 yes-oui | 25a | 25b | RID ☐
26 Wagon N° | 27 St. | 28 Seals - Scellés | 29 Tare UTI kg
32 Cons. No. - Exp. No | 34 Made available - Mise à disp. Date hr/h | 36 Origin - Origine | 36a | 30 Contents / Contenu kg
33 Date | 35 Restitution Date hr/h | 37 Destination | 37a | 31 Gross / Brut kg

2
17 **UTI** Type | 17a | 18 Initials + serial number / Marque et No | 19 Ref.
20 Lenght - Longueur | 21 Width - Largeur | 22 Height - Hauteur | 24a NCM-Code/NHM-Code | 24 Description of goods - Désignation de la marchandise | 25 yes-oui | 25a | 25b | RID ☐
26 Wagon N° | 27 St. | 28 Seals - Scellés | 29 Tare UTI kg
32 Cons. No. - Exp. No | 34 Made available - Mise à disp. Date hr/h | 36 Origin - Origine | 36a | 30 Contents / Contenu kg
33 Date | 35 Restitution Date hr/h | 37 Destination | 37a | 31 Gross / Brut kg

| 39a CN | 38 Qty Nbre. | 39 Nature | 40a CMo | 40 Valuta | 41 Amount - Montant |
|---|---|---|---|---|---|

42 I declare that I have noted and accept ICF's General Conditions - Je déclare avoir pris connaissance des Conditions Générales d'ICF et les accepter
Date, principal's stamp and signature - Date, timbre et visa du commettant

43 For local agent's use - Réservé à l'agent local

Agency / Representative / Représentant d'agences
**2**

44 | Railway - Réseau | Date of acceptance, ICF stamp / Date d'acceptation, timbre ICF | 47 RJ-TA N°
45 | Date of delivery, ICF stamp / Date de livraison, timbre ICF | 48 RJ-TA N°
46 | Date, Receiver's stamp and signature / Date, timbre et visa du réceptionnaire

Seat/Siège social: 86, rue de France, B-1070 Bruxelles, R.C. Bruxelles 34 25 46, USt/TVA N° BE 423 449 724

## [별지 4-2] CIM 국제철도화물운송장(Rail Consignment Note : Bulletin de Remise) —이면—

### General Conditions applicable to combined transport (Edition of 3 January 1994)

**PREAMBLE**

§ 1 - Intercontainer-Interfrigo (abbreviated to ICF) is a forwarding agent under Belgian law. It organises its activities with the railways, road hauliers, inland waterway or marine shipping companies and suppliers of ancillary services by the intermediary of its general representatives and local agents, a list of whom is obtainable on request.

§ 2 - These General Conditions apply to combined transport and ancillary services marketed under the name of "Intercontainer".

§ 3 - "Combined transport" comprises all transport of UTI (Unité de Transport Intermodal = intermodal transport unit), large containers or swap bodies of all types, containers or swap bodies fitted for controlled temperature (particularly mechanically refrigerated, refrigerated and insulated), similar units, semitrailers, etc.

§ 4 - "Ancillary services" comprise in particular:

- terminal services inherent in combined transport (handling and road haulage),
- provision of UTI;
- information concerning any irregularity occurring during transport of UTI fitted for controlled temperature;
- supervision of the working of the machinery and maintenance of the required temperature of mechanically refrigerated UTI during transport.

§ 5 - The terms "principal" (party giving the order) and "receiver" (beneficiary) refer to the principal and receiver themselves or to any agent they may appoint.

§ 6 - The term "client" denotes the freight payer, who, except with the prior agreement of ICF, can only be the principal or the receiver.

**ARTICLE 1: OFFERS AND AGREEMENTS**

§ 7 - Unless otherwise stipulated by ICF, its offers shall remain valid for thirty days from the date of sending, subject to the provisions of §§ 9 and 10.

These offers shall not be binding on ICF unless it has received the express acceptance of the client during the period of validity or the client has handed over a UTI to ICF within the same period, which implies acceptance of the ICF General Conditions by the client.

§ 8 - All offers and agreements, even all-inclusive, are based on the tariffs of transport and ancillary services applicable to ICF as well as all other technical and commercial factors prevailing on the date of their compilation.

§ 9 - If economic, political or technical circumstances, unforeseeable by ICF at the time of compilation of the offers and agreements and entirely beyond its control, subsequently occur and upset the balance of the above offers or agreements, thus placing an excessive burden on ICF in the discharge of its contractual obligations, ICF may require the client in writing to adjust the offers or agreements, indicating the precise circumstances and giving the reasons for its request. If, in spite of an adjustment of the offers or agreements, it appears economically impossible to maintain them, ICF may cancel them with effect on the seventh day after giving notice of cancellation in writing. This provision does not concern force majeure referred to in §10.

§ 10 - The clause of force majeure of the International Chamber of Commerce (ICC publication No. 421) applies to these General Conditions.

**ARTICLE 2: ORDERS AND INSTRUCTIONS**

§ 11 - Before UTI are entrusted to ICF, details of the composition of the consignment (length and weight of the UTI) shall be communicated to the ICF agent in good time, so that he can take the necessary steps for furnishing the services requested (provision of wagons, handling, road haulage, etc.).

§ 12 - For each consignment to be entrusted to ICF, the principal shall complete a form entitled "Transfer Note" (obtainable on request from ICF local agents) and attach all the documents required by Customs and other administrative authorities for the transport. The handing over of UTI, accompanied by signed and dated Transfer Note(s), constitutes the transport order.

§ 13 - Before completing the Transfer Note, the principal shall ensure that the conditions of acceptance and delivery requested in the Transfer Note can be provided by consulting the "list of terminals and stations open to inter-container traffic", obtainable from ICF on request.

§ 14 - The principal shall be responsible for entries made by him on the Transfer Note. He shall bear any consequences arising from incorrectness, inaccuracy, incompleteness or absence of such entries. The same grounds for responsibility of the principal as well as delay in handing over the documents shall apply to documents required by Customs and other administrative authorities for transport. Without prior agreement, ICF shall not involve itself in the carrying out of these formalities and shall not be responsible for the erroneous raising of duties, taxes, charges etc. by these authorities.

§ 15 - Division of charges and special prepayment provisions are not allowed, and consignments may not be made subject either to declarations of cash on delivery or disbursements.

§ 16 - ICF is not required to verify the accuracy of information given on the Transfer Note or in the instructions or other documents submitted separately.

§ 17 - Alterations to orders and instructions entered on the Transfer Note shall be accepted only if they are requested in writing from the ICF local agent in good time and in the manner required by ICF ("Request for Modification to the instructions of the Transfer Note"). Only written acceptance of this request shall mean that ICF will endeavour to carry it into effect, taking into account the capabilities and regulations of each carrier. Only the principal shall be authorised to modify the instructions. However, these may also be modified by the receiver if the receiver is also a client of ICF for the transport in question and provided that the new station of destination is situated in the same country of destination. The client shall bear the costs arising from such alterations.

**ARTICLE 3: DANGEROUS GOODS**

§ 18 - Before entrusting consignments of dangerous goods to ICF, it is mandatory to give at least 24 hours' notice.

§ 19 - For consignments of dangerous goods, the principal is required to make all the necessary declarations and to comply with all the conditions prescribed by the prevailing national and international regulations, particularly the RID, ADR and CSC international conventions, with a view to taking the special measures required for this type of transport.

§ 20 - The principal shall bear all the consequences for failure to make such declarations and non-compliance with these conditions. Furthermore, he shall be responsible for any loss or damage, any delays or costs that may result from the acceptance of these goods, their transport and any related service.

**ARTICLE 4: PROVISION OF UTI**

§ 21 - ICF shall endeavour to meet orders for UTI necessary for transport. Without a formal undertaking on its part, ICF shall assume no responsibility if UTI are unavailable or are provided late or if they are refused in accordance with § 22. Provision of UTI shall entitle ICF to raise a charge or is subject to special conditions determined in each case.

§ 22 - The user (principal or ordinary hirer or legally entitled parties) shall inspect the UTI before loading. This inspection must also include checking the working of the refrigerating system of UTI fitted for controlled temperature.
The equipment may be refused if it is defective or unfit for conveyance of the merchandise to be loaded therein. Failing such refusal, the equipment supplied shall be deemed in good condition and fit for the transport in question. If the refusal is not communicated in the 24 hours (Sundays and public holidays excluded) following the supply of the equipment, the user shall be liable for possible demurrage charges as well as a daily compensation based on the daily rent applicable to this type of UTI, and if applicable, on the daily wagon standage charge.

§ 23 - The user shall be responsible for the careful treatment of the equipment placed by ICF at his disposal. He shall be responsible to ICF for any damage to said equipment while it is in his custody or in the custody of entitled parties, and he shall be required to compensate ICF for the replacement value of the UTI in the event of its destruction or loss.
Any UTI not returned within three months of the date of provision or by the end of the period of hire shall be considered lost. The aforementioned damages comprise direct damage to the equipment and loss of income due to repairs.

§ 24 - The user shall make every effort to return the UTI to ICF in good condition, cleaned and, if necessary, disinfected or deodorised, with the motors stopped and the doors closed, either by the receiver after unloading or by the user at the end of the period of hire. If the user fails to comply, ICF shall have the aforementioned work undertaken at the user's expense. A daily compensation corresponding to the daily rent applicable to this type of UTI shall be payable to ICF for late restitution of UTI.

**ARTICLE 5: USE OF WAGONS**

§ 25 - If the principal requires a specific type of wagon or placing of UTI on wagons in a particular fashion, ICF shall endeavour to satisfy such requests without formal undertaking.

§ 26 - If the principal or the receiver loads or unloads the UTI from the wagon himself, he shall be required to comply with all the railway regulations and to bear all the consequences of inadequate loading or unloading.

§ 27 - If the loading or unloading periods allowed by the tariffs of the railways are exceeded before or after railway transport, the party responsible (principal or receiver) shall pay "demurrage charges" directly to the railways for their wagons or to the wagon owner for privately owned wagons.
If demurrage charges are debited to ICF by the railways or other wagon owner, because ICF appears as consignor/consignee in the consignment note, ICF shall pass them on to the client.

§ 28 - On the other hand, when transport is effected with wagons from the ICF fleet and the loading and unloading periods mentioned in § 27 are exceeded, or if such wagons are delayed in transit through the fault of the principal or the receiver, ICF shall invoice "private wagon standage charges", the rates of which will be communicated to the principal on request.
Demurrage charges for wagons parked on railway lines shall be based on the prevailing tariffs of the railways.

**ARTICLE 6: CONDITION, LOADING, STORAGE OF UTI**

§ 29 - UTI shall undergo inspection before they are handed over to ICF by the principal. This is a purely external inspection carried out from the ground with the doors closed. Consequently, ICF is under no obligation to detect possible roof or floor damage or to examine the loading of the goods in the UTI.

§ 30 - The principal shall be liable for any consequences arising from the inadequate condition or overloading of the UTI. He shall guarantee to ICF that the UTI and its loading comply with all the applicable standards and regulations and that it is resistant enough to satisfy the requirements both of transport safety and handling.

§ 31 - The principal shall bear any consequences of inadequate loading of the UTI or packing of its contents. UTI loaded with goods subject to special regulations or packaging techniques must comply with these regulations or techniques.

§ 32 - The principal shall bear any consequences, even indirect, in the event of loss, shortage or theft of goods arising from failure to lock and seal the UTI properly or from a defect in the locks or seals.

§ 33 - Storage of loaded or empty UTI on railway property or transshipment points, preceding or following railway transport, shall not imply any security surveillance, whether or not such storage has been requested by the principal or the receiver. ICF shall not be liable for theft, fire or damage sustained by UTI or their contents whilst in store.

§ 34 - If UTI are left by the receiver on the installations or wagons after delivery, typically in the case of delivery on a private siding, immediate instructions for their reforwarding shall be given. Storage charges for UTI arising from the absence of instructions shall be passed on by ICF to its client.

**ARTICLE 7: UTI FITTED FOR CONTROLLED TEMPERATURE**

§ 35 - This concerns transport of insulated, refrigerated or mechanically refrigerated UTI. Such transports can be effected with or without temperature supervision and with or without transport supervision. It is understood that the transport of the UTI without temperature or transport supervision is assimilated to the transport of UTI not fitted for controlled temperature.
The provisions of §§ 29 to 34 shall apply by analogy.

§ 36 - Concerning transport of UTI with temperature and transport supervision, this service comprises:
- transport by fast and priority services,
- supervision of the working of the machinery and level of the temperature required
- informing the principal of any irregularity occurring during transport.

This service applies to:
- all mechanically refrigerated UTI of the self-refrigerating type for which temperature supervision has been requested.

This service presupposes:
- the possibility of reading the control instruments by a person standing beside the wagon,
- sufficient mechanical autonomy for the whole duration of the transport.

§ 37 - Concerning transport of UTI without temperature supervision but with transport supervision, the service comprises:
- transport by fast and priority services,
- informing the client of any irregularity occurring during transport.

This service applies to:
- any insulated, refrigerated or mechanically refrigerated UTI for which transport supervision has been requested.

§ 38 - The principal must ensure that
- the machinery is switched on
- there is sufficient fuel and additives for the whole duration of the transport and
- the temperature is correctly adjusted

**ARTICLE 8: IMPEDIMENTS TO TRANSPORT AND DELIVERY**

§ 39 - If circumstances prevent continuation of transport according to instructions received from the principal, ICF shall take any steps it considers useful or expedient. In all cases, such steps shall be considered as having been taken with the principal's consent. Any additional costs, particularly those incurred in protection or preservation of UTI and their contents, shall be charged to the principal.

§ 40 - If impediment to delivery arises, ICF shall notify the principal who, on his own responsibility, must issue instructions to ICF without delay as to the steps to be taken (reforwarding, measures for preserving the goods, etc.). All resultant costs shall be charged to the client.

**ARTICLE 9: RESPONSIBILITY**

§ 41 - All operations entrusted by ICF to the railways, to road hauliers, inland waterway or marine shipping companies, or to any other supplier of services mentioned in § 4 (handling, haulage, equipment hiring companies, etc.) shall be carried out at the principal's risk and in accordance with the legal and contractual conditions agreed between ICF and the abovementioned suppliers.
Should any damage not attributable to proven fault on the part of ICF occur during the course of these operations, ICF shall be required only to surrender to the principal, on his request, all its rights to claim against the suppliers responsible. ICF may also, on the express request of the principal, on his behalf and at his risk, itself enforce its rights against the suppliers responsible.

§ 42 - ICF itself can only be held liable for damage or prejudice attributable to proven fault in the discharge of its obligations.
Its liability begins with its acceptance of the UTI and is extinguished by the unqualified acceptance of the UTI by the receiver. The findings of damage investigations carried out are only binding on ICF to the extent that it has been duly summoned to participate in them.

§ 43 - When the liability of ICF is involved by reason of proven fault, the Company shall be liable only up to the limit of ECU 10 per kilogram of goods and of ECU 20,000 per UTI; the amount of compensation cannot exceed the value of the goods or the current value of the UTI.

§ 44 - Delivery periods are guaranteed only by special written agreement.

**ARTICLE 10: FINANCIAL PROVISIONS**

§ 45 - All amounts due to ICF are payable on presentation of an invoice.
During a period of twelve months from the principal invoice, ICF reserves the right to send an additional invoice for costs unknown at the time of the principal invoice. All taxes, duties and charges applicable to the services provided by ICF shall be stated on the invoice.

§ 46 - Except by special agreement, invoices shall be issued in ECU and payable in Basle.
The bank transfer charges are payable by the client.
The currency conversions necessary for invoicing are based on the exchange rates applied by the Swiss Federal Railways on the date of the invoice.

§ 47 - Invoices are payable without discount or deduction within 30 days of the date of issue.
Any default in settling within this period shall lead to the invoicing of interest on arrears calculated at the rate of 12 % per annum.
Any delay in settling shall cause the agreed period to lapse, and all the amounts invoiced shall become payable immediately.
Setting off claims against payment is not permitted.

§ 48 - Without prejudice to § 6, the principal is jointly liable with any freight payer designated by him, and in the event of default in settling by the last mentioned, ICF reserves the right to recover its debt from such principal.

§ 49 - ICF reserves at all times the right to require the freight payer designated by the principal or the principal himself to give a guarantee for payments due and to stipulate the form and amount of this guarantee.

§ 50 - ICF has a lien on all property, documents and monies handed to it for carriage or other operations, for all debts due from the freight payer designated by the principal, from the principal himself or the owner of the goods.

**ARTICLE 11: CLAIMS**

§ 51 - All claims for damage shall be submitted within six months of delivery to the receiver.
All claims for exceeding the delivery period shall be submitted within six weeks of delivery to the receiver.
These claims should be quantified and submitted in writing, clearly indicate the object of the claim and include a copy or the number of the Transfer Note.

§ 52 - All claims concerning invoices must be submitted within six weeks of the date of each invoice. ICF shall issue a credit or debit note or a new invoice for any invoice amendment.

§ 53 - The submission of a claim does not dispense with settlement of the invoice.

**ARTICLE 12: FINAL PROVISIONS**

§ 54 - The principal is deemed to act validly on his own behalf and on behalf of the legally entitled parties. He expressly recognizes the General Conditions in force at the time of the consignment, which are assumed to be known to and accepted by the client.

§ 55 - In the event of non-compliance with these General Conditions, particularly article 10, ICF reserves the right to cancel all offers and agreements and demand payment of all charges, invoices, fees and indemnities due, with effect on the date when notification of such action is sent by ICF.

§ 56 - No derogation of these General Conditions shall be binding on ICF unless it is based on a written agreement signed by a manager of ICF.

§ 57 - These General Conditions are governed by Belgian law. Only the courts in the country of the defendant's domicile or registered office shall be competent.

§ 58 - These General Conditions are published in Dutch, English, French and German and each version shall have equal validity.(1)

(1) The Dutch, French and German versions are obtainable on request.
(1) Die deutsche, französische oder niederländische Ausgabe ist auf Anfrage erhältlich.
(1) La version allemande, française ou néerlandaise est obtenue sur simple demande.

# 연 습 문 제

## ❀ 서 술 형

1. 복합운송인의 유형에 대해서 설명하시오.
2. 우리나라 복합운송인의 책임 적용 법체계에 대해 설명하시오.
3. 주요 복합운송경로에 대해 설명하시오.

## ❀ 용어설명

· 이종책임제도(Network Liability System)
· 추정적 증거(Prema-facie evidence)
· ALB(American Land Bridge)
· MLB(Mini Land Bridge)
· SLB(Siberian Land Bridge)
· CLB(Chinese Land Bridge)
· CTD(Combined Transport Document)
· MTD(Multimodal Transport Document)
· FIATA복합운송증권

CHAPTER

# 5

# 선하증권의 이해와 업무

## 제 1 절 선하증권의 일반적 사항

### 1-1 선하증권의 개념

선하증권(bill of lading; B/L)이란 운송인(carrier)이 운송을 위하여 화물을 수령 또는 선적하였다는 것을 인증하고, 이를 약정된 장소까지 운송하여 목적지에서 그 정당한 소지인에게 인도할 의무를 부담하는 증권, 환언하면 정당한 증권소지인의 운송급부청구권(運送給付請求權)[1]이 화체되어 있는 유가증권이다.[2] [3]

1) 한 특정인이 다른 특정인에 대하여 일정한 행위를 해줄 것을 청구할 수 있는 권리를 채권(債權)이라고 하는데, 이때 일정한 행위를 급부(給付; Leistung)라고 한다(예, 화물인도, 노무제공, 금전변제 등).

2) 이균성, 해상법강론, 한국산업연구원, 1988, p. 86; 손주찬, 상법(下), 박영사, 2000, p. 834; 채이식, 상법 Ⅳ, 박영사, 2001, p. 324; 大崎正瑠, 船荷證券の研究, 東京 白桃書房, 1988, p. 16(田中誠二博士の定義).

3) 유가증권(Wertpapier)이라 함은 재산적 가치가 있는 私權을 表彰하는 증권(권리와 증권의 결합체)으로서, 권리의 발생 · 이전 · 행사의 전부 또는 일부가 증권을 통하여 이루어 진다(통설 : 손주찬, 상게서 pp. 7~8 참조).

## 1-2 선하증권의 법적 기능과 국제무역에서 역할

### 1) 운송계약의 증서(B/L as an evidence of the contract of carriage) 기능

선하증권은 그 자체가 운송계약서는 아니지만, 송하인과 운송인 사이에 그 증권에 기재된 내용 및 조건과 같이 운송계약이 체결되었음을 증명하는 증거서류가 된다.[4] 선하증권은 화물이 운송인에 의하여 수령 또는 선적된 이후에 발행하는 것이고 그러기 위해서는 송하인과 운송인이 선적 이전에 이미 구두 또는 서면 등의 방식으로 사실상의 해상화물운송계약이 성립되어 있었다고 볼 수 있으며, 선하증권은 그렇게 성립된 운송계약의 내용과 조건을 구체적으로 반복하여 작성된 서류라 할 수 있다.

### 2) 운송인에 의한 화물수령증서(B/L as a Receipt of Goods) 기능

선하증권은 운송인이 그 증권에 표시된 화물을 수령하였음을 인증하는 영수증으로서의 기능이 있다. 즉, 운송인은 선하증권에 기재된 화물(종류, 수량, 상태 등)을 약정된 목적지까지 운송하기 위하여 특정 선박에 선적하였거나 혹은 최소한 선적을 위하여 운송인의 지배 아래(또는 custody)로 수령하였음을 인증하는 운송인의 화물수령증서로서의 기능을 한다.

### 3) 권리증권(B/L as a document of title to the goods) 기능

선하증권은 그 자체가 화물을 대표하는 권리증권이다.[5] 즉, 선하증권을 소유하고 있는 자는 상징적으로 증권기재의 화물을 소유하고 있는 것과 같으며 목적지에서 운송인에 대하여 화물인도청구권을 행사할 수 있다. 또한 선하증권소지인은 그가 소지한 선하증권에 배서(背書), 양도하는 방식에 의거 선하증권상의 권리를 제 3 자에게 처분할 수도 있는 것이다. 현행 상법에서도 선하증

---

4) Sewell v. Burdick case[1884, 10 APP. Cas.74] Lord Bramwell의 interpretation, "To my mind there is no contract in it. It is a receipt for the goods stating the terms on which they were delivered to and received by the ship, and therefore excellent evidence of those terms, but it is not a contract. That has been made before the bill of lading was given"(John F. Wilson, Carriage of Goods by Sea, Pitman, 1988, p. 143, foot note 64 참조).

5) Nicholas Gaskell, Bills of Lading : Law and Contracts, LLP, 2000, pp. 2~3.

권의 물권적 효력을 인정하고 있어서 화물에 대한 권리를 선하증권의 양도로 양수인에게 이전될 수 있도록 규정하고 있다.[6)]

운송 중에 있는 화물은 운송인의 점유아래에 있으므로 화주가 화물을 현실적으로 매각(賣却)하거나 또는 입질(入質)하여[7)] 금융상의 편의를 얻기가 곤란할 것이지만 선하증권이 권리증권으로서의 기능이 있기 때문에 증권 자체를 양도·매각 또는 入質시킬 수 있어서 그 경제적 가치를 직접 활용할 수 있게 된다.

### 4) 국제무역에서 선하증권의 역할

선하증권은 위와 같은 기능을 바탕으로 국제무역거래에서 상품대금의 지급시 담보수단 및 결제수단 역할을 하는 한편,[8)] 현물거래 대신 서류에 의한 거래를 가능하게 하며 따라서 선하증권 소지인에게 운송중의 화물이라도 전매(轉賣)를 가능하게 한다.

## 1-3 선하증권의 법적 성질

### 1) 요인증권성(要因證券性)

요인증권이란 증권상 권리는 증권 자체 이외에 존재하는 증권의 발행원인이 된 법률관계가 유효할 것을 요건으로 하는 증권을 말한다. 따라서 원인의 부존재나 흠결이 있는 경우에는 곧 증권상의 권리를 행사할 수 없다는 것이다. 따라서 선하증권은 화물의 수령 또는 선적이라는 원인을 전제로 발행되는 것이므로 要因性이 있다.[9)]

### 2) 요식증권성(要式證券性)

선하증권이 운송물의 인도청구권 등 권리를 표창하는 유가증권이기 위해

---

6) 상법 제861조, 제132, 제133조.

7) (선하증권을 저당물로 하여) 질권을 설정하는 것.

8) Abrahamsson 교수는 B/L의 역할을 "Document in the financing of international trade"라고 표현하기도 했다(Bernhard J. Abrahamsson, International Ocean Shipping : Current Concept and Principles, Westview Press, Colorado, 1980, p. 85).

9) 선하증권은 증권상 권리가 그것의 발행에 의해 발생되는 無因證券性의 어음·수표와 다르다.

서는 상법 등 관련 법규에서 정한 기재사항(상법 제853조 제1항, 제1호 내지 12호)을 증권에 기재함을 요하므로 선하증권은 要式證券性이 있다.[10] [11]

### 3) 선의의 B/L취득자에 대한 문언증권성(文言證券性)

선하증권의 문언증권성이란 운송인과 선하증권 소지인의 권리 · 의무는 선하증권에 '기재된 문언에 따라서' 정해지는 것을 말한다. 우리 상법도 선하증권이 발행된 경우, 선하증권에 기재된대로 운송인이 운송물을 수령 또는 선적한 것으로 추정하며(상법 제854조 제1항; 제855조 제2항), 선하증권을 선의로 취득한 소지인에 대하여 운송인은 선하증권에 기재된 바에 따라 책임을 진다고 규정하므로(상법 제854조 제2항) 결국 선의의 선하증권소지인에 대해서는 선하증권에 文言證券性을 인정하는 결과가 된다.

### 4) 상환증권성(相換證券性)

해상화물운송에서 선하증권이 작성된 경우에는 이와 상환하지 아니하면 화물의 인도를 청구할 수 없다(상법 제861조, 제129조). 즉 수하인이 목적지에서 화물의 인도를 청구할 때는 운송인에게 선하증권을 제시하고 그것을 화물과 상환할 의무가 있다. 이를 운송인의 처지에서 보면, 선하증권의 제시가 없는 자의 화물인도청구를 거절할 권리(權利)가 있고, 한편 선하증권의 제시가 없는 화물인도청구를 거절하여야 할 의무(義務)도 있다.[12] 요컨대, 선하증권의 상환증권성이란 선하증권과 상환하여서만 화물이 인도될 수 있다는 법률상의 성질이다.

### 5) 인도증권성(引渡證券性)

선하증권은 운송물의 인도채권을 상징하는 유가증권이며, 선하증권에 의하여 운송물을 받을 수 있는 자에게 선하증권을 교부한 때에는 운송물 위에 행사하는 권리의 취득에 관하여는 증권의 인도가 곧 운송물의 인도와 동일한 효력이 있으므로(상법 제861조, 제133조), 선하증권은 인도증권성이 있다.

---

10) 엄윤대, 신체계 선하증권론, 한국해사문제연구소, 2006, p. 20; 손주찬, 상법(下), 박영사, 2000, p. 834; 大崎正瑠, 전게서, p. 23.

11) 상대적 요식증권성 또는 불요식증권이라는 소수견해도 있다.

12) 대판 1991. 12. 10, 91다14123; 대판 1992. 1. 21, 91다14994 등 참조.

### 6) 처분증권성(處分證券性)

어떤 물품에 대하여 선하증권이 발행된 경우, 그 물품을 처분함에는 반드시 선하증권으로 하여야 하므로(상법 제861조, 제132조), 선하증권은 처분증권이다. 그러므로 예컨대, 수출입계약으로 물품의 소유권 이전에 관한 합의가 어떠했던가에 불구하고, 매도인이 선하증권을 매수인에게 인도하지 않고 매도인이 소지하고 있는 동안은 그 물품의 소유권이 계속 매도인에게 유보되어 있는 것이다.[13)]

### 7) 지시증권성(指示證券性)

선하증권의 지시증권성이라고 함은 선하증권 권리자인 소지인이 다른 사람을 권리자로 되게 할 수 있는 성질을 말하는데, 권리자를 지정하는 방식은 배서(背書)에 의한다.[14)] [15)] 우리 상법은 기명식 선하증권이라도 선하증권에 특히 배서를 금지하는 뜻이 기재되지 않는 한 배서에 의하여 양도할 수 있도록 규정함으로써(상법 제861조, 제130조) 선하증권은 지시식·기명식을 불문하고 법률상 당연한 지시증권으로 규정하고 있다.

## 1-4 선하증권의 종류

### 1) 선하증권의 발행시기를 기준으로 한 분류

(1) 수령선하증권(Received B/L; Received for shipment B/L)

운송인이 운송을 위하여 화물을 특정장소나 부두에서 인수하고 그 뜻을 기재하여 발행한 선하증권을 말한다.

---

13) 대판 1982. 2. 23, 80다2943 : 매도인이 지시식 선하증권을 매수인에게 인도하지 않고 소지하고 있다면 그 운송물의 소유권은 매수인에게 있는 것이 아니고 매도인(B/L 소지인)에게 있다고 판시하였다.

14) 배서의 방식으로는 배서인의 기명날인(또는 서명)과 함께 被배서인의 명칭을 기재하는 기명식 배서, 피배서인을 지정하지 않는 백지배서(blank endorsement; 無記名式背書라고도 함) 등이 있다.

15) U.S.C. sec. 80104(Form and requirement for negotiation) : A negotiable B/L may be negotiated by endorsement. An endorsement may be made in blank or to a specified person. If the goods are deliverable to the order of a specified person, then the bill must be indorsed by that person.

(2) 선적선하증권(Shipped B/L; On Board B/L)

화물이 운송선박에 실제로 선적된 후 운송인이 그 뜻을 기재하여 발행한 선하증권을 말한다. 수령선하증권의 경우도 운송인(또는 그 대리인)이 별도로 선적의 뜻과 일자를 부기(onboard notation)하고 서명하면 선적선하증권이다.[16]

### 2) 수하인의 표시에 의한 분류

(1) 기명식 선하증권(Straight B/L)

선하증권의 수하인란에 특정인의 명칭(회사명 또는 성명)이 기재된 선하증권을 말한다. 기명식 선하증권은 대부분의 국가에서 배서양도가 불가능한 선하증권(Non-Negotiable B/L)으로 취급하고 있는데 비하여,[17] 우리나라는 기명식의 경우에도 증권면에 특별히 배서금지의 뜻이 표시된 것만 배서양도가 불가능한 것으로 규정하고 있다(상법 제861조, 130조).

(2) 지시식 선하증권(Order B/L)

선하증권의 수하인란에 "ORDER …"라는 문구(예 : to order of shipper; to order of ABC company; to order of XYZ bank 등)가 포함되어 있는 B/L을 말한다. 지시식 선하증권은 배서양도가 가능함은 부언의 여지가 없다.

### 3) 화물의 하자(瑕疵)상태의 기재유무에 따른 분류

(1) 무고장선하증권(무유보선하증권, Clean B/L)

Clean B/L이란 화물 또는 포장에 관하여 어떤 하자(瑕疵)상태를 명시적으로 나타내는 문구 또는 부기사항이 없는 B/L을 말한다. 따라서 신용장이 Clean B/L을 요구하고 있더라도 B/L에 화물이나 포장의 하자내용이 기재되어 있지 않으면 "Clean B/L"이라는 문구를 B/L에 포기하지 않아도 은행은 이를 Clean B/L로 수리한다(UCP600 제27조).

(2) 고장부선하증권(하자/유보부 선하증권; Foul B/L or Dirty B/L)

Foul B/L이란 화물, 포장, 수량 기타 상태에 불완전한 점이 있는 경우 그러한

16) 상법 제813조 제 2 항; UCP 600 제20조 b항 ii) 참조.
17) U.S.C. Title 49, sec. 80103(b) (1); 중국 海商法 제79조 참조.

내용(예, Leaking, Tort, Dented, Scratch, Rusted … 등)이 기재된 B/L을 말한다.

(3) 송하인의 보상장과 운송인의 Clean B/L 발행

화물이나 포장에 어떤 하자가 있어서 Foul B/L이 발행되어야 함에도 불구하고 송하인의 요청과 보상장(Letter of Indemnity; LOI : 별지 5-3 참조)에 근거하여 운송인이 Clean B/L을 발행하는 관행이 있다. 이 경우 송하인의 LOI의 효력여부 문제는 운송인과 Clean B/L 소지인 사이와 운송인과 송하인 사이의 효력으로 나누어 고찰할 필요가 있다. 운송인이 송하인으로부터 LOI를 받고 하자있는 화물에 대하여 Clean B/L을 발행하였다면 운송인은 善意의 제 3 B/L취득자에 대하여는 LOI를 근거로 선적 전부터 화물에 하자가 있었다고 대항할 수 없다(이론 없음).[18] 그러나 LOI를 제출한 송하인에 대하여는 그 효력을 인정하여야 할 것이다. 왜냐하면 오늘날의 해상화물운송은 대량이어서 운송인이 선적 전에 화물을 일일이 검사할 수 없는 여건에 처해 있으므로 송하인의 LOI를 받고 Clean B/L을 발행하는 행위는 제 3 자에 대한 기망(欺罔)이나 사기(詐欺)가 된다고 보기 어렵기 때문이다.[19] 그러므로 운송인이 송하인과 공모(共謀)하여 의도적으로 제 3 자를 欺罔하기 위한 목적으로 행한 것이 아닌 한 송하인의 LOI는 유효하다고 보아야 하고, 따라서 송하인은 LOI로 약정한 대로 운송인에게 배상책임을 인정함이 타당하다고 생각한다.[20]

### 4) 선하증권의 형식에 따른 분류

(1) Short form B/L

B/L의 크기, 형식, 앞면의 기재내용 일체가 정규 B/L과 같으나, 단지 B/L 이면의 약관의 상세조항이 생략되면서 '정규 B/L(standard long form B/L)약관을 참조할 것' 등의 단서만 인쇄(기재)되어 있는 B/L을 말한다. Short form B/L이 현실적으로 실무에 사용되자, ICC에서도 이를 인정하고 신용장통일규칙 제 3 차

18) Continex Inc v. S.S. Flying Independent 사건(1952 A.M..C 1499, pp. 1501~1502)에서는 禁反言原則상 운송인은 善意의 B/L 소지인에 대하여 B/L기재내용을 L/I를 근거로 부정하지 못한다고 판시하였다; 同旨(1972) Demsey & Assocs v. S.S. Sea Star사건(1972 A.M.C 1440, p. 1448).

19) 沈載斗, 海上運送法, 吉安社, 1997, p. 270.

20) 同旨, 裵炳泰, 전게서, pp. 277~278; 姜元辰 · 金喆浩, "파손화물보상장의 효력과 관계당사자의 책임," 부산상대논집 68, 부산대학교, 1997. 6, p. 82; 金宗碩, "파손화물보상장의 효력에 관한 고찰," 무역상무연구(제 7 권 7호), 무역상무학회, 1994, p. 421; 함부르크규칙(제17조).

개정(1975. 10. 1)부터 Short form B/L도 수리가 가능하도록 규정하였다.

(2) Long form B/L

약관 모두가 B/L에 인쇄(기재)되어 있는 B/L을 말한다.

(3) 적색 선하증권(Red B/L)

선하증권과 보험증권이 결합되어 있는 B/L을 말한다. 오늘날은 이 적색선하증권은 실무적으로 사용되지 않는다.

### 5) 운송책임구간에 의한 분류

(1) 해양선하증권(ocean 또는 marine B/L)

운송인이 해상운송구간(항구와 항구 사이)만의 운송책임을 인수한 경우, 이를 커버하는 B/L을 말한다.[21)]

(2) 통선하증권(Through B/L)

하나의 운송물이 목적지까지 운송되는 동안 복수의 운송인이 개입하여 동종 또는 이종의 운송수단을 결합 · 이용하여 단계별 운송이 이루어질 경우 그러한 통운송을 커버하는 B/L을 말한다.

(3) 복합운송선하증권(Multimodal or Combined Transport B/L)

화물의 수령지에서 인도지까지의 운송을 단일운송인의 책임으로, 단일운임으로, 최소한 두 가지 이상의 이종운송수단(선박, 기차, 자동차, 항공기 등)을 결합하여 복합운송계약을 완료시킬 것을 증명하는 B/L을 말한다. 복합운송증권에 관하여는 제 6 장에서 별도로 논의한다.

(4) Local B/L; Domestic B/L(内國船荷證券)

내국선하증권은 화물의 선적항과 목적항이 모두 동일 국가 내에 있는 경우(예, 부산항과 인천항 또는 Los Angeles항과 New York항 등)에 사용되는 선하증권을 말한다.

---

21) Ocean Bill of Lading : A Bill of Lading covering the movement of cargo by vessel only between two ocean ports(Sea-Land Documentation manual).

### 6) 기타 특수명칭의 선하증권

#### (1) 용선계약부 선하증권

용선계약부 선하증권(Bill of Lading issued under charterparty; 약하여 charterparty B/L)이란 화물이 용선계약에 의하여 운송되는 경우 그러한 취지가 기재된 선하증권을 말한다(별지 5-2 참조).[22]

해상운송인과 송하인사이에 용선계약이 체결되어 있음에도 불구하고 별도로 선하증권이 발행되는 이유는 용선계약서와 선하증권이 갖는 기능이 동일하지 않기 때문이다. 즉 용선계약서는 운송계약 그 자체이지 선하증권처럼 권리증권(document of title)이 아니다. 따라서 용선계약에 의하여 화물이 선적되었다고 하더라도 송하인은 선적물의 명세와 선적사실의 증서인 선하증권이 필요하며 또한 수하인에게 운송인으로부터 화물의 인도를 받을 수 있는 권리를 이전시켜 줄 필요가 있으며, 때로는 운송중의 화물이라도 이의 전매 등 처분할 수 있는 권리증서가 필요하기 때문에 용선계약 하에서 운송되는 화물에 대하여도 특별한 경우를 제외하고는 권리증권의 기능을 가지는 선하증권이 발행되는 것이다.

용선계약부 선하증권은 운송계약조건이 별도의 용선계약서에 따르도록 되어있기 때문에 신용장에 의한 거래에서는 당해 신용장이 특별히 허용하지 않는 한 은행이 용선계약부 선하증권을 수리하지 않는다(UCP600, 제20조 a항 vi).

#### (2) Groupage B/L

NVOCC가 운송인의 지위에서 실화주로부터 화물운송을 인수, 그의 B/L (House B/L)을 발행하고, 선사(VOCC)와의 관계에서는 송하인의 지위에서 여러 실화주의 화물을 통합하여 하나의 B/L(Master B/L)로 선적하는 경우가 많은데, 이와 같은 NVOCC의 혼재화물의 운송을 커버하는 선사의 B/L을 'Groupage B/L' 이라는 용어로 부르기도 한다.

#### (3) Stale B/L

Stale B/L은 선하증권의 어떤 종류를 말하는 것이 아니고, 선하증권을 은행에 제시(소위 네고)하는 시기가 일정기간 이상으로 지연되었을 때 그러한 상태

22) 용선계약부 B/L임을 나태는 문구로는 "Bill of Lading to be used with charterparty", "Freight and all other conditions as per charterparty" 등을 예로 들 수 있다.

가 된 선하증권을 말한다. 현행 신용장통일규칙은 신용장의 수익자(수출자)가 선적일로부터 21일 이내에 B/L 등이 첨부된 화환어음을 제시하여야 은행이 이를 수리한다고 규정하고 있으므로(UCP 600, 제14조 c항) 이 기간이 경과한 이후에 늦게 제시된 B/L이 Stale B/L이다.

(4) Express B/L

Straight B/L과 동의어이다. 이는 B/L양식의 표제를 'Express B/L'이라고 표시하기도 하지만 이와 함께 "Straight Consignment for Automatic Release"라는 문구를 삽입하여 목적지에서 B/L 원본의 제시가 없이도 B/L상의 수하인에게 신속히 화물의 인도가 이루어 질 수 있도록 한 유통이 불가능한 B/L이다.

(5) Third Party B/L

B/L에 송하인으로서 표시되는 명칭이 신용장상의 수익자(beneficiary)가 아닌 제 3 의 명칭이 기재된 B/L을 말한다. B/L상에 송하인으로 기재되는 것은 신용장상의 수익자가 일반적이지만 수익자 이외의 제 3 자를 송하인으로 허용하는 이유는 신용장발행의뢰인이 물품의 실매도인을 수입자에게 알리고 싶지 않을 경우, 또는 수입자가 수익자 이외의 자로부터라도 물품을 조달받기 위해서이다. 은행은 신용장에 별도로 금지하지 않는 한 수익자 이외의 자가 송하인으로 표시된 B/L, 즉 3rd Party B/L을 수리한다(UCP 600 제14조 k항).

(6) Hitchment B/L

화물이 다른 지역에 위치한 2개 이상의 항구에서 선적되었지만 하나의 선하증권으로 이를 커버하여 발행된 B/L을 말한다. 이것은 예컨대, 수출자가 수입자로부터 100톤의 원면(原綿) 신용장을 받은 경우, 화물확보 등의 이유 때문에 수출자가 A운송인의 X vessel, voyage no. 123이 Long Beach 항구에 기항했을 시에 60톤을 선적하고 동일 항해선박(X vessel voyage no. 123)의 다음 기항지인 Oakland항에서 나머지 40톤을 선적한 뒤 A운송인으로부터 두 선적항에서 선적된 총 100톤을 커버하는 하나(one)의 선하증권을 발급받는 경우이다.

(7) Optional B/L

운송계약 당시 또는 선적할 때까지도 양륙항(port of discharge : POD)이 결정되지 않은 관계로 B/L에 2개 이상의 양륙항이 기재된 B/L로서, 화물을 양륙할 항구를 화주가 선택하도록 되어 있는 B/L이다. 이는 컨테이너 정기선에 의한 운송보다 용선계약에 의한 화물운송의 경우에 종종 이용되는 수가 있다.

B/L상 Optional POD의 표시는 Pusan/Ulsan Option 또는 One(or two) port(s) Pusan/Pohang Range 등과 같이 한다.

## 제 2 절 선하증권에 관한 법제

선하증권과 관련한 법제로는, 개별 국가의 관계법과 국제적으로 성립된 선하증권통일조약이 있다. 선하증권관계법은 대체로 선하증권의 유통성, 증거력 그리고 선하증권의 기능 내지는 효력을 성문법으로 확인하는 것이라 할 수 있으며 주로 운송인의 의무 · 책임 · 면책사유 및 배상책임제한에 관한 사항을 규율하는 것을 주 내용으로 하고 있다. 선하증권법제를 논함에는 이와 관련된 제반 국내외 법규와 국제조약 및 규칙을 동시에 포함시켜야 되지만 여기서는 선하증권의 지상약관으로 채용하고 있는 후자의 주요내용에 대하여 살펴보기로 한다.

### 2-1 1924년 헤이그규칙

#### 1) 개 요

1924년 헤이그규칙의 정식명칭은 "International Convention for the Unification of Certain Rules of Law relating to Bills of Lading"이며 이를 편의상 "Hague Rules, 1924"라고 부른다. 이는 1924년 8월에 성립시켰고 1931년 6월부터 발효되었다. 본 규칙의 주요 내용은 아래와 같다.

#### 2) 1924년 헤이그규칙의 주요내용

(1) 선하증권의 기재사항

선하증권에는 화물의 동일성을 표시하는데 필요한 주요 기호, 포장 또는 개품의 개수, 용적 또는 중량, 그리고 화물의 외관상태 등은 반드시 기재되어야 한다(헤이그규칙 제3조 3항).

(2) 운송인의 기본의무

운송인에게는 선박의 감항능력을 구비할 의무, 화물의 선적 · 적부 · 운송 · 보관 · 관리 · 양륙을 적당하고 신중하게 행할 의무, 그리고 송하인의 청구에 따라 선하증권을 발행할 의무가 있다(헤이그규칙 제3조 제1~2항).

(3) 면책약관의 제한

운송인의 해태(懈怠), 과실 또는 의무위반으로 인하여 화물이 멸실 또는 훼손되어 손해가 발생한 경우 운송계약조항(약관)이나 합의로써 본 조약이 규정하는 바와 다르게 운송인이 면책이라거나 책임을 경감한다는 내용은 효력이 없다(헤이그규칙 제3조 8항).

(4) 운송인의 면책사유

운송인은 ① 항해상 과실(항해와 관련하여 선원의 作爲/해태/과실), ② 화재(고의, 과실로 인한 것 제외), ③ 해상고유의 위험, ④ 불가항력, ⑤ 전쟁행위 또는 ⑥ 공적의 행위, ⑦ 관헌(官憲)에 의한 억류, 재판상의 압류, 또는 ⑧ 검역상 제한, ⑨ 화주의 행위, ⑩ 동맹파업, 직장폐쇄, ⑪ 폭동 또는 내란, ⑫ 구조행위, ⑬ 화물의 숨은 하자, 특수성질 또는 고유한 하자, ⑭ 부적절한 포장과 기호의 불충분, ⑮ 상당한 주의로서도 발견할 수 없는 선박의 숨은 하자 등의 사유에 기인하여 발생한 화물의 멸실, 훼손 손해에 대하여는 면책된다(헤이그규칙 제4조 2항).

(5) 운송인의 책임제한 금액

송하인이 운송인에게 선적 전에 화물의 성질 및 가액(價額)을 통고한 경우를 제외하고, 화물의 손해에 대한 운송인의 책임한도는 1 포장(package) 또는 단위(unit)당 100 Sterling Pound로 제한된다(헤이그규칙 제4조 5항).

## 2-2 1968년 헤이그-비스비 규칙

### 1) 개 요

1968년 헤이그-비스비규칙은 1924년의 헤이그규칙의 내용을 개정한 것이다. 따라서 그 명칭도 "Protocol to amend the International Convention for the Unification of Certain Rules of Law Relating to Bills of Lading, 1968"이라고 하였다(이를 편의상 "Hague-Visby Rules, 1968"이라고 부른다). 본 규칙은 1968년에 성립, 1977년부터 발효되었는데, 동 조약을 조인한 국가는 물론, 그러지 않은 국가도 그 내용을 국내법으로 수용하여 현재까지 널리 시행되고 있다.

### 2) 1968년 헤이그 - 비스비규칙의 주요 내용

#### (1) 운송인의 책임제한금액 인상과 중량제 도입

1924년 헤이그규칙이 운송인의 책임제한액의 산정단위를 포장(package)당 100파운드(Sterling Pound)로 하던 것을 헤이그-비스비규칙(이하 '비스비규칙'이라 함)에서는 이를 10,000 포앙카레 프랑(Poincarē Franc)[23]으로 인상함과 동시에 1Kg당 30 포앙카레 프랑을 신설하여 양자중 높은 금액을 적용하도록 하였다(비스비규칙 제 5 조 a항).

#### (2) 손해액의 산정기준시기의 설정

화물에 손해가 발생한 경우 그 손해액은 목적지에 양륙되었거나 또는 양륙되었어야 할 때와 곳의 가격을 기준으로 산정한다. 만약 그곳에서 당해 화물의 가격이 없을 경우에는 상품거래소의 가격(commodity exchange price)에 의하고 그것도 없을 경우에는 같은 종류, 같은 품질의 통상의 시장가격(market price)을 고려하여 결정한다(비스비규칙 제 4 조 제 5 항 b).

#### (3) 컨테이너 조항의 설정

컨테이너, 파렛트(pallet) 또는 이와 유사한 운송용구가 여러 개의 물건을 단위화하기 위하여 사용된 경우, 용구에 적재된 포장 또는 단위의 개수가 선하

---

23) 1 Poincarē Franc은 순도 900/1000인 금 65.5mg(=0.0655g)에 상당하는 가치이다.

증권에 표시되었다면 그 개수가 단위가 되고, 그런 표시가 없으면 컨테이너 또는 파렛트가 하나의 포장단위로 된다(비스비규칙 제4조 제5항 c).

(4) 히말라야(Himalaya)조항의 신설

운송인의 사용인 또는 대리인도 조약상 운송인에게 인정되는 항변, 책임제한권 등을 향유할 수 있다는 조항을 신설하였다(비스비규칙 제4조-2 제2항).

(5) 선하증권기재의 증거력 규정

선하증권은 기재된 대로 운송인이 화물을 수령하였다는 추정적 증거(prima facie evidence)가 된다. 그러나 선하증권이 선의로 행동하는 제3자에게 이전된 경우에는 운송인의 반증(反證)이 허용되지 않는다(비스비규칙 제4조 제4항).

### 3) 1979년 Brussel Protocol(SDR Protocol)

헤이그-비스비규칙의 운송인의 책임제한 금액 단위인 "Poincarē Franc"을 국제통화기금(IMF)의 SDR(Special Drawing Rights)[24]로 대체하는 의정서를 채택하고, 포장당 10,000 포앙카레 프랑을 666.67 SDR로, 킬로그램당 30 포앙카레 프랑을 2.00 SDR로 대체하였다. 따라서 1979년 Brussel Protocol을 SDR Protocol이라고도 한다.

## 2-3 1978년 함부르크규칙

### 1) 개　　요

함부르크규칙은 종래의 선하증권조약과는 별도로 화주국인 개발도상국의 발의에 의해 새로운 선하증권조약에 대한 근원적 재검토의 산물로서 태어난 것이다. 1978년 3월 유엔에서 채택된 함부르크규칙(United Nations Convention on the Carriage of Goods by Sea, 1978 : Hamburg Rules, 1978)은 13년이 경과한 1992년 11월 1일부터 발효하고 있다.

---

24) SDR은 국제통화기금(IMF)을 통하여 외국으로부터 외국통화를 인출할 때 사용되는 계산단위인데, IMF가 1967년 9월 최초 창출할 당시의 1 SDR은 순금 0.888671g = US$ 1.00이었다. 2009년 5월 15일 현재 1 SDR은 US$ 1.1517(약 1,911원)이다.

### 2) 함부르크규칙의 주요 내용 －특징－

#### (1) 선하증권의 기재사항을 상세하게 규정하였다

함부르크규칙은 선하증권에 아래와 같은 내용을 기재할 것을 상세하고 명확하게 규정하고 있다(동 규칙 제15조).

① 화물의 종류, 기호, 위험성, 포장의 개수 및 중량 또는 기타 표시의 수량

② 화물의 외관상태

③ 운송인의 명칭 및 주된 영업소의 소재지

④ 송하인의 명칭

⑤ 송하인이 수하인을 지정한 때에는 그 수하인 명칭

⑥ 운송계약상의 선적항 및 화물수령일

⑦ 운송계약상의 양륙항

⑧ 선하증권 원본의 수

⑨ 선하증권의 발행지

⑩ 운송인 또는 운송인에 갈음하여 행위하는 자의 서명

⑪ 수하인이 지급해야 할 운임범위 또는 수하인이 지급한다는 뜻의 표시

⑫ 당사자 간에 명시적으로 합의된 경우, 화물을 인도할 날 또는 기간

⑬ 합의된 경우, 증가시킨 운송인의 책임한도

⑭ 기명선박에 선적되었다는 사실 및 그 일자(송하인의 청구가 있을 시)

#### (2) 운송인의 책임기간을 확대하였다

운송인이 화물을 수령(受領)한 때부터 인도(引渡)하기까지로 확대하였다(함부르크규칙 제4조 참조).

#### (3) 운송인의 면책사유 열거주의(소위 면책카다로그)를 폐지하였다

함부르크규칙에서는 항해상의 과실을 면책사유로 인정하지 않는 것을 포함하여 헤이그-비스비규칙에서 규정한 17가지의 운송인의 면책사유를 폐지한 것이 두드러진 특징이다(함부르크규칙 제5조 참조).

#### (4) 인도지연에 대한 책임조항을 신설하였다

인도지연은 운송계약에서 명시적으로 합의된 기간 내 또는 그러한 합의가 없는 경우에는 당해 정황을 고려하여 성실한 운송인에게 요구되는 합리적 기

한 내에 화물이 인도되지 아니한 경우를 말하는데(함부르크 제5조 2항), 이 경우 운송인은 운임의 2.5배로 배상책임액을 제한할 수 있으며, 운임 총액을 초과하지 못하도록 그 상한액을 규정하고 있다(함부르크 제6조 1항 b).

(5) 운송인의 책임제한액을 인상하였다

화물이 멸실 또는 훼손된 경우, 포장 당 835 SDR 또는 Kg당 2.5 SDR로 인상하였다(함부르크 제6조 1항 a 참조).

(6) 송하인의 보상각서(補償覺書)를 인정하고 이에 관한 조항을 신설하였다

화물 또는 포장에 이상이 있음에도 송하인이 운송인에게 Clean B/L을 요구하면서 그로 인해 운송인에게 손해가 발생하면 송하인이 보상하겠다는 補償覺書(Letter of Indemnity)를 제출한 경우, 그 보상각서는 제3자에 대해서는 효력이 없지만 송하인과 운송인 사이에는 유효하다고 규정하고 있다(함부르크규칙 제17조).

## 2-4 신용장통일규칙 중 선하증권 관련규정

신용장통일규칙(Uniform Customs and Practice for Documentary Credits, 2007 Revision, ICC Publication no. 600; UCP 600)에 규정되어 있는 운송서류의 종류를 보면, i) 복합운송서류(Transport Document covering at least two different modes transport : 제19조)를 비롯하여 ii) 선하증권(Bill of Lading : 제20조), iii) 유통불가한 해상화물운송장(Non-negotiable Sea Waybill : 제21조), iv) 용선계약부 선하증권(Charter Party B/L : 제22조), v) 항공운송서류(Air Transport Document : 제23조), vi) 육로, 철도, 내수로 운송서류(Road, Rail or Inland Waterway Transport Documents : 제24조), vii) 택배업자의 화물수령증 및 우편수령증(Courier and Post Receipts : 제25조) 등 일곱 가지에 대하여 그 수리요건을 규정하고 있는데, 여기에서는 특히 선하증권(Bill of Lading)의 수리요건에 대하여 살펴보기로 한다.

### 1) 선하증권(Bill of Lading)의 수리요건

신용장이 Bill of Lading(B/L)을 요구하는 경우 은행이 수리하는 요건은 아래와 같다(UCP 600, 제20조).

첫째, 운송인 명칭(name of carrier)이 B/L표면에 표시되어 있어야 한다.

둘째, 운송인, 선장 또는 그 대리인의 서명이 있어야 하며, 어떤 자격에서 서명하였는지도 표시되어야 한다. 만약 대리인이 서명하는 경우에는 운송인을 대리하는 것인지 또는 선장을 대리하는 것인지를 표시하여야 한다(UCP 제20조 a, ⅰ).

셋째, 신용장에 기재된 선적항(Port of Loading)에서 기명선박에 선적되었음이 표시되어 있어야 한다(UCP 제20조 a, ⅱ). 실무적으로는 이를 충족하기 위하여 B/L상에 선적의 뜻과 함께 일자를 표기한다(예, Laden on board the vessel, July. 12, 2009 등). 신용장통일규칙에 의하면 B/L에 별도로 선적일자가 부기되어 있으면 그 일자, 별도의 부기가 없으면 B/L발행일자를 선적일자로 본다.

넷째, 발행된 B/L 원본 전통(全通, full set)이 첨부되어야 한다. 예컨대, B/L면에 원본이 3통 발행되었다고 기재되어 있으면 그 3통 모두를 첨부하여야 수리가 된다(UCP 제20조 a항 ⅳ).

다섯째, B/L상에 "용선계약에 따른다"(subject to charter party)는 표시가 없어야 수리된다(UCP 제20조 a항 vi). 즉 용선계약부 선하증권은 원칙적으로 수리되지 않는다. 따라서 용선계약부 선하증권이 수리되려면 당해 신용장에서 별도로 이를 허용하는 내용이 있어야 한다.

여섯째, 신용장이 환적을 금지하고 있는 경우라도 전 구간이 하나의 B/L로 커버되고, 화물이 컨테이너, 트레일러, 래쉬(LASH; Lighter Aboard Ship) 바지에 선적되는 경우에는 B/L에 환적이 될 것이라는 등의 표시가 있는 B/L도 하자 없이 수리된다(UCP 제20조 b항 참조).

일곱째, B/L상에 부지문구(unknown clause), 즉 "Shipper's Load & Count", "Said by Shipper to contain" 또는 이와 유사한 취지의 문구가 표시되어 있다 하더라도 수리된다(UCP 제26조 b항).

## 2-5 우리나라의 선하증권 관계법

우리나라의 선하증권 관계법은 개정상법 제 5 편 제 2 장 제 6 절 "운송증서" 제하에 선하증권에 관한 규정으로서 9개조(제852조~제860조)와 1개의 준용규정(제861조 : 화물상환증에 관한 제129, 130, 132, 133조 준용)을 합하여 총 13개조로 구성되어 있다. 그리고 개정상법은 새로운 국제무역환경에 부응하는 제도로서 전자선하증권(제863조)과 해상화물운송장(제863조, 제864조 및 준용조항)에 관한 규정을 신설한 것이 특기할 사항이다. 선하증권과 관련된 우리나라 현행법 규정의 내용(선하증권의 기재사항, 효력, 운송인의 권리, 의무, 책임 등)은 각 해당 항목에서 그때마다 다루기로 한다.

# 제 3 절 선하증권의 발행업무

## 3-1 선하증권의 작성절차

### 1) 송하인의 선복예약과 운송에 필요한 서류제출

송하인이 그의 화물을 해상운송하기 위해서는 우선 전화, 인터넷 등의 방식으로 운송인에게 운송물에 관한 정보를 제공하고,[25] 선복예약(booking)을 한 다음 화물의 선적과 선하증권이 정확히 작성될 수 있도록 운송에 필요한 서류를 운송인에게 제출하여야 한다. 우리나라에서는 이를 위하여 대개 선적요청서(Shipping Request; S/R)가 사용되며 해당사항이 있는 경우에는 S/R 이외에 필요한 서류(예, 위험물검사증, Commercial Invoice, Packing List, L/C copy 등)를 제출한다.

송하인이 작성하여 운송인에게 제출하는 서류는 그 기재내용이 정확하다는 것을 담보한 것으로 간주되므로[26] 송하인은 이를 정확하게 기재하여 운송인에게 제출할 것이 요구된다.

### 2) 송하인의 화물제공과 선하증권발행 청구

송하인은 운송계약으로 약정한 화물을 운송인이 지정한 장소에 반입시키고, 운송인에게 선하증권의 교부를 청구하면 운송인은 그의 청구에 응하여야

25) 송하인이 Booking할 시에 운송인에게 제공하는 주요 정보로는 우선 FCL인지 LCL인지를 구분한 다음, ① 선박명과 항해번호, ② Shipper, ③ Commodity, ④ Volume(개수, 중량, 용적 등), ⑤ Place of Receipt, ⑥ Port of Loading, ⑦ Port of Discharge, ⑧ Place of Delivery, ⑨ Receiving & Delivery term 등이다.

26) 상법 제853조 제 3 항; Hague Rules, 1924, 제 3 조 5항; Hamburg Rules, 1978, 제17조 제 1 항.

한다(상법 제852조 제1항). 이의 의미는 첫째, 송하인은 운송인에 대하여 운송증서발행청구권이 있으며 운송인은 발행의무가 있다는 것이다. 둘째, B/L을 청구하면 다른 운송증권이 아니라 B/L을 발행해야 한다는 뜻이다. 따라서 화물이 선적되어 운송되고 있음에도 송하인의 청구가 없으면 운송인이 아무런 운송증권을 발행하지 않고 내버려두어도 된다는 것이 아니라, 여러 다른 종류의 운송증서 중에서 예컨대, 「Sea Waybill」이 아니라 「Bill of Lading」의 발행요청이라는 의미로 보아야 하며, 또한 그것이 B/L이라 하더라도 수령 B/L인지, 선적B/L인지, 또는 기명식 B/L인지 지시식 B/L인지를 선택하여 발행을 청구하는 것이라고 해석한다. 송하인이 어떤 종류의 운송증서의 발행을 운송인에게 청구할 것이냐의 선택은 매도인(송하인)과 매수인(수하인)이 매매계약 등으로 결정되는 사항이며, 운송인이 임의적으로 선택할 바는 아니다. 그러므로 송하인은 매매계약과 신용장의 조건에 부합하는 종류의 B/L의 발행을 운송인에게 요청하여야 할 것이며, 운송인은 그 청구에 따라 B/L을 작성·교부하여야 할 의무가 있는 것이다.

### 3) 선하증권의 작성업무

운송인은 운송계약(또는 예약)의 내용 그리고 송하인이 제출한 서류의 내용을 근거로 수령한 화물내역(종류, 수량, 상태 등)과 선적여부 등을 확인하여 B/L을 작성한다. 운송계약(또는 예약)내용과 서류 및 화물이 서로 일치하지 않는 경우에는 이를 송하인과 확인하여 사실을 규명하고, 사실과 부합되는 내용을 B/L에 기재하여야 한다. B/L에 기재되는 내용은 운송인과 송하인이 運送契約으로 정한 사항은 물론 매매당사자가 賣買契約으로 정한 사항에 부합되어야 한다. 그러므로 B/L을 작성·발행하는 운송인은 물론 B/L을 교부받는 송하인도 이러한 제반 요건에 부합되는 정확한 B/L이 작성되도록 세심한 주의를 기울일 것이 요구된다.

B/L 작성시에 기재되는 내용은 크게 법정기재사항(국제조약, 규칙 및 각국의 선하증권 관계법 등이 규정하고 있는 기재사항)과 임의적 기재사항으로 구분할 수 있다. 주요 법정기재사항으로는 운송인에 관한 사항, 화주에 관한 사항, 화물에 관한 사항, 운송선박에 관한 사항, 운송구간에 관한 사항, 화물의 수령 또는 선적일자에 관한 사항, 운임에 관한 사항 그리고 선하증권의 발행통수·발행지

및 발행일자에 관한 사항 등이며, 임의적 기재사항으로는 당해 운송과 관련된 참고사항 및 당사자 간의 특약사항(약관) 등으로 구성된다(이들 기재사항의 선하증권에의 배열은 별지 5-1 참조).

### 4) 선하증권의 발행시기

#### (1) 선적선하증권(Shipped; Laden on Board B/L)의 발행시기

선적선하증권은 화물이 '선적된 후'에 발행되어야 한다(상법 제852조 제2항). 여기에서 '선적된 후'라 함은 B/L에 기재된 화물 전량이 기명선박(named vessel)에 적재된 후라는 의미이다. 예컨대, 선하증권의 「Number of Package」란에 "5 Containers"라고 기재되어 있다면 선적선하증권의 발행시점은 컨테이너 5개 모두가 선적된 날짜 이후이다.[27)]

#### (2) 수령선하증권(Received for Shipment B/L)의 발행시기

운송인은 운송을 위하여 B/L에 기재될 화물전량을 수령한 때, 그 수령일자를 기재한 수령선하증권을 발행할 수 있다. 상법 제852조 제1항의 "운송인이 운송물을 수령한 후, 송하인의 청구에 의하여 선하증권을 교부하여야 한다"고 할 때의 선하증권은 수령선하증권의 지칭이며, 이것은 운송인이 화물을 수령한 後라면 선적 이전이라도 송하인의 청구에 따라 수령선하증권을 발행하여야 한다는 뜻이다. 여기서 운송인이 '수령하였다'함은 B/L에 기재되는 화물 및 그 수량의 全量이 운송인이 지정한 장소(터미널, CY나 CFS)에서 수취되었어야 한다는 의미이다. 신용장거래 실무에서는 대개 선적선하증권을 요구하고 있으므로 특별한 경우를 제외하고는 수령선하증권이 발행되는 사례는 드물다.

**화물의 수령 또는 선적 없이 선하증권을 발행한 경우의 위법성에 관한 주요 판례**

[판례 1][28)] "B/L은 有因증권으로, 실제로 운송물의 수령 또는 선적을 유효한 선하증권 성립의 전제조건으로 삼고 있으므로, 운송물을 수령 또는 선적하지 아니하였는데도 발행된 B/L은 原因과 要件을 구비하지 못하여 목적물의 흠결이 있는 것으로서 無效라

27) TWRA(Transpacific Westbound Rate Agreement) Tariff 017, Rule No. 2 B15 : In accordance with law, no onboard Bill of Lading may be issued until the cargo is actually onboard the vessel.

28) 대판 2005. 3. 24, 2003다5535 : D해운이 B/L을 6월 9일 발행하였으나 실제 화물은 6월 24일에 선적되어 B/L의 선적일자와 선박명이 실제와 달리 기재된 사안에 대한 최종 판결임.

고 봄이 상당하고, 이러한 경우 B/L소지인은 운송물을 수령하지 않고 선하증권을 발행한 운송인에 대하여 不法行爲로 인한 손해배상을 청구할 수 있다"고 판시하였다.

[판례 2][29] 선하증권 기재의 화물을 인수하지도 아니하고 또한 선적할 선편조차 예약하거나 확보하지도 않은 상태에서 수출면장만을 확인한 채 실제로 선적한 일이 없는 화물을 선적하였다는 내용의 B/L을 발행한 사건에서, 대법원은 "피고인(B/L발행자)들은 진실에 反하는 B/L을 작성하면서 곧 물품이 선적될 것이라고 예상하였다고 하여 B/L의 허위성의 인식이 없었다고 할 수 없으며, 화물이 선적되기도 전에 이른바 先 B/L을 발행하는 것이 해운업계의 관례라고 하더라도 이를 정상적인 행위라거나 사회적 상당성이 있다고 할 수는 없으므로, 허위유가증권작성죄의 죄책을 면할 수 없다"고 판시하였다.

(3) 수령선하증권 또는 선적선하증권의 선택

수령선하증권이냐 선적선하증권이냐는 송하인의 필요에 의해 결정된다. 예컨대, 신용장에서 수령선하증권을 요구하는 경우라면 송하인이 운송인에게 화물을 교부한 후 수령선하증권의 발행을 청구할 것이지만, 선적선하증권을 요구하는 경우에는 수령선하증권은 수리되지 않으므로 당연히 선적선하증권의 발행을 청구한다.

### 5) 선하증권의 발행권자와 피교부권자

(1) 선하증권의 발행권자

선하증권이 유효하기 위해서는 진정한 권한이 있는 자에 의해서 서명·발행된 것이어야 한다. 이는 선하증권에 서명할 권한이 누구에게 있느냐를 살펴보는 문제이다. 선하증권은 「운송인」이 서명·발행하여야 하며, 그는 선장 또는 기타 사용인에게 그 발행권을 위임할 수 있다(상법 제852조). 여기서 말하는 「운송인」은 반드시 선박소유자이어야 할 필요는 없고, 선박을 스스로 운항하지 않더라도 자기명의로 송하인과 물건운송계약을 체결한 자로서 운송인으로서 의무와 책임을 지는 자이면 족하다.[30] 그리고 기타의 「사용인」이란 육상에서 포

29) 대판 1995. 9. 29, 95도803 : 운송인이 선적사실이 없는 화물이 선박, YS 287W호 및 OPS 31N호에 각각 선적되었다는 허위B/L을 발행하여 송하인이 이를 은행에 네고(허위유가증권 행사)함으로써 검사에 의해 기소된 사건에 대한 최종 판결임.

30) The Hamburg Rules, 1978, 제 1 조 1항.

괄적 대리권을 가진 상업사용인(商業使用人)을 말하는데 이들이 통상적으로 本人(즉 운송인)을 대리하여 선하증권을 발행한다.[31] 선하증권 관련 국제조약도 선하증권의 발행권자를 운송인과 그 대리인(선장포함)으로 규정하고 있다.[32]

(2) 선하증권을 교부받을 권한이 있는 자

운송인으로부터 선하증권을 교부받을 수 있는 자는 선하증권상의 송하인(shipper)이다. 따라서 운송인이 선하증권을 교부할 때는 그 수령인이 송하인 본인 또는 그 대리인임이 확인된 자에게 교부하여야 한다. 그 이유는 송하인이 운송인에 대하여 선하증권의 발행청구권이 있기 때문이다.

## 3-2 선하증권의 법정기재사항

### 1) 「선하증권」임을 표시

어떤 서류가 선하증권이려면 우선 "선하증권"(Bill of Lading)이라는 표시가 있어야 한다.[33] 왜냐하면 국제해상화물운송에 사용되는 운송서류는 선하증권 외에도 해상화물운송장(Sea Waybill) 또는 화물수령증(Cargo Receipt) 등도 있기 때문이다.

### 2) 운송인에 관한 사항

선하증권에는 운송인의 상호와 그의 주된 영업소 소재지를 표시하여야 한다(제853조 제1항 제12호). 이는 송하인 · 수하인 및 기타 화물의 이해 관계인에 대하여 운송계약상 급부의 이행의무 및 책임을 지는 주체가 누구인가를 나타내는데 그 의의가 있는 것이다. 현재 발효중인 선하증권 관련 국제조약, 규칙 및 외국의 입법례에서도 선하증권에 운송인의 명칭을 기재하도록 규정하고 있

31) 대판 1997. 6. 27, 95다7215 : 상행위의 대리에 있어서는 반드시 본인을 위환 것임을 표시하지 아니하여도 본인에 대하여 효력이 있으므로, 운송인이 송하인에게 선하증권을 발행 · 교부함에 있어 운송인 본인만이 이를 발행할 수 있는 것이라 볼 수 없고, 그 대리인을 통해서도 발행할 수 있다고 보았다.

32) 헤이그-비스비규칙 제3조 3항; 함부르크규칙 제14조 제1, 2항 참조.

33) 어음법 및 수표법은 본문 중에 그 증권에 사용하는 국어로 "어음" 또는 "수표"임을 표시하도록 법정하고 있다(換어음법 제1조; 수표법 제1조; 日本手形法, 小切手法 제1조).

으며,[34] 특히 신용장통일규칙에서는 운송증권에 운송인의 명칭표시를 그 수리의 요건으로 하고 있다.[35]

### 3) 화주에 관한 사항

(1) 송하인(送荷人; Shipper)

송하인이란 스스로 또는 자기명의로 운송인과 운송계약을 체결하거나 계약과 관련된 화물을 운송인에게 인도한 자를 말하는데[36] 선하증권에는 이것이 기재되어야 한다(상법 제853조 제1항 제4호). 실무적으로는 송하인의 명칭과 주소를 함께 기재한다.

송하인은 운송인에 대하여 선하증권의 발행청구권, 운송청구권 및 화물의 멸실, 훼손, 지연 손해가 발생했을 시 그 배상청구권 등이 있는 반면 운송인에게 화물명세의 제공의무와 그 내용의 정확성 담보의무,[37] 운송에 필요한 서류의 교부의무, 특히 위험물품인 경우에는 위험물품의 명세서와 함께 용기, 포장, 표찰(標札, label) 등이 관련 법규에 적합하다는 증명서의 제출의무,[38] 그리고 운임의 지급의무 등이 있다.

(2) 수하인(Consignee)

선하증권에는 목적지에서 자기 명의로 운송인으로부터 화물의 인도를 받을 권리를 가진 자인 수하인이 기재되어야 한다(상법 제853조 제1항 제5호). 실무적으로 선하증권에 수하인을 기재하는 형태는 다음 표와 같다.

수하인은 적정히 배서된 선하증권 원본을 취득함에 따라 선하증권상의 권리, 즉 운송인에 대한 화물의 인도청구권뿐만 아니라 화물의 손해에 대한 배상청구권도 취득한다.[39]

한편, 수하인은 목적지에서 화물수령의무,[40] 선하증권 원본의 상환의무가

34) Hamburg Rules; 日本國際海上物品運送法(第7條).

35) UCP600, 제19조, 제20조, 제21조 각 a항 i)호 참조.

36) Hamburg Rules, 1978, 제1조 (3)항.

37) 상법 제853조 제3항; Hamburg Rules 제17조 1항 전단; Hague/Visby Rules 제3조 5항; 日本 國際海上物品運送法; 위험물의 명세 및 책임관계는 제8조; 中國 海商法 제6조.

38) IMDG code 제16조; 함부르크규칙 제13조; 中國 海商法 제68조 참조.

39) 서울 民地判 1983. 1. 14, 81가합 448, 6208.

40) 수하인이 화물의 수령을 게을리(懈怠)한 때에는 운송인은 이를 供託하거나 세관 기타 법령이 정하는 관청의 허가를 받은 곳에 인도할 수 있다(상법 제803조).

[표 5-1] 선하증권상 수하인의 기재형태

| 구 분 | 수하인 기재 형태(예) |
|---|---|
| 기명식 B/L | — Robert Smith(수하인의 성명), Los Angeles, Ca. U.S.A(주소)<br>— ABC Trading Co.(수하인의 상호), Los Angeles, Ca. U.S.A(주소) |
| 지시식 B/L | — To order 또는 To order of shipper<br>— To the order of ABC Trading Co(회사명)<br>— To the order of the Bank of America(은행명) |
| 소지인식 B/L | — Bearer ☞ 이것은 OBL소지인이 운송인에 대하여 화물인도청구권이 있도록 한 방식이나, 실무적으로는 이러한 선하증권은 흔하지 않다. |

있으며 수하인이 화물을 수령하는 때에는 운송계약 또는 선하증권의 취지에 따라 운임, 부수비용, 체당금(替當金), 정박료, 공동해손 또는 해난구조로 인한 부담금 등을 지급할 의무가 있다(상법 제807조 제1항 전단). 수하인 또는 OBL소지인의 운임지급의무가 발생하는 시기는 그가 화물을 수령하는 때이다.[41)]

(3) 통지수령인

통지수령인이란 운송과 관련하여 화주에게 어떤 통지할 사항이 있는 경우 운송인이 이를 통지해 줄 곳을 말하는데 실무적으로는 선하증권의 「Notify Party(통지처)」란에 이의 명칭, 주소, 전화번호 등을 기재하고 있다.

선하증권상의 Notify Party는 운송인과의 운송계약상 직접적 법률행위의 상대 당사자 관계는 아니다. 그러나 운송인이 화물의 운송도중 또는 목적지 도착 후라도 화주에 대하여 당해 운송과 관련된 어떤 통지[42)]를 통지수령인에게 발송하였다면 그것은 용선자 또는 송하인 및 OBL소지인 기타 수하인에게 통지한 것으로 된다(상법 제853조 제3항).

41) 대판 1996. 2. 9, 94다27144 : 운임후급(freight collect)조건으로 운송된 화물에 대하여 운송인이 수하인에게 화물도착통지서를 발송하였고, 수하인이 운임 및 비용 등을 지급하지 않자 운송인이 수하인을 상대로 운임지급을 구하는 상고심에서 대법원은 운송계약의 화물을 수령하지 않은 피고에게 상법 제800조(개정 상법은 제807조임) 제1항 소정의 비용 등을 지급할 의무가 없다고 본 원심의 조치는 정당하다고 판시하였다.

42) 항해용선계약에 의한 화물운송에서 선적준비완료통지, 양륙준비완료통지, 정기선 운송에 있어서 화물의 도착예정일의 통지, 공동해손의 발생통지 등.

### 4) 운송화물에 관한 사항

선하증권에는 화물의 종류, 중량·용적, 포장의 종별, 개수, 기호 및 외관 상태 등을 기재하여야 한다(상법 제853조 제1항 제2호 및 제3호).

#### (1) 화물의 종류

선하증권에는 화물의 종류로서 상관습상 당해 운송품의 동일성과 개성을 확실하게 할 수 있을 정도의 거래상 일반적 물품명칭이 기재된다.[43] 실무적으로는 송하인이 서면으로 통고한 것에 의거, 운송인이 B/L에 화물종류를 기재하고 있다.

#### (2) 화물의 중량·용적

선하증권 실무상 화물의 중량과 용적은 포장재료를 포함한 총중량(gross weight) 또는 총용적(gross measurement)이 기재된다. 중량의 표기는 킬로톤(kilo ton), 용적은 입방미터(cubic meter)로 하며, 통상 소수점 이하 3째 자리까지(예, 20.124 KT = 20,124 Kg; 50.123 CBM) 표기한다.

#### (3) 포장의 종별 및 개수

선하증권에는 화물이 포장된 형태(예, Bag, Bale, Barrel, Box, Bundle, Can, Carton, Case, Cask, Crate, Drum, Keg, Lift-Van, Pail, Piece, Reel, Roll, Tank 등)와 그 개수가 기재된다. 포장의 개수(Number of Package or Unit)[44]는 운송인이 송하인으로부터 수령한 화물의 개수를 말하는데, 이는 운송인의 화물인도의무의 이행여부와 배상책임제한금을 산정하는데 중요한 척도로 작용한다.

#### (4) 화물기호

화물기호는 특정물품의 식별을 용이하게 하기 위한 고유한 하인(荷印; marks)으로써 보통 도형, 문자 및 숫자로 구성되어 있는데, 이것은 물품의 主기호(main mark), 품질, 목적지, 포장번호, 원산지 등의 의미를 축약·내포하고 있다(그림 5-1 참조). 실무적으로는 B/L양식에 "Marks & Numbers"란을 마련, 이를 기재하고 있다.

---

43) 大木一男, 상게서, p. 92 참조.

44) Package 및 Unit의 기준에 관한 학설과 판례에 대해서는 엄윤대, 전게 선하증권론, pp. 199~205 참조.

[그림 5-1] 화물기호 표시의 예

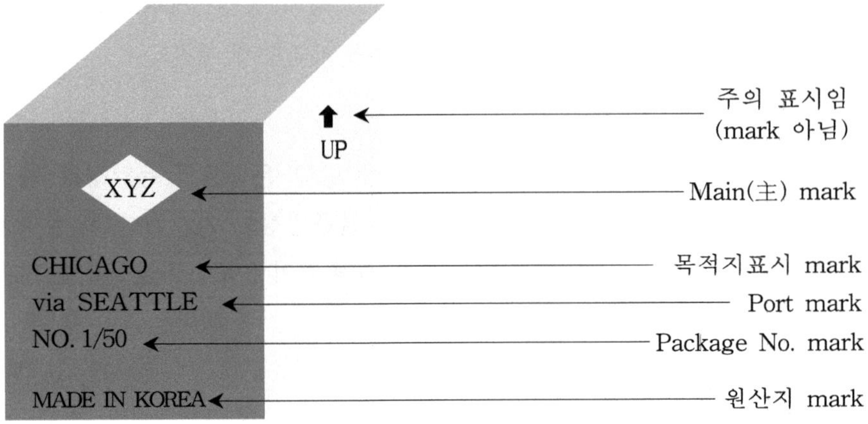


(5) 화물의 외관상태[45)]

운송인은 선적 당시 화물의 외관상태를 선하증권에 기재하여야 한다. 화물의 외관상태(外觀狀態; apparent condition of the goods)란 화물 또는 포장의 훼손 등 외부로 나타나는 상태뿐만 아니라 변색, 이상한 냄새 등 운송인이 상당한 주의로 외관을 관찰할 경우에 알 수 있는 화물의 상태를 말한다.[46)] 그러므로 화물의 내부상태, 예컨대 통조림 깡통 속의 내용품의 상태라든지, 송하인(Shipper)이 화물을 적입한 컨테이너의 내용품의 상태를 의미하는 것이 아니라 깡통이나 컨테이너의 외부적 상태가 어떠한가를 기재한다는 의미이다. 선하증권에 화물의 외관상태를 기재하는 실무적 방법은 "선하증권에 별도로 하자상태의 기재가 있는 것을 제외하고 외관상 양호한 상태로 화물을 수령하였음(Received in apparent good order and condition unless otherwise indicated herein)"이라고 부동문자로 선하증권에 인쇄해 놓는 방식으로 기재하고 있다.

### 5) 운송선박에 관한 사항

상법은 선하증권에 선박의 명칭, 국적과 톤수를 기재할 것을 규정하고 있

45) 상법 제814조 제1항 3호, Hague-Visby Rules 제3조, 3, c; Hamburg Rules 제15조, 1, (b).
46) 孫珠贊, 전게서, p. 234.

는데(상법 제853조 제1항 1호) 이들의 실무적 기재방식은 아래와 같다.

(1) 선박 명칭

선하증권에는 해상운송계약을 수행하기 위하여 화물이 선적된 선박의 명칭(name of vessel)이 기재된다. 특히 정기선운송실무에서는 선박의 명칭과 함께 항해번호 및 항해방향도 병기한다(예; M/V Ocean Pioneer V-123E 등).

운송인이 선하증권에 선박명칭을 기재할 시, 선적선하증권인 경우에는 화물이 船積된 선박이 있으므로 그 명칭을 기재하면 될 것이나, 수령선하증권의 경우에는 화물을 受領한 후 발행하므로 발행당시(선적 전)에는 화물이 선적된 선박이 없는 것이다. 따라서 이 경우의 선박명칭은 「선적이 예정된 선박」(intended vessel)일 뿐이기 때문에 선하증권에도 그러한 뜻을 표시하여야 할 것이다.

(2) 선박의 국적

상법은 선하증권에 선박의 국적을 기재하도록 법정하고 있지만 실무적으로는 선박명칭만 기재하고 선박의 국적을 기재하지 않는 경우가 많다. 그러나 특정 국가에서는 적대 관계에 있는 국가의 선박에 의한 운송을 금지하는 경우가 있으므로 수입자가 선하증권에 선박의 국적을 표시할 것을 요구하기도 한다.

(3) 선박의 톤수

상법은 선하증권에 선박의 톤수를 기재하도록 법정하고 있지만, 실무적으로는 이를 기재하지 않는다. 선박톤수의 종류는 등록 총톤수, 순톤수, 載貨중량톤수(Deadweight Tonnage), 재화용적톤수(Measurement Tonnage) 등 다양한데 어느 톤수를 기재해야 하는 지가 불분명할 뿐만 아니라 톤수기재의 실익을 찾기 어렵다. 그러므로 상법 제853조 제1항 1호의 선박의 명칭, 국적과 톤수 중 "톤수"를 삭제함이 현실과 부합한다고 생각된다.

### 6) 운송구간에 관한 사항

상법은 운송구간에 관한 사항으로서 선적항과 양륙항만을 규정하고 있지만 해상구간이 포함된 복합운송의 경우에는 이에 더하여 운송인에 의한 화물의 수령장소 및 인도장소가 반드시 포함되어야 한다.

(1) 화물의 수령지(Place of Receipt)

화물의 수령지란 운송인이 운송을 위하여 화물을 수령한 장소를 말하는데 이곳에서부터 운송인의 책임이 개시된다. 상법도 "운송인은 화물을 수령한 후 송하인의 청구에 의하여 선하증권을 발행하여야 한다"라고 규정하므로(상법 제852조 제1항), 선하증권에는 수령장소가 당연히 기재되어야 할 것이다.

(2) 화물의 선적항(Port of Loading)

선하증권에는 화물이 선박에 적재된 항구명이 기재되어야 한다(상법 제853조 제1항 6호). 선적항은 화물이 현실적으로 선박에 적재된 항구를 의미하므로 오로지 모선(mother vessel)에 선적되는 항구뿐만 아니라, 그것이 피더선(feeder vessel)에 선적된 항구명도 선하증권의 선적항란에 기재될 수 있음은 물론이다.

(3) 화물의 양륙항(Port of Discharge)

선하증권에는 화물을 선박으로부터 육지로 내리는 항구명이 기재되어야 한다(상법 제853조 제1항 7호).

(4) 화물의 인도지(Place of Delivery)

화물의 인도지란 운송인이 수하인에게 화물을 인도하기로 약정한 장소이다. 이곳은 운송인이 운송을 인수한 구간의 최종 목적지인 것이며, 수하인측면에서는 운송인에 대하여 화물의 인도청구를 하는 장소이므로 이 장소를 운송계약의 증서인 선하증권에 기재하는 것은 당연하다.

(5) 운송인이 인수하는 운송구간 형태

부정기선에 의한 운송에 있어 운송인이 인수하는 운송구간은 "선적항에서 양륙항까지(port to port)"이지만, 정기 컨테이너선에 의한 운송의 경우의 운송구간은 다음 [표 5-2]에서 보는 바와 같이 선적항에서 항륙항을 포함하여 A의 ①~⑦에서부터 D의 ⓐ~ⓖ까지 49가지 형태의 조합이 가능하다.

선하증권상에 운송구간의 기재내용에 따라 당사자의 책임범위가 달라지므로 수령지 · 선적항 · 양륙항 및 인도지가 명확히 기재되어야 함은 재론의 여지가 없다.

[표 5-2] 운송인이 인수하는 운송구간 형태(예시)

| 수 령 지<br>(Place of Receipt)<br>A | 선 적 항<br>B | 양 륙 항<br>C | 인 도 지<br>(place of delivery)<br>D |
|---|---|---|---|
| ① 대구(내륙지역) Door | 부 산<br>(port) | 롱비취<br>(port) | ⓐ 시카고(내륙지역) Door |
| ② 대구(내륙지역) RY | 〃 | 〃 | ⓑ 시카고(내륙지역) RY |
| ③ 대구(내륙지역) RFS | 〃 | 〃 | ⓒ 시카고(내륙지역) RFS |
| ④ 부산(항구지역) Door | 〃 | 〃 | ⓓ 롱비취(항구지역) Door |
| ⑤ 부산(항구지역) CFS | 〃 | 〃 | ⓔ 롱비취(항구지역) CFS |
| ⑥ 부산(항구지역) CY | 〃 | 〃 | ⓕ 롱비취(항구지역) CY |
| ⑦ 부산(항구내) Ship's Tackle | 〃 | 〃 | ⓖ 롱비취(항구내) Ship's Tackle |

### 7) 운임에 관한 사항

상법은 선하증권에 운임을 기재하도록 규정하고 있는데(상법 제853조 제1항 제8호), 운임의 개념과 그 실무적 기재방법은 아래와 같다.

#### (1) 운임의 개념

운임은 운송인의 화물운송행위에 대한 보수(compensation for the carriage of goods)로서,[47] 운송인의 운송사업의 목적인 것이다. 상법은 선하증권에 운임을 기재하여야 한다고 되어 있지만 실무적으로는 기본운임(basic ocean freight)외에, 추가할증료(surcharge), 부가서비스 요금(charge) 및 비용성 요금도 포함한다. 부정기선에 화물운송은 용선계약에 의하여 이루어지기 때문에 운송의 보수인 운임은 용선료라고 하는 것이 더 일반적이다.

#### (2) 선하증권에 운임의 기재방법

부정기선에 의한 화물운송의 운임은 정기선과 달리 종류가 다양하지 않고

47) Mark S.W. Hoyle, *The Law of International Trade*(2nd ed.), CCH Edition Limited, 1985, p. 232; Saul Sorkin, *GOODS IN TRANSIT*, vol. 3, Mattew Bender & company, 1991, p. 20-8; 沈載斗, 海上運送法, 吉安社, 1997, p. 507.

운임액(용선료)도 운송인과 화주가 별도의 용선계약으로 정하므로 선하증권상의 운임기재 란에 운임액수를 기재하기 보다는 "freight payable as per charter-party"라고만 표시하는 것이 보통이다.

그러나 정기선에 의한 화물운임은, 기본운임(basic ocean freight) 외에도 항로에 따라 여러 가지 할증료(surcharge), 부가 서비스 요금(charge)으로 구성되고 선하증권에 이들을 선급(freight prepaid)과 후급(freight collect) 금액을 구분하여 기재하고 있다.

(3) 운임액수가 기재되지 않은 선하증권의 효력

운임은 운송계약의 중요사항이므로 선하증권에 이를 기재하도록 법정하고 있지만, 선하증권에 이의 기재가 없더라도 그 액수 등이 당사자간의 운송계약으로 확정되어 있고 선하증권 자체의 본질을 해하지 않으므로 유효하다고 본다.[48)]

### 8) 선하증권 발행통수

(1) 발행통수의 개념

선하증권에는 발행통수가 기재되어야 한다. 여기서 발행통수란 운송인 또는 그 대리인이 몇 매의 선하증권 원본(Original Bill of Lading : OBL)을 작성 · 서명(또는 기명날인)하여 송하인에게 교부하였나를 의미한다. 운송인은 전통적으로 OBL 3매를 발행해 오고 있는데, 특수한 경우로 그 이상(4 또는 5매)을 요구하는 화주도 있다. 그러나 어느 경우이건 선하증권에는 OBL 발행통수를 기재하여야 한다.[49)] 왜냐하면 선하증권 상에는 예컨대, OBL이 3통 발행되었다고 기재하고 1통을 추가로 교부하여 4통이 발행된다면 동일 운송물에 대하여 OBL소지인이 2인 이상이 될 소지가 있으며 이로 인해 OBL기재 화물에 대한 소유권의 다툼 등 복잡한 문제가 야기될 수 있기 때문이다. 신용장거래에 있어서 은행의 화환어음의 수리요건 중 운송서류와 관련된 조항을 보면 통상 "Full Set of … Bill of Lading"이라고 하여 발행된 OBL 전통(全通)을 첨부하도록 하고 있다. 이는 발행된 OBL이 제 3 자에게 유통되는 것을 봉쇄하여 은행이 운송물에 대한 담보권을 보전하기 위함이다.

---

48) 日大判 1937(昭和 12). 12. 11 民集 16-1793(梁承圭, 判例教材, 保險法 · 海商法, 法文社, 1982, p. 594); 李鍾仁, 전게서, p. 61; 李均成, 전게 海商法, p. 198.

49) 상법 제853조 제 1 항 제10호; Hamburg Rules, 제15조 제 1 항 (h)호.

(2) 여러 통의 선하증권원본(OBL)과 각 통의 효력

수통의 OBL이 발행된 경우라도 각 통은 독립하여 OBL로서의 효력을 지닌다. 따라서 약정된 목적지에서는 그중 1통을 소지한 자는 운송인에 대하여 화물 인도를 청구할 수 있고 운송인은 그에게 화물을 인도하여야 한다. 운송인이 적정히 배서된 OBL 1통과 상환으로 화물을 인도하였다면 다른 OBL은 그 효력을 잃는다(상법 제857조). 그러나 약정 목적지 이외의 곳에서 화물을 인도받고자 하는 자는 발행된 OBL 전통과 상환하여야 화물을 인도받을 수 있다(상법 제858조).

### 9) 선하증권의 발행지 · 발행일자

선하증권에는 선하증권의 발행지와 발행일자가 기재되어야 한다(상법 제853조 제1항 제9호).

(1) 발 행 지

상법은 선하증권에 그 발행지를 기재하도록 법정하고 있는데 이는 운송인이 선하증권을 작성한 곳을 의미하기 보다는 송하인에게 선하증권을 교부한 곳(交付地)으로 해석함이 무리가 없을 것이다. 그러므로 이곳은 선하증권의 작성지나 화물의 선적지 또는 수령지와 당연히 일치하는 것은 아니다. 대부분의 송하인은 선적지에 소재한 운송인의 사무소에 Booking을 하고 거기에서 선하증권을 교부받을 것이지만 반드시 그렇게 할 의무는 없다. 송하인은 운송인의 사무소가 여러 곳에 있는 경우 그중 한 곳을 선택하여 선하증권의 작성 및 교부를 요구할 수 있는 것이다. 환언하여 이를 운송인의 입장에서 보면, 예컨대, Booking은 대구사무소에서 받고, 선적은 부산에서 이루어지지만 서울에 소재한 운송인의 사무소에서 작성한 선하증권을 인천사무소에서 교부할 수도 있는 것이다.

(2) 선하증권의 발행일자

상법은 선하증권의 발행년월일을 증권면에 기재할 것을 법정하고 있는데(상법 제853조 제1항 제9호), 이의 의미는 수령선하증권의 경우는 운송인이 화물을 수령한 일자, 그리고 선적선하증권의 경우는 선적일자가 기재된 선하증권원본(OBL)을 송하인에게 교부하는 일자라고 해석하는 것이 무리가 없다. 선하

증권의 발행일자는 OBL이 물리적으로 송하인에게 교부된 일자에 중요성이 있다기보다는 화물의 수령 또는 선적이 언제이냐에 있을 뿐만 아니라 수령 또는 선적의 사실을 입증하는 것이다. 따라서 운송인이 화물의 수령일자나 선적일자 및 선하증권 발행일자를 선하증권에 기재함에는 사실과 부합되도록 해야 함은 부언의 여지가 없다.

#### 10) 운송인의 기명날인 또는 서명

선하증권에는 운송인의 명칭이 표시되어야 함은 물론이지만 운송인 또는 선장을 포함한 그 대리인의 기명날인 또는 서명이 있어야 한다(상법 제852조 제1항 본문). 그럼으로써 당해 선하증권이 진정한 운송인에 의해서 작성된 것인지의 진위(眞僞)가 명확해 질 것이기 때문이다.

운송인의 기명날인 또는 서명방식은 운송인이 선하증권에 기명하고 도장을 찍는 것(날인) 보다는 서명하는 방식이 통용되고 있다. 서명형식으로는 수기(手記)서명은 물론, 컴퓨터서명, 압인(押印) 또는 특수천공(穿孔) 등 기계적 · 전자적 방법에 의한 서명도 유효하다고 본다.[50)]

선하증권에 기명날인 또는 서명권자는 운송인(또는 그의 권한을 위임받은 대리인)이며 이의 기명날인 또는 서명이 없는 선하증권은 효력이 없다.

### 3-3 선하증권의 임의적 기재사항

선하증권표면에 기재되는 임의적 사항으로는 전술한 법정기재사항 또는 운송계약의 주요사항 외에 아래 예에서 보는 바와 같은 당해 운송과 관련된 참고사항 및 약관조항이 있다.

#### 1) 운송관련 참고사항

선하증권에는 해상운송인과 하주간의 운송계약의 주요조건에 해당되지 않는 참고사항으로서 물품의 원산지(country of origin), 선박의 항차번호 및 항해방

---

50) 함부르크규칙에서는 이들을 명문으로 규정하고 있다(Hamburg Rules 제14조 3항).

항(voyage no., direction), 예약번호(booking number), 선하증권번호(bill of lading no.), 물품의 수출관련 매매당사자간의 참고사항(export reference), 신용장번호, 프레이트 포워더 사항(if any), 운송인의 책임구간이 아닌 화주의 위험과 비용부담으로 화물을 운반하여 가는 최종목적지(final destination for reference), 컨테이너 번호 및 봉인번호(이는 컨테이너운송에서는 실무적 필수기재사항에 속함) 등이 기재된다.

### 2) 선하증권약관

선하증권에는 예외 없이 운송인이 정한 약관이 미리 인쇄되어 있다. 선하증권약관은 운송계약의 일방당사자(운송인)가 다수(하주)와의 계약체결을 위하여 운송계약의 표준적 내용과 조건을 미리 정한 조항으로 이루어진 계약조관(契約條款)이라 할 수 있으며, 이것에 의하여 다수의 상대방과의 운송거래가 획일적으로 이루어지도록 부합계약(附合契約; contract of adhesion)[51]化하고 있다.

선하증권약관의 내용과 조항수는 선사별로 약간의 차이가 있지만 대개 다음과 같은 내용을 포함하고 있다.

(1) 운송의 이해 당사자간 확인을 위한 약관(예)

① 운송약관에 사용된 주요 용어의 정의

② 운송인이 화물의 수령 또는 선적을 확인하는 조항

③ 수락(受諾)약관 : 화주는 B/L약관 내용을 수락한다는 취지

④ 상환조항 : OBL 한 통과 상환으로 화물이 인도되면 나머지는 무효라는 내용

⑤ 지상약관(至上約款; Paramount Clause) : Hague Rules 1924, Hague-Visibly Rules 1968 또는 관련국가의 해상화물운송관계법 등

⑥ 재판관할 조항(Jurisdiction) : 소송제기가 가능한 법원을 명시한 조항

⑦ 화물손해의 통고, 제소기한(notice of claim and time for suite) 조항

— 화물손상의 통지기한 : 인도 후 3일 이내

— 제소기한 : 화물인도 후 1년 이내

⑧ 운송인의 Tariff도 선하증권에 편입(incorporated)된다는 조항

51) 附合契約이란 계약당사자의 일방이 작성한 정형적 약관에 대하여 타방당사자가 사실상 포괄적으로 승인할 수밖에 없는 계약을 말한다.

(2) 운송인의 자유재량권 등 권리에 관한 약관(예)

① 항로선정 및 운송수단의 선택자유 조항

② 분할선적할 수 있다는 조항

③ 부패 또는 변질되기 쉬운 화물은 임의처분할 수 있다는 조항

④ 위험품 및 금제품 등은 임의처분할 수 있다는 조항

⑤ 컨테이너 내장화물을 확인할 수 있다는 조항

⑥ 컨테이너화물은 갑판적(ondeck stowage)할 수 있다는 조항

⑦ 운송도중 화물의 재포장 등 합리적인 조치를 취할 수 있다는 조항

⑧ 환적운송(transshipment and forwarding)할 자유가 있다는 조항

⑨ 해당국가의 검역규칙 등에 따라 화물을 임의 양륙할 수 있다는 조항

⑩ 유치권(Lien)약관 : 운송인은 운임 등 채권의 확보수단으로 해당 화물에 대하여 유치권을 행사할 수 있다는 조항

⑪ 이로(deviation)에 관한 조항 : 인명구조 등 정당한 이로를 할 수 있다는 조항

(3) 운송인의 장비사용에 관한 화주책임약관

화주가 컨테이너 등 운송인의 장비를 사용하는 기간 동안 멸실 또는 훼손시킨 경우에는 배상책임이 있다는 조항

(4) 운송인의 면책사유에 관한 약관[52)]

① 해상 고유의 위험 또는 사고에 기인한 손해의 면책

② 불가항력에 기인한 손해의 면책

③ 전쟁, 폭동 또는 내란에 기인한 손해의 면책

④ 해적행위 등에 기인한 손해의 면책

⑤ 재판상 압류, 검역상의 제한 기타 공권력의 제한에 기인한 손해의 면책

⑥ 송하인 또는 화물소유자나 그 사용인의 행위에 기인한 손해의 면책

⑦ 동맹파업, 쟁의행위 또는 선박폐쇄에 기인한 손해의 면책

⑧ 해상에서 인명/재산의 구조행위 및 정당한 離路에 기인한 손해의 면책

⑨ 화물 포장의 불충분 또는 불완전한 기호표시에 기인한 손해의 면책

⑩ 화물의 고유의 성질 또는 숨은 하자에 기인한 손해의 면책

52) ⑬은 상법 제788조 제2항, 그 외 ①~⑫는 상법 제796조 및 Hague Rules 제14조 참조.

⑪ 선박의 숨은 하자에 기인한 손해의 면책

⑫ 생동물 및 부패하기 쉬운 화물의 손해에 대한 면책

⑬ 화재에 기인한 손해의 면책(상법 제795조 제 2 항 참조)

(5) 부지약관(不知約款; unknown clause)

화주가 화물을 적입한 컨테이너의 내용물의 명세 및 상태에 대하여 운송인은 不知이며 면책이라는 조항

(6) 세관 또는 관청에 의해 봉인이 파봉된 경우에 운송인은 면책이라는 조항

(7) 운송인의 책임제한액에 관한 약관

화물이 멸실 또는 훼손되어 손해가 발생한 경우 운송인은 일정한 금액(예, 포장당 U$500 또는 666.67 SDR; 킬로그램당 U$2.00 또는 2.00 SDR 등)으로 배상액을 제한할 수 있다는 조항(표 5-3 참조).

[표 5-3] 선하증권통일조약 및 주요국의 운송인 책임제한액 비교

| 구 분 | 운송인의 책임제한액 | 비 고 |
|---|---|---|
| Hague Rules, 1924 | 100 Sterling Pound / 포장 | |
| Hague-Visby Rules, 1968 | ① 10,000 Pointcarè Franc / 포장<br>② 30 Pointcarè Franc / kg ⇒ ①, ②중 높은 금액 | — 666.67 SDR<br>— 2.00 SDR로 1972. 12. 21. 변경 |
| Hamburg Rules, 1978 | ① 835 SDR /포장<br>② 2.5 SDR/ kg ⇒ ①, ②중 높은 금액<br>③ 지연 : 운임의 2.5배 > 총운임 한도 | 1992. 11. 발효 |
| 한국 (해)상법 | 500 SDR /포장<br>(1993. 1. 1.부터 2010. 8. 3.까지) | 2010. 8. 4.부터는<br>① 666.67 SDR/포장<br>② 2.0 SDR / kg ⇒<br>①, ②중 높은 금액 |
| 일본 국제물품운송법 | 666.66 SDR/포장 | 1993. 6. 시행 |
| 중국 해상법 | ① 666.67 SDR / 포장<br>② 2.0 SDR / kg<br>⇒ ①, ②중 높은 금액<br>③ 지연 : 운임액 | 1993. 7. 시행 |

| | | |
|---|---|---|
| 미국 COGSA 1936 | U$ 500 / 포장 | |
| 영국 COGSA 1971 | Hague-Visby Rules와 동일 | |
| 독일, 프랑스 | Hague-Visby Rules와 동일 | |
| ICC/UNCTAD Rules for Multimodal transport Documents, 1992 | Hague-Visby Rules와 동일 | |

자료 : 필자 조사/정리.

(8) 히말라야 약관(Himalaya Clause)

위와 운송인의 면책 및 책임제한규정은 운송인의 이행보조자에게도 확장된다는 조항

(9) 기타 해상위험에 관한 약관

① 공동해손(General Average : G/A)에 관한 조항

② 쌍방과실충돌(Both to Blame Collision)에 관한 조항 등이 있다.

## 3-4 선하증권의 재발행

송하인이 운송인으로부터 선하증권 원본(OBL)을 교부받아 이를 분실 또는 도난당하였다면 화환어음에 OBL을 첨부할 수 없어 수출대금을 받을 수 없을 것이고 목적지에서는 수하인이 OBL을 운송인에게 제시할 수 없기 때문에 화물의 인도를 받지 못하게 된다. 그러므로 이러한 경우 송하인이나 수하인은 운송인에게 요청하여 OBL을 재발급 받아야 하는데, 이를 운송인측면에서 보면 유가증권인 OBL을 두 번 발행하는 것이 되어 동일 운송물에 대하여 채권자를 여러 명으로 만드는 결과로서 지극히 정상적인 일이 아니다. 그러므로 선하증권의 재발행업무를 수행하는 데에는 많은 주의가 요망된다. 다음에서 OBL의 재발행 절차를 살펴본다.

### 1) 선하증권의 재발행 요청자

운송인이 송하인에게 발급했던 OBL을 분실하는 사례를 보면, i) 송하인이 OBL을 은행에 네고하기 전에 분실한 경우, ii) 송하인이 네고한 후 그 네고은행과 개설은행 간의 우송 도중에 분실된 경우, 그리고 iii) 수하인이 은행에 물품대금을 지급하고 은행으로부터 OBL을 취득한 이후 그것을 소지하고 있던 자(수하의 권리자)가 분실한 경우 등으로 나누어 생각해 볼 수 있는데, 어느 경우이건 목적지에서는 OBL이 없으므로 화물을 인도받을 수 없게 된다. 따라서 위 i) 및 ii)의 경우에는 대개 送荷人이, iii)의 경우에는 受荷人이 운송인에 대하여 OBL의 재발급요청을 하게 될 것이다.

### 2) 선하증권의 재발행실무

#### (1) 공시최고(公示催告) · 제권판결(除權判決)에 의한 방법

우리나라, 일본 등 대륙법계 국가에서는 유가증권을 분실한 자가 그의 권리를 회복하기 위한 법적절차로서 유가증권의 공시최고 · 제권판결의 방법이 있다. 이 방법에 의한다면, OBL을 분실한 자(실권 될 권리자)는 그의 재판적(裁判籍)이 있는 지방법원에 분실 등 사실을 증명하는 서류를 제출하고 공시최고 수속을 밟고 법원으로부터 분실한 OBL의 무효 및 제권판결증서(除權判決證書)를 받아 그의 선하증권권리를 행사할 수 있다. 따라서 OBL을 분실했던 자가 송하인이라면 그 제권판결증서를 운송인에게 제출하고 OBL을 재발행 받을 수 있고, 수하인일 경우는 화물을 인도받을 수 있다.

그러나 이 공시최고 · 제권판결방법은 그 기간이 공고 종료일 후 3~6개월이라는 장기간이 소요되므로 현대의 해상운송, 특히 컨테이너선운송에서는 실용성에 문제가 있다. 따라서 실무에서는 OBL의 재발급을 위하여 다음과 같은 절차가 보다 널리 이용되고 있다.

#### (2) 은행보증장 또는 보증(담보)금을 예치하는 방법

OBL을 재발급 받고자 요청하는 자 자신이 화물권리자이며, OBL을 분실하였다는 사실의 진술과 함께 그것의 재발급을 요청하면서 그로 인하여 운송인에게 손해가 발생할 시에는 이를 배상하겠다는 내용이 포함된 보증서를 작성, 거기에 요청자 및 은행이 연서하여 운송인에게 제출한다(별지 5-4 참조). OBL의 재발급요청자가 은행으로부터 연대보증을 받지 못하는 경우에는 은행보증서 대신에,[53] 화물의 송장가액(CIF Value)의 130~200%에 해당하는 금액을 담보로 예치하고[54] OBL의 재발급을 요청하면 운송인은 그 은행보증장이나 예치금을 담보로 OBL을 재발행한다.

(3) 운송인의 선하증권 재발행

화주로부터 OBL의 재발행요청을 받은 운송인은 위와 같은 除權判決證書 또는 실무적으로 은행보증서 또는 담보금을 확보한 후 분실된 OBL과 동일한 내용으로 OBL을 재발행한다. 이때 재발행되는 OBL에는 다음과 같은 문구를 삽입하여 재발행된 것임을 명확히 한다.

〈재발행 OBL에 표시하는 문구(예)〉

"This Bill of Lading is a second(또는 duplicated) issue replacing the original set of the same tenor and date alleged to have been lost and which is now to stand void."

## 제 4 절 선하증권의 효력

본 절에서는 전술한 기재사항들이 기재된 선하증권이 발행된 경우 그 효력은 어떠한 가에 대하여 살펴보기로 한다. 그러기 위하여 여기서는 선하증권 자체의 효력인 물권적 효력(物權的效力)과 선하증권기재에 관한 효력인 추정적 효력(推定的效力) 및 채권적 효력(債權的效力), 그리고 운송인이 작성한 선하증권 약관(約款)의 효력으로 나누어 고찰한다.

53) 예컨대 유통불가의 기명식 선하증권의 경우는 無換화물이 대부분이어서 은행이 개입되어 있지 않기 때문에 은행의 보증을 받는 것은 사실상 어려운 일이다. 그래서 실무에서는 은행의 연대보증이 없는 화주회사의 보상각서(L/I)를 제출하고 OBL을 재발급 받는 경우도 있다.

54) 이는 운송회사마다 내부규정으로 정한 것이 약간씩 다르기는 하나 보통 이 정도 수준이며, California Commercial Code 1706조는 cargo value의 double(200%)로 규정하고 있다. 여기서 보증금액이 화물가액의 100%가 넘는 이유는, 사후에 발생하게 될지도 모를 소송관련비용, 손해배상금 등 운송인의 비용을 보전하기 위한 것이다.

## 4-1 선하증권의 물권적 효력

선하증권의 물권적 효력(物權的 效力; dinglische Wirkung)이란 어떤 화물에 대하여 선하증권이 발행된 경우에는 그 화물의 처분 즉, 화물의 양도 · 입질(入質) 등은 선하증권으로 하여야 하며(상법 제861조, 제132조), 또한 선하증권에 의하여 화물을 받을 수 있는 자에게 선하증권을 교부한 때에는 화물 위에 행사하는 권리의 취득에 관하여 화물을 인도한 것과 동일한 효력(상법 제861조, 제133조)이 있는 것을 말한다. 그러므로 어떤 사람이 선하증권소지인으로부터 정당하게 선하증권을 취득하였다면, 화물매매의 경우에는 화물에 대한 소유권의 취득, 入質의 경우에는 질권(質權)[55]을 취득하게 된다.

선하증권의 물권적 효력은 선하증권 소지인이 선하증권기재의 화물을 처분(매매 등)하는 관계에 있어서 선하증권을 배서하여 타인에게 교부하는 경우 선하증권을 수수(授受)하는 당사자 간에 미친다.

## 4-2 선하증권기재의 효력

### 1) 선하증권기재의 추정적 효력

선하증권기재에 "추정적 효력이 있다"라고 함은 선하증권의 기재사항들은 "그렇게 기재된 것과 같이 사실도 그렇다"라고 일단 '추정'되지만, 그러나 진실이 그렇지 않아 불이익을 받게 되는 당사자는 그러한 추정을 저지하기 위하여 사후에 반증을 제출할 수 있도록 허용되며, 그것이 진실로 밝혀지면 선하증권기재도 사실에 따라 번복될 수 있는 효력을 말한다.[56] 우리 상법은 선하증권통일조약 등 국제적 추이에 따라 선하증권기재의 효력에 관하여 "선하증권이 발행된 경우 운송인과 송하인 사이에 선하증권에 기재된 대로 …(중략)… 화물을 수령 또는 선적한 것으로 추정한다"라고 규정하여, 일응 선하증권기재에 추정적 증거

55) 질권(質權)이란 채권자가 채권의 담보로 채무자 또는 제 3 물상보증인으로부터 받은 물건을 채무의 변제가 있을 때까지 유치함으로써 채무의 변제를 간접적으로 강제하는 동시에, 변제가 없는 때에는 그 質物로부터 우선적으로 변제를 받을 수 있는 담보물권(민법 제329~355조)을 말한다.

56) 李均成, 전게 國際海上運送法硏究, p. 166 참조.

력(prima facie evidence)을 부여하고 있다(상법 제854조 제1항; 제855조 제2항).

선하증권기재의 추정적 효력은 운송계약의 당사자인 송하인(送荷人)과 운송인(運送人) 사이에 미친다.

### 2) 선하증권의 채권적 효력(債權的效力)

#### (1) 의 의

선하증권(B/L)의 채권적 효력(obiligatorische Wirkung)이란 어떤 화물에 대하여 B/L이 발행된 경우에는 화물운송의 진전과 B/L의 유통에 따라 송하인의 권리 의무도 B/L을 취득하는 자에게 승계하게 된다. 그런데 사후에 B/L을 취득하는 자는 운송계약의 당사자가 아니어서 당초의 운송계약내용을 아는 바 없다. 그래서 善意의 B/L소지인과 운송인사이의 채권 · 채무는 B/L에 기재된 바(文言)의 내용과 같이 범위가 정해지도록 하는 효력을 말한다.

우리 상법은 "B/L을 선의로 취득한 소지인에 대하여 운송인은 B/L에 '기재된 대로' 운송물을 수령 또는 선적한 것으로 보고 B/L에 기재된 바에 따라 운송인으로서 책임을 진다"고 규정하고 있으므로(상법 제854조 제2항; 제855조 제3항) B/L 기재에 결정적 증거력(Conclusive Evidence)을 부여하여 채권적 효력을 인정하고 있다. 그러므로 운송인은 B/L을 사실과 부합되도록 정확하게 기재 · 발행하여야 할 것이다.

선하증권의 채권적 효력은 송하인과 운송인 간에는 미치지 않고, 선하증권의 기재내용을 신뢰하고 선의로 취득한 B/L소지인과 운송인 사이에 미친다.

#### (2) 선하증권기재의 추정적 효력을 否認하기 위한 실무적 도구

대량화물을 취급하는 해상운송인은 화물을 실제로 계량하거나, 특히 컨테이너에 적입되어 있는 포장물을 일일이 개봉하여 점검할 수 없는 처지에 있으므로 아래의 예와 같이 그러한 사실, 즉 소위 부지문구(不知文句, unknown clause)를 선하증권에 기재하여 추정적 효력을 부인하기 위한 도구로 사용한다.

— "Shipper's Load, Count and Seal"[57]

---

57) B/L에 "외관상 양호한 상태로 수령하였다"는 문구가 있다고 할지라도 동시에 "Shipper's Load & Count" 혹은 "Said to Contain" 등의 不知문구가 기재되고, 운송인이 B/L발행 당시 컨테이너내의 내용물 상태를 검사/확인할 수 있는 합리적이고 적당한 방법이 없는 경우에는 부지문구는 유효하며, 따라서 컨테이너 안의 내용물상태까지 양호한 상태로 수령 또는 선적된 것으로 추정할

— "Said to Contain …"

— "Weight, Measurement, Contents and Value Unknown)"[58] 등

## 4-3 선하증권약관의 효력

### 1) 선하증권약관의 기본적 효력

정기선화물운송에 있어서는 운송계약의 일방당사자인 운송인이 계약조건을 선하증권에 미리 인쇄해 놓고, 다수의 상대방(화주)이 그 조항(약관)을 내용으로 계약을 체결한다고 인정하는 상관습이 성립되어 있어서, 특히 반대의 표시가 없는 限 묵시적 합의를 한 것으로 본다.[59] 그러므로 선하증권약관의 내용의 知 · 不知를 불문하고 일정한 요건(아래 참조)을 갖춘 약관은 해상운송계약의 당사자를 기속한다.[60]

### 2) 선하증권약관의 유효요건[61]

선하증권약관이 유효하려면 첫째, 사법상 일반원칙에 위반되지 않은 약관이어야 하고, 둘째, 강행법규에 위반되지 않아야 한다. 즉 운송인의 법정의무 및 책임을 경감하는 약관이거나 법으로 보장된 화주의 권한을 이유 없이 박탈 또는 제한하는 약관이 아니어야 한다.

셋째, 운송인은 화주에게 약관내용을 일반적으로 예상되는 방법으로 明示하고, 화주가 요구할 때는 당해 약관 사본을 교부하여야 한다.

그리고 우리나라 약관규제법은 약관의 주요내용을 설명하도록 규정하면서 예외를 두고 있는데(동법 제 3 조 제 3 항 단서), 선하증권약관은 그 예외조항 '계약의 성질상 그 설명이 현저히 곤란한 경우'에 해당한다고 생각되므로 선하증권약관에 대한 설명의무는 필수적이 아니라고 생각된다.[62]

---

수는 없다고 한 판례가 있다(대판 2001. 2. 9, 98다49074).

58) Oricon v. Intergraan(1967) 2 Ll.R.82 : "said to weigh gross 105,000kgs … for the purpose of calculating freight only"라고 기재되어 있는 B/L에 대해 영국법원은 중량에 대한 증거가 되지 못한다고 판시하였다.

59) 李銀榮, 約款規制法, 박영사, 1994, p. 4.

60) 白地商慣習法이론에 의한 당사자구속력 근거임; 보통거래약관의 당사자구속력을 인정하는 근거는 상관습법이론 외에도 자치법리론, 제한적 계약이론, 계약이론, 개인주의적 법률행위론, 부합계약이론, 등 여러 학설이 있지만 어느 이론을 취하든 "당사자 구속력"이 인정되고 있다.

61) 약관의 규제에 관한 법률 제 3 조, 제 6 조 및 제 7 조 참조.

62) 同旨, 李均成, 海商法講論, 한국해운기술원, 1988, p. 208.

# 제 5 절 화물인도와 선하증권 상환

운송계약화물이 선적되고 선하증권이 발행된 경우에는 운송인은 당해 화물을 약정목적지까지 운송하여 정당한 수하인에게, 선하증권 원본과 상환으로 인도하여야 그의 운송의무가 종료되는 것이다. 따라서 본 절에서는 먼저 누가 정당한 수하인인가를 알아보고, 운송인의 화물 인도절차에 대하여 살펴보기로 한다.

## 5-1 정당한 수하인

### 1) 선하증권이 발행된 경우

(1) 배서양도가 불가능한 기명식 선하증권에 의한 운송의 경우

선하증권상 수하인으로 기명되어 있는 수하인 또는 그 기명수하인으로부터 지명채권양도(指名債權讓渡)방식[63]으로 화물인도청구권을 양수받은 자가 정당한 수하인이다.

(2) 배서양도가 가능한 지시식 선하증권에 의한 운송의 경우

적정히 배서된 선하증권 원본소지인이 정당한 수하인이다.

### 2) 선하증권이 발행되지 않은 경우

해상운송화물에 대하여 선하증권이 발행되지 않은 경우, 예컨대, Sea Waybill 등에 의한 운송의 경우에는 운송인과 송하인이 운송계약으로 지정한 수하인이 정당한 수하인이다.

---

63) 指名債權이란 채권자가 특정되어 있는 채권을 말하는데, 이런 채권은 지시식 채권과는 달리 특정채권자가 그의 권리를 제 3 자에게 양도하려면 채권의 양도사실을 채무자에게 통지하고 채무자가 승낙한 경우에 한하여 양수인이 채무자에 대해 채권을 주장할 수 있다(민법 제450조 참조).

### 3) 특수한 경우

제권판결(除權判決)[64]절차 등을 밟아 재판관할권이 있는 법원으로부터 화물에 대한 권리자로 판결을 받은 자가 정당한 수하인이다.

## 5-2 선하증권 상환도(相換渡)

선하증권 상환도란 선하증권과 상환으로 화물이 인도되는 것을 말한다. 해상화물운송에 있어서 선하증권이 발행된 경우에는 수하인이 운송인으로부터 화물을 인도받으려면 적정히 배서된 선하증권원본(OBL)을 운송인에게 제시하고 이와 상환하여야만 화물을 인도받을 수 있다. 한편, 이를 운송인측면에서 보면 운송인은 OBL과 상환하지 않는 사람의 화물인도청구를 거절할 權利가 있으며, 동시에 OBL과 상환하지 않고는 화물을 인도하지 않아야 할 義務가 있다.[65]

운송인이 목적지에서 화물을 인도할 경우에는 수통의 OBL中 적정히 배서된 OBL 1통과 상환으로, 약정 목적지가 아닌 곳에서는 발행된 OBL전통(全通)과 상환으로 화물을 인도하여야 한다.

## 5-3 보증도(保證渡)

보증도란 목적지에서 선하증권 원본(OBL)을 취득하여 화물을 인도받을 권리를 취득하기로 한 자가 송하인으로부터 OBL을 입수하지 못한 경우에 소위 수입화물선취보증장(輸入貨物先取保證狀 : Letter of Guarantee; L/G)을 운송인에게 제출하고 화물을 인도받는 방식을 말한다.

L/G양식은 국가 또는 은행에 따라 동일하지는 않지만 그 주된 내용은 화물의 인도를 요청하는 자가 아직 OBL을 입수하지 못하였으니 그것을 입수하는

64) 민사소송법(제446~468조)에 의한 公示催告節次를 거쳐 유가증권의 실효를 선고하고 상실자에게 자격을 회복시켜 주는 판결.

65) 대판 1991. 4. 26, 90다카8098(제일은행 v. 천경해운); 대판 1991. 12. 10, 91다14123(중소기업은행 v. 신영해운); 同旨, 대판 1992. 1. 21, 91다14994(경남은행 v. 동신선박 외 3인) 등.

대로 운송인에게 제출하겠다는 것, 그리고 운송인이 OBL과 상환하지 않고 화물을 인도함으로써 사후에 운송인이 입을 수 있는 손해를 보증장의 발행인 및 보증장에 연서한 은행이 배상하겠다는 내용이 포함되어 있다(별지 5-5 참조).

보증도는 오랜 국제관행으로 이루어지고 있지만 운송인의 OBL소지인에 대한 책임에는 변함이 없다. 우리나라 대법원은 "보증도의 상관습은 정당한 OBL소지인에 대한 운송인의 책임을 면제함을 목적으로 하는 것이 아니고, 오히려 보증도로 인하여 정당한 OBL소지인이 손해를 입게 되는 경우 운송인이 그 손해를 배상하는 것을 전제로 하고 있는 것이므로, 운송인이 보증도를 한다고 하여 OBL과 상환함이 없이 화물을 인도함으로써 OBL소지인의 화물에 대한 권리를 침해하는 행위가 정당한 행위로 된다거나 운송인의 주의의무가 경감 또는 면제된다고 할 수 없고, 보증도로 인하여 OBL소지인의 화물에 대한 권리를 침범하였을 때는 고의 또는 중대한 과실에 의한 불법행위책임을 진다"고 판시하고 있다.[66)]

요컨대, 현재까지 우리나라 법원의 태도를 보면 보증도로 인하여 화물이 제3자에게 인도된 경우 정당한 OBL소지인에 대하여 화물을 인도하지 못하는 운송인의 책임에 관하여는 채무불이행책임(債務不履行責任)뿐만 아니라 불법행위책임(不法行爲責任)을 지우고 있는 처지에 있으므로, 운송인은 보증도에 관한 적절한 내부절차를 마련하여 업무를 추진하여야 할 것이다.

## 5-4 수령해태 또는 미수령 화물의 처리

운송인은 지금까지 살펴본 바와 같이 운송계약의 내용에 따라 화물을 약정된 목적지까지 운송하여 그것을 정당한 수하인에게 OBL과 상환으로 인도하여야 그의 의무가 완료된다. 그런데 운송인이 이와 같은 인도의무를 이행하려고 하여도 ① 수하인이 화물을 늦게 수령하거나(受領懈怠), 또는 ② B/L상 수하인으로 기재된 자가 수령하지 않거나(受領拒否) 또는 포기하는 경우(受領拋棄) 및 ③ 수하인이 누구인지를 알 수 없는 경우(受荷人不明)에는 당해 화물의 보관료가 발생하고, 특히 ② 및 ③의 경우에는 보관료문제에 더하여 당해 화물의

66) 대판 1992. 2. 25, 91다30026; 대판 1999. 4. 23, 98다13211 외 다수.

처리방법이 더 큰 문제로 된다. 아래에서 이들의 문제와 실무적 처리에 관하여 살펴본다.

### 1) 화물수령해태의 경우

(1) 개품운송화물의 수령을 해태하는 경우

수하인은 운송인과의 합의된 장소 또는 양륙항의 관습에 의한 때와 곳에서 지체 없이 화물을 수령하여야 할 의무가 있다(상법 제802조). 그럼에도 불구하고 선하증권에 의한 개품운송의 경우에도 화물이 목적지에 도착하였지만 수하인의 사정으로 인수해 가지 못하면 터미널에서 보관료 등 추가 비용이 발생된다.

이와 같은 비용의 발생을 사전에 방지하기 위하여 운송인은 화물이 소재한 지역 · 항만의 관습 및 화물의 성질(예; 일반, 부패 또는 변질되기 쉬운 화물)등을 고려하여 그들의 태리프(tariff)에 일정한 무료장치기간(free time)을 정하여 공표하여 운영하고 있다. 만약 수하인이 이 기간을 경과하여 화물을 수령하는 경우에는 일정한 화물지체료(demurrage)를 징수하고 있다.

(2) 항해용선계약에 의하여 운송된 화물의 수령을 해태하는 경우

수하인은 운송인으로부터 양륙준비가 완료되었다는 통지를 받은 후 계약으로 정한 기간[67] 내에 화물을 양륙 · 인수해 가야 한다. 만약 수하인이 이 기간을 경과시킨 경우에는 운송인은 약정한 체선료(滯船料; demurrage)등 상당한 보수를 청구하여 보상받는다(상법 제837조 제 3 항).

### 2) 수하인불명 · 수령거부 또는 수령포기의 경우

(1) 공탁 또는 세관 기타 관청의 허가를 받은 곳에 인도

수하인이 전항과 같이 화물지체료 또는 체선료를 부담하고 화물을 수령하기만 하면 당해 운송계약이 종료될 것이지만, 운송인이 수하인(OBL소지인)의 소재를 알 수 없거나 설사 소재를 알 수 있다고 하더라도 수하인이 화물의 수령

---

67) 이 기간의 산정은 운송인이 수하인에게 양륙준비완료의 통지를 한 때부터 기산하여 양륙준비완료통지가 오전에 있은 때에는 동일 오후 1시부터, 오후에 있은 때에는 익일 오전 6시부터 기산된다(상법 제 838조 제 2 항, 제829조 제 1 항).

을 거절 또는 포기하는 경우, 운송인은 수하인이 화물을 수령할 때까지 무한정 기다릴 수만은 없는 것이다. 그래서 상법은 "수하인을 알 수 없거나 수하인이 화물의 수령을 거부한 때에는 운송인은 화물을 공탁하거나 세관 기타 법령이 정하는 관청의 허가를 받은 곳에 인도하고, 「송하인」 및 「알고 있는 수하인」에게 그 통지를 발송하면 선하증권소지인 기타 수하인에게 화물을 인도한 것으로 본다"고 규정하고 있다(상법 제803조 제1항 및 제3항). 그러나 우리나라에는 위와 같이 화물을 공탁할 곳 또는 세관 기타 법령이 정하는 관청의 허가를 받은 곳이 현실적으로 존재하지 않는 문제점이 있다.

(2) 반송 · 공매 또는 폐기처분

수하인이 화물을 수령하지 않거나 또는 수하인을 알 수 없는 경우 실무적으로는 운송인이 송하인과 협의하여 반송조치를 취한다. 그런데 만약 송하인마저 행방불명이 되어 반송도 할 수 없는 경우에는 관세법이 정하는 절차에 따라 이를 공매하거나 또는 폐기처분하는 수밖에 없다.

[별지 5-1] 컨테이너화물운송용 B/L(예시) -전면-

**ABC SHIPPING CO., LTD.** **BILL OF LADING**

(운송인 명칭과 주된 영업소 주소) ⑯

| | |
|---|---|
| SHIPPER/EXPORTER (Complete Name and Address)<br>① 상법 제853조 제1항 4호 | BOOKING NO. (DOCUMENT NO.) Ⓓ<br>EXPORT REFERENCE Ⓔ |
| CONSIGNEE (Complete Name and Address)<br>② 동조, 1항 5호 | FORWARDING AGENT REFERENCE Ⓕ |
| NOTIFY PARTY (Complete Name and Address)<br>② 동조, 1항 5호 | POINT AND COUNTRY OF ORIGIN Ⓖ |
| PIER OR PLACE OF RECEIPT* Ⓐ / PRE-CARRIAGE BY Ⓑ | ALSO NOTIFY / DOMESTIC ROUTING Ⓗ |
| VESSEL VOY. (FLAG) ③ 동조, 1항 1호 / PORT OF LOADING ④ 동조, 1항 6호 | TYPE OF MOVE Ⓘ / CONTAINERIZED(Vessel only) Ⓙ ☐ yes ☐ no |
| PORT OF DISCHARGE ⑤ 동조, 1항 7호 / PLACE OF DELIVERY * Ⓒ | FINAL DESTINATION (For Merchant reference only) Ⓚ |

PERTICULARS FURNISHED BY SHIPPER

| ContainerNo. Seal No MARKS & NOS | NO of PKGS or Containers | H M ☐ ☐ | KIND OF PACKAGE : DESCRIPTION OF GOODS | TOTAL Gross Weight | TOTAL Measurement |
|---|---|---|---|---|---|
| Ⓛ (기호 및 번호) ⑥ | (수량) ⑦ | | (포장의 종류) ⑧ (운송물 명세) ⑨ | (중량) ⑩ | (용적) ⑪ |
| ← 동조 1항 2호 → | | | | | |
| Optional Declared Value | for increased | | freight charges to avoid Package Limitation | U.S$ _______ | |

Total no of Packages or containers (in words) : Ⓜ

| Freight & Charges | Rated as | RATE | PER | PREPAID | COLLECT | |
|---|---|---|---|---|---|---|
| ← (운임 관련 사항) ⑫ 동조 1항 8호 → ⑰ | | | | | | (선적 또는 수취일자) Date : By (약식서명)<br>Place of B(s)/L Issue ⑬ 동조, 1항 9호<br>No of B(s)/L Signed ⑭ 동조, 1항 10호<br>Date of B(s)/L Issue ⑮ 동조, 1항 9호 |
| | | | Total | | | BILL OF LADING NO. Ⓞ |
| | | | at | Ⓝ | | |

RECEIVED by the Carrier from the Shipper in apparent good order and condition unless otherwise indicated herein, the Goods, or the container(s) or package(s) said to contain the cargo herein mentioned, to be carried subject to all the terms and conditions provided for on the face and back of this Bill of Lading by the Vessel named herein or any substitute at the Carrier's option and/or other means of transport, from the place of receipt or the port of loading to the port of discharge or the place of delivery shown herein and there to be delivered to Consignee or on-carrier on payment of all charges due thereon.
If required by the Carrier, this Bill of Lading duly endorsed must be surrendered in exchange for the Goods or delivery order.
In Accepting this Bill of Lading the Merchant agrees to be bound by all the stipulations, exceptions, terms and conditions on the face and back hereof, whether written, typed, stamped or printed, as fully as if signed by the Merchant any local custom or privilege to the contrary notwithstanding.
IN WITNESS WHEREOF, the undersigned, on behalf of ABC Shipping Co., Ltd., the master and the owner of the Vessel has signed the number of Bill(s) of Lading stated above all of the same tenor and date, one of which being accomplished, the others to stand void.

ABC SHIPPING CO., LTD.
AS CARRIER
(서명)
BY ______________
⑰' 동조, 1항 본문

〈주〉 ①~⑰은 (상)법정기재사항이며, Ⓐ~Ⓞ는 임의적 기재사항임(복합운송의 경우는 Ⓐ와 Ⓒ가 필수적임).

## 컨테이너선 B/L -이면-

**1. DEFINITIONS**

When used in this Bill of Lading

(a) "Bill of Lading" means this contract of carriage for the Goods made between Carrier and Merchant, effective for all modes of transport from place of receipt to place of delivery.

(b) "Carrier" means Hanjin Shipping Co., Ltd., its vessel, agents and subcontractors at all stages of carriage; in context of Multimodal Transportation, "Ocean Carrier" means Hanjin Shipping Co., Ltd., the Vessel, her owner, operator and charterers and the agents and subcontractors of each; "Inland Carrier" means any barge line vessel, trucker or railroad with custody of the Goods under this Bill of Lading, and agents and subcontractors of each.

(c) "Goods" means the cargo as described on the face of this Bill of Lading and trailers, containers and transportable tanks when delivered to the Carrier by the Merchant containing the cargo.

(d) "Multimodal Transportation" means carriage of the Goods under this Bill of Lading by the Ocean Carrier and one or more Inland Carriers for a single freight charge to the Merchant.

(e) "Laden on Board" means physically laden on board the first means of transport operated in the service of the Carrier.

(f) "Merchant" means any actual or previous holder of this Bill of Lading.

(g) "Package" means the single largest unit of Goods (e.g, container, pallet, box, bale) delivered by Merchant to Carrier for carriage pursuant to the terms of this Bill of Lading.

(h) "Particulars" is that description of the Goods provided by the Merchant to the Carrier, and shall include all manner of description, marks, numbers, weight, measure, nature and value of the items constituting the Goods.

(i) "Subcontractor" identifies all interests engaged in owning, operating or chartering the vessel, lighterers, feeder line, stevedores, terminal operators, warehousemen, truckers, railroads, and the agents of each of them, and all other persons or legal entities performing services pursuant to contract with Ocean or Inland Carriers with respect to the Goods.

(j) "Vessel" means the vessel named in this Bill of Lading, and includes all assisting or substitute vessels, lighters or other conveyances.

N.B. The plural shall include the singular, and the singular shall include the plural throughout this Bill of Lading : the headings are for information purposes only. Any mention in this Bill of Lading of parties to be notified of the arrival of the Goods is solely for information, and failure to give such notification shall not involve the Carrier in any liability nor relieve the Merchant of any obligation.

**2. CLAUSE PARAMOUNT**

(a) This Bill of Lading shall have effect subject to the International Convention for the Unification of Certain Rules relating to Bills of Lading, dated at Brussels 25 August 1924 (The Hague Rules) as enacted in the country of shipment, unless the protocol, dated Brussels 23 February 1968 (The Hague-Visby Rules) or the United States Carriage of Goods by Sea Act, 1936 (U.S. COGSA, 46 U.S.C. Appendix 1300-1315) apply compulsorily.

(b) When no such enactments are in force in the country of shipment, the corresponding Hague Rules, Hague-Visby Rules or U.S. COGSA legislation (Hague/Visby/COGSA legislation) of the country of destination shall apply, but in respect of shipments to which no such enactments are compulsorily applicable, the terms of the Hague Rules shall apply.

(c) The applicable Hague/Visby/COGSA legislation shall govern throughout the time when the Goods are in the actual or constructive custody of the Carrier. The Carrier takes all reservation possible under the Hague/Visby/COGSA legislation relating to the period before loading and after discharging and while the Goods are in the charge of another Carrier, and to deck cargo and live animals.

**3. LITIGATION AND CLAIM**

(a) Disputes arising under the Bill of Lading shall be determined at the option of the Merchant by the courts and in accordance with the law (including choice of law) at

(i) the Carrier's principal place of business, (being Seoul, Korea, except for actions under U.S. COGSA, where the Carrier's principal place of business also includes Long Beach, California.); or

(ii) the place of receipt of the Goods by the Carrier, or the port of discharge.

(b) No proceedings may be brought before other tribunals by the Merchant unless Merchant and Carrier shall have agreed in advance in writing to both the choice of another tribunal and the law to be applied. Carrier may sue Merchant wherever Merchant or Goods are found.

(c) Suit shall not be deemed brought against the Carrier until jurisdiction shall have been obtained of the Carrier by service of summons.

(d) Claims for loss of or damage to the Goods may be filed at the offices of the Carrier or their agent at the port of discharge; claims must be filed and suits commenced within the applicable Hague/Visby/COGSA periods, unless the Merchant claims these rules are inapplicable and loss or damage occurred in the custody of the Inland Carrier, when claims must be filed, and suits commenced, within the time limits provided by law or tariff applicable to the Inland Carrier.

(e) Nothing in this Bill of Lading, expressed or implied, shall operate to limit or deprive the Carrier of any statutory protection or exemption or limitation of liability authorized by any applicable laws, statutes or regulations whether the action is founded in contract, in tort, or otherwise.

**4. RESPONSIBILITY**

(a) The Carrier shall be responsible for and shall enjoy the immunities and limitation against loss or damage pursuant to the applicable Hague/Visby/COGSA legislation for all periods when the Goods are in the actual or constructive custody of the Carrier.

(b) Where it is forbidden by law to extend Hague/Visby/COGSA legislation to the inland part of the Multimodal Transportation contract, the Carrier shall not be responsible for loss or damage to the Goods while the Goods are in the custody of the Inland Carrier in excess of the scope for which the Inland Carrier would have assumed the responsibility subject to its tariff.

(c) If, despite the terms herein, no legal regime clearly applies to the period of inland carriage, the Carrier and Inland Carrier shall not, in any circumstances, be liable for that part of any claim for damages caused by acts of God, acts or restraint of authority, inherent vice of the Goods, wrongful act or neglect of the Merchant, strike or stoppage of labor of any kind or extent, insufficient or defective packaging or marking or numbering of the Goods or Packages, or any cause, event or consequence which the Carrier could not avoid or prevent by reasonable diligence; nor for any other cause excluded by tariff.

(d) In context of Multimodal Transportation, where the Merchant or Carrier cannot establish in whose custody loss or damage occurred to Goods delivered to the Carrier in actual good condition, it shall be deemed, as between the Merchant and any Carrier, that the loss or damage occurred onboard the Vessel while in the custody of the Ocean Carrier.

(e) The Carrier shall not be responsible for loss of or damage to the Goods occurring before receipt of the Goods by the Carrier at the place of receipt or after delivery by the Carrier at the place of delivery.

(f) Where damage is alleged to the contents of any Package delivered by the Carrier without notation for external damage, it shall in all circumstances be a prerequisite to Carrier's liability that the Merchant shall first demonstrate its delivery of the contents of the Package in actual good condition at the Carrier's place of receipt.

(g) The Carrier shall not be responsible for any loss of or damage to live animals arising or resulting from any cause whatsoever.

(h) In respect of Goods carried on deck and identified on this Bill of Lading to be so carried, all risks of loss or damage from perils inherent in or incident to the custody or carriage of such Goods on deck shall be borne exclusively by the Merchant without recourse to the Carrier.

**5. TARIFF**

Where a public tariff has been filed by Carrier, Ocean Carrier or Inland carrier governing all or part of the period of carriage, the terms of this Bill of Lading may, to some extent, be modified by the terms of that tariff and by documents referenced therein, such as uniform inland Bills of Lading. To the extent of any actual inconsistency between tariff and this Bill of Lading, the terms of this Bill of Lading shall control to the fullest extent permitted by law.

**6. SUB-CONTRACTING AND ADDITIONAL INSTRUCTIONS**

(a) The Carrier shall be entitled to sub-contract on any terms the whole or any part of the handling, storage or carriage of the Goods and any and all duties whatsoever undertaken by the Carrier in relation to the Goods. Every servant, agent and sub-contractor (including all interests engaged in the owning or chartering of the Vessel, stevedores, warehousemen, and other independent contractors) and the agents of each shall have the benefit of all provisions herein for the benefit of the Carrier as if the provisions were expressly for their benefit; and in entering into this contract of carriage, the Carrier does so not only on his own behalf but also as agent for all such servants, agents and sub-contractors to the fullest extent permitted by the law applicable to Himalaya Clauses.

(b) Where the Carrier arranges alternative inland transportation as agent for the Merchant, the Merchant's rights and liabilities shall be governed by the law or contract applicable to the inland carriage, without further liability of the Carrier as a carrier.

**7. LIBERTIES**

(a) The Carrier shall make commercially reasonable efforts to carry the Goods expeditiously to the place of delivery, but the Carrier does not warrant any specific route, vessel, method of transport or delivery date, and shall have liberty to perform the carriage in any commercially reasonable manner and by any reasonable means, methods and routes including the right to tranship Goods using other Carriers, conveyances or containers. The Carrier shall always have liberty to comply with directions, howsoever given, of any government, national or local authority.

(b) At any stage in the carriage, the Goods may, at the Carrier's absolute discretion, be carried as a single shipment or as several shipments on any means of transport, whether owned or operated by the Carrier or not.

(c) The Carrier shall make commercially reasonable efforts to complete the carriage and to deliver the Goods at the place designated for delivery, but does not guarantee such delivery and shall be excused from all consequences of nondelivery at such place, (and shall remain entitled to full freight and charges and his lien,) if such delivery is commercially unfeasible, or would delay or imperil the interests of the Carrier or the Goods, the Goods of others or the general enterprise.

(d) In particular, the Carrier is excused from full performance of the contract of carriage by the existence or apprehension of war, declared or undeclared, hostilities, warlike or belligerent acts or operations, riots, civil commotions, boycotts or other disturbances; epidemics or diseases, quarantine, sanitary or similar regulations or restrictions; shortage, absence or obstacles of labor or facilities for loading, discharge, delivery or handling of the Goods; strikes, lockouts or other labor troubles, whether partial or general, and whether or not involving employees of the Carrier, his agents or sub-contractors; congestion of ports, berths, freight stations or terminals; closure of, obstacle in or danger to any canal, waterway, land route or railroad; ice, landslide, earthquake or other natural effects creating obstacles to carriage. This list is descriptive and not exhaustive, and the existence of any of these similar conditions prior to receipt of the Goods shall not constitute waiver of the Carrier's rights.

(e) If the Goods are unclaimed during a reasonable time or whenever, in the Carrier's opinion, the Goods will deteriorate, decay or diminish in value, the Carrier may sell, abandon or otherwise dispose of such Goods at the risk and expense of the Merchant and Goods.

(f) If, in the Carrier's opinion, good cause exists to fear danger, injury, loss, delay or disadvantage to the Carrier, the Goods, the Goods of others or to the general enterprise, the Carrier shall be entitled to dispose of the Goods in such way as the Carrier may deem advisable, or to cancel the contract of carriage without compensation and to require the Merchant to take prompt delivery of the Goods. Such actions by the Carrier shall constitute complete and final delivery and full performance of this contract, and the Carrier shall thereafter be freed from any responsibility for the Goods.

(g) Any action taken by the Carrier pursuant to this clause for the intended benefit of the Vessel, the Goods, the Goods of others or the general enterprise shall fall within the contractual carriage, and such action or delay resulting therefrom shall not constitute a deviation at law, and the Carrier shall be entitled to the full benefit of all privileges, rights and immunities contained in the Bill of Lading.

**8. CONTAINERS**

(a) On any Vessel or other mode of transportation designed to carry containers, the Carrier has the right to carry Goods in containers in any area designed for such carriage. Such carriage of the Goods shall constitute "under deck" stowage for all purposes, including Hague/Visby/COGSA regulations and General Average.

(b) Where the Goods are not already packed into containers at the time of receipt, the Carrier shall be at liberty to pack and carry them in any type of container.

(c) The Merchant shall indemnify the Carrier against any loss of or damage to the Carrier's container or other equipment while in the possession or control of the Merchant, his agents or sub-contractors engaged by or on behalf of the Merchant.

(d) The Carrier shall in no event be liable for and the Merchant shall indemnify and hold the Carrier harmless from and against any loss of or damage to property of other persons or injuries to other persons caused by the Carrier's container or the contents thereof during handling by, or while in the possession or control of, the Merchant, his agents or sub-contractors.

(e) If any container is delivered sealed by the Merchant to the Carrier, this Bill of Lading is evidence of the receipt only of the number of containers shown on the Bill of Lading, and the condition and any particulars of the contents are unknown to the Carrier; and the Merchant warrants that the containers and contents thereof are suitable for handling and carriage. In the event of breach of this warranty, the Carrier shall not be responsible for any loss of or damage to or in connection with the Goods and the Merchant shall be liable for loss of or damage to any other property, or for personal injury or the consequences of any other accidents or events whatsoever. If such containers are delivered by the Carrier with seals intact, such delivery shall be full and complete performance of the Carrier's obligation hereunder and the Carrier shall not be liable for any loss of or damage to the contents of the containers.

(f) The Carrier does not undertake to carry the Goods in refrigerated, heated, insulated, ventilated or any other special containers, unless special arrangements for the carriage of such containers have been agreed to in writing between the Carrier and the Merchant and special freight has been paid. The Carrier does not accept responsibility for the function of special containers supplied by or on behalf of the Merchant. The Carrier does not guarantee the maintenance of any temperature inside any container.

**9. FREIGHT**

(a) Freight shall be payable at any lawful rate agreed with the Merchant, and will be calculated on the basis of the Particulars furnished by the Merchant; but the Carrier may at any time open, examine, weigh, measure and value the Goods and Packages to determine the accuracy of the Merchant's Particulars. If it is determined by the Carrier that the freight or charges should be higher, the Carrier may collect the additional amount from the Merchant who shall also be liable for all expenses associated with recalculation of freight or charges.

(b) Full freight and all advance charges shall be considered completely earned on receipt of the Goods by the Carrier, whether the Vessel or the Goods be damaged, lost or not lost, or the journey frustrated or abandoned. All freight and charges shall be paid in full without any offset, counterclaim or deduction, and shall be paid in the currency named in this Bill of Lading.

(c) Each Merchant shall be severally liable to the Carrier for the payment of all freight, charges and other amounts due the Carrier.

**10. MERCHANT'S RESPONSIBILITY**

(a) Each Merchant shall be responsible for any failure to perform any Merchant's obligations under any of the terms of this Bill of Lading; and each shall indemnify the Carrier against and hold it harmless upon written demand from all liability, loss, damages and expense which the Carrier may sustain or incur arising or resulting from any such failure of performance by the Merchant or any of them. The responsibility of each Merchant shall not be diminished by the existence of any lien claim on the Goods.

(b) Any reference on the face of the Bill of Lading to any particulars of the Goods is furnished by the Merchant, and the Carrier shall not be responsible for the accuracy thereof. The Merchant warrants to the Carrier that the particulars furnished by him are correct.

(c) Each Merchant warrants that equipment, whether owned or leased by the Carrier, would be returned to the Carrier within a reasonable time stipulated in the applicable tariff and further promises and agrees to pay equipment detention charges stipulated in the applicable tariff including the costs and expenses of recovering the same in case of failure to do so.

**11. LIEN**

(a) The Carrier shall have a lien on the Goods, for all freight, dead freight, demurrage and the costs and expenses of recovering the same and any other sums whatsoever payable by the Merchant under this Bill of Lading or any other Bill of Lading between Carrier and Merchant and may enforce this lien, by all available means, including public or private sale. The net proceeds of any such sale, after first deducting all costs and expenses in executing the lien shall be applied towards the settlement of the amounts due the Carrier. If on sale of the Goods, the proceeds fail to cover the amount due and the cost and expenses incurred, the Carrier shall be entitled to recover the deficit from the Merchant.

(b) The Carrier shall have a lien on the Goods for all expenses and charges incurred in protecting or caring for the Goods, whether the Goods be damaged or not, and for any payment or liability of whatsoever nature incurred by the Carrier in connection with the Goods, including legal fees incurred through attachments or interpleader or other proceedings in respect of the Goods.

**12. DANGEROUS GOODS, CONTRABAND**

(a) The Carrier undertakes to carry Goods of a hazardous, injurious or dangerous nature only upon the Carrier's written acceptance of a prior written application by the Merchant for the carriage of such Goods.

(b) The Merchant shall ensure that the nature of dangerous Goods is distinctly and permanently marked and manifested on the outside of the packages and containers, and shall submit all documents or certificates required by any applicable statutes or regulations.

(c) Whenever Goods are discovered to be contraband or prohibited by any applicable laws or regulations, the Carrier shall be entitled to have such Goods rendered innocuous, thrown overboard or discharged or otherwise disposed of at the Carrier's discretion without compensation.

**13. DELIVERY**

(a) The Carrier shall have the right to deliver the Goods at any time at any place designated by the Carrier within the geographic limits of the place of delivery.

(b) In any case the Carrier's responsibility shall cease when the Goods have been delivered to the Merchant, its agent or subcontractors or otherwise according to law at the place designated by the Carrier. Delivery of the Goods to the custody of Customs or any other authorities shall always constitute final discharge of the Carrier's responsibility hereunder.

(c) For Goods received by the Carrier in containers the Carrier shall only be responsible for delivery of the total number of containers shown on the face of the Bill of Lading, and shall not be required to unpack the containers.

(d) Where the Goods have been packed into containers by the Carrier, the Carrier shall unpack the containers and deliver the contents thereof and shall not be required to deliver the Goods in containers.

(e) The Carrier shall not be liable for failure to deliver in accordance with marks unless the Goods or Packages shall have been clearly, legibly and permanently marked.

**14. NOTICE OF CLAIM AND TIME FOR SUIT**

(a) Unless notice of loss or damage and the general nature of such loss or damage be given in writing to the Carrier or his agent at the place of delivery at the time of delivery, such removal shall be evidence of the delivery by the Carrier of the Goods as described in the Bill of Lading. If the loss or damage be not apparent, the notice must be given in writing to the Carrier within three days after delivery.

(b) In any event and however founded the Carrier shall be discharged from all liability unless suit is brought within one year after the delivery of the Goods or the date when the Goods should have been delivered.

(c) Where the Merchant contests the general application of Hague/Visby/COGSA legislation, proof that damage actually occurred in the care, custody or control of the Inland Carrier, and that claim or suit were not timely made within the time limits provided by law and tariff applicable to the Inland Carrier shall create an absolute defense to the liability of the Ocean Carrier.

**15. DAMAGES**

(a) In no event shall the Carrier be liable for more than the contract value to the Merchant of the damaged or lost items at the place and time they were or should have been delivered to the Merchant. Where permitted by law, the Carrier's liability hereunder shall not exceed the Merchant's net invoice cost, freight and insurance premiums, if paid.

(b) In no event shall the Carrier be responsible for consequential damages, for lost profits, for non-compensatory damages, for exemplary damages, or for damages of any kind arising from delay, loss of market, depreciation or damages payable by the Merchant to any third party.

**16. LIMITATION OF DAMAGES**

(a) Damages shall, in all events, be limited in accordance with the applicable Hague/Visby/COGSA legislation.

(b) Unless the nature and value of the Goods have been declared in writing by the Merchant before shipment and inserted in this Bill of Lading, and ad valorem freight regulated in the applicable tariff paid in advance;

(i) Where Hague Rules apply, the Carrier shall in no event be liable for loss or damage in an amount exceeding the minimum allowable limit per package or unit in the applicable version of the Hague Rules.

(ii) Where U.S. COGSA applies, the Carrier shall in no event be or become liable for any loss or damage to or in connection with the Goods in an amount exceeding U.S. dollars 500 per package or, in case of Goods not shipped in packages, per customary freight unit.

**17. GENERAL AVERAGE AND SPECIAL CHARGES**

(a) General Average to be adjusted, stated and settled at any port or place at the Carrier's option, according to the York-Antwerp Rules 1974 (as amended 1990) in the currency selected by the adjuster, who shall be appointed by the Carrier.

(b) Average agreement, non-separation agreement, deposit or bond shall be furnished by the Merchant to the Carrier before delivery of Goods subject to claims for contribution in General Average.

(c) The Amended Jason Clause as approved by the Baltic and International Maritime Conference (BIMCO) is incorporated here by this reference.

(d) The Both-to-Blame Collision Clause as adopted by BIMCO is incorporated here by this reference.

(e) In case of special charges or expenditures unforeseen by the terms of this Bill of Lading, and not compensable in General Average, the Merchant shall reimburse the Carrier for all such special charges and expenditures that might be applicable to the Goods.

**18. DEVIATION**

No reasonable or customary action taken by the Carrier during the carriage of the Goods shall constitute a deviation, and in particular, no action taken by the Carrier pursuant to the Liberties Clause above shall constitute a deviation if it was taken for the intended benefit of the Vessel, the Goods, the Goods of others or the general enterprise. It shall be prerequisite to the Merchant's claim for damages on account of deviation that the Merchant's insurance shall first have been cancelled on account of the alleged deviation. No deviation shall oust the right to limit liability or damages, and the Carrier shall always be entitled to the full benefit of all privileges, rights and immunities contained in this Bill of Lading and any incorporated tariffs.

**19. SEVERABILITY OF TERMS**

(a) The terms of this Bill of Lading are severable, and if any part or term is declared invalid or unenforceable, the validity or enforceability of any other part or term shall not be affected.

(b) In particular, if any term of this Bill of Lading is held to be repugnant to the applicable Hague/Visby/COGSA legislation or to any tariff to any extent, such term shall be void to that extent but no further.

[별지 5-2] 용선계약부 B/L(GENCONBILL) -전면-

CODE NAME: "CONGENBILL". EDITION 1994

Page 2

**BILL OF LAD. ,G**

TO BE USED WITH CHARTER-PARTIES

B/L No. 02

Reference No.

Shipper

AL HAVI OCEAN CO. L.L.C.
P.O.BOX 29061

DUBAI,U.A.E

Consignee

TO THE ORDER

**COPY**
**NON-NEGOTIABLE**

Notify address

CHEMICALS AND METALS INTERNATIONAL CO.,
82 EL MERGHANY ST. HELIOPOLIS, EGYPT

Vessel: M.T "GOLDEN FAREAST"

Port of loading: BANDAR IMAM KHOMEINI ,IRAN

Port of discharge: ADABIA PORT- EGYPT

Shipper's description of goods

SULPHURIC ACID IN BULK

CLEAN ON BOARD

FREIGHT PAYABLE AS PER CHARTER PARTY

Gross weight: 200.000 MT

(of which on deck at Shipper's risk; the Carrier not being responsible for loss or damage howsoever arising)

| | |
|---|---|
| Freight payable as per CHARTER-PARTY dated ........<br><br>FREIGHT ADVANCE.<br>Received on account of freight:<br>........<br><br>Time used for loading .......... days .......... hours. | SHIPPED at the Port of Loading in apparent good order and condition on board the Vessel for carriage to the Port of Discharge or so near thereto as she may safely get the goods specified above.<br>Weight, measure, quality, quantity, condition, contents and value unknown.<br>IN WITNESS whereof the Master or Agent of the said Vessel has signed the number of Bills of Lading indicated below all of this tenor and date, any one of which being accomplished the others shall be void.<br><br>FOR CONDITIONS OF CARRIAGE SEE OVERLEAF |

| Freight payable at | Place and date of issue |
|---|---|
| AS PER C/P | BANDAR IMAM KHOMEINI,IRAN 11.01.2005 |
| **Number of original Bs/L** | **Signature** |
| 3/3 | ON BEHALF OF MASTER<br>CAPT. IM CHANG SU<br>SEAWAVES SHIPPING SERVICES<br>AS AGENT ONLY<br>SEAWAVES SHIPPING SERVICES HEAD OFFICE TEHRAN اداره مرکزی تهران |

C.15 Printed and sold by Witherby & Company Limited, 32/36 Aylesbury Street, London EC1R 0ET. Tel. No. 0171 251 5341 Fax No. 0171 251 1296 by authority of The Baltic and International Maritime Council, (BIMCO) Copenhagen.

## 용선계약부 B/L(GENCONBILL) –이면–

**BILL OF LADING**
TO BE USED WITH CHARTER-PARTIES
CODE NAME : "CONGENBILL"
EDITION 1978
ADOPTED BY
THE BALTIC AND INTERNATIONAL MARITIME COMMERCE(BIMCO)

### Condition of Carriage

(1) All terms and conditions, liberties and exceptions of the Charter Party, dated as overleaf, are herewith incorporated. The Carrier shall in no case be responsible for loss of or damage to cargo arisen prior to loading and after discharging.

(2) General Paramount Clause
The Hague Rules contained in the International Convention for the Unification of certain rules relating to Bills of Lading, dated Brussels the 25th August 1924 as enacted in the country of shipment shall apply to this contract. When no such enactment is in force in the country of shipment, the corresponding legislation of the country of destination shall apply, but in respect of shipment to which no such enactments are compulsorily applicable, the terms of th said Convention shall apply.

*Trades where Hague-Visby Rules apply*
In trades where the International Brussels Convention 1924 as amended by the Protocol signed at Brussels on February 23rd 1968-the Hague Visby Rules- apply compulsorily, the provision of the respective legislation shall be considered incorporated in this Bill of Lading. The Carrier takes all reservations possible under such applicable legislation relating to the period before loading and after discharging and while the goods are in the charge of another carrier, and to deck cargo and live animals.

(3) General Average
General Average shall be adjusted, stated and settled according to York-Antwerp Rules 1974 in London unless otherwise another place is agreed in the Charter. Cargo's contribution to General Average shall be paid to the carrier even when such average is the result of a fault, neglect or error of the Master, Pilot or Crew. The Charterers, Shippers, and Consignees expressed renounce the Netherlands Commercial Code, Article 700, and the Belgian Commercial Code, Part II, Article 148.

(4) New Jason Clause
In the event of accident, danger, damage or disaster before or after the commence of the voyage, resulting from any cause whatsoever, whether due to negligence or not, for which, or for the consequence of which, the Carrier is not responsible, by statutes, contract or otherwise, the goods, shippers, consignees or owners of the goods shall contribute with the Carrier in general average to the payment of ant sacrifices, losses or expenses of a general average nature that may be made or incurred and shall pay salvage and special charges incurred in respect of the goods.
If a salvage ship is owned or operated by the Carrier, salvage shall be paid for as fully as if the said salving ship or ships belonged to strangers. Such deposit as the Carrier or his agents may deem sufficient to cover the estimated contribution of the goods and any salvage and special charges thereon shall, if required, be made by the goods, shippers, consignees or owners of the goods to the Carrier before delivery.

(5) Both-to Blame Collision Clause
If the Vessel comes into collision with another ship as a result of negligence of the other ship and any act, neglect or default of the Master, Mariner, Pilot or the servants of the Carrier in the navigation or in the management of the vessel, the owners of cargo carried hereunder will indemnify the carrier against all loss or liability to the other or non-carrying ship or her owners in so far as such loss or liability represents loss of, or damage to, or any claim whatsoever of the owners of said cargo, paid or payable by the other or non-carrying ship or her owners th the owners of said cargo and set-off, recouped or recovered by the other or non-carrying ship or her owners as part of their claim against the carrying vessel or carrier. The foregoing provisions shall also apply where the owner, operators or those in charge of any ship or ships or objects other than, or in addition to, the colliding ships or objects are at fault in respect of a collision or contact.

For particulars of cargo, freight, destination, etc., see overleaf

[별지 5-3] Clean B/L 발행을 위한 Letter of Indemnity 양식(London P&I Club추천 양식 )

(company letter head)

**Letter of Indemnity**

To : Date :

Dear sirs,

Ref. : Vessel name, voy.:________________ B/L No. :__________________

Description of goods & conditions :

Invoice value :__________________

The above goods were shipped on the mentioned vessel by messrs. _____(and consigned to ________________).

We hereby request you to issue a clean bill of lading.

In consideration of your complying with our above request we hereby agree as follows :

1. To indemnify you, your servants and agents and to hold all of you harmless in respect of any liability loss or damage or whatsoever nature which you may sustain by reason of issuing clean Bill of Lading in accordance with our request up to the sum of US$ (                    )

2. In the event of any proceedings being commenced against you or any of your servants of agents in connection with the issuance of Bills of Lading as aforesaid to provide your or them from time to time with sufficient funds to defend the sum.

3. If the shipper any other ship or property belonging to you should be arrested or detained or if the arrest or detention thereof should be threatened, to provide such bail or other security as may be required to prevent such arrest or detention or to secure the release of such ship or property and to indemnify you in respect of any loss, damage or expenses caused by such arrest or detention whether or not the same may be justified.

4. The liability of each and every person under this indemnity shall be joint and several and shall not be conditional upon your proceeding against any person, whether or not such person in party to or liable under this indemnity.

Yours faithfully,

For and on behalf of ________________

(title/name/signature)

[별지 5-4] B/L의 재발행을 위한 Letter of Indemnity 양식(예)

## Letter of Indemnity

To : (운송회사) ______________________

Dear sirs,

Vessel Name :

Port of Shipments : Port of Discharge :

B/L No. :

No. of Package :

Description of goods :

Invoice value :

1. In consideration of your signing a duplicate set of bills of lading for the abovementioned shipment made by the above vessel, original set being lost, we hereby undertake to hold you and each of you harmless and keep you and each of you indemnified against all claims which may be made upon you and any of you or each of you under the said B/L or any of the set of which it forms a part against all loss, costs(as between Attorney of Solicitor and Client) damages and expenses which you or any of you may suffer or be put to be and reason of signing a duplicated set of bills of lading.
2. If a claim should be raised against you as a consequence of the issuance of this duplicate set of bills of lading we further to authorize you to settle such claim directly, with the claimant, and we undertake to keep you indemnified for all your outlays to this effect.
3. If any proceedings should be commenced in this respect we undertake to provide you from time to time with sufficient funds to meet you outlays to such proceeding.
4. In case the vessel or any property belonging to you should be arrested for any claim as a consequence of your issuing this duplicate bill of lading, we undertake to provide bail to get the vessel or other arrested property released and to inde mnify you for loss and expenses caused to you be the arrest, whether justified or not.

Yours faithfully,

For and on behalf of ______________

(회사명, 대표자명, 날인 또는 서명)

Place and date :

For and on behalf of ______________

(보증은행명, 날인 또는 서명)

### [별지 5-5] 화물선취보증장(우리나라 은행 표준 L/G 양식)

LETTER OF GUARANTEE DATE:

| SHIPPING CO. | | CREDIT NO. | L/G NO. |
|---|---|---|---|
| | | B/L NO. | Date of Issue |
| SHIPPER | | VESSEL NAME & VOYAGE NO. | |
| | | PORT OF DISCHARGE or PORT of DELIVERY | |
| INVOICE VALUE | | PORT OF LOADING | |
| | | CONSIGNEE | |
| MARKS & NOS | NO OF PACKAGES | PARTY TO BE DELIVERY | |
| | | DESCRIPTION OF GOODS | |

Where as you have issued a Bill of Lading covering above shipment and the above cargo has been arrived at the above port of discharge (or place of delivery), we hereby request you to give delivery of the said cargo to the abovementioned party without production of the original Bill of Lading.

In consideration of your complying with above our request, we hereby agree as follows:

1. to indemnify you, your servants and agents and to hold all of you harmless in respect of any liability loss, damage or expenses which you may sustain by reason of delivering the cargo in accordance with our request, provided that the undersigned Bank shall be exempt from liability for freight or expenses in respect of the contract of carriage.

2. As soon as all original bills of lading for the above cargo comes into our possession, we shall surrender the same to you, whereupon our liability hereunder shall cease.

3. The liability of each and every person under this guarantee shall be joint and several and shall not be conditional upon your proceeding first against any person, whether or not such person is party to or liable under this guarantee.

4. This guarantee shall be governed and construed in accordance with Korean law and the jurisdiction of the competent court in Korea.

Should the Bill of Lading holder file or bring a lawsuit against you, you shall notify the undersigned Bank as soon as possible.

Your faithfully,

| For and on behalf of | For and on behalf of |
|---|---|
| (name of requester)__________________ | (name of Bank)__________________ |
| (Authorized Signature) | (Authorized Signature) |

# 연습문제

## ❋ 서 술 형

1. 선하증권의 법적 기능과 경제적 효용에 대해 설명하시오.
2. 선하증권과 관련된 주요 법제에 대해 설명하시오.
3. 선하증권의 필수기재사항에 대해 설명하시오.

## ❋ 용어설명

· 선적선하증권(on board B/L)과 수령선하증권(Received B/L)
· 기명식 선하증권(Straight B/L)과 지시식 선하증권(Order B/L)
· 무고장 선하증권(Clean B/L)과 고장부 선하증권(Foul B/L)
· 용선계약부 선하증권(Charter party B/L)
· 수입선취화물보증장(L/G : Letter of Inclemінty)
· 선하증권의 물권적 효력
· 선하증권의 채권적 효력
· 헤이그-비즈비규칙
· 선하증권의 원본(OBL)

CHAPTER

# 6

# 기타 운송증권의 이해와 업무

## 제 1 절 항공화물운송장

### 1-1 항공화물운송장의 일반적 사항

#### 1) 항공화물운송장의 개념

화물이 항공기로 국제운송될 경우에 송하인이 일정한 양식의 항공화물운송장(Air Waybill; AWB)을 작성하여 항공운송인에게 제출하면 운송인이 서명하여 발행한다. 이렇게 발행된 Air Waybill(AWB)은 항공운송인이 운송을 위하여 화물을 수령하였음을 인증(認證)하고, 이를 목적지까지 항공기로 운송하여 지정(AWB상에 記名)수하인에게 인도할 것과 이에 대하여 화주는 운송인에게 그 대가를 지급할 것을 약정한 운송계약의 증서로서 비유통성의 항공화물운송장이라 할 수 있다.

항공화물운송에 항공기를 운항하지 않는 프레이트 포워더가 항공운송인으로서 행위하는 경우에는 그의 화주에게 AWB을 발행하는데 이를 항공사가 발행하는 것과 구분하기 위하여 'House AWB'이라 부른다. 이에 대하여 항공사가 포워더에게 발행하는 운송장을 'Master AWB'이라고 한다.

### 2) 항공화물운송장의 법적 기능과 실무적 역할

#### (1) 항공운송계약 증서

AWB은 송하인과 운송인 간에 AWB의 기재내용과 같이 화물운송계약이 체결되었음을 입증하는 증서기능을 한다.[1] 3매의 AWB원본 중 1번(항공사용)과 3번(송하인용)이 이에 해당한다.

#### (2) 화물수령증서

AWB은 항공운송인이 운송을 위하여 송하인으로부터 AWB에 기재된 화물을 수령하였다는 증서기능을 한다(AWB 원본 3번).

#### (3) 송장(送狀)

AWB은 화물과 함께 목적지에 보내져서 수하인이 화물의 명세, 운임, 요금 등을 대조하고 검증할 수 있는 역할을 한다(AWB 원본 2번).

#### (4) 보험계약증서

송하인이 화주보험(SII; 각주 10)에 부보하고, AWB에 보험금액 및 보험료를 기재한 경우에는 AWB는 보험증서의 기능을 한다(AWB 원본 3번).

#### (5) 운임 등 청구서

AWB은 운임 및 요금이 선급(先給)조건인 경우에는 송하인에 대한 청구서 기능(AWB 원본 3번), 후급조건의 경우에는 수하인에 대한 청구서 기능(AWB 원본 2번)을 한다.

#### (6) 수출입신고서 등 수입통관자료

AWB에 의한 수출입신고가 가능한 화물에 대하여는 AWB이 수출입신고서로서 사용될 수 있다.

#### (7) 운송지침서

송하인 또는 운송인이 화물의 운송, 취급, 인도에 관한 특별한 내용을 AWB상에 기재한 경우, AWB은 화물과 동반하므로 출발지, 경유지, 목적지 등에서 그 기재내용대로 화물을 적절하게 취급할 수 있도록 지침서 역할을 한다.

1) 바르샤바조약 제11조 1항 참조 : The air waybill shall be prima facie evidence of the conclusion of the contract, of the receipt of the goods and of the conditions of transportation.

#### (8) 화물인도증서

도착지에서 운송인이 수하인에게 화물을 인도하고 수하인으로부터 AWB상에 수하인의 서명(또는 날인)을 받아 인도의 증거서류로 한다(AWB 4번 부본).

#### (9) 업무처리용 서류

AWB부본은 위의 4번 외에도 다수(5번부터 12번)가 있는데, 그 중 5번은 도착지공항세관의 업무용으로 사용되고, 6, 7, 8번은 AWB을 발행한 운송인(first carrier)과 제 2 의 연계운송인(second carrier) 이후의 각 후속 항공운송인들의 운임의 정산, 회계자료 등 업무용 서류로 사용된다. 9번 부본은 발행 대리점용이다. 10번부터 12번 부본은 예비용으로서 후속 항공사가 더 많은 경우에도 사용될 수 있도록 하고 있다.

### 3) 항공화물운송장(AWB)과 선하증권(B/L)의 성질 비교

#### (1) B/L의 요인(要因)증권성과 AWB

B/L이나 AWB은 운송계약에 의해 운송인이 운송을 위해 화물을 수령 또는 선적(기적)하였다는 것을 전제로 발행되므로 양자 모두 요인성(要因性)이 있다고 볼 수 있다. 따라서 화물의 수령사실 없이 AWB이 발행될 수 없음은 물론이다.

#### (2) B/L의 요식(要式)증권성과 AWB

B/L이 화물의 인도청구권을 표창하는 증권이기 위해서는 상법이 정한 기재사항(상법 제853조)이 B/L에 기재되어야 하므로 B/L은 요식성이 있다. AWB도 운송계약의 증서기능을 포함, 전술한 여러 기능의 수행을 위해서 국제항공운송조약이 정한 양식과 거기에 포함될 사항(바르샤바조약 제 8 조; 몬트리올조약 제 5 조)이 기재되어야 하므로 AWB도 요식성이 있다고 보는 것이 타당하다.

#### (3) B/L기재의 추정적 효력과 AWB

B/L이 발행된 경우에는 운송인이 그 B/L에 기재된 대로의 화물을 수령한 것으로 추정하는 것과 같이 AWB에 의한 운송의 경우도 또한 같다.[2)]

---

2) 몬트리올조약 제11조 (2)항 : Any statements in the air waybill relating to the weight, dimensions, and packing of the goods, as well as those relating to the number of packages, shall be prima facie evidence of the facts stated(후략).

(4) B/L의 제시(提示) · 상환(相換)증권성과 AWB

B/L이 발행된 경우에는 그 소지인이 운송인에 대하여 화물인도청구권이 있으며 그 권리를 행사하기 위해서는 운송인에게 적정히 배서된 B/L을 제시하고 이와 상환으로만 화물을 인도받을 수 있다. 그러나 AWB에 의한 운송의 경우에는 AWB을 소지하고 있는 사람이라고 하더라도 그가 항공운송인에 대하여 화물인도청구권이 있는 것이 아니며, 화물을 인도받을 자는 운송계약에 의하여 수하인(consignee)으로 지정된 자이다. 그러므로 항공운송인은 계약상 수하인으로 지정된 자임이 확인되면 그에게 화물을 인도하면 되고, B/L처럼 반드시 그것과 상환할 필요가 없다. 따라서 AWB은 B/L과 달리 상환증권성이 없다.

(5) B/L의 처분(處分)증권성과 AWB

어떤 화물에 대하여 B/L이 발행된 경우에는 그 화물에 관한 처분(예컨대, 화물의 매도, 양도 등)은 반드시 「B/L로써」하여야 하지만, AWB은 그 자체가 화물의 인도채권을 표창하는 유가증권이 아니므로 B/L이 가지는 처분증권성이 없다.

(6) B/L의 인도(引渡)증권성과 AWB

B/L은 이를 정당하게 소지한 자가 거기에 배서하여 타인에게 양도하는 경우, 그 B/L을 양수받은 자는 B/L기재의 화물에 대한 권리를 취득하게 되고, 또한 B/L의 인도는 B/L기재의 화물을 인도한 것과 동일한 효력(선하증권의 物權的 效力)이 인정된다. 그러나 AWB은 B/L과 달리 이러한 효력이 없다.

(7) B/L의 지시(指示)증권성과 AWB

지시증권이란 증권에 기재되어 있는 특정인 또는 그가 배서로 지시하는 자를 그 증권의 권리자로 인정하는 유가증권인데, B/L은 증권면에 특히 배서의 금지표시가 없는 한 배서에 의하여 유통될 수 있는 지시증권이다. 이에 비하여, AWB은 유통이 불가능하며 따라서 화물의 권리자를 배서의 방법으로 지시할 수 없는 운송장이므로[3] 지시증권성이 없다.

---

3) 실무상으로는 IATA가 제정한 AWB 面에 'Non Negotiable'이라고 표시하고 있다.

[표 6-1] B/L과 AWB의 주요사항 비교표

| 기 능 | BILL OF LADING | AIR WAYBILL |
|---|---|---|
| 화물수령증서 기능 | 있 음 | 있 음 |
| 운송계약증서 기능 | 있 음 | 있 음 |
| 화물권리증서 기능 | 있 음 | 없 음 |
| 지시 · 유통 증권성 | 있 음 | 없 음 |
| 물권적 효력 | 있 음 | 없 음 |
| 상환증권성 | 있 음 | 없 음 |
| 수하인 기재방식 | 지시식 또는 기명식 | 기명식 |
| 정당한 수하인 | 적정히 배서된 B/L소지인 | 약정수하인(AWB상 記名受荷人) |
| 운송의 중지 · 반송 · 수하인 변경 등 처분권(right to dispose of the goods) | B/L 소지인에게 있음 | 운송계약당사자인 送荷人에게 있음. ☞ 수하인이 목적지에서 화물의 인도청구를 한 경우에는 송하인의 처분권은 중지됨(바르샤바조약 제12조) |

## 1-2 항공화물운송장의 양식과 통수의 구성

### 1) 항공화물운송장의 양식

국제간의 항공화물운송은 단일 항공사에 의하여 수행되는 경우가 많지만 이에 못지않게 한 항공사가 체결한 하나의 운송계약을 세계에 산재해 있는 국적이 다른 여러 항공사가 연계하여 이행하는 경우도 많으므로 국제간에 사용되는 항공화물운송장은 그 형식을 통일시킬 필요성이 있게 되었다. 따라서 국제항공운송협회(International Air Transport Association : IATA)는 국제항공운송조약(바르샤바조약 및 그 개정 의정서, 몬트리올조약)을 수용하여, 한정된 크기의 용지(A4 용지)에 항공화물운송에 필요한 여러 가지 기재사항들을 적절히 배치한 IATA Air Waybill 양식을 제정함과 아울러 그 발행방식을 표준화함에 따라 오늘날 모든 항공화물운송인이 이를 널리 사용하고 있다(별지 6-1, Air Waybill 양식 참조).

### 2) 항공화물운송장의 종류와 구성

AWB은 특정 항공사 고유의 로고가 인쇄된 "Airline AWB"과 AWB발행시에 운송인명을 기재하여 사용하는 "Neutral AWB"이 있는데 그 기재항목과 운송조건은 양자가 모두 동일한 IATA 규정(IATA Resolution 600a/600b)[4]에 따르고 있다.

AWB은 원본(original) 3장과 5 내지 9장의 부본(copy)으로 구성되어 있는데[5] 각 장은 용도가 정해져 있으며 이의 식별을 용이하게 하기 위하여 색용지를 사용하고 있다(표 6-2 참조).

## 1-3 항공화물운송장의 발행

### 1) 항공화물운송장의 작성자와 발행인

AWB은 송하인이 작성하는 것이 원칙이지만[6] 우리나라에서는 실무적 관행으로 항공운송인(대리인)이 작성한다. 그러나 비록 송하인의 요청에 의해서 운송인이 작성한 경우라도 이는 송하인을 대신하여 작성한 것으로 간주된다.[7]

AWB은 항공운송인이 운송을 위하여 화물 전량을 수령한 후 [표 6-2]와 같이 원본에 서명하여 발행한다.

### 2) 항공화물운송장의 기재사항

IATA가 제정(Resolution 600a/600b; 2008. 3. 17 발효)하여 현재 실무에서 통용되고 있는 AWB양식(별지 6-1)을 기준으로 그 기재사항을 살펴보면 아래와 같다.

#### (1) 화주에 관한 사항

AWB에는 운송계약의 당사자이자 화물의 발송자인 송하인(shipper)과 목적

---

4) Resolution 600a는 IATA가 제정한 AWB의 구성과 생성규정이며, Resolution 600b는 항공운송약관 구성과 내용에 관한 규정을 말한다.

5) IATA Resolution 600a에 의하면 Neutral AWB은 최소 8장(Original 3장, Copy 최소 5장)으로 된 1세트를 사용하거나, 아니면 최소 4장으로 된 2세트(Original 2장과 Copy 최소 2장으로 된 세트 + Original 1장 Copy 최소 3장으로 된 세트)로 구성하여야 한다고 규정하고 있다.

6) 바르샤바조약 제6조 제1항(The air waybill shall be made out by the consignor …).

7) 몬트리올조약 제7조 제4항(If, at the request of the consignor, the carrier makes out the air waybill, he shall be deemed, subject to proof to the contrary, to have done so on behalf of the consignor).

지에서 화물을 인도받을 자인 수하인(consignee)의 명칭이 주소, 전화번호, 팩스번호 등과 함께 [별지 6-1]의 ①과 ②에 각각 기재된다. 만약 Consignee가 은행인 경우에는 실수하인을 「Handling Information」(별지 6-1의 ⑲)에 표시한다.

그리고 수하인 외에 특히 화물도착통지 등 당해 운송에 관한 어떤 통지를 운송인으로부터 받을 자(notify party)를 지정한 경우에는 그 정보도 이 「Handling Information」란에 기재한다.

[표 6-2] 항공화물운송장의 구성

| AWB 번호 | 용 도 | 색상 | 기 능/역 할 |
|---|---|---|---|
| 1번 (원본) | for Carrier(운송인용) ⇒송하인 서명 | 녹색 | 항공운송을 인수하고 AWB을 발행한 항공사용<br>—송하인과 운송인간의 운송계약체결의 증서기능<br>—운임 등의 회계처리용 |
| 2번 (원본) | for Consignee (수하인용) ⇒송하인+운송인서명 | 적색 | —화물과 함께 목적지(수하인)에 보내지는 AWB.<br>—운송인은 AWB에 기명된 수하인에게 화물인도 |
| 3번 (원본) | for Shipper(송하인용) ⇒운송인 서명 | 청색 | —출발지에서 운송인이 항공운송을 위하여 송하인으로부터 AWB기재의 화물을 수령하였다는 증서 기능<br>—송하인과 운송인과의 운송계약체결의 증서 기능 |
| 4번 (부본) | Delivery Receipt (인도항공사용) ⇒수하인 서명 | 황갈색 | —화물의 인도영수증 기능<br>—운송인의 운송계약의 이행증서<br>(화물인도 항공사가 수하인으로부터 4번 AWB에 서명을 받아 인도영수증으로 보관) |
| 5번 (부본) | 도착지 공항용 | 백색 | 화물과 함께 도착지 공항에 보내져 세관 등 도착지 공항의 필요 부처에서 사용됨. |
| 6, 7번 (부본) | 운송에 참여한 항공사용 | 백색 | 운송계약을 인수한 항공운송인 외에 운송에 참여한 구간별 항공사가 있는 경우 그들의 운임정산용으로 사용 |
| 8번 (부본) | AWB발행 대리점용 | 백색 | AWB을 발행한 대리점 보관용 |
| 9~12번 (부본) | Extra copy(예비용) | 백색 | 참가 항공사가 많을 경우 등 필요시에 사용될 예비용 |

자료 : IATA Resolution; Korean air cargo.

### (2) 항공운송구간에 관한 사항

화물을 탑재한 항공기의 출발 및 도착하는 도시 또는 공항명을 [별지 6-1]의 ⑤ 및 ⑯에 기재한다.

### (3) 운송인에 관한 사항

AWB에는 다음과 같이 운송인을 구분하여 표시한다.

첫째, AWB 발행운송인(issuing carrier)의 표시 : 항공화물운송을 인수하고 AWB을 발행하는 항공화물운송인의 명칭과 본사의 주소를 [별지 6-1]의 ③에 기재한다.

둘째, AWB 발행운송인의 대리점(issuing carrier's agent)의 표시 : 항공사로부터 수수료를 받는 대리점의 명칭과 그 소재지(도시명)를 [별지 6-1]의 ④에 기재한다.

셋째, 최초 항공사(first carrier)의 표시 : 화물의 항공운송을 실행하는 최초 항공사의 명칭과 함께 그가 운송하는 목적지의 공항코드를 [별지 6-1]의 ⑦에 기재한다.

넷째, 연계운송의 경우 각 구간별 참여운송인 : 항공운송을 인수한 운송인과 화주가 화물의 최종목적지까지 둘 이상의 항공사가 개입하여 운송을 이행하는 것으로 합의한 경우에는 각 구간별로 참여하는 항공사의 명칭을 [별지 6-1]의 ⑧a, ⑧, ⑨a, ⑨에 각각 기재한다.

### (4) 운송화물에 관한 사항

AWB에는 운송화물에 관한 사항을 다음과 같이 표시한다.

첫째, 화물명세 : 화물명칭, 용적(3면 dimensions), ULD코드를 [별지 6-1]의 ⑳i)에 기재한다. 특히 위험품의 경우에는 IATA규정에 따른 정보를 부기하여야 한다.

둘째, 포장의 개수 : 항공운임의 단위요율을 적용하는 포장의 개수를 [별지 6-1]의 ⑳a에 기재한다.

셋째, 화물의 중량 : AWB에는 화물의 총중량(Gross Weight)과 운임적용중량(Chargeable Weight) 양자를 [별지 6-1]의 ⑳b, ⑳c 및 ⑳f에 각각 기재한다. 중량단위는 K(kilogram) 또는 L(pound)로 표시한다. Chargeable Weight란(별지 6-1의 ⑳f)에는 화물의 중량과 부피 중 운임이 높게 산출되는 쪽을 기재한다.

넷째, 화물 및 포장의 외관상태(apparent condition of the goods and of the packing) 표시 : AWB에는 운송인이 수령한 화물이나 포장의 외관상태를 기재하여야 한다.[8] 실무적으로는 AWB 전면에 "별도의 명시가 있는 것을 제외하고는 외관상 양호한 상태로 수취하였다"라고 약관형식으로 미리 인쇄해 놓았다. 운송인은 수령한 화물에 이상이 있는 경우 그 상태를 AWB에 기재함은 물론이다.

(5) 항공기편(flight no.)에 관한 사항

AWB은 운송인이 화물을 수령한 시점에 발행되기 때문에, AWB상(별지 6-1의 ⑰)에 기재되는 항공편명은 화물이 기적(機積)될 예정으로 있는 항공편이다. 그러므로 이것은 화물이 실제로 기적된 항공편과 다를 수 있고, 그런 경우에는 그 변경이 가능하다.

(6) 운임에 관한 사항[9]

AWB에는 운임의 산출기준 및 총액의 기재뿐만 아니라 아래에서 보는 바와 같은 여러 가지 내용을 함께 기재한다.

첫째, IATA품목번호(commodity item no.)를 요율종류코드(예, normal rate라면 N)와 함께 [별지 6-1]의 ⑳e에 기재한다.

둘째, 운임적용 대상 중량(chargeable weight)을 [별지 6-1]의 ⑳f에 기재한다.

셋째, Kg당 또는 Lbs당 요율(rate/charge)을 [별지 6-1]의 ⑳g에 기재한다.

넷째, 위에 근거하여 산출된 운임 합계액을 [별지 6-1]의 ⑳h에 기재한다.

다섯째, 운임 이외에 부대요금이 있는 경우에는 그 내용과 액수, 지급처 및 선후급을 구분하여 [별지 6-1]의 ㉑, ㉑a, ㉑b, ㉑c, ㉑d, ㉑e에 각각 표시한다.

여섯째, 운임 및 요금의 총액을 선급 또는 후급으로 나누어 [별지 6-1]의 ㉒a 및 ㉒b에 표시한다.

(7) 송하인이 신고한 화물가액

송하인이 화물가액을 신고하는 경우는 운송인용(Declared Value for Carriage)과 세관용(Declared Value for Customs)으로 나눌 수 있다. 전자의 경우는 송하인이 운송인에게 화물가액을 신고하고 이를 AWB(별지 6-1의 ⑭)에 기재, 종가요금을

8) 바르샤바조약 제 8 조 (j)항 참조.

9) 항공화물운임의 종류, 적용방법 등에 관하여는 제 4 장 제 4 절 참조.

지급하면(별지 6-1의 ㉑b), 화물손해가 발생된 경우, 운송인의 책임제한규정이 배제되며 신고한 가액대로 배상받게 된다. 후자의 경우는 화주가 통관목적으로 세관에 신고하는 화물가액(별지 6-1의 ⑮)으로서 종가요금이 적용되지 않는다.

### (8) 보험부보에 관한 사항

화주가 항공화물화주보험(Shipper's Interest Insurance; SII)[10)]에 가입하는 경우에는 그 보험금액을 [별지 6-1]의 ⑱에 기재하며, 가입하지 않을 경우에는 동 란에 "XXX"로 표시한다.

### (9) AWB 낱장별 번호(number of parts of AWB)

한 세트로 발행되는 AWB은 각 장마다 번호를 붙이고 그 용도를 표시한다(별지 6-1의 맨 아래 참조).

〈예〉 Original 1(for Carrier),
Original 2(for Consignee),
Original 3(for Shipper),
Copy 4(for Delivery Receipt)
Copy 6(extra copy)
Copy 8(for Agent) 등

### (10) AWB의 발행장소와 일자

AWB을 발행한 운송인의 사무소가 위치한 도시명 및 발행일자(일, 월, 년)를 [별지 6-1]의 ㉔에 기재한다. 이는 항공운송을 인수한 운송인의 주소와 반드시 일치하는 것은 아니다.

### (11) 서　명

AWB원본은 3통이 발행되는데 서명은 아래와 같이 한다.

1번 원본(운송인용)에는 송하인이 [별지 6-1]의 ㉓에 서명하고, 2번 원본(수하인용)에는 송하인 및 AWB을 발행하는 운송인 양자가 [별지 6-1]의 ㉓과 ㉕에 서

10) SII는 항공운송의 신속성을 고려, 운송화물의 부보절차를 간편하게 하기위하여 개발된 특이한 보험이다. 이 보험은 일반 적하보험과는 달리, 화주가 항공사에게 SII에 부보할 의사를 표시하면 항공사가 보험사를 대신하여 보험계약을 체결하고 화주로부터 보험료를 지급받고, 그 항공사가 보험계약자로서 특정보험사와 적하보험계약을 체결하는 것이다. 화물에 손해가 발생하였을 경우, 화주는 항공사를 통하여 보상받거나 또는 보험사로부터 직접보상을 받을 수 있다.

명하며, 3번 원본(송하인용)에는 AWB을 발행하는 운송인이 [별지 6-1]의 ㉕에 서명한다. 운송인 및 송하인의 서명은 인쇄 또는 스템프로 찍어도 된다.[11]

(12) AWB Number

AWB Number는 항공사 코드(3자리 숫자) + 8자리 일련번호(끝자리 check digit 숫자 포함)로 구성되며(예, 180-1234567 8 등), AWB용지의 상단과 하단에 표시된다(별지 6-1의 ㉖).

## 1-4 항공화물운송장 약관내용

### 1) AWB약관의 개념

AWB약관이란 항공화물운송계약의 내용과 운송조건 등을 정한 조항으로 계약조관(契約條款)이라 할 수 있다.

AWB약관은 IATA가 국제항공운송조약내용에 부합되게 표준약관을 제정하였고, 각국의 항공운송인(항공사, 항공화물혼재업자)은 당해 국가의 항공운송관계법을 수용하면서 IATA 표준약관을 준용하여 설정하고 있다(별지 6-1의 이면 참조).

IATA Resolution 600a/b에 의거한 우리나라 항공운송인의 AWB을 보면, 표면에 운송계약당사자의 동의 및 확인약관, 이면에 운송인책임제한에 관한 고지약관 1개와 12개의 운송조건에 관한 약관이 인쇄되어 있는데 그 주요내용을 살펴보면 아래와 같다.

### 2) AWB표면에 기재되어 있는 약관

AWB 표면에는 첫째, 운송인은 AWB에 표시된 화물을 별도의 다른 표시가 없는 한, 이면의 거래조건에 따라 외관상 양호한 상태로 수령하였다는데 동의하는 조항 둘째, 운송인은 화물을 송하인의 특별한 반대지시가 없는 한 다른 운송수단으로도 운송할 수 있으며, 또한 운송인이 적합하다고 생각하는 경유지를 거쳐 운송하는 것에 송하인이 동의한다는 조항 셋째, 송하인은 항공운송인의 책임제한금액에 대하여 주의를 기울이며, 필요한 경우에는 책임한도액보다

11) 몬트리올조약 제 7 조 제 2 항 및 3항 참조.

더 높은 화물가액을 신고하고 추가운임을 지불함으로써 책임한도액을 증가시킬 수 있다는 조항 다섯째, 송하인은 AWB 표면의 기재사항이 정확하다는 것을 확인하며, 특히 위험물인 경우에는 위험물관계법규에 의거 정확히 기술되고 당해 항공운송에 적합한 상태임을 확인한다는 조항 등이 인쇄되어 있다(별지 6-1의 표면 참조).

### 3) AWB 이면에 기재되어 있는 주요약관

#### (1) 항공운송인의 책임제한에 관한 공지사항

항공운송의 최종목적지가 외국이거나 외국을 경유할 경우에는 바르샤바조약 또는 몬트리올조약이 적용된다. 송하인이 화물가액을 신고(AWB의 'Declared Value of Carriage'란에 기재)한 경우를 제외하고는 모든 화물의 멸실, 손상, 지연에 대해 운송인의 책임한도는 kg당 17SDR 또는 250(French gold franc)[12]으로 제한되며, 적용 가능한 법률에 따라 해당 국가의 환율로 환산된다.

#### (2) 항공운송인의 책임관련 법원(法源)에 관한 사항

항공운송인의 책임과 관련하여서는 바르샤바조약, 몬트리올조약, AWB약관조항, 운송조건, 관련 규칙 및 운송인의 태리프(tariff) 규정이 적용된다.

운송조건약관에는 화물의 멸실 · 손상 · 지연손해에 대한 항공운송인의 책임한도, 화주의 운송인에 대한 손해배상청구 및 소송제기기간 제한조항, 운송인의 계약조건의 변경권 · 운송거부권 조항, 그리고 항공기의 대체 또는 재운송을 포함하여 운송의 지연 또는 실패에 관한 운송인의 책임제한 등이 포함된다(약관 2조).

#### (3) 국제항공운송조약이 적용되지 않는 구간의 운송인의 책임한도에 관한 사항

계약운송구간이 바르샤바조약 또는 몬트리올조약이 적용되지 않는 운송구간에서 화물의 멸실, 손상 또는 지연손해가 발생한 경우 운송인의 책임한도는 운송인의 태리프 또는 운송약관에서 정한 한도를 초과하지 않는다(약관 4조).

#### (4) 송하인의 운임지급보증에 관한 사항

운송인이 송하인의 동의 없이 수하인에게 신용(credit)을 공여한 경우를 제

---

12) French Gold Franc은 순도 900/1000의 금 65.5mg을 함유한 프랑화를 말한다.

외하고, 송하인은 태리프, 약관, 관련 법규 또는 해당 정부의 명령 등에 근거하여 정당하게 책정된 모든 운임 및 요금을 지급할 것을 보증한다(약관 5조).

(5) 운송인의 책임제한금액의 배제에 관한 사항

송하인은 바르샤바조약과 몬트리올조약에 따라 필요한 경우 화물가액을 신고하고 종가운임(ad valorem charge)을 지불함으로써 운송인의 책임제한금액을 증가시킬 수 있다(약관 6조).

(6) 항공운송인의 대리인, 사용자 등의 책임제한에 관한 사항

항공운송인이 향유하는 면책사항이나 책임제한 특권은 운송인의 대리인 또는 사용인과 항공기소유자(임대차 항공기에 의한 운송의 경우) 및 그의 대리인 등에게도 적용된다(약관 8조).

(7) 항공운송인의 임의재량권에 관한 사항

항공운송인은 당해 운송을 신속히 완수해야 할 의무가 있다. 그리고 관련 법률, 태리프, 정부 규정이 용인되는 곳에서 화주에게 유리할 경우 운송인은 사전 통고 없이 임의로 타 항공기 또는 다른 운송수단으로 대체할 수 있고, 적당한 항로를 선택할 수 있으며, AWB에 표기된 항로의 변경 또는 이로(離路)도 할 수 있다(약관 9조).

(8) 화주의 손해배상청구 · 제소 기한 등에 관한 사항

① 손해배상청구기한 : 화주는 화물의 손상손해가 발생된 경우 그러한 사실을 발견한 즉시 또는 늦어도 화물을 인도받은 후 14일 이내, 지연손해의 경우에는 화물인도 후 21일 이내, 전손(全損) 또는 인도불능의 경우에는 AWB의 발행일로부터 120일 이내(AWB이 발행되지 않은 경우에는 화물인도일부터 120일 이내)에 서면으로 운송인에게 클레임을 제기하여야 한다(약관 10.1조).

② 손해배상청구 상대방 : 화주가 손해배상청구를 할 상대방은 AWB을 발행한 운송인, 최초 운송인 또는 최후 운송인, 손해가 발생된 구간의 운송인 중 누구에게든지 가능하다(약관 10.2조).

③ 제소(提訴)기한 : 화물을 운송한 항공기가 목적지에 도착한 날 또는 도착되기로 한 날 또는 운송이 중단된 날로부터 2년 이내에 소송이 제기되지 않으

면 운송인에 대한 손해배상청구권은 소멸된다(약관 10.4조).

☞ 화주가 위 ①, ②에 따라 클레임을 제기하지 않은 경우에는 화물이 양호한 상태로 운송계약에 따라 인도되었다는 추정적 증거로 되며(약관 제10조 본문; 몬트리올조약 제31조), 기한 내에 서면으로 클레임을 제기하지 않았다면 운송인에 대해 화물 손해배상청구를 위한 소송도 제기할 수 없게 된다(약관 제10.3조; 몬트리올조약 제35조).

(9) 송하인의 법규위반과 배상책임에 관한 사항

송하인은 화물의 출발지 및 도착지 국가의 법규 및 화물의 포장, 운송, 인도 관련 법규를 준수해야 한다. 따라서 송하인이 법규를 위반하여 어떤 손실이나 비용이 발생하였더라도 운송인은 책임이 없으며, 나아가 이로 인하여 운송인에게 어떤 손해나 비용이 발생된 때에는 송하인이 이를 배상하여야 한다(약관 제11조).

(10) 약관조항의 변경 등에 관한 사항

운송인의 대리점, 직원, 지사원 등은 본 약관조항을 수정 또는 변경하거나 특정조항을 면제시킬 수 없다(약관 12조).

## [별지 6-1] Air Waybill -전면-

| SHIPPER'S NAME AND ADDRESS<br>① | SHIPPER'S ACCOUNT NUMBER<br>①a | **Not negotiable House Air Waybill(Air Consignment note) issued by**<br>③ |
|---|---|---|
| CONSIGNEE'S NAME AND ADDRESS<br>② | CONSIGNEE'S ACCOUNT NUMBER<br>②a | copies1,2 and 3 of this Air Waybill are originals and have the same validity<br>**MAWB NO:** ㉖<br>It is agreed that the goods described herein are accepted in apparent good order and condition(except as noted)for carriage SUBJECT TO THE CONDITIONS OF CONTRACT ON THE REVERSE HEREOF. THE SHIPPER'S ATTENTION IS DRAWN TO THE NOTICE CONCERNING CARRIER'S LIMITATION OF LIABILITY. shipper may increase such limitation of liability by declaring a higher value for carriage and paying supplemental charge if required. |
| ISSUING CARRIER'S AGENT NAME AND CITY<br>④ | | ALSO NOTIFY NAME AND ADDRESS(OPTIONAL ACCOUNTING INFORMATION) |
| AGENT'S IATA CODE<br>④a | ACCOUNT NO. | |
| AIRPORT OF DEPARTURE(ADDR OF FIRST CARRIER) AND REQUESTED ROUTING<br>⑤ | | |

| To | By first Carrier / Routing and Destination | To | by | To | by | CURRENCY | CHGS CODE | WT/VAL PPD | WT/VAL COLL | OTHER PPD | OTHER COLL | DECLARED VALUE FOR CARRIAGE | DECLARED VALUE FOR CUSTOMS |
|---|---|---|---|---|---|---|---|---|---|---|---|---|---|
| ⑦a | ⑦ | ⑧a | ⑧ | ⑨a | ⑨ | ⑩ | ⑪ | ⑫ | | ⑬ | | ⑭ | ⑮ |

| Airport of Destination | Flight/Date | Flight/Date | AMOUNT OF INSURANCE | INSURANCE |
|---|---|---|---|---|
| ⑯ | ⑰ | ⑰ | ⑱ | if Carrier offers insurance, and such insurance is requested in accordance with conditions on reverse hereof indicate amount to be insured in figures in box marked amount of insurance |

HANDLING INFORMATION

⑲

| NO. OF PIECES RCP | GROSS WEIGHT | kg lb | RATE CLASS / COMMODITY ITEM NO. | CHARGEABLE WEIGHT | RATE / CHARGE | TOTAL | NATURE AND QUANTITY OF GOODS (INCL. DIMENSIONS OR VOLUME) |
|---|---|---|---|---|---|---|---|
| ⑳a | ⑳b | ⑳c | ⑳d ⑳e | ⑳f | ⑳g | ⑳h | ⑳i |

| PREPAID | WEIGHT CHARGE | COLLECT | Other Charges |
|---|---|---|---|
| ㉑a | | | ㉑ |
| | VALUATION CHARGE | | |
| ㉑b | | | |
| | TAX | | **Shipper certifies that the particulars on the face hereof are correct and that insofar as any part of the consignment contains dangerous goods such part is properly described by name and is in proper condition for carriage by air according to the applicable Dangerous Goods Regulations** |
| ㉑c | | | ㉓ |
| | TOTAL OTHER CHARGES DUE AGENT | | |
| | ㉑d | | |
| | TOTAL OTHER CHARGES DUE CARRIER | | Signature of Shipper or his Agent |
| | ㉑e | | |
| TOTAL PREPAID | | TOTAL COLLECT | |
| ㉒a | | ㉒b | ㉔ ㉕ |
| Currency Conversion Rates | | cc charges in Dest. Currency | Executed on (Date) at (Place) Signature of Issuing Carrier or its Agent |
| FOR CARRIERS USE ONLY AT DESTINATION | | CHARGES AT DESTINATION | TOTAL COLLECT CHARGES<br>㉖ |

ORIGINAL I (For Issuing Carrier)

[별지 6-1] Air Waybill -이면-

## NOTICE CONCERNING CARRIERS' LIMITATION OF LIABILITY

If the carriage involves an ultimate destination or stop in a country other than the country of departure, the Warsaw Convention or the Montreal Convention may be applicable and in most cases limit the liability of the Carrier in respect of loss of, damage or delay to cargo. Depending on the applicable regime, and unless a higher value is declared, liability of the Carrier may be limited to 17 Special Drawing Rights per kilogram or 250 French gold francs per kilogram, converted into national currency under applicable law. Carrier will treat 250 French gold francs to be the conversion equivalent of 17 Special Drawing Rights unless a greater amount is specified in the Carrier's conditions of carriage.

## CONDITIONS OF CONTRACT

1. In this contract and the Notices appearing hereon:
CARRIER includes the air carrier issuing this air waybill and all carriers that carry or undertake to carry the cargo or perform any other services related to such carriage.
SPECIAL DRAWING RIGHT(SDR) is a Special Drawing Right as defined by the International Monetary Fund.
WARSAW CONVENTION means whichever of the following instruments is applicable to the contract of carriage: the Convention for the Unification of Certain Rules Relating to International Carriage by Air, signed at Warsaw, 12 October 1929; that Convention as amended at The Hague on 28 September 1955; that Convention as amended at The Hague 1955 and by Montreal Protocol No. 1, 2, or 4(1975) as the case may be.
MONTREAL CONVENTION means the Convention for the Unification of Certain Rules for International Carriage by Air, done at Montreal on 28 May 1999.

2./2.1 Carriage is subject to the rules relating to liability established by the Warsaw Convention or the Montreal Convention unless such carriage is not "international carriage" as defined by the applicable Conventions.

2.2 To the extent not in conflict with the foregoing, carriage and other related services performed by each Carrier are subject to:

2.2.1 applicable laws and government regulations;

2.2.2 provisions contained in the air waybill, Carrier ¡s conditions of carriage and related rules, regulations, and timetables (but not the times of departure and arrival stated therein) and applicable tariffs of such Carrier, which are made part hereof, and which may be inspected at any airports or other cargo sales offices from which it operates regular services. When carriage is to/from the USA, the shipper and the consignee are entitled, upon request, to receive a free copy of the Carrier ¡s conditions of carriage. The Carrier ¡s conditions of carriage include, but are not limited to:

2.2.2.1 limits on the Carrier¡s liability for loss, damage or delay of goods, including fragile or perishable goods;

2.2.2.2 claims restrictions, including time periods within which shippers or consignees must file a claim or bring an action against the Carrier for its acts or omissions, or those of its agents;

2.2.2.3 rights, if any, of the Carrier to change the terms of the contract;

2.2.2.4 rules about Carrier¡s right to refuse to carry;

2.2.2.5 rights of the Carrier and limitations concerning delay or failure to perform service, including schedule changes, substitution of alternate Carrier or aircraft and rerouting.

3. The agreed stopping places(which may be altered by Carrier in case of necessity) are those places, except the place of departure and place of destination, set forth on the face hereof or shown in Carrier¡s timetables as scheduled stopping places for the route. Carriage to be performed hereunder by several successive Carriers is regarded as a single operation.

4. For carriage to which neither the Warsaw Convention nor the Montreal Convention applies, Carrier¡s liability limitation shall not be less than the per kilogram monetary limit set out in Carrier ¡s tariffs or general conditions of carriage for cargo lost, damaged or delayed, provided that any such limitation of liability in an amount less than 17 SDR per kilogram will not apply for carriage to or from the United States.

5./5.1 Except when the Carrier has extended credit to the consignee without the written consent of the shipper, the shipper guarantees payment of all charges for the carriage due in accordance with Carrier¡s tariff, conditions of carriage and related regulations, applicable laws(including national laws implementing the Warsaw Convention and the Montreal Convention), government regulations, orders and requirements.

5.2 When no part of the consignment is delivered, a claim with respect to such consignment will be considered even though transportation charges thereon are unpaid.

6./6.1 For cargo accepted for carriage, the Warsaw Convention and the Montreal Convention permit shipper to increase the limitation of liability by declaring a higher value for carriage and paying a supplemental charge if required.

6.2 In carriage to which neither the Warsaw Convention nor the Montreal Convention applies Carrier shall, in accordance with the procedures set forth in its general conditions of carriage and applicable tariffs, permit shipper to increase the limitation of liability by declaring a higher value for carriage and paying a supplemental charge if so required.

7./7.1 In cases of loss of, damage or delay to part of the cargo, the weight to be taken into account in determining Carrier¡s limit of liability shall be only the weight of the package or packages concerned.

7.2 Notwithstanding any other provisions, for ¡ foreign air transportation¡ as defined by the U.S. Transportation Code:

7.2.1 in the case of loss of, damage or delay to a shipment, the weight to be used in determining Carrier¡s limit of liability shall be the weight which is used to determine the charge for carriage of such shipment; and

7.2.2 in the case of loss of, damage or delay to a part of a shipment, the shipment weight in 7.2.1 shall be prorated to the packages covered by the same air waybill whose value is affected by the loss, damage or delay. The weight applicable in the case of loss or damage to one or more articles in a package shall be the weight of the entire package.

8. Any exclusion or limitation of liability applicable to Carrier shall apply to Carrier's, agents, employees, and representatives and to any person whose aircraft or equipment is used by Carrier for carriage and such person¡s agents, employees and representatives.

9. Carrier undertakes to complete the carriage with reasonable dispatch. Where permitted by applicable laws, tariffs and government regulations, Carrier may use alternative carriers, aircraft or modes of transport without notice but with due regard to the interests of the shipper. Carrier is authorised by the shipper to select the routing and all intermediate stopping places that it deems appropriate or to change or deviate from the routing shown on the face hereof.

10. Receipt by the person entitled to delivery of the cargo without complaint shall be prima facie evidence that the cargo has been delivered in good condition and in accordance with the contract of carriage.

10.1 In the case of loss of, damage or delay to cargo a written complaint must be made to Carrier by the person entitled to delivery. Such complaint must be made:

10.1.1 in the case of damage to the cargo, immediately after discovery of the damage and at the latest within 14 days from the date of receipt of the cargo;

10.1.2 in the case of delay, within 21 days from the date on which the cargo was placed at the disposal of the person entitled to delivery.

10.1.3 in the case of non-delivery of the cargo, within 120days from the date of issue of the air waybill, or if an air waybill has not been issued, within 120days from the date of receipt of the cargo for transportation by the Carrier.

10.2 Such complaint may be made to the Carrier whose air waybill was used, or to the first Carrier or to the last Carrier or to the Carrier, which performed the carriage during which the loss, damage or delay took place.

10.3 Unless a written complaint is made within the time limits specified in 10.1 no action may be brought against Carrier.

10.4 Any rights to damages against Carrier shall be extinguished unless an action is brought within two years from the date of arrival at the destination, or from the date on which the aircraft ought to have arrived, or from the date on which the carriage stopped.

11. Shipper shall comply with all applicable laws and government regulations of any country to or from which the cargo may be carried, including those relating to the packing, carriage or delivery of the cargo, and shall furnish such information and attach such documents to the air waybill as may be necessary to comply with such laws and regulations. Carrier is not liable to shipper and shipper shall indemnify Carrier for loss or expense due to shipper¡s failure to comply with this provision.

12. No agent, employee or representative of Carrier has authority to alter, modify or waive any provisions of this contract.

# 제 2 절 복합운송증권

## 2-1 복합운송증권의 일반적 사항

### 1) 복합운송증권의 개념

일반적 용어의 복합운송서류(multimodal 또는 combined transport document)에는 복합운송증권인 Multimodal(또는 combined) Transport Bill of Lading(여기에서는 편의상 MT B/L이라 함), MT Waybill 그리고 프레이트 포워더의 화물수령증(Forwarder's Certificate Receipt) 등이 포함될 수 있는데 여기에서는 특히 MT B/L에 대하여 논의한다. MT B/L이란, 운송인이 복합운송을 위하여 화물을 수령하였다는 것(received MT B/L의 경우) 또는 기재운송수단에 적재되었다는 것(onboard MT B/L의 경우)을 인증하고,[13] 동 화물을 두 가지 이상의 異種 운송수단을 사용, 약정 목적지까지 운송하여 증권(MT B/L)의 정당한 소지인에게 인도할 의무를 지고 있다는 것을 나타내는 증권이다. 환언하면 MT B/L의 정당한 소지인의 운송급부청구권(運送給付請求權, 특히 화물인도청구권)을 표창하는 권리증권이다.[14]

복합운송증권은 모두가 유통이 가능한 MT B/L만 발행되는 것은 아니며, 복합운송의 실행을 위하여 결합되는 운송수단에 따라서 증거서류의 기능(화물의 수령증서, 복합운송계약의 증서)만을 목적으로 유통이 불가능한 증권(Non-negotiable 기명식 MT B/L 또는 Waybill)이 발행되기도 한다.

신용장통일규칙에서는 복합운송을 커버하는 운송서류(a transport document covering at least two different modes of transport)는 그 명칭에 관계없이 당해 신용장에서 요구하는 여타 조건들이 충족되면 수리하도록 규정하고 있다(UCP 600 제19조). 그러나 운송서류의 표제에 "Bill of Lading"이란 표시가 없으면 "선하증권"이 아니므로 전술한 선하증권의 여러 가지 성질 및 효력이 없기 때문에 소지인

---

13) MT B/L에 "Onboard" notation이 있는 경우에는 B/L기재의 화물이 운송수단에 적재된 것을 인증하는 것이다. Onboard notation의 예로는, 선박에 적재되었다는 "onboard the vessel"뿐만 아니라 철도화차나 트럭에 적재된 "onboard rail," 또는 "onboard truck" 등도 있다.

14) 복합운송증권도 유가증권성이 인정된다는 유력한 견해가 있다(김창준, "복합운송주선업자의 법적지위에 관한 연구," 경희대학교 대학원 박사학위논문, 2004, pp. 232-233).

의 배서양도가 불가능해지는 문제가 있다. 따라서 실무적으로는 유통이 가능한 복합운송증권은 그 표제를 Multimodal Transport "Document"라 하지 않고 Multimodal Transport "Bill of Lading"이라고 표시된 것을 사용하며, 유통이 불가능한 복합운송서류로서는 "Waybill"을 사용하기도 한다.

### 2) 복합운송증권(MT B/L)의 법적 성질

우리나라의 현행 상법에서는 복합운송증권에 관하여 규정하는 바 없다. 그러나 어떤 화물에 대하여 지시채권 또는 무기명채권 형태로 MT B/L이 발행된 경우에는 민법 등의 지시채권 또는 무기명채권 규정이 적용될 수 있으므로 MT B/L도 다음과 같은 법적 성질을 갖는다.[15) 16)]

#### (1) 지시증권성

MT B/L상 권리의 이전은 배서의 방식에 의하므로 MT B/L은 지시증권성이 있다.

#### (2) 처분증권성

MT B/L 소지인이 그의 권리를 처분하려면 교부의 방식에 의하므로 MT B/L은 처분증권성이 있다.

#### (3) 제시 · 상환증권성

MT B/L상 권리를 행사(화물인도청구권의 행사 등)할 시에는 MT B/L을 제시하고 화물과 상환을 요하므로 MT B/L도 제시 · 상환증권성이 있다.

#### (4) 인도증권성

화물반환청구권이 표창되어 있는 MT B/L의 인도로서 화물을 인도할 수 있음이 민법 제190조에 의거 인정되므로 MT B/L도 인도증권성을 갖는다.

요컨대, 복합운송증권도 제 5 장에서 언급한 선하증권과 같은 법적 성질을 가지고 이와 동일한 기능을 수행하고 있다.

---

15) 서헌제, 콘테이너複合運送人의 責任法理, 삼지사, 1986, pp. 229-235 참조.
16) 김창준, 전게 논문, p. 233 참조.

## 2-2 복합운송증권양식

복합운송증권양식은 발틱국제해사협의회(BIMCO), 국제상업회의소(ICC), 국제 프레이트 포워딩협회(FIATA) 등 국제 기구들이 디자인한 양식과 각 국가의 프레이트 포워딩협회나 개별 포워딩회사가 제작한 양식이 있지만 B/L용지의 크기가 같고 그 표면의 기재사항의 종류나 배열도 대동소이하다. 다만 개별 포워딩회사가 채택 · 사용하는 증권에 따라 적용법규나 국가별 관행 등이 상이한 경우가 있으므로 일반 선하증권 약관의 내용과 조문수가 다소 다를 뿐이다.

### 1) 프레이트 포워더(NVOCC)가 사용하는 복합운송증권

오늘날 국제 프레이트 포워딩 업계에서 가장 많이 사용되는 MT B/L은 1992년 FIATA가 "UNCTAD/ICC Rules for Multimodal Transport Documents(ICC Publication 481)"에 의거 제정한 FIATA MT B/L(별지 6-2)이다. 우리나라의 프레이트 포워딩회사 중에는 개별 회사가 자체적으로 MT B/L을 별도로 제작 · 사용하는 경우도 있지만(별지 6-4) 한국국제물류주선업협회(Korea International Freight Forwarder's Association : KIFFA)에 가입한 대부분의 프레이트 포워딩회사는 FIATA MT B/L 또는 KIFFA가 제정한 KIFFA MT B/L양식(별지 6-3)을 사용하고 있다.

### 2) 선박회사(VOCC)가 사용하는 복합운송증권양식

선박회사(VOCC)가 사용하는 복합운송B/L은 FIATA나 KIFFA의 복합운송B/L 양식을 사용하는 경우는 없고 모두 자사 고유의 B/L을 사용하고 있다. 선박회사 중에 드물게는 특별히 복합운송에만 사용하기 위하여 운송증권의 표제가 "Multimodal(또는 Combined) Transport Bill of Lading"으로 표시된 양식을 사용하는 경우도 있지만(그림 6-1), 대부분은 단순히 "Bill of Lading"이라는 표제의 양식에 화물의 수령지(place of receipt) 및 인도지(place of delivery)란을 마련하고 이를 해상운송 및 복합운송에 공통으로 사용하는 경우가 많다(그림 6-2 참조).

[그림 6-1] VOCC의 복합운송증권 예시(Ⅰ)

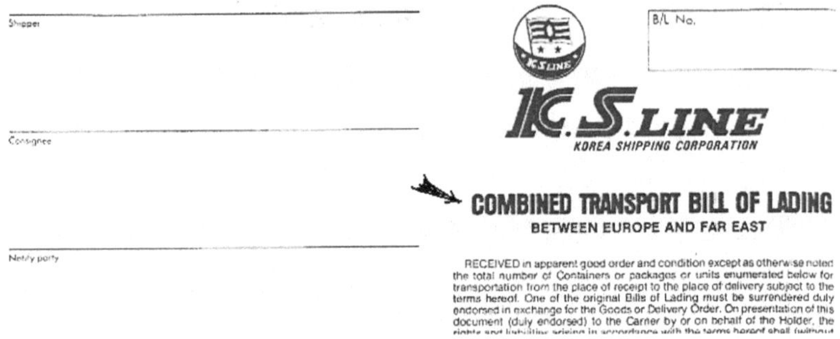
Shipper

Consignee

Notify party

B/L No.

K.S.LINE
KOREA SHIPPING CORPORATION

COMBINED TRANSPORT BILL OF LADING
BETWEEN EUROPE AND FAR EAST

RECEIVED in apparent good order and condition except as otherwise noted the total number of Containers or packages or units enumerated below for transportation from the place of receipt to the place of delivery subject to the terms hereof. One of the original Bills of Lading must be surrendered duly endorsed in exchange for the Goods or Delivery Order. On presentation of this document (duly endorsed) to the Carrier by or on behalf of the Holder, the

[그림 6-2] VOCC의 복합운송증권 예시(Ⅱ)

Hapag-Lloyd Aktiengesellschaft
Hamburg/Bremen

Bill of Lading
FOR COMBINED TRANSPORT OR PORT TO PORT SHIPMENT

SHIPPER: | VOYAGE-NO. | B/L-NO.

SHIPPER'S REFERENCE

CONSIGNEE OR ORDER:

Hapag-Lloyd

NOTIFY ADDRESS: | Place of receipt (Applicable only when document used for COMBINED transport):

Place of delivery (Applicable only when document used for COMBINED transport):

OCEAN VESSEL: | PORT OF LOADING:

PORT OF DISCHARGE:

복합운송증권의 표제가 위 중 어느 것인가에 불구하고 복합운송인의 책임기간은 복합운송인이 화물을 수령한 때부터 인도하기까지 이므로 실무적으로는 운송증권면에 화물의 선적항(port of loading; 예, Busan)과 양륙항(port of discharge; 예, Long Beach)에 더하여 수령지(place of receipt; 예, 의왕 CY 등) 및 인도지(place of delivery; 예, Chicago, RY 등)를 기재하고 있으며 복합운송에 채용되는 구간별운송수단의 종류(예, 자동차, 기차, 선박, 항공기 등)는 일일이 나열 · 표시하지 않는다.그러나 당해 운송증권이 복합(multimodal)운송증권인지 단일(unimodal)운송증권인지는 화물의 수령지와 선적항, 화물의 양륙항과 인도지를 비교해 보면 쉽게 구분할 수 있다(표 6-3 참조).

[표 6-3] 복합운송증권상 운송구간 표시의 예

| Place of Receipt欄 | Port of Loading欄 | Port of Discharge欄 | Place of Delivery欄 | 비 고 |
|---|---|---|---|---|
| 부산 CY | 부산항<br>◆────<br>(선 | New York항<br>────➤<br>박) | New York CY | Unimodal Transportation |
| 의왕(내륙) CY<br>○────➤<br>(트럭 또는 기차) | 부산항<br>◆────<br>+ (선 | Long Beach항<br>────➤<br>박) + | Chicago RY<br>○────➤<br>(트럭 또는 기차) | ☞ Multimodal Transportation |

## 2-3 복합운송증권의 발행

### 1) 복합운송증권의 발행자

화주와 복합운송계약을 체결하고 복합운송을 인수한 운송인이 복합운송증권을 작성 · 발행한다.

### 2) 복합운송증권의 발행시기

수령(Received)복합운송증권의 경우는 복합운송인이 운송을 위하여 화물을 전량 수령한 후, 선적(Onboard)복합운송증권은 화물이 증권기재의 운송수단(선박, 기차, 자동차, 항공기 등)에 전량 적재된 후에 발행한다.

## 2-4 복합운송증권의 기재사항

### 1) 개 설

복합운송증권양식은 전술한 바와 같이 개별 프레이트 포워더의 M/T B/L, 선박회사의 MT B/L, FIATA MT B/L(이하에서는 편의상 FBL이라 함) 등이 있지만 이들이 포함하고 있는 내용은 대동소이하다.

MT B/L 양식의 표면에 공란을 마련하여 기재되는 사항들(예 : 송하인, 수하인, 운송인, 운송물명세, 운송구간, 운임, 원본의 발행통수 · 발행지 · 발행일자 … 등)은 제 5

장(선하증권의 기재사항)에서 언급한 내용과 동일하므로 여기서는 현재 국제 프레이트 포워딩업계에서 널리 사용되고 있는 FBL양식을 기준으로 특히 그 약관의 주요내용에 대하여 살펴보기로 한다.

### 2) FBL약관의 주요내용

#### (1) 화물의 수령과 외관상태에 관한 사항

FBL에 달리 표시한 것이 없는 한, 위 기재의 화물은 운송과 인도를 위해 수령지(place of receipt)에서 외관상 양호한 상태로 수령하였다(FBL 표면약관).

#### (2) 화물인도와 FBL의 상환에 관한 사항

화물을 인도받기 위해서는 적정히 배서된 1통의 FBL원본과 상환하여야 한다. FBL원본은 기재된 바와 같은 통수가 서명/발행되었는데 그 중 1통과 상환으로 화물이 인도되면 다른 원본은 효력이 없다(FBL 표면약관).

#### (3) FBL의 적용에 관한 사항

표제가 FIATA 복합운송선하증권이라고 되어 있지만, 약관은 단일 운송수단(one mode of transport)만을 사용하는 경우에도 적용된다(FBL 이면약관 1조).

#### (4) FBL 발행에 따른 책임에 관한 사항

포워더는 FBL을 발행함으로써 화물의 수령지부터 인도지까지 全 운송을 실행하거나 또는 그 실행을 주선할 것을 자신의 명의로 보증하며, 본 약관들에 의한 책임을 부담한다(동 2.1조). 포워더는 본 복합운송계약의 이행을 위하여 그가 고용한 사용인 또는 대리인이 행한 작위(作爲) 또는 부작위(不作爲)에 대하여 자신의 작위 또는 부작위인 것과 마찬가지로 책임을 진다(동 2.2조).

#### (5) FBL의 유통성과 화물의 권리에 관한 사항

FBL은 유통불가(non-negotiable)라는 표시가 없는 한 유통가능한 양식으로 발행되며 화물에 대한 권리증권이다(동 3.1조 전단). FBL소지인은 화물을 수령하거나 또는 FBL을 배서·양도함으로써 그 권리를 양도할 수 있다(동 3.1조 후단).

### (6) FBL기재의 증거력에 관한 사항

FBL이 발행된 경우에는 그 발행인인 포워더가 FBL에 기재된 바의 화물을 수령하였다는 추정적 증거(prima facie evidence)가 된다. 만약 FBL이 상당한 대가(valuable consideration)로 선의의 제 3 자에게 양도되었을 경우에는 운송인의 반증이 허용되지 않는다(동 3.2조). 다만 FBL에 부지문언(예 : Shipper's weight, load & count; Shipper packed container 등)이 기재되어 있는 경우에는 예외이다.

### (7) 송하인의 화물명세의 제공과 그 정확성 담보의무에 관한 사항

송하인은 포워더에게 제공한 화물의 종류, 성질, 화인(貨印; Marks & Numbers), 수량, 용적, 중량 등이 정확하다는 것을 담보한다. 따라서 이의 부정확성으로 인하여 발생된 손해에 대하여는 송하인에게 책임이 있다(동 5.1조).

### (8) 위험물에 대한 화주의 의무와 책임에 관한 사항

화주는 위험물운송과 관련된 해당 국가 및 국제법규를 준수하여야 하며, 운송이 개시되기 전에 위험물의 성질과 위험예방조치방법을 포워더에게 서면으로 통보하여야 한다. 화주가 위의 의무를 위반하여 추가비용이 발생하거나 화물의 멸실, 훼손 또는 인명사상 등 손해가 발생하였다면 그 책임은 화주에게 있다. 그리고 위험물이 타화물이나 인명에 위해(危害)를 끼치는 경우에는 포워더는 배상없이 언제라도 이를 양하, 파괴 또는 무해화(無害化) 조치를 취할 수 있다(동 4조).

### (9) 포워더의 책임에 관한 사항

① 책임기간 : 화물을 인수한 때부터 인도할 때까지이다(동 6.1조).

② 책임사유 : 화물의 멸실, 훼손 또는 지연(동 6.2조)

☞ 포워더의 책임 조각(阻却)사유 : 포워더의 무과실이 입증된 경우

③ 지연 : 포워더는 화물의 도착시간을 보증하지 않는다. 다만 화주와 포워더가 특히 인도일자를 합의하여 FBL에 명시한 경우에는 그 일자를 초과한 경우, 그러지 않은 경우에는 화물이 합리적인 기간 내에 인도되지 않을 때 지연으로 된다(동 6.3조). 약정한 인도일 후 90일이 경과하면 멸실로 간주된다(동 6.4조).

### (10) 포워더의 면책사유에 관한 사항

포워더는 아래와 같은 사유에 기인하여 발생한 손해에 대하여는 면책된다

(동 6.5조).

① 화주 및 그 대리인의 作爲 또는 不作爲에 기인한 손해

② 포장의 불완전, 기호 또는 번호의 불충분에 기인한 손해

③ 화주에 의한 컨테이너의 취급, 적재, 적부 또는 적출에 기인한 손해

④ 화물고유의 하자 또는 성질에 기인한 손해

⑤ 전쟁, 폭동, 파업, 직장폐쇄 등에 기인한 손해

⑥ 해상 또는 내수로 운송의 경우, 항해과실이나 화재 등에 기인한 손해 등

(11) 포워더의 책임제한에 관한 사항(동 8조)

① 화물이 멸실, 훼손된 경우 : 포장 당 666.67 SDR 또는 kg당 2 SDR 중 높은 금액으로 제한된다.

〈예 외〉

— 화주가 화물가액을 사전에 신고하고, 종가운임을 지급한 경우에는 포워더는 그 신고가액을 배상한다.

— 포워더가 인수한 운송구간에 해상 또는 내수로 운송이 포함되지 아니한 경우에는 Kg당 8.33 SDR로 제한된다.

— 당사자(화주와 포워더)가 특정구간의 강행법(조약, 국내법)에서 정한 제한 금액을 약정한 경우에는 그에 따른다.

— 미국해상물품운송법(COGSA)이 적용되는 경우에는 포장당 US $500로 제한된다.

② 화물의 지연손해 : 운임의 2배로 제한된다(제8.7조).

③ 포워더의 총 배상책임액 : 화물의 전손가격(全損價格)[17]을 초과하지 않는다(동 제8.8조).

④ 포워더의 책임제한권의 상실(제8.8조) : 포워더가 화물의 멸실, 훼손 또는 지연시킬 의도가 있었거나, 또는 손해의 발생을 예견하고 무모하게 행한 행위(부작위 포함)가 있는 경우에는 책임제한의 이익을 향유할 수 없다.

⑤ 불법행위(action in tort)에 대한 적용(동 제 9 조) : 본 약관은 채무불이행, 불법행위 기타 어떠한 원인에 의한 것이든지 불문하고 적용된다.

---

17) 화물의 손해에 대한 보상액은 화물이 인도 또는 인도되었어야 할 때와 곳의 물품의 가격을 참조하여 산정한다. 물품의 가격은 상품거래소의 가격, 그것이 없는 경우에는 시장가격, 그것도 없는 경우는 동일 명칭 및 품질의 물품에 대한 정상가격을 참조하여 결정한다(FBL약관 제8.1, 8.2조).

(12) 포워더의 사용인 · 대리인 등의 책임에 관한 사항

손해배상청구가 포워더가 운송계약을 이행하기 위하여 고용했던 사용인 또는 대리인 등을 상대로 제기되는 경우, 이들도 포워더가 가지는 면책특권 및 책임제한 이익을 향유한다. 이 경우에도 채무불이행책임 또는 불법행위책임을 불문하고 적용된다(동 제10조).

(13) 운송방법, 경로에 대한 포워더의 자유재량권에 관한 사항

포워더는 통고 없이 화물을 갑판적(甲板積) 또는 창내적(艙內積)할 수 있고, 화물의 취급, 적부(積付), 보관, 운송수단, 경로를 선택 또는 대체할 수 있다(동 제11조).

(14) 운임에 관한 사항

① 운임은 선급(prepaid) 또는 후급(collect)에 관계없이, 손해배상청구나 반소(反訴) 또는 상계(相計)를 이유로 할인 또는 연기(deferment)함이 없이 지급되어야 한다(동 13.1조 전단).

② 운임은 포워더가 운송을 위하여 화물을 수령하는 때에 가득(稼得)한 것으로 간주되며 반환되지 않는다(동 13.1조 후단).

③ 화주는 화물과 관련된 운임, 부과금, 요금 또는 기타 모든 비용을 지급해야 한다(동 13.3조).

④ 포워더는 내용물, 용적, 중량, 가액 등을 확인할 수 있으며, 확인 결과 사실이 화주가 신고한 내역과 다를 경우, 화주는 잘못(incorrect) 부과된 운임과 옳은(correct) 운임과의 차액의 5배, 또는 바른 운임의 2배에서 잘못 부과된 운임을 뺀 금액 중 적은 것을 운송인에게 지급하여야 한다(동 13.5조).

⑤ 포워더가 제 3 자로부터 운임, 요금 또는 기타비용의 징수지시를 받은 경우라도 화주는 그 금액이 지급되지 않은 증거와 청구서를 받으면, 이유를 불문하고 여전히 그것의 지급의무가 있다(동 13.6조).

(15) 포워더의 유치권에 관한 사항

포워더는 운임, 보관료, 비용 등 화주가 지급할 모든 금액을 지급받지 않는 경우에 화물 및 관련서류에 대하여 유치권을 가진다(동 제14조).

(16) 화물의 인도에 관한 사항

화물이 수하인(또는 그 대리인)에게 인도된 경우, 수하인(또는 그 대리인)이 처분할 수 있는 곳에 놓여진 경우, 또는 인도지 국가의 법규에 따라 당국이나 기타의 자에게 인도된 경우는 프레이트 포워더가 화물인도의무를 완성한 것으로 간주된다(동 제12조).

(17) 공동해손(共同海損, General Average)에 관한 사항

화주는 포워더에게 부과된 공동해손금을 보상하여야 하며, 이와 관련하여 운송인이 담보를 요구할 경우에는 응하여야 한다(동 제14조).

(18) 화주의 화물손해에 관한 통고와 제소기한에 관한 사항

① 화물손해의 통고기한(제16조) : 화주가 화물을 인도받을 시에 손상이 발견된 경우는 그 즉시, 손상이 외견상 명백히 들어나지 않은 경우는 인도받은 날로부터 6일 이내에 포워더에게 서면으로 손해의 내용을 통지하여야 한다. 이러한 통지가 없으면 포워더가 FBL에 기재된 바의 화물을 인도하였다고 추정된다.

② 제소(提訴)기한(Time-bar, 제17조) : 화물의 인도일 또는 인도되었어야 할 날로부터 9개월 이내에 재판상 청구를 하여야 한다. 이 제소기한 내에 소송이 제기되지 않으면 포워더는 책임으로부터 면제된다.[18]

(19) 지상약관(paramount clause)에 관한 사항

FBL약관은 국제협약 또는 국내법의 강행규정에 저촉되지 않는 범위 내에서 효력을 가진다. 즉 헤이그규칙(1924) 또는 헤이그-비스비규칙(1968)이 강행적으로 적용되거나 이를 국내법화한 국가에서는 동 규칙을 적용하고, 미국 해상물품운송법(U.S. COGSA 1936)이 강행적으로 적용되는 국가에서는 미국법을 적용한다(동 제 7 조).

18) FBL 약관 18조는 해상화물운송의 경우에는 우리나라 상법 제184조에 저촉되므로 효력이 없다(동조 제 1 항에는 화물을 인도한 날 또는 인도할 날부터 1년으로 규정하고 있음). 또한 예컨대 A포워더가 인수한 운송을 제 3 자 B에게 위탁한 경우에 송하인 또는 수하인이 1년 이내에 A와 배상합의를 하거나 A에게 재판상 청구를 하였다면, 그 합의 또는 청구가 있은 날부터 3개월이 경과하기 이전에는 그 제 3 자 B에 대한 A의 채권 · 채무는 제 1 항의 규정에 불구하고 소멸하지 아니한다(상법 제814조 제 2 항 참조).

(20) 재판관할(jurisdiction) · 준거법(applicable laws)에 관한 사항

프레이트 포워더에 대한 소송은 FBL 표면에 표시된 포워더의 본점 소재지를 관할하는 법원에 제기되어야 하며, 그 본점이 소재한 국가의 法에 따라 소송이 진행된다(동 제19조).

## 2-5 포워더의 화물수령증(Forwarder's Certificate Receipt: FCR)

FCR(별지 6-5)은 프레이트 포워더가 화주로부터 화물을 수령(受領)하였다는 사실을 확인하는 일종의 영수증이며 운송증권은 아니다.

FCR도 프레이트 포워더가 화물을 수령하고 발행하는 점에서는 수령선하증권(Received B/L)과 같다고 할 수 있으나, B/L은 물권적 효력이 있는 유가증권이어서 배서양도로 유통이 가능하지만 FCL은 이러한 효력과 기능이 없기 때문에 신용장 거래에서는 FCL이 거의 사용되지 않는다. 그럼에도 불구하고 Buyer's Consolidation의 경우에는 화환신용장결제방식이라도 FCR이 사용되기도 한다. 즉, 외국의 매수인(buyer)이 여러 매도인(seller)으로부터 LCL분량의 물품을 구매할 시 각각의 매도인을 수익자로 하고 FCR도 수리된다는 조항을 넣은 신용장을 개설한 뒤, 수출지에 소재한 하나의 포워더를 지정하여 자기가 구매하는 여러 LCL화물을 FCL화하도록 하고 각각의 매도인에게는 그 포워더가 FCR을 발행해 주어 매도인은 그 FCR을 첨부 수출대금을 받을 수 있도록 하는 경우이다.

이외에 프레이트 포워더간에 Co-Loading하는 경우에도 종종 FCL이 사용되기도 한다.

[별지 6-2] FIATA MT B/L(ICC Publication 481) -표면-

Consignor

FBL

NEGOTIABLE FIATA
MULTIMODAL TRANSPORT
BILL OF LADING
issued subject to UNCTAD/ICC Rules for
Multimodal Transport Documents(ICC Publication 481).

Consigned to order of

Notify address

Place of receipt

Ocean vessel | Port of loading

Port of discharge | Place of delivery

ORIGINAL

| Marks and numbers | Number and kind of packages | Description of goods | Gross weight | Measurement |
|---|---|---|---|---|

according to the declaration of the consignor

Declaration of Interest of the consignor
in timely delivery(Clause 6.2.)

Declared value for ad valorem rate according to the declaration of the consignor(Clauses7 and 8).

The goods and instructions are accepted and dealt with subject to the Standard Conditions printed overleaf.

Taken in charge in apparent good order and condition, unless otherwise noted herein, at the place of receipt for transport and delivery as mentioned above.

One of these Multimodal Transport Bills of Lading must be surrendered duly endorsed in exchange for the goods. In Witness whereof the original Multimodal Transport Bills of Lading all of this tenor and date have been signed in the number stated below, one of which being accomplished the other(s) to be void.

| Freight amount | Freight payable at | Place and date of issue |
|---|---|---|
| Cargo Insurance through the undersigned<br>☐not covered ☐Covered according to attached policy | Number of Original FBL's | Stamp and signature |
| For delivery of goods please apply to: | | ACTING AS A CARRIER |

# [별지 6-2] FIATA MT B/L(ICC Publication 481)-이면-

**Standard Conditions (1992) governing the FIATA MULTIMODAL TRANSPORT BILL OF LADING**

**Definitions**

- «Freight Forwarder» means the Multimodal Transport Operator who issues this FBL and is named on the face of it and assumes liability for the performance of the multimodal transport contract as a carrier.
- «Merchant» means and includes the Shipper, the Consignor, the Consignee, the Holder of this FBL, the Receiver and the Owner of the Goods.
- «Consignor» means the person who concludes the multimodal transport contract with the Freight Forwarder.
- «Consignee» means the person entitled to receive the goods from the Freight Forwarder.
- «Taken in charge» means that the goods have been handed over to and accepted for carriage by the Freight Forwarder at the place of receipt evidenced in this FBL.
- «Goods» means any property including live animals as well as containers, pallets or similar articles of transport or packaging not supplied by the Freight Forwarder, irrespective of whether such property is to be or is carried on or under deck.

**1. Applicability**
Notwithstanding the heading «FIATA Multimodal Transport Bill of Lading (FBL)» these conditions shall also apply if only one mode of transport is used.

**2. Issuance of this FBL**

2.1. By issuance of this FBL the Freight Forwarder
a) undertakes to perform and/or in his own name to procure the performance of the entire transport, from the place at which the goods are taken in charge (place of receipt evidenced in this FBL) to the place of delivery designated in this FBL;
b) assumes liability as set out in these conditions.

2.2. Subject to the conditions of this FBL the Freight Forwarder shall be responsible for the acts and omissions of his servants or agents acting within the scope of their employment, or any other person of whose services he makes use for the performance of the contract evidenced by this FBL, as if such acts and omissions were his own.

**3. Negotiability and title to the goods**

3.1. This FBL is issued in a negotiable form unless it is marked «non negotiable». It shall constitute title to the goods and the holder, by endorsement of this FBL, shall be entitled to receive or to transfer the goods herein mentioned.

3.2. The information in this FBL shall be prima facie evidence of the taking in charge by the Freight Forwarder of the goods as described by such information unless a contrary indication, such as «shipper's weight, load and count», «shipper-packed container» or similar expressions, has been made in the printed text or superimposed on this FBL. However, proof to the contrary shall not be admissible when the FBL has been transferred to the consignee for valuable consideration who in good faith has relied and acted thereon.

**4. Dangerous Goods and Indemnity**

4.1. The Merchant shall comply with rules which are mandatory according to the national law or by reason of International Convention, relating to the carriage of goods of a dangerous nature, and shall in any case inform the Freight Forwarder in writing of the exact nature of the danger, before goods of a dangerous nature are taken in charge by the Freight Forwarder and indicate to him, if need be, the precautions to be taken.

4.2. If the Merchant fails to provide such information and the Freight Forwarder is unaware of the dangerous nature of the goods and the necessary precautions to be taken and if, at any time, they are deemed to be a hazard to life or property, they may at any place be unloaded, destroyed or rendered harmless, as circumstances may require, without compensation. The Merchant shall indemnify the Freight Forwarder against all loss, damage, liability, or expense arising out of their being taken in charge, or their carriage, or of any service incidental thereto.
The burden of proving that the Freight Forwarder knew the exact nature of the danger constituted by the carriage of the said goods shall rest on the Merchant.

4.3. If any goods shall become a danger to life or property, they may in like manner be unloaded or landed at any place or destroyed or rendered harmless. If such danger was not caused by the fault and neglect of the Freight Forwarder he shall have no liability and the Merchant shall indemnify him against all loss, damage, liability and expense arising therefrom.

**5. Description of Goods and Merchant's Packing and Inspection**

5.1. The Consignor shall be deemed to have guaranteed to the Freight Forwarder the accuracy, at the time the goods were taken in charge by the Freight Forwarder, of all particulars relating to the general nature of the goods, their marks, number, weight, volume and quantity and, if applicable, to the dangerous character of the goods, as furnished by him or on his behalf for insertion on the FBL.
The Consignor shall indemnify the Freight Forwarder against all loss, damage and expense resulting from any inaccuracy or inadequacy of such particulars.
The Consignor shall remain liable even if the FBL has been transferred by him.
The right of the Freight Forwarder to such an indemnity shall in no way limit his liability under this FBL to any person other than the Consignor.

5.2. The Freight Forwarder shall not be liable for any loss, damage or expense caused by defective or insufficient packing of goods or by inadequate loading or packing within containers or other transport units when such loading or packing has been performed by the Merchant or on his behalf by a person other than the Freight Forwarder, or by the defect or unsuitability of the containers or other transport units supplied by the Merchant, or if supplied by the Freight Forwarder if a defect or unsuitability of the container or other transport unit would have been apparent upon reasonable inspection by the Merchant. The Merchant shall indemnify the Freight Forwarder against all loss, damage, liability and expense so caused.

**6. Freight Forwarder's Liability**

6.1. The responsibility of the Freight Forwarder for the goods under these conditions covers the period from the time the Freight Forwarder has taken the goods in his charge to the time of their delivery.

6.2. The Freight Forwarder shall be liable for loss of or damage to the goods as well as for delay in delivery if the occurrence which caused the loss, damage or delay in delivery took place while the goods were in his charge as defined in Clause 2.1.a, unless the Freight Forwarder proves that no fault or neglect of his own, his servants or agents or any other person referred to in Clause 2.2. has caused or contributed to such loss, damage or delay. However, the Freight Forwarder shall only be liable for loss following from delay in delivery if the Consignor has made a declaration of interest in timely delivery which has been accepted by the Freight Forwarder and stated in this FBL.

6.3. Arrival times are not guaranteed by the Freight Forwarder. However, delay in delivery occurs when the goods have not been delivered within the time expressly agreed upon or, in the absence of such agreement, within the time which would be reasonable to require of a diligent Freight Forwarder, having regard to the circumstances of the case.

6.4. If the goods have not been delivered within ninety consecutive days following such date of delivery as determined in Clause 6.3., the claimant may, in the absence of evidence to the contrary, treat the goods as lost.

6.5. When the Freight Forwarder establishes that, in the circumstances of the case, the loss or damage could be attributed to one or more causes or events, specified in a – e of the present clause, it shall be presumed that it was so caused, always provided, however, that the claimant shall be entitled to prove that the loss or damage was not, in fact, caused wholly or partly by one or more of such causes or events:
a) an act or omission of the Merchant, or person other than the Freight Forwarder acting on behalf of the Merchant or from whom the Freight Forwarder took the goods in charge;
b) insufficiency or defective condition of the packaging or marks and/or numbers;
c) handling, loading, stowage or unloading of the goods by the Merchant or any person acting on behalf of the Merchant;
d) inherent vice of the goods;
e) strike, lockout, stoppage or restraint of labour.

6.6. **Defences for carriage by sea or inland waterways**
Notwithstanding Clauses 6.2., 6.3. and 6.4. the Freight Forwarder shall not be liable for loss, damage or delay in delivery with respect to goods carried by sea or inland waterways when such loss, damage or delay during such carriage has been caused by:
a) act, neglect, or default of the master, mariner, pilot or the servants of the carrier in the navigation or in the management of the ship,
b) fire, unless caused by the actual fault or privity of the carrier, however, always provided that whenever loss or damage has resulted from unseaworthiness of the ship, the Freight Forwarder can prove that due diligence has been exercised to make the ship seaworthy at the commencement of the voyage.

**7. Paramount Clauses**

7.1. These conditions shall only take effect to the extent that they are not contrary to the mandatory provisions of International Conventions or national law applicable to the contract evidenced by this FBL.

7.2. The Hague Rules contained in the International Convention for the unification of certain rules relating to Bills of Lading, dated Brussels 25th August 1924, or in those countries where there are already in force the Hague-Visby Rules contained in the Protocol of Brussels, dated 23rd February 1968, as enacted in the Country of Shipment, shall apply to all carriage of goods by sea and also to the carriage of goods by inland waterways, and such provisions shall apply to all goods whether carried on deck or under deck.

7.3. The Carriage of Goods by Sea Act of the United States of America (COGSA) shall apply to the carriage of goods by sea, whether on deck or under deck, if compulsorily applicable to this FBL or would be applicable but for the goods being carried on deck in accordance with a statement on this FBL.

**8. Limitation of Freight Forwarder's Liability**

8.1. Assessment of compensation for loss of or damage to the goods shall be made by reference to the value of such goods at the place and time they are delivered to the consignee or at the place and time when, in accordance with this FBL, they should have been so delivered.

8.2. The value of the goods shall be determined according to the current commodity exchange price or, if there is no such price, according to the current market price or, if there are no such prices, by reference to the normal value of goods of the same name and quality.

8.3. Subject to the provisions of subclauses 8.4. to 8.9. inclusive, the Freight Forwarder shall in no event be or become liable for any loss of or damage to the goods in an amount exceeding the equivalent of 666.67 SDR per package or unit or 2 SDR per kilogramme of gross weight of the goods lost or damaged, whichever is the higher, unless the nature and value of the goods shall have been declared by the Consignor and accepted by the Freight Forwarder before the goods have been taken in his charge, or the ad valorem freight rate paid, and such value is stated in the FBL by him, then such declared value shall be the limit.

8.4. Where a container, pallet or similar article of transport is loaded with more than one package or unit, the packages or other shipping units enumerated in the FBL as packed in such article of transport are deemed packages or shipping units. Except as aforesaid, such article of transport shall be considered the package or unit.

8.5. Notwithstanding the above mentioned provisions, if the multimodal transport does not, according to the contract, include carriage of goods by sea or by inland waterways, the liability of the Freight Forwarder shall be limited to an amount not exceeding 8.33 SDR per kilogramme of gross weight of the goods lost or damaged.

8.6. a) When the loss of or damage to the goods occurred during one particular stage of the multimodal transport, in respect of which an applicable international convention or mandatory national law would have provided another limit of liability if a separate contract of carriage had been made for that particular stage of transport, then the limit of the Freight Forwarder's liability for such loss or damage shall be determined by reference to the provisions of such convention or mandatory national law.
b) Unless the nature and value of the goods shall have been declared by the Merchant and inserted in this FBL, and the ad valorem freight rate paid, the liability of the Freight Forwarder under COGSA, where applicable, shall not exceed US$ 500 per package or, in the case of goods not shipped in packages, per customary freight unit.

8.7. If the Freight Forwarder is liable in respect of loss following from delay in delivery, or consequential loss or damage other than loss of or damage to the goods, the liability of the Freight Forwarder shall be limited to an amount not exceeding the equivalent of twice the freight under the multimodal contract for the multimodal transport under this FBL.

8.8. The aggregate liability of Freight Forwarder shall not exceed the limits of liability for total loss of the goods.

8.9. The Freight Forwarder is not entitled to the benefit of the limitation of liability if it is proved that the loss, damage or delay in delivery resulted from a personal act or omission of the Freight Forwarder done with the intent to cause such loss, damage or delay, or recklessly and with knowledge that such loss, damage or delay would probably result.

**9. Applicability to Actions in Tort**
These conditions apply to all claims against the Freight Forwarder relating to the performance of the contract evidenced by this FBL, whether the claim be founded in contract or in tort.

**10. Liability of Servants and other Persons**

10.1. These conditions apply whenever claims relating to the performance of the contract evidenced by this FBL are made against any servant, agent or other person (including any independent contractor) whose services have been used in order to perform the contract, whether such claims are founded in contract or in tort, and the aggregate liability of the Freight Forwarder and of such servants, agents or other persons shall not exceed the limits in clause 8.

10.2. In entering into this contract as evidenced by this FBL, the Freight Forwarder, to the extent of these provisions, does not only act on his own behalf, but also as agent or trustee for such persons, and such persons shall to this extent be or be deemed to be parties to this contract.

10.3. However, if it is proved that the loss of or such loss or damage to the goods resulted from a personal act or omission of such a person referred to in Clause 10.1., done with intent to cause damage, or recklessly and with knowledge that damage would probably result, such person shall not be entitled to benefit of limitation of liability provided for in Clause 8.

10.4. The aggregate of the amounts recoverable from the Freight Forwarder and the persons referred to in Clauses 2.2. and 10.1. shall not exceed the limits provided for in these conditions.

**11. Method and Route of Transportation**
Without notice to the Merchant, the Freight Forwarder has the liberty to carry the goods on or under deck and to choose or substitute the means, route and procedure to be followed in the handling, stowage, storage and transportation of the goods.

**12. Delivery**

12.1. Goods shall be deemed to be delivered when they have been handed over or placed at the disposal of the Consignee or his agent in accordance with this FBL, or when the goods have been handed over to any authority or other party to whom, pursuant to the law or regulation applicable at the place of delivery, the goods must be handed over, or such other place at which the Freight Forwarder is entitled to call upon the Merchant to take delivery.

12.2. The Freight Forwarder shall also be entitled to store the goods at the sole risk of the Merchant, and the Freight Forwarder's liability shall cease, and the cost of such storage shall be paid, upon demand, by the Merchant to the Freight Forwarder.

12.3. If at any time the carriage under this FBL is or is likely to be affected by any hindrance or risk of any kind (including the condition of the goods) not arising from any fault or neglect of the Freight Forwarder or a person referred to in Clause 2.2. and which cannot be avoided by the exercise of reasonable endeavours the Freight Forwarder may:
abandon the carriage of the goods under this FBL and, where reasonably possible, place the goods or any part of them at the Merchant's disposal at any place which the Freight Forwarder may deem safe and convenient, whereupon delivery shall be deemed to have been made, and the responsibility of the Freight Forwarder in respect of such goods shall cease.
In any event, the Freight Forwarder shall be entitled to full freight under this FBL and the Merchant shall pay any additional costs resulting from the above mentioned circumstances.

**13. Freight and Charges**

13.1. Freight shall be paid in cash, without any reduction or deferment on account of any claim, counterclaim or set-off, whether prepaid or payable at destination.
Freight shall be considered as earned by the Freight Forwarder at the moment when the goods have been taken in his charge, and not to be returned in any event.

13.2. Freight and all other amounts mentioned in this FBL are to be paid in the currency named in this FBL or, at the Freight Forwarder's option, in the currency of the country of dispatch or destination at the highest rate of exchange for bankers sight bills current for prepaid freight on the day of dispatch and for freight payable at destination on the day when the Merchant is notified on arrival of the goods there or on the date of withdrawal of the delivery order, whichever rate is the higher, or at the option of the Freight Forwarder on the date of this FBL.

13.3. All dues, taxes and charges or other expenses in connection with the goods shall be paid by the Merchant.
Where equipment is supplied by the Freight Forwarder, the Merchant shall pay all demurrage and charges which are not due to a fault or neglect of the Freight Forwarder.

13.4. The Merchant shall reimburse the Freight Forwarder in proportion to the amount of freight for any costs for deviation or delay or any other increase of costs of whatever nature caused by war, warlike operations, epidemics, s[illegible] government directions or force majeure.

13.5. The Merchant warrants th[illegible]ctness of the declaration of contents, insurance, weight, measurements or value of the goods [illegible] the Freight Forwarder has the liberty to have the contents inspected and the weight, measurements or value verified. If on such inspection it is found that the declaration is not correct it is agreed that a sum equal either to five times the difference between the correct figure and the freight charged, or to double the correct freight less the freight charged, whichever sum is the smaller, shall be payable as liquidated damages to the Freight Forwarder for his inspection costs and losses of freight on other goods notwithstanding any other sum having been stated on this FBL as freight payable.

13.6. Despite the acceptance by the Freight Forwarder of instructions to collect freight, charges or other expenses from any other person in respect of the transport under this FBL, the Merchant shall remain responsible for such monies on receipt of evidence of demand and the absence of payment for whatever reason.

**14. Lien**
The Freight Forwarder shall have a lien on the goods and any documents relating thereto for any amount due at any time to the Freight Forwarder from the Merchant including storage fees and the cost of recovering same, and may enforce such lien in any reasonable manner which he may think fit.

**15. General Average**
The Merchant shall indemnify the Freight Forwarder in respect of any claims of a General Average nature which may be made on him and shall provide such security as may be required by the Freight Forwarder in this connection.

**16. Notice**

16.1. Unless notice of loss of or damage to the goods, specifying the general nature of such loss or damage, is given in writing by the consignee to the Freight Forwarder when the goods are delivered to the consignee in accordance with clause 12, such handing over is prima facie evidence of the delivery by the Freight Forwarder of the goods as described in this FBL.

16.2. Where the loss or damage is not apparent, the same prima facie effect shall apply if notice in writing is not given within 6 consecutive days after the day when the goods were delivered to the consignee in accordance with clause 12.

**17. Time bar**
The Freight Forwarder shall, unless otherwise expressly agreed, be discharged of all liability under these conditions unless suit is brought within 9 months after the delivery of the goods, or the date when the goods should have been delivered, or the date when in accordance with clause 6.4. failure to deliver the goods would give the consignee the right to treat the goods as lost.

**18. Partial Invalidity**
If any clause or a part thereof is held to be invalid, the validity of this FBL and the remaining clauses or a part thereof shall not be affected.

**19. Jurisdiction and applicable law**
Actions against the Freight Forwarder may be instituted only in the place where the Freight Forwarder has his place of business as stated on the reverse of this FBL and shall be decided according to the law of the country in which that place of business is situated.

The ICC logo denotes that this document has been deemed by the ICC to be in conformity with the UNCTAD/ICC Rules for Multimodal Transport Documents. The ICC logo does not imply ICC endorsement of the document nor does it in any way make the ICC party to any possible legal action resulting from the use of this document.

[별지 6-3] KIFFA MT B/L -전면-

Consignor/Shipper

# BILL OF LADING
## OR MULTIMODAL TRANSPORT DOCUMENT

Bill of Lading No.

Consignee(Complete Name and Address/Non-Negotiable Unless Consigned to Order)

Notify Party

For Delivery of Goods Please Apply to:

| Pre-Carriage by | Place of Receipt |
|---|---|
| | |

Vessel / Voyage No.

Port of Loading

| Port of Discharge | Place of Delivery | Final Destination(For the Merchant's Ref. Only) |
|---|---|---|
| | | |

**Particulars Furnished by Consignor/Shipper**

| Container No. & Seal No. Marks & No. | No. & Kinds of Containers or Packages | Description of Goods | Gross Weight (KGS) | Measurement (CBM) |
|---|---|---|---|---|
| | | | | |

ORIGINAL

Excess Value Declaration(Refer to §II-4.3) :

Total Number of Containers or Packages(In Words)

Freight Payable at

| Freight & Charges | Prepaid | Collect |
|---|---|---|
| | | |

Received by the Carrier, the Goods specified herein in apparent good order and condition unless otherwise stated, to be transported to such place as agreed, authorized or permitted herein and subject to all the terms and conditions appearing on the front and reverse of this Bill of Lading or Multimodal Transport Document(hereinafter called the 'B/L') to which the Merchant agrees by accepting this B/L, notwithstanding any local privileges, customs or any other agreements between the parties. The particulars of the Goods provided herein were stated by the shipper and the weight, measurements, quantity, condition, contents and value of the Goods are unknown to the Carrier. In witness whereof three(3) original B/L(s) have been signed unless otherwise stated herein. If two(2) or more original B/L(s) have been issued and either one(1)has been surrendered, all the other(s) shall be null and void. If required by the Carrier one(1) duly endorsed original B/L must be surrendered in exchange for the Goods or delivery order.

| Place and Date of Issue | No. of Original B/L |
|---|---|
| | |

Bill of Lading No.

Signature

As a Carrier

*Authorized By* ***Korea International Freight Forwarders Association 1997****(210×297㎜)*

## [별지 6-3] KIFFA MT B/L -이면-

### Standard Conditions (1997) governing Bill of Lading or Multimodal Transport Document

**Ⅰ. General Clauses**

**Ⅰ-1. Definitions**

1) "Carrier" means the person who is named on the front of this Bill of Lading or Multimodal Transport Document(hereinafter called 'B/L') as a carrier, concludes a multimodal transport contract with the Merchant and assumes responsibility for the performance thereunder.
2) "Actual Carrier" means the person to whom the performance of the carriage of the Goods, or of part of the carriage, has been entrusted by the Carrier, or any other person to whom such performance has been entrusted by the Actual Carrier.
3) "Merchant" means the actual or previous holder of this B/L, and shall include consignor(shipper), consignee, owner and receiver of the Goods, and their agents.
4) "Multimodal Transport Contract" means a single contract for the carriage of Goods by at least two different modes of transport.
5) "Goods" means the property, including live animals as well as containers, pallets or similar articles of transport or packaging, not supplied by the Carrier, irrespective of whether such property is to be or is carried on or under deck.
6) "Received" and "Taken in Charge" means that the Goods have been handed over to and accepted for carriage by the Carrier at the place of receipt evidenced in this B/L.
7) "SDR" means the unit of calculation as defined by International Monetary Fund(IMF).
8) "Hague Rules" means the provisions of the International Convention for Unification of certain Rules relating to Bills of Lading signed at Brussels on 25th August 1924.
9) "Hague-Visby Rules" means the Hague Rules as amended by the Protocol signed at Brussels on 23rd February 1968.
10) "COGSA" means the Carriage of Goods by Sea Act of the United States of America approved on 16th April 1936.

**Ⅰ-2. Applicability and Issuance of this B/L.**

1) Notwithstanding the heading "Bill of Lading or Multimodal Transport Document" the provisions set out and referred to herein shall also apply when the carriage is performed by one mode of transport only.
2) The Carrier, by the issuance of this B/L, undertakes to perform and/or in his own name, to procure the performance of the carriage from the place at which the Goods are taken in charge to the place designated for delivery on the face hereof.
3) This B/L is only able to be issued by members of Korea International Freight Forwarders Association(KIFFA).

**Ⅰ-3. Negotiability and Title to the Goods.**

1) By accepting this B/L, the Merchant and his transferee agree with the Carrier that , unless it is marked "non-negotiable" on the face of this B/L, it shall be deemed to constitute the title to the Goods and the holder, by endorsement of this B/L, shall be entitled to receive or to transfer the Goods mentioned on the face hereof.
2) This B/L shall be negotiable, unless marked "non-negotiable" on the face thereof. This B/L, when negotiable, shall be transferable by endorsement when issued "to order", and without endorsement when issued "to bearer".
3) This B/L shall be prima facie evidence of the taking in charge by the Carrier of the Goods as described on the face hereof. However, proof to the contrary shall not be admissible when this B/L has been negotiated or transferred for valuable consideration to a third party acting in good faith.

**Ⅰ-4. Methods and Routes of Carriage.**

1) The Carrier may at any time and without notice to the Merchant ;
ⓐ use any means of transport or storage whatsoever ;
ⓑ transfer the Goods from one conveyance to another including transshipping or carrying the same on another vessel than that named on the face hereof ;
ⓒ unpack and remove the Goods which have been packed into a container and forward them in a container or otherwise ;
ⓓ load and unload the Goods at any place or port(whether or not being the port named as the port of loading or port of discharge on the face hereof) and store the Goods at any such place or port ; or
ⓔ comply with any orders, direction or recommendations given by any government or authority, or any person or body acting or purporting to act as or on behalf of such government or authority, or having under the terms of any insurance on any conveyance employed by the Carrier the right to give orders or directions.
2) The liberties set out in the preceding paragraph may be invoked by the Carrier for any purpose whatsoever whether or not connected the carriage of the Goods.
3) Anything done in accordance with the § Ⅰ-4. 1), or any delay arising therefrom shall be deemed to be within the contractual carriage and shall not be a deviation of whatsoever nature or degree.

**Ⅱ. Carrier**

**Ⅱ-1. Role of the Carrier.**

The Carrier shall provide multimodal transport service diligently under the contract.

**Ⅱ-2. Optional Stowage and Deck Cargo.**

1) The Goods may be stuffed by the Carrier in any container and consolidated with Goods of other Merchants for carriage.
2) The Carrier has the right to carry the Goods, whether packed in container or not, under deck or on deck.
3) When the Goods are carried on deck, the Carrier shall not be required to specially note, mark or stamp any statement of "on deck stowage" on the face hereof.

**Ⅱ-3. Liability of the Carrier.**

1) The responsibility of the Carrier for the Goods under these conditions covers the period from the time he takes the Goods in his charge to the time of their delivery.
2) Subjet to the terms and conditions of this B/L, the Carrier shall be responsible for the acts and omissions of his servants or agents, when any such servant or agent is acting within the scope of his employment, or of any other person of whose services he makes use for the performance of the contract, as if such acts and omissions were his own.
3) The Carrier shall be liable for loss of or damage to the Goods, as well as for delay in delivery, unless it is proved that fault or neglect of the Carrier himself, his servants or agents or any other person referred to in § Ⅱ-3. 2) has caused or contributed to such loss, damage or delay in delivery. However, the Carrier shall not be liable for any loss following from a delay in delivery unless the consignor has made a declaration of interest in timely delivery which has been accepted by the Carrier and stated on this B/L.
4) Delay in delivery occurs when the Goods have not been delivered within the time expressly agreed upon or, in the absence of such agreement, within the time which would be reasonable to require of a diligent Carrier, having regard to the circumstances of the case.
5) If the Goods have not been delivered within ninety(90) consecutive days following the date of delivery determined according to above § Ⅱ-3. 4), the person entitled to make a claim for the loss of Goods may, in the absence of evidence to the contrary, treat the Goods as lost.
6) The Carrier shall be relieved of liability for any loss or damage, if such loss, damage or delay in delivery was caused by ;
ⓐ the wrongful act or neglect or omission of the Merchant,
ⓑ compliance with the instructions of the person entitled to give them,
ⓒ inherent vice or nature of the Goods,
ⓓ insufficiency of packing or inadequacy of marks and/or numbers,
ⓔ handling, loading, stowage into or discharge from container by the Merchant,
ⓕ war, warlike operations, riots, civil commotions and strikes or lockouts or stoppage or restraint of labor from whatever cause, whether partial or general, or
ⓖ any cause or event which the Carrier himself could not avoid and the consequence whereof the Carrier could not prevent by the exercise of due diligence.
7) Notwithstanding § Ⅱ-3. 3), the Carrier shall not be liable for loss, damage or delay in delivery with respect to Goods carried by sea or inland waterways when such loss, damage or delay during such carriage has been caused by ;
ⓐ act, neglect or default of the master, mariner, pilot or the servants of the Actual Carrier in the navigation or in the management of the ship.
ⓑ fire, unless caused by the actual fault or privity of the Actual Carrier.
ⓒ unseaworthiness of the ship, unless it is proved that due diligence has not been exercised to make the ship seaworthy at the commencement of the voyage.
8) Notwithstanding any other conditions to the contrary under this B/L, if the shipment is on the basis of "Shipper's Weight, Load and Count" or "Shipper Packed Container" or a similar expression has been made on the face hereof, then the Carrier should have no liability whatsoever as to any loss or damage of the Goods inside the container unless such is caused by the fault, mistake or negligence of the Carrier or of any person of whose services the Carrier makes use for the performance of the contract.

**Ⅱ-4. Limitation of Liability of the Carrier.**

1) Assessment of compensation for loss of or damage to the Goods shall be made by reference to the value of such Goods at the place and time they are delivered to the consignee or at the place and time when, in accordance with the multimodal transport contract, they should have been so delivered.
2) The value of the Goods shall be determined according to the current commodity exchange price or, if there is no such price, according to the current market price or, if there is no commodity exchange price or current market price, by reference to the normal value of Goods of the same kind and quality.
3) The Carrier shall in no event be or become liable for any loss, misdirection, misdelivery of or damage to the Goods or otherwise liable in respect of the Goods howsoever caused in an amount exceeding the equivalent of 666.67 SDR per package or 2 SDR per kilogramme of gross weight of such Goods, whichever is the higher, if the nature and value of the Goods shall have been declared by the consignor and accepted by the Carrier before the Goods have been taken in his charge, and the ad valorm freight rate paid, and such value is stated in this B/L by him, then such declared value shall be deemed as the limitation amount.
4) Notwithstanding the above mentioned provisions, if the multimodal transport does not, according to the contract, include carriage of Goods by sea or by inland waterways, an amount not exceeding 8.33SDR per kilogramme of gross weight of the Goods shall be deemed as the limitation amount for the purpose of this Article.
5) When the loss, misdirection, misdelivery of or damage to the Goods occurred during one particular stage of the multimodal transport, in respect of which any mandatory applicable international convention or national law would have provided for another limit of liability if a separate contract of carriage had been made for that particular stage of transport, then the limit of the Carrier's liability therefor shall be determined by reference to the provisions of such convention or national law.
6) Unless the nature and value of the Goods shall have been declared by the Merchant before the Carrier receives the Goods and is inserted in this B/L, and the ad valorem freight rate paid, the liability of the Carrier under COGSA, where applicable, shall not exceed US$500 per package or, in the case of Goods not shipped in packages, per customary freight unit.
7) If the Carrier is held liable for delay in delivery, or consequential loss or damage other than loss of or damage to the Goods, the liability of the Carrier shall be limited to an amount not exceeding the equivalent of the freight under the multimodal contract for the multimodal transport under this B/L.
8) The aggregate liability of the Carrier shall not exceed the limits of liability for total loss of the Goods.
9) The Merchant and the Carrier specifically agree that the exemption, exclusion and limitation of the Carrier liability in this B/L are additional to those provided for under the applicable international convention or legislation to this B/L and that no terms and conditions in this B/L shall be interpreted or construed to deprive the Carrier of such exemption, exclusion or limitation. The Carrier may be exempted from his liability or may exclude or limit his liability under the terms and conditions in this B/L or under the international convention or applicable law, whichever is the more favorable to him, regardless of whether the cause of such liability is based upon the breach of the terms and conditions of this B/L or tort, or upon any other cause of whatsoever kind.

**Ⅱ-5. Liability of Servants and Other Persons of Carrier.**

1)The terms and conditions of this B/L apply whenever claims in relation to the performance of the contract evidenced by this B/L are made against any servant, agent or other person(including any independent contractor) whose services have been used in order to perform the contract, whether such claims are founded in contract or in tort, and the aggregate liability of the Carrier and of such servants, agents or other persons shall not exceed the limits set forth in § Ⅱ-4.
2)In entering into this contract as evidenced by this B/L, the Carrier, to the extent of this Article shall apply does not only act on his own behalf, but also as the agent or trustee for such persons, and such persons shall, to such extent, be or be deemed to be parties to this contract.
3)The aggregate of the amounts recoverable from the Carrier, servants, agents and other persons shall not exceed the limits provided for herein.

**Ⅱ-6. Applicability of the Conditions to Actions in Tort.**

The terms and conditions of this B/L apply to all claims against the Carrier relating to the performance of the multimodal transport contract, whether the claim be founded in contract or in tort.

**Ⅱ-7. Delivery of Goods.**

1)Any mention herein of parties to be notified of the arrival of the Goods is solely for the information of the Carrier, and failure to give such notification shall not involve the Carrier in any liability and shall not relieve the Merchant of any obligation hereunder.
2)The Carrier shall have the right to deliver the Goods at any time at any place designated by the Carrier within the geographic limits of the place of delivery.
3)In any case, the Carrier's responsibility shall cease when the Goods have been delivered to the Merchant, its agent or subcontractors or otherwise according to the law at the place designated by the Carrier. Delivery of the Goods to the custody of Customs or any other authorities shall always constitute final discharge of the Carrier's responsibility hereunder.
4)For Goods received by the Carrier in containers, the Carrier shall only be responsible for delivery of the total number of containers shown on the face of the B/L, and shall not be required to unpack the containers.
5)Where the Goods have been packed into containers by the Carrier, the Carrier shall unpack the containers and deliver the contents thereof and shall not be required to deliver the Goods in containers.
6)The Carrier shall not be liable for failure to deliver in accordance with marks unless the Goods or packages shall have been clearly, legibly and permanently marked.
7)Whether at the destination or elsewhere, the Carrier may refuse to deliver the Goods unless this B/L or one original thereof, when two(2) or more originals have been issued, has been surrendered. When the Carrier delivers the Goods to the holder of this B/L or to a holder of one original thereof when two(2) or more original B/L(s) have been issued, the Carrier shall be relieved from any responsibility for delivery to any other who may hold other original B/L(s) or otherwise have any title to the Goods.
8)Notwithstanding § Ⅱ-7. 7), above, when this B/L is marked "non-negotiable" on its face, the Carrier shall be discharged from his obligation to deliver the Goods if he delivers the Goods to the consignee named in this B/L even if he dose not surrender this B/L.

**Ⅱ-8. Lien.**

1)The Carrier shall have a lien on the Goods and any documents relating thereto for all sums payable to the Carrier under this contract and/or any other contract and for general average contributions to whomsoever due and for the cost of recovering the same. The Carrier shall also have the right to sell the Goods and documents by public auction or private treaty, without notice to the Merchant, at the Merchant's expense, and without any liability towards the Merchant.
2)If the Goods are unclaimed within a reasonable time, or whenever, in the Carrier's opinion, the Goods will become deteriorated, decayed or worthless, the Carrier may, at his discretion and subject to his lien and without any responsibility attaching to him, sell, abandon or otherwise dispose of such Goods solely at the risk and expense of the Merchant.
3)If the proceeds from the auction, private treaty or sale of the Goods fail to cover the amount due and the cost and expenses incurred, the Carrier shall be entitled to recover the deficit sum from the Merchant.

**Ⅲ. Merchant.**

**Ⅲ-1. Dangerous Goods and Indemnity.**

1)The Merchant must mark or label dangerous Goods as dangerous in accordance with all applicable laws, regulations and requirements.
2)Where the Merchant hands over dangerous Goods to the Carrier, as the case may be, the Merchant must inform the Carrier in writing of the dangerous nature and character of the Goods and, if necessary, of the precautions to be taken. If the Merchant fails to do so and such Carrier does not otherwise have knowledge of their dangerous nature and character;
ⓐ the Merchant is liable to the Carrier for all loss, damage, delay, or expenses, or personal injury or death resulting from the shipment of such Goods,and
ⓑ the Goods may at any time be unloaded, destroyed or rendered innocuous, as the circumstances may require, without compensation to the Merchant.
3)If any Goods shipped with the knowledge of the Carrier as to their dangerous nature shall become a danger to the vehicle or other cargo, they may in like manner be unloaded or loaded at any place or destroyed or rendered innocuous by the Carrier, without liability on the part of the Carrier, except General Average, if any.

**Ⅲ-2.Liability of the Merchant.**

1)At the time the Goods were taken in charge by the Carrier, the Merchant shall be deemed to have guaranteed to the Carrier the accuracy, of all particulars relating to the general nature of the Goods, their marks, number, weight, volume and quantity and, if applicable, the dangerous character of the Goods, as furnished by him or on his behalf for insertion in this B/L.
2)The Merchant shall indemnify the Carrier against any loss resulting from inaccuracies in or inadequacies of the particulars referred to above.
3)The Merchant shall remain liable even if the this B/L has been transferred by him.
4)The right of the Carrier to such indemnity shall in no way limit his liability under the multimodal transport contract to any person other than the consignor.

**Ⅲ-3. Freight and Charges.**

1)Freight shall be paid in cash, without any reduction or deferment on account of any claim, counterclaim or set-off, whether prepaid or payable at destination. Freight shall be considered as earned by the Carrier at the moment when the Goods have been taken in his charge, and not to be returned in any event.
2)Even if, for any reason, the freight, demurrage, disbursements, general average contribution, salvage charge or other charges of similar nature payable to the Carrier under this B/L or the applicable law should become payable at the destination or elsewhere or collectable from the consignee, the shipper shall not be released from the obligation for payment thereof.
3)Freight and other amounts payable as mentioned in this B/L are to be paid in the currency named in this B/L or, at the Carrier's option, in the currency of the country of dispatch or destination at the highest current rate of exchange for banker's sight bills on the date of dispatch for the freight be payable or on the date when the Merchant is notified of arrival of the Goods there or on the date of withdrawal of the delivery order, whichever rate is the higher, or at the option of the Carrier, on the date of this B/L for the freight payable at destination.
4)All dues, taxes and charges or other expenses in connection with the Goods shall be paid by the Merchant. Where equipment is supplied by the Carrier, the Merchant shall pay all demurrage and charges in connection with the equipment which are not attributable to a fault or neglect of the Carrier.
5)The Merchant shall reimburse the Carrier in proportion to the amount of freight for any costs for deviation or delay or any other increase of costs of whatever nature caused by war, warlike operations, epidemics, strikes, government directions or force majeure.
6)The Merchant warrants the correctness of the declaration of contents, insurance, weight, measurements or value of the Goods but the Carrier has the liberty to have the contents inspected and the weight, measurements or value verified. If on such inspection it is found that the declaration is not correct, it is agreed that a sum equal either to five times the difference between the correct freight and the freight actually charged, or double the correct freight less the freight actually charged, whichever sum is the smaller, shall be payable as liquidated damages to the Carrier for his inspection costs and losses of freight on other Goods notwithstanding any other sum having been stated on this B/L as freight payable
7)Despite the acceptance by the Carrier of instructions to collect freight, charges or other expenses from any other person in respect of the transport under this B/L, the Merchant shall remain responsible for such monies on receipt of evidence of demand and the absence of payment for whatever reason.

**Ⅲ-4. General Average.**

1)General Average shall be adjusted at any port or place at the option of the Carrier in accordance with the York-Antwerp Rules 1974,as amended 1990.
2)Notwithstanding § Ⅲ-4. 1), the Merchant shall defend, indemnify and hold harmless the Carrier in respect of any claim(and any expense arising therefrom)of a General Average nature which may be made on the Carrier and shall provide such security as may be required by the Carrier in this connection.
3)The Carrier shall be under no obligation to take any steps whatsoever to collect security for General Average contributions due to the Merchant.

**Ⅲ-5. Notice of Loss of or Damage to the Goods.**

1)Unless notice of loss of or damage to the Goods, specifying the general nature of such loss or damage, is given in writing by the consignee to the Carrier when the Goods are handed over to the consignee, such handing over is prima facie evidence of the delivery by the Carrier of the Goods as described in this B/L.
2)Where the loss or damage is not apparent, the same prima facie effect shall apply if notice in writing is not given within three(3) consecutive days after the day when the Goods were handed over to the consignee.

**Ⅳ. Supplementary Provisions.**

**Ⅳ-1. Paramount Clauses.**

1)The terms and conditions shall only take effect to the extent that they are not contrary to the mandatory provisions of international conventions or national law applicable to the contract evidenced by this B/L.
2)As far as this B/L covers the carriage of the Goods by sea or inland waterways from the time when the Goods are loaded onto the vessel to the time they are discharged therefrom, this B/L shall be subject to the Hague Rules or the Hague-Visby Rules but only to the extent that those Rules are compulsorily applicable any legislation and the provisions of those Rules shall apply to all Goods whether carried on or under deck.
3)The COGSA shall apply to the carriage of Goods by sea, whether on or under deck, but only to such extent it is compulsorily applicable to this B/L.

**Ⅳ-2.Time-bar.**

The Carrier shall be discharged of all liability whatsoever in respect of all claims howsoever caused unless suit is brought within nine months after the delivery of the Goods, or the date when the Goods should have been delivered, or the date when in accordance with the § Ⅱ-3. 5), failure to deliver the Goods would give the consignee the right to treat the Goods as lost or the date of the event giving rise to the claim, whichever is occurrs first.

**Ⅳ-3. Partial Invalidity.**

1)The terms and conditions of this B/L are severalable, and if a part or a term is declared invalid or unenforceable, the validity or enforceability of any other part or term shall not be affected thereof.
2)In particular, if any term of this B/L is held to be repugnant to the applicable international conventions or national law or to any tariff to any extent, such term shall be void to that extent but no further.

**Ⅳ-4.Jurisdiction and Applicable Law.**

Actions against the Carrier must be instituted only in the courts in the Republic of Korea and shall be decided according to the law of the Republic of Korea.

[별지 6-4] 개별 포워더 제작 MT B/L(예시) -전면-

**HANJIN LOGISTICS** **BILL OF LADING**

For Multimodal Transport or Port to Port Shipment

| | |
|---|---|
| SHIPPER / EXPORTER | BOOKING NO. / CONSOLIDATION NO. |
| | EXPORT REFERENCES<br>FOR |
| CONSIGNEE (NON-NEGOTIABLE UNLESS CONSIGNED TO ORDER) | FORWARDING AGENT REFERENCE<br>MERCHANT'S |
| NOTIFY PARTY | POINT AND COUNTRY OF ORIGIN |
| | ALSO NOTIFY / DOMESTICS ROUTING<br>REFERENCE |
| PIER OR PLACE OF RECEIPT / PRE-CARRIAGE BY | |
| VESSEL / VOY (FLAG) / PORT OF LOADING | COLOADED WITH |
| PORT OF DISCHARGE / PLACE OF DELIVERY (BY ON CARRIER) | FINAL DESTINATION (FOR THE MERCHANT'S REFERENCE ONLY) |

PARTICULAR FURNISHED BY SHIPPER

| CONTAINER NO. MARKS & NOS. | SEAL NO. | NO. OF PACKAGES OR SHIPPING UNITS | H M * | KIND OF PACKAGES : DESCRIPTION OF GOODS | TOTAL GROSS WEIGHT KGS(POUNDS) | TOTAL MEASUREMENT CBM(CFT) |
|---|---|---|---|---|---|---|
| | | | | | | |

Optional Declared Value for increased freight charges to avoid Package Limitation:US$ ________________

TOTAL NO. OF PACKAGES OR CONTAINERS(IN WORDS)

| FREIGHT AND CHARGES | RATED AS | RATE | PER | PREPAID | COLLECT | |
|---|---|---|---|---|---|---|
| | | | | | | Date<br>By ________<br>PLACE OF B(s)/L ISSUE<br>NO. OF ORIGINAL B(s)/L SIGNED<br>DATE OF B(s)/L ISSUE |
| | | | TOTAL | | | BILL OF LADING NO. |
| | | | AT | | | |

**RECEIVED** by the Carrier from the Shipper in apparent good order and condition unless otherwise indicated herein, the Goods, or the container(s) or package(s) said to contain the cargo herein mentioned, to be carried subject to all the terms and conditions provided for on the face and back of this Bill of Lading by the Vessel named herein or any substitute at the Carrier's option and/or other means of transport, from the place of receipt or the port of loading to the port of discharge or the place of delivery shown herein and there to be delivered to Consignee or on-carrier on payment of all charges due thereon.

**IF REQUIRED** by the Carrier, this BL duly endorsed must be surrendered in exchange for the Goods or delivery order None of the terms of this Bill of Lading can be waived by or for the Carrier except by written waiver signed by a duly authorized agent of the Carrier.

**IN ACCEPTING THIS BL** the Merchant agrees to be bound by all the stipulations, exceptions, terms and conditions on the face and back hereof, whether written, typed, stamped or printed, as fully as if signed by the Merchant any local customs or privilege to the contrary notwithstanding.

**IN WITNESS WHEREOF**, the undersigned, on behalf of **Hanjin Logistics, Inc.** the master and the owner of the Vessel has signed the number of BL of Lading stated above all the same tenor and date, one of which being accomplished, the others to stand void. (Terms of BL continued on Back Hereof).

* Check "HM" column if hazardous material

**HANJIN LOGISTICS, INC.**

ACTING AS CARRIER

By ________________

# [별지 6-4] 개별 포워더 제작 MT B/L(예시) -이면-

## Terms and Conditions of Bill of Lading

**1. Definitions**
*"Multimodal Transport"* means the carriage of Goods by at least two different modes of transport.
*"Carrier"* means the Hanjin Logistics, INC who actually performs or undertakes to perform the **carriage**, or part thereof, whether he is identical with the Carriage or not.
*"Merchant"* includes the Shipper, the Consignee and the receiver of the Goods, the Holder of this bill of bill of lading, any Person owning or lawfully entitled to the possession of the Goods or this bill of lading, any Person acting on behalf any of the above mentioned Persons.
*"Shipper"* means the person who concludes the Transport Contract with the Carrier.
*"Consignee"* means the person entitled to receive the Goods from the Carrier.
*"Delivery"* means (i) the handing over of the Goods to the Consignee; or (ii) the placing of the Goods at the disposal of the Consignee in accordance with this Contract or with the law or usage of the particular trade applicable at the place of delivery; or (iii) the handing over of the Goods to an authority or other third party to whom, pursuant to the law or regulations applicable at the place oll delivery, the Goods must be handed over.
*"SDR(Special Drawing Rights)"* means the unit of account as defined by the International Monetary Fund.

**2. Negotiability and Title to the Goods**
This Bill of Lading for Multimodal Transport or for Port to Port shipment(hereunder called "BL") is issued in a negotiable form unless it is marked "non negotiable". Negotiable BL shall constitute title to the Goods and the holder, by endorsement of this BL, shall be entitled to receive or to transfer the Goods herein mentioned. The information in this BL shall be prima facie evidence of the taking in charge by the Carrier of the Goods as described by such information unless a contrary indication, such as "shipper's weight, load and count", "shipper-packed container" or similar expression, has been made in the printed text or superimposed on this BL.

**3. Carrier's Tariff**
The terms and conditions of the Carrier's applicable tariff are incorporated herein. The Copies of relevant provisions of the applicable tariff is obtainable from the Carrier upon request. In the case of inconsistency between this BL and the applicable tariff, this BL shall prevail.

**4. Carrier's responsibility**
The Carrier undertakes to perform and/or in his own name to procure performance of the Carriage from the Place of Receipt to the Port of Discharge or the Place of Delivery, and, save as is otherwise provided for in this BL, the Carrier shall be liable for loss or damage occurring during the Carriage only to the extent set out below.
4.1 If the stage of the Carriage during which loss or damage occurred is not known
(a) Exclusions, If the stage of the Carriage during which the loss or damage occurred is not known, the Carrier shall be relieved of liability for any loss or damage if such loss or damage was caused by: (i) an act or omission of the Merchant or Person acting on behalf of the Merchant (ii) Compliance with instructions of any Person entitled to give them (iii) insufficient or defective condition of packing or marking, (iv) handling, loading, stowage or unloading of the Goods by or on behalf of the Merchant (v) inherent vice of the Goods
(vi) strike, lock-out, stoppage or restraint of labor, form whatever cause, whether partial or general, (vii) a nuclear incident
(viii) any cause or event which the Carrier could not avoid and the consequence whereof he could not prevent by the exercise of reasonable diligence
(b) Burden of Proof
The burden of proof that the loss or damage was due to one or more of the causes or events specified in this Clause 4.1 shall rest upon the Carrier. Save that if the Carrier establishes that, in the circumstances of the case, the loss or damage could be attributed to one or more of the causes or events specified in Clause 4.1 (a)(iii),(iv) or (v), it shall be presumed that it was so caused. The Merchant shall, however, be entitled to prove that the loss or damage was not, in fact, caused either wholly or partly by one or more of these causes or events.
(c) Limitation of Liability
Except as provided in Clause 5.2(a),(b) or 5.3 if Clause 4.1 operates total compensation for loss or damage shall in no circumstances whatsoever and howsoever arising exceed USD500 per package where the Carriage includes Carriage to, from or through a port in the United States of America and in all other cases 2 SDRs per kilo of the gross weight of the Goods lost or damaged.
(d) In no event shall the Carrier be responsible for consequential damages, for lost profits, for non-compensatory damages, for exemplary damages, or for damages of any kind arising from delay, loss of market, depreciation or damages payable by the Merchant to any kind third party.
4.2 If the stage of the Carriage during which loss or damage or delay occurred is known
Notwithstanding anything provided for in Clause 4.1, if it is known during which stage of the Carriage the loss or damage occurred, the liability of the Carrier in respect of such loss, damage or delay shall be determined:
(a) by the provisions contained in any international convention or national law which provisions:-(i) cannot be departed from by private contract to the detriment of the Merchant, and (ii) would have applied if the Merchant had made a separate and direct contract with the Carrier in respect of the particular stage of the Carriage during which the loss, damage or delay occurred and received as evidence thereof any particular documents which must be issued in order to make such international convention or national law applicable, or
(b) in case of shipments to or from the United States of America by the provisions of US COGSA if the loss or damage is known to have occurred during Carriage by sea to or form the USA or during Carriage to or from a container yard or container freight station in or immediate adjacent to the sea terminal at the Port of Loading or Port of Discharge in the ports of USA. Or
(c) by the Hague Rules Articles 1-8 only inclusive where the provisions of clauses 4.2(a) or (b) do not apply if the loss or damage is known to have occurred during Carriage by sea, or
(d) if the loss or damage is known to have occurring during Carriage inland in the USA, in accordance with the contract of carriage or tariffs of any inland Carrier in where custody the loss or damage occurred or in the absence of such contracts or tariff by the provision Clause 4.1, and in either case the law of state of New York will apply.

**5. Compensation and Liability Provisions**
5.1 Subject always to the Carrier's right to limit liability as provided for herein, if the Carrier is liable for compensation in respect of loss or damage to the Goods, such compensation shall be calculated by reference to the invoice value of the Goods plus Freight and Insurance if paid. If there is no invoice value of the Goods or if any invoice is not bona fide, such compensation shall be calculated by reference to the value of such Goods at the place and time they are delivered or should have been delivered to the Merchant. The value of the Goods shall be fixed according to the current market price, by reference to the normal value of Goods of the same kind and/or quality.
5.2 Save as is provided in clause 5.3:
(a) Where the Hague Rules apply hereunder by national law by virtue of clause 4.2(a), the Carrier's liability shall in no event exceed the amounts provided in the applicable national law. If the Hague Rules Article 1-8 only applies pursuant to clauses 4.2(c) the Carrier's maximum liability shall in no event exceed GBP100 per Package or unit.
(b) Where Carriage includes Carriage to, from or through a port in the United States of America and US COGSA applies by virtue of clauses 4.2(b) neither the Carrier nor the Vessel shall in any event be or become liable in an amount exceeding US$500 per Package or customary freight unit.
(c) In all other cases compensation shall not exceed the limitation of liability of 2 SDR per kilo as provided in clause 4.1(c)
5.3 The Merchant agrees and acknowledges that the Carrier has no knowledge of the value of the Goods and higher compensation than that provided for in this BL may be claimed only when, with the consent of the Carrier, the value of the Goods declared by the Shipper upon delivery to the Carrier has been stated in the box marked "Declared Value" on the reverse of this BL and extra freight paid. In that case, the amount of the declared value shall be substituted for the limits laid down in this BL. Any particular loss or damage shall be adjusted pro rata on the basis of such declared value.
5.4 Nothing in this BL shall operate to limit or deprive the Carrier of any statutory protection, defense, exception or limitation of liability authorized by any benefit of the said laws, statutes or regulations as if it were the owner of any carrying ship or vessel.

**6. Application of the Conditions to Actions in Tort**
The terms and conditions of this BL apply to all claims against the Carrier relating to the performance of this contract, whether the claim is founded in contract or in tort.

**7. Optional Stowage**
7.1 On any Vessel or other mode of transportation designed to carry containers, the Carrier has the right to carry Goods in containers in any area designed for such carriage.
When such Goods are carried on deck, the Carrier shall not be required to specially note, mark or stamp any statement of "on deck carriage" on the face of BL nor to give notice thereof to the shipper or consignee.
Such carriage of the Goods shall constitute "under deck" stowage for all purposes, including Hague/Visby/COGSA regulations and General Average.
7.2 In respect of Goods not in containers and carried on deck, and stated on this BL to be so carried, all risks of loss or damage from perils inherent in or incident to the custody or carriage of such Goods shall be borne by the Merchant and in all other respects the Carrier shall have the benefit of the provisions of the applicable, version of the Hague/Visby/COGSA and the terms of this BL.

**8. Delivery of Goods**
8.1 Any mention herein of parties to be notified of the arrival of the Goods is solely for the information of the Carrier, and failure to give such notification shall not involve the Carrier any liability and shall not relieve the Merchant of any obligation hereunder.
8.2 In any case, the Carrier's responsibility shall cease when the Goods have been delivered to the Merchant, its agent or otherwise according to the law at the place designated by the Carrier. Delivery of the Goods to the custody of Customs or any other authorities shall always constitute final discharge of the Carrier's responsibility hereunder.
8.3 For Goods received by the Carrier in containers, the Carrier shall only be responsible for delivery of the total number of containers shown on the face of the BL, and shall not be required to unpack the containers.
8.4 In the case the Goods have been packed into Containers by the Carrier, the Carrier shall unpack the Containers and deliver the contents thereof; provided that, at the absolute discretion of the Carrier the Goods may be delivered in Containers to the Merchant, in which case if the Containers are delivered with seals intact by the Carrier, such delivery shall be deemed as full and complete performance and the Carrier shall not be responsible for any loss or damage to the contents of the Containers.
8.5 If delivery of the Goods or any part thereof is not taken by the Merchant at the time delivery thereof, the Carrier shall be entitled, without notice, to unpack the Goods if packed in Containers and/or to store the Goods ashore, afloat, in the open or under cover at the sole risk of the Merchant. Such storage shall constitute due delivery hereunder, and, thereupon, the liability of the Carrier in respect of the Goods or that part thereof stored as aforesaid shall wholly cease and the costs and expense of such storage (if payable by the Carrier or his agent or any Actual Carrier) shall forthwith be paid by the Merchant upon demand of the Carrier.
8.6 The Carrier shall not be liable for failure of or delay in delivery in accordance with marks eventhough such marks have been clearly and durably stamped or marked upon the Goods, packages or containers by the Merchant before the Goods are received by the Carrier.
8.7 The Carrier may in his absolute discretion receive the Goods as Full Container Load and deliver them as less than Full Container Load and/or as break bulk cargo and/or deliver the Goods to more than one receiver. In such event the Carrier shall not be liable for any shortage, loss, damage or discrepancies of the Goods, which are found upon the unpacking of the Container.

**9. Lien**
9.1 The Carrier shall have a lien on the Goods and any documents relating thereto, for all freight, all charges and all sums payable to the Carrier under this contract and/or any other contract and for general average contributions to whomsoever due and for the costs / expenses of recovering the same, and the Carrier shall have the right to enforce this lien, by all available means, including public auction or private treaty without notice to the Merchant and at the Merchant's expense and without any liability towards the Merchant. The net proceeds of any such sale, after first deducting all costs and expenses in executing the lien, shall be applied towards the settlement of the amounts due to the Carrier. If on sale of the Goods, the proceeds fail to cover the amount due and the cost incurred, the Carrier shall be entitled to recover the deficit from the Merchant.
9.2 The Carrier shall have a lien on the Goods for all expense and charges incurred in protecting or caring for the Goods, whether the Goods be damaged or not, and for any payment or liability of whatsoever nature incurred by the Carrier in connection with the Goods, including legal fees incurred through attachments or interpleading or other proceedings in respect of the Goods.
If the Goods are unclaimed during a reasonable time, or whenever in the Carrier's opinion, the Goods will become deteriorated, decayed or worthless, the Carrier may, at his discretion and subject to his lien and without any responsibility attaching to him, sell, abandon or otherwise dispose of such Goods solely at the risk and expense of the Merchant.

**10. Merchant Responsibility**
10.1 All of the Persons coming within the definition of Merchant in clause1 shall be jointly and severally liable to the Carrier for the due fulfillment of all obligations undertaken by the Merchant in this BL.
10.2 The Shipper warrants to the Carrier that the particulars relating to the Goods as set out on the reverse hereof have been checked by the Shipper on receipt of his BL and that such particulars, and any other particulars furnished by or on behalf of the Shipper, are adequate and correct. The Shipper also warrants that the Goods are lawful Goods, and contain no contraband, drugs, other illegal substances or stowaways, and that the Goods will not cause loss damage or expense to the Carrier, or to any other cargo during the Carriage.
10.3 The Merchant shall be liable for and shall indemnity the Carrier against all loss, damage, delay, fines, attorney fees and/or expenses arising from any breach of any of the warranties in clause 10.2 or from any other cause whatsoever in connection with Goods for which the Carrier is not responsible.
10.4 The Merchant shall comply with all regulations or requirements of customs, port and other authorities, and shall bear and pay all duties, taxes, fines, imposts, expenses or losses (including, without prejudice to the generality of the foregoing Freight for any additional Carriage undertaken), incurred or suffered by reason thereof, or by reason of any illegal, incorrect or insufficient declaration of by reason of any illegal, incorrect or insufficient declaration, marking, numbering or addressing of the Goods, and shall indemnity the Carrier in respect thereof.
10.5 Each Merchant warrants that equipment, whether owned or leased by the Carrier, would be returned to the Carrier within a reasonable time stipulated in the applicable tariff and further promises and agrees to pay equipment detention charges stipulated in the applicable tariff including the costs and expenses of recovering the same in case failure to do so.

**11. Carrier's Container**
Containers released into the care of the Merchant for packing, unpacking or any other purpose whatsoever are at the sole risk of the Merchant until redelivered to the Carrier. The Merchant shall indemnity the Carrier for all loss of and/or damage and/or delay to such Containers. Merchants are deemed to be aware of the dimensions and capacity of any Containers released to them.

**12. Merchant Packed Container**
12.1 If a Container has not been packed by the Carrier, this BL shall be a receipt only for the Container and the Carrier shall not be liable for any loss of or damage to the contents and the Merchant shall indemnity the Carrier against any injury, loss, damage, liability or expense incurred by the Carrier if such loss, damage, liability or expense has been caused by: (a) the manner in which the Container has been filled, packed, stuffed or loaded; (b) the unsuitability of the contents for carriage by Containers; or (c) the unsuitability or defective condition of the Container which would have been apparent upon reasonable inspection by the Merchant at or prior to the time the Container was filled, packed, stuffed or loaded.
12.2 The Merchant shall inspect any Container before packing the contents into the Container and the use of the Container shall be prima facie evidence of the Container being sound and suitable for use.
12.3 If the Container is delivered by the Carrier with seals intact, such delivery shall be deemed as full and complete performance of the Carrier's obligation hereunder and the Carrier shall not be liable for any loss of or damage to the contents of the Container.

**13. Freight and Charges**
13.1 Freight shall be payable at any lawful rate agreed with the Merchant, and will be calculated on the basis of the particulars furnished by the Merchant; but the Carrier may at any time open, examine, weight, measure and value the Goods and Packages to determine the accuracy of the Merchant's Particulars. If it is determined by the Carrier that the freight or charges should be higher, the Carrier may collect the additional amount from the Merchant who shall also be liable for all expenses associated with recalculation of freight or charges.
13.2 Full freight and all advances charges shall be considered completely earned on receipt of the Goods by the Carrier, whether the vessel or the Goods be damaged, lost or not lost, or the journey frustrated or abandoned. All freight and charges shall be paid in full without any offset, counter-claim or deduction, and shall be paid in the currency named this Bill of Lading.
13.3 Each Merchant shall be severally liable to the Carrier for the payment of all freight, charges and other amounts due the Carrier.

**14. Dangerous Cargo**
14.1 No Goods which are or which may become of a dangerous, noxious, hazardous, flammable, or damaging nature (including radioactive material), or which are or may become liable to damage any Persons or property whatsoever, and whether or not so listed in any official or unofficial, international national code, convention, listing or table shall be tendered to the Carrier for Carriage without previously giving written notice of their nature, character name, label and classification (if applicable) to the Carrier and obtaining his consent in writing and without distinctly making the Goods and the Container or any other covering on the outside so as to indicate the nature and character of any such Goods and so as to comply with any applicable laws, regulations or requirement. If any such Goods are delivered to the Carrier without obtaining this consent and/or such making or if in the opinion of the Carrier the Goods are or are liable to become of a dangerous, noxious, hazardous, flammable or damaging nature they may at any time or place be unloaded, destroyed, disposed of, abandoned or rendered harmless without compensation to the Merchant and without prejudice to the Carrier's right to Freight and the Carrier shall be under no liability to make any general average contribution in respect of such Goods.
14.2 The Merchant warrants that such Goods are packed in a manner adequate to withstand the risks of Carriage having regard to their nature and in compliance with all laws, regulations or requirement which may be applicable during the Carriage.
14.3 The Merchant shall indemnify the Carrier against all claims, liabilities, loss, damage, delay, costs, fines and/or expenses arising in consequence of the clause 14.2 including any steps taken by the Carrier pursuant to clause 14.1 whether or not the Merchant was aware of the nature of such Goods.
14.4 Nothing contained in this clause shall deprive the Carrier of any of his rights provided for elsewhere.

**15. Temperature Controlled Cargo**
15.1 The Merchant undertakes not to tender any Goods for Carriage which requires temperature control without previously giving written notice of their nature and particular temperature range to be maintained and, in case of a temperature controlled container packed by or on behalf of the Merchant, further undertakes that the Goods have been properly packed in the container and that its thermostatic controls have been adequately set by the Merchant before receipt of the Goods by the Carrier.
15.2 The Merchant should note that refrigerated containers are not designed (a) to freeze down cargo which has not been presented for stuffing at or below its designated carrying temperature and the Carrier shall not be responsible for the consequences of cargo being presented at a higher temperature than that required for the Carriage, nor (b) to monitor and control humidity levels, albeit a setting facility exists, in that humidity is influenced by many external factors and the Carrier does not guarantee the maintenance of any intended level of humidity inside any container.
15.3 The term "apparent good order and condition" when used in this BL with reference to Goods which require refrigeration, ventilation or other specialized attention does not mean that the Goods, when receive were verified by Carrier.
15.4 The Carrier shall not be liable for any loss or damage to the Goods raising from latent defects, derangement, breakdown, defrosting, stoppage of the refrigerating, ventilating or any other specialized machinery, plant, insulation and/or apparatus of the container, vessel, conveyance and any other facilities, provided that the Carrier shall before and at the beginning of the Carriage exercising due diligence to maintain the container supplied by the Carrier in an efficient state.

**16. Notice of Loss**
Unless notice of loss of or damage to the Goods and the general nature of it is given in writing to the Carrier or his agent at the port of discharge or place of delivery before or at the time of removal of the Goods into the custody of the person entitled to delivery thereof under this BL, or if the loss or damage is not apparent, within three consecutive days thereafter, such removal shall be prima facie evidence of the delivery by the Carrier of the Goods described in this BL.

**17. Time Bar**
The Carrier shall be discharge of all liability whatsoever in respect of the goods unless suit is brought in the proper from and written notice thereof received by the Carrier: (1) within nine months in respect of Multimodal Transport or (2) within 12 months in respect of Port-to-Port Shipment after delivery of the Goods or the date when the Goods should have been delivered. In the event that such time period shall be found contrary to any convention or law compulsorily applicable, the period prescribed by such convention or law shall then apply but in that circumstances only.

**18. Paramount Clause**
18.1 insofar as this BL covers carriage of Goods by water, this BL shall have effect subject to the provisions of the "Hague Rules", namely the International Conventions for the Unification of Certain Rules Relating to Bills of Lading, dated at Brussels, August 25, 1924, as amended (including, where enacted, the Protocol dated at Brussels, February 23, 1968, known as the Visby Rules), as enacted in the country of shipment. When no such enactment is in force in the country of shipment or is otherwise compulsorily applicable, the Hague Rules as enacted in the country of destination shall apply. When no such enactment is in force in the country of shipment or in the country of destination, or is otherwise compulsorily applicable, the terms of The Hague Rules as enacted by the Convention shall apply.
18.2 If this BL covers Goods moving to or from ports of the United States in foreign trade, then carriage of such Goods shall be subject to the provisions of the United States Carriage of Goods by Sea Act, 1936, 46 U.S.C. P1300-1315as amended (hereinafter "U.S. COGSA"), the terms of which shall be incorporated herein. The provisions of U.S. COGSA shall (except as otherwise specifically provided in this BL) govern throughout the time when the Goods are in the custody of the Ocean Carrier and any other water carrier and as otherwise provided in this BL.

**19. Liability of Servants, Agents and other Persons**
All exceptions, exemptions defenses immunities, limitations on liability, privileges and conditions granted or provided by this BL or by applicable tariff or by statue or for the benefit of the Carrier shall also apply to and for the benefit of the officers and employees of the Carrier and the agents, officers and crew of the Vessel and to and for the benefit of all parties performing services in connection with the Goods as agents or contractors of the Carrier (including, without limitation, stevedores, terminal operators and agents) and the employees of each them.

**20. General Average**
20.1 General Average shall be adjusted at any port or place at the Carrier's option and to be settled according to the York-Antwerp Rules 1994, or any modification thereof, in the currency selected by the adjuster, who shall be appointed by the Carrier.
20.2 Average agreement, non-separation agreement, deposit or bond shall be furnished by the Merchant to the Carrier before delivery of Goods subject to claims for contribution in General Average.

**21. Both to Blame Collision**
The Both to Blame Collision and the Amended Jason Clause as adopted by Baltic and International Maritime Conference (BIMCO) is incorporated here by this reference.

**22. Partial Invalidity**
If any provision in this BL is held to be invalid or unenforceable such invalidity or unenforceability shall attach only to such provision. The validity of the remaining provisions shall not be affected thereby and this BL contract shall be carried out as if such invalid or unenforceable provision were not contained herein.

**23. Law and Jurisdiction**
Dispute arising under this BL shall be determined by the court and in accordance with the law at the place where the carrier has his principal place of business.

[별지 6-5] Forwarder's Certificate Receipt(FCR)

<table>
<tr><td colspan="2">Suppliers or Forwarders Principals</td><td colspan="2">KIFFA FCR<br>Forwarders Certificate of Receipt<br>Reg. No.<br>No. KR</td></tr>
<tr><td colspan="2">Consignee</td><td colspan="2" rowspan="4">Received the goods or the container(s) or package(s) said to contain goods herein mentioned(hereinafter called the 'goods') in apparent good order and condition, unless otherwise indicated herein for shipment in accordance with instructions of the owner of the goods as described herein. The goods and instructions are accepted and dealt with subject to the terms and conditions on the front of the FCR and all terms and conditions and clauses, printed or otherwise inserted on the KIFFA Multimodal Transport Bill of Lading(KIFFA MT B/L) which is authorized by Korea International Freight Forwarders Association 1997.</td></tr>
<tr><td colspan="2">Notify Party</td></tr>
<tr><td>Pre-carriage by</td><td>Place of Receipt</td></tr>
<tr><td colspan="2">Intended Vessel / Voyage No.</td></tr>
<tr><td>Port of Loading</td><td>Port of Discharge</td><td>Place of Delivery</td><td>Final Destination(For the Merchant Ref.)</td></tr>
</table>

| Container No. & Seal No. Marks and No. | No & Kinds of Containers or P'kgs | Description of Goods | Gross Weight | Measurement |
|---|---|---|---|---|
| | | | | |

The above are according to the declaration of the Suppliers/Forwarders Brincipals

<table>
<tr><td>Remarks</td><td>Instruction as to freight and charges</td><td rowspan="2">Forwarding instructions can only be cancelled or altered if the original Certificate is surrendered to us, and then only provided we are still in a position to comply with such cancellation or alteration.<br>Instruction authorizing disposal by a third party can only be cancelled or altered if the original Certificate of Receipt is surrendered to us, and then only provided we have not yet received instructions under the original authority.<br>When one of these has been accomplished, the other(s) will lose their validity.</td></tr>
<tr><td>Place and Date of Issue</td><td>Number of Original FCR(s)</td></tr>
<tr><td colspan="2">While the goods is in the custody of the signed company, the company shall hold the same as freight forwarder and not as a carrier and shall not be responsible for any loss, damage and/or delay of the good except such as may be caused by the wilful or grossly negligent act of the company, its officers, agents or employees.</td><td>Stamp and Signature</td></tr>
</table>

*Authorized by KIFFA 1999* (210×297㎜)

# 제 3 절 해상화물운송장

## 3-1 해상화물운송장의 일반적 사항

### 1) 해상화물운송장(Sea Waybill)의 개념

영어의 Waybill은 원래 公衆운송수단에 탑승한 여객명부(a list of passengers in a public vehicle)를 의미하였으며,[19] 오늘날 유럽경제위원회(ECE)나 국제해운회의소(International Chamber of Shipping : ICS) 등 국제기구가 이에 대하여 내린 정의를 종합 · 정리해 보면, Sea Waybill(SWB)이란 운송인이 운송을 위하여 화물을 수령 또는 선적하였음을 인증하고, 그 화물을 목적지까지 운송하여 수하인에게 인도할 것을 약정하는 해상화물운송계약의 증서로서, 비유통성의 화물운송장이라 할 수 있다.[20]

### 2) 해상화물운송장의 성질

(1) 요인증권성

SWB은 운송계약에 의해 운송인이 운송을 위해 화물을 수령하였거나 화물이 선적된 것을 전제로 발행되는 점에서 B/L과 마찬가지로 요인성이 있다.

(2) 요식증권성

SWB에는 상법이 정한 기재사항이 기재되어야 하므로(상법 제863조 제 2 항 및 제853조 제 1 항 참조) 요식성이 있다.

(3) B/L의 상환증권성 · 처분증권성 · 인도증권성 · 지시증권성과 SWB

B/L은 제 5 장에서 살펴본 바와 같이 상환증권성 · 처분증권성 · 인도증권성 · 지시증권성을 가지지만, SWB은 권리증권이 아니고 물권적 효력이 없으므

19) William Tetley, "Waybills : The Modern Contract of Carriage of Goods by Sea," Journal of Maritime Law and Commerce, vol. 14, no. 4, October, 1983, p. 467.

20) 엄윤대, "Sea Waybill의 活用을 위한 立法方向," 한국해법학회지, 2001. 11, p. 161; Allan Mitchelhill, Bill of Lading, law & practice, Chapman and Hill, 1982, p. 49.

로 이와 같은 성질이 없다.

### 3) 해상화물운송장의 기능과 효용성

(1) SWB의 기능

SWB은 운송인과 화주 간에 운송계약이 체결되었음을 증명하는 계약증서 기능과 운송인이 운송을 위하여 송하인으로부터 화물을 수령하였다는 증서기능이 있다. 그러나 SWB은 B/L과 달리 권리증권(document of title to the goods)으로서의 기능은 없다.

(2) 국제화물운송에서 SWB의 편리성

국제화물운송에 있어서 SWB을 이용하는 경우의 편리성은 아래와 같다.

첫째, SWB의 원본소지여부가 수하(受荷)의 권리와 관계없다 : SWB은 권리증권이 아니기 때문에 SWB을 소지하고 있는 사람이 화물인도청구권을 당연하게 가진 것이 아니라, 화물을 인도받을 사람은 운송계약으로 지정된 자로서 SWB상에 수하인으로 기명된 자이며 달리 수하인이 있을 수 없다. 따라서 SWB에 그렇게 기명된 자는 운송인에게 자기가 수하인임을 증명하기만 하면 화물을 인도받을 수 있다.

둘째, 화물인도시 SWB원본과 상환이 불필요하다 : SWB은 전술한 바와 같이 권리증권이 아니며 상환증권성이 없다. 따라서 SWB이 수하인에게 입수되는 시기가 화물의 도착보다 이르느냐 늦느냐의 여부에 구애받지 않고 정당한 수하인이라면 SWB원본과 상환하지 않고도 화물을 인도받을 수 있다. 따라서 B/L에 의한 운송과 달리 상환증권성의 문제와 보증도(保證渡)의 문제가 일어나지 않는다.

셋째, SWB의 우송지연과 화물의 인도가 무관하다 : SWB에 의한 운송의 경우에는 수하인이 SWB과 상환하지 않아도 화물을 인도받을 수 있으므로 B/L에 의한 운송에서 OB/L의 우송이 지연되어 수하인이 상기를 놓친다거나 지연에 부수하여 발생하는 보관료 등의 문제가 해소될 수 있다.

넷째, SWB의 분실에 따른 위험이 없다 : SWB은 배서유통이 되지 않으므로 송하인이나 수하인이 그것을 분실하더라도 필요시에는 B/L과 같은 복잡한 절차를 거치지 않고도 운송인으로부터 재발급을 받을 수 있다. 그리고 수하인은 SWB이 그의 수중에 없더라도 운송인에게 그가 SWB상의 수하인임을 증명해 보이면 화물을 인도받을 수 있기 때문에 SWB의 분실에 따른 위험이 수반되지 않는다.

### 4) SWB의 활용이 가능한 운송물품

국제화물운송에 있어서 B/L을 SWB로의 대체가 가능한 무역거래형태는 송하인과 수하인 간에 물품대금의 결제가 문제되지 않을 경우이다. 즉, 대금의 지급확보를 위하여 물품이 화체된 B/L을 담보물로 확보할 필요가 없는 거래인 경우에는 SWB로 대체가 가능한 것이다.

오늘날 국제운송화물은 권리증권인 B/L로 운송되어야 하는 물품이 있는가 하면 그 외에도 ① 매매의 목적이 아닌 개인용품이나 이사화물, ② NVOCC가 집하한 화물을 그의 해외 파트너에게 발송하는 화물, ③ 수하인이 송하인과 동일하거나 송하인의 대리인인 경우, ④ 견본품, ⑤ 다국적기업 간(母회사와 子회사 간 등)에 이동되는 물품도 있는 것이다. 그리고 ⑥ 비록 매매목적으로 물품이 운송되는 경우라도 그것이 운송도중에 전매(轉賣)되지 않는 직접 거래에 있어서 매매 당사자간 장기간의 거래에 의해 대금의 지급과 관련하여 상호 두터운 신뢰가 쌓여진 경우에도 B/L에 의한 운송이 화물을 인도받는데 오히려 장애가 되기도 한다.

위의 ①과 ②와 같은 물품의 이동은 대금결제가 전혀 개입되어 있지 않고, ③~⑤의 경우에도 대금결제가 수반되지 않거나 또는 직접 송금방식(cash 또는 T/T방식)으로 처리되거나, 사후 정산, OAT방식[21] 등 화환신용장방식이 아닌 방법에 의해 해결되는 것이다. 그러므로 이러한 물품의 운송은 B/L에 의한 운송보다는 SWB에 의한 운송이 가능한 것이다.

## 3-2 해상화물운송장의 발행과 기재사항

### 1) SWB의 발행

#### (1) 송하인의 청구

송하인은 운송인에게 화물을 제공하고 SWB의 발행을 청구할 수 있으며,

21) OAT(Open Account Transaction)는 수출입자간에 수출입에 관한 포괄적 계약을 맺고 그 계약에 따라 각각의 Purchase Order에 의하여 물품을 선적한 후, 선적서류는 수출자가 은행을 경유하지 않고 수입자에게 직송하며, 물품대금도 건별로 결제하지 않고 일정기간마다 상호 차액을 결제(계좌이체)하는 방식이다.

운송인은 송하인의 이러한 청구에 응하여 B/L이 아닌 SWB을 발행하여야 한다(상법 제863조 제1항 및 제852조 제1항).

SWB은 B/L대신에 발행하기 때문에 어떤 화물에 대하여 이미 B/L이 발행되었다면 그것이 취소되지 않는 한 SWB이 발행될 수 없다. 반대의 경우도 마찬가지이다.

#### (2) SWB의 발행시기

운송인은 SWB상의 화물 전량을 운송을 위하여 수령한 후에 송하인의 요청이 있는 경우 Received SWB을 발행할 수 있으며, On board SWB은 화물 전량이 첫 운송수단(예, 선박, 기차, 자동차 등)에 적재된 후에 발행할 수 있다.

#### (3) SWB의 전자적 발행

SWB은 당사자 사이의 합의에 따라 종이 대신 전자식으로도 발행할 수 있다(상법 제863조 제1항).

### 2) SWB의 기재사항

#### (1) 법정 기재사항

개정 상법(2008. 8. 4 발효)은 SWB에 관한 조문을 신설하고 그 기재사항으로서, 해상화물운송장임을 표시(Sea Waybill 또는 단순히 Waybill)하고 거기에 운송선박에 관한 사항(명칭, 항해번호, 국적 등), 운송물 명세(종류, 중량, 용적, 포장의 종별, 개수와 기호 등) 및 외관상태, 송하인, 수하인, 통지수령인,[22] 선적항, 양륙항, 운임, SWB의 발행지와 그 발행연월일, 발행통수를 기재하고, 운송인의 명칭 및 주된 영업소 소재지 및 기명날인 또는 서명하도록 규정하고 있다(상법 제863조 제2항 및 제853조 제1항 참조).

#### (2) SWB의 임의적 기재사항

SWB에는 위의 법정기재사항 외에 운송과 관련된 참고사항 그리고 운송계약당사자(송하인과 운송인)간에 합의한 사항, 운송계약조관(약관) 등 임의적 기재사항이 기재된다. 운송인이 SWB에 임의적으로 기재(인쇄)하는 약관은 대부분

22) 운송인이 SWB에 기재된 통지수령인에게 운송물에 관한 통지를 한 때에는 송하인 및 수하인에게 통지한 것으로 본다(상법 제863조 제3항, 제853조 제4항).

약식형태를 취하며, 구체적인 전체 운송조건(약관)은 그들의 정규 선하증권약관을 참조하도록 되어 있는 것이 많다.

## 3-3 해상화물운송장의 효력

상법은 운송인이 SWB에 위와 같은 내용을 기재하여 발행한 경우, 운송인이 그 SWB에 기재된 대로의 화물을 수령(Received SWB의 경우) 또는 선적한 것(Onboard 또는 Shipped SWB의 경우)으로 추정하여 SWB기재에 추정적 효력(prima facie evidence)을 부여하고 있다(상법 제864조 제1항).

CMI의 Sea Waybill에 관한 통일규칙은 SWB기재에 관하여 운송인과 송하인 간에는 추정적 증거력을 인정하고 있으나 선의의 수하인에 대하여는 운송인에게 반증(反證)을 허용하지 않는 확정적 증거력(conclusive evidence)을 부여하고 있다.[23] 동 규정은 오늘날 대량 운송환경, 특히 컨테이너운송에 있어서 선의의 운송인에게 비합리적 규정이라고 여겨진다. 왜냐하면, SWB은 권리증권이 아니므로 배서유통이 불가능한 증권이어서 피배서인이 있을 수 없고 또한 화물에 관한 내용은 송하인이 서면으로 운송인에게 통고한 바에 따라 SWB에 기재되는 것이므로(상법 제863조 제2항, 제853조 제1항 2호), 그 기재내용이 사실과 상위(相違)하다면 그것은 송하인의 귀책(歸責)사유에 해당된다. 따라서 이 경우 운송인에게는 反證의 기회가 주어져야 합리적이기 때문이다.

## 3-4 해상화물운송장에 의한 운송과 화물인도

### 1) 정당한 수하인

SWB에 의한 운송은 B/L과 달리 비록 SWB소지인이라고 하더라도 '所持' 자체 때문에 화물인도청구권을 가지는 것이 아니고 운송인으로부터 화물을 인도받을 권리자는 운송계약에 의하여 '수하인으로 지정된 자'이다. 따라서 운송인

23) CMI, Uniform Rules For Sea Waybill, 제5조, (b)항 후단; "As between the carrier and consignee any such statement shall in the absence of reservation, be CONCLUSIVE, and proof the contrary shall not be permitted, provided always the consignee has acts in good faith."

에게 화물인도청구를 하는 자는 SWB상의 기명수하인과 동일인이라는 신원을 운송인에게 증명해 보이면 반드시 SWB과 상환하지 않더라도 화물을 인도 받을 수 있다.

### 2) 수하인신원확인과 화물인도

위의 정당한 수하인을 화물인도채무를 지고 있는 운송인 측면에서 보면 운송인은 약정된 수하인, 즉 SWB상의 기명수하인(또는 그 대리인)에게 화물을 인도하여야 한다. 그러므로 운송인은 화물이 권한 없는 자에게 잘못 인도(mis-delivery)되는 것을 방지하기 위하여 화물인도를 요청하는 자가 진정한 수하인인가를 확인하는 실무적 과정이 무엇보다도 중요하다. 이 부분이 SWB에 의한 운송에 있어서 가장 중요한 절차 중의 하나가 된다.

상법은 "운송인이 화물을 인도함에 있어 수령인이 SWB에 기재된 수하인(또는 그 대리인)이라고 믿을 만한 정당한 이유가 있는 때에 수령인이 권리자가 아니라고 하더라도 운송인이 그 책임을 면한다"라고 규정하고 있고(상법 제864조 제 2 항), CMI의 SWB 통일규칙도 "운송인은 수하인 또는 수하인의 대리인이라고 주장하는 자가 사실인가를 확인하기 위하여 합리적인 주의를 다하였음을 증명하면 잘못된 인도에 대하여 책임을 면한다"고 한다.[24] 여기서 운송인에게 어느 정도의 이유가 있어야 「믿을 만한 정당한 이유」로 인정될 것인지 또는 운송인이 어느 정도의 주의를 하여야 「합리적인 주의를 다 하였음」으로 판명될 것인지는 불명확하므로 이는 개별 사안에 따라 법관의 판단에 의할 수밖에 없다. 따라서 운송인은 SWB에 의한 운송의 경우 특히 수하인을 확인하기 위한 합리적인 절차를 마련하여 실무에 적용하여야 할 것이다.

이상에서 살펴본 주요내용을 B/L과 비교, 정리하면 [표 6-4]와 같다.

---

24) CMI Uniform Rules for Sea Waybill, 제 7 조(Delivery).

[표 6-4] B/L과 SWB의 주요 사항 비교

| 구 분 | BILL OF LADING | WAYBILL |
|---|---|---|
| 화물 수령증거기능 | 있 음 | 있 음 |
| 운송계약증서 기능 | 있 음 | 있 음 |
| 화물권리증권 기능 | 있 음 | 없 음 |
| 요인증권성 | 있 음 | 있 음 |
| 상환증권성 | 화물인도시 B/L원본과 상환 요함 | SWB원본과 상환이 법정의무 아님 |
| 수하인 기재방식 | 지시식 및 기명식 | 기 명 식 |
| 정당한 수하인 | B/L원본소지인 (지시식은 배서가 있어야 함) | 약정 수하인 (SWB상의 記名 受荷人) |
| 화물에 대한 권리의 이전 | B/L의 교부에 의한 B/L취득자가 권리취득 | SWB은 권리증권이 아님 : 따라서 SWB의 교부로 권리의 이전이 불가함 |
| ☞ 즉 인도증권성 | 있 음 | 없 음 |
| 물권적 효력 | 있 음 | 없 음 |
| 우리나라 강행적 적용법규 | 상법(해상편) | 상법(해상편) : 2007년 개정 상법에서 SWB에 관한 규정 신설 |

자료 : 엄윤대, 국제운송론, 도서출판 일진사, 2007, p. 163을 재정리.

## 3-5 해상화물운송장의 전자적 운영

### 1) 개　　요

SWB을 전자적으로 운영하는 것은 화물권리의 이전이 主가 되는 B/L의 전자화에 비하여 그 구조와 성격이 확연히 다르기 때문에 복잡성을 띄지 않는다. 왜냐하면 SWB은 비유통성 · 비권리증권이어서 그것의 소지에 따라 화물권리자가 변경되는 것이 아니고 목적지에서 화물을 인도받을 자(수하인)가 이미 계약으로 정해져 있으므로 SWB에 포함된 운송정보가 이해당사자 간에 전자적 방법으로 전달되기만 하면 되기 때문이다. 다시 말하면 SWB을 전자적 방법으로 운영한다는 것은 운송인과 송하인 간에 체결된 SWB에 의한 운송계약의 내용과 조건, 즉 운송인이 어떤 종류 · 상태 · 갯수의 화물(화물의 명세와 그 외관상태 포함)을 어디에서부터 어디까지(운송구간) 운송하여 누구에게(기명수하인임) 인도하고, 송하인은 그 보수로 얼마의 운임을 어디에서 운송인에게 지급하기로 약정하고 있는가 하는 등의 정보를 SWB의 약관을 포함하여 당해 운송의 이해 당사자(수하인, 때로는 은행)들이 전자적으로 주고받으면 된다.

### 2) SWB의 전자적 운영을 위한 대상화물의 한정

SWB의 전자화에 관한 연구와 시도는 오래 전부터 계속되어 왔는데[25] 오늘날까지 활성화되지 못하고 있다. SWB은 전술한 바와 같이 무엇보다도 유통이 불가능하고 권리증권이 아닌 특징을 살려 약정된 기명수하인에게 SWB과 상환함이 없이도 신속하게 화물을 인도하기 위한 목적으로 이용하고자 하는 것이다. 그럼에도 불구하고 종래의 시도는 은행이 담보물, 즉 권리증권인 선하증권을 확보하고 대금결제를 하는 신용장거래와 같이 SWB(CKR이든 DFR이든)에도 억지로 권리증권성을 부여하여 전자화하려고 했기 때문에 실패한 것으로 보여 진다.

그러므로 SWB의 전자화 대상은 전술한 바와 같이 운송도중에 운송증권에 의한 전매가 이루어 지지 않고, 화환신용장결제방식이 아니며, 대금의 결제에 문제가 없는 화물운송으로 한정하여 그 전자화를 추진하여야 할 것이다. 그럼으로써 SWB의 본래의 기능이 충실히 발휘될 수 있을 것이며 그 전자화도 어려움 없이 실현될 수 있다.

### 3) SWB의 전자적 운영관련 당사자

SWB의 전자적 운영관련 당사자로는 먼저 운송계약당사자인 송하인과 운송인, 그리고 운송이 진전됨에 따라 목적지의 수하인(때로는 수하인으로서 은행)도 포함된다. 그러므로 SWB의 내용을 전자적 방법으로 주고받을 당사자는 3~4곳으로 확정되어 있어서,[26] 이들이 컴퓨터시스템을 갖추기만 하면 현대의 발달된 정보통신 네트워크 환경에서는 SWB의 전자화가 어려운 일이 아니라고 생각된다.

---

25) Atlantic Container Line사의 DFR(Data Freight Receipt), 또는 스웨덴의 은행과 선박회사가 공동 개발한 CKR(Cargo Key Receipt) 등.

26) 때로는 운송인이 화물도착통지 등 운송에 관한 통지를 할 곳(notify party)으로서 수하인이 아닌 다른 사람(예; 수하인의 통관업자, 운송주선업자)도 포함될 수 있다.

[별지 6-6] VOCC의 (Sea) Waybill(예시)

NON-NEGOTIABLE

**SEA WAYBILL**

**MAERSK LINE**

**Managed by A.P. Møller, Copenhagen**

Shipper
ABC EXPORTING COMMERCE & TRANSPORT
O/B OF - AS PER ATTACHED RIDER -
SEOUL, KOREA

Contract No.

Consignee
XYZ IMPORTING : SPEDITION GMBH
DEICHSTRASSE 48-50, D-2000
HAMBURG 11 TEL:40 36 34 03
ATTN.:D.THOM.

Notify party
1. LEVISTONE LTD. HONG KONG
2. EMONS-IMPEX SPEDITION GMBH
DEICHSTRASSE 48-50 105324,
D-2000 HAMBURG 11.

Received for carriage as above in apparent good order and condition, unless otherwise stated hereon, the goods described on the above particulars.

Delivery of the goods will be made to the consignee or his authorised representative upon proper proof of identity and authorization without the need of producing or surrendering a copy of this waybill.

| Pre-Carriage by* | Place of receipt* | |
|---|---|---|
| Ocean Vessel: LEISE MAERSK | Voy. No.: /9102 | Port of loading: BUSAN |
| Port of discharge: HAMBURG | Place of delivery*: HAMBURG | Final Destination for information only |

| Container No. / Seal No. / Marks and Numbers | No. of Containers or pkgs | Kind of packages; description of goods | Gross weight | Measurement |
|---|---|---|---|---|
| SEE ATTACHED RIDER<br>MAEU2604310 | 1 | CY/CY FREIGHT COLLECT<br>CONT'R SAID TO CONTAIN 512<br>*CRA53000<br>FREIGHT PAYABLE BY LEVISTONE LTD. HONG KONG<br>REF. NO.: 584510<br>SEE ATTACHED RIDER<br>: ONE CONT'R ONLY<br>MAEU2604310 ML-126349 | P'KGS<br>6609 KGS<br>ON BOARD<br>DATE LOAD<br>OCT.30, 2008<br>SIGNATURE | 22.761 CBM |

EXHIBIT

6200000X

| Freight and Charges | Revenue Tons | Rate | Per | Prepaid | Collect |
|---|---|---|---|---|---|
| BASIC FREIGHT | USD | 1176.00 | 20' | | 1176.00 |
| B.A.F. SD | USD | 6.22 | | | 73.15 |
| C.A.F. SD | USD | 9.50 | | | 111.72 |
| TERM HAND CH S2 | KRW | 64950 | | 64950 | |
| TERM HAND CH S2 | DEM | 208.00 | | | 208.00 |
| | | | | USD 90.15 | USD 1360.87 |

| Ex. Rate | Prepaid at | Payable at: HONG KONG | Place and date of issue: SEOUL, KOREA NOV.1, 2008. |
|---|---|---|---|
| | Total prepaid in local currency | No. of original | MAERSK KOREA LTD KSA |

Laden on board the Vessel

By

By ______ Agents

Month Day Year

*Applicable only when document used as a THROUGH SEA WAYBILL

[별지 6-7] KIFFA Multimodal Transport Waybill

CONSIGNOR/SHIPPER

**KIFFA**
**Non-Negotiable Waybill**
SWB NO.

REG. NO.

CONSIGNEE

NOTIFY PARTY

FOR DELIVERY OF GOODS PLEASE APPLY TO:

| PRE-CARRIAGE BY | PLACE OF RECEIPT |
|---|---|
| VESSEL / VOYAGE NO. | |

| PORT OF LOADING | PORT OF DISCHARGE | PLACE OF DELIVERY | FINAL DESTINATION(FOR THE MERCHANT'S REF.) |
|---|---|---|---|

PARTICULARS FURNISHED BY CONSIGNOR/SHIPPER

| CONTAINER NO. & SEAL NO. MARKS & NO. | NO. & KINDS OF CONTAINERS OR PACKAGES | DESCRIPTION OF GOODS | GROSS WEIGHT | MEASUREMENT |
|---|---|---|---|---|

EXCESS VALUE DECLARATION : ______________

**NON-NEGOTIABLE**

| TOTAL NUMBER OF CONTAINERS OR PACKAGES(IN WORDS) | FREIGHT PAYABLE AT |
|---|---|

| FREIGHT & CHARGES | PREPAID | COLLECT |
|---|---|---|

**Received** by the Carrier, the Goods or the Container(s) or Package(s) said to contain goods herein mentioned(hereinafter called the "goods") in apparent good order and condition, unless otherwise indicated herein for shipment in accordance with instruction of the owner of the Goods as described herein. The Goods and instructions are accepted and dealt with subject to the terms and conditions on the front and reverse of the Waybill(s) and all terms and conditions and clauses, printed or otherwise inserted on the KIFFA Multimodal Transport Bill of Lading(KIFFA MT B/L) which is authorized by Korea International Freight Forwarders since 1997.

In witness whereof, the undersigned, has signed the number of Waybill(s) stated below, the same tenor and date.

| PLACE AND DATE OF ISSUE | NO. OF WAYBILL | SIGNATURE |
|---|---|---|
| | | AS A CARRIER |

**SWB NO.**

AUTHORIZED BY **KIFFA 2004**(210×297㎜)

# 제 4 절 전자 선하증권

## 4-1 전자 선하증권에 관한 일반적 사항

### 1) 전자 선하증권의 개념

전자 선하증권(electronic bill of lading : e-B/L)이라고 함은 운송물의 내역을 포함한 운송계약의 내용 및 조건이 기재되어 있는 유형(有形)의 종이 선하증권(paper bill of lading)을 발행하는 대신, 그러한 내용을 전자적 언어(data)로 컴퓨터에 보존해 두고, 이를 운송인, 화주, 은행 등 당해 운송의 이해관계인이 선하증권과 동일하게 인정하며, 화물에 대한 권리(지배권, 처분권 등)의 소유자가 전자적 방법으로 그의 권리를 타인에게 양도하거나 또는 운송인에 대하여 행사하는 것을 말한다. 그러므로 e-B/L은 어떤 B/L의 종류가 아니라 현행 종이 B/L이 갖는 기능(운송계약증서기능, 화물수령증서기능, 권리증권기능과 유통 등)을 전자적 방법으로 운영하려는 일련의 시스템이라 할 수 있다.

종이 B/L은 권리의 내용(內容)과 권리의 처분(處分) 및 행사(行使)가 하나의 종이문서로 이루어지는데 비하여, e-B/L은 전 · 후자가 분리되어 운영되는 것이 종이 B/L과의 근본적 차이점이다.

### 2) 전자 선하증권의 실용화를 위한 시도와 발전

현재까지 종이 B/L의 기능을 전자식으로 해결하려는 연구와 시도로는, ① 1971년 Atlantic Container Lines의 「Data Freight Receipt」시스템, ② 스웨덴 Gothenberg 대학과 해운업자가 공동으로 개발한 「Cargo Key Receipt」시스템, ③ 노르웨이 Reinskou의 「Concept of a Notification-Confirmation System」, ④ 1986년 체이스멘하탄 은행과 INTERTANKO가 설립한 Seadocs Registry Ltd의 「Seadocs-Scheme」 등이 있었지만 모두 성공을 거두지 못하였다.

이후 볼레로社(BOLERO International Ltd., 1998 설립)가 선하증권을 포함한 무역서류를 전자식으로 구현하기 위해 소위 '볼레로 프로젝트'(BOLERO Project)를 추진하였고, 세계무역센터협회(World Trade Center Association)는 Full Service Trade System Ltd.를 설립하여 "Trade Card" 시스템을 추진해 왔다. 한편 국제해법회(CMI)는 전자선하증권의 법적 기반을 마련하기 위하여 1990년에 전자 선하증권 규칙(CMI Rules for Electronic Bills of Lading)을 제정한 바 있고, 1996년에는 유엔상거래법위원회(UNCITRAL)가 Data메시지의 증거기능과 전자적 서명에 효력을 인정하는 '전자상거래 모델법'(UNCITRAL Model Law on Electronic Commerce)을 제정하여 e-B/L이 안고 있는 법적 문제를 해소하려고 노력하고 있다.

그러나 e-B/L은, 무역운송관련 당사자들(매도인, 매수인, 은행, 운송인 등)이 종이 B/L에 대한 오랜 관습과 무형의 전자거래에 내재할 수 있는 위험에 대한 염려, 컴퓨터 환경의 상이, e-B/L 데이터의 문서성, 증거력 및 증거능력 등에 대한 해당 국내 법제의 미비 등 여러 가지 복합적인 이유 때문에 아직까지는 실무적으로 보편화된 단계에 와있지 못한 실정이다.

### 3) 선하증권업무의 전자적 운영추구

무역의존도가 높고 중국, 일본 등 근거리 국가와의 교역량이 많은 우리나라는 무역업무절차를 단절 없이(seamless) 전자적으로 처리할 수 있는 인프라의 구축과 법제도의 뒷받침은 필수적이라 할 수 있다.

선하증권업무에는 선복의 예약부터 화물의 수령 · 선적, 선하증권의 작성 · 발행 · 유통, 화물의 운송, 양륙, 인도와 선하증권상환, 운임의 결제, 그리고 운송계약당사자들의 권리 · 의무 · 책임의 내용 등이 포함되는데, e-B/L은 이와 같은 일련의 선하증권업무를 전자적 방식으로 수행하는 것을 목적으로 한다.

우리나라는 e-B/L의 발행, 유통, 화물인도와 eB/L의 상환 등의 업무를 국가(법무부장관)가 지정한 등록기간을 통하여 전자적으로 수행할 수 있도록 상법이 뒷받침하고 있다.[27)]

27) 상법 제862조 및 상법의 전자선하증권규정의 시행에 관한 규정(대통령령 제208209호); 2008. 8. 4 시행.

## 4-2 전자 선하증권 등록기관

e-B/L 등록기관이란 법무부장관의 지정을 받아 e-B/L의 발행등록, 양도, 종이B/L로의 전환, e-B/L의 제시 및 관련 전자기록의 보존 등의 업무를 처리하는 기관을 말한다.

e-B/L 등록기관으로 지정받으려는 자는 法人으로서 [표 6-5]와 같은 요건을

[표 6-5] e-B/L등록기관의 요건[28)]

| 구비항목 | 세 부 사 항 |
|---|---|
| 기술능력(인력) | 아래의 기술인력을 포함하여 합계가 12명 이상이어야 한다. |
| | —국가기술자격법에 따른 정보통신기사, 정보처리기사 및 전자계산기조직응용기사 이상의 기술자격자 또는 법무부장관이 정하여 고시하는 자격자 1명 이상<br>—법무부장관이 정하여 고시하는 정보보호 또는 정보통신 운영·관리 분야에서 2년 이상 근무한 경력이 있는 사람 1명 이상<br>—한국정보보호진흥원에서 실시하는 인증업무에 관한 시설 및 장비의 운영·비상복구대책 및 침해사고의 대응 등에 관한 교육과정을 이수한 사람 1명 이상<br>—무역관련 금융업무나 해운물류업무에 3년 이상 종사한 사람 1명 이상 |
| 재정능력 | —200억원 이상의 순자산(총자산에서 부채를 뺀 가액)을 보유하여야 하고,<br>—이용자에게 손해를 발생시키는 경우, 그 손해를 배상하는 보험에 가입 |
| 시설 및 장비[29)] | 운송인, 송하인 또는 수하인 등 등록기관 이용자가 e-B/L의 등록, 배서, 양도, 제시 등 권리행사를 할 수 있는 시설 및 장비 |
| | e-B/L의 송수신일시 확인, e-B/L 관련기록을 작성, 보존하는 시설 및 장비 |
| | e-B/L의 발행·유통 관련 시설/장비를 안전하게 운영하기 위한 보호시설 및 장비 |
| | e-B/L의 발행과 유통을 원활하고 안전하게 하기 위한 필요 시설 및 장비 |
| 업무준칙 | 시설/장비의 관리·운영 절차와 방법, e-B/L 및 관련 전자기록의 보존에 관한 사항 등 업무수행에 관련된 전반적인 사항을 규정한 등록기관의 업무준칙을 갖출 것 |

28) 상법의 전자선하증권규정의 시행에 관한 규정(여기에서는 편의상 "전자선하증권법시행령"이라 한다) 제3조 내지 제5조 참조.

29) 기술적 이유 등으로 시설/장비 보유자와 3년 이상 기간을 정하여 시설 및 장비 사용계약을 체결한 경우에는 시설 및 장비를 갖춘 것으로 본다.

갖추고 법인의 정관, 사업계획서 등 필요서류를 첨부하여 법무부장관에게 신청하여야 한다.

법무부장관은 위와 같은 요건의 적정성 및 등록업무의 수행능력 등을 종합적으로 고려하여 등록기관을 지정한다.

## 4-3 전자 선하증권의 발행과 효력

### 1) 전자 선하증권의 발행

(1) e-B/L발행조건

운송인이 e-B/L을 발행할 수 있는 조건은 첫째, 송하인의 동의(同意)가 있어야 하고, 둘째, 종이 선하증권 "대신"이어야 한다(상법 제862조 제1항). 즉 종이 B/L이 발행되었으면 운송인은 e-B/L을 발행할 수 없고, 반대로 e-B/L이 발행되면 그것이 폐쇄되지 않는 한, 종이 B/L을 발행할 수 없다. 화물의 수취 또는 선적조건은 종이 B/L과 같다.

(2) e-B/L 발행절차

① 송하인의 e-B/L 정보제공과 운송인의 e-B/L 작성 : 송하인이 e-B/L의 발행을 동의하고 운송인에게 e-B/L의 내용을 전자적 방법 또는 서면으로 통지하면 운송인은 그 통지받은 내용에 근거하여 지정 컴퓨터에 입력하는 방법으로 e-B/L을 작성한다. e-B/L에 포함되는 내용은 다음과 같다.[30]

| |
|---|
| 1. 운송선박의 명칭<br>2. 송하인이 통지한 운송물의 종류, 중량, 용적, 포장 종별, 개수와 기호<br>3. 운송물의 외관상태<br>4. 송 하 인<br>5. 수 하 인<br>6. 통지수령인의 성명 또는 상호 및 주소<br>7. 운송물의 수령지 및 선적항<br>8. 운송물의 양륙항 및 인도지<br>9. 운 임<br>10. 발행지와 그 발행 연월일<br>11. 운송인의 성명 또는 상호와 주된 영업소 소재지<br>12. 선하증권 약관 |

30) 상법 제862조 제2항, 제853조 제1항과 전자선하증권법 시행령 제6조를 참조하여 작성하였음.

② 운송인의 e-B/L 발행등록신청 : 운송인은 송하인이 e-B/L발행에 동의했음을 확인할 수 있는 문서를 첨부하여 위 ①의 내용이 포함된 e-B/L 발행등록신청 전자문서를 공인전자서명[31]하여 등록기관에 송신한다.

③ 등록기관의 e-B/L발행등록과 송하인에게 통지 : 등록기관은 운송인으로부터 수신한 e-B/L내용과 약관내용이 포함된 발행등록신청을 전자등록부에 등록한 후 송하인에게 전자문서로 송신한다.

④ 등록기관으로부터 위의 통지를 받은 송하인은 당해 e-B/L을 발행받은 것이 되고 당해 e-B/L의 최초 권리자가 된다.

### 2) 전자 선하증권의 효력

#### (1) 선하증권기재의 효력과 e-B/L

종이 B/L의 경우에는 「B/L에 기재된 대로」의 추정적 효력과 채권적 효력을 부여하고 있는데 e-B/L의 경우에도 종이 B/L의 기재와 같은 효력을 인정할 것인가에 대해서는 논란이 있을 수 있다. 개정상법은 지정등록기관에 등록하는 방식에 의해 운영되는 e-B/L의 경우에도 종이 B/L과 동일한 법적 효력을 갖는다고 명문화함으로써(상법 제862조 제 1 항) 이와 같은 논란을 불식시키고자 한다.

여기서 생각해 볼 점은 e-B/L의 경우에는 B/L내용이 가시 · 가독성이 없는 전자언어로 등록기관의 컴퓨터에 내장되어 있는 상태이다. 그러므로 e-B/L권리자가 그의 권리를 타인에게 양도할 경우 양수인이 취득하는 권리의 내용은 등록기관의 「컴퓨터에 내장되어 있는 데이터대로」의 화물인도청구권 등 권리를 주장할 수 있어야 하며 운송인도 선하증권에 기재된 내용 이상의 채무를 부담하지 않아야 할 것이다. 따라서 e-B/L은 「등록기관의 컴퓨터에 내장된 B/L데이터」가 곧 종이 B/L의 기재와 같은 효력이 인정된다고 해석하여야 할 것이다.

#### (2) 선하증권의 물권적 효력과 e-B/L

종이 B/L은 그 자체를 배서하여 타인에게 교부함으로서 그의 권리를 처분할 수 있고, 또한 B/L의 인도는 B/L기재의 화물을 인도하는 것과 같은 물권적 효력이 있는데 비하여 e-B/L의 경우에는 B/L권리자를 등록기관에 등록하는 방

31) 전자서명은 서명자를 확인하고 그가 e-B/L에 서명을 하였음을 나타내는데 이용하기 위하여 당해 e-B/L에 첨부되거나 논리적으로 결합된 전자적 형태의 정보를 말한다(전자서명법 제 2 조 제 2 호).

법에 의하므로 물권적 효력이 있을 수 없다.

## 4-4 전자 선하증권의 양도

### 1) e-B/L권리의 양도절차

e-B/L권리자가[32] e-B/L을 타인에게 양도하는 경우에는 배서의 뜻을 기재한 전자문서를 작성한 후 e-B/L을 첨부하여 등록기관에 대하여 양수인에게 송신하여 줄 것을 신청한다. 이때 양도신청 전자문서에는 e-B/L의 동일성을 표시하는 정보, 양수인에 관한 정보를 포함하여 양도인이 공인전자서명을 한다.

e-B/L의 양도신청을 수신한 등록기관은 양수인에게 그 내용을 송신하고 그 사실을 양도인에게 통지한다. 한편 e-B/L을 양수하려는 양수인은 미리 등록기관에 성명, 주민등록번호 또는 사업자등록번호, 주소 등 자신에 관한 정보를 등록하여야 한다(상법 제864조 제3항; 전자선하증권법 시행령 제8조).

[예시] e-B/L권리자로 등록된 "A Trading사"가 e-B/L을 타인(B)에게 양도하는 방법

① A Trading사 : B은행을 피배서인으로 하는 전자문서를 작성, 공인전자서명을 하여 등록기관에 양도등록신청을 한다.
② 등록기관 : 등록부상에 e-B/L의 권리자가 A로 되어있던 것을 B로 등록한 후 B에게 송신한다. 그리고 그 시실을 A에게 통지한다.
③ e-B/L의 양도시점 : 양수인 B가 등록기관으로부터 양도등록사실을 수신한 때에 A의 권리가 B에게 양도된다.

⇒ B가 다시 그의 권리를 타인 C에게 양도하려면 위 ①~③의 방식을 취함.

### 2) e-B/L권리양도의 효력

위 1)항의 절차에 따라 e-B/L권리자가 전자적 배서를 한 것을 상대방(피배서인)이 수신하면 종이 B/L을 배서하여 교부한 것과 동일한 효력이 있다. 따라서 피배서인은 e-B/L권리를 취득한 자로서 그의 권리를 다시 타인에게 처분하거나

32) e-B/L권리자란 등록기관으로부터 최초로 전자선하증권을 발행받은 자 또는 전자선하증권의 양수인을 말한다(전자선하증권법 시행령 제2조 제5호).

또는 운송인에 대하여 화물인도청구권을 행사할 수 있다(상법 제862조 제3항).

## 4-5 화물인도와 전자 선하증권의 상환

### 1) 화물인도청구절차

e-B/L권리자가 화물을 인도받기 위해서는 화물인도청구의 뜻이 기재된 전자문서를 작성한 후 e-B/L을 첨부하여 등록기관에 송신한다. e-B/L권리자로부터 화물인도청구문서를 수신한 등록기관은 그 사실을 운송인에게 송신하는 한편, 전자등록부에 해당 e-B/L이 더 이상 양도될 수 없다는 뜻을 표시한다.

등록기관으로부터 화물인도청구사실을 통보받은 운송인은 운임의 미결제, 소유권다툼 등 정당한 사유가 있는 경우 화물의 인도를 거절할 수 있다. 이때에는 인도거절의 뜻과 그 사유를 기재한 전자문서를 등록기관에 송신하여야 한다. 운송인의 화물인도거절문서를 수신한 등록기관은 즉시 화물인도청구를 한 e-B/L의 권리자에게 그 사실을 송신한다.

### 2) 화물의 인도와 e-B/L의 상환절차

등록기관을 통하여 화물인도청구를 받은 운송인은 청구인이 전자등록부상의 e-B/L권리자인지를 확인한 후 화물을 인도하고 수령인 및 인도날짜를 전자문서로 등록기관에 통지한다. 화물인도결과의 통지를 받은 등록기관은 즉시 전자등록부에 기재한 후 전자등록부를 폐쇄하고 운송인과 수령인에게 전자문서로 통지하여야 한다. 위의 절차에 따라 화물이 인도된 때에는 e-B/L이 상환된 것으로 본다.

## 4-6 전자 선하증권의 보관

e-B/L정보(양도·양수, 변경정보 포함)는 운송계약이 성립되고 화물의 운송이 개시되는 때부터 종료되기까지의 기간은 물론이고 화물이 인도되어 운송계약이 종료된 후에도 일정기간 동안 보존될 것이 요구된다. 이의 목적은 운송인과

화주(송하인, 수하인)가 운송이 진행되는 동안 그들 고유의 일상 업무를 수행하는데 필요할 뿐만 아니라, 사후에 당해 화물에 관한 분쟁이나 소송이 제기되었을 경우 증거로서 법원에 제출하기 위함이고 또 다른 한편으로는 국가별로 운송관계법이나 세무관계법 등에서 거래의 자료를 일정기간동안 보관하도록 한 관계 법령에 부응하기 위함이다.

등록기관은 e-B/L의 발행, 양수도, 전환, 변경 등과 관련된 전자기록을 신뢰성과 정확성이 보장되는 방법으로 아래와 같은 기간 동안 보관하여야 하며 필요시에는 언제라도 이를 열람 또는 출력이 가능하도록 하여야 한다.

[표 6-6] 등록기관의 e-B/L 보관기간

| 구 분 | 보 관 기 간 |
|---|---|
| 1. 화물의 인도가 이루어진 B/L | 운송물의 인도일로부터 10년 |
| 2. 화물의 인도가 이루어지지 않은 경우 | e-B/L기록이 작성된 날로부터 10년 |
| 3. 전자 B/L이 종이 B/L로 전환된 경우 | e-B/L의 전자등록부를 폐쇄한 날로부터 10년 |

자료 : 상법의 전자선하증권규정의 시행에 관한 규정.

# 연 습 문 제

## ❋ 서 술 형

1. 항공화물운송장(AWB)와 선하증권(B/L)을 비교, 설명하시오.
2. 복합운송증권의 개념과 법적 성질에 대해 설명하시오.
3. 해상화물운송장(SWB)의 개념과 기능에 대해 설명하시오.
4. e-B/L 권리의 양도절차에 대해 설명하시오.

## ❋ 용어설명

· 항공화물운송장(AWB : Air Way Bill)

· 포워더 화물 수령증(FCR : Forwarder's Certificare Receipt)

· 해상화물 운송장(SWB : Sea Way Bill)

· 전자 선하증권(e-B/L)

· 볼레로 프로젝트(BOLERO Project)

· FIATA MT B/L과 KIFFA MT B/L

CHAPTER

# 7

# 포장 · 하인 · 라벨링

## 제 1 절 포장(Packing)

포장은 생산의 최종단계인 동시에 물류의 출발점이 된다. 그리고 포장은 물류시스템을 구성하는 하부시스템의 하나로서 수송, 보관, 하역 등과 더불어 물류활동에 커다란 영향을 미친다. 포장은 상품의 이동성을 높이고 수송, 하역, 보관면에서 상품내용을 보호하는 기능과 역할을 할 뿐만 아니라, 생산과 마케팅을 연결하는 기능을 지니고 있다. 특히, 생산측면에서는 생산의 설계단계로부터 포장을 고려해야 생산에서 판매, 소비에 이르기까지 일관시스템의 실현이 가능하다. 더 나아가서는 수송수단, 보관설비 등 다른 물류하부시스템과도 유기적인 관계에 있다. 즉 포장의 합리화를 위해 포장간소화, 무포장화를 추구하더라도 다른 물류비가 상승해 총물류비가 높아져 결국 물류합리화가 무의미해진다. 따라서 포장의 합리화는 물류전반에의 영향을 고려해서 추진되어야 한다. 특히 포장은 물류의 규격화, 표준화 관점에서 중요한 역할을 하고 있다.

일반 프레이트 포워더에게 있어서 포장 및 하인(marking) 작업은 직접적인 책임사안은 아니지만 대형 프레이트 포워더의 경우에는 수출업자를 위한 포장서비스가 존재할 뿐만 아니라 포장에 대한 조언 및 가이드 라인 제시가 수출업자에게 매우 유익할 수 있다. 또한 국가별로 존재하고 있는 검증된 포장업체를 추천하여 수출업자로 하여금 포장작업을 효율적이고 안전하게 도모할 수 있도록 서비스 할 수 있다.

따라서 이 장에서는 포장의 정의 및 분류, 기능 등 기초개념을 비롯하여 포장의 재료, 기술 등을 살펴보고 위험물 운송에 대한 분류 및 방법 등에 관한 내용을 기술한다.

## 1-1 포장의 개념

### 1) 포장의 정의

포장은 물품을 수송, 보관함에 있어서 가치 또는 상태를 보존하기 위해서 적절한 재료, 용기 등을 물품에 가하는 기술 또는 상태를 의미한다. 즉, 포장은 화물의 운송, 보관 또는 하역시 화물을 안전하게 보호하고 취급이 편리하도록 하기 위해 용기 등으로 화물의 외부를 싸는 것을 말한다. 이것은 낱포장(단위포장, 개장), 속포장(내부포장, 내장), 겉포장(외부포장, 외장)으로 나뉜다.

#### (1) 낱 포 장

낱포장 또는 단위포장이란 물품 개개의 포장을 말하며, 물품의 상품가치를 높이기 위해 또는 물품을 보호하기 위해 적절한 재료, 용기 등을 물품에 가하는 기술 또는 가한 상태를 의미한다.

#### (2) 속 포 장

속포장 또는 내부포장이란 포장화물 내부의 포장을 말하며, 물, 습기, 광열, 충격 등을 고려하여 적절한 재료, 용기 등을 물품에 가하는 기술 및 가한 상태를 의미한다.

#### (3) 겉 포 장

겉포장 또는 외부포장이란 포장화물의 외부의 포장을 말하며, 물품을 상자, 자루, 통 따위의 용기에 넣거나 또는 용기를 넣지 아니한 채 결속하고 기호, 표식 등을 가하는 기술 및 가한 상태를 의미한다.

### 2) 포장의 기능

포장은 기본적으로 세 가지의 기본적인 기능을 가지고 있다. 이른바 3P 기능이라고 할 수 있는 내용물의 보호성(Protection), 내용물의 보전성(Preservation), 내용물의 표시성(Presentation) 등이 있다. 또한 이와 함께 단위화(정량성), 상품성 및 판매촉진성, 편리성, 효율성 등의 기타 기능이 있다.

#### (1) 내용물의 보호성(Protection) 및 보전성(Preservation)

포장은 기본적으로 제조업자에서 최종소비자까지 물품의 이동 및 보관하는 동안 내용물을 원 상태대로 보호 및 보전할 수 있어야 한다. 내용물의 보호기능은 물품의 운송동안 멸실(loss), 손상(damage) 및 발하(pilferage)를 방지할 뿐만 아니라 포장에 적입하는 동안 습기, 고온 및 저온, 햇빛, 가스, 곤충 등 해충의 침입 및 기타 자연적인 재해에 대해 방지할 수 있어야 한다. 내용물에 영향을 미치는 주요 장애요인 중 첫째 요인은 회피가능한 사고의 경우로서 운반, 하역시에 일어나는 부주의에 의한 낙하와 운반 그리고 이동중에 예측치 못해 발생하는 물리적 파손, 변형 등 구조적인 변화를 의미한다. 둘째 요인은 자연현상에 의한 불가항력적인 사고로서 온도, 습도의 변화에 의한 내용물의 변질, 변형 그리고 가스, 방사선의 영향에 의한 기능의 파손 등 화학적인 내용물의 변화 등이 많다. 또한 화물수송시 수송기관에 받는 진동과 충격 등에 의한 장애로서 물리적, 구조적 변화를 의미한다.

[표 7-1] 포장의 보호성

| 변화의 분류 | 보 호 성 |
|---|---|
| 화학적 변화 | 습기, 물, 녹, 광선 등으로부터 보호 |
| 물리적 변화 | 외력에 의한 변화 · 파손 등으로부터 보호(완충포장) |
| 이물질의 영향 | 이물질의 혼입, 오염 등으로부터 보호 |
| 생물에 의한 변화 | 세균에 의한 부패, 곰팡이, 벌레 등으로부터 보호 |

#### (2) 내용물의 표시성(Presentation)

포장내용물에 대한 표시기능은 기본적으로 포장의 디자인(사이즈, 모양, 색

깔, 장식, 브랜드, 이름 등)에 의해 이루어진다. 포장의 표시기능은 화물취급 및 분류에 필요한 사항을 포장에 인쇄, 라벨 등으로 표시함으로써 하역활동을 용이하게 하는 것을 의미하는 것으로 표시방법에는 문자, 표지, 기호, 바코드, 심벌 등이 있다. 또한 포장의 구분 및 표시기능은 물류과정에서 하역의 자동화 추세에서 그 중요성이 더욱 증대되고 있다.

(3) 기타 기능

이러한 포장의 3가지 기본적인 기능과 더불어 정량성으로 나타내는 단위화, 상품성 및 판매촉진성, 편리성, 효율성 등이 있다.

① 단위화 : 포장에는 물품을 일정한 단위로 정리하는 기능이 있다. 이 단위는 거래상, 취급상 편리한 단위를 의미하며, 포장단위는 제품의 내용에 따라 여러 가지로 나눌 수 있으며, 거래처 또는 취급자의 요구에 따라 결정된다. 따라서 포장의 단위화, 정량화 조건은 거래단위와 일치하고, 취급이 편리하고, 수송, 하역, 보관 등의 물류조건에 적합하여야 한다는 것이다. 한편, 파렛트, 컨테이너, 트럭 등을 고려하여 표준규격에 의해 단위화시켜야 한다.

② 상품성, 판매 촉진성 : 상업포장의 본질로써 상품이미지를 높이는 것이 상품성이다. 즉 포장은 상품과 소비자를 연결하는 매체역할을 하게 되는 것이다. 또한 포장은 판매의욕을 높이는 광고성이 높고 이로 인해 상품의 판매촉진 기능이 있다.

③ 편리성 : 포장은 이용, 진열을 용이하게 하고, 수송, 하역, 보관작업이 용이하도록 해야 한다. 편리성을 구체적으로 살펴보면 화물취급의 편리, 수송 · 하역 · 보관에 적절한 형상유지, 생산시 사용이 편리할 것, 이동이 간단히 이루어질 수 있을 것, 비용의 저렴, 진열이 간단하고 진열 효과가 높을 것, 사용 용기의 재사용 가능, 설명서 · 서비스품 · 팜플렛 등의 첨부 등이다.

④ 효율성 : 포장은 생산, 하역, 판매, 수배송, 보관 등의 효율적인 작업을 가능하도록 해준다.

### 3) 포장의 분류

포장은 형태, 기능, 사용재료, 포장기법 등에 의해 여러 가지로 분류할 수 있다. 이것을 구체적으로 살펴보면 다음과 같다.

(1) 형태별 분류

포장의 일반적인 포장 분류방법으로 낱포장, 속포장, 겉포장으로 분류할 수 있다.

(2) 기능별 분류

공업포장과 상업포장으로 분류된다. 공업포장은 수송포장이라고 불리우며, 상업포장은 판매포장, 소비자포장이라고 불리운다. 공업포장은 물류상 필요한 포장으로 보호성과 수송, 하역의 편리성을 주체로 하는 포장을 말하며, 외부포장을 의미한다. 한편 상업포장은 보호성과 판매촉진의 기능을 주체로 하는 포장을 말하며, 단위포장을 의미한다.

[표 7-2] 상업포장과 공업포장의 차이

| 상 업 포 장 | 공 업 포 장 |
|---|---|
| · 상품성, 판매촉진성 중시<br>· 구매자 및 소비자와 직접 접촉<br>· 상적유통의 중요한 요소(판매촉진의 수단)<br>· 매출액 증가 중심 | · 보호성, 취급편리성 중시<br>· 반드시 직접 접촉하지는 않음<br>· 물적유통의 중요한 요소(물류기술의 수단)<br>· 비용최소화 중심 |

(3) 사용재료별 분류

골판지 포장, 나무상자, 플라스틱 용기 등 포장재료에 따라 분류한다.

(4) 포장기법별 분류

방수포장, 방습포장, 방청포장, 완충포장, 진공포장, 압축포장 등 포장기법에 따라 분류하는 것이다. 방수포장은 포장의 내·외부로부터 물이 스며들지 못하게 막는 포장을 말한다. 방습포장은 내용물이 습기에 의해 손상을 입는 것을 막기 위한 포장이다. 방청포장은 녹의 발생으로 성능저하, 사용불능이 되는 기기의 녹발생을 방지하는 포장이다. 완충포장은 운송, 하역 중의 가속도로 인해 발생하는 파손을 막기 위한 포장방법이다. 진공포장은 포장내를 진공으로 밀봉하는 포장이다. 압축포장은 포장비 등 물류비를 절감하기 위해 상품을 압축하여 부피를 작게 하는 포장방법이다.

(5) 포장상품별 분류

포장된 내용물의 상품별로 분류한 것으로 식품포장, 약품포장, 의료품포장, 전기기기포장 등을 의미한다.

(6) 발송목적지별 분류

수출용 포장, 국내용 포장 등 발송목적지별로 분류한다.

(7) 내용상태별 분류

액체포장, 분말포장, 입체포장 등 상품의 내용상태에 따른 분류이다.

(8) 기　　타

이상의 포장분류 이외에도 유통단계를 기준으로 한 포장단계별 분류, 납품처별로 납품처별 분류, 운송수단에 따른 운송수단별 분류 등이 있다.

[표 7-3] 포장의 분류

| 포장분류의 종류 | 분 류 의 내 용 |
|---|---|
| 형태별 분류 | 낱포장(단위포장), 속포장(내부포장), 겉포장(외부포장) |
| 기능별 분류 | 공업포장과 상업포장으로 분류 |
| 사용재료별 분류 | 골판지 포장, 나무상자, 플라스틱 용기 등 |
| 포장기법별 분류 | 방수포장, 방습포장, 방청포장, 완충포장, 진공포장, 압축 포장 등 |
| 포장상품별 분류 | 식품포장, 약품포장, 의료품포장, 전기기기포장 등 |
| 발송목적지별 분류 | 수출용 포장, 국내용 포장 등 |
| 내용상태별 분류 | 액체포장, 분말포장, 입체포장 등 |
| 기　타 | 포장단계별 분류, 납품처별 분류, 운송수단별 분류 등 |

## 1-2 포장재료 및 용기의 종류와 특성

### 1) 포장의 재료 및 기술 변화

포장의 형태와 사용되는 포장재료 및 기술은 상당히 진보발전하고 있다.

특히, 최근에 물류활동에 있어 기계화가 진전함에 따라 인력하역에서 기계하역으로 변하고 있으며, 나무상자 포장의 인력하역작업 대신에 포크리프트와 파렛트가 등장해 기계적인 하역이 가능해졌다. 따라서 강도가 약한 골판지 포장으로도 파손, 손상이 발생하지 않게 되었다. 또한 예전에는 나무나 짚 등의 소재가 포장재료로 이용되었으나 제품의 대량생산이 진전됨에 따라 점차 가공도가 높은 종이제품, 플라스틱이 포장재료로 사용되고 있다. 종이 및 플라스틱은 자동포장이 가능하고, 포장재료 자체로서 대량생산이 가능한 장점이 있다.

한편, 이동을 용이하게 하기위해 재료의 경량화가 이루어졌는데, 이는 포장 자체가 무거워 화물의 중량이 크면 운임이 높아지기 때문이다. 따라서 나무상자는 골판지로, 종이제품은 플라스틱으로, 가마니는 마대로 점차 포장재료가 경량화되고 있는 실정이다. 현재 사용되는 자동포장기에는 간단하게 포장되는 것이 상당히 많아지고 있다. 따라서 이러한 기계작업에 적합한 포장재료가 사용되면서 짚제품의 사용이 줄어들고 있다. 짚제품은 일일이 수작업을 수반하여 상당한 숙련도를 필요로 한다. 나무상자도 특수한 경우를 제외하고는 골판지로 변하고 있다.

일반적으로 포장은 포장재료, 포장용기 및 포장보조물로 구성된다. 포장을 구성하는 재료로서 종이, 보드지, 두꺼운 판지, 골판지, 원목, 금속 시트, 플라스틱, 유리 등이 있으며 포장할 내용물(화물)을 담는 용기로서 판지상자(cartons), 상자(boxes), 광주리(crates), 자루(sacks), 깡통(cans), 드럼, 단지(jars), 병, 뚜껑이 붙은 깡통(canisters), 봉지(bags), 수축 피복(shrink covers) 등이 있다. 포장용기를 강화하는 재료로서 못, 접착테이프, 스태플러 및 상자를 서로 묶어주는 끈류가 해당되며 또한 병과 깡통에 부착하는 레이블, 표시, 건조제, 밀폐수단(금속 및 기타 봉인) 또는 쿠션물질(패드, 에어백 등)이 이에 포함되어 있다. 여기에서는 포장재료로서 가장 기본적인 골판지와 나무상자에 대해서 살펴보고자 한다.

### 2) 골판지(Corrugated Fiberboard)

일반적으로 골모양의 골심지와 라이너원지를 접착시켜서 만든 구조물을 "골판지"라고 한다.

포장재료로서 골판지는 다음과 같은 특징을 지니고 있다.

[그림 7-1] 골판지의 구조

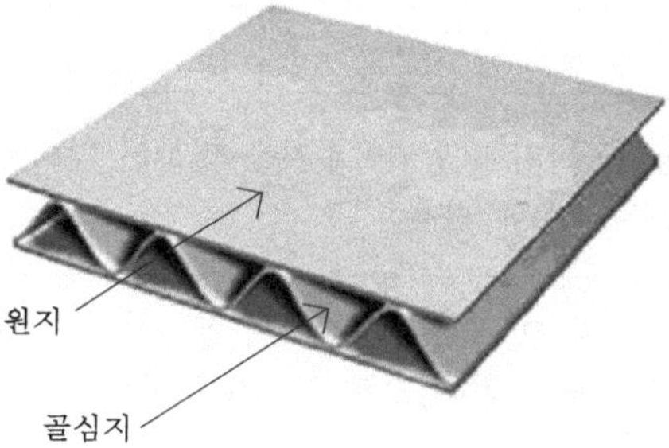


첫째, 가격과 중량에 비하여 강도가 뛰어나며 각종 구조물의 설계에 용이하다.

둘째, 골심지나 라이너지의 배합으로 강도조절을 쉽게 할 수 있다.

셋째, 표면에 여러 가지 인쇄의 적용이 가능하여 다양한 디자인이 가능하다.

넷째, 대량생산과 소량생산에 대응도가 높다.

다섯째, 재활용성이 높아 환경친화적이다.

여섯째, 수출시 방역문제를 해결할 수 있다.

반면, 골판지는 수분에 약한 단점이 있으나 최근 들어서는 수분에 강한 다른 재질과 배합사용하여 이러한 단점을 보완하고 있다.

(1) 골판지의 종류

골판지는 골심지와 라이너원지의 접착방법에 따라 단면골판지, 양면골판지, 2중 양면골판지, 3중 골판지 등으로 구분할 수 있다. 골판지는 파형으로 골을 낸 골심지의 단면 또는 양면에 평평한 라이너(liner)원지를 붙인 것으로서 일반적으로 다음의 여섯 종류가 있다.

[표 7-4] 골판지의 종류

| | | |
|---|---|---|
| 단면골판지 | 파형으로 골을 낸 골심지의 한쪽에만 라이너를 붙인 것으로서, 주로 내장용으로 사용 |  |
| 양면골판지 | 파형으로 골을 낸 골심지의 양쪽에 라이너를 붙인 것으로, 골판지 상자용으로 가장 많이 이용 |  |

| | | |
|---|---|---|
| 2중 양면골판지 | 양면골판지에 단면골판지를 덧붙인 것으로, 주로 상하기 쉬운 물품 또는 중량품에 사용 |  |
| 3중 골판지 | 2중 양면골판지에 단면골판지를 덧붙인 것으로, 초중량물 수송용에 사용 |  |
| 엇갈림 이중양면골판지 | 구성은 이중양면골판지와 같으나 두 개의 골지중 한 개의 방향을 수직방향으로 접착시켜 만든 골판지 |  |
| 엇갈림 삼중골판지 | 구성은 삼중양면골판지와 같으나 골지중 한 개의 방향을 수직방향으로 접착시켜 만든 골판지 |  |

(2) 골판지 상자

골판지 상자는 제품의 보호, 적재, 운송을 목적으로 제작되며, 제작방법에 따라 크게 로터리 다이컷팅 상자와 평판형 다이컷팅 상자가 있다. 로터리 다이컷팅 방식은 원형롤 모양의 목형에 칼날과 괘선을 넣어 회전하면서 상자를 가공하는 방법으로, 생산성이 높으나 평판형에 비하여 정밀성이 떨어진다. 평판형 다이컷팅 방식은 평면상태의 목형에 칼날과 괘선을 넣어 상하운동으로 상자를 가공하는 방법으로 정밀도는 높으나 로터리형에 비하여 생산성이 떨어진다.

상자의 형태에는 크기나 모양에 따라 다양한 종류가 있으나 가장 많이 사용되는 상자는 [그림 7-2]와 같은 일반 홈판형상자(Regular Slotted Container)이며 "A-1형 상자"로 흔히 불려진다.

[그림 7-2] 골판지 상자의 구조

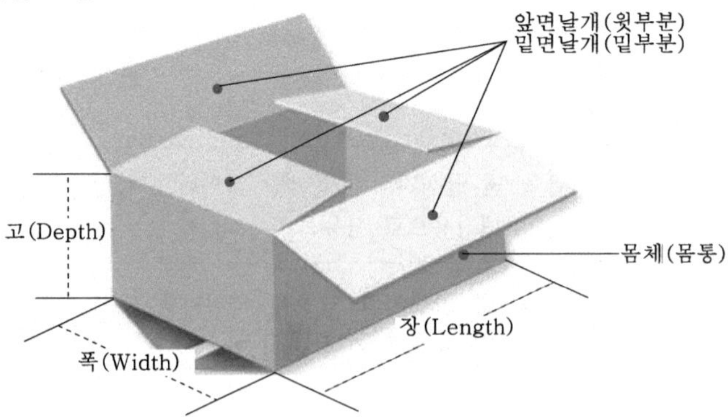

① 골판지 상자의 포장제한 : 골판지 상자는 KS A 1531(한국산업규격 골판지 포장규격)[1]에 의해 규정되어 있는데, A-1형을 기준으로 하여 포장제한 중량과 치수를 살펴보면 다음과 같다.

[표 7-5] 골판지 상자의 종류 및 포장제한

| 종류 | 기호 | 사용하는 골판지 | 포장제한 | |
|---|---|---|---|---|
| | | | 최대 총 무게(kg) | 최대 안쪽 치수(2)cm |
| 양면골판지상자 | 1종 | CS－1 | 10 | 120 |
| | 2종 | CS－2 | 20 | 150 |
| | 3종 | CS－3 | 30 | 175 |
| | 4종 | CS－4 | 40 | 200 |
| 2중 양면골판지 상자 | 1종 | CD－1 | 20 | 150 |
| | 2종 | CD－2 | 30 | 175 |
| | 3종 | CD－3 | 40 | 200 |
| | 4종 | CD－4 | 50 | 250 |
| | 5종 | CD－5 | 60 | 275 |

자료 : 한국골판지포장공업협동조합.

주) 1. 포장제한은 KS A 1003(골판지상자의 형식)의 0201형을 기준으로 한 것임.
2. 최대 안쪽치수는 길이, 너비 및 깊이의 안쪽치수합의 최대치를 표시함.
3. 컨테이너로 수송되는 수출용 골판지 상자의 포장제한은 위 표와 동일하며, 일반 수출용 골판지 상자의 포장제한은 위 표의 포장제한 조건에 맞는 종류의 1단계 상위 종류를 적용함.

② 골판지 상자의 특징

■ 장 점

· 대량생산품의 포장에 적합하며, 대량주문에 응할 수 있다.
· 경량이며 부피가 작고, 물류비가 저렴하다.
· 포장작업이 용이하고, 성력화, 기계화를 할 수 있다.
· 재료의 보관 부피가 작다.
· 인쇄가 가능하다.

■ 단 점

· 습기에 약하며, 흡습에 의해 압축강도가 떨어진다.

---

1) 한국산업규격(Korea Industry Standard) : 산업제품의 품질개선과 생산능률의 향상을 기하며, 거래의 단순화와 공정화를 도모하기 위하여 1961년 공포 · 시행된 공업표준화법에 따라서 제정된 규격.

· 소량의 주문에는 비능률적이고 비용이 비교적 비싸다.
· 화물 취급시 손상되기 쉽고, 휘기 쉽다.

### 3) 나무상자

KS A 2151(수출품 포장용 나무상자)[2)]에 의하면, 나무상자는 보통 나무상자와 요하부착 나무상자로 분류되며, 그 각각이 밀폐판자를 대는 식과 살판자를 대는 식으로 이루어져 있다. 한편, 중량품 수출포장은 KS A 2151의 틀로 된 상자(수출품 포장용)에서 규정되고 있으며, 주로 플랜트류 포장에 사용되고 있다. 나무상자는 부족한 목재 자원을 이용해야 하며, 용적효율이 낮고, 개봉이 힘들고, 제작에 경험이 필요하다는 등의 단점으로 인해 주로 수출포장에 한해서 사용되고 있다. 따라서 나무상자는 합판 등 다른 재료와 조합하거나, 간단한 나무틀 포장을 이용하거나, 또는 플랜트 수출 등에 많이 사용되고 있는 요하반 등과 같은 방법이 사용되고 있다.

① 나무상자의 장점
· 튼튼하여 귀중품이나 기계류 등의 포장에 적합
· 재료입수가 용이하고 제작이 간단
· 배달용 상자로 재활용 가능

② 나무상자의 단점
· 대량생산이 어렵다.
· 중량, 부피가 커서 물류비용이 과다발생
· 포장재료 보관에 많은 공간이 필요함

### 4) 플라스틱 용기

플라스틱이 수송 포장용으로 사용되는 것은 플라스틱 중량포장부대와 플라스틱 컨테이너가 있다.

#### (1) 플라스틱 중량포장부대

중량포장부대에는 플라스틱 필름을 부대로 한 것과 플라스틱포를 부대로

---

2) 이 규격은 내용물 무게 1500kg 이하이고, 바깥 치수가 길이 600cm, 너비 150cm, 높이 150cm 이하이거나, 3변의 합계가 700cm 이하인 수출품 포장용 나무상자(이하 나무상자라 한다)에 대하여 규정한다.

한 것이 있다. 전자는 염화비닐부대나 폴리에틸렌부대가 있고, 후자는 폴리에틸렌 크로스부대나 폴리프로필렌 크로스부대를 들 수 있다. 필름부대는 방습·방수성이 높아, 비료, 설탕, 소금 등에 사용되며, 20~30kg 정도의 중량에 적합하다. 염화비닐부대보다 폴리에틸렌부대가 방습성, 내한성이 높고, 저렴하나, 강도는 염화비닐부대가 높다. 한편, 플라스틱 포대는 통풍성이 있는 부대이며, 가마니나 마대의 대체품으로서 곡류나 사료 등에 이용되고 있는데, 중량이 40~60kg의 부대가 주류를 차지한다. 그러나 플라스틱 중량포장부대는 다루기가 어렵고, 뾰족한 물건에 걸리면 찢어지기 쉽다는 결점이 있다.

(2) 플라스틱 컨테이너

플라스틱 컨테이너란 플라스틱제의 상자 또는 배달상자 등의 총칭이며, 식품, 청과물, 가공식품, 부품 등에 이용된다. 플라스틱 컨테이너는 여러 가지 장점으로 수요가 늘어나고 있다.

플라스틱 컨테이너의 장점은 다음과 같다.

· 나무상자에 비해 가볍다.
· 내용연수가 길고, 보수비용이 들지 않는다.
· 착색이 용이하고, 색깔에 의해 물품을 구별하기 쉽다.
· 씻기 쉽고, 말리기 쉬워 관리하기가 용이하다.

그 반면에 다음과 같은 단점도 있다.

· 미끄러지기 쉬우므로 구조 개발이 필요하다.
· 표면이 훼손되면 복구가 어렵다.
· 파손이 수복되지 않는다.
· 나무상자보다 비용이 높다.

## 1-3 포장의 적정화 및 표준화

### 1) 포장의 적정화

적정포장이란 합리적이고 공정한 포장을 의미하는데, 공업포장(수송포장)에서는 유통과정에 있어서의 진동, 충격, 압축 및 온·습도 등에 의해 물품의 파손, 손상이 생겨 물품의 가치 및 상태가 저하되지 않도록 하는 유통의 실태에 맞는 포장을 뜻한다. 한편 상업포장(소비자 포장)에서는 과대·과잉포장 등을 시정하고 동시에 결함 포장을 배제하기 위해 보호성, 안전성, 단위, 표시, 용적, 포장비, 폐기물 처리성 등에 대해서 적절한 포장을 말한다. 적정포장은 최근 환경문제가 부각되면서 그 범위가 상당히 넓어지고 있으며, 포장합리화의 목표가 적정포장이 되고 있다. 적정포장을 행하는 경우 일반적으로 요구되는 조건을 생산자측, 물류업측, 판매자측 및 소비자측의 입장에 따라 살펴보면 다음과 같다.

① 생산자측의 조건

· 제품의 적정한 보호 · 보다 저렴한 포장비
· 기업의 이미지 상승효과 · 작업의 라인화, 자동화 가능성

② 물류업자측의 조건(수송, 보관)

· 하역의 용이함과 위험방지 · 표준화에 의한 유니트 로드화 가능성
· 포장강도의 안정 · 표시마크의 용이성
· 수송수단의 적합성 · 물류과정에서의 도난 방지

③ 판매자측의 조건

· 개봉 또는 재포장이 용이함 · 내용 표시의 명확성
· 소비자의 감각에 부합된 디자인

④ 소비자측의 조건

· 만족감의 제공 · 개봉 또는 재포장의 용이함
· 포장후 처리의 용이함(재이용 포함)

즉 적정포장을 설계하기 위해서는 보호성, 작업성, 화물취급의 용이성, 표시성 및 편리성을 갖추어야 된다. 이상과 같은 여러 가지 요소에 따른 포장설계를 하면 유통실태에 맞고 적정한 포장이 되며, 적정한 하역과 수송도 연계되는 것이다.

### 2) 포장의 표준화

포장표준화는 물적유통 전반을 조성해주는 활동으로서 물류비 절감을 목적으로 함과 동시에 유통업자, 포장재 생산업자, 사용자, 소비자 등에 이르기까지 그 효과가 전달될 수 있도록 국가적, 국제적으로 추진되어야 한다. 포장의

표준화는 포장재료의 표준화, 포장기법의 표준화, 포장치수의 표준화, 포장강도의 표준화로 분류할 수 있다.

포장표준화는 생산, 유통되고 있는 각종 포장용기의 규격을 검토, 분석하여 표준화, 규격화 함으로써 물류의 합리화를 도모하는 데 그 목적이 있다. 포장은 그 디자인과 성능문제가 중요하지만, 무엇보다도 상품을 운반하는데 따른 제반 요건을 보다 합리화하여 일관작업을 행함으로써 물류비의 절감, 상품 내용물의 보호, 보관 및 하역의 효율화를 기할 수 있는 포장의 표준화는 매우 중대한 문제다.

포장표준화의 효과를 살펴보면 ① 포장설계를 간소화함으로써 포장비, 포장재료비, 포장작업비 등을 절감하고, ② 보관, 수송, 하역의 효율화로 물류비를 절감하고, ③ 판매시 이용의 효율화로 판매효율이 향상되며, ④ 제품가격의 인하효과로 시장에서의 경쟁력이 강화된다. 또한 포장재료를 합리적으로 사용하여 포장폐기물의 감소효과를 고려할 수 있다. 한편 포장업자의 측면에서는 포장의 표준화로 포장재료의 판매량 감소 우려가 있을 수 있으나, 포장재료의 치수, 재료, 종류의 감소 등 합리화 등으로 재고원가가 절감되고 이익 향상이 가능해 진다.

## 1-4 수출포장

수출포장이란 기계부품, 대형 전자제품, 계측기, 실험장비, 자동차부품, 금속재료, 전기부품 등의 중량물의 운송, 적재, 출하, 수출시에 사용되는 포장을 말한다. 골판지상자가 보호성, 안전성, 편리성, 경제성, 환경친화성, 생산성 등의 기능을 만족시키는 포장재료로 우위를 점하고 있다. 수출포장용 상자는 목재상자와 골판지상자가 많이 사용되고 있는데, 최근에 미국과 중국 등 주요 국가에서 목재의 까다로운 방역절차를 요구하게 되어 목재상자와 목재파렛트의 대체 포장재인 골판지상자와 종이파렛트로 많이 바뀌고 있는 추세이다. 수출포장 설계시 컨테이너의 규격[3]에 맞추어 설계해야 하고 상자나 파렛트의 규격

3) 일반적인 컨테이너 규격은 20ft 컨테이너의 경우 5905mm(길이)×2341mm(넓이)×2350mm(높이), 40ft 컨테이너는 12036mm(길이)×2341mm(넓이)×2350mm(높이), 하이큐빅 40ft컨테이너는 12036mm(길이)×2341mm(넓이)×2697mm(높이)이다.

과 함께 작업효율성까지 계산되어져야 한다.

### 1) 수출포장용 상자

수출용 포장에서 널리 쓰이는 골판지상자의 형식은 RSC형, HSC형, 캡과 슬리브 등이 대표적으로 널리 쓰이고 목재파렛트나 골판지파렛트 등과의 조합으로 수출포장이 완성된다.

[표 7-6] 수출포장용 상자의 형태

| 유 형 | 내 용 |
|---|---|
| RSC형 상자 | A형 상자 또는 0201형 상자라고도 하며 상단과 하단에 날개를 접는 방식의 일반 상자 스타일. 두꺼운 3중골을 이용한 중량물 또는 수출 포장일 때는 잘 사용되지 않는다. |
| HSC형 상자 | 0200형 상자라고도 하며 위에만 RSC형처럼 날개로 접고 아래쪽은 터져있는 상자로 파렛트 위에 중량물을 올려놓고 상자를 씌운 후 마감처리를 하는 수출포장에 널리 쓰임. 목재 홈 파렛트를 사용할 때는 상자와 파렛트에 못을 박아 부착하고, 골판지파렛트를 사용할 때는 캡이 달린 파렛트를 만들거나 아래쪽에 캡을 씌어 박스를 벤딩하여 포장을 완료한다. |
| 캡(Cap)과 슬리브 (Sleeve) | 슬리브는 상단과 하단이 날개가 없이 터져 있는 상자를 말하며 캡을 이용하여 상단과 하단을 덮어서 포장을 함. 목재 홈파렛트나 캡이 달린 골판지 파렛트를 이용할 때 상단에 1개의 캡만 덮어서 포장하는 경우가 많다. |

### 2) 파 렛 트

#### (1) 파렛트의 유형

파렛트의 소재별 유형에 따라 골판지파렛트, 목재파렛트, 플라스틱파렛트로 구분하여 살펴볼 수 있다. 골판지파렛트의 경우 비용이 가장 저렴한 편이고 무게가 가장 가벼우며 폐기처리가 쉽고 용이하다. 또한 필요한 압축강도에 맞는 파렛트를 제작, 사용가능하다. 수분에 약한 것이 단점이므로 적절하게 다루어지는 것이 필요하다. 반면 목재파렛트의 경우 가장 많이 쓰이는 편이고 비용도 저렴한 편이나 골판지에 비해 무겁고 최근에 주요 수출국의 방역규제로 인하여 열처리 등의 증명이 필요하다. 또한 폐기 처리비용이 발생한다. 반면 플라스틱 파렛트는 가장 안정적이고 튼튼한 파렛트이나, 중량이 무거운 편이며 상대적으로 고가이고 폐기처리나 수거비용이 발생하는 단점이 있다.

[그림 7-3] 파렛트의 소재별 유형

〈골판지 파렛트〉

〈목재 파렛트〉

〈플라스틱 파렛트〉

파렛트의 형태는 사용면, 차입구의 방향, 날개의 유무에 따라 구분할 수 있는데 그 형식은 다음과 같다.

[표 7-7] 파렛트의 유형

| 형 | 식 | | 비 고 |
|---|---|---|---|
| 사용면 | 단면형 | | 적재판이 윗면에만 있는 것 |
| | 양면형 | 한면 사용함 | 적재판이 양쪽에 있는 것으로 적재면이 한쪽에만 있는것 |
| | | 양면 사용함 | 적재판이 양쪽에 있는 것으로 적재면이 양쪽에 있는 것 |
| 차입구의 방향 | 2방향차입 | | 차입구가 파렛트의 전후 또는 좌우 2방향에만 있는 것 |
| | 4방향차입 | | 차입구가 파렛트의 전후, 좌우의 4방향에 모두 있는 것 |
| 날개의 유무 | 날개없는 형 | | 날개가 없는 것 |
| | 홑날개형 | | 윗면의 적재판에 날개가 있는 것 |
| | 이중날개형 | | 양면의 적재판에 날개가 있는 것 |

(2) 파렛트의 규격

우리나라의 경우 1970년대 후반부터 1100m×1100m 규격(T-11형)의 파렛트를 사용해 왔다. 또한 국내물류표준화작업을 위해 화물촉진유통법을 근간으로 물류표준화 및 일관수송체제확립을 위해 동 규격을 일관수송체제(ULS)표준으로 지정하고 여기에 맞는 일관수송체계 확립을 추진하고 있다. 하지만 권역별 · 국가별로 서로 다른 물류표준화작업으로 인해 파렛트의 규격이 다양할 뿐만 아니라 1995년 표준파렛트 제정[4] 당시 국내 화물의 주 운송 수단인 5톤 이상 트

4) 우리나라의 경우 국가물류비 절감과 물류표준화 추진에 따라 1995년 12월 「유닛로드시스템 통칙」

[표 7-8] ISO 규격의 권역별 국제파렛트 종류(ISO 6780)

| 권 역 | 규격(mm) |
|---|---|
| 유 럽 | 1200×800, 1200×100, 1140×1140 |
| 북 미 | 1219×1016, 1067×1067 |
| 아시아 · 태평양 | 1100×1100 |

럭적재함과 국제 해상용 컨테이너에 2열 적재가 가능하고 일본과 대만 등 아시아 국가의 대표적인 규격으로 아시아 파렛트 표준화 추진에 부합한다는 이유로 T-11형이 표준파렛트로 선정됐다.

하지만 최근 들어 우리나라 표준파렛트 규격인 T-11형 파렛트와 다른 규격을 사용하는 국가와의 교역시 발생하는 호환성 문제를 해결하고 향후 국제적인 ULS 파렛트 규격의 변화에 능동적으로 대처할 수 있는 방안으로 T-12형 파렛트의 도입이 논의중이다.

## 1-5 목재포장재의 통관

목재포장재란 화물을 지지 · 보호 또는 운반하는데 이용되는 모든 목재 또는 목재산물을 말하며 나무파렛트, 나무상자, 받침목, 충진재, 드럼 등을 말한다. 목재포장재는 병해충을 제거하거나 사멸시키기에 충분할 만큼 가공되지 않은 생목재로 제작되는 경우가 많기 때문에 병행충의 유입 및 확산의 경로가 되고 있다. 목재포장재는 종류가 다양하고 널리 쓰이기 때문에 2002년엔 목재포장재 검역과 관련된 국제기준이 마련되어 이후 본격적으로 각 나라에서 목재포장재에 대한 검역을 실시하였다.

### 1) 우리나라의 목재포장재 소독처리 기준

우리나라의 목재포장재 소독처리는 2005년 6월 1일(선적일 기준)부터 시행되었으며 대상은 전 세계 국가에서 우리나라로 수입되는 화물의 활엽수 및 침엽

---

을 제정하여 1100m×1100m 규격(T-11형)이 표준규격으로의 지위를 부여받았다.

수 목재포장재이다. 제외 품목으로는 합판 · 베니어패널 및 이와 유사한 적층목재품, 파티클보드, 배향성스트랜드보드, 웨이퍼보드, 섬유판, 고밀도화 목재, 집성재, 펄프, 응집코르크, 목모, 목분, 코르크분 등이다. 소독방법으로는 목재중심부 온도를 56℃이상에서 30분 이상 처리하는 HT(Heat Treatment) 열처리나 MB (Methyl Bromide) 훈증 방법을 사용한다.

[그림 7-4] 소독처리마크

| IPPC | KR－○○○<br>(ZZ－001)<br>YY 또는 YYDB |
|---|---|

본 표식에는 최소한 다음의 사항이 포함되어야 한다.

— symbol(로고)은 IPPC에서 승인한 심볼

— KR : ISO 2자리 국가코드(Korea=KR)

— ○○○ : 적절한 목재사용 및 표식에 대한 책임이 있는 소독처리 업체에 국립식물검역소가 부여한 고유번호

— (ZZ—001) : 업체의 고유부호 및 업체별 마크 일련번호

* 표시방법 : "ZZ"에 업체고유의 부호를 영문자 2자리로 표시하고, "001"에 업체별 마크의 일련번호를 3자리 숫자로 표시하되 괄호를 함께 표시

— YY 또는 YYDB : IPPC에서 승인된 조치에 대한 약어(예: HT, MB, HTDB)

만약 요건 미부합 목재포장재로 판명될 경우 소독 및 폐기 또는 반송처리한다. 목재포장재 검역관련 정보는 국립식물검역소 홈페이지(www.npqs.go.kr)나 한국무역협회 화주협의회 홈페이지(http://shippersgate.kita.net)에서 확인할 수 있으며 목재포장재 검역을 시행하는 국가들의 소독방법 및 증명방법은 국립식물검역소(http://ww.nqps.go.kr)에서 찾아볼 수 있다. 다음 [그림 7-5]는 목재포장재 식물위생증명서 발급절차이다.

[그림 7-5] 목재포장재 식물위생증명서 발급절차

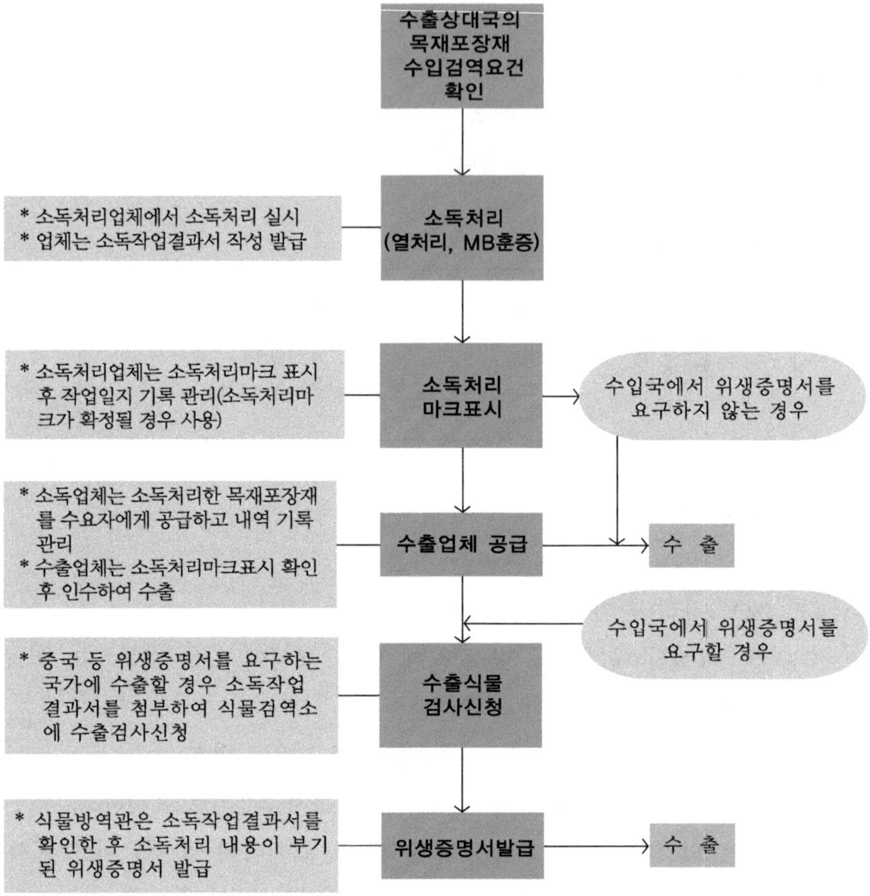

### 1-6 목재포장재 수입 절차

목재포장재 수입절차는 다음과 같은 순서로 진행된다.

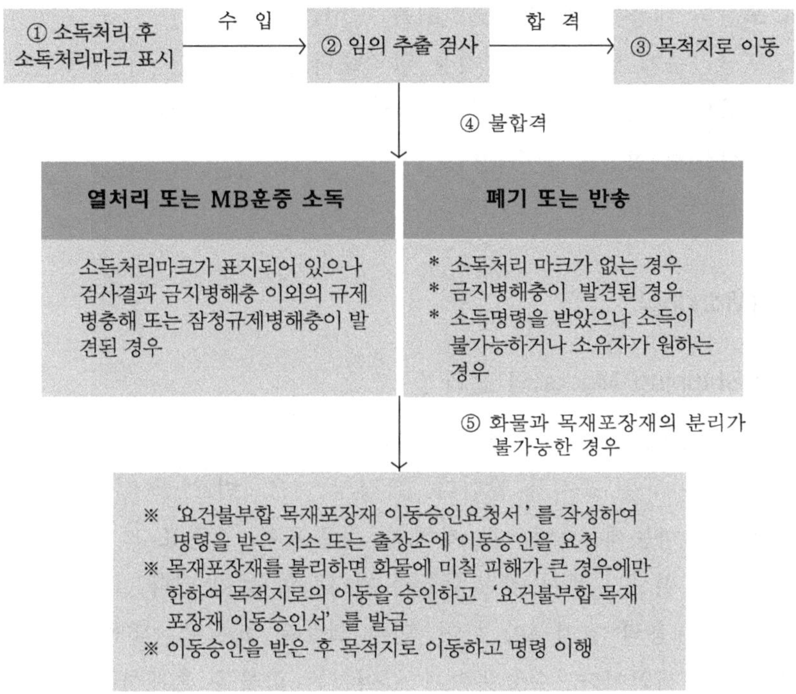


## 제 2 절 마킹(Marking)과 라벨링(Labelling)

### 2-1 마킹(Marking)과 라벨링(Labelling)의 필요성 및 목적

포장은 화물이 최종목적지까지 정확, 안전, 신속히 운송되고 서류상에 기재되어 있는 내용을 정확히 파악하기 위하여 포장은 적절히 마킹되고 라벨링 되어져야 한다. 또한 위험물 포장에 대한 정확한 마킹과 라벨링은 안전운송에 있어 필수적인 요소이다. 따라서 화주는 운송할 위험 포장물에 대한 정확한 마킹 및 라벨링을 해야할 책임이 있고, 운송을 위해 위험물을 수취하는 프레이트 포워더 및 운송업자의 위험물 수취담당직원들은 모든 포장물에 정확하게 마킹 및 라벨링이 되었는지 선적하기 전에 반드시 확인해야 한다.

마킹과 라벨링은 일반적으로 다음과 같은 목적을 가지고 있다.

첫째, 포장의 내용이 어떠한 것인지를 알려준다.

둘째, 포장기준에 일치한다는 것을 알려준다.

셋째, 포장의 안전한 취급과 저장을 위한 정보를 제공한다.

넷째, 포장물의 성질을 알려준다.

## 2-2 마킹(Marking)

### 1) 하인(Shipping Marks)의 정의

하인이란 포장에 대한 마킹으로서 수출화물의 포장에 다른 화물과 쉽게 구별할 수 있도록 하는 표시를 말한다. 특정의 기호 · 번호 · 목적지 · 취급주의 문구 등으로 표시하는데, 주하인과 부하인, 품질표시, 중량표시, 목적항 표시, 화물의 일련번호, 원산지 표시, 주의사항과 기타사항 등이 있다. 선하증권과 송장 등에 표시된 내용과 일치해야 하며, 만약 잘못된 표시로 인하여 사고가 발생하면 매도인의 책임이다. 수출운송에 있어서는 화물을 혼재하는 경우가 많기 때문에 하인이 없거나 불명확한 경우에는 다른 화물과 혼동되어 하역이나 화물의 인도에 착오가 발생할 수 있어 주의를 기울여야 한다. 또한 통관시에도 문제를 발생시켜 클레임의 원인이 되기도 하기 때문에 더욱 주의를 기울여야 한다. 일반적으로 하인은 모두 대문자로 기재하는 것이 관습이며 계약당사자 간에 하인에 대한 약정이 있는 경우에는 합의한 내용에 따른다. 그러나 당사자별로 하인을 정하게 되면 국제거래상 혼란이 야기될 수 있으므로 국제적으로 표준하인을 정하여 사용하고 있다. 수출하인은 기본하인, 정보하인, 취급주의 하인으로 구분할 수 있다.

[그림 7-6] 하인의 예시

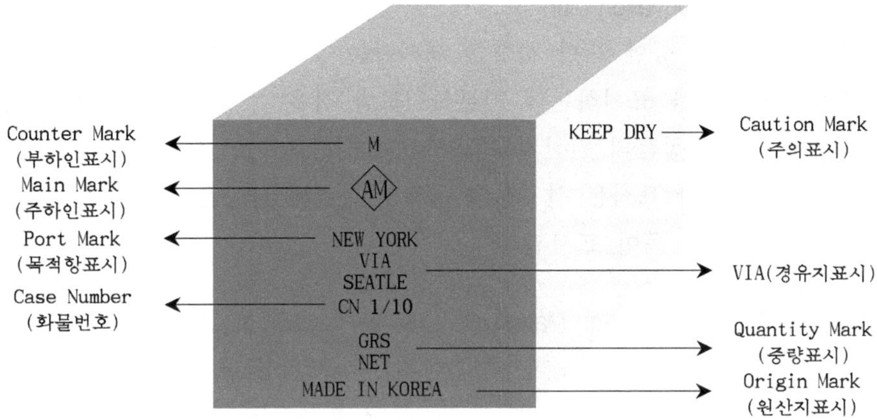


## 2) 하인의 종류

### (1) 기본하인(Standard Shipping Marks)

기본하인은 다른 화물과 식별하기 위하여 수하인의 머리글자, 참조번호, 목적지, 포장번호 등으로 구성되며 일반적으로 다음과 같은 방법으로 표기된다.

〈예〉

| | |
|---|---|
| — 수하인의 머리글자(Initials) | N.T.C |
| — 참조번호(Reference Number) | 01608 |
| — 목적지(Destination) | Kula Lumpur |
| — 포장번호(Package Number) | 1/8 |

화물이 환적되는 경우에는 다음과 같이 환적항과 목적지를 병기하여 사용할 수 있다.

N.T.C

01608

Kula Lumpur via Klang

1/8

(2) 정보하인(Information Marks)

원산지, 신용장 등에 관한 사항을 표시하는 것이다. 수입업자가 요구하는 경우에만 정보하인을 표시하는데 기본하인보다 작은 문자를 사용하여 구별한다. 원산지 표식을 상품의 원산지를 표시하며 일반적으로 화물번호 하단에 표시한다. 반면 신용장 표식은 신용장의 내용과 관련된 사항을 표시하며, 일반적으로 신용장의 번호 등이 표시된다.

(3) 취급주의 하인(Caution Marks)

화물의 특성에 따라 운송, 하역보관상의 주의사항을 표시한 것으로 운송업자가 판별하기 쉽도록 붉은 잉크나 페인트를 사용하기도 한다. 또한 주의를 환기시킬 목적으로 그림이나 문자로 표시하기도 한다. 앞서 언급한 바대로 적정포장을 위해서는 유통실정을 파악하고 적합한 포장을 설계 실시해야 한다. 그러나 화물의 하역, 운반, 보관하는 과정에서 잘못 취급된다면 적정포장의 의미가 상실된다. 따라서 적정한 하역, 운반, 보관작업을 할 수 있도록 화물의 취급표지(mark)가 수송포장의 표면에 표시되어야 한다. ISO(International Standard Organization; 국제표준기구)에서도 화물취급 지시마크(ISO 780)를 제정하였으며, 일본도 포장의 표면에 그림이나 간단한 문구로 주의사항을 표시하고 있다(JIS Z0150). 우리나라의 경우 일반화물의 취급주의 표시가 KS A 1008에 규정되어 있으며, 그 종류는 8가지이다. 한편 위험물 취급주의 표시는 KS A 1009에 규정되어 있다. 우리나라의 KS A 1008의 내용은 [표 7-9]와 같다.

[표 7-9] 일반화물의 화물취급 표시(KS A 1008)

| 표 시 | 내 용 | 표 시 | 내 용 |
|---|---|---|---|
|  | 깨지는 것 : 깨지기 쉬우므로 주의하여 취급할 것을 표시한다 |  | 굴림 금지 : 굴려서는 안 됨을 표시한다. |
|  | 취급주의 : 충격을 주지 않도록 취급할 것 |  | 손수레 삽입금지 : 손수레를 끼워서는 안 되는 부위를 표시한다. |
|  | 갈고리금지 : 갈고리를 사용하여서는 안 됨 |  | 쌓는 단수 제한 : 겹쳐쌓을 수 있는 총단수를 표시 |

| 표시 | 내용 | 표시 | 내용 |
|---|---|---|---|
|  | 위 : 화물의 올바른 윗방향을 표시 | 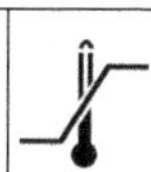 | 온도제한: 허용되는 온도범위 또는 최저 최고온도를 표시 |
|  | 직사일광 열차폐 : 직사일광, 열로부터 차폐 |  | 화기 엄금: 타기 쉬우므로 화기를 접근시켜서는 안된다는 것을 표시 |
|  | 방사원방호 : 방사원에서 격리 |  | "밟지 마시오"표시 |
|  | 거는 위치 : 슬링을 거는 위치 |  | "찍힘주의"표시 |
|  | 젖음 방지 : 물이 새지 않도록 보호 |  | 무게중심 위치 : 화물의 무게중심 위치를 표시 |
|  | 불안정 : 쓰러지기 쉬운 화물임을 표시 | | |

## 2-3 라벨링(Labelling)

### 1) 라벨링과 위험물

항만 및 공항을 통해 운송되는 포장위험물의 화주는 화물 특성으로 인해 통상적인 화물 취급시 따르는 위험과 공항만을 통한 이동에 따른 위험에 잘 견딜 수 있도록 해당화물이 적절히 포장되어 있음을 확인해야 한다. 특히 위험물이 공항만에 들어오기 전에는 위험물의 화주는 위험물의 정확한 식별을 위해 해당화물의 적절한 기술적 명칭과 화물이 야기할지 모를 위험의 특성에 관한 정보를 알려주어야 한다. 따라서 포장에 있어 라벨링은 화물에 대한 용이한 식별기능을 제공할 뿐만 아니라 위험화물에 대한 식별을 해당 화물취급자에게 알려줄 수 있어야 한다. 따라서 라벨링과 관련된 위험물에 대해 알아보고 전세계적으로 위험물 식별코드인 IMDG에 대해 살펴본다.

### 2) 위험물의 정의

일반적으로 위험물(Dangerous Goods)이라 함은 물질의 물리적, 화학적 또는 생물학적 성질상 그 물질 자체의 특성 혹은 서로 다른 2종류 이상의 물질이 접촉 또는 특별한 상황 하에서의 마찰 등으로 인하여 폭발, 인화, 유독, 부식, 방사성, 질식, 발화, 전염, 중합, 동상, 분진폭발 또는 반응 등을 초래하여 건강, 안전, 재산 또는 환경에 위험을 야기시키는 물질 또는 제품을 말한다. 해상운송 측면에서의 위험화물(Dangerous Cargoes)이라 함은 포장된 것이든 산적 포장용기로 운송된 것이든 또는 산적상태이든 간에 다음에 열거하는 규정의 범위 내의 화물을 말한다.

— MARPOL 73/78[5] 부속서 I에 따른 기름
— 국제액화가스운송선의 구조 및 설비기준(IGC Code[6])에 규정된 가스류
— 국제산적위험화학품운송선의구조및설비기준(IBC Code[7])과 MARPOL 73/78 부속서 Ⅱ에 규정된 폐기물을 포함한 유해액체물질/화학품
— 국제해상위험물규칙(IMDG Code)에 규정된 환경유해물질(해양오염물질) 및 폐기물을 포함한 위험하고 유해한 물질, 재료 및 제품
— 산적고체화물안전실무기준(BC Code[8]) 부록 B에 규정된 폐기물을 포함한 화학적 위험을 수반하는 산적고체물질 및 단지 산적상태에서만 위험한 고체물질(MHBs)

한편 IMDG Code의 목적상, 위험물(Dangerous Goods)이라 함은 IMDG Code의 규정을 적용 받는 물질 및 제품을 말한다(SOLAS 제7장 A편 제1규칙). 또한 위험물이라는 용어에는 이전의 화물을 담았던 세정되지 아니한 빈 포장용기(탱크 컨테이너, 소형용기, 중형산적용기, 대형용기, 산적용기, 이동식 탱크 또는 탱크차량)도 포함된다. 단, 모든 위험성을 제거하거나 비위험화물을 채우거나 위험물의 잔류물을 깨끗이 청소하고 증기를 제거시킨 경우에는 해당되지 않는다. 포장된

5) MARPOL(Prevention of Pollution from Ships), 1973/78 : 정식 명칭은 International Convention for the Prevention of Pollution from Ships, 1973, as modified by the Protocol of 1978 relating thereto(MARPOL 73/78)이며, '해상오염방지협약'이라고 불린다. MARPOL은 선박에 의한 해양오염을 방지하기 위한 국제협약으로 1973년과 1978년의 조약을 근간으로 지속적으로 개정되어 왔다. 1973년의 MARPOL 조약은 기름(Oil), 화학제품(Chemical), 포장된 상태의 유해물질(Harmful Substances in packaged form), 쓰레기(Garbage)와 오수(Sewage)에 의한 오염에 대하여 규정하였다. 1978년의 조약에서는 그 당시 발생하였던 일련의 사고들에 대한 대책으로 유조선의 안전과 오염방지를 위해 밸러스트의 분리(Segregated Ballast) 요건을 강화하는 내용을 채택하였다. 1973년 조약이 아직 발효되기 전에 1978년 조약이 채택되었으므로, 이 두 조약은 하나로 흡수되어 MARPOL 73/78로 불리게 되었다.

6) IGC Code(International Code for the Construction and Equipment of Ships Carrying Liquefied Gases in Bulk) : 산적액화가스운반선의 건조와 설비에 대한 국제코드.

7) IBC Code(the International Code for the Construction and Equipment of Ships Carrying Dangerous Chemicals in Bulk) : 산적위험화학물 운반선의 건조와 설비에 관한 국제코드.

8) BC Code(Code of Safe Practice for Solid Bulk Cargoes) : 고체벌크화물의 안전한 취급에 관한 코드.

형태의 위험물을 해상운송하기 위해서는 위험물선박운송및저장규칙(한국) 또는 국제해상위험물규칙(IMO)에서 정하는 운송요건과 엄격하게 일치하여야 한다. 이를 위하여 하송인 또는 화주는 위험물을 정확하게 분류하여야 하고, 해당 위험물에 가장 적합한 포장용기를 사용하여야 하며 적절한 표시, 표찰 및 명찰을 부착하여야 한다. 선박에서도 적절하게 격리, 적재 및 고박하여야 한다. 이와 함께 모든 위험물 운송관련 종사자는 친숙화 교육, 특정기능 훈련 및 안전훈련을 받아야 하며, 위험물과 관련된 사고시의 비상조치법 및 의료응급처치법을 숙지하여야 한다. 하송인(또는 화주) 및 선박 소유자 또는 선장은 위험물과 관련된 선적서류(컨테이너 수납검사증, 위험물 신고서 등)를 준비하여야 하며, 이를 반드시 1년 이상 보관하여야 한다.

### 3) 위험물 운송과 IMDG Code

전 세계적으로 수백만가지의 상이한 화학물질 및 제품들이 운송되고 있는데 각각의 화학물질에 대한 이름과 위험을 식별하는 것은 거의 불가능하다(약 500만가지의 화학물질이 존재하는 것으로 추정되며, 매년 100가지 정도가 추가되고 있음). 따라서 이러한 물질들을 분류하는 방법은 화학물질별로 발생가능한 위험이 비슷하거나 이들 화학물질에 대해 안전하게 포장하는 방법이 비슷한 물질들을 묶어 분류하는 것이다. 이러한 분류시스템은 기본적으로 국제적으로 인증되고 제조업자, 운송업자, 해운회사와 항만노동자들 모두가 같은 이름, 등급, 취급방법을 사용해야 한다. 이러한 요구에 의해 IMDG(국제해상위험물질) 코드가 탄생하였으며 UN 기구인 IMO(국제해사기구)에 의해 발행되고 매년 갱신되고 있다. 위험물 관리에 대한 IMDG 코드는 다음과 같은 역사적 배경을 중심으로 진행되었다.

① 1929년 SOLAS 회의 : 국제적인 위험물해상규칙 필요성 강조

② 1948년 SOLAS 회의 : 위험물선박운송에 관한 최초의 협약규칙 도입

③ UN경제사회이사회의 위험물운송전문가위원회가 위험물의 적용, 분류, 품목, 표시 및 운송서류 등에 관한 보고서 완성(UN Recommandations, 1956년)

④ IMO 발족(1958년)

⑤ 1960년 SOLAS 회의 : 위험물 운송관계를 SOLAS 협약 제 7 장에 명문화 위험물 해상운송에 관한 국제규칙 개발을 IMO에 권고

⑥ IMO는 UN위험물운송전문가위원회와 합동으로 IMDG Code를 개발(1965년)

⑦ 1965년 IMO 총회에서 총의결의 81(ResA81)로 IMDG Code 채택

⑧ IMDG Code

IMDG 코드의 핵심은 위험화물의 목록과 해상에서 운송되고 취급되는 기술적 조건들에 대한 세부적인 목록과 더불어 위험화물에 존재하는 위험형태에 따른 분류를 하는 것이다. 이 코드는 자체적으로 법률적 효력이 있는 것은 아니나 정부가 자국의 법률적 토대로 활용이 가능토록 하는 표준을 제시하고 있다. 50개 이상의 국가, 전 세계 해운회사 중 90%가 법률적으로 IMDG 코드를 적용하고 있다.

### 4) 위험물운송에 관한 국제기관과 규정

UN권고를 기본으로 하여 위험물의 해상운송은 IMO(국제해사기구)에 의해, 항공운송은 ICAO(국제민간항공기구)에 의해 규제되고 있으며, 또한 유해 폐기물의 국가간 이동은 UNEP(국제연합환경계획)에 의한 바젤조약에 의해 규제되고 있다.

방사선 물질의 안전운송은 UN권고가 아닌 IAEA(국제원자력기관)에 의한 방사성물질안전운송규정에 의해 규제가 이루어지고 있다. 또한 각국, EU, UN 지역위원회는 UN권고를 기본 또는 참조하여 각각 위험물 운송을 규제하고 있다.

UN/ECE(국제연합/유럽경제위원회)는 UN권고를 기초로 하여 위험물 운송에 대하여, 도로운송은 국제위험물도로운송 유럽협정(ADR)에 의해, 철도운송은 국제

[그림 7-7] 위험물 운송에 관한 국제기관과 규정

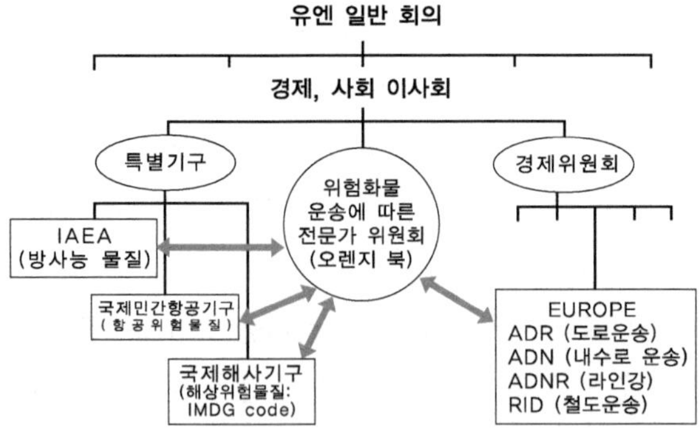

위험물철도운송규정(RID)에 의해, 수로운송은 국제위험물수로협정(ADN) 및 라인위험물운송규정(ADNR)에 의해 규제가 이루어지고 있다.

| 운송수단 | 국제기구 | 규 칙 |
|---|---|---|
| 해상 | 국제해사기구 (IMO) | 국제해상위험물규칙(IMDG Code)<br>International Maritime Dangerous Goods Code |
| 항공 | 국제민간항공기구 (ICAO) | 위험물항공운송기술지침(TI)<br>Technical Instructions for the Safe Transport of Dangerous Goods by Air |
| 철도 | 국제철도연맹 (OCTI) | 국제위험물철도운송규칙(RID)<br>Regulations concerning the International Carriage of Dangerous Goods by Rail |
| 도로 | 유럽경제위원회 (UN/ECE) | 국제위험물도로운송규칙(ADR)<br>European Agreement concerning the International Carriage of Dangerous Goods by Road |
| 내수로 | 유럽경제위원회 (UN/ECE) | 국제위험물내수로운송규칙(ADN)<br>European Agreement concerning the International Carriage of Dangerous Goods by Inland Waterway |

### 5) 위험물의 분류

IMDG Code는 위험물의 특성 및 성질에 따라 여러 급수 또는 등급으로 아래와 같이 구분하여 규정하고 있다.

#### (1) 제 1 급(Class 1)—화약류(Explosives)

제 1 급은 폭발성 물질, 폭발성 제품 및 실제적인 폭발효과 또는 화공효과를 발생시킬 목적으로 제조된 것을 말한다. 제 1 급은 그 위험도에 따라 다음의 6가지 등급(Division)으로 구분한다.

| 등 급 | 정 의 | 표 시 |
|---|---|---|
| 등급 1.1 | 대폭발 위험성이 있는 물질 및 제품 |  |
| 등급 1.2 | 발사 위험성은 있으나 대폭발 위험성은 없는 물질 및 제품 | |
| 등급 1.3 | 화재 위험성이 있으며 또한 약간의 폭발 위험성 또는 약간의 발사 위험성 혹은 그 양쪽 모두가 있으나, 대폭발 위험성은 없는 물질 및 제품 | |

| | | |
|---|---|---|
| 등급 1.4 | 중대한 위험성이 없는 물질 및 제품 | 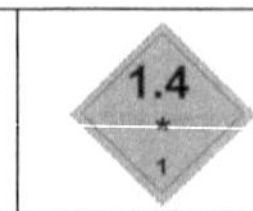 |
| 등급 1.5 | 대폭발 위험성이 있는 매우 둔감한 물질 |  |
| 등급 1.6 | 대폭발 위험성이 없는 매우 둔감한 물질 |  |

(2) 제 2 급(Class 2)—가스류(Gases)

제 2 급은 압축가스, 액화가스, 용해가스, 냉동 액화가스, 혼합가스, 가스가 충전된 제품 및 에어로졸로 구성된다. 제 2 급은 가스의 주위험성에 따라 다음과 같이 세분한다.

| 등 급 | 정 의 | 표 시 |
|---|---|---|
| 제2.1급<br>(인화성 가스) | 20℃ 및 101.3kPa에서 가스인 것 |  |
| 제2.2급(비인화성,<br>비독성 가스) | 20℃에서 280kPa 이상의 압력으로 운송되는 가스, 또는 냉동액체로 운송되는 가스, 또는 질식성 가스, 산화성 가스 또는 다른 급에 해당되지 아니하는 가스 |  |
| 제2.3급<br>(독성가스) | 독성(LC50 : 5,000mℓ/$m^3$ 이하) 및 부식성이 있는 가스 |  |

(3) 제 3 급(Class 3)—인화성 액체류(Flammable Liquids)

제 3 급은 인화성 액체 및 감감화된 액체 화약류를 말한다. 인화성액체(flammable liquids)라 함은 일반적으로 인화점(flashpoint)을 참조하여, 밀폐용기시험으로 61℃ 이하의 온도에서 인화성 증기를 방출하는 액체 또는 액체 혼합물, 또는 용액이나 현탁액 상태로 고체를 함유한 액체를 말한다. 또한 인화점이 61℃를 초과하는 액체일지라도 자신의 인화점 이상의 온도로 운송되는 액체와, 액체상태에서 고온으로 운송되는 물질로서 최고운송온도 이하의 온도에서 인화성 가스를 방출하는 물질도 포함한다. 감감화된 액체 화약류(liquid desensitized explosives)라 함은 폭발성 물질이 물 또는 다른 액체 물질에 용해되거나 부유되어서 그 폭발특성이 억제된 균일한 액체 혼합물을 말한다. 이것에는 UN Nos. 1204, 2059, 3064 및 3343가 있다.

### (4) 제 4 급(Class 4)

제 4 급에는 가연성 고체, 자연발화성 물질, 물과 접촉시 인화성 가스를 방출하는 물질(Flammable solids; Substances liable to spontaneous combustion; Substances which, in contact with water, emit flammable gases)을 말한다. 제 4 급은 화약류로 분류되는 물질 이외의 것으로서, 쉽게 발화하거나 또는 화재를 일으킬 수 있는 물질을 말한다. 제 4 급은 다음과 같이 세분한다.

| 등 급 | 정 의 | 표 시 |
|---|---|---|
| 제4.1급<br>(가연성 물질) | 쉽게 발화하거나 또는 마찰에 의하여 화재를 일으킬 수 있는 고체(가연성 고체), 자체반응성 물질(고체 및 액체) 및 감감화된 고체화약류 |  |
| 제4.2급<br>(자연발화성 물질) | 자연발화 또는 공기와의 접촉으로 발열하기 쉬우며, 또한 그 자체가 화재를 일으킬 수 있는 물질(고체 및 액체) |  |
| 제4.3급(물과 접촉시 인화성 가스를 방출하는 물질) | 물과의 상호작용에 의하여 자연적으로 인화하거나 또는 위험한 양의 인화성 가스를 방출하기 쉬운 물질(고체 및 액체) |  |

### (5) 제 5 급(Class 5)

제 5 급은 산화성 물질 및 유기과산화물(Oxidizing substances & Organic peroxides)를 말하며, 다음과 같이 세분한다.

| 등 급 | 정 의 | 표 시 |
|---|---|---|
| 제5.1급<br>(산화성 물질) | 반드시 그 물질 자체가 연소하지는 아니할지라도, 일반적으로 산소를 발생하거나 다른 물질의 연소를 유발하거나 돕는 물질 |  |
| 제5.2급<br>(유기과산화물) | 2가의 —O—O— 결합을 가지며, 하나 또는 두 개 모두의 수소원자가 유기래디칼로 치환된 과산화수소의 유도체로 간주 될 수 있는 유기물질 |  |

### (6) 제 6 급(Class 6)—독물 및 전염성 물질(Toxic & Infectious substances)

제 6 급은 독물 및 전염성 물질을 말하며, 다음과 같이 세분한다.

| 등 급 | 정 의 | 표 시 |
|---|---|---|
| 제6.1급(독물) | 삼키거나 흡입하거나 또는 피부접촉에 의하여 사망 또는 중상을 일으키거나 인간의 건강에 해를 끼치기 쉬운 물질 |  |
| 제6.2급<br>(전염성 물질) | 병원체를 함유하고 있는 것으로 알려져 있거나 또는 합리적으로 추정되는 물질 | 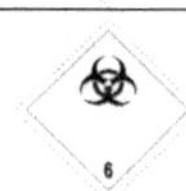 |

### (7) 제 7 급(Class 7)—방사성 물질(Radioactive material)

제 7 급은 운송품내의 방사능 농도와 총 방사능량이 기본 방사성 핵종에 대한 값을 초과하는 방사성 핵종이 함유되어 있는 물질을 말한다.

| | | | | | |
|---|---|---|---|---|---|
| 제 7 급 | 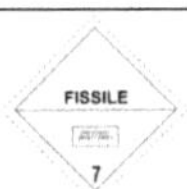 | 제 7 급—<br>백색( I ) |  | 제 7 급—<br>황색( I ) | 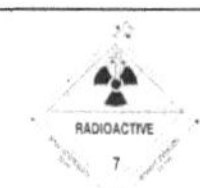 |
| 제 7 급—<br>황색(Ⅱ) |  | 제 7 급—<br>황색(Ⅲ) |  | | |

### (8) 기 타

| | | | | | |
|---|---|---|---|---|---|
| 제 8 급(Class 8)<br>부식성물질 |  | 제 9 급(Class 9)<br>다발성물질 | 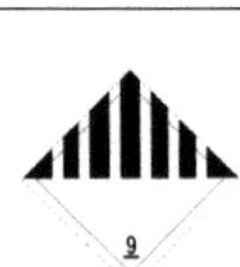 | 해양오염<br>물질표시 |  |
| 훈증소독<br>주의표시 |  | 고온주의표시 |  | UN번호표시 |  |

〈참고〉 포장으로 인한 위험물 사고 사례

포장으로 인한 위험물 사고 사례 즉, 삼염화인유출사고에 대하여 살펴보고자 한다. 2001년 8월 15일 부산 모 컨테이너 터미널에서 발생한 가스누출사고는 2001년 6월 23일 인도(India)의 모 회사(수출자 : S사) 현지공장에서 삼염화인(PHOSPHORUS TRICHLORIDE; 三鹽化燐)을 20ft 컨테이너(ZIMU 2157981)에 수납한 것이다. 컨테이너 내부는 4드럼을 한 개의 목재살상자(Wooden Crate Box)로 단위 화물(Unit Load)화하여 80드럼을 20개의 목재살상자(Wooden Crate Box)로 2단 적재(하단 10 Boxes, 상단 10 Boxes)하여 수입되었다. 일반적으로 삼염화인은 환원제(Reducing agents) 및 가연성 물질(Conbustibles) 과 반응시 발화될 수 있으며, 독가스가 발생될 수 있으며, 물(Water) 또는 공기중 습기와 반응하여 염산, 인산 및 불꽃(Flash fire)이 발생하게 된다. 조사결과 누출된 2개의 드럼(Drums)중 1개의 드럼에는 2-3㎜구멍(Holes)이 2개 있었으며, 다른 1개의 드럼에는 날카로운 물체에 의해 4㎝ 긁혀서(Scratch) 1-2㎜ 구멍이 난 상태이었다.
인도(India)의 United Phosphorus Ltd.에서 수입된 삼염화인($PCl_3$)은 200kg/135ℓ 비분리식 강제드럼(Non-Removal Head Steel Drum; 1A1/X1.6/250/0401/IND/002663)을 사용하였으며, 이 용기는 국제해상위험물운송(IMDG Code)용으로 승인된 적정용기이었다. 그러나 조사결과 4드럼을 하나로 단위화(Unit)한 목재살상자(Wooden Crate Box) 제작과정에서 잘못 박힌 못(Nail)이 4-5cm 돌출(突出)된 것을 목재살상자에서 다수(多數) 발견할 수 있었다. 즉, 컨테이너에 삼염화인의 목재살상자를 수납 과정 중 목재살상자 외부에 잘못 박혀 돌출된 못(Nail)에 의해 2개의 강제드럼(Steel Drum)이 긁히고, 구멍(Hole)이 발생되어 운송 및 보관 중 컨테이너 내에서 삼염화인($PCl_3$)이 약 150kg(180리터)이 누출되었으며 누출된 삼염화인($PCl_3$)은 공기중의 습기(濕氣) 및 목재살상자(Wooden Crate)에 함유되어 있는 수분과 밀폐된 컨테이너 내부의 온도차로 발생된 물(Sweat)과 반응하여 염화수소가스(HYDROGEN CHLORIDE GAS; HCl)의 발연(發煙)이 발생된 것으로 추정되었다. 사고처리는 누출된 삼염화인($PCl_3$)을 탄산수소나트륨(중조)으로 중화시킨 후, 누출된 용기는 3중 용기(PE Bag/Steel Drum/PE Bag)에 안전하게 보관하여 운송하였다. 본 사고 사례는 부적절하게 포장된 위험물에 대한 포장의 중요성을 일깨워 주는 사례라고 할 수 있다.

자료 : 한국공업포장협회 홈페이지

# 제 3 절 포장업무

## 3-1 포장업무 절차

일반적으로 수출업자의 위탁에 의해 포장업체에 포장업무를 위탁할 경우 제품생산업체에서의 출하시방서(出荷示方書, specification), 포장사양서, Profoma P/L, 제작도면 및 부품명세를 작성하여 포장업체로 넘기게 된다. 포장업체는 이를 바탕으로 포장계획 및 포장 공정표를 작성하고 제품을 실측, 설계하게 된다. 이에 따라 포장재료를 수배하고 재료절단, 제함작업을 거쳐 제품을 체크하고 포장작업을 실시한다. 이후 마킹 작업과 더불어 최종적으로 포장명세서(Packing List)를 작성하고 포장검사, 출하, 통관, 선적의 단계를 거치게 된다. 이를 도식화하면 [그림 7-8]과 같다.

[그림 7-8] 포장업무 절차도

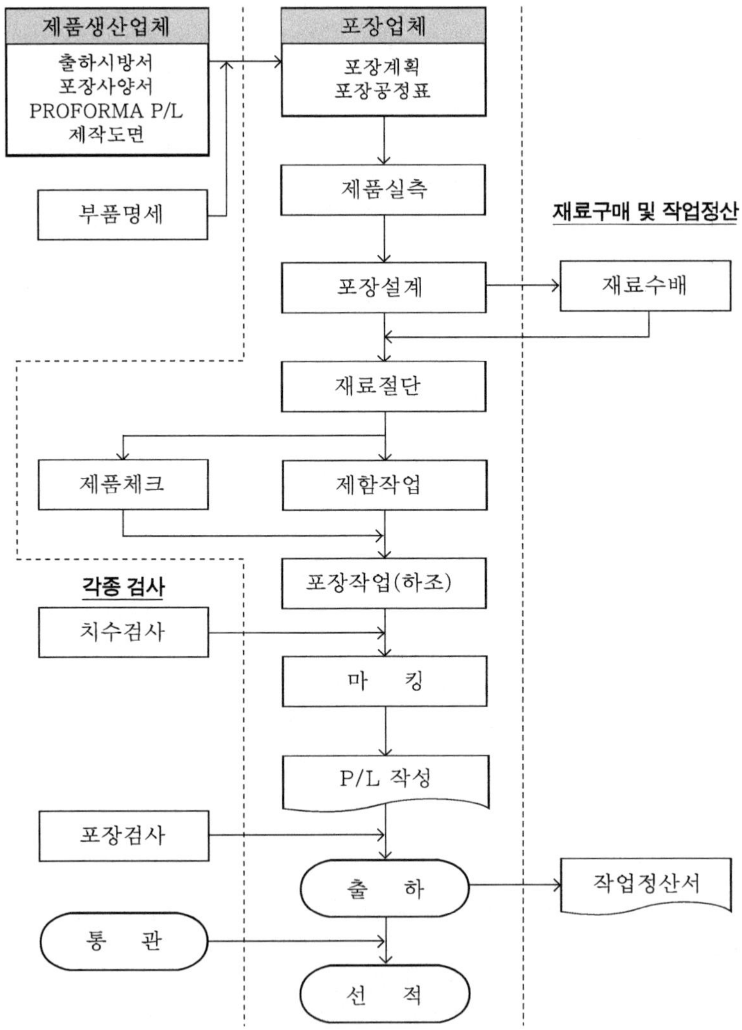

## 3-2 포장명세서의 작성

### 1) 의 의

계약물품의 선적이나 기적을 증명하기 위한 운송서류 중에서 선하증권이나 상업송장과 같이 꼭 필요한 필수적 서류는 아니지만 원산지증명서 등과 함께 중요한 부속서류에 속하는 것이 포장명세서(Packing List)이다. 포장명세서에는 선적화물의 포장 및 포장 단위별 명세와 단위별 순중량, 총중량, 그리고 하인 및 포장의 일련번호 등을 기재함으로써 포장과 운송, 통관상의 편의를 위하여 수출업자(매도인)가 수입업자(매수인) 앞으로 작성하는 계약관련서류 중의 하나이다. 따라서 기재내용은 상업송장에 부수하여 거래계약 성립에 따라 선적화물의 자세한 명세를 표시하게 된다. 그리고 선적된 화물을 일목요연하게 알아 볼 수 있도록 작성하는 것으로 송장을 보충하는 역할을 한다.

### 2) 기 능

계약체결에 따른 선적화물의 포장 및 그 명세(품목명, 수량, 순중량, 총중량, 용적, 하인, 포장번호 등)를 기재하는 포장명세서에는 대금 관련사항을 명기하지 않고 각 규격별, 단위별로 일목요연하게 기재한다는 점을 제외하고는 송장과 유사하다. 포장명세서의 실제 기능을 간단히 살펴보면 다음과 같다.

① 수출입 통관절차에서 심사자료로써 활용되고 양륙지에서 화물의 처리(분류 및 판매) 단계에서 이용된다.

② 검수 또는 검량업자가 실제화물과 대조하는 참고자료로 이용한다.

③ 개별 화물의 사고발생분에 대한 확인자료로 사용할 수 있다.

④ 중량 외에 각각의 용량이 표시되어 있으므로 선박회사가 운송계약을 체결할 때 일차적인 기준자료로써 활용할 수 있다.

### 3) 실무상 유의사항

#### (1) 수량의 결정

① 수량의 결정 : 계약물품의 인도수량과 계약수량과의 일치여부에 대한 수

량의 결정시기에 관한 협의가 있어야 하는데, 이에는 선적수량조건(Shipped weight terms)과 양륙수량조건(Landed weight terms)으로 나눌 수 있다. 전자는 FOB 또는 CIF 조건으로 계약체결시 주로 적용하는 조건으로 선적시의 수량이 계약상의 약정수량과 일치하는 한 도중에 어떠한 감량이 있어도 매도인은 책임을 지지 않는 조건이다. 보통 공인 검수기관의 증명서를 송부하는 경우가 많다. 후자의 조건은 수입항에 있어서 양륙시의 수량을 최종수량으로 하는 조건으로 착선인도(Ex Ship), 부두인도(Ex Quay) 등의 양륙지 거래에 주로 적용된다.

② 계량의 방식 : 계량의 방식에는 정사방법(Accurate Survey)과 개사방법(Approximate Survey)이 있는데 전자는 정밀, 정확한 계량을 말한다. 후자는 Draft Survey와 같은 개략적인 계량을 말한다. 가격이 저렴한 광물이나 자갈과 같은 상품은 후자의 방법을 쓰는 예가 많다.

(2) 과부족 용인조건(more or less clause)

선적수량에 대하여 계약 당시에 일정률의 과부족을 용인하고 그 범위내의 과부족에 대해서는 클레임(Claim)을 제기하지 않는다는 조건을 상호간에 협약하는 조항을 말한다. 신용장 통일규칙에 의하면 About, Circa와 유사한 영어(예: Approximately)가 L/C금액 상품수량 또는 단가에 사용된 경우에는 상 · 하한 10% 편차를 허용하는 것으로 해석한다.

### 4) 기재요령

포장된 물품의 내용을 설명하는 포장명세서는 여러 가지 품목을 선적하거나 선적물품 각 단위의 수량, 중량, 내용이 상이할 때 상업송장을 보충하기 위하여 사용되므로 대부분의 기재내용이 상업송장과 일치한다.

① Seller : 매수인에게 상품을 매도하는 개인 또는 법인의 이름과 주소를 기재

② Consignee : 수출상품을 인도받을 개인 또는 법인의 이름과 주소를 기재하며 선화증권상 Consignee란과 동일하게 기재한다.

③ Departure date : 화물을 적재한 선박이나 비행기가 출발하는 년, 월, 일을 기재하며 통상 선화증권이나 Air Waybill상의 선(기)적일자와 일치시켜야 한다. 상업송장 작성시에 일자를 정확히 알 수 없을 때는 예상되는 선(기)적일의

[그림 7-9] 포장명세서 예시

# PACKING LIST

| | |
|---|---|
| ① Seller<br>Gil Dong Trading Co., Ltd. | ⑦ Invoice No. and date<br>8905 HC 3108 Aug. 15, 2007. |
| ② Consignee<br>Monarch Products Co., Ltd.<br>P.O.Box 208<br>Bulawayo, Zimbabwe | ⑧ Buyer(if other than consignee)<br>Monarch Products Co., Ltd.<br>P.O.Box 208<br>Bulawayo, Zimbabwe |
| ③ Departure date<br>Aug. 20, 1999. | ⑨ Other references<br>Country of Origin:<br>Republic of Korea |
| ④ Vessel/flight Phoenix ⑤ From BUSAN, KOREA | |
| ⑥ To<br>Bulawayo, Zimbabwe | |

| ⑩ Shipping Marks | ⑪ No.&kind of packages | ⑫ Goods description | ⑬ Quantity or net weight | ⑭ Gross Weight | ⑮ Measurement |
|---|---|---|---|---|---|
| MON/T<br>Bulawayo<br>LOT NO<br>C/NO.1-53<br>MADE IN KOREA | 4200DX420D<br>Material,<br>As per Monarch<br>Products<br>Indent No<br>T.858 | Nylon Oxford | 60,000M<br>1208.06Kgs. | 1,317kgs | 24.5CBM |

/////////////////////////////////////////////////////////////////////////////////////////////////////////////////////////////////
//////////

Signed by
⑯

7일 전후로 기재하면 된다.

④ Vessel/flight : 운송수단인 선박이나 비행기의 명칭을 기재한다.

⑤ From : 운송수단이 출발하기로 예정된 항구, 공항 등의 명칭을 기재하며 신용장 또는 계약서상의 적재지와 일치해야 한다.

⑥ To : 운송수단의 최종목적지인 항구, 공항 등의 명칭을 기재하며 신용장 또는 계약서상의 도착지와 일치해야 한다.

⑦ Invocie No. and date : 상업송장 번호 및 발행일을 기재

⑧ Buyer(if other than consignee) : 상품을 구매한 개인 또는 법인의 이름과 주소를 기재한다. 신용장 거래방식인 경우 신용장 개설의뢰인이 매수인이 된다.

매수인(buyer)과 수화인(consignee)이 같은 경우에도 수화인의 이름과 주소를 다시 기재한다. 한편 매수인과 수화인이 다른 경우에는 매수인의 이름을 별도로 기재한다.

⑨ Other references(또는 Remarks) : 거래상대방이 신용장이나 계약서에서 별도로 요구하는 사실을 기재

예) 원산지, 계약서 번호 등

⑩ Shipping marks(하인) : 하인은 관련서류와 포장상품의 대조 점검을 용이하게 하고 화물을 도착지까지 신속하고 안전하게 운송할 수 있도록 간단하게 표시해야 한다.

⑪ No. & Kind of pakgs : 포장 종류당 화물의 개수를 기재하며, case, bundle, box등 각 물품의 포장형태를 표기한다.

⑫ Goods description : 물품명세란에는 규격(Specification)이나 품질(Quality) 뿐만 아니라 L/C No. 별, Model No. 별로도 정확하게 기재하여 해당 물품에 대한 성격을 명확히 구분할 수 있어야 한다.

⑬ Quantity or net weight(수량 또는 순중량) : 물품의 수량을 각 포장 케이스마다 구분하여 기재해야 하며, 수량의 계산단위는 다음 [표 7-10]과 같이 개수 혹은 도량형에 의하여 계산된다.

⑭ Gross Weight : 순중량에다 외부 포장재료(또는 포장용기)의 중량을 포함한 총중량으로 B/L상의 중량과 일치해야 한다. 무게를 표시하는 단위인 톤(Ton)도 양적으로 상이한 Gross Weight와 Net Weight를 구분 명시하지 않으면 안 된다.

[표 7-10] 수량의 계산단위

| 구 분 | 유 형 | 단 위 |
|---|---|---|
| 개 수 | 상품수 | 개수(Piece), 조(Set), 다스(dozen) 등 |
| | 포장수 | 상자(Case), 포(Bale), 부대(Bag) 등 |
| 도량형 | 중 량 | 톤(ton), 파운드(lb : libra), 킬로그램(kg) |
| | 용 적 | 입방피이트(cft : cubic feet), 용적톤(M/T : Measurement Ton) |
| | 길 이 | 야아드(Yard), 미터(Meter) |
| | 면 적 | 평방 피이트(SF : Square Feet) |

예를 들면 목재 케이스 포장의 경우 목재 케이스의 중량을 포함한 총중량에서 목재 케이스 자체의 중량을 차감한 것이 순중량이 된다. 순중량에서 다시 충전물 내장 등의 중량을 뺀 상품만을 중량을 정순중량(Net Weight)이라 한다. 특히 Gross Weight는 실제 계량을 하고 Net Weight는 단위당 중량×수량으로 결정된다. 어떤 때에는 단위당 중량이 과다 계산되면 Net Weight가 Gross Weight보다 많은 경우가 발생할 수 있다. 이 경우에는 수입신고필증상 선적확인을 받을 수 없어 사후관리 및 관세환급이 불가능하므로 유의하여야 한다.

⑮ Measurement(용적) : 선적물품의 부피를 나타내는데 이는 B/L상의 용적(Measurement)과 일치해야 한다. 통상 용적(Measurement)의 계산단위는 CBM(Cubic Meter)을 주로 사용한다. 또한 용적은 총중량 합계 및 순중량 합계와 함께 하단에 기재하는데 운송계약 체결이나 운임결정에 기본적인 자료가 된다.

⑯ Signed by : 권한 있는 포장명세서 작성자가 서명란에 서명한다.

# 연습문제

## ❀ 서 술 형

1. 포장(Packing)의 기능에 대해 설명하시오.
2. 위험물 운송과 IMDG Codeal에 대해 설명하시오.
3. 위험물 운송과 관련된 국제기관과 규정에 대해 설명하시오.

## ❀ 용어설명

· 공업포장과 상업포장
· 골판지
· 수출포장
· 파렛트
· IMDG Code
· 포장명세서(Packing List)
· 과부족용인조항(more or less clause)
· 하인(Shipping Marks)

CHAPTER

# 8

# 수출입통관과 관세환급

## 제 1 절 통관제도와 보세구역

### 1-1 수출입통관제도

관세법상 통관(customs clearance)이란 관세법에서 규정한 절차를 이행하여 물품을 수출·수입 또는 반송하는 것[1)]으로 자국의 재정수입확보, 국내산업 및 소비자보호, 국민의 건강보호, 환경보호, 국가와 사회의 안전 확보를 목적으로 실시되고 있다. 이러한 통관은 수출통관, 수입통관 및 반송통관으로 구분되며 정보통신기술을 바탕으로 한 무역자동화의 일환으로 도입된 EDI(electronic data interchange, 전자문서교환)방식 또는 인터넷을 통해 수출입통관업무를 수행하고 있다.

현재 모든 수출입 통관의 진행 형태는 P/L(Paperless)방식으로 EDI S/W를 컴퓨터에 설치한 후 자료를 입력하고 나서, 데이터를 전송하고 이에 대한 응답을 받는 형태로 되어 있다. 일반적으로 관세사, 관세사법에 의한 관세법인, 통관취급법인 또는 수출입 화주의 명의로 수출입 업무를 진행하여야 한다.

1) 관세법 제 2 조 제12항.

### (1) 수출통관

수출은 내국물품을 외국으로 반출하는 것[2])으로서 수출하고자 하는 물품이 대외무역법 및 관계법령 등에 의하여 수출이 가능한 물품인지 여부를 먼저 확인해야 한다. 그리고 수출하고자 하는 모든 물품은 세관의 수출통관절차를 밟아야 한다. 광의의 개념으로는 수출하고자 하는 물품의 제조에서부터 수출신고, 심사 · 검사, 신고수리를 거쳐 당해 물품을 우리나라와 외국간을 왕래하는 운송수단에 적재하기까지의 절차를 말하고 협의로는 수출신고에서부터 신고수리시까지의 절차를 말하는데 일반적으로 수출통관절차라고 할 때에는 광의의 개념으로 이해되고 있다.

수출하고자 하는 자는 당해 물품을 적재하기 전까지 당해물품의 소재지 관할세관장에게 수출신고를 하고 수리를 받아야 한다. 현재는 EDI방식 또는 인터넷을 통해 수출물품을 간단하고 신속하게 통관하고 있다.

### (2) 수입통관

관세법상 수입은 외국물품을 우리나라에 반입(보세구역을 경유하는 것은 보세구역으로부터 반입하는 것을 말한다)하거나 우리나라에서 소비 또는 사용하는 것(우리나라의 운송수단 안에서의 소비 또는 사용을 포함)을 말한다.[3]) 수입통관(customs clearance for import)이란 수입신고를 받은 세관장이 신고사항을 확인하여 일정한 요건을 갖추었을 때 신고인에게 수입을 허용하는 것으로 수입신고사항과 현품이 부합하는지 여부와 수입과 관련하여 제반 법규정을 충족하였는지 여부를 확인한 후 외국물품을 내국물품화하는 일련의 세관행정절차를 의미한다.

이 과정을 거쳐 관세 및 내국세를 납부하면 수입신고필증을 교부받게 되며 보세구역에 장치되어 있는 물품을 반출하게 된다. 수입자동승인품목일 경우에는 별도의 승인을 받을 필요 없이 수입이 가능하다. 단 수입제한승인품목을 수입하고자 할 때는 대외무역법상 수출입공고, 별도공고에 의해 당해 품목 관계행정기관이나 조합 · 협회로부터 승인을 받아야 한다.

2) 관세법 제2조 제2항.
3) 관세법 제2조 제1항.

## 1-2 보세구역

### 1) 보세구역의 의의

보세구역(bonded area)은 외국물품을 수입신고수리 미필상태로 장치하거나, 반입 · 가공 · 전시 · 판매 등을 하기 위한 구역을 말한다. 보세구역은 세관에 의한 수출입물품 관리의 중심이 되는 장소라 할 수 있다.

보세구역은 관세 등의 부과를 보류한 채 외국상품을 장치할 수 있는 장소로서 상품이 보세구역에 보관되어 있는 기간동안만 과세권을 유보하기 때문에 상품이 이 구역으로부터 국내로 수입될 때는 당연히 관세 등이 부과된다. 그러나 수입화물이 보세구역내에 있는 한 관세부과가 유예되므로 무관세상태에서 가공을 할 수 있고 단순한 통과무역의 경우에는 통관절차를 생략할 수 있어 원료나 상품을 가능한 한 대량으로 수입할 수 있다는 이점이 있다.

### 2) 보세구역의 종류

보세구역은 지정보세구역, 특허보세구역, 종합보세구역으로 구분되고 지정보세구역은 지정장치장 및 세관검사장으로 구분하며, 특허보세구역은 보세창고, 보세공장, 보세전시장, 보세건설장 및 보세판매장으로 세분된다.

[그림 8-1] 보세구역의 종류

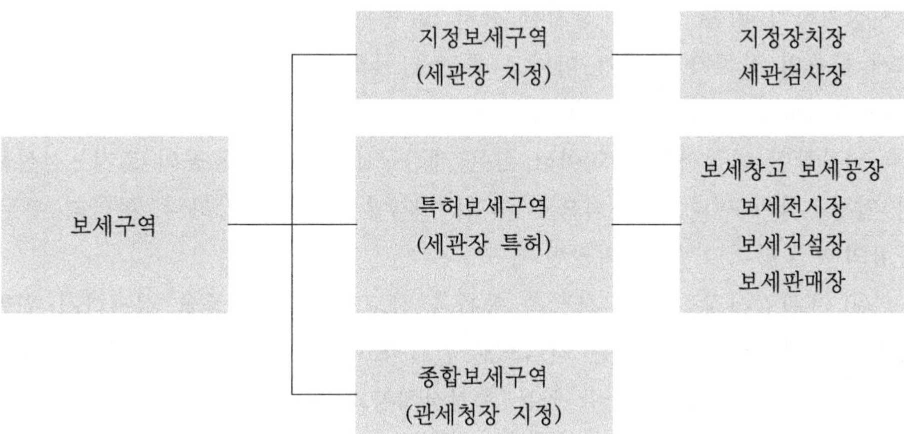

다양한 형태의 보세구역은 그 설치 목적에 따라 크게 소극적 보세구역과 적극적 보세구역으로 구분하기도 한다. 소극적 보세구역은 외국물품의 수입통관절차 기타 물품의 수입에 따른 세관절차 또는 내국운송절차의 편의를 위하여 물품을 일시적으로 세관의 감독하에 두어야 할 필요성에 따라 설치되는 보세구역으로 지정보세구역이 이에 해당한다. 적극적 보세구역은 외국물품의 수입절차 이행의 유예, 전시 또는 판매를 하게 함으로써 무역의 편의와 진흥, 문화교류의 촉진, 관광진흥 등을 도모하여 제조, 가공을 통한 가공무역을 진흥시키고 산업시설을 건설, 전시 또는 판매하는 등 적극적인 목적에 따라 설치되는 보세구역을 말한다. 보세창고, 보세공장, 보세전시장, 보세건설장, 보세판매장 및 종합보세구역이 이에 해당한다.

(1) 지정보세구역

지정보세구역이란 통관을 위한 수출입화물의 장치·검사 등을 목적으로 세관장이 지정한 일정한 구역을 말한다. 지정보세구역은 주로 국가나 공공단체가 소유하거나 관리하는 지역 및 시설 등에 지정되는데, 이 지정보세구역의 관리운영은 주로 세관장이 담당하며, 경우에 따라서는 세관장이 지정한 화물관리인이 담당한다.

① 지정장치장 : 지정장치장은 통관을 하고자 하는 물품을 일시장치하기 위한 장소로서 세관장이 지정하는 구역으로 한다.

통관을 하고자 하는 물품이란 수입신고수리를 받으려는 외국물품, 수출신고수리를 받으려는 내국물품 및 반송신고수리를 받으려는 외국물품을 말하며, 일시장치하기 위한 장소란 장기간 장치 및 통관을 목적으로 한 보세창고와 다르게 물품의 장치가 목적이 아니고 통관을 목적으로 일시장치 후 통관하고자 하는 장소로 장치와 동시에 검사를 하는 구역이다.

세관장이 지정하는 구역이라 함은 세관구내와 국가·공공의 토지·건설물의 일정구역이 된다. 일반적으로 지정장치장은 세관구내창고나, 항만의 부두, 공항의 화물터미널 등이 지정된다.

② 세관검사장 : 세관검사장은 통관을 하고자 하는 물품을 검사하기 위한 장소로서 세관장이 지정하는 지역으로 한다라고 규정하고 있는데, 물품의 장치도 할 수 있고 검사도 할 수 있는 지정장치장과는 달리 세관검사장은 물품의

장치를 할 수 없고 단지 검사를 행하는 곳이다.

세관검사장은 물품의 검사만을 하는 곳이기 때문에 대개 세관공무원이 상주하는 구역인 세관청사, 국제공항의 휴대품검사장, 통관우체국의 국제우편물 검사장 등이 세관검사장으로 지정된다. 세관검사장에서 검사를 하는 경우에는 지정장치장의 경우와 마찬가지로 검사수수료를 납부하지 않는다.

(2) 특허보세구역

특허보세구역이란 외국물품이나 통관하려는 물품의 장치, 보세가공, 보세전시, 보세건설, 보세판매 등을 목적으로 개인의 신청에 의하여 개인의 토지, 시설 등에 세관장이 특허를 허가한다. 특허보세구역에는 타인의 물품을 보관하거나 제조 또는 가공하여 그 보관료 또는 가공료를 받는 영업용 보세구역과 자기 물품을 보관하거나 제조, 가공하는 자가용 보세구역이 있다.

① 보세창고 : 보세창고는 통관하고자 하는 물품을 단기 장치하거나 외국물품을 장기간 장치하기 위한 구역으로 세관장의 특허를 받은 구역으로 세관장에 신고하면 내국물품장치가 가능하고, 1년 이상 계속 내국물품 장치시에는 세관장 승인을 요한다.

② 보세공장 : 보세공장이라 함은 외국물품 또는 외국물품과 내국물품을 원료로 하거나 재료로 하여 제조, 가공 기타 이와 유사한 작업을 하기 위한 구역을 말한다. 보세공장은 원래 외국으로부터 원재료를 들여와서 이를 보세상태로 공장에 반입하여 가공, 제조한 것을 다시 수출함으로써 가공무역을 진흥하고자 하는 데서 발생한 제도이다. 보세공장에는 제조 · 가공된 물품을 수출(반송)하는 수출용 보세공장과 제조 · 가공된 물품을 국내로 수입하는 내수용 보세공장의 두 가지 종류로 나눌 수 있다.

③ 보세전시장 : 보세전시장은 박람회, 전람회, 견본시장 등의 운영을 위하여 외국물품의 장치, 전시 또는 사용하는 구역을 말한다. 전람회 등에 출품용으로 외국에서 들여오는 물품에 대해서는 국제관례상 관세 등의 부담 없이 전시하게 하고자 하기 위함이다. 보세전시장에 외국물품을 반입하고자 하는 자는 세관장의 허가를 받아야 하며, 반입허가 할 수 있는 물품은 건설용품, 산업용품, 오락용품, 전시용품, 판매용품, 증여용품 등이다.

④ 보세건설장 : 산업시설에 소요될 외국물품인 기계류, 시설품 또는 공사

장비를 장치, 사용하여 당해 건설공사를 하는 구역을 말한다. 이 제도는 대규모 산업시설을 건설하는 데 소요되는 외국산 설비품, 기계류 등을 미조립상태의 부분품이나 소재 상태로 수입하는 경우 이를 즉시 과세하지 않고 과세단위가 되는 시설물이 완성되는 시점에서 과세토록 함으로써 건설을 신속하게 함은 물론 건설공사의 자금부담을 덜어주고 수입통관업무를 간소화하는 이점이 있다.

⑤ 보세판매장 : 외국물품을 외국으로 반출하거나 외교관 면세규정에 의하여 관세를 면제받을 수 있는 자가 사용하는 것을 조건으로 판매하는 구역을 보세판매장이라 한다. 보세판매장에는 국제공항 출국장에 있는 면세점과 주한 외국공관의 외교관에게 외국물품을 판매하는 장소로서 간이판매점(Commissary)이 있다.

#### 3) 종합보세구역

종합보세구역은 외국인 투자촉진 · 수출증대 또는 물류촉진을 목적으로 1999년부터 시행되고 있다. 종합보세구역은 보세창고 · 보세공장 · 보세전시장 · 보세건설장 · 보세판매장의 기능 중 둘 이상의 기능을 종합적으로 수행하는 구역이다. 관세청장은 직권 또는 관계중앙행정기관의 장이나 지방자치단체의 장의 요청에 의하여 무역진흥에의 기여정도, 외국물품의 반입 · 반출량 등을 고려하여 일정한 지역을 종합보세구역으로 지정할 수 있다.

## 제 2 절 수출입통관절차

### 2-1 수출통관절차

#### 1) 수출신고의 시기

수출신고를 하고자 하는 자는 수출물품 확보 후 적재스케줄 등을 감안하여 당해물품을 적재하기 전까지 어느 때나 수출신고 할 수 있다.

[그림 8-2] 수출통관절차

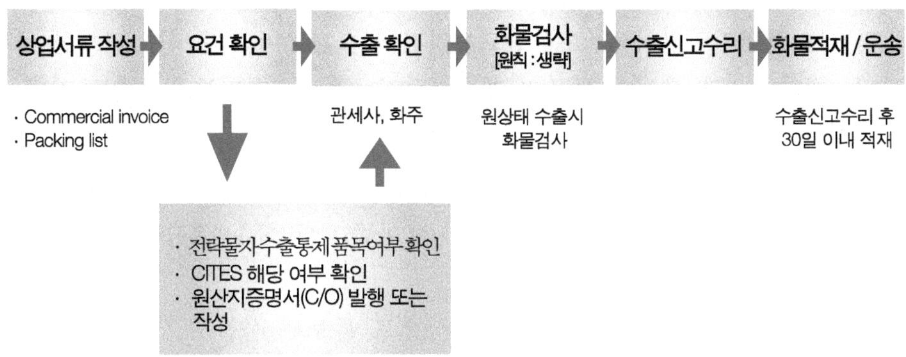


## 2) 수출신고

수출신고(Export Declaration : E/D)는 수출상이 수출신고수리를 받기 위한 의사표시를 말한다. 물품을 수출하고자 하는 자는 수출하고자 하는 물품을 선박 또는 항공기에 적재하기 전까지 수출하고자 하는 물품의 소재지를 관할하는 세관장에게 수출신고해야 한다.[4] 수출신고는 당해물품을 외국으로 반출하고자 하는 선박 또는 항공기의 적재단위별로 하여야 한다.[5] 수출물품의 제조가 완료되기 이전이라도 가능하며 다만 수출신고가 수리된 물품은 수출신고일로부터 30일 이내에 외국무역선 또는 외국무역기에 선(기)적 하여야 한다. 수출신고는 관세사, 관세사법 제17조의 규정에 의한 관세사법인, 관세사법 제19조의 규정에 의한 통관취급법인(관세사) 또는 수출화주의 명의로 하여야 한다.[6]

원칙적으로 수출신고는 EDI방식 또는 인터넷에 의한다. 수출통관에 EDI방식이 사용된 것은 1994년부터이며 수출신고를 위해 수출신고인은 EDI로 작성된 신고자료를 통관시스템에 전송하면 세관에서 컴퓨터 화면상의 신고자료를 확인하고 신고수리여부를 신고자에게 전산통보하고 있다.

다만 다음의 어느 하나에 해당하는 물품에 대하여는 신고자료(신고구분은 서류제출로 기재)를 통관시스템에 전송한 후 수출신고서(별지 제 1 호 서식) 및 해

4) 수출통관 사무처리에 관한 고시 제2-1-1조 제 1 항.
5) 수출통관 사무처리에 관한 고시 제2-1-1조.
6) 수출통관 사무처리에 관한 고시 제2-1-1조 제 2 항.

당 구비서류를 세관장에게 제출하여야 한다.[7)]

① 관세법 제226조(허가 · 승인 등의 증명 및 확인)의 규정에 의한 세관장확인물품 및 확인방법지정고시 중 수출신고수리전에 요건구비의 증명이 필요한 물품

② 계약내용과 상이한 물품의 재수출 또는 재수출조건부로 수입통관된 물품의 수출

③ 수출자가 재수입시 관세등의 감면, 환급 또는 사후관리 등을 위하여 서류제출로 신고하거나 세관검사를 요청하는 물품(다만, 단순반복사용을 위한 포장용기는 제외한다)

④ 수출통관시스템에서 서류제출대상으로 통보된 물품

⑤ 수출화주가 직접 신고하는 경우로서 세관장으로부터 수출신고필증을 발급받고자 하는 때에는 수출신고서를 세관장에게 제출할 수 있다.[8)]

### 3) 물품검사

관세법에 의한 수출물품의 검사는 위장수출이나 불법수출의 방지 및 관세 등 환급의 정확성을 기하고 수출품의 규격, 수량 등의 확인에 주된 목적을 두고 있다. 수출신고물품에 대한 검사는 이를 생략한다. 다만, 신고의 내용을 심사한 결과 현품을 확인할 필요가 있는 경우에는 현품검사를 할 수 있다. 검사는 원칙적으로 검사희망일에 행하며, 보세구역에 반입하게 한 물품은 보세구역에 반입완료 후 검사를 실시한다. 세관장은 수출물품의 효율적인 검사를 위하여 필요한 경우 포장명세서의 제출을 요구할 수 있다. 다음의 경우는 현품검사를 실시한다.[9)]

① 안보위해물품 및 마약 등 특별한 범칙정보가 있는 경우

② 수출하고자 하는 물품의 소재지 산재 등의 사유로 신고인이 적재전 검사를 희망하는 경우

③ 기타 세관장이 적재시점에 검사하는 것이 효율적이라고 판단하는 경우

④ 적재시 관할 세관장은 필요하다고 인정되는 경우 물품검사 생략대상으로 수출 신고수리된 물품에 대하여도 컨테이너검색기검사 등의 검사를 실시할 수 있다.

---

7) 수출통관 사무처리에 관한 고시 제2-1-3조 제 1 항.
8) 수출통관 사무처리에 관한 고시 제2-1-3조 제 2 항.
9) 수출통관 사무처리에 관한 고시 제2-3-1조.

수출하고자 하는 물품이 다음 각호의 어느 하나에 해당하는 경우에는 당해물품을 선적한 후 선상에서 수출신고를 할 수 있다.[10)]

① 선적한 후 공인검사기관이 정하는 검정서(surveyor reports)에 의하여 수출물품의 수량을 확인하는 물품(산물 및 광산물 등)

② 물품의 신선도 유지 등의 사유로 선상수출신고가 불가피하다고 인정되는 물품(활선어, 어패류 등)

③ 자동차운반 전용선박에 적재하여 수출하는 신품 자동차

그리고 선(기)적 시간이 임박했거나 세관검사에 상당한 시간이 걸리는 경우 등에 대비하여 견본을 채취한 후 우선 수출신고수리를 해줌으로써 수출물품을 선(기)적시키고 사후에 견본을 검사하는 제도를 신설하여 신속한 통관처리를 실시하고 있다.

### 4) 수출신고수리

수출신고가 효력이 발생되는 시점은 관세청통관시스템에서 신고번호가 부여된 시점으로 하며, 통관시스템에 기록된 내용과 신고서에 기록된 내용이 상이한 경우에는 통관시스템에 기록된 것을 기준으로 한다. 수출신고는 관세청에서 정한 신고서 양식에 작성해야 하며 수출신고된 물품에 대한 신고서의 처리방법은 다음과 같다.

[표 8-1] 수출신고방법

| 구 분 | 내 용 |
|---|---|
| 자동수리 | 전산에 의하여 자동으로 수리되는 것으로 검사대상 또는 서류제출대상이 아닌 물품은 수출통관시스템에서 자동수리됨. |
| 즉시수리 | 자동수리대상이 아닌 물품중 검사가 생략되는 물품으로 세관직원이 신고내용을 심사하고 수리하는 방법임. |
| 검사후 수리 | 수출물품에 대해 검사생략이 원칙이나 수출시 현품의 확인이 필요한 경우와 우범물품으로 선별된 물품중 세관장이 검사가 필요하다고 판단한 물품에 대하여 수출물품을 실제로 검사하고 수출신고를 수리하는 방법임. |

10) 수출통관 사무처리에 관한 고시 제2-6-1조.

### 5) 수출신고필증교부

세관장은 서류제출로 신고된 건에 대하여 수출신고를 수리한 때 수출신고수리인과 신고서 처리담당자의 인장을 날인한 수출신고필증을 신고인에게 교부한다.[11)]

관세사가 EDI 또는 인터넷을 통해 수출신고를 하여 세관장으로부터 수출신고수리의 사실을 전산통보 받아 수출화주에게 수출신고필증을 교부하는 경우에는 "본 신고필증은 수출통관사무처리에 관한 고시 제5조 2항의 규정에 의거 본 관세사가 세관장의 신고수리사실을 확인하여 화주에게 교부한 것임"이라는 인장과 함께 당해 관세사가 날인하여 신고인에게 교부한다. 그리고 화주가 직접 EDI방식 또는 인터넷에 의해 수출신고를 하는 경우에는 "본 신고필증은 화주 직접신고에 의거 세관장으로부터 신고수리된 것임"이라는 기록과 함께 화주 등의 인장을 날인한다.

### 6) 수출신고의 정정/취하/각하

수출신고를 정정/취하하고자 하는 자는 정정/취하하고자 하는 내용을 전자문서로 작성하여 관세청 통관시스템에 전송하여야 한다. 정정/취하신청의 처리방법 결정은 환급관련여부, 수출제한관련여부 등을 고려하여 신고서 항목별로 관세청장이 별도로 통관시스템에 등록한 기준에 의하며 결정된 처리방법은 신청서가 접수된 즉시 통관시스템에서 정정/취하신청인에게 전산으로 통보한다. 정정/취하신청서의 처리방법은 화면심사후승인과 서류심사후승인의 방법이 있다.

수출물품의 정정은 다음에 해당하는 경우 승인한다.

① 현품확인으로 정정내용을 확인하는 경우

② 품명·규격 및 세번부호 정정으로 환급액이 증가하는 경우는 계약서, 송품장, 당해 수출물품에 대한 품명·규격을 입증할 수 있는 객관적 자료에 의하여 정정내용을 확인한 경우

③ 단가, 신고가격의 정정으로 환급액이 증가하는 경우는 계약서, L/C, 외화입금증명서, P/O(Purchase Order) 등 거래관련서류에 의하여 정정내용을 확인한 경우

---

11) 수출통관 사무처리에 관한 고시 제2-4-2조 제1항.

④ 수량(중량)정정으로 수출금액이 증가하는 경우는 계약서, L/C, 선하증권, 상대국 해당물품 수입신고서 사본 등 거래관련서류에 의하여 정정내용을 확인한 경우

⑤ 거래구분 정정은 임가공계약서 등 거래형태를 증빙하는 서류에 의하여 정정내용을 확인한 경우, 다만, 전산시스템상 선적이 완료된 후에는 원칙적으로 원상태수출 또는 위약수출로 변경불가

⑥ 계산착오, 소수점기재착오 등 작성(전송)오류가 수출신고인의 명백한 과실로 인정될 경우

⑦ 기타 환급액 증가가 없는 경우로 관련증빙서류에 의하여 정정사유가 타당하다고 인정될 경우

세관장은 신청자가 신청한 정정/취하신청을 승인할 때에는 승인내역을 신청인에게 전산통보 할 수 있으며,[12] 신청자는 이를 출력하여 화주에게 교부할 수 있다. 또한 세관장은 수출신고가 관세법 제250조 제 3 항의 규정에 해당하는 경우에는 당해 신고를 각하할 수 있으며 이 경우 세관장은 즉시 통관시스템에 등록하고 그 사실을 신고인에게 통보하여야 한다.[13] 또한 신고내역이 잘못된 경우, 분석결과 수출신고내역과 다른 경우 직권정정에 의해 신고내역을 정정할 수 있다.[14]

### 7) 수출물품의 적재 이행관리[15]

수출자는 수출신고가 수리된 물품을 관세법 제251조 제 1 항의 규정에 의하여 수출신고가 수리된 날부터 30일 이내에 우리나라와 외국간을 왕래하는 운송수단에 적재하여야 한다. 또한 출항 또는 적재 일정변경 등 부득이한 사유로 인하여 적재기간을 연장하고자 하는 자는 통관지 세관장에게 적재기간연장승인을 신청하여야 하며, 적재기간연장신청서를 접수한 후 심사하여 타당하다고 인정되는 경우에는 수출신고수리일로부터 1년의 범위내에서 적재기간을 연장 할 수 있다. 단, 적재전 검사물품의 경우에는 물품검사가 완료된 후 운송수

12) 수출통관 사무처리에 관한 고시 제2-5-3조.
13) 수출통관 사무처리에 관한 고시 제2-5-5조.
14) 수출통관 사무처리에 관한 고시 제2-5-6조.
15) 수출통관 사무처리에 관한 고시 제4-0-1~6조.

단에 적재하여야 한다.

세관장은 항공기, 선박 등 자력으로 운항하는 운송수단을 국내에서 수리하고 수출하거나 외국에서 수리할 목적으로 수출하고자 할 때, 보세공장에서 건조하여 수출하고자 할 때에는 출항적하목록의 제출을 생략할 수 있다. 이 경우 세관장은 출항허가서를 확인하여 적재 등록하여야 한다. 다만, 국내에서 수리한 당해 항공기, 선박 등이 개항에 입항한 경우에는 입항보고서를 확인하여 적재 등록할 수 있다. 그리고 수출자가 바지(Barge)선 등 자력운항이 불가능한 운송수단을 수출하고자 하는 때에는 통상적인 수출신고 수리물품에 대한 적재 이행절차를 따라야 한다.

수출자가 수출신고수리된 물품을 관세법 제251조 제 1 항의 규정에 의한 적재기간 내에 분할하여 적재하고자 하는 경우 선사 등 적하목록 작성책임자는 그 사실을 적하목록에 등재하고, 이를 수출화물시스템에 전송하여야 한다.

수출자가 수입국 구매자의 요청 등 부득이한 사유가 있는 경우에는 동시 포장한 물품을 2건 이상으로 분할하여 수출신고를 하거나, 2건 이상으로 수출신고수리된 물품을 1건으로 동시 재포장하여 적재할 수 있으며, 이러한 동시포장 및 동시재포장에 대하여 수출신고필증 및 선적요청서에 기재하여야 한다. 또한 선사등 적하목록 작성책임자는 이를 확인하여 적하목록에 등재하여야 한다.

통관지 세관장은 매주 월요일(월요일이 휴일인 경우에는 그 다음 날)마다 통관시스템을 조회하여 수출신고수리물품의 적재기간이 경과한 물품에 대하여 신고인 등에게 적재기간 내에 적재확인이 되지 아니하는 경우 수출신고수리를 취소한다는 예정통지(수출신고수리취소예정통보)를 하여야 한다. 이를 받은 관세사 등 신고인은 취소예정통보일로부터 14일 이내에 적재된 화물이 있는지 여부에 대하여 원인규명을 하여야 하며, 원인규명의 결과 기적재된 물품이 있는 경우에는 정정 등의 조치를 취하여야 한다. 반면 원인규명의 결과 적재되지 아니하였거나 원인을 규명할 수 없는 물품에 대하여 세관장은 적재관리시스템에서 미적재 여부를 확인한 후 수출신고의 수리를 취소하여야 한다. 적재전검사 대상물품이 적재시 보세구역에 반입된 때에는 운영인은 관할세관장에게 즉시 반입보고를 하여야 하고, 적재전검사 대상물품을 반출하기 전에 적재전검사가 완료되었는지 확인하여야 한다.

### 8) 벌　　칙[16)]

세관장은 수출신고물품이 다음 중 어느 하나에 해당할 때에는 관세법 등 위반 혐의로 조사의뢰, 과태료부과 등 필요한 조치를 할 수 있다.

① 수출신고에 있어 품명, 규격, 수량, 가격 등 주요사항을 정당한 사유 없이 허위로 신고하였을 때

② 신고물품 이외의 물품을 수출하고자 하거나 수출한 때(다만, 범칙혐의가 있는 경우에 한함)

③ 수출승인서 등 제출서류를 위조 또는 변조한 것으로 인정하였을 때

④ 관세법상 수출금지품목이나 타법령에서 수출을 제한하고 있는 품목을 불법수출하고자 하거나 수출한 때(다만, 범칙혐의가 있는 경우에 한함)

⑤ 물품소재지에 물품을 장치하지 아니하고 수출신고 한 때

⑥ 적재전검사 대상으로 선별된 물품을 적재전검사를 받지 아니하고 적재한 때

⑦ 관세사 등 신고인이 신고필증을 발행·교부함에 있어 전산자료와 상이한 신고필증을 발행·교부한 때

⑧ 수출신고수리물품을 적재기간내에 적재하지 아니한 때

⑨ 관세사 등 신고인이 P/L 관련서류를 당해 수출신고 수리일로부터 3년간 보관하지 아니하거나 훼손한 때

⑩ 기타 세관장이 범칙행위가 있다고 인정하거나 법 또는 법에 의한 명령에 위반한 때

## 2-2　수입통관절차

### 1) 수입물품의 장치

원칙적으로 수입하고자 하는 외국물품은 보세구역에 장치하여야 하지만 특수한 사유로 보세구역에 장치하기 곤란한 물품에 대해서는 세관장의 보세구역외 장치허가를 받아 보세구역 이외의 장소에 장치할 수 있다. 이러한 경우 보세구역외 장치허가신청서를 세관장에게 제출하여 허가받아야 한다.

---
16) 수출통관 사무처리에 관한 고시 제4-0-1조.

[그림 8-3] 수입통관절차

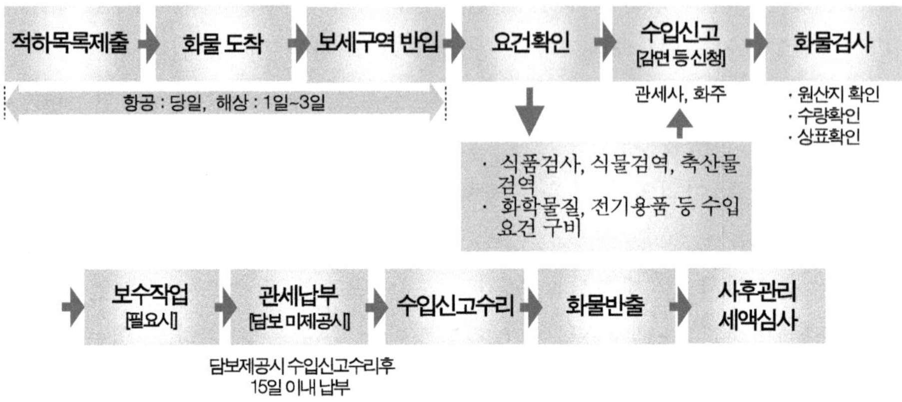


### 2) 수입신고수리

물품을 수입하고자 하는 사람은 세관장에게 수입신고를 하여야 한다. 수입신고는 외국으로부터 반입되는 물품을 수입하겠다는 의사표시를 세관장에게 하는 것이며 물품을 수입하고자 할 때에는 물품의 품명, 가격, 수량, 규격 등을 세관장에게 신고해야 한다. 수입신고는 수출신고와 동일하게 화주 또는 관세사, 관세법인, 통관취급법인의 명의로 하여야 한다.

수입하고자 하는 자는 출항전신고, 입항전신고, 보세구역도착전신고, 보세구역장치후신고 중에서 필요에 따라 신고방법을 선택하여 수입신고를 할 수 있다.[17]

출항전신고 또는 입항전신고는 당해물품을 적재한 선박 등이 우리나라에 입항하기 5일전(항공기에 의한 경우에는 1일전)부터 할 수 있으며, 다음의 경우에는 입항후 신고를 할 수 있다.

① 법령의 개정에 따라 새로운 수입요건의 구비가 요구되거나 당해 물품이 우리나라에 도착하는 날부터 높은 세율이 적용되도록 입법예고된 물품

② 농·축·수산물 또는 그 가공품으로서 수입신고하는 때와 입항하는 때의 물품의 관세율표 번호 10단위가 변경되는 물품

17) 수입통관사무처리에 관한 고시 제2-1-1조.

[표 8-2] 수입신고의 시기

| 신고시기 | 내 용 |
|---|---|
| 보세구역 장치후 신고 | 수입물품을 보세구역에 도착한 후 수입신고 가능 |
| 보세구역 도착전 신고 | 수입물품을 선(기)적한 선박 등이 수입물품의 통관을 위하여 반입하고자 하는 보세구역에 도착하기 전에 수입신고 가능<br>보통 수입물품을 선(기)적한 선박 등이 입항하여 부두 밖 컨테이너 보세장치장이나 컨테이너 내륙통관기지를 포함한 보세구역에 도착하기 전에 수입신고를 하게 됨 |
| 출항전 수입신고 | 출항부터 입항까지의 기간이 단기간인 경우, 선박 등이 출항 후 신고하는 것이 곤란하다고 인정되는 경우 출항 전 수입신고 가능 |
| 입항전 수입신고 | 수입하고자 하는 물품이 신속한 통관이 필요한 경우에는 당해 물품을 선(기)적한 선박 또는 항공기가 입항하기 전에 수입신고 가능 |

③ 농·축·수산물 또는 그 가공품으로서 수입신고하는 때와 입항하는 때의 과세단위(수량 또는 중량)가 변경되는 물품

출항전신고 또는 입항전신고는 수입물품을 적재한 선박 등의 입항예정지를 관할하는 세관장에게 해야 하며, 보세구역 도착전신고는 당해물품이 도착할 보세구역을 관할하는 세관장에게 신고해야 한다. 그리고 보세구역 장치후신고는 당해물품이 장치된 보세구역을 관활하는 세관장에게 신고하여야 한다.

수입신고를 하고자하는 자는 전자문서로 작성된 신고자료를 관세청 통관시스템에 전송하여야 하며, 다음의 서류를 세관장에게 제출하여야 한다.[18]

① 송품장(전자적으로 제출한 경우 제외). 다만, 잠정가격으로 수입신고 할 때 송품장이 해외에서 도착하지 아니한 경우에는 계약서(송품장은 확정가격신고시 제출)

② 가격신고서

③ 선하증권(B/L)부본 또는 항공화물운송장(AWB)부본

④ 포장명세서(세관장이 필요 없다고 인정하거나 송품장을 전자적으로 제출한 경우 제외)

⑤ 원산지증명서(해당물품에 한함)

⑥ 관세법 제226조의 규정에 의한 세관장 확인물품 및 확인방법 지정고시

18) 수입통관사무처리에 관한 고시 제2-1-8조.

제 3 조의 규정에 의한 수입요건 구비서류(수입요건내역을 전산으로 확인할 수 없는 경우에 한함)

⑦ 관세감면(분납)/용도세율적용신청서(해당물품에 한함)

⑧ 합의에 의한 세율적용승인(신청)서

⑨ 지방세시행령 제183조의 규정에 의한 납세담보확약서

⑩ 국제평화 및 안전유지 등 의무이행을 위한 무역에 관한 특별조치 고시 제1-2조의 킴벌리 프로세스 증명서(다이아몬드 원석에 한함)

⑪ 할당 · 양허관세 및 세율추천 증명서류 및 종축 · 치어의 번식 · 양식용 해당세율 증명서류(동 내역을 전산으로 확인할 수 없는 경우에 한함)

수입신고의 효력발생시점은 전송된 신고자료가 통관시스템에 접수된 시점으로 하며 수작업에 의하여 신고하는 때에는 신고서가 통관지 세관에 접수된 시점이다.

수입신고는 B/L 1건에 대하여 수입신고서 1건으로 하지만 B/L을 분할하여도 물품검사 및 과세가격 산출에 어려움이 없는 경우, 신고물품중 일부만 통관이 허용되고 일부는 통관이 보류되는 경우, 검사 · 검역결과 일부는 합격되고 일부는 불합격된 경우 또는 일부만 검사 · 검역 신청하여 통관하려는 경우, 일괄사후납부 적용 · 비적용 물품을 구분하여 신고하고자 하는 경우에는 B/L 분할 신고 및 수리할 수 있다. 그리고 보세창고에 입고된 물품으로서 세관장이 화물관리에 지장이 없다고 인정하는 경우에는 여러 건의 B/L에 관련되는 물품을 1건으로 수입신고할 수 있다. 그러나 분할된 물품의 납부세액이 징수금액 최저한인 1만원 미만이 되는 경우 B/L을 분할하여 신고할 수 없다.[19]

### 3) 수입물품검사

수입신고물품 중 검사대상 수입신고자료 접수시 통관시스템에 의해 선별하거나, 신고처리방법 결정시 세관직원에 의해 선별된다. 수입신고전 물품반출신고하는 물품은 반출신고시 검사대상을 선별한다. 다음에 해당되는 경우에는 검사비율을 낮게 운영할 수 있다.[20]

---

19) 수입통관사무처리에 관한 고시 제2-1-10조.

20) 수입통관사무처리에 관한 고시 제2-3-1조.

① 관세청장이 따로 정하는 기준에 의하여 법규준수도가 높다고 인정된 업체가 수입하는 물품

② 수입업체 평가등급이 A 또는 B등급인 업체 중 검사적발 실적이 없는 업체가 수입하는 물품

③ 최근 2년간 관세법 위반사실 및 체납사실이 없는 외국인투자촉진법의 규정에 의한 외국인투자기업이 수입하는 물품

출항전신고 · 입항전신고 또는 보세구역도착전 신고물품으로서 정부에서 직접 수입하는 군수품 및 물자수급계획상 긴급도입물품과 선상에서의 검사가 가능하다고 세관장이 인정하는 물품은 선상에 적재한 상태로 검사할 수 있다.[21]

세관장은 물품검사시 검사를 용이하게 하기 위하여 신고인이 검사에 입회할 수 있도록 할 수 있으며, 만약 검사입회 통보를 하여도 검사일시에 수입화주 또는 신고인이 입회하지 아니한 때에는 장치장소의 관리인 또는 그를 대리하는 소속종사자의 입회하에 검사를 실시할 수 있다. 검사자는 물품검사시 검사장소 관리인 또는 수입화주에게 검사에 필요한 장소와 장비의 확보, 개포장을 위한 작업인부의 배치 등 검사준비를 요구할 수 있으며, 검사 준비가 되지 않아 검사를 할 수 없는 경우에는 검사순위를 조정하여 검사준비가 된 때에 검사를 실시할 수 있다. 또한 세관검사장에 반입하여 검사하는 경우 채취 · 운반 등에 관한 비용은 수입화주가 부담한다.[22]

검사대상물품은 전량검사, 발췌검사 또는 분석검사에 의한 방법으로 검사를 실시하며, 우범성 정보가 있는 물품 또는 전량검사대상물품 또는 기타 수량과다인 물품은 2인 이상의 검사자가 검사를 실시한다.[23]

### 4) 수입신고수리

세관장은 출항전 또는 입항전 신고물품에 대하여 적하목록이 제출된 때, 보세구역 도착전 신고물품에 대하여 보세운송이 도착보고 된 때, 하역절차에 의하여 하역장소로 반입되는 경우에는 반입보고 된 때 신고수리한다. 검사대상으로 선별하거나 보세화물입출항 하선하기 및 적재에 관한 고시의 규정에 의하

21) 수입통관사무처리에 관한 고시 제2-3-3조.
22) 수입통관사무처리에 관한 고시 제2-3-4조.
23) 수입통관사무처리에 관한 고시 제2-3-5조.

여 관리대상화물로 선별한 경우에는 해당 물품검사가 종료된 후에 수리한다. 신고수리의 효력발생시점은 통관시스템을 통하여 신고인에게 신고수리가 되었음을 통보한 시점으로 한다. 신고서 처리기간은 아래의 시점부터 계산한다.[24)]

① 출항전신고 및 입항전신고 물품으로서 검사가 생략되는 물품은 적하목록제출일

② 출항전신고 및 입항전신고, 보세구역 도착전신고물품으로서 검사대상으로 선별된 물품은 당해물품의 검사장소 반입일

③ 보세구역도착전신고물품으로서 검사생략물품은 반입하고자 하는 보세구역 도착일

④ 보세구역 장치후 신고물품은 수입신고일

⑤ 선상에 적재한 상태로 검사할 물품은 수입신고일

### 5) 수입신고필증 교부

수입신고가 적법하고 정당하게 이루어진 경우 세관장은 지체 없이 수입신고를 수리하고 신고인에게 신고필증을 교부하여야 한다. 관세사가 수입통관을 위탁받아 EDI방식 또는 인터넷으로 신고한 때에는 관세사가 신고수리 여부를 전산으로 조회한 다음 수입신고필증을 발급한다. 이때는 신고필증의 세관기재란에 "본 수입신고필증은 수입통관사무처리에 관한 고시 제2-18조 규정에 의거 수입 P/L(Paperless) 신고에 의하여 수리된 것임"이란 고무인을 날인하고 수입신고 수리인란에 관세사 인장을 날인한 후 수입자에게 교부한다.

### 6) 수입신고의 변경

수입신고서의 기재사항 또는 제출서류가 미비된 경우 세관장은 신고가 수리되기 전까지 이를 보완하게 할 수 있다. 단 미비사항이 경미하고 수리 이후에 보완이 가능하다고 세관장이 인정하는 경우에는 수입신고수리 후에 이를 보완하게 할 수 있다.

그리고 수입신고를 필한 후에는 원칙적으로 수입신고 된 사항을 취하할 수 없으나 다음과 같이 정당한 사유가 있는 경우에 한하여 세관장의 승인을 얻

---

24) 수입통관사무처리에 관한 고시 제2-4-1조.

어 취하할 수 있다. 그러나 수입물품을 운송수단, 관세통로, 하역통로, 관세법에서 규정된 장치장소에서 물품을 반출한 후에는 신고를 취하할 수 없다.

① 송하인의 착오로 계약내용과 상이한 물품이 반입된 경우

② 수입승인서 내용과 상이한 물품이 반입된 경우

③ 장치된 물품이 도난, 화재로 없어진 경우

④ 장치기간이 경과하여 물품이 공매된 경우

⑤ 개별법령에 의한 수입이 제한되는 경우

수입신고가 그 요건을 갖추지 못하였거나 사위 기타 부정한 방법으로 된 경우 세관장이 수입신고를 각하할 수 있다.

### 7) 수입물품의 반출

#### (1) 수입신고수리후 반출

수입화물에 대한 심사와 검사를 필하고 관세의 조정 및 부과·징수 또는 기타 내국세의 징수가 끝나면, 수입신고인에게 수입신고필증을 교부하고 수입물품은 보세구역으로부터 반출할 수 있다. 수입물품의 반입시부터 관세법의 구속을 받게 되나 수입신고필증이 교부된 후에는 내국물품이 되어 관세법의 구속을 받지 않는다. 그리고 수입신고수리된 물품은 세관장에게 신고만으로 보세구역으로부터 반출할 수 있다.

#### (2) 수입신고수리전 반출

원칙적으로 수입물품은 신고가 수리되지 아니하면 보세구역으로부터 반출할 수 없으며, 무단반출할 경우에는 관세법에 의하여 처벌받게 된다. 이런 경우 수입신고인은 수입신고수리전 반출승인신청서를 세관장에게 제출하면 수입신고수리전이라도 관세 상당액의 담보를 제공하도록 하고 세관장의 승인하에 물품을 보세구역으로 반출할 수 있게 된다.

다음의 경우에 대해서 세관장의 신고수리전 반출승인을 얻어 신고수리전 보세창고에서 반출할 수 있다.

① 완성품의 세번(HS; 품목분류번호)으로 수입신고수리 받고자 하는 물품이 미조립상태로 분할선적 수입된 경우. 다만, 2개 이상의 세관에 수입신고된 경

우에는 신고세관별로 당해세관에 신고된 물품에 대해 품목분류를 한다.

② 조달사업에 관한 법률에 의하여 비축물자로 신고된 물품으로 실수요자가 결정되지 아니한 경우

③ 사전세액심사 대상물품으로서 세액결정에 장시간이 소요되는 경우

④ 품목분류 또는 세율결정에 장시간이 소요되는 경우

세관장은 신고수리전 반출기간 중에 관세부과 제척기간이 도래하는 물품이 있는 경우 제척기간 도래 전에 수입화주 또는 비축물자 수입자에게 당해관세 등을 부과하여야 한다.

## 제 3 절 관세의 신고와 납부

관세(customer duties : tariffs)란 관세선을 통과하는 물품에 대하여 부과하는 조세를 말한다. 관세는 조세수입의 확보, 수출의 촉진, 수입의 제한을 통해 교역조건 개선, 국제수지 개선, 국내산업의 보호기능을 하고 있다. 특히 수입시에는 물품의 수입을 제한하는 간접적인 통제수단으로 사용되고 있으며 관세를 부과함으로써 국내물가 및 산업에 지대한 영향을 미치고 있다.

관세는 관세영역을 출입하는 물품에 대하여 부과되는 조세로서 부과대상 물품의 성격에 따라 수출물품에 부과되는 수출관세와 수입물품에 부과되는 수입관세로 구분되며 현재 수입관세만 부과하고 있다.

### 3-1 관세의 부과대상

#### 1) 과세물건의 의의

수입물품의 개념에는 유체물(有體物)만이 해당되며 유체물 가운데에서도 무가치물은 이에 포함되지 아니한다. 한편 무체물(無體物)은 원칙적으로 과세대상이 되지 않지만, 특허권이나 상표권 등과 같이 당해 권리가 구체화되어 수입

물품의 가격에 포함되어 수입되었을 때에는 과세대상이 되는 것으로 본다.

### 2) 과세물건의 확정시기

수입물품이 외국에서 선적되어 우리나라에 도착한 후 통관이 완료되기까지 물품의 성질과 수량에 변화가 생길 수 있다. 물품이 계약대로 선적되지 않거나, 운송중 도난 · 변질 · 손상될 수 있기 때문이다. 그러므로 어느 시점의 성질과 수량에 의하여 관세를 부과할 것인가의 문제를 법으로 규정하고 있다.

관세는 원칙적으로 수입신고(입항전 수입신고 포함)를 하는 때의 물품의 성질과 그 수량에 의하여 부과한다. 그러나 다음과 같은 특정한 사유가 발생한 경우에는 별도의 규정된 시기의 성질과 수량에 의하여 관세를 부과한다.

① 외국물품인 선용품 · 기용품 · 차량용품이나 외국무역선 · 외국무역기 · 국경출입차량안에서 판매하는 물품을 허가받은 대로 적재하지 아니하여 관세를 징수하는 물품 : 하역허가를 받은 때

② 보세구역외 보수작업의 승인기간이 경과하여 관세를 징수하는 물품 : 보세구역 밖에서의 보수작업의 승인을 얻은 때

③ 보세구역 장치물품의 멸실 · 폐기로 관세를 징수하는 물품 : 당해 물품이 멸실되거나 폐기된 때

④ 보세공장외 작업, 보세건설장외 작업의 허가기간이 경과하거나 종합보세구역외 작업의 기간이 경과하여 관세를 징수하는 물품 : 보세공장외 작업, 보세건설장외 작업 또는 종합보세구역외 작업의 허가를 받거나 신고를 한 때

⑤ 보세운송기간이 경과하여 관세를 징수하는 물품 : 보세운송의 신고를 하거나 승인을 얻은 때

⑥ 수입신고가 수리되기 전에 소비 또는 사용하는 물품(소비 또는 사용을 수입으로 보지 아니하는 물품 제외) : 당해 물품을 소비하거나 사용한 때

⑦ 수입신고전 즉시 반출신고를 하고 반출한 물품 : 수입신고전 즉시 반출신고를 한때

⑧ 우편에 의하여 수입되는 물품 : 통관우체국에 도착된 때

⑨ 관세법의 규정에 의하여 매각되는 물품 : 당해 물품이 매각된 때

⑩ 관세법의 규정에 의하여 도난 · 분실한 물품 : 당해 물품이 도난 · 분실

된 때

⑪ 수입신고를 하지 아니하고 수입된 물품(①~⑩제외) : 수입된 때

## 3-2 과세의 산출방법과 과세가격

### 1) 과세의 산출방법

관세는 과세표준을 가격으로 하는 종가세 물품과 과세표준을 수량으로 하는 종량세 물품으로 구분하여 산출하여야 한다. 현행 관세법은 종가세주의를 취하고 있으므로 대부분의 품목은 그 가격을 기준으로 관세를 산출한다.

(1) 종 가 세

종가세란 물품의 가격을 과세표준으로 하는 관세이다. 고가의 물품에는 관세가 많이 부과되고, 저가의 물품에는 관세가 적게 부과된다.

관세 = 과세가격(외국통화표시가격 × 과세환율) × 관세율

(2) 종 량 세

종량세는 물품의 수량을 과세표준으로 하는 관세이다. 즉, 수입물품의 수량, 개수, 부피, 중량, 길이 등을 기준으로 관세를 부과하며, 가격을 고려하지 않는다. 촬영된 영화용 필름이나 일부 농산물이 종량세를 적용받고 있다.

관세 = 수입물품의 수량 × 단위수량당 가격(단위당 세액)

(3) 관 세 율

관세율이란 관세의 과세표준인 수입물품의 가격 또는 수량에 대한 관세액의 비율이다. 관세율은 과세표준과 함께 세액 결정의 가장 중요한 요소 중의 하나이며, 조세법률주의에 따라 국회에서 법률로 정하는 것이 원칙이다. 관세율에는 기본세율, 잠정세율, 탄력세율 등의 국정세율과 조약 또는 협정에 의한 협정세율이 있다.

[그림 8-4] 관세율 구조

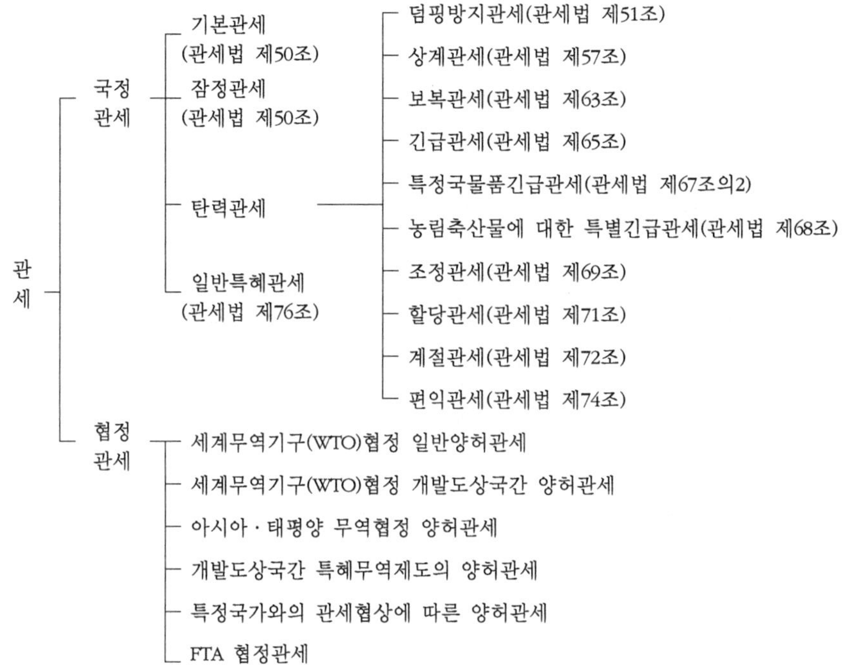


[표 8-3] 관세율 적용 순위

| 순 위 | 종 류 |
|---|---|
| 제1순위 | 덤핑방지관세, 상계관세, 보복관세, 긴급관세, 농림축산물에 대한 특별긴급관세 |
| 제2순위 | 국제협력관세(예 : FTA, 양허관세율 등), 편익관세(예 : WTO 미가입 회원국 등에 적용되는 세율) |
| 제3순위 | 조정관세, 할당관세, 계절관세 |
| 제4순위 | 일반특혜관세(예 : 최빈개도국특혜관세) |
| 제5순위 | 잠정관세 |
| 제6순위 | 기본관세 |

* 제 2 순위 관세율은 3, 4, 5, 6순위 관세율보다 세율이 낮은 경우에 한하여 우선 적용된다.

이상에서 살펴본 바와 같이 관세법이 가진 가장 큰 특징은 하나의 물품에 대하여 관세율이 다수라는 점이다. 특히 FTA시대를 맞아 관세율 구조는 더욱 복잡하고 다양해지고 있어 동일 물품에 대하여 여러 관세율이 경합되기도 한다. 이로 인한 혼란을 방지하기 위하여 관세법 제50조에서는 관세율에 대한 우선순위를 정하고 있다.

### 2) 과세가격의 결정방식

관세의 과세표준은 수입물품의 가격 또는 수량으로 한다. 관세의 경우 대부분이 종가세이므로 과세표준을 구하는 것은 실상 과세가격을 구하는 것이다. 이때, 가격을 과세표준으로 하는 수입물품에 대하여 정하여진 원칙에 따라 관세의 과세가격을 결정하는 절차를 '관세평가'라 한다.

관세평가는 관세법 제30조(과세가격 결정의 원칙) 내지 제35조(합리적 기준에 의한 과세가격 결정)에서 규정하고 있다. 이는 WTO의 협정(GATT 제7조의 이행에 관한 협정, 일명 '평가협정')에 따르는 것으로, 다른 WTO 회원국들도 동일한 방법으로 과세가격을 결정하고 있다. WTO 관세평가협정에서는 과세가격의 결정방법을 합리적이고도 중립적인 6가지의 방법을 규정하고 있다. 6가지의 평가방법은 순차적으로 적용되며 선순위의 평가방법을 적용할 수 없는 경우에 한하여 후순위의 평가방법을 적용한다. 다만 수입자는 제4방법을 적용하기 전에 제5방법의 적용을 요청할 수 있다.

[표 8-4] 과세가격 평가방법

| 방 법 | 내 용 |
|---|---|
| 제1평가방법 | 당해물품의 거래가격을 기초로 한 과세가격 결정방법 |
| 제2평가방법 | 동종·동질물품의 거래가격을 기초로 한 과세가격 결정방법 |
| 제3평가방법 | 유사물품의 거래가격을 기초로 한 과세가격 결정방법 |
| 제4평가방법 | 국내판매가격을 기초로 한 과세가격 결정방법 |
| 제5평가방법 | 산정가격을 기초로 한 과세가격 결정방법 |
| 제6평가방법 | 합리적 기준에 의한 과세가격 결정방법 |

실제로 지급해야 할 금액에 몇 가지 조정요소를 가감하여 해당 물품을 우리나라에 도착시키는 데 소요된 운임과 보험료를 가산하는 제 1 방법이 가장 광범위하게 적용되고 있다.

### 3) 과세가격의 가산 · 공제요소

(1) 구매자 실제지급금액

과세가격은 구매자가 실제로 지급하였거나 지급하여야 할 가격에 법정가산요소를 가산하여 산출한다. '구매자가 실제로 지급하였거나 지급하여야 할 가격'이란 수입물품의 대가로서 구매자가 지급하였거나 지급하여야 할 총금액을 말한다. 수입물품의 대가로 구매자가 판매자에게 또는 판매자를 위하여 직접 · 간접으로 지급하였거나 지급할 총금액으로 다음의 금액이 포함된다.

① 구매자가 당해 수입물품의 대가와 판매자의 채무를 변제하는 금액

② 구매자가 판매자의 채무를 변제하는 금액

③ 판매자의 요청에 의하여 구매자가 수입물품의 대가의 전부 또는 일부를 제 3 자에게 지급하는 경우 그 금액

④ 구매자가 당해 수입물품의 거래조건으로 판매자 또는 제 3 자가 수행해야 하는 하자보증을 대신하고 그에 해당하는 금액을 할인받았거나, 하자보증비 중 전부 또는 일부를 별도로 지급하는 경우 해당금액

⑤ 수입물품의 거래조건으로 구매자가 지급하는 외국훈련비 또는 외국교육비

⑥ 기타 일반적으로 판매자가 부담하는 금융비용 등을 구매자가 지급하는 경우 그 지급금액

(2) 가산요소

수입물품의 과세가격은 우리나라에 수출하기 위하여 판매되는 물품에 대하여 "구매자가 실제로 지급하였거나 지급하여야 할 가격"에 다음에 해당하는 금액을 가산하여 조정한 거래가격으로 한다. 단 다음에 해당하는 금액을 가산함에 있어서는 객관적이고 수량화할 수 있는 자료에 근거하여야 한다.

① 구매자가 부담하는 수수료 및 중개료

② 구매자가 부담하는 용기비용 · 포장노무비

③ 생산지원비용

④ 권리사용료(로열티)로 구매자가 지급하는 금액

⑤ 수입 후 귀속금액

⑥ 수입항까지의 운송관련 비용

(3) 공제요소

과세가격 결정시 구매자가 지급하였거나 지급하여야 할 총금액은 다음에 해당하는 금액을 명백히 구분할 수 있는 때에는 그 금액을 공제한다.

① 수입 후에 행하여지는 당해 수입물품의 건설 · 설치 · 조립 · 정비 · 유지 또는 당해 수입물품에 관한 기술지원에 필요한 비용

② 수입항에 도착한 후 당해 수입물품의 운송에 필요한 운임 · 보험료 기타 운송에 관련되는 비용

③ 우리나라에서 당해 수입물품에 부과된 관세 등의 세금 기타 공과금

④ 연불조건수입의 경우에는 당해 수입물품에 대한 연불이자

## 3-3 과세가격 신고

현행 관세법상 관세의 확정은 원칙적으로 신고납부방식에 의한다. 납세의무자는 수입신고를 하는 때에 세관장에게 당해 물품의 가격에 대한 신고를 하여야 한다. 가격신고는 납세의무의 성립에 필요한 과세요건 중의 하나인 과세표준으로서의 과세가격을 신고하는 것으로서 관세액을 결정하는 중요한 절차 중의 하나이다. 신고납부원칙을 취하고 있는 현행 관세제도는 납세의무자의 성실한 가격신고가 바탕이 되어야 그 실효성을 얻을 수 있다.

신고납부방식에서 납세의무자는 수입신고시 송장, 세무조정 계산서, 각종 비용의 금액 및 산출근거를 나타내는 증빙자료, 기타 가격신고의 내용을 입증하는데 필요한 자료와 거래관계 사실신고서 등을 제출하여야 한다.

### 1) 가격신고서의 제출

가격신고서는 평가방법을 결정하는 거래관계 사실신고서와 결정된 평가방

[표 8-5] 수입물품 가격신고서 생략 및 제출대상

| 제출 생략 물품 | 제출 대상 물품 |
|---|---|
| ① 과세가격이 미화 1만불 이하인 물품 (단, 특별소비세, 주세, 교통세가 부과, 분할신고한 물품 제외)<br>② '아름다운 관세행정 파트너' 및 '성실자율심사업체'로 지정된 업체가 수입하는 물품<br>③ 수입통관사무처리에 관한 고시상의 수입신고 생략물품, 간이신고대상품목, 목록통관특송물품, 간이신고특송물품<br>④ 종량세 적용물품(단, 가격에 따라 세율이 달라지는 물품 제외)<br>⑤ 정부 또는 지방자치단체가 수입하는 물품, 정부조달물품, 정부투자기관이 수입하는 물품<br>⑥ 관세와 내국세 등이 모두 부과되지 않는 무세 또는 면세인 물품<br>⑦ 방위산업용 기계, 그 부분품 및 원재료<br>⑧ 수출용 원재료<br>⑨ 특정연구기관이 수입하는 물품 | ① 법 제30조 제1항 제1호 내기 제5호의 규정에 의하여 가산할 금액이 있거나 법 제30조 제2항 제1호 내지 제4호 규정에 의하여 공제 할 금액이 있는 물품<br><br>* 가산요소<br>—수수료, 중개료(구매수수료 제외)<br>—용기포장비<br>—생산지원비<br>—로열티 및 권리사용료<br>—사후귀속이익<br>* 공제요소<br>—수입장소 도착후 운송관련 비용<br>—수입후 행해진 건설 · 설치 · 정비 · 유지 또는 수입물품관련 기술지원금액<br>—기타 계약과 관련 없이 구매자 자신의 필요에 의해 사용된 검사비용, 구매수수료, 교육훈련비 등<br>—수출세<br>② 법 제31조 내지 제35조에 의한 과세가격을 결정하는 물품(2방법이하)<br>—다만, 수입신고생략물품, 간이신고대상물품, 목록통관특송물품, 간이신고특송물품은 제출을 생략<br>③ 법 제39조에 의한 부과고지 대상물품<br>—이사화물 해당 없음<br>④ 잠정가격신고물품<br>⑤ 수입신고수리전 세액심사대상물품(체납업체, 불성실신고인, 농수산물 등 가격변동이 심한 물품중 관세청장이 지정한 물품) |

법에 의거 관세 등 제세액을 산출하는 근거서류인 세무조정계산서로 구분되어 있으며 무환수입물품으로 가격신고 생략물품(수출용원재료, 관세법 등에 의거 관세가 면제되는 물품 등)은 무환수입물품 가격신고서를 사용 · 신고한다.

이러한 규정에도 불구하고 과세가격결정시 가산조정금액이 있는 물품, 부과고지 대상물품, 잠정가격신고 대상물품, 관세 체납자가 신고한 물품(체납액 10만원 미만, 체납기간 7일 이내인 경우 제외), 불성실신고인이 신고한 물품, 가격변동이 큰 물품 기타 수입신고수리후 세액심사가 부적합한 물품 등은 물품에 대한 가격신고를 생략할 수 없다.

### 2) 과세자료의 제출

가격신고를 하는 때에는 과세가격의 결정에 관계되는 송품장, 계약서, 각종 비용의 금액 및 산출근거를 나타내는 증빙자료, 기타 가격신고의 내용을 입증하는데 필요한 자료를 제출하여야 한다. 다만, 당해 물품의 거래의 내용, 과세가격결정방법 등에 비추어 과세가격결정에 곤란이 없다고 세관장이 인정하는 경우에는 자료의 일부를 제출하지 아니할 수 있다.

## 3-4 관세의 납부세액

### 1) 관세와 함께 징수되는 내국세

수입물품에 대한 관세는 신고납부가 원칙이므로 납세의무자가 관세와 수입물품에 부과되는 내국세를 계산하여 세관에 신고하여야 한다. 관세와 함께 징수되는 내국세에는 특별소비세, 주세, 교통세, 교육세, 농어촌특별세 및 부가가치세가 있다. 즉, 수입물품에 대한 총 납부세액은 관세와 이들 내국세의 합계액이다.

### 2) 간이세율의 적용

간이세율은 관세율 및 내국세 등 세율산출이 복잡한 경우 또는 여행자 휴대수입품목에 대하여 과세절차를 단순하게 하여 적용하는 세율을 말한다. 따라서 간이세율은 여행자 휴대품이나 우편물 등 소액물품에 대하여 신속한 통관을 위하여 당해 물품에 부과되는 관세 및 내국세 등 제세율을 통합한 하나의 세율을 적용하여 과세하는 제도로서 다음의 물품에 적용된다.

① 여행자 또는 외국에 왕래하는 운송수단의 승무원이 휴대하여 수입하는 물품

② 우편물(다만, 수입신고를 하여야 하는 것을 제외한다)

[표 8-6] 내국세의 종류와 산출식

| 세 종 | 세액 산출식 |
|---|---|
| 개별소비세 | (1) 일반물품<br>개별소비세 = (관세의 과세가격 + 관세) × 개별소비세율(5~20%)<br>(2) 기준가격이 설정된 물품<br>개별소비세 = {(관세의 과세가격 + 관세) - 기준가격} × 개별소비세율(20%) |
| 교통세 | (1) 휘발유 및 이와 유사한 대체유류의 교통세율<br>교통세 = 수입물량 × 교통세율(630원/ℓ, 탄력세율 : 545원/ℓ )<br>(2) 경유 및 이와 유사한 대체유류<br>교통세 = 수입물량 × 교통세율(319원/ℓ, 탄력세율 : 287원/ℓ ) |
| 주 세 | (1) 주정<br>주세 = 주정의 수량(kℓ) × 주세율(57,000원 + 가산금액)<br>(2) 주정 이외의 주류<br>주세 = (관세의 과세가격 + 관세) × 주세율(5~80%) |
| 교육세 | (1) 개별소비세 납부물품<br>교육세 = 개별소비세액 × 30%(등유, 중유, 부탄가스 등의 유류 15%)<br>(2) 교통세 납부물품<br>교육세 = 교통세액 × 15%<br>(3) 주세 납부물품<br>교육세 = 주세액 ×10%(주세율이 70%를 초과하는 주류에 대하여는 30%) |
| 농어촌<br>특별세 | (1) 관세감면물품<br>농어촌특별세 = 관세의 감면세액 × 농어촌특별세율(20%)<br>(2) 특별소비세 납부물품<br>농어촌특별세 = 개별소비세액 × 농어촌특별세율(10%) |
| 부가가치세 | 부가가치세 = (관세 과세가격 + 관세 + 개별소비세 + 주세 + 교통세 + 교육세) × 10% |

③ 외국에서 선박 또는 항공기의 일부를 수리 또는 개체하기 위하여 사용된 물품

④ 탁송품 또는 별송품

## 3-5 관세의 납부

### 1) 관세납부의 의의

수입물품에 대한 관세 등의 징수는 신고납부를 원칙으로 하여 관세의 납

세의무자는 수입신고를 할 때 과세표준, 세율 및 납부세액을 세관장에게 신고하여야 한다. 세관장은 납세신고를 받은 때에는 수입신고서상의 기재사항과 이 법의 규정에 의한 확인사항 등을 심사한 후 신고납부서를 교부하여 납세의무자로 하여금 관세를 납부토록 하고 있다. 그러나 예외적으로 법령이 정하는 물품과 보세구역에 장치한 물품 중 수입신고에 의한 신고수리를 받지 않은 물품에 대하여는 세관장이 부과·고지하여 징수할 수도 있다.

납세의무자는 관세납부를 세관에 출두할 필요 없이 관세사 사무실에서 출력하여 수입자가 편리한 국고수납 대리점인 금융기관에 세액을 납부할 수 있다.

### 2) 납부세액의 정정 및 가산세

#### (1) 납부세액의 정정

납세신고 한 세액이나 신고납부 한 세액에 대하여 과부족이 있는 것을 발견한 경우, 납세의무자 또는 세관장이 이를 정정할 수 있다.

① 정정신고 : 납세의무자는 납세신고한 세액을 납부하기 전에 당해 세액에 과부족이 있는 것을 안 때에는 납세신고한 세액을 정정할 수 있다. 이 경우 납부기한은 당초의 납부기한으로 한다.

② 보정신청(세액보정) : 납세의무자는 신고납부한 세액에 과부족이 있거나 세액산출의 기초가 되는 과세가격 또는 품목분류 등에 오류가 있는 것을 안 때에는 신고납부한 날부터 6월 이내에 당해 세액의 보정을 세관장에게 신청할 수 있다. 한편 세관장은 신고납부한 세액에 과부족이 있거나 세액산출의 기초가 되는 과세가격 또는 품목분류 등에 오류가 있는 것을 안 때에는 보정통지서를 교부함으로써 납세의무자에게 당해 보정기간에 보정을 신청하도록 통지할 수 있다.

납세의무자가 세액의 보정을 신청한 경우에는 당해 보정신청을 한 날의 다음날까지 당해 관세를 납부하여야 하며, 이 경우 납부기한의 다음날부터 부족한 세액을 납부한 날까지의 기간에 대하여 서울특별시에 본점을 둔 금융기관의 1년 만기 정기예금 이자율의 평균을 감안하여 관세청장이 정하는 고시하는 이자율을 적용하여 계산한 이자를 납부세액에 가산하여야 한다. 세액을 보정한 결과 부족한 세액이 있는 경우 이에 대하여 가산세를 징수하지 아니한다.

[표 8-7] 납부세액의 정정방식과 가산세 징수여부

| 주 체 | 명 칭 | 시 기 | 내 용 | 가산세 |
|---|---|---|---|---|
| 납세의무자 | 정정신고 | 세액 납부전 | 신고세액과부족 | × |
| | 보정신청 | 세액납부후 6월 이내 | 납부세액과부족 | × |
| | 수정신고 | 보정기간 경과후 | 납부세액부족 | ○ |
| | 경정청구 | 보정기간 경과후 | 납부세액과다 | × |
| 세 관 장 | 경 정 | 세액납부 전/후 | 신고/납부세액, 경정청구세액 과부족 | ○ |

③ 수정신고 : 납세의무자는 보정신청기간이 경과한 후 신고납부한 세액에 부족이 있는 때에는 수정신고를 할 수 있다. 이 경우 납부기한은 수정신고한 날의 다음날이며, 가산세를 징수한다.

④ 경정청구 : 납세의무자는 보정신청기간이 경과한 후 신고납부한 세액이 과다한 것을 안 때에는 최초로 납세신고를 한 날로부터 2년 이내에 신고한 세액의 경정을 세관장에게 청구할 수 있다. 경정청구를 받은 세관장은 그 청구를 받은 날로부터 2월 이내에 세액을 경정하거나 경정하여야 할 이유가 없다는 뜻을 청구한 자에게 통지하여야 한다.

⑤ 경 정 : 세관장은 납세의무자가 납세신고한 세액, 신고납부한 세액 또는 경정청구한 세액을 심사한 결과 과부족이 있는 것을 안 때에는 당해 세액을 경정하여야 한다. 또한 경정 후 그 세액에 과부족이 있는 것을 발견한 때에는 재경정할 수 있다. 세관장이 경정을 하는 경우 가산세를 징수한다.

(2) 가산세 부과

가산세란 세법에서 규정하고 있는 성실의 의무를 위반한 자에 대하여 행정벌적 성격의 경제적 제재를 가하기 위하여 징수할 세액에 가산하여 징수하는 금액을 말한다. 가산세 제도는 관세법상 제반의무의 성실한 이행을 유도하는데 그 목적이 있다. 다음의 경우에 해당하는 사항에 대해서 가산세를 부과하고 있다.

① 신고수리 후 수정신고나 세관장의 경정에 따른 경우

② 재수출조건으로 수입한 물품을 재수출기간내에 반출하지 아니한 경우

③ 부두 · 공항의 지정장치장 등에 반입한 물품을 30일 이내에 신고하지 아니한 신고지연의 경우

④ 과세대상 휴대품 및 이사물품을 신고하지 아니한 경우

⑤ 수입신고전 즉시반출물품을 반출일로부터 10일내 수입신고하지 아니한 경우

## 제 4 절　관세환급

### 4-1　관세환급의 의의

관세환급이란 세관에서 일단 징수한 관세를 특정한 요건에 해당되는 경우에 그 전부 또는 일부를 되돌려 주는 것을 말한다. 관세환급의 종류는 되돌려 받는 사유에 따라 다르지만 일반적으로 관세환급이라 지칭되고 있는 환급특례법[25]에 의한 관세환급은 우리나라 수출물품에 대한 국제가격경쟁력을 제고시키기 위한 수출지원제도로서 수출용원재료를 수입하는 때에 납부하였거나 납부할 관세 등을 관세법등에 불구하고 수출 등에 제공하였을 경우 수출자 또는 수출물품의 생산자에게 되돌려 주는 제도를 말한다.

관세 등의 환급을 받으려면 관세환급을 신청할 수 있는 자가 환급대상 수입물품(원자재)으로 제조 · 가공한 생산품을 환급대상수출에 제공하고 수출에 제공된 날부터 2년 이내에 환급을 신청하여야 하며, 환급금을 산출하는 방법에는 정부가 수출금액당 수출품에 소요된 원재료에 대한 수입시 납부세액으로 일정금액을 정하여 지급하는 정액환급제도와 수출물품 제조에 소요된 원재료의 납부세액을 소요량제도에 의한 증빙서류에 의거 개개의 원재료별로 확인하여 환급금을 산출하는 개별환급제도가 있다.

개별환급을 신청할 경우에는 국내산업보호 등 정책목적상 환급금의 지급을 일부 제한하는 지급제한물품여부를 확인하여야 하고 수출물품의 제조과정에서 경제적 가치가 있는 부산물이 발생하는 경우에는 부산물공제비율만큼 부

25) 수출용원재료에 대한 관세 등 환급에 관한 특례법임.

산물의 가치에 해당하는 금액을 공제해야 하며, 관세환급의 절차는 업체에서 환급신청서를 작성한 후 EDI 또는 인터넷으로 관세청 환급시스템에 전송하면, 서류제출이 필요 없는 건은 전자서류만 심사하여 환급금을 결정하고, 서류제출이 필요한 건은 3일내에 환급신청서 등을 제출하면 세관에서 전자서류와 제출서류를 대조 확인한 후 환급금을 결정, 한국은행과 지급은행에 이체 및 지급의뢰하여 환급신청인의 환급금 전용계좌에 입금된다.

개별환급제도에는 수출품 생산자가 수출용원재료를 수입하여 생산한 중간원재료를 국내에서 구입하여 수출하는 경우 수출품생산자가 환급을 받을 수 있도록 중간제품에 대한 납부세액을 증명하는 기초원재료 납세증명제도와 수입한 물품이나 중간원재료를 수입(구입)한 상태 그대로 수출품 생산자에게 공급한 경우 공급한 물품에 대한 납부세액을 증명하는 분할증명제도가 있다.

## 4-2 환급의 요건과 환급금 산출방법

### 1) 환급의 요건

세관장은 물품이 수출 등에 제공된 때에는 대통령령이 정하는 날부터 소급하여 2년 이내에 수입된 당해 물품의 수출용원재료에 대한 관세 등을 환급한다. 수출용원재료가 내국신용장 등에 의하여 거래되고, 그 거래가 직전의 내국신용장 등에 의한 거래(직전의 내국신용장 등에 의한 거래가 없는 경우에는 수입을 말함)가 있는 날부터 대통령령이 정하는 기간 내에 이루어진 때에는 당해 수출용원재료가 수입된 날부터 내국신용장 등에 의한 최후의 거래가 있는 날까지의 기간은 2년이라는 규정에 산입하지 아니한다. 다만, 수출용원재료가 수입된 상태 그대로 거래된 경우에는 그렇지 않다.[26)]

관세 등의 환급을 받을 수 있는 원재료라 함은 수입된 상태 그대로 수출한 경우의 수출물품과 수출물품을 생산하는 경우에는 해당 수출물품에 물리적 또는 화학적으로 결합되는 물품, 해당 수출물품의 포장용품 그리고 해당 수출물품을 생산하는 공정에 투입되어 소모되는 물품 단, 수출물품 생산용 기계·기구 등의 작동 및 유지를 위한 물품 등 수출물품의 생산에 간접적으로 투입되어

26) 수출용원재료에 대한 관세 등 환급에 관한 특례법 제9조.

소모되는 물품은 제외한다. 또한 국내에서 생산된 원재료와 수입된 원재료가 동일한 질과 특성을 가지고 상호 대체사용이 가능하여 수출물품의 생산과정에서 이를 구분하지 아니하고 사용하는 경우 수출용원재료로 본다.[27]

세관장은 수입하는 수출용원재료에 대하여 관세법 등의 규정에도 불구하고 수입하는 때에 당해 관세 등을 징수한다. 그리고 수출용원재료를 수입하는 자가 신청하는 경우 당해 원재료에 대한 관세 등을 6월의 범위 내에서 대통령령이 정하는 일정기간별로 일괄하여 납부하게 할 수 있다. 이 경우 관세 등의 납부기한은 당해 일괄납부기간이 종료되는 날의 다음 달 15일까지로 하고 있다. 수출용원재료가 내국신용장, 그 밖에 기획재정부령이 정하는 이와 유사한 서류에 의하여 거래되는 것으로서 관세 등의 일괄납부 및 정산이 가능하다고 인정하는 경우에는 관세법 등의 규정에도 불구하고 내국신용장 등에 의하여 수출용원재료를 공급하는 수출로, 공급받는 것을 수입으로 볼 수 있다.[28]

관세환급대상 수출을 관세법에 따라 수출신고가 수리된 수출(단, 무상으로 수출하는 것에 대해서는 기획재정부령이 정하는 수출), 우리나라 안에서 외화를 획득하는 판매 또는 공사 중 기획재정부령이 정하는 것, 관세법에 따른 보세구역 중 기획재정부령이 정하는 구역 또는 자유무역지역의 지정 및 운영에 관한 법률에 따른 자유무역지역의 입주기업체에 대한 공급, 그리고 그 밖에 수출로 인정되어 기획재정부령이 정하는 것을 관세환급대상 수출로 본다.[29]

수입신고수리일이 수출신고수리일보다 빠르거나 같아야 환급을 받을 수 있다. 선수입후수출인 경우에만 환급이 가능하다. 또한 환급에 갈음하는 세율적용품목은 환급을 받을 수 없으며 분할납부를 받은 물품과 수입 후 사용하다가 수출한 물품 및 공매물품은 환급을 받을 수 없다. 할당관세율을 적용받은 물품은 그 용도가 특게되어 있는 경우 특게된 용도의 조건을 해제하고 차액관세를 납부하지 않는 한 환급을 받을 수 없다. 그러나 할당관세율을 적용한 경우에도 조건이 없거나 "내수용에 한함" 등으로 그 용도가 특게되지 않은 경우에는 환급이 가능하다.

---

27) 수출용원재료에 대한 관세 등 환급에 관한 특례법 제3조.
28) 수출용원재료에 대한 관세 등 환급에 관한 특례법 제5조.
29) 수출용원재료에 대한 관세 등 환급에 관한 특례법 제4조.

① 환급을 신청할 수 있는 자

— 관세법의 규정에 의하여 수출신고가 수리된 일반 유상수출이나 기획경제부령으로 정한 무상수출의 경우 관세 등의 환급을 신청할 수 있는자는 수출자 또는 수출물품의 제조자가 환급신청인이 되며 간이정액환급의 경우에는 수출물품의 제조자가 직접 환급신청하여야 한다.

— 관세 등의 환급은 수출 등에 제공한 자에 한하여 환급을 신청할 수 있다. 따라서 내국신용장 등에 의하여 중간원재료를 수출업체에 공급한 경우에는 최종 수출자만이 환급신청할 수 있다.

— 국내에서의 외화판매 · 외화공사 중 기획경제부령으로 정하는 경우는 판매자와 공사를 시행한 자가 환급신청할 수 있고, 보세구역(보세공장, 종합보세구역, 보세판매장) 등에 물품을 공급한 경우와 외국을 왕래하는 선박 또는 항공기에 선(기)용품 공급과 원양어선에 무상으로 송부하는 물품의 경우에는 공급자 또는 제조자가 환급신청할 수 있다.

② 일반 유상수출은 관세법의 규정에 의하여 수출신고가 수리된 수출을 말하며, 이의 유형으로는

— 신용장에 의한 수출

— D/A, D/P방식에 의한 유상수출

— 수출전에 미리 수출대금을 외화로 영수하는 송금방식에 의한 수출

— 수출입이 연계된 무역거래로서 물물교환, 구상무역, 대응구매의 형태로 이루어지는 연계무역 등이 있다.

이러한 일반 유상수출물품이 환급을 받기 위하여 당해 수출물품이 선적된 것이 관세청의 전산시스템에 입력이 되어 있어야 한다.

③ 기획재정부령으로 정한 무상수출은

— 외국에서 개최되는 박람회, 전시회, 견본시장, 영화제 등에 출품하기 위하여 무상으로 반출하는 물품의 수출(외국에서 외화를 받고 판매되어 그 대가가 외국환거래법 제17조의 규정에 의하여 매각 또는 예치된 경우에 한함)

— 해외에서 투자, 건설, 용역 기타 이에 준하는 사업을 행하고 있는 우리나라의 국민(법인 포함)에게 무상으로 송부하기 위하여 반출하는 기계, 시설자재 및 근로자용생활필수품 기타 그 사업과 관련하여 사용하는 물품으로서 주무부장관이 지정한 기관의 장이 확인한 물품의 수출

— 수출된 물품이 계약조건과 상이하여 반품된 물품에 대체하기 위한 물품의 수출
— 해외구매자와의 수출계약을 위하여 무상으로 송부하는 견본용품의 수출
— 외국으로부터 가공임을 받고 국내에서 가공할 목적으로 수입된 원재료로 가공한 물품의 수출 또는 당해 원재료 중 가공에 사용되지 아니한 물품의 반환을 위한 수출
— 외국에서 위탁가공할 목적으로 반출하는 물품의 수출
— 위탁판매를 위하여 무상으로 반출하는 물품의 수출(외국에서 외화를 받고 판매된 경우에 한한다)이 있다.

④ 기획재정부령으로 정한 외화판매. 외화공사에는
— 우리나라에 주둔하는 미합중국군대(이하 주한미군이라 한다)에 대한 물품의 판매 중 대가를 외화로 받는 판매
— 주한미군 또는 주한외교기관 등이 시행하는 공사 중 대가를 외화로 받는 공사
— 〈관세법 제88조(외교관면세) 및 SOFA협정(주한미군의 지위에 관한 협정)의 규정에 의하여 승용자동차를 수입하는 때에 관세 등의 면세를 받을 수 있는 자가 수입에 갈음하여 국산승용자동차를 구입하는 경우(외화로 구입하는 것으로서 주무부장관이 면세추천서를 제출하는 경우에 한함)
— 외국인투자촉진법 제5조 내지 8조의 규정에 의하여 외국인투자 또는 출자의 신고를 한 자에 대한 자본재(우리나라에서 생산된 것에 한한다)의 판매 중 대가를 외화로 받는 판매. 다만, 당해 자본재가 수입되는 경우 조세특례제한법 제121조의3의 규정에 의하여 관세가 면제되는 경우에 한한다.
— 국제금융기구로부터 제공되는 차관자금에 의한 국제경쟁입찰에서 낙찰(낙찰 받은 자로부터 도급을 받을 경우를 포함)된 물품(우리나라에서 생산된 것에 한한다)의 판매 중 대가를 외화로 받는 판매. 다만, 당해물품이 수입되는 경우 관세법에 의하여 관세가 감면되는 경우에 한함

⑤ 보세구역에의 물품공급은
— 수출한 물품에 대한 수리·보수 또는 해외조립생산을 위하여 부품 등을 보세창고에 반입하는 경우
— 수출용원재료로 사용될 목적으로 보세공장에 공급하는 경우

— 보세판매장에의 물품공급
— 종합보세구역(수출용원재료로 공급하거나 수출한 물품에 대한 수리·보수 또는 해외조립생산을 위하여 반입되는 경우 또는 보세구역에서 판매하기 위하여 반입하는 경우에 한한다)
— 자유무역지역안의 입주기업체에 대한 공급이 있다.

⑥ 기타 수출행위로 인정되어 재정경제부령으로 정한 경우는
— 우리나라와 외국간을 왕래하는 선박 또는 항공기에 선용품 또는 기용품으로 사용되는 물품의 공급
— 수산업법 제41조 또는 제42조의 규정에 의하여 국토해양부장관 또는 국토해양부장관이 지정한 기관의 장의 허가를 받은 자가 그 원양어선에 무상으로 송부하기 위해 반출하는 물품으로서 국토해양부장관(현재 원양어업협회장이 확인)의 확인을 받은 물품의 반출이 있다.
— 또한 남북교류협력에 관한 법령에 의거 북한으로 반출한 물품(북한에서 임가공을 거친 후 다시 남한으로 반입되는 물품은 제외함)도 남북교류를 촉진시키기 위하여 환급대상 수출로 인정하고 있다.

### 2) 환급신청시 제출서류

환급신청시 제출서류는 환급신청서에 수출 등에 제공한 사실을 확인할 수 있는 서류로서 관세청장이 정한 서류, 소요량계산서, 소요원재료의 납부세액을 확인할 수 있는 서류, 기타 환급금의 확인과 관련하여 관세청장이 정하는 서류가 있다. 그러나 간이정액 환급신청건에 대한 제출서류에는 소요량계산서 및 소요원재료의 납부세액을 확인할 수 있는 서류 등은 포함되지 않는다.

수출등에 제공한 사실을 확인할 수 있는 서류를 수출유형별로 살펴보면 다음의 표와 같다.

소요원재료의 납부세액을 확인할 수 있는 서류라 함은 수입신고필증 또는 기초원재료납세증명서, 수입신고필증 등의 분할증명서, 평균세액증명서를 말한다.

[표 8-8] 수출유형별 수출사실 확인서류

| 수 출 유 형 | 환급신청인 | 수출사실 확인서류 |
|---|---|---|
| 1. 법 제4조 제1호 본문의 규정에 의한 수출 | —수출자 또는 수출물품의 제조자중 수출신고필증에 "환급신청인"으로 기재된 자<br>* 수출자(수입한 상태 그대로 수출하는 경우 포함)<br>* 제조자<br>—수출물품 제조자(임가공방식에 의한 위탁생산 포함)<br>—수출대행계약에 의해 수출자에게 수출위탁한 경우에는 수출위탁자<br>—완제품 내국신용장등에 의하여 수출 완제품을 공급하여 수출된 경우에는 완제품 공급자 | —수출신고필증 |
| 2. 규칙 제2조 제1항 제1호에 의하여 박람회, 전시회 등에 출품한 무상수출 | —제1호와 동일 | —수출신고필증<br>—대한무역진흥공사의 장이 확인한 출품 확인서<br>—외화입금증명서 |
| 3. 규칙 제2조 제1항 제2호에 의하여 해외투자, 건설, 용역 등에 제공되는 무상수출 | —제1호와 동일 | —수출신고필증<br>—대외무역관리규정 별표3-1의 2호 아목의 확인서 |
| 4. 규칙 제2조 제1항 제3호에 의한 대체수출 | —제1호와 동일 | —대체품 수출신고필증<br>—대체수출과 관련된 당초 수출물품의 수출신고필증 |
| 5. 규칙 제2조 제1항 제4호에 의한 견본수출 | —제1호와 동일 | —수출신고필증 |
| 6. 규칙 제2조 제1항 제5호에 의한 무상수출인 경우 | —외국으로부터 가공임을 받고 국내에서 가공할 목적으로 반입된 수입원재료로 가공한 물품의 수출 또는 당해원재료중 가공에 사용되지 아니한 물품의 반환을 위한 수출의 수출자 또는 제조자 | —수출신고필증<br>—수탁가공계약서 등 수탁가공무역 수출임을 증명하는 서류 및 가공임에 대한 입금증명서 |
| 7. 규칙 제2조 제1항 제5의2호에 의한 무상수출인 경우 | —외국에서 위탁가공할 목적으로 반출하는 물품의 수출자 또는 제조자 | —수출신고필증<br>—위탁가공계약서 등 위탁가공무역 수출임을 증명하는 서류 |
| 8. 규칙 제2조 제1항 제6호에 의한 무상수출인 경우 | —위탁판매를 위하여 무상으로 반출하는 물품의 수출자 또는 제조자 | —수출신고필증<br>—외화입금증명서 |
| 9. 규칙 제2조 제2항 제1호에 의한 주한미군에 대한 판매물품 | —납품완료증명서상 판매(공급)한 자<br>—완제품내국신용장 등에 의하여 완제품을 공급하여 판매한 경우에는 완제품 공급자 | —주무부장관 또는 당해수출조합장이 확인한 납품완료증명서<br>—은행이 확인한 납품대금의 영수를 증명할 수 있는 서류 |

| | | |
|---|---|---|
| 10. 규칙 제2조 제2항 제2호에 의한 주한외국기관에 대한 공사 | —공사완료증명서상 공사를 한 자 | —주무부장관 또는 당해 수출조합장이 확인한 공사완료증명서<br>—은행이 확인한 공사대금의 영수를 증명할 수 있는 서류 |
| 11. 규칙 제2조 제2항 제3호에서 규정한 국산승용차의 판매 | —면세추천서상 판매자 | —주무부처의 장 또는 주한미군사령부통관장교가 확인한 면세추천서 및 외화입금증명서(별지 제2-2호 서식)<br>—자동차검사증 또는 등록사실증명서류 |
| 12. 규칙 제2조 제2항 제4호에 의한 외화판매의 경우 | —납품(공사)완료증명서상 판매(공사)자 | —납품(공사)완료증명서(주무부장관 또는 수출조합장이 확인한 서류)<br>—조세특례제한법시행규칙 제51조의5에 규정한 서류 |
| 13. 규칙 제2조 제2항 제5호에 의한 낙찰물품에 대한 판매 | —물품인도증명서상 판매(공급)한 자 | —주무부처의장이 확인한 물품인도증명서<br>—관세감면 요건서류등 입증서류 |
| 14. 법 제4조 제3호에 의한 보세구역(종합보세구역포함)·관세자유지역 반입 및 자유무역지역입주기업체에 대한 공급 | —물품반입확인서상 공급자 또는 제조자 | —세관장이 확인한 물품반입확인서(별지 제2-3호 서식) |
| 15. 규칙 제2조 제4항에 의한 선(기)용품 및 원양어업용 물품 | —수출신고필증상 또는 물품적재확인서상의 수출자(공급자) 또는 제조자 | —수출신고필증 또는 세관장이 확인한 물품적재확인서(별지 제2-3호 서식) |

### 3) 환급방법

환급신청자는 대통령령이 정하는 바에 따라 수출물품에 대한 원재료의 소요량을 계산한 서류(소요량계산서)를 작성하고 그 소요량계산서에 의하여 환급금을 산출한다. 관세청장은 소요량계산업무의 간소화 등을 위하여 필요하다고 인정하는 경우에는 수출물품별 평균소요량 등을 기준으로 한 표준소요량을 정하여 고시하고 환급신청자로 하여금 이를 선택적으로 적용하게 할 수 있다. 수출용원재료를 사용하여 생산되는 물품이 2개 이상인 경우에는 생산되는 물품의 가격을 기준으로 관세청장이 정하는 바에 따라 관세 등을 환급한다. 관세청장은 관세 등을 환급함에 있어서 수출용원재료의 관세율 변동 등으로 수출용원재료를 수입하는 때에 납부하는 세액보다 현저히 과다 또는 과소환급이 발생할 우려가 있는 경우에는 기획재정부령이 정하는 바에 따라 환급을 받을 수 있는 수입신고필증의 유효기간을 2년 기간보다 짧게 정하거나, 업체별 수출용원재료의 재고물량과 수출비율을 기준으로 하여 환급에 사용할 수 있는 수출용원재료의 물량을 정하여 환급하게 할 수 있다.[30)]

환급금의 산출방법에는 개별환급방법과 정액환급방법이 있다. 개별환급방법은 수출물품 제조에 소요된 원재료의 품명 · 규격 · 수량과 동원재료의 수입시 납부세액을 원재료별로 개별적으로 확인하여 환급금을 산출하는 방법이며, 정액환급방법은 정부가 정하는 일정한 금액(정액환급률표 상의 금액)을 소요원재료의 수입시 납부세액으로 보고 환급금을 산출하도록 하는 방법이다.

① 의 의 : 정액환급률표는 수출물품의 품목번호를 기준으로 정하되, 필요한 경우에는 수출물품의 품명 또는 규격별로 정할 수 있다. 정액환급률표를 정할 때에는 적정한 환급을 위하여 관세율 및 환율의 변동 등을 감안하여 일정률을 가감할 수 있다. 수출물품 또는 내국신용장 등에 의하여 거래된 물품이 정액환급률표에 기재된 경우에는 수출 등에 정하여진 바에 따라 환급하거나 기초원재료납세증명서를 발급한다.[31)]

생산공정이 특수한 수출물품의 정액환급표(특수공정물품 정액환급률표)를 정할 때에는 최근 6월이상 기간동안의 수입 또는 내국신용장 등에 의하여 매입한 원재료에 대한 관세 등의 평균환급액 또는 평균납부세액을 기초로 한다.[32)]

중소기업의 수출물품에 적용하는 정액환급률표(간이정액환급률표)를 정할 때에는 최근 6월이상 기간동안의 수출물품의 품목번호별 평균환급액 또는 평균납부세액 등을 기초로 하여 적정한 환급액을 정하여야 한다. 다만, 최근 6월이상의 기간동안 수출물품의 품목번호별 환급실적이 없거나 미미하여 당해 물품의 품목번호별 평균환급액 또는 평균납부세액 등을 기초로 간이정액환급률표의 환급액을 정하는 것이 불합리한 것으로 판단되는 경우에는 직전의 간이

---

30) 수출용원재료에 대한 관세 등 환급에 관한 특례법 제10조.
31) 수출용원재료에 대한 관세 등 환급에 관한 특례법 제14조.
32) 수출용원재료에 대한 관세 등 환급에 관한 특례법 제15조.

정액환급률표의 환급액을 기초로 하여 적정한 환급액을 정할 수 있다.[33] 이 제도는 개별환급을 받을 능력이 없는 중소기업의 수출을 지원하고 환급절차를 간소화하기 위하여 도입된 제도로서 환급신청년도가 속하는 년도의 직전 2년간 매년도 환급액이 4억원 이하인 중소기업[34]에서 제조한 수출물품에 대한 환급액 산출시(내국신용장 등에 의한 국내거래물품에 대한 기초원재료 납세증명서 발급시 포함)에 정부가 정하는 일정금액(간이정액환급률표상의 금액)을 수출물품 제조에 소요된 원재료의 수입시 납부세액으로 보고 환급액 등을 산출토록 한 제도이다.

간이정액환급률은 수출물품의 세번부호(HS10단위)별로 전년도 평균환급액을 기준으로 수출업체 구분 없이 책정 · 적용하는 것이어서 개별 수출업체의 입장에서 보면 과다 또는 과소환급이 발생하게 된다.

국산원재료를 상대적으로 많이 사용하는 업체에서는 과다환급으로 수출을 확대함으로써 수출용원재료의 국산화를 촉진할 수 있으나 지나친 과소환급업체는 수출자체를 어렵게 할 우려가 있어 수출업체가 원하는 경우에는 수출업체의 간이정액 비적용신청에 의거 수출업체별로 간이정액환급률표를 적용하지 아니할 수 있도록 허용하고 있다.

② 간이정액환급률의 책정 : 간이정액환급률은 수출물품 HS10단위별로 전년도 평균환급액(개별환급액)을 기초로 하여 금년도 수출물품에 대한 원재료 납부세액 산출에 영향을 미치는 요소 즉 관세율 및 환율의 변동 등을 고려하여 수출금액(FOB 10,000원)당 환급액을 책정한다.

③ 적용대상업체 : 간이정액환급률표를 적용할 수 있는 수출업체는 중소기업기본법 제 2 조의 규정에 의한 중소기업체로서 환급신청년도가 속하는 연도의 직전 2년간 매년도 총환급실적(기초원재료 납세증명서 발급실적 포함)이 4억원이하인 업체에 한정된다. 이 법에 의해 국가시책의 대상이 되는 중소기업자의 구분기준은 다음과 같으며 업종의 특성과 자산규모를 참작하여 대통령령으로 구분기준을 달리할 수 있다.

법 제 2 조 제 1 항 단서의 규정에 의하여 중소기업자 중 중소기업자의 구분기준을 달리하는 업종별 구분기준은 동령 별표 1과 같다. 다만 법의 별표 및 이령 별표 1의 기준에 의한 중소기업자 중 별표 2의 업종별 자산총액의 규모기

33) 수출용원재료에 대한 관세 등 환급에 관한 특례법 제16조.
34) 수출용원재료에 대한 관세 등 환급에 관한 특례법시행규칙 제12조.

준을 초과하는 자는 이를 중소기업자로 인정하지 않는다.

④ 환급신청시 제출서류 : 간이정액환급대상자인 중소기업자에 해당여부의 확인은 환급신청일 또는 기초원재료 납세증명서의 신청일을 기준으로 환급기관장이 확인하고 있으나 별도의 서류를 제출하지 않으며, 환급기관장이 중소기업자의 여부에 의심이 있는 업체에 대하여는 다음 서류의 제출을 요구할 수 있다.

— 상용종업원수 : 세무서장이 확인한 소득세징수액집계표(표준율 코드가 명기된 것) 3개월 이내의 것(확인신청일이 속하는 달 포함)

— 자산총액 : 당해업체의 대표자가 확인한 대차대조표, 최근 회계연도의 것

환급신청연도가 속하는 연도의 직전 2년간 매년도 총 환급실적 4억원 이하 업체의 확인은 관세청에서 운영 중인 환급전산시스템에 의해 확인하고 있으므로 별도의 서류를 제출하지 않아도 가능하다. 여기에서 총 환급실적이라 함은 환급실적뿐만 아니라 기초원재료 납세증명서 발급실적도 포함되며, 이 경우 환급액이나 양도세액 산출방법은 개별환급방법이나, 정액환급방법도 모두 포함된다.

[중소기업자의 구분기준]

| 업종(주된 사업으로 경영하는 것) | 기준(상용 종업원수) |
|---|---|
| 공업 기타 제조업, 광업, 운송업 | 300인 이하 |
| 건설업 | 200인 이하 |
| 상업, 기타 서비스업 | 100인 이하 |

⑤ 적용제외물품 : 적용대상물품은 수출물품의 환급신청일 경우는 수출신고수리일, 기초원재료납세증명서 발급신청일 경우는 물품의 실제거래일에 시행되는 간이정액환급률표에 게기된 HS 10단위 수출물품으로서 HS 10단위만 동일하면 품명, 규격이 달라도 적용 가능하다.

간이정액대상품목에 대하여 그 요건에 해당되는 수출업체는 간이정액환급률표에 의한 환급을 우선적으로 적용하여야 할 의무가 있기 때문에 임의로 개별환급방법 등을 적용할 수 없다. 그러나 수출업체의 입장에서는 간이정액환급률표를 적용한 환급액이 개별환급방법에 의한 환급액보다 적은 경우가 발생할 수 있다. 이 경우에는 관할지 세관장에게 간이정액환급 비적용신청을 하여

승인을 받아 개별환급방법으로 환급받을 수 있다.

비적용승인을 받은 수출업체는 정액률표상의 모든 품목에 대하여 적용이 배제되고 품목별 · 선별 비적용은 인정되지 않는다. 간이정액 비적용승인을 받은 업체가 다시 간이정액환급을 적용하려면 비적용승인일로부터 2년이 경과한 후에 환급기관장에게 적용 신청하여 승인을 받아야 하며 적용승인을 받은 자가 다시 비적용승인을 신청할 경우에도 2년이 경과한 경우에 가능하다. 다만, 생산공정의 변경 등으로 인하여 소요량계산서의 작성이 곤란하게 된 때 또는 정액환급률표에 의한 환급액이 개별환급액의 70%에 미달하게 된 때에는 적용되지 않는다.

수입물품을 수입한 상태 그대로 수출한 경우에는 간이정액으로 환급신청시 개별환급액으로 신청할때 보다 환급액이 과소 계상되기 때문에 간이정액율표의 적용이 배제되고 있다.

⑥ 환급액 산출방법 : 환급신청의 경우는 수출신고필증상의 FOB₩(원), 기초원재료 납세증명서 발급신청의 경우는 내국신용장, 구매확인서 또는 특수신용장상의 물품금액 10,000원당 책정한 간이정액환급률을 곱하여 산출한다.

수출 신고필증상의 FOB₩(원)/10,000 × 간이 정액 환급률

다만 기초원재료납세증명서 발급을 신청할 때 물품대금과 양도세액이 구분표시되지 아니한 경우는 다음의 공식에 의거 물품대금을 산출한 뒤 간이정액환급금 산출공식에 의거하여 산출한다.

물품대금 = 원화로 표시된 내국신용장등의 거래금액/[1 + (적용할 간이정액)/10,000]

### 4) 개별환급제도

환급금의 산출방법 중 개별환급제도란 수출품을 제조하는 데에 소요된 원재료의 수입시 납부한 관세등의 세액을 소요원재료 별로 확인 · 합계하여 환급금을 산출하는 방법이다. 개별환급방법은 정액환급에 비하여 납부세액을 정확하게 환급할 수 있는 장점은 있으나 구비서류가 복잡하고 환급금 산출에 많은

시일이 소요되는 것이 단점이다.

① 개별환급 적용대상 : 개별환급방법은 우선적으로 정액환급률표가 적용될 수 없는 수출물품에 적용된다. 일반적으로 개별환급이 전체 환급실적의 대부분을 차지하고 있다.

② 부산물 공제제도 : 수출품 제조과정에서 경제적 가치가 있는 부산물이 발생하는 경우 손모율로 인정된 부분에서 부산물이 발생함에도 소요된 수입원재료의 납부세액 전부를 환급함은 형평의 원칙에 맞지 않을 뿐만 아니라 사실상 수출되지 않은 동 부산물 제조용 원재료에 대하여도 관세등을 환급함은 부당하지 않기 때문에 원재료 수입시 납부한 관세등의 금액에서 부산물의 가치에 해당하는 금액을 공제한 후 잔액을 환급하며, 이를 부산물 공제제도라고 한다. 수출물품의 제조과정에서 발생된 부산물중 환급금에서 공제대상이 되는 부산물은 경제적인 가치가 있어서 판매되거나 자가 사용된 것을 말한다.

공제비율은 다음 공식에 의하여 산출된다.

부산물공제비율 = D/{A × C/B + D}

다만 기초원재료납세증명서를 발급 신청할 때 물품대금과 양도세액이 구분표시되지 않은 경우에는 다음의 공식에 의거하여 물품대금을 산출한 후 간이정액환급금 산출공식에 의거하여 산출한다.

물품대금 = 원화로 표시된 내국신용장등의 거래금액/[1 + (적용할간이정액)/10,000]

— A : 부산물이 발생하는 당해공정에서 생산된 제품의 가격

— B : 부산물이 발생하는 당해공정에서 소요된 총 원재료의 가격

— C : 부산물을 발생시킨 당해 원재료의 가격

— D : 부산물의 가격

(다만 A, B의 가격을 산정하기 곤란한 경우에는 D/C로, 위의 A, B, C, D의 가격을 산정하기 곤란한 경우에는 부산물 발생비율로 부산물 공제비율을 대신할 수 있음)

## 4-3 관세환급절차 및 서식작성

### 1) 환급신청 준비단계

환급을 신청하려면 환급신청전에 환급기관(환급업무를 관할할 세관)을 결정하여야 한다. 환급신청은 환급신청인의 제조장 또는 본사(법령에 의하여 사업장으로 등록된 사무소 포함)를 관할하는 세관장(출장소장 포함)이 신청해야 한다. 다만, 세관의 성격상 김해세관과 서울세관국제우편출장소에는 환급신청을 할 수 없다. 동일업체의 본사 또는 제조장간 관할지 세관을 변경하여 환급 등의 신청을 하고자 할 경우에는 환급기관변경신청서를 변경전의 관할지세관장에게 제출하여 승인을 받아야 한다.

환급신청인은 환급신청 전에 관할세관에 전용계좌번호를 서류로 통보하여야 하며, 이미 개설된 환급금 전용계좌를 변경하고자 하는 경우 세관장에게 계좌변경통보를 하여 관세청 전산시스템에 계좌번호가 등록되어야 환급금의 지급이 가능하다.

① 신청서 작성 : 환급업체(관세사)는 환급대상 수출신고필증 중 동일한 HS품목으로 같은 달에 수출된 수출건을 취합하여 신청서를 작성해야 하며, 간이정액환급은 간이정액률표 고시단위(매년단위로 고시함)별로 수출월 구분 없이 동일한 HS품목이면 동시에 환급신청이 가능하다.

해당 수출건에 사용된 수입(매입)물품의 소요량을 계산근거로 하여 환급신청서 및 제증명서를 환급처리용 S/W에 입력하며, S/W가 준비되지 않은 중소업체의 경우 관세사에 환급대행을 의뢰하거나 전국 주요세관 및 상공회의소의 입력시설을 이용하여 입력할 수 있다.

② 전자문서 전송/수신 : 종전의 관세환급시스템은 VAN/EDI 단일방식으로 운영되고 있었으나, '05. 10월부터 인터넷/WEB방식을 추가 도입하여 환급신청인의 여건 · 성향에 따라 VAN/EDI방식과 인터넷/WEB방식을 선택할 수 있는 EDI/인터넷 병행 환급시스템 신청체제가 최초로 구축되었으며 업체의 문서작성 · 전송은 24시간 가능하다.

③ 신청서 오류검증 : 환급시스템은 수신된 전자문서의 내용이 전자문서 작성규칙에 맞게 작성되었는지 여부와 각 신청서의 기본적인 입력사항(통관고유번

호, 환급구분, 계좌번호, 수출・입 사실 등)을 검증한다. 이 때 전자문서 규칙에 어긋나거나 기본적인 입력사항에 오류가 있는 경우 오류내용 및 오류항목이 포함된 전자문서를 생성하여 오류통보하면 이를 접수오류(Gateway 오류)라 하며 이때는 접수번호가 통보되지 않는다. 오류통보를 수신한 업체는 오류내역을 정정하여 원래의 제출번호로 재전송한다. 오류통보를 접수하면 해당 오류사항을 수정한 후 원래의 제출번호 및 접수번호로 재전송하며, 이때 전체 또는 오류발생부분에 대한 전자문서를 재전송한다.

④ 접수번호 부여 및 전산심사 : 환급시스템은 수신문서의 기본사항을 검증한 후 이상이 없으면 접수번호를 부여하고 세관 심사자 배부기준에 의거, 자동으로 심사당당자가 지정된다. 접수된 신청건은 관세청 환급시스템에 의해 자동으로 전산심사가 수행되며 전산심사는 (갑), (을), (병), (정) 등 신청서 내역별 논리적 연관관계 및 각 신청서의 세부사항에 대한 심사를 수행한다.

⑤ 접수통보 또는 전산심사오류 통보 : 전산심사 결과 오류가 없는 건은 접수번호 및 담당자를 해당업체에 통보(접수통보)하며 오류가 발생되면 오류항목 및 오류위치 그리고 접수번호, 담당자 등의 내용을 해당업체에 통보(오류통보)해야 한다. 업체는 오류통보 수신 후 오류내용을 수정하여 재전송하고, 오류로 통보 받았으나 이에 대한 문의사항이 있으면 오류통보시 기재된 세관의 담당자에게 문의한다. 오류건에 대한 재전송시 오류내용을 수정한 후 문서 전체를 다시 전송해도 되고 오류부분에 대해서만 부분재전송해도 된다.

⑥ 접수통보 후 3일 이내 서류제출 : 환급신청건 중 서류제출대상건의 경우에는 접수통보를 받은 환급업체(관세사)는 접수번호 및 접수일자가 기재된 신청서를 출력하여 접수통보일부터 3일 이내에 관할지 세관장에게 제출해야 한다. 3일 이내에 서류를 제출하지 않는 경우에는 전산오류 조치하고 환급신청이 접수되지 않은 것으로 처리하게 된다.

⑦ 제출서류에 의한 전산자료 확인 : 세관 담당자는 제출된 서류와 기접수된 업무처리화면의 신청내용을 대조하고 확인건에 대한 사항을 제출된 서류로 확인한 후 결재처리한다.

⑧ 환급결정 및 지급결재 : 신청건에 대한 담당 또는 주무 결재 후 세관 관리자(과장)에 의해 지급결재되어 환급결정 절차가 완료되지만 환급신청자에게 관세체납건이 있을 때에는 먼저 체납충당절차에 의해 체납금액을 공제한 후

지급결재한다.

⑨ 환급금지급 결정통지 또는 완료통보 : 관리자 결재 후 해당 업체에는 환급금지급 결정통지가 전송되고 사후 일괄납부업체인 경우 환급금은 지급보류(지급보류액만큼 담보잔액에 가산됨)되며 환급금 지급보류 내용이 통지된다.

⑩ 환급금 이체의뢰/환급금 지급의뢰 : 관리자가 결재를 하면 한국은행에 해당 세관장의 세입금계정에서 환급금을 이체하여 환급신청인의 계좌로 즉시 입금시킬 것을 전자문서로 요구한다.

⑪ 환급금 이체 및 지급 : 한국은행은 세관장이 이체 및 지급 요구한 바에 따라 해당 세관장의 세입금계정에서 환급금을 이체하여 환급신청인의 계좌로 입금시킨 후 입금결과를 세관장에게 전자문서로 통지한다.

### 2) 서식의 구성

환급신청서(갑)은 환급신청인과 수출물품 총환급액의 기재 및 환급을 신청하는 수출 신고건(수출 신고필증 또는 수출에 갈음하는 서류)이 10건 이하일 경우에 그 내역까지 기재할 수 있는 서식을 사용한다.

① 환급신청서(을)은 환급을 신청하는 수출신고건이 10건을 초과할 경우 환급신청서 (갑)지에 이어서 추가로 기재하는 서식

② 환급신청서(병)은 환급을 신청하는 수출신고건의 갑, 을지의 수출물품에 대한 소요원자재 별로 환급금의 계산근거와 잔량을 기재하는 서식으로 소요량계산서상 소요원자재별로 란을 구분하여 작성

③ 환급신청서(정)은 수출물품 제조과정에서 부산물이 발생되는 경우 발생된 부산물의 내역과 환급신청서 (병)지의 계산근거 내역에서 부산물에 대하여 공제된 금액을 기재토록 하여 추후 부산물이 수출 등에 제공되었을 경우 환급금을 산출할 수 있도록 하여주는 서식

### 3) 작성방법

환급신청서는 수출물품의 HS 10단위별로 수출물품이 수출등에 제공된 월별로 구분하여 작성한다. 환급신청서는 수출물품의 제조자별로 환급방법(연산품정액, 간이정액, 개별환급) 별로 각각 구분하여 작성한다.

수출물품의 HS 10단위가 동일하더라도 수출형태가 다를 경우 수출형태별로 구분하여 환급신청서를 작성한다(HS 10단위가 같은 품목이 수출도 하고 보세공장에 물품공급도 하였을 경우 각 수출형태별로 별도의 신청서를 작성). 정액환급(연산품정액, 간이정액) 신청시에는 환급신청서 (병)지(계산근거) 및 (정)지(부산물내역)는 작성하지 않는다.

부산물이 발생되어 (병)지(계산근거)에서 부산물비율을 공제하였다 하더라도 부산물이 전부 내수판매되고 수출되지 않아 공제하였던 부산물에 대한 세액의 환급이 필요 없는 경우에는 (정)지(부산물내역)는 작성할 필요가 없다.

(별지 제2-1호 서식)

# 환 급 신 청 서(갑)

| ① 환급신청인<br>주 소<br>상 호<br>성 명 | 신청인부호<br><br>사업자등록번호 | ⑤ ※접수번호 | 처리기간 : 3일 | |
|---|---|---|---|---|
| | | 기관부호 | 년도 | 일련번호 |
| | | | | |

| ② 신청관세사 | | ⑥ ※접수일자 | |
|---|---|---|---|
| ③ 제출번호 | | ⑦ 환급구분 | |

(1 : 연산품정액, 2 : 간이(₩), 3 : 개별, 4 : 자동간이)

| ④ 제조자<br>주 소<br>상 호<br>성 명 | 통관고유부호<br><br>사업자등록번호 | ⑧ ※결정일자 | |
|---|---|---|---|
| | | ⑨ 추가환급 | |

| ⑩ 수 출 물 품 규 격 | | | 세 종 | 금 액 |
|---|---|---|---|---|
| | | | ⑰ 관 세 | |
| ⑪ H S | ⑫ 부 호 | ⑬ 형 태 | ⑱ 특 소 세 | |
| | | | ⑲ 교 통 세 | |
| ⑭ 수출금액(FOB) | ⑮ 수출물량 | ⑯ 단 위 | ⑳ 주 세 | |
| | | | ㉑ 교 육 세 | |
| | | | ㉒ 농 특 세 | |
| | | | | |

| ㉔ 지급은행 | 은 행 명 | 본(지)점 | ㉓ 계 | |
|---|---|---|---|---|
| | 코드번호 | | | |
| | 온라인구좌번호 | | 총 ( )행 | |

| ⓐ 행번호 | 수 출 신 고 번 호 | | | | ⓕ 수리일자 | ⓖ 수출물량 | ⓗ 수출금액(FOB) |
|---|---|---|---|---|---|---|---|
| | ⓑ 세 관 | ⓒ 과 | ⓓ 신고번호 | ⓔ 란 | | | |
| | | | | | | | |
| | | | | | | | |
| | | | | | | | |
| | | | | | | | |
| | | | | | | | |
| | | | | | | | |

| 결재 | 담 당 | 주 무 | 과 장 | 장 |
|---|---|---|---|---|
| | | | | |

471-01541 민 210 × 297m/m

97. 7. 2. 승인 일반용지 60g/㎡

# 환 급 신 청 서(을)

| 기관부호 | 년 도 | 일련번호 |
|---|---|---|
| | | |

* 접수번호

| ⓐ 행번호 | 수 출 신 고 번 호 | | | | ⓕ 수리일자 | ⓖ 수출물량 | ⓗ 수출금액 (FOB) |
|---|---|---|---|---|---|---|---|
| | ⓑ 세 관 | ⓒ 과 | ⓓ 신고번호 | ⓔ 란 | | | |
| | | | | | | | |
| | | | | | | | |
| | | | | | | | |
| | | | | | | | |
| | | | | | | | |
| | | | | | | | |
| | | | | | | | |
| | | | | | | | |
| | | | | | | | |
| | | | | | | | |
| | | | | | | | |
| | | | | | | | |
| | | | | | | | |
| | | | | | | | |
| | | | | | | | |
| | | | | | | | |
| | | | | | | | |
| | | | | | | | |
| | | | | | | | |
| | | | | | | | |
| | | | | | | | |
| | | | | | | | |

471-01542 민　　　210 × 297m/m
97. 7. 2. 승인　　　일반용지 60g/㎡

# 환 급 신 청 서 (병)

| 기관부호 | 년도 | 일련번호 |
|---|---|---|
| | | |

총 ( ) ※ 접수번호

| ⓐ 행번호-ⓑ 원재료 구분 | ⓓ 수입(매입)일자 | ⓔ 사용량 | ⓕ 단위 | ⓗ H S | ⓙ 관세 | ⓙ 내국세( ) | ⓜ 합계 | | ⓞ 잔량 물량 |
|---|---|---|---|---|---|---|---|---|---|
| ⓒ 신고(증명)번호 및 란번호 | | ⓖ 원자재단가(₩) | | | ⓚ 교육세 | ⓛ 농특세 | ⓝ 조사란 | | ⓟ 잔량 세액 |
| | | | | | | | 구분 | 비율 | |
| - | | | | | | | | | |
| | | | | | | | | | |
| - | | | | | | | | | |
| | | | | | | | | | |
| - | | | | | | | | | |
| | | | | | | | | | |
| - | | | | | | | | | |
| | | | | | | | | | |
| - | | | | | | | | | |
| | | | | | | | | | |
| - | | | | | | | | | |
| | | | | | | | | | |
| - | | | | | | | | | |
| | | | | | | | | | |

1. ※표시란은 세관기재란임.
2. ⓑ란의 부호는 이면 참조
3. ⓝ조사란은 지급제한 또는 부산물공제비율을 기재한다.

471-01543 민 210 × 297m/m

97. 7. 2. 승인 일반용지 60g/㎡

# 환 급 신 청 서(정)

| 기관부호 | 년도 | 일련번호 |
|---|---|---|
| | | |

총 (  )　　　　　　　　　　※ 접수번호

<table>
<tr><td rowspan="3">ⓐ 행번호</td><td rowspan="3">ⓑ 품 명 · 규격</td><td colspan="2">ⓒ 신고번호 및 란번호</td><td colspan="2">ⓓ HS</td></tr>
<tr><td>ⓔ 물 량</td><td>ⓕ 단 위</td><td>ⓖ 관 세</td><td>ⓗ 내국세( )</td></tr>
<tr><td colspan="2">ⓚ 합 계</td><td>ⓘ 교육세</td><td>ⓙ 농 특 세</td></tr>
<tr><td rowspan="3"></td><td rowspan="3"></td><td colspan="2"></td><td colspan="2"></td></tr>
<tr><td></td><td></td><td></td><td></td></tr>
<tr><td colspan="2"></td><td></td><td></td></tr>
<tr><td rowspan="3"></td><td rowspan="3"></td><td colspan="2"></td><td colspan="2"></td></tr>
<tr><td></td><td></td><td></td><td></td></tr>
<tr><td colspan="2"></td><td></td><td></td></tr>
<tr><td rowspan="3"></td><td rowspan="3"></td><td colspan="2"></td><td colspan="2"></td></tr>
<tr><td></td><td></td><td></td><td></td></tr>
<tr><td colspan="2"></td><td></td><td></td></tr>
<tr><td rowspan="3"></td><td rowspan="3"></td><td colspan="2"></td><td colspan="2"></td></tr>
<tr><td></td><td></td><td></td><td></td></tr>
<tr><td colspan="2"></td><td></td><td></td></tr>
<tr><td rowspan="3"></td><td rowspan="3"></td><td colspan="2"></td><td colspan="2"></td></tr>
<tr><td></td><td></td><td></td><td></td></tr>
<tr><td colspan="2"></td><td></td><td></td></tr>
<tr><td rowspan="3"></td><td rowspan="3"></td><td colspan="2"></td><td colspan="2"></td></tr>
<tr><td></td><td></td><td></td><td></td></tr>
<tr><td colspan="2"></td><td></td><td></td></tr>
</table>

cf) 발생부산물을 수출 또는 로칼공급하지 않아서 환급 또는 기납증발급신청에 사용되지 않을 경우 정지작성 생략(병)지 조사란에 “C”로 기재해야 함.

471-01544 민　　　　　　　　　　210 × 297m/m
97. 7. 2. 승인　　　　　　　　　　일반용지 60g/㎡

# 연 습 문 제

## ❋ 서 술 형

1. 수출 및 수입 통관 절차에 대해 설명하시오.
2. 관세의 과세가격 결정방식에 대해 설명하시오.
3. 관세 환급절차에 대해 설명하시오.

## ❋ 용어설명

· 보세구역(Bonded Area)
· 수출신고(E/D : Export Declaration)
· 관세평가
· 간이정액환급
· 선적전 검사(PSI : Pre-Shipment Inspection)
· 과세물건
· 국정관세와 협정관세

CHAPTER

# 9

# 프레이트 포워더와 보험제도

## 제 1 절 적하보험의 기초개념

### 1-1 해상보험의 기초개념

국제무역에서 운송 중에 있는 화물의 소유자나 운송인은 운송위험 또는 도난 등의 형태로 손해를 입게 될 위험에 직면하게 되므로 국제무역은 해상운송상의 위험에 대비하는 적하보험에 연계되는 특수성이 있다. 일반적으로 무역은 한 기업이 언어, 풍습, 상관습, 시장구조, 통화제도 등이 상이한 국가의 타 기업에 특정 상품을 인도하고 그 대금을 지급받는 상거래 행위라 할 수 있다. 이 상행위를 수행시키기 까지는 주계약인 매매계약과는 별도로 두 개의 부차적 계약, 즉 운송인과 송하인사이에 체결되는 운송계약과 운송중의 위험을 전문기관에 의뢰하여 회피하는 적하보험계약이 있다. 이 계약들은 각각 별도의 계약관계에 있으나 국제무역을 완결시키기 위해서는 상호보완하는 입장에 있으므로 그 기능면에서 상호대체가 불가능한 필수불가결의 것이다. 국제무역에서 계약된 물품의 국제간 이동이 운송이며 운송로가 대부분 바다라고 하는 점에서 적하보험은 해상운송과 관련하여 특수성이 있다.

국가간의 교류를 증진시킨 이 해상운송은 수출상품이 수출입기업의 공장 또는 창고에서 선적항까지의 위험, 수입국의 하역항에서 최종 창고나 지정 장소까지의 위험이 수반된 내륙운송과 함께 협회적하보험약관(ICC)의 운송약관(transit clause)에서 운송위험이 부보됨으로써 운송개시시점에서 최종목적지까지의 도착기간을 적하보험 보험자의 책임기간으로 한다. 한편 고도로 발달한 상품의 수량적 증가와 운송분야에 있어서의 기술혁신으로 인한 세계 교역량의 증가는 선박에 적재되는 화물의 총가액도 증가하게 만들어 매매 당사자의 입장으로선 위험발생에 따른 손해의 결과가 상대적으로 증가함에 따라 적합한 보험의 부보가 요구되었다. 특히 해상운송은 운송과정에서 고유의 위험을 비롯한 다양한 위험에 직면하므로 적하보험의 부보는 더욱 필요한 것이며 수출입거래에서 적하보험의 주된 역할은 운송화물의 멸실, 손실의 경제적 결과에 대해 반대급부를 제공하는 것이다. 또한 적하보험계약은 보험목적물에 대해 발생가능성이 있는 손해에 대한 보상이 목적이므로 한편으로는 보상계약의 성질을 지니기도 한다. 이와 같이 해상운송과 적하보험과의 연계성으로 인해 수출입기업의 위험관리는 수익성 증대의 목적을 달성하기 위한 제활동과정에서 기업이 당면하는 순수위험관리(pure risk management)[1]와 국제무역에서만이 발생하는 운송위험관리가 병행되어야 한다.

## 1-2 적하보험의 특성

### 1) 보험담보(risk cover)의 일관성

CIF조건에 의한 수출화물을 예로 들면 화주(Shipper)가 보험계약을 체결하여 발행한 보험증권은 화물이 발송지의 창고를 반출된 때부터 목적지의 최종 창고에 반입될 때까지의 위험에 대하여 일관 담보된다. 협회화물약관중의 운송약관(transit clause)에 창고에서 창고까지를 담보하는 규정(창고간 담보의 원칙)이 있다. 따라서 운송형태가 국제복합운송의 경우와 같이 해 · 륙 · 공 등 다른 2종류 이상의 운송수단에 의한 경우도 창고간 담보조항이 적용되어 문전에서 문전까지(door to door) 일관해서 담보된다. 그 외에 미술품을 전시 중에도 왕복운항구간을 일관해서 담보하는 경우도 예를 들면 "wall to wall clause"(회화가 걸려

1) Bickelhaupt, D.L., General Insurance, 11th ed., Homewood Inc., 1983, pp. 4~5.

있는 미술관의 벽에서 떼어 다시 해외의 전시관의 벽까지 거는데 왕복수송을 담보하는 특별약관)에 의해 가능하다.

### 2) 담보위험의 다양성

담보위험은 화물의 성질, 화물의 모양, 운송구간, 적재항선박, 기타 수송용구의 명세 등에 따라 다르며 1963년 협회화물약관이라면 FPA, WA의 기본조건에 외래적 부가위험(도난불착, 파곡손, 우담수, 오염 등)을 추가한다. 또한 이들의 각종위험을 망라해서 담보하는 All Risk담보조건이었다. 1982년 신약관으로 All Risk담보조건은 (A)약관 W.A.에 해당하는 (B)약관, FPA에 해당하는 (C)약관이 있다. (B), (C) 각 약관에 각종의 추가위험을 담보하여 활용되고 있다. 더욱이 양모, 생고무, 원당, 곡물, 원유, 냉동식품, 냉동육, 목재 등의 상품에는 각각의 화물 고유의 성질과 거래형태 및 수송방법에 적응한 협회화물약관(Institute Cargo Clause)이 화주협의회와 런던보험협회간에 합의제정되었고 세계적으로 널리 적용되고 있다.

### 3) 피보험이익의 종합성

보험의 목적인 화물에 대한 매매거래관계자들의 각종 이해관계자가 존재한다. 이들의 사람과 화물과의 관계를 피보험이익이라고 하는데 무역화물에는 화주가 가진 소유자이익 외에 매수인이 가진 전매 후의 희망이익, 항해도중의 상품가격의 상승에 의한 피보험화물의 증가이익, 도착한 화물의 파손부분 및 멸실부분에 대해서도 부과되는 수입세의 경제적 손실에 대한 매수인의 피보험이익 또는 후불운임에 관해서 운송인의 피보험이익 등이 있다.

화물보험에서는 이들의 각종 피보험이익에 대해서 보험계약이 체결되지만 예를 들면 화물의 원가, 운임, 보험료 등이 CIF가격에 의해 견적되는 소유자이익과 함께 희망이익, 증가이익, 수입세 등의 제반 피보험이익을 한건의 보험증권으로 부보할 수 있다.

### 4) 국제금융에 대한 담보기능

신용장에 의한 화환어음결제는 무역결제의 표준방식이다. 이 결제방식을 원활하게 운영하기 위해서 화물보험은 필수적인 역할을 하고 있다. 신용장 통일규칙에 의거 화물보험증권의 담보조건은 신용장의 보험조항의 내용과 일치하고 있는 화물보험증권에는 무역금융에 대한 담보기능이 갖춰지기 때문이다.

### 5) 수출보험과의 상호보완기능

신용장방식에 의하지 않는 D/P, D/A의 결제방식에서는 수출보험의 한 종류를 구성하는 수출어음보험이 부보된다. 그 외에 각종의 수출보험이 정책보험의 특성을 가지고 운영되고 있으며 민간손해보험에서는 도저히 부담할 수 없는 해외기업의 신용위험 및 상대국의 국가위험도(country risk)가 담보되고 있다. 적하보험은 물보험으로 화물의 손해보상을 주임무로 하지만 해상위험 외에도 전쟁위험, 동맹파업위험 등의 국가위험도의 일부분도 담보되고 있다.

이와 같이 적하보험은 국제무역금융에 대한 담보기능과 함께 수출보험에 대해서도 상호보완적인 관계를 갖고 있다.

### 6) 손해보상의 신속성

화물보험은 계약에 의해 합의한 방법과 보상범위에 따라서 주로 운송중에 발생한 화물의 손해를 보상하는 제도이다. 피보험자에 있어서 보험구상은 가장 중요하며 보험사고 발생시에 신속한 손해보상을 받는 것이 보험계약의 본래 목적이라고 할 수 있다. 보험회사는 세계의 주요항, 주요지역에 클레임정산대리점망을 설치하고 동시에 특정대리점이 없는 경우에 대비하여 로이즈의 다른 신용이 있는 대리점에 클레임정산을 위탁하고 있기 때문에 항상 원활하고 신속한 보험금의 지급이 가능하게 되어 있다.

## 1-3 해상보험과 적하보험 계약

### 1) 해상보험의 정의

무역이 원활하게 수행되기 위한 제도로서 무역물품 운송과 관련된 해상보험제도와 대금결제에 관련된 수출보험제도가 있다. 해상보험의 정의는 우리나라 상법 제693조에 "항해에 관한 사고로 인하여 발생할 수 있는 손해보상을 목적으로 하는 보험이다"라고 되어 있다.

또한 영국 해상보험법 제 1 조에 의하면 "해상보험계약(Contract of Marine Insurance)은 보험자가 피보험자에 대하여 그 계약에 의해서 합의한 방법과 범위 내에서 해상손해(marine losses), 즉 해상사업에 수반되는 손해(the losses incident to Marine Adventure)를 보상할 것을(indemnify) 약속하는 계약이다"라고 되어 있다.

요약하면 해상보험은 항해에 관한 사고를 당할 우려가 있는 재산을 가진 다수인이 위험의 정도에 따라 합리적인 방식으로 자금을 각출하여 공동준비재산을 형성하고 사고가 발생하여 손해를 입었을 때 이를 보상함으로써 경제적인 불안을 제거 또는 경감시키는 경제시설이라고 정의할 수 있다. 이러한 해상보험은 화물을 대상으로 하는 적하보험(Cargo Insurance)과 선박을 대상으로 하는 선박보험(Hull Insurance)이 주종을 이루고 있다.

### 2) 적하보험 계약

적하보험은 화물을 대상으로 하는 보험으로 운송중에 외부의 우연한 사고의 결과로 인해 화주가 입게 되는 화물의 손실을 소정의 보험료를 대가로 보험자가 피보험자에 대하여 계약당시의 합의한 방법과 범위에 따라 보상하는 보험이다. 화물은 대체로 상품 그 자체를 말한다. 사유물이나 선내에서 소비하기 위한 식료품이나 소모품 등은 화물로 취급되지 않으며 이들 품목은 적하보험의 대상이 될 수 없다. 따라서 적하보험계약이라 함은 해상운송과정에서 발생하는 각종 위험에 의해 화물 기타의 재산이 손해를 입은 경우에 보험을 인수한 보험자가 그 손해를 보상할 것을 약속하고 보험계약자가 그 대가로 보험료를 지불할 의무를 부담하는 것을 내용으로 하는 계약이다. 이런 위험에 의해 손해를 입을 입장이 되어 보험계약에 의해 손해의 보상을 받는 사람을 피보험자(Insured 또는 Assured)라고 하는데, 통상 보험계약자와 피보험자는 동일인이지만 제삼자가 스스로 보험계약자가 되어 타인을 위해 보험계약을 체결하는 일도 있다.

적하보험에 있어서 어떠한 위험에 의해 어떠한 손해가 어떤 범위에서 보상되는가는 보험계약시 보험자와 계약자 사이에 개별적으로 결정되고 이러한 보험계약의 내용은 보험증권(Insurance Policy)상에 표시된다.

## 1-4 적하보험계약당사자

### 1) 적하보험계약의 관계자

적하보험계약관계자는 협의의 개념과 광의의 개념이 있는데 협의의 보험당사자란 보험계약의 당사자인 보험자와 보험계약자 그리고 보험계약에 관하여 이해관계를 가지는 제 3 자로서 피보험자를 말한다. 그러나 보험계약자가 자신을 위하여 보험계약을 체결하는 경우에는 자기가 동시에 피보험자가 된다. 광의의 보험계약관계자에는 보험목적의 소유자, 보험대리점, 보험중개인, 보험모집인 등이 포함된다.

#### (1) 보험계약당사자

① 보험자 : 해상보험자(insurer, underwriter)란 보험계약자와 해상보험계약을 체결하고 항해에 관한 사고의 발생에 의해 피보험이익에 발생하는 손해의 보상을 약속하는 자이다. 보험사업은 공공의 이익과 밀접한 관계를 맺고 있으므로 다수의 보험계약자를 상대로 위험을 인수하여 이를 효율적으로 관리해야 한다는 성격 때문에 법률은 보험자의 자격에 대하여 엄격한 제한을 가하고 있다.[2] 이는 보험계약의 사회성 때문이며 그 사업의 확실성과 영속성을 확보하기 위한 것이다. 그리고 하나의 보험계약을 복수의 보험자가 공동으로 인수하는데 이를 공동보험계약이라고 한다. 이 경우에 각 보험자는 연대하여 채무를 부담하여야 한다.[3]

② 보험계약자 : 보험계약자(policy holder)란 보험자와 보험계약을 체결하고 보험료를 지불할 의무를 부담하는 자이며 이의 자격에 대하여 별도의 제한은

---

2) 보험업법의 규정에 의하면 보험사업은 재무부장관의 면허를 얻어야 영위할 수 있고(보험업법 제 3 조), 보험자는 손해보험의 경우는 300억 원 이상, 人保險의 경우는 100억 원 이상의 자본금 또는 기금을 갖추고 있는 주식회사 또는 상호회사이어야 한다(보험업법 제 6 조). 이렇게 우리나라의 경우 개인, 합명회사 및 유한회사 등은 보험자가 될 수 없으나 영국의 경우는 Lloyd's Underwriter와 같은 개인보험업자도 위험을 인수하고 있다.

3) 상법 제57조 1항.

없다. 따라서 보험계약자가 복수로 존재할 수도 있고, 자연인이나 법인 또는 상인이나 비상인이든 관계가 없으며, 보험계약자는 대리인으로 하여금 보험계약을 체결하도록 할 수 있다.[4] 그리고 다수인이 공동보험계약자로서 하나의 보험계약을 체결할 수 있으며 이때에 그 중 1인 또는 수인에게 상행위가 되면[5] 이들 보험계약자는 각각 연대하여 채무를 부담하여야 한다.[6]

### (2) 보험계약당사자 이외의 제 3 자로서 피보험자

손해보험계약에 있어서 피보험자(insured, assured)는 피보험이익이 귀속되는 주체로서, 보험사고의 발생에 의해 손해를 입은 경우 보험자에게 직접 손해보상을 청구할 수 있는 자이다. 즉, 피보험자가 되기 위해서는 보험사고의 발생에 의해 손해를 입을 관계에 있는 자, 즉 피보험이익관계를 가지는 자이어야 하며, 피보험이익관계를 가진다면 그것이 개인이든 법인이든 또는 상인이든 비상인이든 불문하고 피보험자가 될 수 있다. 또한 피보험자는 복수로 존재할 수 있으며 보험의 목적이 복수인에 의해 공유되는 경우에는 복수인이 공동으로 피보험자가 될 수 있다.

피보험자는 보험계약의 체결에 직접적으로 관여하는 계약당사자는 아니기 때문에 보험자에 대하여 손해보상청구권을 갖는 것 외에는 하등의 권리 · 의무를 갖지 않는 것이 원칙이다. 그러나 피보험자는 보험계약의 당사자는 아니지만 피보험이익의 주체로서 보험사고에 의한 손해보상을 받는 자로서 중요한 지위를 차지하고 있기 때문에 특정한 경우의 보험료지불의무,[7] 고지의무[8] 등과 같은 보험계약자의 의무를 부담할 뿐만 아니라 보험계약자의 경우와 같이 피보험자의 행위 또는 피보험자의 일정한 사실에 대한 인지에 의해서도 보험계약의 효력에 영향을 미칠 수 있다.

### (3) 보험자의 보조자

① 보험대리점 : 보험대리점(insurance agency)이란 일정한 보험자를 위하여 계속적으로 보험계약의 체결을 대리하거나 매개하는 것을 영업으로 하는 독립

---

4) 상법 제646조.
5) 상법 제47조.
6) 상법 제57조 1항.
7) 상법 제639조.
8) 상법 제680조.

된 상인이다.[9] 보험대리점은 일정한 보험자로부터 위탁을 받아 그를 위하여만 계속적으로 대리 또는 중개한다는 점에서 보험중개인과는 다르고 또 보험자로부터 위임을 받아 대리 또는 중개를 영업으로 하는 독립된 상인이라는 점에서 보험자의 단순한 사용인과는 다르다. 보험대리점은 보험자로부터 보험계약체결의 대리권을 부여받은 締約代理店과 단순히 계약의 성립을 주선하고 매개하는 권한만을 부여받은 중개대리점으로 구분되며 대리점이 갖는 대리권의 범위는 보험자와 보험대리점과의 계약에 의해 정해진다.

② 보험중개인 : 보험중개인(insurance broker)이란 불특정한 보험자를 위하여 보험자와 보험계약자 사이의 보험계약의 체결을 중개하는 것을 영업으로 하는 독립된 상인으로서[10] 보험계약체결의 대리권이 없으며 고지수령권, 보험료수령권도 없다. 보험계약의 체결권이 없다는 점에서 보험중개대리점과 같으나 중개인의 경우 불특정 보험사업자를 위하여 계약성립의 중개를 하지만 중개대리점은 일정한 보험사업자를 위하여 중개한다는 점에서 차이가 있다. 보험중개인은 보험자 또는 보험계약자의 위탁을 받아 계약의 체결을 중개하는 자로서 그 권리의무는 중개계약 및 중개업에 관한 상법의 규정[11]에 따라 정해진다. 우리나라에서는 아직까지 보험중개인의 활동은 없으나 영국 등의 경우에는 보험중개인에 의한 보험계약의 중개가 일반적이고 특히 해상보험거래의 중심시장인 London, Rotterdam, Amsterdam, Hamburg 등에서는 보험거래소의 이용과 함께 보험중개인에 의한 보험중개가 널리 이루어지고 있다.

## 1-5 보험목적물과 피보험이익

### 1) 보험목적물(Subject-matter insured)

위험으로 인하여 손해나 경제상의 불이익이 발생하게 되는 대상으로서 보험에 가입할 수 있는 이익(Interest)을 보험의 목적이라고 한다. 해상보험에서는 선박, 적하, 운임 등이 보험가입의 대상이 된다.

---

9) 상법 제87조.
10) 상법 제93조, 제46조 11호, 보험업법 제 2 조 5항.
11) 상법 제95조 이하.

(1) 화물(Goods)

화물은 상품의 성질을 가지는 모든 화물로서 개인소지품 및 선내에서 사용하기 위한 식료품과 용품은 화물의 범위에 포함되지 않는다. 그리고 갑판적 화물(deck cargo)과 생동물(live animals)에 대해서는 반드시 명칭을 명시하고 보험계약을 체결하도록 규정하고 있다.

화물을 보험목적물로 하는 경우 운송중 화물이 멸실 또는 훼손되거나 화물을 보존하기 위하여 경비를 지출함으로써 화물의 소유자가 입은 손해는 적하보험(cargo insurance)을 통해 보상받게 된다.

(2) 선박(Ship)

사회통념상 선박이라고 인정되는 모든 선박은 해상보험의 목적물이 될 수 있으며 상거래에 사용되는 선박 이외에 특수한 목적을 가진 선박도 해상보험의 대상이 될 수 있다. 실제 해상보험에 가입되어 있는 선박의 종류는 화물전용선 · 여객선 · 어선 등 다양하다. 해상보험에서 의미하는 선박에는 선체 · 의장용구 · 고급선원 및 보통선원의 용품과 식료품 등이 포함된다. 의장용구는 나침반 · 구명보트 등 항해에 필요한 선박의 부속물을 말하며 특수 사업에 사용되는 선박의 경우에는 그 사업에 통상적으로 필요한 의장까지 포함된다. 또한 기선의 경우에는 기계 · 기관이 포함되며 선주가 소유하고 있는 석탄과 기관용 소모품도 선박의 범위에 포함된다.

선박은 선박보험(hull insurance)을 통해 선박의 관리 및 운항중의 멸실이나 훼손 또는 선박을 보존하기 위하여 지출된 경비 및 선박으로부터 발생한 책임손해를 보험조건에 따라 보상받게 된다.

(3) 운임(Freight)

운임은 제3자에 의해서 지불되는 운임뿐만 아니라 선주가 자신의 선박으로 자신의 화물을 운반할 경우 얻는 운임까지도 포함된다. 그러나 여객이 지급하는 여객운임은 운임에 포함되지 않는다.

운임을 보험목적물로 할 경우 운임보험을 체결하게 되고 운임을 취득하는 자가 운임보험계약을 체결하는데 운임이 선불인 경우는 화주가 운임보험을 체결하고 운임이 도착지에서 지불될 경우에는 선주가 체결한다.

### 2) 피보험이익(insurable interest)

피보험이익은 보험계약을 체결할 수 있고 보호의 대상이 되는 객체인 보험목적물과 특정인과의 이해관계를 의미한다. 즉 보험목적물에 대하여 특정의 경제주체가 갖는 이해관계를 피보험이익이라 한다. 이러한 피보험이익은 보험계약을 체결하는 과정에 있어서 대단히 중요하다. "이익이 없는 곳에는 보험이 없다"고 하는 일반적인 표현에서와 같이 피보험이익이 존재하지 않으면 보험계약을 체결할 수도 없고, 만일 보험계약 형식을 갖추었다고 하더라도 그 계약의 효력은 발생할 수 없다고 할 수 있다. 피보험이익은 다음과 같은 요건을 갖추어야 성립될 수 있다.

[표 9-1] 피보험이익의 요건

| 요 건 | 내 용 |
|---|---|
| 경제성 | 객관적으로 재산상의 가치를 가지고 있어야 하며 또한 금전적으로 평가될 수 있어야 함 |
| 확실성 | 금전적으로 확정되고 그것이 누구에게 귀속될 것인지가 확실해야 함 |
| 합법성 | 해상보험계약을 비롯한 모든 보험계약은 합법적이어야 하며 피보험이익도 반드시 법률상 인정되는 합법적인 것이어야 함 |

(1) 피보험이익의 존재시기

일반적으로 보험계약을 체결할 때 피보험자는 피보험이익을 가지고 있어야 한다. 그러나 해상보험은 다른 분야의 보험에 비해 국제성이 강하기 때문에 피보험이익을 가지고 있지 않다 하더라도 보험계약이 체결될 수 있다. 해상보험에서 피보험자가 피보험이익의 존재를 증명해야 할 시기는 보험사고가 발생한 때이며 이때 피보험자가 보험금을 청구할 때 선화증권을 제시해야 하는데 그 이유는 피보험이익을 증명하기 위해서이다.

보험계약을 체결하기 전에 보험사고가 발생했다면 이때는 보험목적물이 소멸되어 수입업자에게 피보험이익이 없기 때문에 피보험자는 이에 대한 보상을 받을 수 없게 된다. 이러한 선의의 피보험자를 보호하기 위하여 적하보험에 한하여 소위 '소급보상의 원칙'이 적용되고 있다. 즉 소급보상의 원칙은 보험계약이 체결되기 전에 발생한 손해까지도 소급하여 보험자가 보상한다는 원칙이다. 그러나 소급보상의 원칙은 피보험자에 의해서 악용될 여지가 있기 때문에 보험계약 당사자 모두가 보험사고의 발생사실을 모르고 있는 경우에만 이 원칙이 적용된다.

(2) 피보험이익의 당사자

피보험이익의 당사자는 선박 · 적하 · 운임 등과 같은 보험목적물을 소유하거나 취득하는 자로서 그에 대한 피보험이익을 가진다. 선주(Shipowner)는 선박 · 운임 · 선박보험료 · 선비 등과 같이 선박과 관련된 이익을 가지며 화주(Shipper)는 자신이 화물을 소유하고 있는 한 화물에 대한 피보험이익을 가진다.

여러 당사자들이 상거래상 갖는 이해관계가 피보험이익이 되는 것이다. 따라서 피보험이익을 갖는 선주나 용선주, 화주 등 이해관계자는 선박보험이나 적하보험, 운임보험 등을 통해 자신이 갖는 피보험이익에 대해 발생할 수 있는 위험을 회피할 수 있다. 또한 보험자도 자신이 인수한 금액만큼을 피보험이익으로서 다른 보험자와 재보험계약을 체결하여 보험사고 발생에 따른 위험을 전가시킬 수 있다.

## 제 2 절 적하보험증권과 주요내용

보험증권(Policy, Versicherungsschein)이란 보험계약의 성립과 그 내용을 증명하기 위하여 보험계약이 성립한 때에 지체 없이 그 내용을 기재하고 보험자가 기명날인 또는 서명하여 보험계약자에게 교부하는 증권을 말한다(상법 제640조). 즉, 보험자는 보험계약자의 청구가 있든 없든 계약상의 의무로서 보험증권을 작성 · 교부할 의무가 있다(독일보험계약법 제 3 조 1항, 프랑스보험계약법 제 8 조). 보험계약은 요식계약(要式契約)이 아니고 낙성계약(諾成契約)이므로(상법 제638조) 보험증권의 발행은 계약당사자의 편의를 위한 것이지 계약의 성립요건도 아니고, 또 보험자만이 기명날인하는 것이므로 계약서도 아니다.

## 2-1 해상보험증권 개요

해상보험증권은 보험자, 피보험자, 피보험목적물, 담보위험, 보험가액과 부보금액(付保金額), 위험의 시기와 종기, 피보험자에 대한 손해보상의 약속 등 보험계약의 내용을 자세히 표현하여 보험자가 계약을 입증하는 확약증서이다. 부언하면 보험증권은 요식(要式)증권이며 계약의 성립을 증명하는 증거(證據)증권이다.

보험증권은 일반적으로 1779년 영국의 로이드(Lloyd's)에서 공식적으로 사용했던 'The S.G form'을 사용하거나 이것을 일부 수정하거나 첨부하여 사용하고 있다. Lloyd와 구분하여 회사용보험증권이 영국보험자협회(Institute of London Underwriter : ILU)에서 채택되어 사용되었다. 우리나라는 ILU의 회사용보험증권을 사용하여 왔었다. ILU와 Lloyd's가 1978년 UNCTAD의 해상보험에 관한 보고서에 따라 1981년 7월 1일 신적하보험증권을 작성완료하여 세계 각국에 그 내용에 대한 의견조회를 거쳐 '신해상보험증권'을 태동시켰다.

신적하보험증권이 세계적으로 사용된다 하더라도 구약관과 S.G양식의 약관 내용이 완전히 폐지된 것이 아니고 연관성이 있기 때문에 구 증권의 약관내용도 이해를 하여야 한다.

## 2-2 보험증권의 종류

보험증권이 일정기간을 기준으로 부보되었을 경우를 기간보험증권(Time Policy)이라 하고, 일정기간은 증권에 분명히 명시되어야 한다. 항해구간을 기준으로 부보하는 증권을 항해보험증권(Voyage Policy)이라하며, 기간과 항해에 대한 계약내용이 포함된 경우, 예컨대 선박을 런던으로부터 홍콩까지 6개월간 부보하는 경우를 혼합보험증권(Mixed Policy)이라 한다.

피보험목적물의 종류에 따라 최대보험가액은 약정되었으나 보험목적물 및 부보가액은 추후의 통지에 의하여 확정되는 증권을 선명 및 적하품 미상보험증권(Floating Policy)이 있다. MIA 29조 1항에서는 선명미상보험증권이라 함은 총괄적 문언으로 보험계약을 표시하고 선명과 기타 사항들은 후일에 확정통지하는 것을 양해하는 증권이다.

보험에 부보할 때 금액을 합의하여 증권이 발행되는 경우와 그렇지 않은 경우가 있는데 이것을 각각 평가보험증권(Valued Policy), 미평가보험증권(Unvalued Policy)이라고 한다.

Floating Insurance Policy에는 개별예정보험증권(Provisional Policy)과 포괄예정보험증권(Open Policy)이 있다.

### 1) 개별예정보험증권(Provisional Policy; Provisional Insurance)

예정보험은 전술한 바와 같이 보험계약청약에 필요한 사항의 일부가 미상(未詳)인 채로, 즉 조건부로 인수하는 계약이다. 실무상 이것을 개별예정보험과 포괄예정보험 두가지로 나눌 수 있다. 개별예정보험은 1회 선적분 또는 하나의 매매계약에 의한 수회의 선적분에 대하여 보험청약 필요사항 중 선박명을 미상, 출항일을 예정시기, 수량 및 보험금액을 개산(槪算)숫자로 인수한다.

수입화물의 매매거래조건이 FOB, CFR 또는 이와 유사한 FCA, CPT조건인 경우 매수인은 매도인으로부터의 선적통지에 의거하여 보험청약을 하는데 선적통지가 없거나 지연되면 화물이 운송중에 있음에도 불구하고 무보험상태가 되므로 장기간에 걸친 대량 화물의 선적에 대해서는 미리 예정보험계약을 체결하는 것이 관례적인 방법이다.

예컨대 1월부터 10월에 걸쳐 매월 약 10만톤씩의 콩을 FOB조건으로 Chicago에서 수입하는 한국 매수인의 예를 보면 매수인은 미리 예정보험(Provisional Insurance)을 계약하여 예정보험증권(Provisional Policy)또는 예정보험승인장(Cover note)을 입수한다. 이 경우 화물적재선박의 명세는 불명(不明)또는 미상(未詳)이므로 선박명은 “Approved Vessel subject to the Institute Classification Class”(협회선급약관준거의 표준규격선)로 청약한다. 또한 화물에 대해서는 “Soya Beans in bags about 1,000,000M/T”로 하고 출항일도 “sailing from January to October 1991”로 하여 개략의 내용으로 예정보험계약을 체결한다. 그 이후 구체적인 선적하물량, 선박명, 출항일 등이 판명되는 대로 확정보험을 청약한다.

매도인으로부터의 통지를 선적통지(declaration of shipment)라고 하고 매수인측의 확정보험청약을 확정통지(definite declaration)라고 한다. 피보험자 및 보험계약자인 매수인은 빠짐없이 확정통지를 할 의무가 있다. 보험회사측은 예정보험계약의 내용대로 수량이 매월 적출되었다는 확정통지가 있었는가를 확인하고 확정통지를 받자마자 예정보험의 대상이 되어있는 수입예정량을 줄여나간다.

### 2) 포괄예정보험증권(Open Policy)

포괄예정보험은 보험계약자가 수출 또는 수입하는 화물의 전부 또는 특정된 일부에 대하여 무기한의 예정보험(예정출항시기, 개산(槪算)수량, 보험금액미상)으로 인수된다.

1년 이상에 걸쳐 계속해서 다량의 수입화물이나 3국간 무역화물을 취급하는 화주에게는 포괄예정보험계약을 체결하는 것이 편리하고 유리하다. 포괄예정보험계약의 경우 open policy가 발행된다. 피보험자에 대한 open policy의 유리한 점은 다음과 같다.

(1) 미리 보험조건 및 보험료율을 협정해 두면 선적할 때마다 보험회사와 요율이나 조건을 교섭하는 수고를 덜 뿐 아니라 기존의 보험료율에 의하여 화물매매거래상의 채산을 쉽게 파악할 수 있다.

(2) 다량의 선적화물을 취급하는 경우 단순한 사무착오에 의하여 부보의 누락이 발생하는 경우가 있다. 그러나 open policy가 체결되면 단순한 사무상의 착오로 부보가 누락되더라도, 비록 이미 손해가 발생하고 있는 경우가 있더라도 이의 없이 보험은 인수되고 보험금은 지급된다. 부보의 누락은 종종 손해의 발생을 계기로 발견되는 일이 많으므로 open policy는 피보험자에게 유리하다.

## 2-3 기타보험증권 관련사항

### 1) Cover Note

Cover Note는 간략화한 예정보험증권에 상당하는 서식이다. Cover Note상부에는 포괄예정보험계약(open policy 또는 open contract)의 번호 및 예정보험계약

(provisional insurance)의 번호의 기입란이 있어 이들 계약에 준거한다는 취지가 기입되며 계약내용기재란 외의 다른 약관이 인쇄표시되어 있다. 또한 신용장 통일규칙 제35조에는 "보험중개인(broker)이 발행한 Cover Note는 신용장에서 특별히 허용되지 않는 한 수리되지 않는다"고 규정되어 있다. 우리나라에는 보험중개인제도가 없으므로 전기 규정의 broker's cover note는 없다.

### 2) Debit Notes

Debit Note의 상부는 보험청약서, 보험증권, 보험증명서 등의 schedule란과 같다. 하부에는 해상보험(marine insurance), 전쟁 · 동맹파업보험(war & strike insurance), 수입세보험(duty insurance) 등의 보험료가 기재되어 있다.

### 3) Endorsement(Rider)

Endorsement 또는 Rider라고 불리는 서식은 보험계약 당시의 본래의 계약내용에 변경 · 정정이 발생한 경우에 이용된다. 보험증권 또는 보험증명서가 일단 발행된 후에 보험계약의 내용에 변경이나 정정이 발생한 경우 보험계약자 또는 피보험자는 지체 없이 보험회사에 통지하고 그 변경 내용에 따라서는 할증보험료를 지급하여 계속담보를 요구할 필요가 있다. 예컨대 적재외항선이 A호에서 B호로 변경되거나 환적항이 A항에서 B항으로 정정된 경우 원보험증권이 이미 외국에 발송되어 정정이 불가능할 때에는 추가계약서로서의 endorsement (rider)를 발행하여 원보험증권 또는 보험증명서에 첨부하도록 추가발송한다. 이와 같이 이미 발행한 보험증권을 회수하여 재발행하거나 그대로 정정하는 것이 부적당하거나 불가능한 경우에 추가계약서인 endorsement(rider)로서 계약내용의 일부를 변경 또는 정정한다.

### 4) Slip

보험중개인(insurance broker)이 피보험자로부터 고지받은 사항을 보험자에게 고지하여 보험자로부터 보험계약청약의 승낙을 받기 위해 작성하는 서류를 Slip이라 한다.

## 2-4 협회적하약관(ICC 약관)

해상이나 항공으로 수송되는 무역물품이라면 어떠한 것이라도 보험에 가입할 수 있는 적하보험은 적하보험계약을 위해서 보험약관이 필요한데, 현재 활용되고 있는 것은 영국 보험자협회(Institute of London Underwriter : ILU)가 만든 협회적하보험약관이다. 무역업자, 즉 화주와 보험회사간에 적하보험계약에 이용되는 증서가 해상보험증권(화물용)이다. 이 증권 이면에는 약관이 있는데 영국보험자협회에서 제정한 신약관이 활용되고 있다. 이를 '1982 신협회적하약관'이라 한다.

신협회적하약관에는 여러 가지 종류가 있고 화물의 종류별로도 특유의 약관이 있지만 일반적으로 다수의 화물에 공통 적용하는 기본약관은 세 가지이다.

① Institute cargo clause(A) : (A) clauses

② Institute cargo clause(B) : (B) clauses

③ Institute cargo clause(C) : (C) clauses

(A) clauses는 과거의 전위험담보조건(All Risks : A/R), (B) clauses는 과거의 분손담보조건(With Average : W.A.), (C) clauses는 과거의 분손부담보조건(Free From Particular Average : F.P.A.)의 변형이다. (A)조건은 일정한 면책위험을 제외하고는 모든 위험, 즉 피보험목적물에 발생하는 멸실 및 손상, 비용 일체를 모두 담보하는 조건으로 보험료가 가장 높다. (B)조건은 종래의 보험조건 중에서 W.A.의 담보위험이 명확하지 않았던 것을 보완하여 보험자가 보상하여야 할 담보위험을 구체적으로 열거하고 분손도 담보한다는 조건이다. (C)조건은 분손을 담보하지 않고 전손되어야 보험혜택을 받을 수 있다는 것으로 최소보험에 해당된다.

한편, 이들 세 가지 기본약관은 그 내용이 모두 동일한 19개조로 구성되어 있고 다만 제 1 조의 위험약관만이 서로 다르다. 그러나 본서에서는 수많은 약관들에 대해 일일이 검토하지 않고 담보위험과 면책위험을 규정하고 있는 제 1 조부터 제 7 조까지의 약관들을 통해 해상보험에서 담보되는 각종 위험들에 대해서만 알아보기로 한다. 제 1 조는 위험약관(Risks Clause)으로 각 조건별 멸실과 손상에 대하여 보상범위를 나열하고 있다. 제 2 조와 3조에서는 각각 면책위험을 제외한 공동해손과 쌍방과실충돌 손해에 대한 보상범위를 정하고 있다. 제

[표 9-2] I.C.C. (A), (B), (C) 조건 비교

| | 약 관 내 용 | A | B | C | 조항 |
|---|---|---|---|---|---|
| 담보위험 | • 하기의 원인에 합리적으로 기인하는 보험목적물의 멸실·손상 | | | | 1조 |
| | 1. 화재 또는 폭발 | ○ | ○ | ○ | |
| | 2. 본선 또는 부선의 좌초, 교사, 침몰, 전복 | ○ | ○ | ○ | |
| | 3. 육상 운송용구의 전복, 탈선 | ○ | ○ | ○ | |
| | 4. 본선, 부선, 운송용구의 타물체와의 충돌, 접촉 | ○ | ○ | ○ | |
| | 5. 피난항에서의 화물의 임하 | ○ | ○ | ○ | |
| | 6. 지진, 화산의 분화, 낙뢰 | ○ | ○ | × | |
| | • 하기의 사유에 근인해서 생긴 보험목적물의 멸실·손상 | | | | |
| | 1. 공동해손 희생손해 | ○ | ○ | ○ | |
| | 2. 투하 | ○ | ○ | ○ | |
| | 3. 갑판유실 | ○ | ○ | × | |
| | 4. 본선, 부선, 선창, 운송용구, 컨테이너, 지게자동차 또는 보관장소에 해수, 호수, 강수의 침입 | ○ | ○ | × | |
| | 5. 선적, 하역 중 포장당 추락전손 | ○ | ○ | × | |
| | • 상기 이외의 보험목적에서 발생한 일체의 멸실·손상 | ○ | × | × | |
| | • 공동해손, 구조료(면책위험과 관련된 것 제외) | ○ | ○ | ○ | 2조 |
| | • 쌍방과실 충돌 | ○ | ○ | ○ | 3조 |
| 면책위험 | • 어떠한 경우에도 다음의 사유로 생긴 멸실·손상은 담보하지 않음 | | | | 4조 |
| | 1. 피보험자의 고의의 위법행위 | × | × | × | |
| | 2. 통상의 누손, 통상의 중량과 용량의 부족 또는 자연소모 | × | × | × | |
| | 3. 포장불완전 또는 부적합(이 경우 포장은 컨테이너, 리프트밴에 적재하는 것 포함. 단, 이 적재는 위험이 개시되기 전에 행하여지거나 피보험자 혹은 그 사용인에 의해 행해진 것에 한함). | × | × | × | |
| | 4. 피보험목적의 고유의 하자, 성질 | × | × | × | |
| | 5. 담보위험에 의한 지연이라도 지연을 근인으로 한 멸실, 손상, 비용 | × | × | × | |
| | 6. 선주, 관리자, 용선자, 운항자의 파산 또는 재정상 채무불이행 | × | × | × | |
| | 7. 피보험목적에 대한 어떤 자의 불법행위에 의한 고의적인 손상, 파괴 | ○ | × | × | |
| | 8. 원자력, 핵무기의 사용 | × | × | × | |
| | 9. 선박, 부선의 불내항 및 부적합 | × | × | × | 5조 |
| | 10. 전쟁위험 | × | × | × | 6조 |
| | 11. 동맹파업 위험 | × | × | × | 7조 |

주 : "○"표는 담보, "×"는 부담보의 의미임.

4조에서 7조까지는 보험자 면책사항으로 일반면책 8가지와 선박의 불내항(unseaworthiness of ship)과 화물의 부적합(unfitness of cargo)면책, 전쟁위험에 의한 면

책과 동맹파업으로 인한 면책 등이 각각 포함되어 있다.

I.C.C. (A), (B), (C)의 세 약관별로 보험자가 담보하는 위험과 면책되는 위험을 정리하면 [표 9-2]와 같다. 그러나 같은 면책위험이라 하더라도 전쟁위험과 동맹파업위험은 특약을 통해 협회 전쟁약관과 협회 동맹파업약관을 첨부함으로써 부보가 가능하다.

이상의 약관이 첨부된 해상보험증권이 국제적으로 이용되고 있으며 우리나라도 이것을 활용하고 있다. 1982년 1월 1일을 기하여 새로이 만들어진 약관에 근거한 해상보험증권양식은 보험료의 납입을 조건으로 보험사고 발생시 보험보상을 확약하는, 다시 말해서 「약속에 대한 대가」를 가리키는 약인약관(consideration clause)과 영국의 법률과 판례를 따를 것을 규정하는 준거법약관, 회사를 대표하여 서명한다는 선서약관(attestation clause)으로 구성되어 있다. 그 이외의 모든 계약조건은 첨부되는 특별약관에 따르게 되어 있다.

## 2-5 적하보험청약서 작성

적하보험 가입자가 적하보험청약서에 따라 보험가입을 청구하고 보험료를 지불하면 보험회사는 적하보험증권을 발급한다. 적하보험증권은 타선적서류와 함께 은행 Nego시 제출하여야 할 서류 중의 하나이다. 따라서 보험증권의 내용은 신용장 뿐만 아니라 다른 선적서류의 내용과도 일치되어야 한다. 이러한 의미에서 적하보험 청약시 보험계약자는 보험계약청약서 양식에 해당사항을 정확히 기재하고 가능하면 신용장(L/C)과 상업송장(Commercial Invoice) 등의 사본을 첨부하여 보험부보에 정확을 기하여야 한다.

청약서에는 보험계약자(또는 피보험자) 부보금액, 보험목적의 명세, 부보조건, 선박명, 출항일자, 항해구간, 보험금지급지, 청약일자 등을 기재하여야 한다. 이들은 보험료 산출의 중요한 기준이 되므로 정확하게 기재하여야 하며, 만약 중요한 사실을 고지하지 않거나 부실고지를 하는 경우 보험자는 계약을 해지할 수도 있으니 주의하여야 한다.

해상보험증권발행용 적하보험청약서에는 TLO, FPA, WA3%, WAIOP, A/R, 신ICC의 경우에는 ICC(A), (B) 및 (C) 등으로 인쇄되어 있으므로 보험계약자는 이 중에서 필요한 조건을 선택하면 된다. FPA(신 ICC에서는 (C)조건) 또는 W.A (ICC(B)) 기본조건의 경우에는 화물의 성질, 운송방법 등을 감안하여 각종 부가위험(예컨데 TPND, RFWD, Hook & Hole, Breakage, Leakage, Shortage, Sweat/Heating, Denting/Bending 등)을 지정한다. 동시에 전쟁, 동맹파업 위험의 담보도 지정한다. 이밖에 특수한 위험의 담보나 보험기간 또는 운송구간의 연장에 대해서는 그 내용을 정확하고 상세하게 지정한다.

신용장(L/C)결제의 피보험화물에 대해서는 신용장의 보험조항에 지정되어 있는 보험조건과 완전하게 합치된 조건이 보험증권상에 표시되어야 한다(to be in accordance with the terms and conditions of a credit)는 점에 주의해야 한다. 신용장에 특수한 문언이나 조건이 지정되어 있을 때에는 부보금액은 무역계약서나 L/C 등에서 요구하는대로 부보하여야 하며 CIF가격이나 상업송장금액(Commercial Invoice Value)을 기준으로 해야 한다. 일반적으로 상업송장의 110%를 기준으로 부보한다.

어떤 상품을 CIF로 수출할 때 비용(Cost)과 운임(Freight)은 알고 있는데 보험료를 모르는 경우에는, 다음 공식에 의하여 보험료를 산출하여 CFR가액에 합하면 CIF가액이 된다.

(CIF 산출공식)

I : CFR에 합산할 보험료　　R : RATE(보험료율)

$$I : \frac{CFR}{1-R}$$

예) CFR Value : US$ 10,000.00

RATE : 0.43%

Condition : 110% of Invoice Value

$$I = \frac{10{,}000.00 \times (1.1 \times 0.0043)}{1-(1.1 \times 0.0043)} = 47.52$$

CIF = CFR + I(10,000 + 47.52 = 10,047.52)

(Calculation) US$ 10,047.52 × 110% × 0.43% = US$ 47.52(Premium)

보험금지급지(Claims Settling Agent)는 L/C에서 요구하면 그에 따르고 명시가 없으면 수입자 소재지를 보험금 지급지로 표시하여 보험금 수령이 원활하게 이루어지도록 해야 한다.

예) "Claims payable in U.K."

보험금지급통화는 L/C에 "Claims are payable in the Currency of the Credit (Draft)"로 보험금지급통화를 규정하고 있으나 이러한 요구문언이 없어도 보험금지급통화는 L/C의 표시통화와 동일하여야 한다.

참고) 신용장 통일규칙 28조

"Insurance documents must be expressed in the same currency of the credit."

보험료 납부표시는 L/C에서 "Premium Paid"의 표시를 요구하는 경우에는 이를 증권상에 표시하여 줄 것을 요청하여야 한다.

예) "Marked Premium Paid"

보험증권의 발행 통수

보통 2통(Duplicate)을 발행할 것을 요청하나 3통(Triplicate), 4통(Quadruplicate)을 요청하는 경우에는 이를 정확히 표시하여야 한다.

예) "Insurance Policy or Certificate in Triplicate."

참고) Quadruplicate(4), Quintuplicate(5), Sextuplicate(6), Septuplicate(7), Octuplicate(8), Monuplicate(9), Decuplicate(10)

증권발행자는 B/L상의 선적일이나 기타 발송서류의 발송일과 최소한 같거나 그 이전이어야 한다.

피보험화물(Goods and Merchandise)의 화물의 명세(상품명, 수량, 포장 등 : description of goods) 중 우선 상품명에 대해서는 화물의 종류나 성질을 곧 알 수 있도록 일반상품명을 기입한다. 특정 상품의 상표나 약칭만으로는 보험료율이나 보험회사의 사내 사무처리에 지장을 주므로 주의를 요한다. 영어 이외의 외국어의 상품명에는 영역명을 부기하는 것이 필요하다.

화물의 포장형태(부대포장, carton포장, drum포장 등) 및 수량(개수, 중량, 용적 등)을 반드시 병기한다. 예컨대 "100 cartons of T.V.sets in container"처럼 container선 및 Lash선적의 화물의 경우는 다음과 같이 표시한다.

① Container 선적의 경우 : container 적입화물에 대해서는 선화증권(B/L)상에 선박회사의 자유재량권 유보약관(Optional Stowage Clause)이 기재되어 있는 경우는 선창적재, 갑판적재 모두 동일한 보험조건으로 부보할 필요가 있다. 즉 화물의 적재장소에 대하여 선박회사의 자유재량권 유보약관 조건부 B/L이 발행되어 있는 경우에는 container 적입화물이 선창내 또는 갑판상 어느 곳에 적재되더라도 동일한 보험조건으로 부보되도록 다음과 같은 문언을 기재한다. "10 cases(5,000 sets) of Transistor Radios in containers under and/or on deck."

② 중량(Weight) — 철강제품, 화공약품, 곡물 등

Kilo Ton(Metric Ton : M/T) = 2,204Lbs = 1,000kgs

English Ton(Long Ton : L/T) = 2,240Lbs

American Ton(Short Ton : S/T) = 2,000Lbs

③ 길이(Length) — 섬유류, 철사류 등

Feet, Inch, Meter, Yard

④ 용적(Measurement) — 목재, 액체 등

C.F(Cubic Foot)

S.F(Super Foot) = 1평방 Feet×1Inch

⑤ 포장단위(Packing Unit) — Keg(100파운드 : 못 · 나사 등

Bale : 원면 등

⑥ 갯수(Piece) — 잡화류

Pieces, Dozen, Gross(12×12)

Great Gross(12×12×12)

⑦ 기타 Set, Unit 등

적하보험청약서 항목의 주요내용은 [표 9-3]과 같다.

[표 9-3] 적하보험청약서의 내용

| 작성항목 | 작 성 방 법 | 작성예시 또는 비고 |
|---|---|---|
| Assured | Assured의 상호 또는 성명을 영문으로 표기하고 Assured의 Code를 기재한다(수출인 경우, 신용장에 특별한 약정이 없는 한 수출업자를 Assured로 한다). | D11950<br>Dae Woo Corp. |
| Applicant | Assured와 Applicant가 다를 경우 이를 기재한다. | K02456<br>Korea Bolt Ind.Co.,Ltd. |
| Claims, if any payable at | 수출화물의 경우 화물의 도착지(이재조사지역)와 보험금지급처가 다를 경우 이를 기재한다. | 최종도착지는 Chicago이나 보험금 지급처를 Singapore로 요청하는 경우 등 |
| Vessel/Aircraft | B/L상에 명기된 선박 또는 항공기명을 기재한다. | W.Marianne |
| Sailing on or about | B/L상의 출항예정일(또는 선적일자)을 기재한다. | 87.12.2 |
| At and From | 보험목적물의 선적항을 기재한다. | Busan, Korea |
| Transhipped at | 환적항 또는 장소를 기재한다. | Kobe, Japan |
| Arrived at | 도착항 또는 도착지를 기재한다. | Los Angeles |
| Thence to | 내륙운송시 최종 내륙목적지를 기재한다. | Chicago |
| Invoice | 상업송장(Commercial Invoice)상의 가액과 신용장에 표시된 부보요율을 기재한다. | US$ 5,500 × 120% |
| Claims payable Bank | 수입화물의 경우 질권설정을 요청하면 그 은행을 기재한다. | 조흥은행 |
| Ref.No. | L/C No., I/L No., Invoice No., Contract No., Offer No. 등을 기재한다(수출에선 L/C No.와 Invoice No.를 주로 기재하고 수입에선 I/L(수입허가서) No.를 기재한다). | 보험목적물을 확인하는데 필요함 |
| Goods and Merchandise | 부보목적물과 수량을 상세하게 기재한다(상업송장상의 명세와 같아야 한다). | 6,200Pcs of Toy Helicopter |
| Conditions | 부보코자 하는 기본조건의 Code에 ○표를 한다. | 05 A/R |
| Additional Conditions | 추가하고자하는 보험조건 혹은 적용특징을 찾아서 해당 Code에 ○표한다. | 32 War(Cargo)<br>34 S.R.C.C |
| Other Special Conditions | 기본조건, 부가조건 외에 특별조건을 명기하거나 특별한 문언을 추가하고자 하는 경우에 이를 명기한다. | Marine and War Risks |
| Duplicate, Triplicate | 원본과 부본의 매수를 표시하거나 기재한다. | Triplicate |
| Signed Date | 보험계약의 청약일자를 기입한다. | 87. 12. 3 |
| 취급부/점 | 보험계약자의 취급부/점을 기재하고 취급부/점의 Code를 기입한다. | 제 3 영업부 00230 |
| 취 급 자 | 취급자의 Code를 기입하고 서명한다. | 홍길동 78027 |

## 2-6 적하보험

### 1) 의 의

운송 중에 외부의 우연한 사고의 결과로 인해 화주(피보험자)가 입게 되는 화물의 손실을 소정의 보험료를 대가로 보험자가 피보험자에 대하여 계약으로 정한 범위에 따라 보상하는 보험이다. 그러므로 적하보험은 피보험이익이 선박소유자에게 있는 것이 아니라 화주에게 있으므로 화주가 부보하는 보험이다.

### 2) 적하보험증권 · 약관의 종류

(1) 구 Policy Form 및 Clauses[12)]

① Institute Cargo Clauses(FPA)

② Institute Cargo Clauses(W.A.)

③ Institute Cargo Clauses(A/R)

(2) 신 Policy Form 및 Clauses[13)]

① Institute Cargo Clauses(C)

② Institute Cargo Clauses(B)

③ Institute Cargo Clauses(A)

(3) 특별부가약관

① W/SRCC(War, Strike, Riots & Civil Commotion)

② TPND(Theft, Pilferage and Non Delivery)

③ S&C(Seizers & Capture)

④ COOC(Contact with Oil or Other Cargo)

⑤ J/WOB(Jettison and Washing Overboard) 등

---

12) 런던보험자협회(ILU)가 제정.

13) 1981년 런던보험자협회와 로이드보험협회가 제정. 1982. 1. 1부터 사용(우리나라는 1983. 3. 1.부터 사용).

### 3) 적하보험증권 · 약관별 담보위험

#### (1) ICC 구약관 : ICC(FPA), ICC(W.A.), ICC(A/R)

① ICC(F.P.A) : Institute Cargo Clause, Free from Particular Average(분손 부담보 약관)가 담보하는 위험

ⓐ 전손(Total Loss)

ⓑ 공동해손에 의한 희생 또는 비용 : 공동해손분담금, 해난구조비 등

ⓒ 선박의 SSBC(침몰, 좌초, 화재, 충돌)에 의한 화물손해

ⓓ 정당한 손해방지비용

ⓔ 하역작업 중의 포장당 전손

② ICC(W.A.) : Institute Cargo Clause With Average(분손담보약관)가 담보하는 위험 : FPA plus 분손(Partial Loss/Average : P/A[14]와 G/A[15])

③ ICC(A/R) : Institute Cargo Clause, All Risk(전 위험 담보약관)가 담보하는 위험 : 아래를 제외한 전 위험담보

ⓐ 피보험자의 고의적 불법행위에 의한 손실

ⓑ 화물 고유의 성질, 하자에 의한 손해

ⓒ 운송지연에 기인한 손해

ⓓ 해상위험에 기인하지 않은 Ordinary Loss or Damage

ⓔ W/SRCC(전쟁, 파업, 폭동, 소요), S&C(포획, 나포)에 기인한 손해

ⓕ 특수위험지역 통과로 인한 손해

#### (2) ICC 신약관 : ICC(C), ICC(B), ICC(A)

[표 9-4] ICC 신약관이 담보하는 위험

| 약관 | ICC(C) | ICC(B) | ICC(A) |
|---|---|---|---|
| 담보위험 | ① 화재, 폭발 | ICC(C)의 담보위험 ①~⑥ | 모든 해상위험담보<br>(단, 면책약관에 정한 것은 제외) |
| | ② 선박의 좌초, 교사, 침몰, 전복, 충돌 | ⑦ 지진, 분화 또는 낙뢰 | |
| | ③ 육상운송용구의 전복, 탈선 | ⑧ 갑판상 유실 | |

14) P/A(Particular Average : 단독해손) : 선적물품 중 특정인의 물품만의 해상손해.

15) G/A(General Average : 공동해손) : 선박, 화물 공동의 위험을 피할 목적으로 고의적으로 발생시키는 공동손해 및 부수비용.

| | ④ 피난항에서 물품의 하역 | ⑨ 선박, 운송용구, 컨테이너, 보관장소 등에서의 해수, 강수의 침입 | |
|---|---|---|---|
| | ⑤ 공동해손희생 | ⑩ 선적 또는 양륙작업 중 바다로 추락하여 발생된 포장단위당 전손 | |
| | ⑥ 투　하 | | |

### (3) 신구협회적하약관의 담보위험 비교

[표 9-5] 신구협회적하약관의 담보위험 비교

| 보상하는 손해 | F.P.A | ICC(C) | W.A. | ICC(B) | A/R | ICC(A) |
|---|---|---|---|---|---|---|
| 전　손 | ○ | ○ | ○ | ○ | ○ | ○ |
| 공동해손 | ○ | ○ | ○ | ○ | ○ | ○ |
| 구 조 료 | ○ | ○ | ○ | ○ | ○ | ○ |
| 특별비용 | ○ | ○ | ○ | ○ | ○ | ○ |
| 손해방지비용 | ○ | ○ | ○ | ○ | ○ | ○ |
| 피난항에서의 하역중의 손해 | ○ | ○ | ○ | ○ | ○ | ○ |
| 하역 중 매포장 단위당 전손 | ○ | × | ○ | ○ | ○ | ○ |
| 투　하 | × | ○ | ○ | ○ | ○ | ○ |
| 갑판유실 | × | × | ○ | ○ | ○ | ○ |
| 악천후로 인한 해수침손 | × | × | ○ | ○ | ○ | ○ |
| 기타의 분손 | × | × | × | × | ○ | ○ |

## 4) 적하보험자가 담보하지 않는 위험(보험자의 면책사항)

(1) 피보험자의 고의적 행위

(2) 통상의 손해(Ordinary Loss) : 통상의 누손, 중량 및 용적손, 자연소모 등

(3) 포장의 불완전, 부적합

(4) 화물 고유의 하자

(5) 화물의 성질

(6) 지연에 의한 멸실, 손상, 비용

(7) 선주, 용선자, 선박관리자, 운항자의 Insolvency, Financial Default

(8) 원자력 또는 핵 위험

(9) 피보험목적물에 대한 타인의 불법행위에 의한 고의적 손상

☞ 협회 구약관 A/R 또는 신약관 ICC(A)를 부보해야 담보됨

(10) 전쟁위험

☞ 별도 전쟁약관(War Clause)에 부보하여야 담보됨

(11) 동맹파업, 직장폐쇄, 노동쟁의 등의 위험

☞ 별도의 동맹파업약관(Strike Clause)에 부보하여야 담보됨

### 5) 화물손해보험금의 지급과 구상 관계도

[그림 9-1] 화물손해보험금의 지급과 구상 관계도

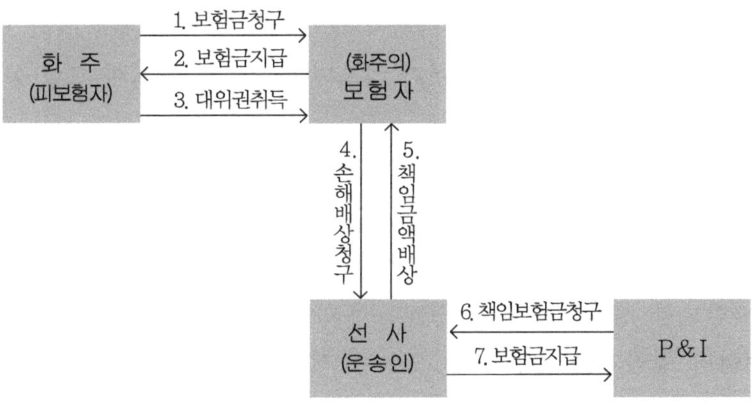


자료 : 엄윤대, 국제운송강론, 도서출판 일진사, 2007, p. 209.

# 제 3 절 항공보험과 손해배상클레임

## 3-1 항공보험 개요

항공운송은 항공기가 공중에서 비행하는 동안은 물론 활주 중 또는 계류 중에도 여러 가지 위험에 노출되어 있다. 항공사고는 일단 발생하였다 하면 그 규모와 손해액이 엄청나게 크며 여러 분야가 연관되어 있다. 항공보험은 이와 같은 항공위험을 분산하기 위하여 제 1 차 세계대전 후 주로 미국과 영국에서 발전하여 왔다. 오늘날은 항공기의 대형화와 항공업의 비약적 발달과 함께 항공보험도 크게 신장되었으며 보험가액이 크기 때문에 각국에서 여러 보험사들이 이를 풀(pool)제로 인수하는 경우가 많으며 재보험의 국제적 교환 등 항공보험은 특히 국제성이 강하다.

항공보험은 항공운송을 포함, 항공기의 사용, 관리, 제조, 수리 등과 관련한 위험으로 인하여 생길 손해를 보전하는 보험제도를 말하는데 구체적으로는 항공사업자가 부보하여야 하는 항공기체보험, 여객보험, 화물보험, 전쟁보험, 제 3 자 책임보험, 승무원보험을 뜻한다.[16] 항공사업자는 반드시 이 항공보험에 가입하여야만 항공기를 운항할 수 있는 강제성이 있다.[17]

항공운송과 관련된 보험을 피보험자를 기준으로 하여 보면 i ) 항공사업자가 위에서 언급한 바와 같이 위험과 책임[18]을 담보받기 위하여 부보하는 보험과 ii ) 화주가 항공으로 운송되는 화물에 대한 손해를 보전할 목적으로 부보하는 항공적하보험으로 나눌 수 있다. 엄밀한 의미에서 항공보험이라고 함은 전자를 지칭하며 후자에 대해서는 항공화물(적하)보험이라고 칭한다.

다음에서 이들 두 보험에 관한 주요 내용을 살펴보기로 한다.

---

16) 항공운송사업진흥법 제 2 조 제 3 호.
17) 위의 법 제 7 조 참조.
18) 제 3 자 배상책임보험(항공사고에 의하여 피보험자가 제 3 자에 대하여 법률상의 배상책임을 지게 될 경우 손해의 전보목적), 화물배상책임보험, 인명상해배상책임 등.

## 3-2 항공운송관련 보험의 종류와 담보위험

### 1) 항공보험 – 항공운송사업자가 부보하는 보험

(1) 기체보험(Aircraft Hull All Risks Insurance)

기체보험은 우연한 사고로 인하여 항공기가 멸실 또는 훼손되는 경우의 손해를 보전받기 위하여 항공운송사업자가 부보하는 보험이다. 항공기사고는 전손(全損) 가능성이 많고 손해액도 거대하기 때문에 해외 재보험의존도가 높아서 보험증권도 주로 영국 항공보험증권양식을 사용하고 있다. 보편적으로 사용되는 증권양식 Aircraft Insurance Policy(AVN 1B)[19]에 의거 기체 全위험보험(Hull All Risk Insurance)에서 보험자가 보상하는 손해와 그렇지 않은 손해를 보면 아래와 같다.

① 보험자가 보상하는 손해

ⓐ 비행손해 : 아래 원인으로 인한 기체의 멸실이나 손상

— 항공기의 추락 및 불시착(Forced Landing)

— 엔진고장으로 인한 화재

— 공중충돌(Collision)

— 60일 이상 행방불명(Missing) 등에 따른 손해

ⓑ 항공기의 이륙 · 착륙 · 활주 중 손해

— 항공기의 이착륙시 바퀴의 고장

— 항공기 브레이크 장치의 조작과실

— 항공기의 전복(Overturn) 및 활주로 이탈(Overrunning)

— 동체착륙(Wheel-up Landing)

— 타 물체와의 충돌 등에 따른 손해 등

② 보험자가 보상하지 않는 손해 : 보험자의 절대적 면책

ⓐ 피보험자(항공기소유자, 운항자 등)측의 고의 또는 악의에 의한 손해

ⓑ 피보험자측이 고의 또는 악의로 항공기 감항성의 불비 및 법규위반

---

19) AVN1B양식은 영국의 IAOA Aircraft(IAOA 회원사가 사용하던 증권양식)와 Lloyd Aircraft Policy를 통합한 양식으로 대형항공사를 제외한 항공보험은 동 양식이 사용된다. 대형항공사의 경우는 대수의 법칙적용이 곤란하여 개별사업내용에 적합하게 만들어진 맞춤형 보험증권(Tailor Policy)이 사용된다.

ⓒ 자연적 마모, 그에 따른 기능저하, 기계적 고장 등 우발성을 결한 손해

③ 특약이 없는 한 보험자가 면책되는 손해

ⓐ 전쟁, 폭동, 동맹파업, 소요, 내란에 따른 손해

ⓑ 군, 정부, 관공서의 몰수 또는 징발에 따른 손해

ⓒ 보험증권에 기재된 지리적 제한을 넘어서 비행함에 따라 발생한 손해

ⓓ 보험증권에 기재된 사용목적 이외의 목적에 사용되는 동안에 발생한 손해

ⓔ 지상에서의 손해(예 : 계류중, 격납중의 손해, 지상화재, 파손, 강도, 절도, 풍수해 및 지진에 의한 손해 등)

(2) 승객배상책임보험(Passenger Legal Liability Insurance)

승객이 항공기에 탑승 중 승강하 중 입은 신체의 사상 또는 항공기 사고로 인한 승객의 수화물 및 소지품의 멸실손해에 대하여 항공운송인이 부담하게 되는 손해배상책임을 보상하는 보험이다.[20]

(3) 화물배상책임보험(Cargo Legal Liability Insurance)

항공운송인이 취급, 운송하는 화물의 멸실, 손상이 발생한 경우, 운송인이 화주에 대하여 부담하여야 할 법률상의 손해배상책임을 보상하는 보험이다.

(4) 제 3 자 배상책임보험(Third Party Liability Insurance)

항공기가 추락하거나 항공기로부터 낙하한 물체로 인하여 지상에 있는 제 3 자를 사상케 하거나 또는 재물에 대하여 손해를 끼쳤을 때 피보험자(항공기 운항자)가 부담할 법률상의 손해배상책임손해를 보상하는 보험이다.[21] 따라서 이 보험에서는 제 3 자가 아닌 피보험자의 임직원(승무원 포함)이나 승객 및 피보험자 재산의 멸실 및 훼손에 따른 손해는 제외된다.

(5) 기　　타

상기 열거한 것 외에도 항공운송인이 부보하는 보험으로는 i ) 수색 · 구조비보험(항공기 사고시 기체와 여객을 수색하고 구조하는데 소요되는 비용을 담보하는 보

20) AVN 1B Section Ⅲ, 1 참조.
21) AVN 1B Section Ⅱ, 1 참조.

험), ii) 항공기의 불가동 손실보험(항공기의 사고시 가동할 수 없게 된 기간 중에 발생한 이익손실을 보상하는 보험) 등이 있다.

### 2) 항공화물보험－화주가 부보하는 보험

(1) 항공적하보험

① 개 념 : 운송인이 화물의 운송을 인수한 경우에는 약정 목적지까지 화물을 운송하여 그것을 출발지에서 수령할 때와 동일한 상태로 수하인에게 인도하는 것이 기본 의무이다. 따라서 화물이 운송인의 관리 아래에 있는 동안 어떤 사고로 인하여 화물이 멸실 또는 훼손되었다면 운송인은 화주에게 그 손해를 배상할 책임이 있는 것이다. 그런데 운송인이 이러한 손해에 대하여 신속하게 충분한 배상을 하여 준다면 화주가 별도로 적하보험에 가입할 필요가 없을 것이지만 앞에서 살펴본 바와 같이 운송인의 책임은 여러 가지로 제한될 수 있기 때문에 화주가 직접 적하보험에 가입하여 그 손실을 보험자로부터 보전받는 제도가 항공화물적하보험이다.

항공화물보험증권약관은 1982년의 협회적하약관(항공)[Institute Cargo Clauses (Air) Excluding Sendings by Post; 이하 편의상 ICC Air라 함]이 사용된다. 동 약관의 주요내용은 아래와 같다.

② 보험자가 담보하는 손해(ICC Air 제 1 조) : 항공화물보험은 All Risk 담보조건이다. 보험자는 아래에 열거한 손해를 제외하고, 보험의 목적물인 화물의 멸실, 훼손 등 모든 손해를 담보한다.

③ 보험자가 담보하지 않는 손해(동 제2, 3, 4조)

ⓐ 피보험자의 고의적 비행에 기인한 화물의 손해(ICC AIR 제2.1조)

ⓑ 통상의 누손, 중량 또는 용적의 통상의 손실 및 자연소모(동 제2.2조)

ⓒ 화물포장[22]의 불완전 또는 부적합으로 인하여 발생한 손해(동 제2.3조)

ⓓ 보험목적의 고유하자나 성질로 인하여 발생한 손해(동 제2.4조)

ⓔ 지연을 근인으로 하여 발생한 손해(동 제2.6조)

ⓕ 항공기소유자, 운항자의 지불불능, 채무불이행으로 생긴 손해(동 제2.7조)

ⓖ 원자력, 핵, 방사능 무기사용 등으로 발생한 손해(동 제2.8조)

---

22) 포장은 물품 개개의 포장은 물론 피보험자에 의한 컨테이너 또는 Lift Van에 적재하는 것도 포함됨.

ⓗ 전쟁, 내란, 혁명, 반란, 교전국의 적대행위에 기인한 손해(동 제3.1조)

ⓘ 포획, 나포, 억류(해적행위 제외)에 기인한 손해(동 제3.2조)

ⓙ 유기된 지뢰, 폭탄 또는 기타 유기된 전쟁무기에 기인한 손해(동 제2.3조)

ⓚ 파업, 직장폐쇄, 노동분쟁, 소요 또는 폭도에 의하여 발생한 손해(동 제4.1조)

ⓛ 테러리스트, 정치적 동기로 행동하는 자에 의하여 발생한 손해(동 제4.2조)

따라서 화주가 이 중 ⓗ~ⓚ를 담보받으려면 추가보험료를 지급하고 특별보험약관(예 : Institute War Clause, Strike Clause 등)을 첨부하여야 한다.

④ 보험의 기간(始期와 終期)[ICC Air 제 5 조] : 운송을 위하여 화물이 창고를 떠날 때 개시되고 통상의 운송과정 중에 계속되며 종료의 시점은 다음의 3가지 중 어느 것이든 먼저 발생한 때에 종료한다(5.1.3.조). 첫째, 목적지의 수하주 또는 창고 등 보관장소에 인도될 때 둘째, 통상의 운송과정이 아닌 보관, 할당, 분배 셋째, 최종 목적지에서 화물의 하기 완료된 후 30일이 경과된 때이다.

(2) 항공화물화주보험(Shipper's Interest Insurance : SII)

① 개　념 : 항공화물화주보험(이하 SI보험)은 신속한 항공운송에 부응할 수 있도록 항공화물의 부보절차를 간편하게 하기 위하여 개발된 특이한 보험이다. SI보험은 일반적하보험과는 달리 화주가 항공사에 SI보험에 부보할 의사를 표시하면 항공사가 보험사를 대리하여 보험계약을 체결하고 화주로부터 보험료를 지급받고 그 항공사가 보험계약자로서 특정보험사와 적하보험계약을 체결하는 것이다.

SI보험에 부보된 화물에 손해가 발생하였을 경우 화주는 항공사를 통하여 보상받거나 또는 보험사로부터 직접보상을 받을 수 있다.

② 화주의 SI보험 부보절차 : SI보험계약은 화주가 Air Waybill상(Insurance Amount란)에 보험금액을 기입한 후 이를 항공사에 접수시킴으로 성립되며 보험료는 항공운임과 함께 지급하면 된다. 운임후급(Collect)조건 운송의 경우에는 SI 보험료도 후급조건으로 가입이 가능하다.

보험가입 대상화물은 일반 수출입화물, 승객의 수화물, 화폐, 유가증권, 생동물류 등 항공운송장에 의해 운송되는 화물이면 모두 항공화물화주보험의 가입대상이 될 수 있다.

SI보험은 보험사가 매건마다 화주에게 보험증서(Insurance Policy)를 발행하는 것이 아니라 은행 네고용 첨부서류 등의 용도로 부보증서가 필요한 경우에는 화주의 요청에 따라 "Certificate of Shipper's Interest Insurance"를 발급한다.

③ 보험자의 책임기간 : 전술한 ICC Air약관과 동일

ⓐ 해당화물이 항공사에 인도된 시점부터 수하인에게 인도될 때까지

ⓑ 화물이 약정 도착지(공항)에 하기된 후 30일까지

④ SI보험에서 보험자가 담보하는 손해와 담보하지 않는 손해

SI보험도 All Risk 담보조건이다. 그러므로 보험자는 전술한 Institute Cargo Clause(Air)(Excluding Sendings by Post)에 열거한 손해를 제외하고 보험의 목적물인 화물의 멸실, 훼손 등 모든 손해를 담보한다.

## 제 4 절 국제물류주선인의 화물배상책임보험

국제물류주선인은 선박 등 운송수단을 보유, 운송을 실행하기도 하고 운송수단을 보유하지 않고 타인의 운송수단을 이용하여 자기의 명의와 계산으로 송하인과 복합운송계약을 체결하고 복합운송을 인수하기도 한다. 우리나라 물류정책기본법에 '국제물류주선인'에 관한 정의가 있다. 따라서 국제물류주선인의 화물운송책임보험에 관하여 살펴보려면 크게 운송수단을 보유, 운항하는 선박회사 또는 항공회사가 복합운송을 인수하는 경우 그리고 운송수단을 보유하지 않은 국제물류주선인이 복합운송을 인수한 경우로 나누어 살펴볼 수 있다.

운송수단을 보유, 운항하는 선박회사 또는 항공회사는 각각 선주책임보험 또는 항공보험에 부보하여 화물의 멸실, 훼손 등이 발생하였을 경우 그 손해에 대한 배상책임을 담보받고 있다. 본 절에서는 운송수단을 보유하지 않는 국제물류주선인이 자기명의로 복합운송을 인수하여 화물이 그의 관리하에 있을 때 손해가 발생하였을 경우 그 배상책임보험에 대하여 살펴보기로 한다.

## 4-1 국제물류주선인의 화물배상책임보험

### 1) 개　　념

국제물류주선인의 화물배상책임보험이란 화주의 화물이 국제물류주선인의 관리하에 있거나 그의 복합운송업무의 수행 중 우연한 사고로 화물이 멸실, 훼손 또는 지연운송되어 손해가 발생된 경우 국제물류주선인이 화물의 이해관계인에 대하여 법률상 부담하는 배상책임을 담보받는 보험이다.[23] 우리나라는 국제물류주선인이 그의 사업을 영위하기 위해서는 법률상 의무적으로 1억원 이상의 화물배상책임보험에 가입하여야 한다.

우리나라 손해보험회사가 사용하는 국제 화물배상책임보험약관은 4개의 Section[24]과 여러 특별약관[25]으로 구성된 국제화물운송업자배상책임보험(International Freight Movement Operators Insurance)이 있다.[26] 현재 우리나라 보험회사에서 판매하고 있는 것은 Section Ⅰ과 Ⅱ이지만 본 절에서는 국제물류주선인의 화물배상책임보험과 직접 관련이 있는 Section Ⅰ의 주요내용에 대하여 살펴보기로 한다.

국제물류주선인의 화물배상책임보험의 기본적 내용은 해상운송인의 그것과 내용은 대동소이하나 그 구상관계는 훨씬 더 복잡하다.

### 2) 화물배상책임보험(Section Ⅰ)에서 보험자가 보상하는 손해

(1) 화물에 대한 법률상 배상책임

국제물류주선인의 보호, 관리, 통제하에 있거나 운송, 보관 중인 화물에 대한 손해, 손상, 운송지연으로 발생한 법률상(관습법, 국제협약, 실정법령 포함) 및 계약상 배상책임(Sec. Ⅰ, A 참조).

---

23) 이 배상책임보험은 국제물류주선인만을 위한 것이 아니라 화물운송업자, 항공·해상운송중개인, 통관업자, NVOCC, 컨테이너취급자, 항만하역업자, 화물취급자, 창고업자, 부두관리인, 이삿짐운송업자 및 위와 유사한 사업자들도 가입할 수 있는 보험이다.

24) Section 1 : 화물배상책임(Goods Legal Liability), Section 2 : 전문직업인 배상책임(Professional Indemnity), Section 3 : 트레일러/컨테이너 전 위험담보(Trailer/Containers All Risks), Section 4 : 화물 전 위험담보(Goods－All Risk).

25) Premium Adjustment Clause, Punitive Damages Exclusion Clause, Premium/Claim Payment Clause, Premium Installment Clause, Co-Insurance Clause, Millunnium Exclusion Clause 등.

26) 1994. 12. 31. 금융감독원이 최초 인가. 1998년 추가특별약관(Millennium Exclusion Clause) 인가.

(2) 법률비용

국제물류주선인에게 제기된 배상청구의 해결이나 방어에 필요한 법률비용(소송비용, 변호사비용, 중재, 화해 또는 조정에 소요된 비용 등)(Sec. Ⅱ, C 전단).

(3) 손해방지비용

손해의 방지 및 최소화를 위해 또는 그 결과로 피보험자에 의해 발생한 필수적이고 납득할 만한 모든 추가비용(Sec. Ⅱ, C 후단).

(4) 잔존물제거비용

피보험자의 법률상 배상책임에 대해 보험자의 동의가 있거나 피보험자의 이동이나 보관에 대한 계약이 있는 경우, 화물 또는 잔존물의 제거에 있어서 피보험자에게 필수적으로 발생한 비용[이는 급격하고 우연한 사고의 직접 결과로 발생한 것이라면 화물의 손해나 손상에 대해 피보험자의 배상책임여부나 배상청구여부에 관계없이 적용된다(Sec. Ⅱ, D)].

(5) 컨테이너 · 트레일러 손해

복합운송계약하에서 피보험자(국제물류주선인)의 보호, 관리, 통제하에 있는[27] 컨테이너나 트레일러에 입은 손해 또는 손상[28]에 대한 법률상 배상책임(Sec. Ⅲ, E).

(6) 해난구조 또는 공동해손의 적하분담 책임액에 대한 피보험자의 배상책임(Sec. Ⅳ, F).

### 3) 화물배상책임보험에서 보험자가 보상하지 않는 손해

(1) 국제물류주선인의 화물에 대한 손해, 손상, 운송지연으로 인한 배상청구 이외의 제 3 자에 의한 배상청구(Sec. Ⅰ의 면책조항 2).

(2) 환율변동으로 인한 배상청구(Sec. Ⅰ의 면책조항 3).

(3) 피보험자의 파산, 지불불능 또는 채무불이행 등으로 인한 배상청구(공통 면책조항 1, 2).

27) 그러므로 피보험자의 소유 또는 임차한 컨테이너, 트레일러는 제외(Sec. Ⅰ, E).

28) 자연마모, 찢김, 긁힘, 기계적 또는 전기적 고장, 타이어 손상 등은 제외(Sec. Ⅰ, 면책조항 1).

(4) 피보험자의 동업자 또는 소유권 있는 임원의 부정, 사기, 범죄행위 또는 부작위에 기인한 배상책임(공통면책조항 3).

(5) 타보험에서 보상받을 수 있는 배상책임(공통면책조항 4).

(6) 전쟁, 반란, 혁명, 군사적 행위, 공공기관의 명령에 의한 몰수나 징발 손해(공통면책조항 5).

(7) 핵연료 또는 방사능 등으로 인해 발생한 직간접 손해(공통면책조항 6, b).

(8) 피보험자의 징벌적 배상금, 벌금이나 계약상 가중책임에 따른 손해(공통면책조항 8).

#### 4) 피보험자의 부담금

보험자는 배상청구건당 피보험자가 부담하기로 약정한 금액(보험증서에 표시)을 공제하고 초과부분에 대하여 총 보상금액한도 내에서 보상한다(공통조건 6 참조).

### 4-2 국제물류주선인의 화물보험 처리절차

국제물류주선인이 화주 또는 화주의 보험자로부터 화물손해에 대한 배상청구를 받은 경우 처리절차를 요약하면 다음과 같다.

#### 1) 사고의 통지

화주 등 화물의 이해관계자는 배상책임보험자에게 사고의 개요(사고발생장소, 사고종류, 예상손해액, 배상청구자, 화물의 현상 및 소재지 등)를 통지한다. 동시에 손해의 책임이 있거나 책임이 있을 것 같은 제 3 자(실제운송인 등)에게도 통지한다.

#### 2) Survey

손해의 구체적 상황, 손해액, 사고원인 등의 확인을 위해 공인Surveyor(손해사정인 등)에 의해 Survey를 하여 기록으로 남긴다.

### 3) 보험금 또는 귀책자에게 손해배상금 청구

국제물류주선인은 Survey 결과에 의거하여 보험자에게 배상보험금을 청구하는 한편, 보험자의 지시에 따라 실제운송인 등 귀책자에게 손해배상청구를 한다.

### 4) 국제물류주선인에 의한 화물의 손해배상 구상관계

복합운송계약은 첫째 화주로부터 복합운송을 인수한 국제물류주선인과 송하인 간에 체결된 경우, 둘째 국제물류주선인이 실제 운송인(둘 이상의 실제 운송인이 참여하는 경우도 많음)과 구간운송계약을 체결한 경우이다. 복합운송과정 중에 화물의 멸실, 훼손 또는 지연되어 손해가 발생한 경우에 이해관계당사자를 보면 화주의 적하보험자, 국제물류주선인의 배상책임보험자, 실제운송인의 배상책임보험자 등 다양하여 구상관계가 복잡하다. 구상관계를 간단히 그림으로 나타내면 아래와 같다.

[그림 9-2] 복합운송 화물손해배상과 구상관계도

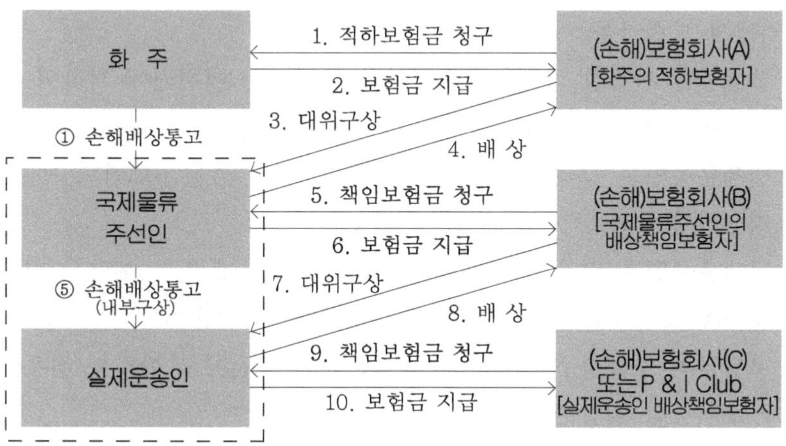


자료 : 엄윤대, 국제운송강론, 도서출판 일진사, 2007, p. 376.

〈도해약술〉

① 화주가 운송화물에 손해를 입은 경우 그가 부보한 적하보험에 의거 해당보험회사에 보험금의 지급청구를 한다(그림 상 1).

② 화주는 위 ①과 동시에 국제물류주선인에 대하여 손해배상을 통고(청구)한다(상 ①).

③ 보험금의 지급청구를 받은 보험자는 보험조건에 부합하는 경우 화주에게 보험금을 지급한다(상 2).

④ 보험금을 지급한 화주의 보험자(그림의 A보험회사)는 대위권에 기하여 국제물류주선인에 대하여 구상청구를 한다(상 3).

⑤ 국제물류주선인은 그의 귀책사유로 인한 손해의 경우 A보험회사에게 손해배상금을 지급한다(상 4).

⑥ 국제물류주선인은 그가 부보한 화물배상책임보험에 의거 해당보험사(위 그림의 B)에 보험금의 지급청구를 한다(상 5).

⑦ 국제물류주선인은 위 ⑥과 동시에 실제 운송을 실행한 운송인[29]에 대하여 손해배상을 통고(청구)한다(상 ⑤).

⑧ 보험금의 지급청구를 받은 보험자는 보험조건에 부합하는 경우 국제물류주선인에게 보험금을 지급한다(상 6).

⑨ 보험금을 지급한 국제물류주선인의 보험자는 대위권에 기하여 실제 운송인에 대하여 구상청구를 한다(상 7).

⑩ 실제운송인은 그의 귀책사유로 인한 손해의 경우 B보험회사에 손해배상금을 지급한다(상 8).

⑪ 실제운송인은 그가 부보한 화물배상책임보험에 의거 해당 보험회사 또는 P&I Club(위 그림의 C)에 보험금의 지급청구를 한다(상 9).

⑫ 보험금의 지급청구를 받은 보험자는 보험조건에 부합하는 경우 실제운송인에게 보험금을 지급한다(상 10).

29) 실제운송인으로는 육상운송인, 해상운송인, 항공운송인이 있다.

# 연습문제

## ❋ 서 술 형

1. 보험목적물과 피보험이익을 비교 설명하시오.
2. 보험적하약관에 대해 설명하시오.
3. 항공운송관련 보험의 종류와 담보위험에 대해 설명하시오.
4. 국제물류주선인의 화물배상책임데 대해 설명하시오.

## ❋ 용어설명

· 보험목적물(Subject-matter Insured)

· 피보험이익(Insurable Interest)

· 기간보험증권(Time Policy)과 항해보험증권(Voyage Policy)

· 개별보험증권(Provisional Policy)과 포괄예정보험증권(Open Policy)

· ICC (A), (B), (C)

· TPND와 W/SRCC

· 항공화물화주보험(SII : Shipper's Interest Insurance)

CHAPTER

# 10

# 물류정보관리

## 제 1 절 물류정보의 개요

### 1-1 물류정보의 필요성과 개념

과거 20세기에는 항공기, 철도, 자동차 등 수송수단의 성능을 획기적으로 개선시킨 수송혁명에 의하여 국제무역이 촉진되었으나, 21세기에 들어 IT산업 및 무역업무 전자화의 급속한 도입으로 인하여 정보통신기술의 혁신성 및 활용도가 기업과 국가의 국제무역의 효율성 및 효과성을 가늠하는 중요한 요소로 등장하고 있다. 또한 인터넷 및 무역자동화망을 이용한 전자무역은 국가물류정보시스템의 조속한 전자화를 요구하고 있는 실정이다.

일반적으로 어느 한 분야 또는 국가전체의 정보화란 그 분야의 서비스 자체가 존재할 수 있는 물리적 기반에서부터 해당서비스의 법률적 타당성을 제공하는 제반제도에 이르기까지 총체적인 분야로 이루어진 광의의 개념이다. 일반적으로 정보화를 이루는 요소로는 물리기반망(Physical Infrastructure), 응용서비스망(Application Network), 정보시스템(Information System), 정보자원(Contents), 제도(Institution) 등이 있으며 이러한 요소들이 동시에 효율적으로 작동할 때 효율적인 정보화가 가능하다.

[그림 10-1] 물류정보화의 구조적 이해

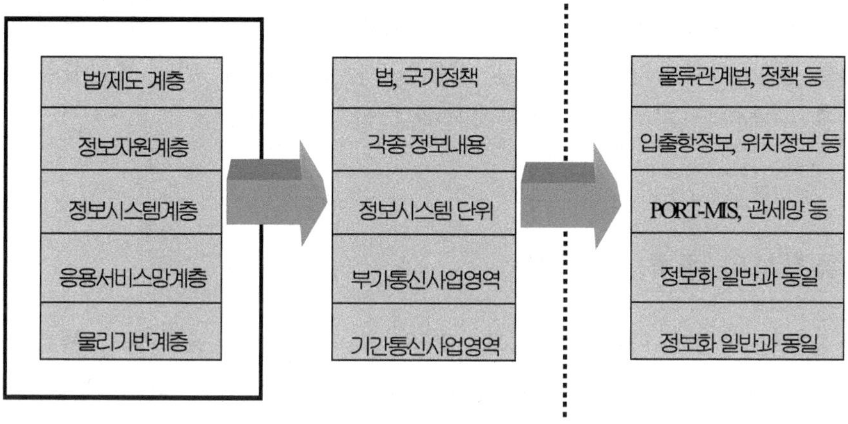


한편 국가적인 측면에서 국제무역에 있어서 정보화는 국가전체적인 효율성 및 효과성을 증대할 수 있다는 점에서 매우 중요한 요소로서 많은 국가들이 정책적으로 국가 인프라의 정보화를 추진하고 있는 실정이다.

기업 내부적으로 물류정보는 전체적인 물류활동의 원활화를 위해 생산으로부터 소비에 이르기까지 모든 물류 활동인 하역, 운송, 보관, 포장 등을 결합하여 효율적인 수행이 가능하도록 하는 물류활동이다. 물류정보는 전산화를 통하여 물류를 시스템화하여 과학적인 관리를 가능하게 하고 원료 조달에서 완제품의 최종 수요자에게 인도되기까지의 각 물류기능을 연결하여 신속하고 정확한 흐름을 만들어 내는 것이다. 즉, 물류에 있어서 주문받은 상품을 신속·정확하게 소비자에게 전달시킴으로써 고객만족을 창출하고, 효율적인 물류시스템의 운용을 통한 총 물류비의 절감과 물류의 제반활동을 개선하고자 하는 데 목적을 두고 있다.

한편 물류정보시스템(LIS : Logistics Information System)이란 물류활동을 구성하고 있는 여러 기능과 관련된 정보를 수집 또는 처리하거나 유기적으로 결합하게 함으로써 물류시스템이 가장 효율적으로 운용될 수 있도록 지원하는 정보시스템이라고 할 수 있다. 물류정보시스템은 상거래를 구체적으로 실현하기 위해 운송, 보관, 하역, 포장 등의 기능을 현실적으로 실행할 수 있도록 그 내용을 정확하고 신속하게 전달하는 기능과 이러한 여러 기능을 통합된 시스템으로 구성하여 전체적으로 효율을 극대화 하는 목표를 가지고 있다. 또한 물류정보시스템은 개개의 물류기능활동, 개별기업의 물류활동 및 관련 상역활동 및 물류관련 기관활동 등 여러 가지 정보를 상호연계시킴으로써 효율성을 극대화할 수 있어서 육·해·공 물류정보 흐름을 합리화하여 물류업무의 일괄처리(one-stop)를 통한 서비스의 질 향상 및 비용절감을 도모할 수 있는 종합물류정보시스템을 구축하는 것이 더욱 효과적이라고 할 수 있다.

## 1-2 물류정보의 종류 및 특성

물류정보는 역할에 따라 수주정보, 재고정보, 생산정보, 출하정보, 물류관리정보 등으로 분류할 수 있다. 물류활동은 상류활동에 의해 고객으로부터 주문을 받아 수주처리작업에서 현재 파악된 상품의 재고정보를 입수하게 된다. 만약 물품의 재고가 부족할 때에는 생산지시 또는 매입지시정보가 발생되며, 할당된 재고는 출하정보에 의해 출하장소로 이동되어 출하된다. 그리고 물류관리부문이 물류활동을 관리, 통제할 수 있도록 납품완료통지, 물류비, 창고·차량 등의 물류시설 및 용기의 가동률 등을 물류관리정보로서 수집한다. 한편 물류정보는 수주, 재고, 생산, 출하, 물류관리 및 정보 이외에도 다음과 같이 분류할 수 있다.

① 화물운송정보 : 화물집화정보, 화물터미널정보, 특정화물확인정보, 도로교통정보, 고속도로관리정보, 개별창고화물정보 등

② 화주정보 : 화주의 성명, 전화번호 및 팩스번호, 화물의 종류 및 중량, 발착지, 운송기간 및 거리 등

③ 화물운송기기정보 : 화물자동차운송정보, 선박정보, 컨테이너정보, 철도기관정보, 항공기관정보

④ 보험정보 : 자동차운송보험정보, 화물보험정보, 컨테이너보험정보, 철도운송보험정보 등

⑤ 화물하역정보 : 선적정보, 자동차 및 철도 상·하차정보, 하역업체정보, 하역 진척·실적정보 등

⑥ 항만정보 : S/O 및 B/L 정보, 항만 관리·작업정보, 컨테이너 추적 정보, 보세 창고·장치장 정보, CY-CFS 관리정보, 선박 도착 정보 등

⑦ 화물통관정보 : 수출입신고 및 면장획득정보, 항공화물통관정보, 관세환

급정보 등

⑧ 수출화물검사정보 : 검량 · 검수정보, 선적검량정보 등

이러한 물류정보는 다음과 같은 특성을 가지고 있다.

① 정보의 원천, 처리부문, 대상이 다양하다.

② 정보의 양이 많고 다양하다.

③ 타부문과의 연관성이 높다.

④ 화물과 정보의 흐름에 동시성을 요구한다.

⑤ 평상시와 폭주시 정보량에 차이가 크다.

## 1-3 물류정보시스템

### 1) 물류정보시스템의 정의

물류정보시스템은 물류프로세스에 효율성과 효과성을 부가하기 위한 정보시스템을 의미한다. 이외에도 다양한 물류정보시스템의 정의가 연구자들에 의해 제시되었다.

[표 10-1]의 정의에서 알 수 있는 것은 물류정보시스템을 정의함에 있어 기존 정의들이 물류정보시스템의 하드웨어적 측면, 정보흐름의 관리적 측면, 통합적 측면 등 세 가지 측면을 고려하여 정의를 내리고 있다. 즉, 물류정보를 처리하기 위한 하부구조로서만 물류정보시스템, 정보흐름의 관리적 측면으로 물류정보시스템, 상기 두 가지의 측면을 보완하기 위해 하드웨어와 정보흐름의 관리기법을 동시에 고려한 정의이다. 일반적으로 물류정보시스템을 정의함에 있어 물류프로세스에 가치를 부가하기 위한 물류정보의 효율적이고 효과적인 관리와 처리를 통한 하드웨어와 운영기법의 일련의 집합으로 정의하는 세 번째의 측면인 더욱 합당한 정의라고 사료된다.

[표 10-1] 물류정보시스템의 정의

| 연구자 | 정 의 |
|---|---|
| 교통개발연구원 (1998) | 물류활동에 관계되는 정보를 활용하여 물류 제기능의 원활화와 효율화를 도모하기 위해 이들 정보의 전달과 처리를 신속·정확하게 실시하는 시스템 |
| 김용만·이현기 (1999) | 서비스의 향상과 동시에 물류비용의 절감을 도모하는 것으로 정보시스템과 각각의 물류작업을 유기적으로 연결하기 위해 개개의 수송상품정보를 정보발생시점에서 파악하여 수송상품의 관리수준을 높이는 것 |
| 미시간 주립대 세계물류연구소 (1995) | 물류정보와 관련한 하드웨어, 소프트웨어 및 프로세스와 정보교환을 유용하게 하는 네트워크와 설계 |
| 박선태·권기대·김승호(2002) | 기업의 전략적 의사결정을 지원하고 물류정보의 효과적인 활용을 위해 정보의 저장과 처리에 필요한 체계적인 시스템 요소와 정보의 적절한 전달을 통해 고객서비스향상과 물류비절감을 목적으로 하는 것 |
| 윤혁권(2002) | 물류관리활동을 관리, 통제 그리고 평가하는데 필요한 하드웨어와 소프트웨어의 결합 |
| Bowersox et al.(2002) | 기업의 경영정보시스템의 하위차원으로 기업의 내부 물류정보와 관련한 시스템 측면뿐만 아니라 외부와의 연결관계까지 포함하는 시스템 |
| Chiu(1995) | 물류프로세스에서 관련 정보를 처리하는 시스템으로서 POS시스템, 바코드, EDI, VAN 및 EOS 등을 말함 |
| Closs and Xu(2000) | 컴퓨터 하드웨어와 적용시스템 뿐만 아니라 위성추적, EDI, 바코드 등과 같은 관련 구성요소들을 포함 |
| Lambert and Stock (1993) | 물류정보시스템은 주문정보를 신속·정확하게 파악하고 물품의 흐름을 정확하게 전달하는 기능을 수행하며, 수요와 공급을 조정해 리드타임을 감소시켜 주는 기능과 운송효율과 하역작업의 효율성을 향상시켜주는 기능을 수행함 |
| Novack et al.(1992) | 물류정보의 효과적인 활용을 위해 정보의 저장과 처리에 필요한 체계적인 시스템과 네트워크 |

자료 : 서민교·배기성, "네트워크관점에서 부산항의 e-logistics 시스템, 공급사슬협력 및 공급사슬 성과의 관계," 인터넷전자상거래연구 제 6 권 제 2 호, 2006. 9.

### 2) 물류정보시스템의 목적

소비자 요구의 다양화와 상품의 주기단축으로 신속하고 정확한 고객서비스의 필요성이 증대되고 있으며, 물류시스템의 경제성, 신속성, 정확성이 요구

[그림 10-2] 물류정보시스템의 기능

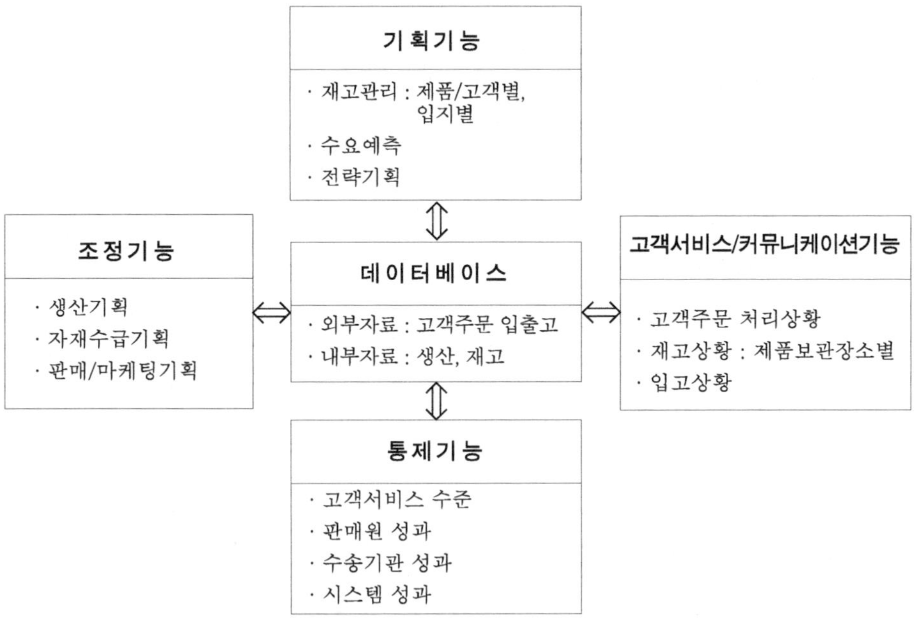


되고 있다. 따라서 효율적인 물류활동을 지원하기 위한 정보를 합리적 · 유기적으로 결합 제공함으로써 물류비용 절감 및 고객 서비스를 향상시키고 경쟁기업에 대해 상대적 우위를 차지하기 위한 물류전략정보시스템 구축이 필요하다. 궁극적으로 물류정보시스템은 기업의 환경, 특징, 성격 등을 감안하여 전체 물류비용을 최적화할 수 있도록 종합적인 시스템 관점에서 계획하고, 물류네트워크를 구축하여야 한다.

### 3) 물류정보시스템의 기능

물류정보시스템은 각 물류활동의 기능관계를 조정하여 전체적인 시스템으로서 목적에 맞게 통합적으로 관리 · 지원하는 것이다.

물류정보시스템의 기능을 살펴보면 다음과 같다.

① 기획 · 통제기능 : 물류정보시스템은 물류시설의 입지결정 등에 중요한 역할을 한다. 또한 사전에 설정된 설비, 시설의 활동목표 및 고객서비스 수준 목표와 실제 활동도 및 그 수준을 비교하여 물류활동을 통제할 수 있는 기능이 있다.

② 조정기능 : 물류정보시스템을 통해 정보의 공유가 가능해짐으로써 생산

계획과 조달계획을 조정할 수 있다. 그러나 이를 위하여 통합적 정보시스템을 구축하여,

㉠ 하부물류정보시스템들의 정보가 공유되고,

㉡ 공동 데이터베이스를 구축하고,

㉢ 밀접한 관계의 물류활동을 통합수행하고,

㉣ 하부 시스템들이 데이터베이스, 컴퓨터 설비 등 각종 지원을 공동 이용할 수 있어야 한다.

③ 고객서비스/커뮤니케이션 기능 : 고객이 주문시 최초로 접하게 되는 것은 정보시스템이기 때문에 시스템의 반응성, 신축성이 필수적이다. 기업은 항상 고객에 대한 커뮤니케이션 경로가 적절하게 유지되고 있는지 점검함으로써 쉽게 주문을 받을 수 있도록 하여야 한다.

### 4) 물류정보시스템의 중요성과 기대효과

국가적 차원에서 전국적인 물류정보망을 구축함으로써 화물의 통계 및 운행패턴, 물류의 흐름이 정확히 파악되고 물류비 산정의 기초자료를 제공할 수 있게 된다. 기업적인 차원에서는 수배송, 보관, 입하, 출하를 종합적으로 관리하는 체계를 구축함으로써 기업의 물류비용 절감이 달성될 수 있고 물류기업은 알선업무를 통해 수익은 증진된다. 또한 물류정보시스템은 다음과 같은 효과를 기대할 수 있다.

첫째, 효율적인 정보시스템 운용에 의한 적재율 향상, 수송의뢰, 집화, 수송시간 단축 등 화물수송 효율의 향상,

둘째, 집화 및 배송을 체계화하고 사무 및 작업의 정확성을 증대시키며 사무처리의 간소화로 화주에 대한 고객서비스 향상,

셋째, 신속·정확한 정보에 의한 배송창고 이용효율 향상, 하역작업의 간소화, 신속하고 정확한 통계자료의 작성이 가능해진다.

### 5) 물류정보시스템 구성

물류정보처리시스템은 물류활동 전반에 대한 연동화 및 합리화를 도모하고 고객이 가치를 인정하는 물류정보서비스를 통하여 기업의 경쟁수단으로 오

[그림 10-3] 물류정보시스템 구성도

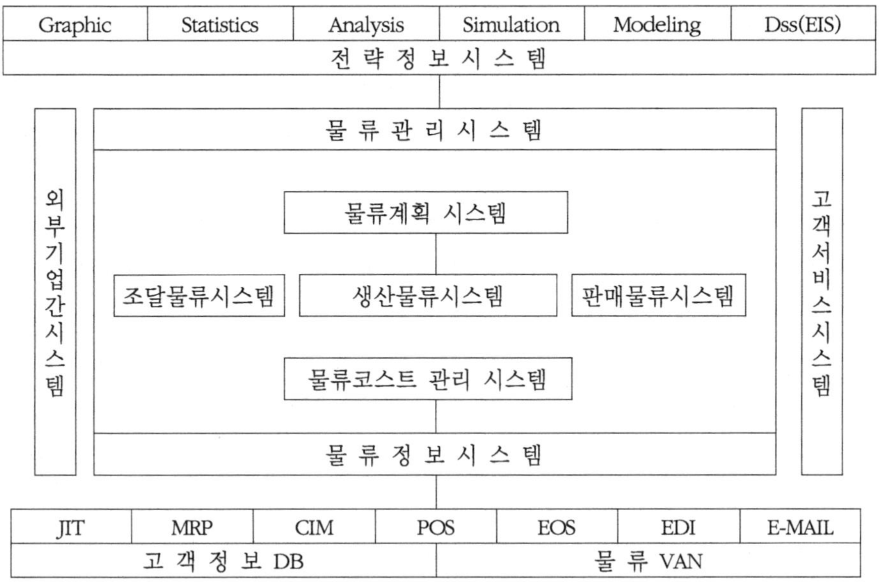


늘날 주목을 받고 있다. 이러한 관점에서 볼 때 관리를 강화해서 재고의 팽창을 억제시키는 것은 한계에 와있기 때문에 기업은 판매상태에 맞추어 상품을 시장에 내는 시스템의 구축이 기업경영에서의 긴급한 과제라 할 수 있다.

물류정보시스템은 적용업무(물류영역별)를 기준으로 할 때 조달, 생산 및 판매물류의 각 서브시스템으로 구성되고 있다. 또한, 프로세스를 기준으로 할 때는 물류전략, 물류계획, 물류관리, 물류운영 및 물류기본정보관리 하부시스템으로 구성되어 있다.

### 6) 물류정보시스템의 내용

물류정보시스템은 크게 수주·출하 처리시스템, 수·배송관리시스템, 창고(보관)관리시스템, 도매정보시스템, 물류관리정보시스템 등으로 분류할 수 있다. 각 시스템의 내용을 살펴보면 다음과 같다.

(1) 수주 · 출하 처리 시스템

수주 · 출하는 물류활동의 기초가 되는 부분이다. 수주 · 출하와 관련된 물류정보시스템을 간단히 설명하면 다음과 같다.

· 유통센터나 창고 등의 재고량, 발주점, 배송능력, 거래선의 주소 등을 컴퓨터에 입력시킨다.
· 거래선에서 전화나 FAX 또는 판매량의 순회 등에 의하여 발주하면 수주정보를 영업소나 지점의 단말기에서 입력하여 본사 컴퓨터센터의 호스트컴퓨터에 전송한다.
· 본사 컴퓨터센터의 호스트컴퓨터는 각종의 수주를 처리하여 인근의 출하창고를 선정하여 창고에 설치되어 있는 단말기에 출하지시서를 전송한다.
· 적재효율을 계산하여 적합률을 선정 또는 수송효율을 계산하여 배송지시를 실시한다.
· 출하하면 출하정보를 입력하고 배송이 완료하면 배달완료 보고를 입력하고 배송을 관리한다. 동시에 매장도 계정한다.
· 수주정보와 출하정보에서 수주잔고를 계산하고 수주관리나 판매관리 등을 한다.
· 수주정보에서 재고관리를 하고 출하정보에서 실재고의 관리를 한다.
· 수주정보나 재고정보의 문의에 대응하고 영업활동을 지원한다.

(2) 수 · 배송관리시스템

수 · 배송관리시스템은 주문상황에 대해 적기 수 · 배송체제의 확립과 최적 수 · 배송계획을 수립함으로써 수송비용을 절감하려는 체제이다. 따라서 출하계획의 작성, 출하서류의 전달, 화물 및 운임계산의 명확성 등 컴퓨터와 통신기기를 이용하여 기계적으로 처리하게 된다. 수 · 배송관리시스템의 대표적인 것으로는 터미널화물정보시스템이 있다.

화물정보시스템이란 화물이 터미널을 경유하여 수송될 때 수반되는 자료 및 정보를 신속하게 수집하여 이를 효율적으로 관리하는 동시에 화주에게 적기에 정보를 제공해 주는 시스템을 의미한다.

터미널화물정보시스템은 ① 수출계약이 체결된 후 수출품이 트럭터미널을 경유하여 항만까지 수송되는 경우, ② 국내거래시 한 터미널에서 다른 터미널까지 수송되어 수하인에게 이송될 때까지 전과정에서 발생하는 각종 정보를 전산시스템으로 수집 · 관리 · 공급하고 처리하는 종합정보관리체제이다.

(3) 창고(보관)관리시스템

창고관리시스템이란 최소의 비용으로 창고의 면적, 작업자 및 하역설비 등 경영자원을 유효하게 활용하고 고객에 대한 서비스수준을 제고시키는 것이 주목적이며, 보관시설이나 재고상황을 적절하게 유지하는 중요한 기능을 갖고 있다. 창고관리시스템은 재고관리가 가장 중요하므로 생산 및 구매계획시스템과 가장 밀접한 관련을 갖고 있으므로 전체적인 물류의 중심점에 있다고 말할 수 있다.

(4) 도매정보시스템

도매정보시스템은 대도시 주변이나 공단주변의 수 · 배송센터나 유통단지의 정보시스템으로서 이 시스템은 고객관리, 재고관리, 배송계획관리, 조달 및 판매관리, 도매관리정보시스템으로 구성된다.

(5) 물류관리정보시스템

물류관리정보시스템은 수주에서 시작하여 배송에 이르기까지 전과정을 계획(Plan), 실시(Do), 평가 또는 통제(See)하는 시스템으로서 앞에서 설명한 각종 정보시스템을 총괄하기 때문에 중복되는 경우가 많다.

## 1-4 물류정보기술의 종류

물류부문에서도 정보기술의 채용을 통해 효과적인 물류관리 및 차별화를 추구하고 있다. 정보기술과 정보시스템은 기업의 물류관리의 효율성 향상에 대단히 중요하기 때문에 경쟁적으로 보다 앞선 발전된 정보기술의 도입을 도모하고 있다. 최근 물류분야에 많이 이용되고 있는 기술을 소개하면 다음 [표 10-2]와 같다.

이중에서 최근 물류정보화에 중요한 역할을 하고 있는 EDI(Electronic Data Interchange), 창고 관리 시스템(WMS : Warehouse Management System), 판매시점관리

[표 10-2] 물류관리 응용 정보기술

| 구 분 | 정보기술 | 물 류 응 용 분 야 |
|---|---|---|
| 문서 및 정보관리 시스템 | EDI | 각부서 간, 사업간 표준화된 데이터의 교환 |
| 운송관리 시스템 | ITS | 도로, 차량, 신호시스템 등 기본 교통체계의 구성요소에 전자, 제어, 통신 등 첨단기술을 접목시켜 구성요소들이 상호 유기적으로 작동토록 하는 차세대 교통체계 기술 |
| 창고 및 재고관리 시스템 | WMS | 제품이 입고되어 적재되는 것으로부터 선택되어 출하되는 모든 작업과정과 그 과정상에서 발생되는 물류데이터를 자동적으로 처리하는 시스템 |
| | POS | 광학적 자동 판매방식의 레지스터에 의한 단품별로 수집된 판매정보와 매입, 배송 등의 활동에서 발생하는 각종 정보를 컴퓨터로 처리하여 각 부문이 유용하게 활용할 수 있는 정보로 가공, 전달하는 시스템 |
| 바코드 시스템 | Bar-Code | 제품의 분류, 입출고시 자동으로 데이터 입력 |
| | RFID | 화물의 분류, 데이터 입력, 추적 등 |
| 위치추적 및 조회 시스템 | GPS | 화물 또는 차량의 자동식별과 위치추적의 신속 · 정확한 파악 |
| | GIS | 장소의 물리적인 위치와 관련된 가시적인 형태를 보여줌으로써 Data의 해석을 가능하게 해주는 것 |
| 기 타 | TRS, Internet, ARS, DPS, OCR | |

시스템(POS : Point Of Sales System), 자동발주시스템(EOS : Electronic Ordering System), Bar code, RFID(Radio Frequency Identification) 등에 대해서 알아보도록 한다.

### 1) EDI(Electronic Data Interchange)

세계적으로 정보화가 진전되고 이로 인하여 정보통신기술이 급속하게 확산, 발전하게 됨에 따라 기업의 거래정보 처리를 위한 새로운 정보통신 상품과 서비스의 하나로 출현하게 된 것이 EDI(Electronic Data Interchange)이다. EDI는 "전자문서교환" 또는 "전자자료교환"이라고 불리며, 정형화된 서식과 같이 구조화된 형식의 정보(structured format data)를 표준화된 상거래서식 또는 공공서식으로 구성하여 합의된 통신표준에 따라 컴퓨터간에 교환하는 정보전달방식으로서, 인편이나 우편에 의존하는 서류 대신 컴퓨터가 읽을 수 있도록 통신망을 통해서 표준화된 포맷으로 문서를 교환하는 것을 의미한다. 전자문서교환(EDI)에서 일컬어지는 "전자문서"란 전자적 신호를 이용하여 작성된 문서들로써, 컴퓨터에 입력되어 있는 상태의 문서들을 일컫는다. 특히 EDI에서는 정형화된 전자문서의 사용이 매우 중요시되는데 종이문서들 중 정형적인 서식들, 예를 들어 주문서, 송장 등을 기준으로 상호 교환하고자 하는 각종의 정보(주문정보, 발주정보, 거래정보 등)를 미리 약속한 일종의 암호로 변환한 후 표준화된 형태로 구성한다. 이때, 기존의 문서에 들어있던 모든 정보들은 표준화된 코드로서 하나의 문서의 형태를 갖게 되며, 이를 정형전자문서라 한다. EDI는 서로 독립된 기업 또는 조직 사이에서 가장 활발하게 이용되고 있다. EDI를 이용하면 견적요청서, 견적서, 주문서, 지급의뢰서와 같은 일상적인 서류의 교환이 없어진다. 정보의 전송을 위해 정보를 전자신호로 변환시키고 전자적 방식으로 통신한다는 점에서 보았을 때, 팩시밀리나 전자우편도 EDI와 유사한 방식을 사용한다고 볼 수 있지만 팩시밀리나 전자우편에 의해 전송된 자료는 구조화된 표준양식을 가지고 있지 않다. 따라서 전송된 내용을 사람이 읽어서 재입력 작업을 하기 전에는 가공될 수 없다는 점에서 EDI와는 상당한 차이가 있다. EDI를 도입하여 사용하게 되면 정보의 발신자는 수신자에게 네트워크를 통해 표준전자문서를 전송하게 되고, 수신자는 전자문서를 접수하여 발신인의 의사를 이해하고 그에 상응하는 조치를 취하게 되므로 번거롭게 종이서류에 의존하지 않고도 거래당사자와 자유로운 거래를 유지할 수 있다.

### 2) 창고 관리 시스템(WMS : Warehouse Management System)

WMS는 제품이 입고되어 적재되는 것으로부터 선택되어 출하되는 모든 작업과정과 그 과정상에서 발생되는 물류데이터를 자동적으로 처리하는 시스템이다. WMS의 목적은 창고내에서 이루어지는 모든 활동(오더와 상품의 흐름에 대한 제어, 입고와 피킹에 대한 최적화, 창고공간 효율성 최적화, 장비와 인적자원에 대한 최적화, 물류흐름상의 정보에 대한 실시간 제공)을 지원하는데 있다.

즉 창고에서 이루어지는 모든 내용을 DB화하여 필요한 모든 곳에 필요한 정보를 실시간으로 제공하며, 그 정보를 이용하여 기업은 원활한 기업활동을 위한 신속한 의사결정을 할 수 있도록 하는데 의의가 있다.

### 3) 판매시점관리시스템(POS : Point Of Sales System)

POS는 "판매시점관리시스템"을 의미한다. 판매시점관리시스템은 외식업, 유통업, 서비스업 등 각종 매장을 운영하면서 실시간으로 매출을 등록하고, 등록된 매출자료의 자동정산 및 집계를 가능하게 해주는 솔루션(프로그램 또는 서비스)과 하드웨어(장치 및 주변기기)를 이용하여 다양한 정보를 제공하는 시스템이다. POS는 판매정보의 입력을 쉽게 하기 위해 상품 포장지에 고유마크, 바코드를 인쇄하거나 부착시켜 판독기(핸드 스캐너)를 통과하면 해당상품의 각종 정보가 자동적으로 메인컴퓨터에 들어간다. 유통업체는 이 정보를 활용해 수시로 매출동향을 파악하는 것은 물론 재고를 적정수준으로 유지하고, 잘 팔리는 상품의 진열을 확대하는 등 상품관리 및 업무자동화를 추진하고 있다. POS 시스템의 발달은 판매시점에서부터 정보의 즉각적인 피드백(feedback)에 의한 상품관리를 가능하게 한다.

### 4) 자동발주시스템(EOS : Electronic Ordering System)

자동발주시스템(EOS : Electronic Ordering System)은 POS시스템에 의해 얻어진 정보를 이용하여 수발주의 효율화와 리드타임의 단축을 통해 단품구매정보를 수집하도록 하는 시스템이다. 즉, 소매업 점포에 발생한 발주데이터를 발생현장에서 자동적으로 입력하고, 온라인으로 소매업의 본부, 도매업체 또는 상품제조업체로 전송되는 시스템이라고 할 수 있다. 이러한 EOS도입효과는 다음과 같다.

— 발주시간 단축, 발주오류 감소로 발주작업 효율성 제고
— 신속, 정확한 발주체계 확립
— 재고관리비용 감소
— 오납, 결품 감소
— 검품에 필요한 시간, 인력 절약
— 전표업무 삭감

—POS시스템과 병행하여 효율적인 점포종합관리시스템 구축
—수주 및 반품처리업무에 효율성 제고
—납품 후 발주 등 비정상적인 거래 근절
—다양한 고객의 욕구에 대응
—서비스 체제 향상
—수발주데이터를 토대로 보다 합리적인 영업관리 가능
—납품에 필요한 배차횟수감소, 인력절감, 시간단축으로 인한 효율적인 물류체제 확립

### 5) Bar code

바코드는 판매와 재고정보를 획득하기에 가장 효과적인 방법으로 사용되어지는 모든 물리적인 사물의 정보를 파악할 수 있는 도구로 사용된다. 바코드는 입력장치인 스캐너(scaner)로 정보를 읽고 처리하는 기술로서 상품, 서류, 트럭 등 물리적인 사물과 함께 정보를 이동시킨다.

### 6) RFID(Radio Frequency Identification)

RFID(Radio Frequency IDentification)란 자동인식(Autonmatic Identification)기술의 하나로서 스마트카드 또는 바코드와 같은 데이터 입력장치의 일종으로 개발된 무선 주파수를 이용해 상품과 사물에 내장된 정보를 먼 거리에서도 읽어내는 기술이다. 이 때문에 물류 · 유통 · 조달 · 군사 · 식품 · 안전 등 다양한 산업영역에서 막대한 경제적 파급효과를 창출할 수 있는 핵심기술로 각광받고 있을 뿐만 아니라, 차세대 컴퓨팅 기술인 USN(Ubiquitous Sensor Network)의 기초 기술로 활용돼, 앞으로 인간의 생활방식과 기존 산업구조를 혁신적으로 변화시키는 분야로 인식되고 있다. RFID는 초소형 반도체에 식별정보를 입력하고, 무선주파수를 이용해 이 칩을 지닌 물체나 동물, 사람 등을 판독, 추적, 관리할 수 있어 유비쿼터스 컴퓨팅 기반기술의 하나로 중요성이 커지고 있다. RFID는 원거리에서도 인식이 가능하고, 여러 개의 정보를 동시에 판독하거나 수정할 수 있는 장점 때문에 바코드를 대체하거나 보완할 수 있는 기술로서 현재 유통분야뿐 아니라 물류, 교통, 보안 · 가전 분야 등 적용이 나날이 확대되고 있다. 바코드

에 비해서는 비용이 높고, 스마트카드에 비해서는 메모리 용량이 낮지만, 바코드나 스마트카드가 갖지 않은 장점 때문에 다양한 적용분야와 기술개발에 따라 차세대 핵심기술로 부상하고 있으며, 다양한 표준화 작업이 이뤄지고 있다. 국내의 경우, 많은 분야에서 RFID 시스템을 구축하거나 파일럿 프로젝트가 추진되고 있어, 실용화를 위한 여러 가지 긍정적인 움직임이 있다.

## 1-5 최근 물류정보화의 발전동향

최근 들어 물류정보화에는 많은 변화가 야기되고 있다. 이는 기존의 폐쇄적인 VAN 기반의 서비스에서 인터넷 확산에 따른 Web 기반으로 이전하는 등 개방형 네트워크로 이전해가고 있다는 것이 가장 큰 동향이라고 할 수 있다. 이러한 동향은 기존 EDI가 다음과 같은 한계 및 문제점을 내포하고 있기 때문이다.

첫째, EDI를 이용한 기관전산망을 이용하는 기업의 이용률이 저조하며,

둘째, EDI를 통해 효율적인 물류시스템을 구축하기 위해서는 대기업이나 공공기업뿐 아니라 중소단위업체까지도 EDI가 구축되어야 하나, 현재의 EDI는 이를 충족시키는 데 한계가 있으며,

셋째, EDI 구축에 소요되는 비용이 지나치게 과다하며,

넷째, 부가가치통신망(VAN) 등 폐쇄적 네트워크에 의한 네트워크 접근이 복잡하며,

다섯째, 시스템 구축의 복잡성, 거래 및 약정처리에 소요되는 비용과 시간 과다하다는데 있다.

따라서 기존의 EDI는 특정분야뿐만 아니라 타 분야까지도 폭넓게 사용되기 위해서는 인터넷을 통한 개방형 네트워크 도입이 필요하다. 또한 불특정 다수간의 거래관계를 효율적으로 처리하고 EDI 도입시 업무프로세서의 개선도 병행되어야 한다. 최근에는 이러한 문제점을 해결하기 위한 대안으로 객체지향 EDI, 인터넷 EDI, 대화형 EDI, XML/EDI 등이 대두되고 있다.

현재 XML/EDI가 경영 상황의 충족여부, 기술적 기능 및 요구사항의 충족, 기존 기술과의 통합가능성 측면에서 가장 우수한 차세대 EDI로 판단된다. 따라

서 우리나라 및 전세계적으로 인터넷을 기반으로 하는 Web EDI 개발이 활성화되고 있고, 우리나라의 관세청 및 KTNet 등에서도 이를 기반으로 하는 시스템을 개발 · 운영하고 있다.

물류정보시스템의 또 하나의 추세는 개방형 네트워크 도입에 따른 e-logistics의 도입이다. 현재까지의 물류정보시스템은 기업 간 연결관계 보다는 기업의 내부적인 측면에 주로 초점이 맞추어져 왔다. 그 이유는 내부정보의 효율적인 처리와 통합이 우선되어야만 외부 이해당사자들과의 연계가 가능해지기 때문이다. 이와 더불어 인터넷과 같은 개방형 정보네트워크의 등장은 외부 이해당사자들과의 네트워크를 보다 저렴하고 효율적으로 구축하는데 기여했다. 이러한 개방형 네트워크와 관련해 최근 등장한 개념이 e-logistics이다. e-logistics는 인터넷을 기반으로 하는 물류시스템이다. 이는 정보통신네트워크를 바탕으로 하주기업과 물류기업 간에 다양한 물류서비스를 온라인상에서 구현해 주는 인터넷 물류 EDI시스템으로 인터넷을 지원하는 EDI소프트웨어를 통해 EDI문서를 주고받는 것을 말한다.

e-logistics는 표준화된 작업서류와 자료를 컴퓨터와 정보통신을 이용하여 수출기업과 국제물류프로세스에 참여한 당사자들 간에 교환하는 방식으로 인터넷을 이용하여 자체 네트워크를 설치하지 않고도 EDI문서를 전송할 수 있고, 국제물류프로세스에서 필요한 정보를 상호 공유할 수 있다. 인터넷에 기반을 둔 e-logistics는 수출기업의 전략의 유연성과 수출기업, 운송회사, 창고, 포장, 내륙컨테이너기지, 하역, 운송주선인, 내륙운송회사, 통관회사, 보세운송회사, 항만 간에 조정능력을 향상시킬 수 있게 된다.

인터넷을 기반으로 한 e-logistics의 발전단계로 1단계는 화물의 위치, 운임, 서비스 등 기본적인 정보를 파악하는 단계이고, 2단계는 실시간 운송 및 보관정보 등과 예외적인 사항을 화주가 파악하는 등 보다 연계가 강화된 단계이며, 3단계는 화주와 물류업체 간 업무에 대해 협력적으로 운영이 가능한 온라인 계약, 서비스 평가, 운임청구 및 정산 등이 가능한 단계로 발전하고 있다. 이러한 다양한 물류정보시스템은 국제공급사슬관리를 위해 당사자들이 e-logistics 시스템을 활용함으로써 전체 프로세스에서 나타나는 중복성과 비효율성을 제거하고 이를 통해 공급사슬에서의 협력수준을 높여 정보의 공유와 프로세스 효율성을 극대화할 수 있다.

# 제 2 절 전자무역과 수출입물류정보네트워크

## 2-1 전자무역의 확산과 수출입물류정보네트워크

전자무역은 사이버무역, 인터넷무역, 국제전자상거래 등으로 불리기도 하며 이에 대한 다양한 정의와 개념이 제시되고 있으나 최근에는 전자무역(e-trade, U-trade)으로 통일화되어 가고 있는 추세이다. 국제무역포럼에서는 전자무역을 기업의 수출경쟁력을 높이기 위하여 정보통신기술(Information and Communication Technology : ICT)을 도입하는 것으로 정의하고 있다.[1] 따라서 전자무역은 재화 또는 서비스의 국가간 거래인 무역행위의 본질적 업무를 인터넷을 포함한 IT수단을 활용하여 전자적 · 정보집약적 방법으로 수행하는 무역활동으로 정의할 수 있다.[2] 대외무역법 제 2 조 6호에서 "전자무역"이라 함은 무역의 전부 또는 일부가 컴퓨터 등 정보처리능력을 가진 장치와 정보통신망을 이용하여 이루어지는 거래를 말한다.

전자무역은 근본적으로 제품과 서비스의 수출입에 관련된 전통적 무역프로세서에서 발생하는 방대한 정보를 전자적 방식(주로 전자문서)으로 교환함으로써 무역프로세서를 획기적으로 전환시킨다. 또한 전자무역은 궁극적으로 다수의 관련 기업 및 공공기관의 개별프로세서가 전자무역 프로세서라는 일관된 프로세서로 융합되는 과정으로 e-business화의 핵심부분을 구성한다고 할 수 있다. 전자무역에서의 프로세서는 기업이 수출 또는 수입과정에서 수행하는 일련의 활동(통관/물류, 결제 등)에서 각각의 활동과 관련된 기업들과 주고받는 정보의 흐름으로 정의될 수 있다.

일반적으로 기존의 무역거래에 있어서의 수출입화물의 주요흐름은 [그림 10-4]와 같다. 전자무역이 도입됨에 따라 아래와 같은 수출입화물의 주요 흐름에는 변화가 없으나 이들 거래관계에서 발생하는 무역관련 정보를 전자화하여 전송 및 공유를 함으로써 더욱 효과적인 무역거래체계를 구축할 수 있게 된다.

1) John Gillies, "National E-trade Strategies : Beyond Access," The magazine of the International Trade Centre, Issue 3, 2003.
2) 한국무역협회, 전자무역의 비전, 2002. 7, p. 9.

[그림 10-4] 수출입화물의 주요흐름과 주체

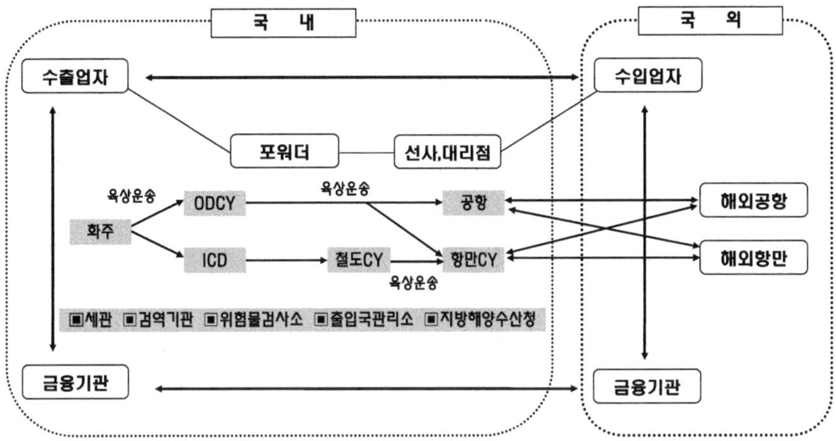


특히 물류단계에서는 물류와 관련된 보험, 통관 등의 절차가 웹 기반의 EDI나 인터넷으로 통합된 종합물류정보망을 통해 이루어짐으로써 관련 비용의 절감 및 신속한 통관이 가능해지며 수출입 화물추적 서비스를 통해 물품의 운송현황을 추적할 수 있게 된다.

전자무역은 무역업체와 수출입물류업체간, 수출입물류업체 상호간의 거래에 있어 주문부터 결제까지의 프로세스를 인터넷을 통하여 전자적인 방식으로 처리할 수 있는 체제를 구축하여 국내 10만여개에 달하는 무역 · 통관 · 물류업체에게 물류 통합프로세스 제공 및 화물추적, 운송기간 예측 등 고부가가치 물류서비스를 제공할 수 있다. 이러한 전자적 연결은 거래 문서교환에 사람의 개입과 재입력 과정을 최소화하여 결국 물류의 입출하 회전주기를 필요기일보다 단축시키고, 재고를 감소시킴으로써 유통 및 재고비용을 절감하며, 정보가공비용 및 교환비용을 최소화 할 수 있게 하여 기업과 국가의 대외경쟁력을 향상시킬 수 있다. 특히 물류업체로서는 규모에 관계없이 동일한 대(對) 화주 e-Logistics 서비스를 제공하고 개별 물류업체의 핵심역량 집중과 함께 물류업체 간 가상기업(Virtual enterprise)을 구축할 수 있게 해준다. 또한 해외 글로벌 물류업체 대비 경쟁력을 회복할 수 있게 해주며 공용 marketplace 이용에 따른 IT 투자 및 운영비용을 분담할 수 있도록 한다.

화주기업의 측면에서는 거래 물류업체에 관계없이 동일한 플랫폼을 이용하여 물류까지를 포함하는 전체적인 공급망 관리 체계의 구축을 가능케 하며 재고비용 및 운송비용 등을 절감할 수 있는 효과를 창출한다.

## 2-2 전자무역 네트워크에서의 수출입물류정보의 개념 및 주체

일반적으로 어느 한 분야 또는 국가전체의 정보화란 그 분야의 서비스 자체가 존재할 수 있는 물리적 기반에서부터 해당서비스의 법률적 타당성을 제공하는 제반제도에 이르기까지 총체적인 분야로 이루어진 광의의 개념이라고 할 수 있다. 이러한 측면에서 물류정보시스템이란 물류업무에 관련된 자료처리 및 경영정보시스템에서 사용되는 소프트웨어 및 하드웨어, 생산시스템, 소프트웨어 중심의 공장자동화까지 포함하는 것으로 보고 있으며[3] 물류활동을 구성하고 있는 여러 기능과 관련된 정보를 수집 또는 처리하거나 유기적으로 결합하게 함으로써 물류시스템이 가장 효율적으로 운용될 수 있도록 지원하는 정보시스템이라고 정의할 수 있다.

전자무역 네트워크상에서의 국가수출입물류정보망의 개념은 정보화의 일반적 개념에 국가수출입물류부문의 특성을 적용하여 효율적인 물류정보망을 구축하는 것이라고 할 수 있으며 전자무역 프로세스상에서의 수직 및 수평적 계열관계에 있는 구성원인 수출입화주, 관세청, 지방해양항만청, 철도청, 검역소, 선박운송회사, 해상화물운송주선업체, 항공운송회사, 육상운송회사, 터미널 운영회사, 항외 컨테이너 야드 운영회사 등이 수출입 과정에 참여하면서 서로 수직 및 수평적으로 연결되어 수출입업무를 처리하고 있는 것으로 파악할 수 있다. 특히 수출입물류는 국경을 넘어서는 과정상의 보세구역 및 항만 · 공항내에서 발생하는 물류흐름으로서 통관 및 입출항 허가와 관련된 정부행정기관 중심의 B2G 영역 물류와 보세구역내 물류업체(보세장치장, 보세운송업체), 항만 · 공항 관련 물류업체(선사, 항공사, 하역업체 등)들과의 거래에서 발생하는 기업중심의 B2B 영역이 중심이다.[4]

3) Huff, S. L and M.C. Munro, "Information Technology Assessment and Adoption : A field Study," Business Quarterly, 1985.

4) 권경섭 · 한기훈, "우리나라 국가물류정보화 현황 및 과제연구," 로지스틱스연구 제11권 제 2 호, 2003. 12, p. 62.

따라서 전자무역 네트워크에서의 수출입물류정보망은 이러한 수직 및 수평적 관계 및 B2G, B2B 영역상에서 존재하고 있는 구성원을 정보화 도구로 서로 연계할뿐만 아니라 수출입화물의 이동에 수반되는 제반자료 또는 정보를 신속하게 수집하여 이용자에게 적기에 관련정보를 제공하여 주는 시스템이라고 할 수 있다. 일반적으로 물류정보의 주체에 관해서는 물류관리의 영역이 확장적 추세임을 감안한다면 화주, 물류산업군(물류수행업체, 물류거점), 국제무역·물류의 인허가 관계자인 정부, VAN/EDI중심의 물류정보 제공자인 물류정보 중개기관으로 나누어서 살펴볼 수 있다.

[표 10-3] 전자무역 네트워크상에서의 수출입물류정보의 이해관계당사자 분류

| 분 류 | 소분류 | | | 역 할 |
|---|---|---|---|---|
| 화주 | 제조업체, 유통업체 | | | ■수출입 화물의 최종수요자로 화물관리 |
| 물류<br>산업군 | 물류<br>수행<br>업체 | 수송업체 | 선사 | ■컨테이너 화물 및 벌크화물을 운송하는 핵심적인 역할<br>■최근 들어 종합물류업자로서 기능과 역할이 확대<br>■컨테이너 전용부두확보 및 하역업에 참여 |
| | | | 항공사 | ■항공화물의 탑재 및 운송 |
| | | | 보세<br>운송사 | ■무역업체나 선사 및 항공사가 외국물품운송 의뢰하는 경우 도로나 철도 등의 운송수단을 이용하여 목적지까지 수출입화물을 운송 |
| | | 하역업체 | | ■항만 및 공항 화물의 하역서비스 제공 |
| | | 물류주선업체 | 포워더 | ■무역업체와 복합운송계약체결<br>■화물의 수령 및 인도까지 door-to-door service 제공 |
| | 물류<br>거점 | 화물거점 | 보세<br>창고 | ■지정보세구역, 특허보세구역, 종합보세구역 등 자동차, 목재, 섬유, 곡물, 냉동물 등 수출입물품을 보관하는 구역 |
| | | 컨테이너<br>거점 | CY | ■선사가 컨테이너를 집적, 보관, 장치하고, 적입 컨테이너를 수도하는 항만근처지역에서의 야적장 역할 |
| | | 운송사거점 | 복합<br>화물<br>터미널 | ■2가지 이상의 운송수단간의 연계운송을 할 수 있는 규모 및 시설을 갖춘 화물터미널 |
| | | 선사거점 | 항만 | ■수륙교통의 결절점으로서 터미널의 기능 |
| | | 항공사거점 | 공항 | ■항공교통의 결절점으로서 터미널 기능 |

| 인허가 기관 | 지식경제부, 국토해양부, 관세청 등 | ■ 수출입관련 인허가 및 물류정보망 운영 |
| --- | --- | --- |
| 물류 정보 중개 기관 | - VAN사업자<br>- 물류정보 제공 및 유통업체 | KTNET<br>■ 무역업체, 은행, 보험, 관세사 등 모든 무역관련 당사자를 연결하는 네트워크 구성, 수출입업무 EDI 서비스<br>KLNET<br>■ Port-Mis와 연계하여 국토해양부 및 민간업체간의 업무를 전자상거래로 처리하도록 지원 |

전자무역네트워크상에서의 국가수출입물류정보망은 활동단계와 범위의 광역성(국제성) 및 연계성, 재화이동의 불규칙성 및 가동성, 서비스의 비저장성 및 노동집약성, 관련기업의 다양성 및 소규모성, 관련서류의 복잡성 및 비표준성 등으로 인해 정보시스템을 구축하는 것이 매우 어려운 형태를 보이고 있다.

## 2-3 전자무역 네트워크하에서의 물류정보시스템 구축사례 및 활용

### 1) 한국무역정보통신(KTNET)

우리나라에서 국가적 차원에서의 물류정보화가 본격적으로 이루어지게 된 것은 한국무역정보통신(KTNET) 및 한국물류정보통신(KL-Net) 등과 같은 기관들이 다양한 서비스를 제공하면서부터라고 할 수 있다.

KTNET은 1991년 설립되어 수출입관련 상역, 외환, 통관, 물류 등 제반 업무에서 전자문서중계, 데이터베이스 구축/운영, 공공 SI(시스템 통합)업, 글로벌 전자무역 네트워크 구축을 담당하고 있으며 특히 무역과 통관분야에서 강점을 보이고 있다. KTNET이 제공하는 물류관련 정보서비스는 Ctradeworld(www.ctradeworld.com)의 eLogisframe을 통해 활용할 수 있는데 eLogisFrame(MFCS) 및 eLogisFrame(ASP), 해상 AMS, e-D/O, 항공 AMS, 항공 APIS, 항공 GD, 보세운송/보세창고 MFCS 정보 검색서비스 등이 있다.

① eLogisFrame(MFCS : Manifest Consolidation System) : 우리나라에 입출항하는

모든 화물의 총량관리를 위하여 선박이나 항공기에 적재된 화물의 총괄목록인 적하목록을 세관에 제출해야 하는 선사 및 항공사를 대신하여 용선사와 포워더들의 화물목록을 취합하여 제출할 수 있도록 지원하는 시스템이다.

② eLogisFrame(ASP) : 별도의 전산시스템을 구축하지 않아도 WEB상에서 적하목록 등 각종 전자문서를 작성하여 세관에 신고할 수 있도록 지원해 주는 서비스로 적하목록제출, 혼재화물적하목록제출, 입출항보고, 반입/반출신고, 반출입정정, 보세운송신고, 보세운송승인신청 등이 있다.

③ 해상 AMS(Automated Manifest System) : 미국행 화물의 경우 선사 및 포워더는 화물선적 24시간 전까지 선적화물에 대한 정보를 미세관에 신고하도록 되어있는데, 이러한 화물신고에 대해서 WEB 상에서 입력하거나 자체시스템에서 전송한 문서를 미세관에 제출하고 미세관으로 부터의 응답메시지를 확인할 수 있도록 지원해 주는 서비스이다.

④ e-D/O(Delivery Order) : 기존 수입화물 인도업무를 수행하기 위하여 화물인도지시서(e-D/O), 화물인도지시서 발급 신청서, 보세운송요청동의서, 자가운송신청서등 4종 업무를 직접 방문을 통해 처리하였으나 국가물류 선진화를 실현하기 위하여 한국무역협회와 공동으로 구축, ON-LINE 업무처리 환경을 구축하여 막힘없는 ONE-STOP서비스로 대화주 서비스와 대외 경쟁력 향상을 위해 완전 전산화를 실현하여 사무실에서 신청 및 발급하고 실시간으로 승인 및 확인할 수 있는 서비스이다. 주요 서비스로는 화물인도지시서(e-D/O)발급신청, 화물인도지시서(e-D/O)발급, 보세운송요청동의서, 자가운송신청서 등이 있다.

⑤ 항공 AMS(Automated Manifest System) : 미국에 화물이 도착하기 4시간 전까지 항공사 또는 미세관으로부터 인정받은 포워더가 화물정보를 EDI 형태로 전송하는 서비스이다. 이를 위해 KTNET이 포워더로부터 House 적하목록정보를 수신 받아 항공사로 전송해주고 있다.

⑥ 항공 APIS : 국내로 입항하는 모든 편에 대해, 승객 및 승무원의 정보를 입항전에 항공사가 관세청, 법무부 출입국관리소 등으로 제출할 수 있도록 EDI 형태로 전송하는 서비스이다. 출항으로도 확대가 진행 중이다.

⑦ 항공 GD(항공기종합신고서) : 모든 입항 및 출국하는 비행기는 입출항 신고를 관세청, 법무부 등에 해야 하는데 KTNET 시스템을 이용하여 EDI로 입출항 신고를 하고 있다.

⑧ 보세운송/보세창고 MFCS 정보검색서비스: 보세창고 및 보세운송사가 관련된 화물 정보를 KTNET의 MFCS로부터 검색하여 다운로드 받을 수 있는 서비스이다.

이상의 주요 서비스에 대한 상세한 내용은 다음 [표 10-4]와 같다.

[표 10-4] KTNET의 물류 LogisFrame 서비스 내용

| | eLF(MFCS) | eLF(ASP) | AMS |
|---|---|---|---|
| 항공<br>보세운송 | - 입항정보조회<br>- 적하목록조회<br>- 특별관리대상화물조회<br>- 배정현황조회 | - 보세운송신고<br>- 보세운송승인신청<br>- 보세운송정정신청<br>- 사전분류요청 | |
| 해상<br>보세운송 | - 적하목록반입예정목록조회<br>- 관리대상화물조회<br>- 보세운송차량조회 | - 보세운송신고<br>- 보세운송승인신청<br>- 사전분류요청<br>- 반출입계 | |
| 항공<br>보세창고 | - 입항정보조회<br>- 적하목록조회<br>- 배정현황조회<br>- 은행D/O조회 | - 반입신고<br>- 반출신고<br>- 반출입신고<br>- 체화정정신고 | |
| 해상<br>보세창고 | - 적하목록반입예정목록<br>- 하신조회신고목록<br>- 하역내역조회<br>- 보세운송차량조회 | - 반입신고<br>- 반출신고<br>- 반출입신고<br>- 체화정정신고 | |
| 선사 | - 적하목록 제출<br>- 하선신고<br>- 세관 오류조회<br>- 보세운송차량조회 | - 적하목록 입력/수정/삭제<br>- 적하목록 정정<br>- 하선신고<br>- 입출항보고 | - 선적정보 입력<br>- AMS 제출 |
| 항공<br>포워더 | - 적하목록조회<br>- 전송현황상태조회<br>- 세관오류조회<br>- 배정현황조회 | - 적하목록 입력/수정/삭제<br>- 적하목록 정정<br>- D/O 발행 | - 항공 AMS 제출 |
| 해상<br>포워더 | - 적하목록 취합/제출현황<br>- 세관오류조회<br>- L/G<br>- 보세운송차량조회 | - 적하목록 입력/수정/삭제<br>- 적하목록 정정<br>- 이적정보<br>- 양수도 신고 | - 선적정보 입력<br>- AMS 제출 |

한편, 프레이트 포워더 업체에서 KTNET을 통해 이용할 수 있는 물류정보 서비스의 경우 MFCS(입항정보조회, 적하목록조회, 전송상태현황조회, 세관오류조회, 하기결과 조회, 하기장소, 배정현황조회), AMS(MAWB목록관리, 송수하인 관리, FHL 전송내역조회, 선적정보입력, AMS제출), e-D/O 서비스 등이 있다.

### (1) 적하목록취합시스템(MFCS : Manifest Consolidation System)

적하목록은 운송수단에 적재된 화물의 총괄목록으로 하선, 운송, 보관, 통관의 각 단계별로 화물의 총량관리를 위하여 최초로 생성된 화물정보이다. 화물정보의 생성에서 소멸에 이르기까지 화물관리에 있어서 없어서는 안 될 중요한 정보이다.

적하목록취합시스템(MFCS : Manifest Consolidation System)은 적하목록을 세관에 제출해야 하는 운항선사 및 항공사를 대신하여 용선사 및 프레이트 포워더들이 화물목록을 취합하여 제출하도록 지원해주는 데이터베이스시스템이다. 적하목록취합서비스는 항공사, 선사의 Master 적하목록과 프레이트 포워더의 House 적하목록을 취합하여 세관에 EDI로 전송한다. 따라서 항공기 및 선박의 입항전 또는 출항후 익일까지 항공사 및 선사는 Master 적하목록, 프레이트 포워더는 House 적하목록을 MFCS에 전송하고, 적하목록은 제출시점까지 미 제출된 House 적하목록은 입력대행을 통하여 입력전송한다. MFCS는 Master/House 적하목록을 취합하고, 선사 및 항공사는 이를 통하여 취합여부를 확인하고 세관에 전송한다. 보세운송업체, 장치장, 검수회사는 MFCS로부터 화물정보를 제공받아 세관신고 자료로 활용한다. 이러한 적하목록취합서비스는 보세운송신고수리, 보세구역화물관리, 화물도착통지, 화물배정, 화물인도승낙 등의 다양한 서비스를 가능하게 한다. 또한 항공사, 선사와 프레이트 포워더간의 정보교환을 가능하게 하고 통관정보시스템과의 연계에 따른 인터넷상에서의 화물추적정보 제공뿐만 아니라 해외 파트너와의 선적통지, 선하증권, 항공화물운송장, 적하목록정보의 교환을 가능하게 한다.

현재 프레이트 포워더의 경우 KTNET의 eLogisframe(MFCS)을 활용하여 MFCS의 입항정보조회, 적하목록조회, 전송상태현황조회, 세관오류조회, 하기결과조회, 하기장소, 배정현황조회 등이 가능하다.

[그림 10-5] 적하목록취합시스템(MFCS : Manifest Consolidation System)의 구도

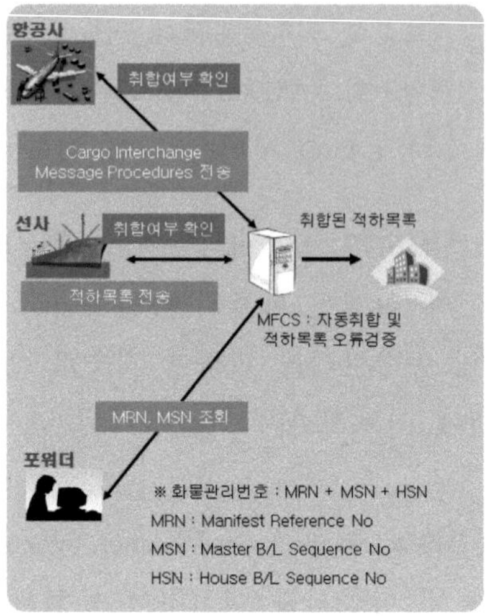


[그림 10-6] KTNET의 eLogisframe(MFCS)의 입항정보조회 화면

입항정보조회

입항일자 2004-11-12 검 색

총 건수 : 14

| No | 편명 | 최초출발일 | 도착시간 | MRN | 도착항 | 처리상태 |
|---|---|---|---|---|---|---|
| 1 | FX013 | 2004-11-12 | 11:11 | 04FX00DBCI8 | ICN | 취 합 중 (11-25 18:45) |
| 2 | KE074 | 2004-11-12 | 06:35 | 04KE022BCI0 | ICN | 취 합 중 (11-12 13:34) |
| 3 | KE1128G | 2004-11-12 | 11:22 | 04KE0VCBCG9 | GMP | 취 합 중 (11-11 13:02) |
| 4 | KE258 | 2004-11-11 | 10:10 | 04KE076BBI8 | ICN | 취 합 중 (11-11 17:20) |
| 5 | KE622 | 2004-11-11 | 12:48 | 04KE0HABBI4 | ICN | 취 합 중 (11-11 15:09) |
| 6 | KE6630 | 2004-11-11 | 11:10 | 04KE546BBI6 | ICN | 취 합 중 (11-11 11:11) |
| 7 | KE684 | 2004-11-11 | 10:50 | 04KE0J0BBI1 | ICN | 취 합 중 (11-11 02:24) |
| 8 | KE702 | 2004-11-11 | 17:31 | 04KE0JIBBI6 | ICN | 취 합 중 (11-11 13:08) |
| 9 | KE716 | 2004-11-12 | 14:54 | 04KE0JWBCP8 | PUS | 취 합 중 (11-11 09:50) |
| 10 | KE726 | 2004-11-12 | 14:54 | 04KE0K6BCI7 | ICN | 취 합 중 (11-12 17:32) |

[ 1 | 2 ]

### (2) AMS(Automated Manifest System) 서비스

AMS는 Automated Manifest System의 의미이며, 미국 입항화물을 사전에 전자문서로 미세관(CBP : Customs and Border Protection)에 신고하는 것을 의미한다. 이 제도는 신속한 통관을 돕는 취지에서 출발했지만, 최근 테러방지 목적으로 사전에 화물을 검사(Inspection)하는 기능이 있다. 미세관(CBP)은 CSI(Container Security Initiative) 협정에 의하여 '03년 2월부터 외국 항만에서 선적되는 미국행 화물에

[그림 10-7] KTNET의 eLogisframe(AMS)의 MAWB목록관리 화면

대해 해상의 경우 선적 24시간전, 항공의 경우 항공기 도착 4시간 전까지에 화물정보 제출을 의무화하고 있다. 현재 KTNET의 AMS 서비스는 해상 포워더의 경우 KTNET의 EDI 또는 웹 방식(eLogisFrame)을 통해서 B/L을 기반으로 미세관 신고정보를 전송한다(이때 선사는 Master B/L을, 포워더는 House B/L 정보를 전송한다). 접수 및 입력 오류가 처리된 후 글로벌네트워크를 통하여 미국 세관에 전송된다. 접수 후 미세관 화물진행정보를 확인할 수 있다.

항공 포워더의 경우 EDI 또는 웹 방식을 통해 AMS 정보를 입력하면 KTNET은 FHL[5]을 각 항공사에 전송하고 항공사는 미세관에 AMS 신고정보를 전송한다. 포워더는 eLogisFrame을 통해 항공사 처리현황 및 미세관 진행정보를 조회할 수 있다. 현재 KTNET의 AMS 서비스를 통해 MAWB목록관리, 송수하인 관리, FHL 전송내역조회, 선적정보입력, AMS제출 등의 업무를 수행할 수 있다.

### (3) e-D/O(Delivery Order)

기존의 무역거래에 있어서는 화주가 수입 화물을 인수하려면 ① 직접 선사를 방문해 선하증권(B/L : Bill of Lading) 또는 수입화물선취보증서(L/G : Letter of Guarantee)를 제시하고, ② 운임 등을 정산한 후, ③ 선사로부터 해상화물인도지시서(D/O : Delivery Order)를 발급받고(필요시 보세운송사를 방문해 하역료를 정산하고 화물인도동의서 발급), ④ 보세창고를 방문해 D/O를 제시하고, ⑤ 창고료 등을 정

5) FHL : House AWB 전자문서.

산한 후, ⑥ 화물을 인도받는 절차를 거쳐야 한다.

그러나 이러한 절차는 오프라인상에서 서류 위주로 진행되기 때문에 화주나 대리인이 일일이 선사나 창고를 방문해야 하는 번거로움이 있고 많은 시간과 비용이 소요되는 데다 위조 서류에 의한 도난사고가 발생하는 문제가 있다. 따라서 수입 화물을 신속히 인도함으로써 창고료와 인건비 등 물류비를 절감하고 D/O 위조를 방지해 수입화물의 안전한 확보가 무역업계의 과제였다. 이에 전자적인 방식에 의한 D/O(이하 e-D/O) 도입 필요성이 제기되었고 이와 함께 관련 서류인 보세운송요청동의서, 자가운송신청서, 화물인도동의서 등에 대한 온라인서비스도 추진되게 되었다.

e-D/O의 온라인서비스 시행으로 화주를 비롯한 선사 · 포워더 · 창고 등 관련 업계가 얻을 수 있는 효과는 첫째, 업무 처리의 간소화로 인한 인건비 절감이다. 둘째, 공인인증 등 보안시스템을 구축하고 위 · 변조를 방지하기 위해 개별 D/O 마다 비밀번호를 부여해 전자적으로 확인함으로써 화물의 도난을 크게 줄일 수 있다.6) 셋째, 통일된 e-D/O 양식 개발로 물류정보 표준화를 통한

[그림 10-8] 기존 무역거래에서의 화물인수절차

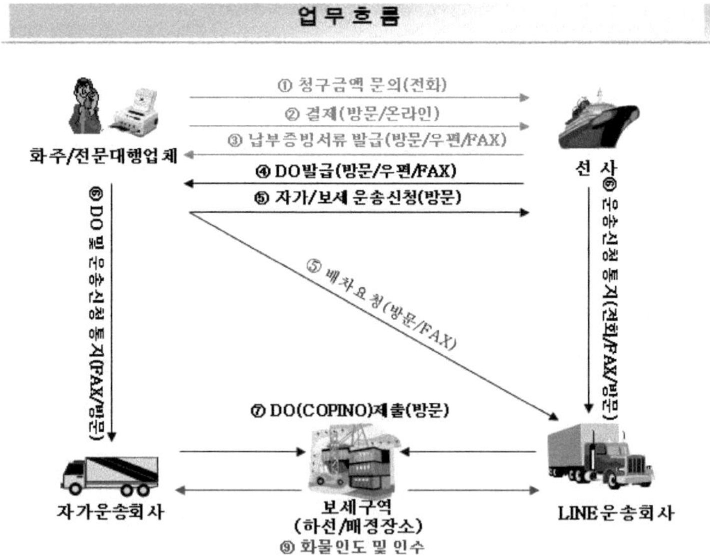


6) 현재 보세창고에서는 위 · 변조된 D/O 또는 사본을 제시하고 물품을 반출해 가는 도난사고가 종종 발생하고 있다.

정보 공유, 업체별 전산투자의 중복방지 및 물류전산화를 촉진할 수 있다. 이 밖에도 D/O 발급내역이 실시간으로 통지되므로 보세창고 입장에서는 화물 반출 예측이 가능해 창고 관리의 효율성을 높일 수 있을 것이며 동 서비스 사용자들은 해당 업무를 처리하는 과정에서 소요되던 교통비 및 유무선 통신비 등의 비용을 절감할 수 있을 것이다. 그리고 이러한 효과의 누적으로 인해 관련 업계의 비용절감 및 업무 효율화가 정착되면 이는 결국 물류비절감으로 이어져 그 혜택이 화주에게 돌아오게 되고 물류업계의 경쟁력 강화에도 크게 기여할 것이다. 그 뿐만 아니라 e-D/O는 e-L/G(전자수입화물선취보증서) 서비스 활용 확산과 향후 선임 · 하역료 · 보관료 등에 대한 전자결제 및 e-B/L(전자선하증권) 등 수출입물류정보시스템의 고도화에 직간접적으로 기여할 것으로 예상된다.

이러한 e-D/O의 서비스 절차는 다음 그림과 같다.

[그림 10-9] e-D/O 서비스 구도(Master)

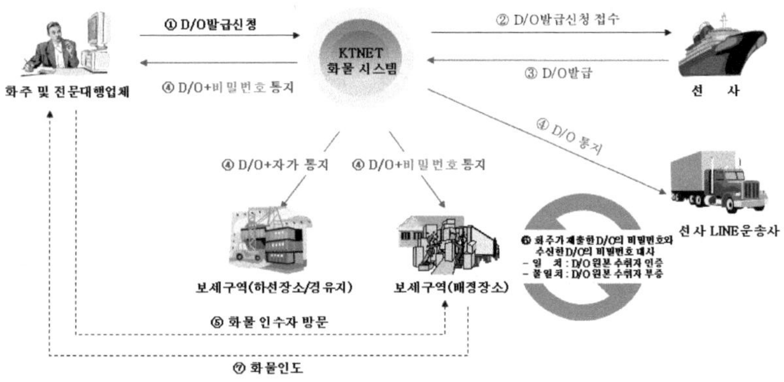


[그림 10-10] e-D/O 서비스 구도(House)

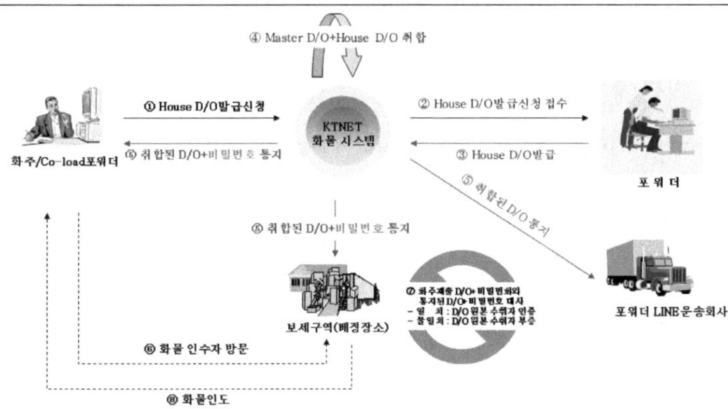

[그림 10-11] KTNET의 eLogisframe의 e-D/O 서비스 화면

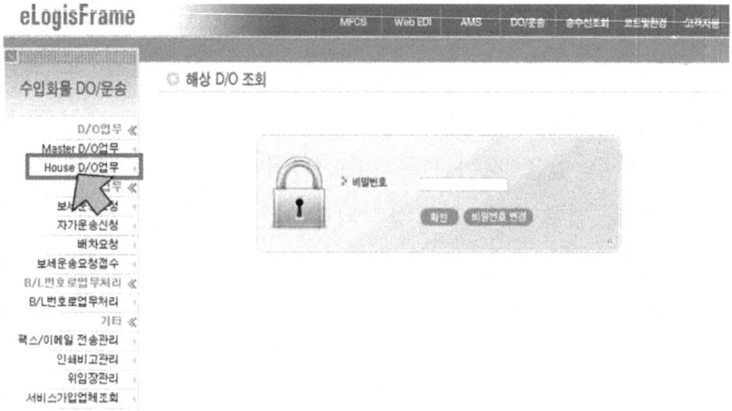

현재 KTNET의 e-D/O 서비스를 활용하여 화물인도지시서(D/O), 화물인도지시서 발급신청서, 보세운송요청동의서, 자가운송신청서등 4종 업무를 ON-LINE 업무로 처리할 수 있다.

### 2) 한국물류정보통신(KTNET)

1994년에 설립된 한국물류정보통신은 해운, 항만, 운송과 같은 물류부문의 정보화에 강점을 보이고 있는데, 전자문서(EDI), SI, 물류솔루션 개발 및 보급, 시스템 운영(SM) 등의 사업을 펼치고 있다. 특히 KL-Net의 컨테이너터미널 운영솔루션, 전자세금계산서 서비스, 선적자동화 서비스, 항만물류통합정보시스템(PLISM) 서비스 등은 물류기업들의 경쟁력 강화에 기여하고 있다는 평가를 받고 있다.

해당 분야에서의 전문성을 바탕으로 이 두 기관은 보이지 않는 경쟁을 펼치고 있으나 최근에 진행된 수출입물류 종합정보망 구축에서는 서로 협력하는 모습을 보여 주고 있다. 이들 전담사업자는 전자문서 중개 위주의 사업구조에서 벗어나 그동안 축적된 물류정보와 각종 정보화사업의 노하우를 활용하여 화물관련 정보, 허가 정보, 물류통계 등 이용자들이 필요로 하는 정보들을 제공하기 위한 기반을 구축해 가고 있으며, RFID 기술을 물류분야에 도입, 활용하기 위한 각종 사업들에도 적극적으로 참여하고 있다.

# 제 3 절 국내외 수출입물류정보네트워크 현황과 체계

## 3-1 해외 수출입물류정보네트워크

### 1) 싱가포르

싱가포르의 경우 세계최상급의 통신인프라를 구축한 국가로서 현재 1985년 국가전산원 주도로 개발된 Port-Net이 있으며 무역부분에서는 무역자동화시스템인 Yrade-Net을 1989년 개발하여 Port-Net과 연계하여 사용하고 있다. 싱가포르항 물류정보시스템은 거의 모든 항만이용자와 PSA社간에 Port-net의 온

[표 10-5] Port-Net에 의한 주요 항만물류정보시스템의 서비스 내용

| 시스템명 | 주요기능 |
|---|---|
| CITOS | - 컨테이너터미널에서의 선박의 선석 및 크레인 지정<br>- 야드크레인의 자동위치확인 |
| CIMOS | - 선박통행, 항만항해, 고도기획업무, 자동정산, 이동 무선자료 등의 관리<br>- 도선사, 예인사 등과 연결가능하며 PORT-NET과 연계 |
| CICOS | - 트럭의 소요대수, 운행시간 단축 등을 위한 정보시스템 |
| PTMS | - 선박의 신속한 접안을 위해 개발<br>- 도선서비스와 관련된 선박정보, 항로 등에 대한 정보제공 |
| MRDTS | - 입항선박과 PSA간에 선박정보 교환을 위한 정보시스템<br>- 도선사, 예인선 등의 작업스케줄을 자동적으로 작성 |
| ATMS | - PSA가 관련기관에 선박의 도착에 관한 모든 정보를 제공 |
| CITES | - 컴퓨터 정보 전화문의 서비스를 제공<br>- 항만이용자에게 계류선박, 컨테이너 및 화물에 대한 정보제공 |
| BOXNET | - 트랙킹업자에게 선박접안 예정시간, 양하완료 예정시간 등을 제공<br>- 트럭운송에 대한 각종 정보제공 |
| CIS | - 인력운영, 관리조정업무를 위한 인력관리정보시스템<br>- 인사정책, 교육훈련 등 1,000개 항목으로 자료관리 |

자료 : www.klnet.co.kr/new/sabo/iframe.htm

라인시스템으로 연결되어 있어 선사, 화주, 육송업자, 통신업자 등이 업무처리 시 서류를 사용하지 않고 포트넷을 통해 처리하고 있어 '무서류 항만'으로 탈바꿈하고 있다. 또한 PSA社가 구축하여 운영하는 정보시스템은 3개 컨테이너 부두에서 발생되는 모든 작업(부두운영계획, 선적계획, 선석계획, 장치계획, 하역작업계획, 야드관리 등)을 실시간으로 운영할 수 있는 다양한 시스템을 구축하여 컨테이너부두의 기획 및 관리 · 통제를 효율적으로 수행하고 있으며, 싱가포르항에서 활용 중에 있는 주요 정보시스템은 CITOS, CIMOS, PTMS 등이 있다.

Trade-net의 경우에는 수출입 및 환적에 관한 정보를 전자적으로 전송할 수 있는 기본적인 기능외에 세관과 무역개발청 또는 기타 관련 정부기관에 각종 인허가 신청서를 제출하고 이에 대한 승인내용을 메일박스를 통해 전달 받을 수 있는 기능으로 수출입업무 및 수출입관련 인허가 절차의 신속성, 무역 및 항만관련 정보의 수집 및 조회 등을 주요기능으로 하고 있다. 또한 Trade-net은 싱가포르 수출입화물의 통관에 관련되는 항공화물 운송업체, 복합운송 주선업체, 해운대리점 업체, 무역업체 등의 무역업계와 20여개의 정부기관을 연결하는 국가 EDI망으로 구축되어 있다.

### 2) 네덜란드 로테르담항

로테르담항은 INTIS(International Transport Information System)라는 EDI시스템을 통해 터미널의 모든 정보의 흐름은 EDI에 의해 이루어지고 있는데, 이는 로테르담항만의 효율성을 높이는데 핵심적인 역할을 하고 있다. INTIS는 운송 및 선적지시서, 컨테이너 하역정보, 수입신고 등을 EDI 방식으로 통제하는 국제운송정보시스템으로서 로테르담항의 화물의 흐름과 이와 관련된 정보의 흐름을 원활하게 함으로써 이용자들의 편의를 돕고 항만의 경쟁력을 높이는 역할을 하고 있다. INTIS는 주로 운송관련 EDI 표준문서 작업, 화물운송 및 수출입신고 등의 편리한 서비스 제공, 해외정보망 연계추진, 네덜란드 관세시스템과 철도시스템 연계, 유럽 항만관련 기관 및 물류업계를 연계하는 EDI시스템 개발을 담당하고 있다. 또한 INTIS와 연결, 운영되고 있는 SAGITTA(네덜란드 관세시스템)는 통관과 연계된 전산시스템으로 EDI를 통한 자동문서처리 및 제반업무처리 시스템으로서 이 시스템은 관세제어시스템으로 관세관련 모든 정보를 중앙에서 제어하여, 철도시스템, 국제운송정보시스템과 연계하여 화물운송 및 수출입 신고 등에 대한 토털 서비스를 지원하는 시스템이다. 현재 포워더와 선사대리점 및 수입업자 등이 이 시스템을 통하여 수입신고를 하고 있으며 435개 업체들이 연결되어 수입업자와 세관과의 정보교환에 유용하게 활용되고 있다.

### 3) 대만 카오슝 및 중국 상해항

카오슝항 지역의 수출가공구는 화물자동통관시스템(CCAS : Cargo Clearance Automation System)을 도입하여 수출입화물의 통관관리를 효율적으로 운영하고 있다. 대만의 통관자동화시스템은 1990년부터 시행되기 시작하였으며, 1994년에 80%이상, 최근에는 90%이상의 수출입화물이 CCAS를 이용한 통관이 이루어지고 있다. 자동통관시스템을 도입하기 전에는 약 2시간 15분정도 소요되는 통관시간이 CCAS 도입 후에는 30분으로 단축, 신속하면서도 정확한 통관이 이루어지고 있는 것으로 조사되고 있다. 중국은 항만개발과 정보화 사업을 동시에 추진함으로써 항만개발이 대부분 완료되는 2011년까지 항만 및 배후단지 지원 정보체계 구축을 완료할 계획인데 이를 위해서 중국은 항만정보화사업의 추진을 위해 항만정보센터(중국 항만당국과 PSA사가 주도하고 있으며 네트워킹 분야에는 Micro Suns, Netscape사가 담당함)를 설립하고 Dallian, Shanghai, Guangzhou항 등 3개 항만을 우선 대상지역으로 선정하여 항만운영, 물류관리, 배후물류단지 정보화, E-Biz 지원, 금융 및 보험 등 다각적인 비즈니스 기능을 확충할 예정이다.

## 3-2 우리나라 국가수출입물류정보시스템

### 1) 구성체계

우리나라의 종합물류정보망은 철도, 항만, 통관 등 각 부문별로 구축·운영되고 있는 화물정보망을 상호 연계하여 일괄처리서비스를 제공할 수 있는 종합물류정보망의 구축을 통해 물류비 절감 및 경쟁력을 제고하고자 하는 목적으로 구축되었으며 종합물류정보망에서 제공되고 있는 주요서비스는 전자문서교환(EDI) 서비스, 첨단화물운송정보(CVO)서비스, 수출입물류정보서비스(DB) 등이 있다.

### (1) 전자문서교환(EDI) 서비스

전자문서교환(EDI)시스템은 거래당사자가 인편이나 우편에 의존하는 서류나 정보의 전달방식을 탈피하여 컴퓨터가 읽을 수 있는 합의된 표준전자문서를 컴퓨터를 통해 상호교환할 수 있도록 하는 정보전달방식으로서 전자문서의 서식 및 통신방법 등 EDI표준에 관한 합의, 컴퓨터에 입력된 자료를 EDI양식으로 전환하여 처리하여 주는 EDI설비 및 소프트웨어, 그리고 거래당사자를 물리적으로 연결하여 주는 EDI통신망의 구축이 필요하다.

종합물류정보망에서는 법적효력을 갖는 전자문서를 개발하여 각종 물류관련보고, 신청, 허가 등 민원업무를 전국 어디에서나 처리할 수 있는 원격민원서비스와 기업의 물류활동 등을 전자문서로 처리할 수 있도록 하기 위하여 항만운송정보시스템(PORT-MIS)에 EDI시스템 구축과 KTNET과의 연계('98. 5)를 통해 통관 · 상역 · 외환부분 EDI서비스를 제공할 뿐만 아니라 육상운송분야도 '99. 3.부터 상용서비스를 실시하고 있다. 또한 철도운영정보시스템(KROIS)을 통하여 화차배정 등 민원업무의 EDI서비스도 실시하고 있다.

### (2) 첨단화물운송정보(CVO) 서비스

첨단화물운송정보(CVO)시스템은 ITS, GPS기술을 이용하여 화물차량의 위치 및 상태정보를 실시간으로 제공하여, 즉각적인 작업지시 등을 통해 차량의 운행효율을 제고시키고 EDI서비스 등과 연계하여 화물유통 전반을 효율적으로 관리할 수 있는 체제로, 1998년 12월부터 서비스를 실시하여 실시간차량위

[그림 10-12] 우리나라의 종합물류정보망

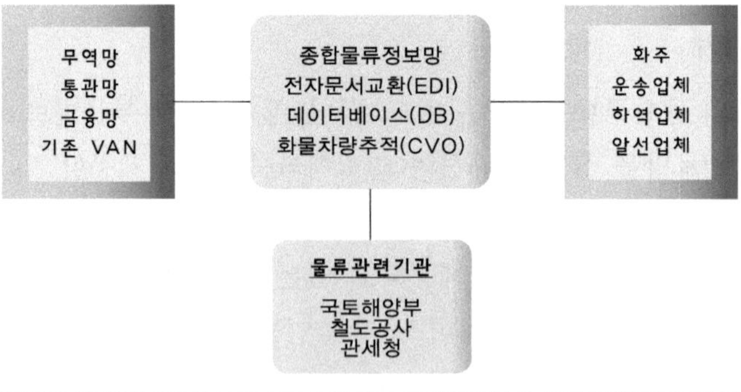

치추적, 차량운행관리, 수배송알선, 이사화물에 대한 ARS전화정보, 교통상황정보, 지리정보 등의 서비스를 제공하고 있다.

동 서비스는 우리나라 물류산업의 선진화와 효율화를 달성하기 위하여 추진하였으나 대부분의 물류업체들이 자신들의 정보를 공개하지 않고 폐쇄적으로 거래하며, 지입차주들은 운송회사에서 자신들의 위치를 추적함으로써 통제를 받는다고 생각하고, 화주들은 세원노출이 우려되어 화물정보를 주지 않는 등의 원인으로 활성화가 미흡하였다.

최근에는 대기업의 제조/유통업체와 제3자 물류업체들이 차량 위치기반의 배송계획을 수립하고, 운행중 차량의 위치, 온도 · 이동경로 · 운송상황들을 확인하며 운행결과분석을 하는데 주로 사용하고 있다.

### (3) 수출입물류정보서비스(DB)

수출입화물의 수송 및 보관 등 제반 물류활동을 효과적으로 수행하기 위해서는 물류업체가 화물의 처리상태, 위치 등을 신속 정확하게 파악할 수 있도록 물류정보에 대한 공동활용체계의 구축이 필요하였으나 그동안 각 기관 및 업체별로 각종 물류관련 정보들을 관리함에 따라 전반적인 처리상태의 파악이 어려웠다. 이에 따라 정부는 수출입 화물의 처리상태와 위치에 관한 정보를 수집 및 가공하여 통합 데이터베이스를 구축하고 포워더, 제조업체, 운송업체 등 물류 관련 업체가 인터넷을 통하여 손쉽게 검색할 수 있도록 함으로써 화물처리 업무를 효과적으로 지원하는 수출입화물 정보서비스를 2000년 4월 부터 실시하고 있다. 본 시스템은 국토해양부(항만운영정보), 관세청(통관정보), 철도청(철도운송정보), KL-Net(항만터미널정보), KTNET(적하목록정보) 등 각 기관별로 별도 조회하던 수출입 관련 화물의 처리상태를 통합하여 One-Stop으로 제공하고 있다. 주요 서비스내용을 보면 수출입 화물의 B/L번호, 컨테이너번호, 화물관리번호를 입력하면 해당화물의 실시간 위치 및 처리상태에 대한 정보를 제공하는 화물위치추적서비스, 화물의 출발지, 경유지 및 도착지에 대한 정보를 화물종류별, 운송수단별, 지역별 등으로 다양하게 가공하여 제공하는 구간별 화물이동정보서비스, 화물별, 선사/운송사별, 보세구역별 통계 및 실적정보를 제공하는 수출입화물통계서비스 등이 있다.

통합DB 구축에 따른 기대효과로는 화물의 정확한 처리상태와 물류흐름의 전체과정을 한눈에 파악함으로써 화물처리에 대한 체계적인 관리 및 신속한 의사결정으로 대 고객서비스를 향상시키는 한편, 다양한 화물처리정보를 응용하여 물류업계의 영업정보로 활용할 수 있게 되었다.

### 2) 수출입물류흐름별 정보화 추진체계

EDI업무처리를 수행하는 정보망으로서 한국물류정보통신(주)의 KL-NET과 한국무역정보통신의 KT-NET을 뽑을 수 있다. 한국물류정보통신(KL-NET)은 선사, 대리점, 운송/하역업체, 복합운송업체, 유관단체를 연결한 물류정보망을 구축, 해상컨테이너 화물 운송업무와 관련한 전자문서교환, 물류관련 데이터 등을 서비스하고 있으며, 한국무역정보통신은 해상 MFCS(적하목록취합시스템)와 항공MFCS 및 KCIS시스템 등이 있다.

항만운영정보시스템(PORT-MIS : Port Management Information System)은 선박 및 화물의 입출항 관련 업무의 처리를 위하여 정보통신기술을 이용, 항만운영업무를 정보화함으로써 서류 없는 항만행정체제를 구축하고, 수출입 물류업무의 one-stop 서비스체제를 확립하기 위한 국토해양부의 항만운영정보망이다. 우리나라의 경우 [표 10-6]과 [표 10-7]과 같이 PORT-MIS, VAN/EDI, 수출입화물시스템, 철송시스템 등이 수출입물류흐름별로 다양한 추진체계 및 물류정보시스템 형태로 제공되고 있다.

[표 10-6] 물류흐름별 정보화 추진체계(공항수입 및 수출분야)

| 분야 | 구 분 | 정보화 현황 | 주요 정보시스템 |
|---|---|---|---|
| 공항수입 | 입항 | ■ 입항업무는 VAN/EDI를 통해 관련기관에 신고<br>■ 출입국사무소, 건교부는 서류로 보고 | ■ 수입화물시스템<br>■ VAN/EDI<br>■ MFCS |
| | 하역 | ■ 적하목록정보 공유(MFCS)를 통한 분류작업 자동화<br>■ 하기보고는 구두로 신고 | ■ 수입화물시스템<br>■ 터미널시스템<br>■ VAN/EDI, MFCS |
| | 반입/반출 | ■ 반출입업무는 VAN/EDI를 통해 관련기관에 신고 | ■ 수입화물시스템<br>■ 터미널시스템 |
| | 운송 | ■ 적하목록 정보 자동연계후 VAN/EDI를 통해 관련기관에 신고 | ■ 수입화물시스템<br>■ VAN/EDI, MFCS |

| | | | |
|---|---|---|---|
| | 통관/검역 | ■ VAN/EDI를 통해 관련기관에 신고 | ■ 수입통관시스템<br>■ VAN/EDI |
| | 화주 | ■ 상역/외환망과 연계하여 VAN/EDI를 통해 관련 기관과 업무처리<br>- e-L/G서비스, e-D/O서비스 등 물류업무와 관련한 업무전산화 | ■ VAN/EDI<br>■ MFCS |
| 공항수출 | 통관 | ■ VAN/EDI를 통해 관련기관에 신고 | ■ 수출통관시스템<br>■ VAN/EDI |
| | 기적의뢰 | ■ S/R, B/L통지업무는 대부분 서류로 처리<br>- 대형화주의 전산화 의지가 점증하는 추세<br>- 전자무역인프라확충과 업무관행개선을 통한 정보화 필요성이 높은 분야임 | ■ VAN/EDI |
| | 선적 | ■ VAN/EDI를 통해 적하목록을 관련기관에 신고<br>- 항공사, 포워더의 적하목록을 취합하여 신고 | ■ 수출화물시스템<br>■ VAN/EDI, MFCS |
| | 출항 | ■ 출항업무는 VAN/EDI를 통해 관련기관에 신고<br>■ 출입국사무소, 건교부는 서류로 보고 | ■ VAN/EDI |

자료 : 국가물류정보화 추진기획단, 「국가물류정보체계 혁신 사업계획」, 2003. 10.

### [표 10-7] 물류흐름별 정보화 추진체계(항만수입 및 수출분야)

| 분야 | 구 분 | 정보화 현황 | 주요 정보시스템 |
|---|---|---|---|
| 항만수입 | 입항 | ■ 입항업무는 VAN/EDI를 통하여 관련기관에 신고<br>■ 무선기반의 PORT-MIS ISP | ■ PORT-MIS<br>■ 수입화물시스템<br>■ VAN/EDI |
| | 하역 | ■ 컨테이너터미널의 경우 대체적으로 정보화되어 있으나 일반부두는 정보화를 추진중<br>■ 하역화물정보는 다양한 경로로 업체간 정보유통<br>■ 하역한 화물의 검수정보는 미정보화 | ■ 수입화물시스템<br>■ 터미널시스템<br>■ VAN/EDI |
| | 반입/반출 | ■ 반출입업무는 VAN/EDI를 통한 정보화<br>- 반출입정보를 사전에 VAN을 통해 전송하여 게이트 통과시 적채시간을 줄임<br>- 세관반출입보고를 VAN을 통해 세관에 신고<br>■ 게이트반출입로그는 정보화되어 있으나, 정보제공방법이 다양(VAN/EDI, 파일, 서류 등) | ■ 게이트자동화시스템<br>■ 터미널시스템<br>■ VAN/EDI |
| | 운송 | ■ 정부기관운송업무는 신고부문이 정보화(VAN/EDI)<br>■ 업체간 운송업무는 대체로 수작업 위주로 처리 | ■ 운송관리시스템<br>■ 철송시스템<br>■ VAN/EDI |
| | 통관/검역 | ■ 수입통관업무는 VAN/EDI를 통해 세관신고<br>■ 수입화물검역은 WEB을 통해 신고 | ■ 수입신고시스템<br>■ VAN/EDI, WEB |

| | | | |
|---|---|---|---|
| | 화주 | ■ 화주의 수입화물업무는 미정보화<br>- 수출입화물도착통지는 FAX 및 전화로 수신, 첨부서류 등의 미정보화로 직접방문필요 | ■ 수입화물시스템 |
| 항만수출 | 수출의뢰 | ■ 수출의뢰업무는 일부대형화주를 제외하고 정보화미흡<br>- 삼성전자, LG전자 등은 XML/EDI를 사용하나 대다수 수출입업체는 책자를 통한 스케줄확인, FAX를 이용한 Booking, S/R, B/L 등 자료교환 | ■ 수출예약시스템<br>■ XML/EDI |
| | 운송 | ■ 수출운송업무는 다양한 형태로 정보화 적용<br>■ 컨테이너 반출예약업무는 일부업체만 정보화 | ■ 운송관리시스템<br>■ XML/EDI |
| | 통관/검역 | ■ 수출통관업무는 VAN/EDI를 통해 세관신고<br>■ 수출화물 검역업무는 WEB을 통해 신고 | ■ 수출신고시스템<br>■ VAN/EDI, WEB |
| | 반입 | ■ 반입업무는 VAN/EDI를 통한 정보화<br>■ 게이트로그는 정보화가 되어 있으나 정보제공방법이 다양(VAN/EDI, 파일, 서류 등) | ■ 게이트자동화시스템<br>■ 터미널시스템<br>■ VAN/EDI |
| | 선적 | ■ 컨테이너터미널의 경우 대체적으로 정보화되어 있으나 일반부두는 정보화 추진중<br>■ 선적화물정보는 VAN/EDI를 통해 정보화<br>■ 선적한 화물의 검수정보는 미정보화 | ■ 수출화물시스템<br>■ 터미널시스템<br>■ VAN/EDI |
| | 출항 | ■ 출항업무는 VAN/EDI를 통해 해수부, 관세청, 출입국사무소 등 관련기관에 신고<br>- 입출항서식이 VAN을 통해 신고됨, 수출화물정보를 수출적하목록, 화물반출입보고에 신고 | ■ PORT-MIS<br>■ 수출화물시스템<br>■ VAN/EDI |

자료 : 국가물류정보화 추진기획단, 「국가물류정보체계 혁신 사업계획」, 2003. 10.

# 연습문제

## ※ 서 술 형

1. 물류정보의 종류 및 특성에 대해 설명하시오.
2. 전자무역하에서 적하목록취합시스템(MFCS)과 e-D/O의 활용방법에 대해 설명하시오.
3. 우리나라의 물류정보시스템 구축사례 및 활용에 대해 설명하시오.

## ※ 용어설명

· EDI(Electronic Data Interchange)

· 창고관리시스템(WMS : Warehouse management System)

· 판매관리시스템(POS : Point of Sale System)

· RFID(Radio Frequency Identification)

· KL-Net과 KTNet

· 적하목록취합시스템(MFCS)

· AMS(Automated Manifest System)

· CSI(Container Security Initiative)

· e-D/O

CHAPTER

# 11

# 프레이트 포워더 성과측정

## 제 1 절 물류활동과 성과측정에 대한 이해

### 1-1 물류활동

기업에 있어서의 물류활동은 기업의 특성, 경영진의 물류에 관한 인식정도, 개별기업의 활동의 중요성, 산업의 특성 등에 따라 다양한 형태를 나타낸다. 따라서 이러한 물류활동에 대한 정의 또한 각 학자들에 따라 차이를 나타내고 있다. 그러나 전체적으로는 용어개념상의 문제일 뿐 물류활동이라는 기본활동에는 크게 벗어나지는 않는 비교적 비슷한 형태를 취하고 있다. 발로우(Ballou) 교수의 경우, 물류활동의 정의를 주활동과 지원활동으로 나누어서 보고 있다. 주 활동의 경우에는 모든 기업의 물류에 포함되는 기본적인 활동이며, 지원활동의 경우에는 기업의 상황에 따라 포함여부가 결정되는 부가적인 활동이라고 정의하고 있다.

[표 11-1] 발로우 교수의 주활동과 지원활동별 물류활동의 정의

<table>
<tr><th>활동<br>구분</th><th>주활동</th><th>활동<br>구분</th><th>지원활동</th></tr>
<tr><td>대고객<br>서비스<br>수준</td><td>- 고객의 물류서비스 요구사항 파악<br>- 현서비스에 대한 고객의 반응파악<br>- 적정서비스의 수준결정</td><td>보관</td><td>- 규모결정<br>- 창고내배치와 출하독(loading dock)설계<br>- 창고형태 - 재고배치</td></tr>
<tr><td>운송</td><td>- 수송수단 및 서비스선정<br>- 클레임처리<br>- 장비선정 - 노선, 배차계획<br>- 제품혼재 - 운임정산</td><td>자재<br>관리</td><td>- 장비선정 - 입 · 출고<br>- 제품인출<br>- 장비교체계획</td></tr>
<tr><td>재고<br>관리</td><td>- 원자재 및 생산품의 재고전략<br>- 단기판매예측<br>- 재고시점의 제품믹스<br>- 재고거점의 수, 규모, 위치선정<br>- JIT, push전략, pull전략</td><td>구매</td><td>- 원자재 공급처 선정<br>- 구매시기 결정<br>- 구매량 결정</td></tr>
<tr><td rowspan="3">주문<br>처리</td><td rowspan="3">- 판매주문과 재고의 연계<br>- 주문정보 전달방법<br>- 주문처리 원칙</td><td>포장</td><td>- 제품의 취급, 보관, 손상 등을 고려한 포장설계</td></tr>
<tr><td>생산량과<br>생산일정<br>조정</td><td>- 총생산량의 합의<br>- 생산시기</td></tr>
<tr><td>정보<br>관리</td><td>- 정보수집, 저장, 조정<br>- 자료분석</td></tr>
</table>

자료 : 로널드 H. 발로우, 물류관리 · SCM, 2000.

## 1-2 물류성과

### 1) 물류성과의 정의

물류성과는 기업의 물류활동과 관련하여 발생한 성과 또는 업적을 말하는 것으로 비용적인 측면(물류비)과 서비스적인 측면(고객서비스)으로 대별(大別)할 수 있다. 물류비란 물류활동에 소요되는 비용으로 운송, 보관, 하역, 포장 및 정보 등의 제 활동에 소요되는 비용을 의미한다. 또한 고객서비스는 물류활동이 고객의 만족을 위하여 실행해야 할 제 활동으로 주문접수, 주문처리, 클레임처리, 정시배송 등을 의미한다. 이러한 물류비와 고객서비스는 고객에 대한 서비스를 향상시키면 물류비가 증가하게 되는 Trade-Off 관계를 갖는다.

[그림 11-1] 물류성과의 제요소

| 고객서비스 | ↔ | 물류비용 |
|---|---|---|
| Lead Time, 결품, 주문처리, 주문접수, 클레임 처리 등 | | 운송, 하역, 보관, 포장, 정보 등 총체적인 비용 |

### 2) 물류성과측정의 기준

물류성과를 측정하는데 있어서 어떠한 기준으로 측정해야 하는가에 대한 견해는 학자들마다 다양하다. 실제적으로 물류성과를 측정함에 있어서는 다양하고 복잡한 과정을 총체적으로 평가해야 하므로 더욱더 성과의 범위가 넓어짐은 물론, 다양하고 복잡한 형태를 띠게 된다. 또한 물류활동은 반드시 고객서비스를 포함하는 제요소들을 같이 평가하여야 하므로 상대적으로 주관적인 고객서비스를 측정한다는 것이 어려운 과제중 하나이다.

#### (1) Mentzer와 Firman

Mentzer와 Firman은 물류성과 기준으로서 효과성(Effectiveness)과 효율성(Efficiency)으로 나누고 있으며, 세부적으로 수익성(Profitability), 생산성(Productivity), 공정성(Equity)으로 구분하고 있다. 효과성은 물류조직의 목표를 효율적으로 성취할 수있는가에 대한 것으로 조직의 예산관리와 같이 투입량에 대한 비율측정을 나타낸다. 반면 효율성은 산출목표에 대한 실제산출량의 비율(Output to output)로서 물류성과측정시 이 두 요소는 중요한 평가의 기준이 될 수 있다.[1)]

공정성(Equity)은 고객서비스와 관련된 사항으로서 고객의 관점에서 조직이 얼마나 그들을 공정(fair)하게 대하고 있는가에 대한 것이다. 여기에서 공정(fair)이라고 하는 것은 예를 들어 생산업자가 도매업자, 소매업자, 운송업자 등과 더불어 최종소비자에게 까지 동일한 서비스로 그들을 대함으로서 생산업자의 의지를 최종 소비자에게 동일하게 전달하고자 하는 개념이다. 수익성(Profitability)은 비용 對 이윤이고 생산성(Productivity)은 투입 對 산출(output to input)의 개념이다.

---

1) Mentzer & Firman, "Logistics control system in the 21st century," Journal of Business Logistics, Vol 15. NO. 1, 1994, pp. 218~219.

### (2) Martin Christopher

마틴 크로스토퍼(Martin Christopher)의 경우에는 물류성과에 대한 측정의 필요성을 물류부문의 효율적인 통제(효율적 통제)와 물류부문의 생산성을 향상시키기 위해서(생산성 향상) 반드시 필요한 과제라고 지적하여 이를 투입물(input)과 산출물(output)의 차이로 평가하고 있다.

[표 11-2] 물류시스템의 input과 output의 제요소

<table>
<tr><th colspan="2">(투입물)input</th><th colspan="2">(산출물)output</th></tr>
<tr><td rowspan="2">인적 자원</td><td rowspan="2">시간급 노동력, 관리자</td><td>서비스 수준</td><td>리드 타임 ,신뢰성, 주문 충족율</td></tr>
<tr><td>판매수</td><td>주문수, 출하수, 배송수량 ,청구서수, 품목수</td></tr>
<tr><td rowspan="2">물적 자원</td><td rowspan="2">토지, 건물, Depot, 장치</td><td>수량</td><td>개수, 타스수, 케이스수, 카톤수, 파렛트수, 트럭대수</td></tr>
<tr><td>중량/용적</td><td>kg, 톤</td></tr>
<tr><td>재무적 자원</td><td>재고, 외상판매</td><td rowspan="2">금액</td><td rowspan="2">판매상품원가, 매상금액부가가치</td></tr>
<tr><td>에너지</td><td>연료, 동력</td></tr>
</table>

자료 : Martin Christopher, The Strategy of Distribution Management, 1989, p. 109.

### (3) 커니社(A.T.Kearney,Inc)

커니社(A.T.Kearney,Inc)는 물류성과 측정의 기준으로서 생산성(Productivity)과 품질(Quality)로 나누어서 구분하고 있는데 물류활동에 있어서 품질이란 정확하고(Accurate), 믿을 수 있는(Reliable), 즉각적인 반응(Quick-responsive)을 가지는 주문체계를 포함하고 진실로 고객이 원하는 것과 기대에 부응하는 것이라고 정의하고 있다. 또한 생산성이란 위와 같은 품질을 제공할 수 있도록 가장 효과적이고 효율적인 공급관리의 모든 활동과 자원을 결합하는 것이라고 정의하고 있다.[2] 따라서 이들에 대한 측정 및 평가를 성과기준으로 삼고 있으며 이를 효율적으로 평가하여 가치창조(creat value)를 이루고자 하는 것을 주목적으로 삼고 있다.

2) A. T. Kearney, Inc., Improving Quality and Productivity in the Logistics Process, Council of Logistics Management, 1991, p. 143.

### 3) 물류성과 측정 접근방법

물류성과 측정시 접근할 수 있는 방법은 비용적인 측면을 고려한 '토탈 코스트 접근방법'과 고객서비스와의 관계를 고려한 '트레이드 오프 접근방식'으로 나눠 볼 수 있다.

두 가지의 전통적인 접근방식은 1970년대를 기점으로 하여 개별적인 비용으로 인식되던 각 비용간의 트레이드 오프 효과를 총비용의 개념으로 전환하게 되었고 현대에 와서는 공급연쇄관리(Supply Chain Management)개념까지 확장·확대되어 인식되고 있다.

#### (1) 총비용 접근방식(Total Cost Approach)

총비용은 물류개선에 요구되는 모든 비용 중에서 각 비용의 부분절감이 아닌 비용총액을 어떻게 절감할 것인가를 목적으로 하여 종합적으로 분석하는 접근방식이다. 총비용 접근방식의 주요 사안은 각 기능별 물류활동을 어떻게 효율적으로 운영하느냐에 달려 있다. 운영방식은 각각의 물류활동을 개별적으로 운영하여 조정하기보다는 전체적인 측면에서 비용을 최소화하도록 조정하는 것이 필요하다.

개별적인 물류비용을 절감하려는 시도가 오히려 전체물류비용의 상승을 초래할 수도 있기 때문이다. 예를 들어 완제품을 혼재하여 보관하는 창고의 수가 적을수록 보관비용은 절감되나 고객서비스의 기능을 저하시켜 매출액에 영향을 끼칠 수도 있다. 또한 반대현상이 발생할 수도 있다. 따라서 물류관리의 핵심사안은 각각의 물류활동에 따르는 비용을 전체적인 통합된 관점에서 조정해야 한다.

마틴 크로스토퍼의 경우에는 총비용분석의 목적은 물류의사결정에서 발생하는 비용상의 변화를 파악하는 것이라고 정의하고 있다. 따라서 비용은 증분기준(incremental terms)으로 파악되는 것, 즉 시스템의 변화에 따른 총비용의 변화라고 말하고 있다. 예를 들어 배송 네트워크 상에서 창고를 하나 더 추가하게 되면 수송비, 재고비, 주문처리비, 통신비 등이 달라지게 되는데 이 경우에 발생하는 비용의 증분을 총비용분석의 목적으로 파악하고 있다.

다음의 [그림 11-2] 그래프는 물류활동에 따른 총비용분석을 보여주는 그래프로서 한 시스템내에서 하나의 거점을 추가하거나 없앰으로써 전체물류비가

[그림 11-2] 물류활동에 따른 총비용 구조

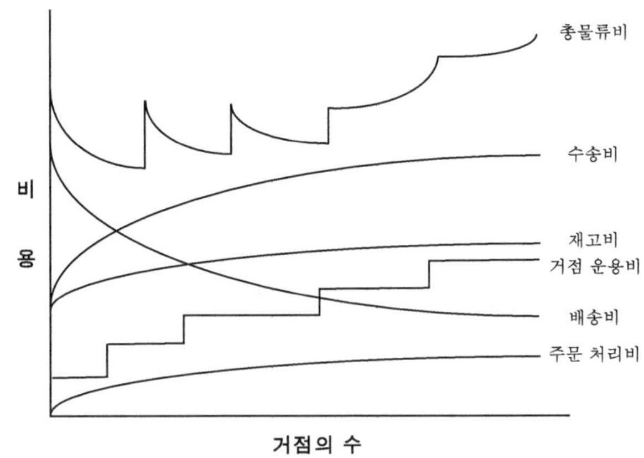


어떻게 달라지는가를 보여주고 있다.

램버트와 스톡은 총비용을 구성하는 요소로서 고객서비스 수준(Custom Service Levels), 운송비용(Transportation costs), 보관비용(warehousing costs), 주문처리비용과 정보처리비용(order processing and information costs), 재고관리비용(inventory carrying costs), 비축비용(lot quantity costs)으로 세분하고 있다.

### (2) Trade-Off 접근방식

Trade-off란 "양립(兩立)되지 않는 상태"나 "일치(一致)하지 않는 관계"를 의미하는 것으로 물류관리에서는 물류전략 수립시 고객서비스와 물류비용 사이에

[그림 11-3] 판매와 고객서비스의 일반적인 관계

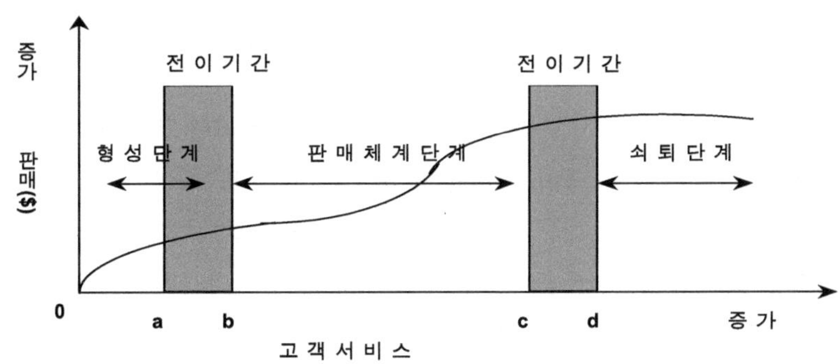


자료 : Ballou, Ronald H., Business Logistics, N.J. : Prentice Hall, p. 92.

[그림 11-4] 물류고객서비스의 다양한 수준에서의 비용 對 수익의 Trade-Off

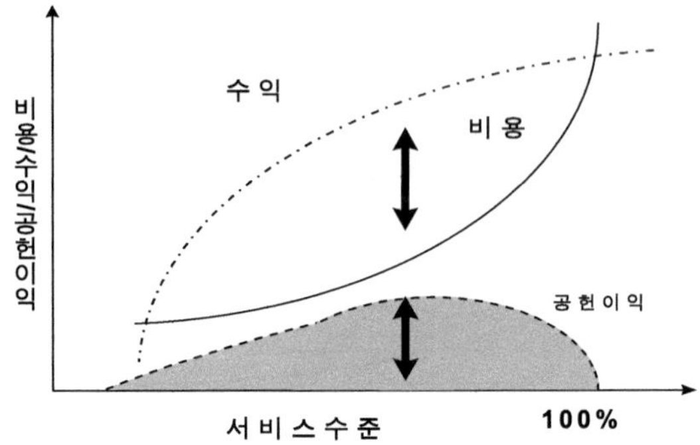


자료 : Ballou, Ronald H., Business Logistics, N.J. : Prentice Hall, p. 96.

서 발생하는 정반대의 현상을 설명하는 용어로 사용되고 있다. 예를 들어 고객서비스의 질을 향상시키기 위하여 전자계산기나 탁상시계 같은 싼 물건을 고객의 자택까지 배달하여 준다면, 고객서비스 측면에서는 고객의 만족도가 향상은 되겠지만 배달로 인한 인건비 및 배송료 등의 관리비가 원가를 상회하는 결과를 초래하게 된다. 또한 상품의 가치를 높이고 외장(外裝)을 미려하게 하는 동시에 운송의 안전을 고려한 포장에다 과다한 비용을 투입한다면 포장비가 증가되어 결과적으로 제품비용을 높이게 된다. 따라서 물류비와 고객서비스는 트레이드 오프관계를 가지고 있어 그 균형점을 어디에서 찾느냐가 문제의 관건이 될 수밖에 없다. 이는 다시 말해 최소의 물류비를 투입하여 고객에게 최대의 서비스를 제공하는 길을 찾아야 한다는 점이다. 예를 들어 물류활동을 영위하는 기업들은 고객에게 '있을 법한' 고객서비스의 조합을 제시하고 그러한 조합에 대한 선호도에 대하여 순위를 매기고 나서 컴퓨터를 통하여 응답자들의 각 서비스 요소에 부가되는 내재된 중요도를 결정하는 것이다. 이러한 조사를 근거로 하여 적절한 비용을 산출하여 고객이 원하는 서비스의 수준과 이에 수반되는 비용을 적절히 조정하여 비용과 고객서비스가 가장 최고점(最高點)에 이르는 곳에서 물류활동을 영위할 수 있다. 물론 이러한 의사결정은 고객서비스의 수준을 미리 설정하고 난 다음에 비용을 산출하는 물류활동의 기본원칙에 충실히 따르는 것이다. 그러나 비용과 고객서비스의 최고점(最高點)을 산출하는데 있어서 고려해야 할 또 다른 중요한 요소는 '절대적' 척도에서의 서비스수준에 관한 한, 확실한 서비스의 개선이 고객의 구매행동에 미치는 영향에도 한계가 있다. 다시 말하면, 어느 점을 지나면 효용의 체감이 시작된다는 것이다. [그림 11-3]과 [그림 11-4]는 이러한 현상을 잘 보여주고 있다.

### (3) 공급연쇄관리(Supply Chain Management)접근 방식

1970년대 후반 및 1980년대를 거쳐 이미 미국의 유수 기업들은 기업 내부의 제 기능을 통합하려는 생각을 보편화 시켰다. 이러한 경향의 추진력이 된 것은 기업의 능력을 최적화하기 위해서는 타 부문(기능)과 목표를 일체화 시켜놓고 활동을 통합화하면, 한 부문의 능력최적화는 경우 다른 부문의 능력 또한 최적화 될 것이라는 의식이었다. Supply Chain Management는 이러한 기능적 통합의 개념을 하나의 기업을 초월하여 Supply Chain내에 포함되는 전체 기업에 확장시키려는 것이다.

기업에 있어서 트레이드 오프 관계는 단순히 고객서비스 수준 향상과 물류 시설비 증가에 대한 상관관계를 넘어서서 높은 고객서비스 수준을 유지하면서 낮은 재고투자와 원가절감이라는 서로 상충된 목표들간의 균형을 맞추기 위해서 공급체인의 관리가 필요하다. 제조업은 생산을 통해 부가가치를 창출하고 제품을 판매함으로써 수익을 얻게 된다. 이를 위해 대부분의 기업들은 자재공급업체에서부터 제조 공정을 거쳐 고객에 이르기까지 물자의 흐름을 통제하는 것을 중요하게 여기고 있다. 다시 말해 고객서비스 수준을 향상시키기 위해 단순히 판매물류상의 수·배송, 포장, 하역, 보관 등과 관련한 물류비의 증가라는 트레이드 오프 관계를 넘어서 조달물류부터 생산물류 및 판매물류[3] 전

3) 조달물류란 원재료 공급자나 외주처로부터 생산에 필요한 원자재 또는 부품을 공장으로부터 반입하는 것과 관련한 물류활동을 말한다. 생산물류란 생산에 필요한 원자재, 반제품 등의 획득, 보관 및 이송과 관련한 계획 및 통제를 행하는 활동을 포함하며 더 나아가 생산계획 자체도 물류활동에 포함되기도 한다. 판매물류란 물류의 최종단계로서 제품을 고객에게 전달하는 일체의 활동 즉 물류센터의 운용, 수·배송, 정보네트워크의 운용 등이 그 관리대상이 된다.

〈부문간 물류의 연계도〉

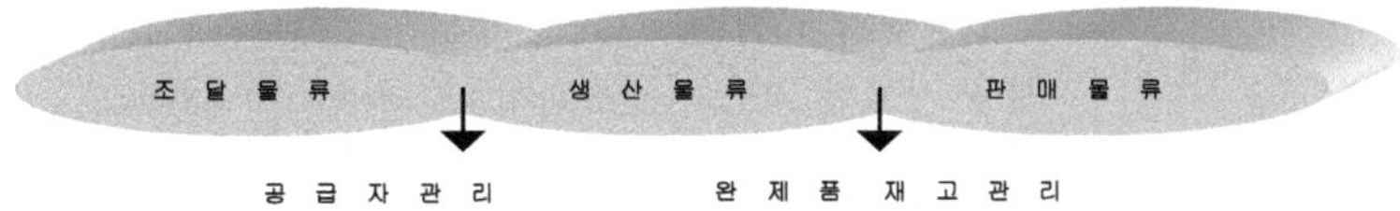

과정을 거쳐 공급체인의 관리가 필요하다. 즉 Supply Chain Management는 공급업자로부터 고객에 이르기까지 원자재, 부품 및 제품을 계획, 조정, 통제하는 일련의 과정으로 구성되고 물자와 정보의 흐름이 수반된다.

공급연쇄관리에서는 고객, 공급업자, 제 3 의 서비스 공급업자(Third Party Service Providers)가 채널을 한층 효율적으로 구축하고, 경쟁적으로 하기 위해서는 필요한 정보와 계획을 공유한다. 이러한 공급연쇄관리접근방법은 오늘날 그 가치가 더욱 높아지고 있으며 경쟁환경과 운영과 경쟁적인 전략에 필요하다.

### 4) 물류성과측정의 대상

물류활동에 있어서 평가되어야 할 대상으로 서비스 품질(Service Quality), 생산성(Productivity) ―비용포함―, 프로세스의 효과성(Process effectiveness) 등이 있다.

#### (1) 서비스품질 측정(Service Quality Measurement)

서비스품질측정은 고객의 관점에서부터 출발한다(고객은 자신들이 구매하는 물품을 어떻게 생각하고 있는가? 고객은 어떻게 공급업자를 평가하고 있는가?). 진보적인 기업은 자사가 얼마나 고객서비스에 실패하고 있는가 뿐만 아니라 왜 실패하였고, 그러한 실패가 미치는 영향은 어떠한 것인가를 평가한다.

#### (2) 생산성 측정(Productivity Measurement)

서비스품질측정은 고객의 요구에 대응할 수 있도록 물류활동을 얼마나 효과적으로 수행하고 있는가를 평가하는데 반해 생산성 평가는 그렇게 하기 위해서 얼마나 많은 비용(cost)을 투입하는가를 평가하는 것을 말한다. 생산성은 실질 투입량(real input)과 실질 산출물(real output)의 비율로 나타낼 수 있다.

$$\text{생산성(Productivity)} = \frac{\text{생산된 실질산출량(Real Output Produced)}}{\text{소비된 실질투입량(Real Input Consumed)}}$$

이러한 생산성을 향상시키기 위해서는 생산성(Productivity), 효용성(utilization), 성과(Performance)가 서로 연관되어 있다.

$$\text{효용성} = \frac{\text{사용되어진 역량(자원)[Capacity(Resources) Used]}}{\text{사용 가능한 역량(자원)[Capacity(Resources) Available]}}$$

으로 측정되어질 수 있으며,

$$\text{성과(Performance)} = \frac{\text{표준작업시간(Standard Hours of Work Performed)}}{\text{실제작업시간(Actual Hours of Work Used)}} \quad \text{또는}$$

$$= \frac{\text{실제산출량(Actual Output Produced)}}{\text{기준산출량(Standard Output Produced)}}$$ 으로 산정될 수 있다.

### 5) 물류성과측정 사례

물류활동에 대한 성과를 측정하기 위한 기존의 시도는 물류비를 산정하는 방식을 채택하여 왔다. 그러나 물류비의 계산이 원가 중심적인 체계를 갖추고 있어 정확한 물류비의 산정을 어렵게 하고 있을 뿐만 아니라 수요의 다양화, 고도의 정보화, 자동화의 진정 등과 같은 기업환경의 변화를 통하여 정보기술이나 경영기법이 CIM(Computer Integrated Manufacturing : 컴퓨터에 의한 통합생산)이나 FA(Factory Automation : 공장자동화) 등으로 전환함으로써 전통적인 원가계산기법의 한계성을 야기하여 '물류 빙산설'과 같은 왜곡현상까지도 초래하고 있기도 하다. 이러한 문제점에 대한 보완책으로서 새로운 원가계산의 기법중 하나로서 ABC(Activity-Based Accounting : 활동기준원가계산)기법[4]이 등장하였다. 즉 원가 중심적인 측정의 한계를 기업의 물류활동을 정의하고 해당물류활동과 관련된 물류비를 산정함으로써 기존의 물류비 산정의 한계를 극복하고자 하는 것이다. 물류활동에 대한 성과측정도 물류활동별로 이루어져야 한다. 물류성과측정은 아래의 물류활동을 중심으로 평가를 실시할 수 있다. 이번 절에서는 많은 물류활동 중 가장 중요하다고 판단되는 운송활동에 대해 서비스품질에 대한 평가 및 생산성평가를 중심으로 성과측정시 고려해야할 요소들을 살펴본다.

#### (1) 운송의 성과측정

① 운송품질의 성과측정(Transportation Quality Measures) : 운송품질의 성과측정은 운송기능을 고객의 요구(즉, 정시배송, 운송도중의 파손 및 정확성 등)에 얼마

4) 물류ABC는 물류원가를 계산함에 있어서 ABC(Activity-Based Accounting : 활동기준원가계산)의 수법을 적용한 것을 말하는데, IMA(Institute of Management Accounting : 미국관리회계협회, NAA에서 개칭)의 관리회계지침서 4-P호(Statement of Management Accounting : SMA 4-P로 약칭)의 정의를 준용하면 기업의 물류활동을 식별하고 해당물류활동과 관련된 물류비를 집계하며, 이 물류활동비를 각종 코스트드라이버(각 물류활동비를 물류비 계산단위인 제품별로 계산하도록 하는 일정한 기준)를 사용하여 제품별로 계산하는 물류비 계산의 한 수법이라고 정의하고 있다.

나 효과적으로 충족시키느냐를 평가하는데 있다. 아래의 4가지 범주는 운송품질을 측정하는데 널리 사용될 수 있는 요소이므로 이를 중심으로 운송품질의 성과측정을 실시할 수 있다.

- ■ 정시배송(On-time delivery)
- ■ 완전무결한 인도(complete and damage-free delivery)
- ■ 정확한 운송서류(Accurate freight bill)
- ■ 고객의 주문과 클레임에 대한 적절한 대응(Timely response to inquiries and claims)

㉠ 정시배송(On-time delivery) : 정시배송은 운송품질을 측정하는데 매우 중요한 요소이다. 정시배송의 경우에는 여러 분야의 측면에서 측정되고 평가되어야 한다. 만약 정시배송이 불가능하게 되었다면 이는 운송과정에서 발생한, 그 자체의 문제일 수도 있지만 공장에서의 생산의 지연, 또는 주문처리의 미숙, 기후 등에 의한 불가항력적인 이유 등 여러 가지 다양한 이유가 산재하고 있기 때문에 반드시 운송분야 그 자체의 문제에서만 발생하는 것은 아니다. 따라서 정시배송에 관한 성과측정시 발생한 문제점에 대해서는 반드시 그 원인을 파악하는 것이 중요하다.

| 분석대상 | 미치는 영향 |
|---|---|
| ■ 운송장비의 결함<br>■ 기후<br>■ 생산지연<br>■ 자재관리 문제점<br>■ 기타 운송과 직접적으로 관련된 문제점<br>■ 기타 운송과 간접적으로 관련된 문제점 | ■ 고객에 대한 신용도 하락<br>■ 고객의 주문취소<br>■ 특별운송수단(Premium Transportation)사용으로 인한 추가비용<br>■ 업무비용 및 업무시간의 증가 |

㉡ 완전무결한 인도(Complete and Damage-free delivery) : 이는 제품이 고객에게 제품이 인도되었을 시 발생한 파손율 및 결함을 말하는 것으로 파손의 형태(Type of damage), 파손발생지(Source of damage), 파손원인(Cause of damage), 재작업에 따르는 비용(Cost of rework)등으로 그 원인 및 상황을 파악해야 한다. 장단기적인 관점에서 제품의 파손 및 손상은 운송의 질을 결정하는 중요한 요소이다. 이러한 문제점의 발생은 운송설비부족, 포장상의 문제, 운송절차의 문제, 작업자의 숙련도 등이 영향을 끼치므로 이를 고려하여 성과를 측정해야 할 것이다.

| 분석대상 | 미치는 영향 |
|---|---|
| ■ 부족분 및 파손의 형태 : 컨테이너 안에서의 제품분실, 케이스 분실, 오염, 포장불량, 누손(leakage), 파손(Breakage) 등<br>■ 부족분 및 파손의 발생지 : 상차時(Loding), 운송時(in-transit), 하차時(Unloading) 등<br>■ 파손의 원인 : 운송시 일어난 사고, 절도(Theft), 기후(Weather), 고의적인 파괴(Vandalism), 운영미숙 등 | ■ 수입감소<br>■ 손실액 발생<br>■ 추가적인 핸들링(Handling) 및 운송수단의 사용<br>■ 재작업 비용 |

㉢ 정확한 운송서류(Accurate freight bill) : 운송서류를 실수 없이 정확히 작성, 기록하는 것으로, 그 원인은 날짜기입의 오류, 불완전한 정보, 운송업자와 화주 간의 문제 등에 있다. 이러한 운송서류의 오류는 고객에 대한 신용도 하락 및 운송시간의 지연 등으로 인한 추가비용이 발생한다.

| 분석대상 | 미치는 영향 |
|---|---|
| ■ 운송서류에 관한 작업시 발생하는 오류비율<br>■ 부정확한 자료의 입력<br>■ 불완전한 정보(Incomplete information)<br>■ 운송인과 화주사이의 의사소통장애 | ■ 업무시간의 증가<br>■ 고객에게 잘못된 요금부과 및 제품인도로 신용도에 대한 불신감 초래 |

㉣ 고객의 요구와 클레임에 대한 적절한 대응(Timely response to inquiries and claims) : 이는 고객의 요구에 대한 적절한 시간에 적절한 방법으로 대응하는 것을 말하며 클레임에 대한 원인의 파악 및 사후대책이 필요하다.

| 분석대상 | 미치는 영향 |
|---|---|
| ■ 기업이 적절하지 못하게 반응한 고객요구 및 클레임<br>■ 고객요구에 대한 부적절한 반응 | ■ 고객요구 및 클레임에 대한 부적절한 반응으로 인한 비용발생<br>■ 수입감소 |

② 운송의 생산성 성과측정(Transportation Productivity Measures) : 운송의 생산성 측정은 운송에 대한 총비용의 투자와 운송량에 의해 측정되어질 수 있다. 제공되어진 총운송량은 톤-마일(ton-miles) 또는 최종목적지까지 운송되어진 운송량에

의해 산출되어 질 수 있다. 물류활동의 생산성측정은 생산성, 효용성, 성과 3요소가 서로 밀접한 관계가 있다. 운송에 관한 성과는 예산(Budget) 對 실제 발생한 비용(Actual Cost)을 산정, 비교함으로써 측정되어 질 수 있다. 아래의 [표 11-3]은 전체적인 운송의 생산성을 산정할 수 있도록 생산성 지표, 효용성 지표, 성과지표를 기술하였다. 이들 지표를 통해서 운송의 생산성을 측정할 수 있다.

[표 11-3] 운송의 생산성, 효용성, 성과

| | |
|---|---|
| 생산성<br>(Productivity) | ■ 운송되어진 ton-miles(Ton-miles transported)/실제 총 운송비용(Total actual transportation)<br>■ 목적지에 운송된 총량(Volume of goods transportation to destination)/<br>실제 총 운송비용(Total actual transportation)<br>■ 목적지에 운송되어진 적화물(Shipments transportation to destination)/<br>실제 총 운송비용(Total actual transportation)<br>■ 기준 ton-miles(Standard ton-miles)/실제 총 운송비용(Total actual transportation) |
| 효용성<br>(Utilization) | ■ 사용된 총 운송역량(total transportation capacity used)/<br>지불된 총 운송역량(total transportation capacity paid for) |
| 성과<br>(Performance) | ■ 실제운송비용(Actual transportation cost)/예산 책정되어진 운송비용(budgeted transportation cost)<br>■ 표준운송비용(Standard transportation cost)/실제운송비용(actual transportation cost)<br>■ 실제운송시간(Actual transit times)/기준운송시간(Standard transit times) |

# 제 2 절 프레이트 포워더의 성과

## 2-1 프레이트 포워더 성과측정의 의미 및 기능

기업에 있어서 물류와 관련된 성과의 정기적인 평가는 모든 기능을 계획·관리하는데 있어 매우 중요한 부분이 된다. 평가는 포괄적인 자료의 수집, 확인 그리고 많은 분석방법으로 구성되어 있는데 화주와 운송인 등의 물류기업과의 중간 매개자 역할을 수행하고 있는 프레이트 포워더의 성과에 대한 정기적인 성과측정은 매우 중요하다. 다음은 물류기업이 정기적인 성과측정을 통해 얻을 수 있는 기능적 부분을 상술한다.

#### 1) 의사소통의 촉진(Facilitate Communication)

성과측정은 무엇을 어떻게 평가할 것인가에 대한 정의를 공급업자와 소비자 양자 모두가 객관적인 입장에서 이해할 수 있는 곳에서부터 출발하여야 한다. 예를 들어 프레이트 포워더는 운송활동에 있어서 정시배송(On-time delivery)이라는 개념은 화주기업의 입장에서는 “3일 이내로”라고 정의할 수 있지만 실제로 화주는 “1일 이내로”라고 생각할 수 있다. 따라서 성과측정은 우선적으로 공급업자와 소비자 사이에서 무엇을 어떠한 개념으로 평가할 것인지를 정의하여야 하며 이러한 과정에서 공급업자와 소비자 사이에서 활발한 의사소통이 진행된다.

#### 2) 개선이 필요한 분야의 제시(Identify areas that need improvement)

일반적으로 성과라는 개념 자체는 상대적인 부분을 내포하고 있다. 예를 들어 전년대비 업무의 효율성 정도, 상대적 경쟁력 확보 정도, 적절한 예산의 지출 정도, 고객의 만족도 등이다. 이러한 성과측정항목에 대해 ‘예/아니오’라는 단순 이분법적인 결과보다는 작년에 비해 얼마나 잘 하고 있는가?(how well), 얼마나 경쟁에서 앞서고 있는가?(how far ahead), 얼마나 많은 예산을 절감하고 있는가?(how much), 얼마나 고객이 만족하고 있는가?(how happy) 등의 결과가 더욱 효과적으로 기업의 성과지수를 보여준다. 또한 이런 결과를 바탕으로 잠재적으로 어느 분야를 개선, 향상시켜야 할지를 제시하여 준다.

#### 3) 문제해결을 위한 데이터의 수집(Gather data to help understand problems)

성과측정결과에 대해 왜(Why) 이러한 문제점이 발생하였는가를 인식하는 것이 중요하다. 예를 들어 운송도중 추가적인 운송비용이 지출되었다면 얼마나 많은 비용이 더 지출되었는가 뿐만 아니라 왜 더 지출이 되었는가에 대한 분석이 필요하다. 필요한 분석을 위하여 데이터 수집이 적절히 이행되어야 한다.

#### 4) 목표를 위한 진척단계의 제시(Track process toward goals)

기업이 기업활동개선을 위하여 대안을 선택하였다면 성과측정은 목표달성을 위한 진척단계를 제시한다. 예를 들어 정시배송(on-time delivery)의 개선을 위한 대안을 채택하였다면 이들 향상에 영향을 끼치는 다른 요소, 즉 고객으로부터 주문처리주기 단축 등에 관한 진척사항을 제시하여 준다.

#### 5) 대안평가(Evaluate alternatives)

성과측정은 객관적인 비교, 조사를 통하여 물류활동개선을 위해 제시된 대안을 평가하는 기능을 갖는다. 예를 들어 정시배송의 향상을 위하여 정시배송과 관련한 대안들(주문처리주기, 관련비용 및 생산성 등)을 평가한다.

#### 6) 기업활동 향상결과에 대한 보고 및 지속적인 투자유도기능

기업의 물류활동개선을 위해서는 부대비용 및 투자가 필요하다. 성과측정은 기업활동개선을 위한 투자활동에 대한 결과를 보고하고 이를 바탕으로 지속적인 투자가 이루어질 수 있도록 유도한다.

### 2-2 프레이트 포워더 성과측정 도구

#### 1) BSC(Balanced Scorecard)

(1) BSC(Balanced Scorecard)의 정의

BSC(Balanced Scorecard)는 기업의 성과를 재무, 고객, 내부 비즈니스 프로세스, 학습과 성장의 네 가지 관점에서 종합적이고 균형적으로 측정하는 성과평가시스템이다. BSC라는 개념을 처음으로 제안한 캐플란(Robert S. Kaplan)과 노튼(David P. Norton)은 200개 기업들을 대상으로 전략이 무엇이고 이를 달성하기 위해 관리가 필요한 지표를 최고경영자와의 인터뷰 등을 통해 파악하고, 이를 종합적으로 네 개의 범주로 정리하여 제시한 것이다. 기업은 BSC를 통해 과거의 재무적 성과의 측정뿐만 아니라 미래의 재무적 성과를 이끌어 내는 비재무적 지표를 관리함으로써 지속적인 기업발전을 도모할 수 있다. 1990년대 초반 소개된 BSC는 그 역할의 중요성이 점차로 증가하여 현재 경영의 가장 중요한 관리시스템으로 부각되고 있다.

(2) BSC의 네 가지 관점

BSC는 단순히 재무적 지표만을 중심으로 성과를 관리하는 것이 아니라, 네 가지 관점에서 성과를 종합적이고 균형적으로 분석할 수 있도록 도와준다. BSC에서 가장 핵심요소 중 하나인 관점(perspectives)은 기업의 가치창출 근원에 대한 시각을 제시하는데 노튼과 캐플란의 기본모형에서는 재무적 관점(Financial perspective), 고객 관점(Customer perspective), 내부 비즈니스 프로세스 관점(Internal Business Process Perspective), 학습과 성장의 관점(Learning and Growth Perspective)의 4가지 관점을 제시하고 있다.

① 재무적 관점 : 재무적 관점은 주주의 입장에서 기업이라는 투자대상을 바라보는 관점이다. 즉, 재무적 관점은 "재무적으로 성공하기 위하여 우리는 주주에게 어떻게 보여야 하는가"의 물음을, 내부 업무처리관점에서는 "주주와 고객을 만족시키기 위해 우리는 어떤 프로세스에 탁월해야 할 것인가"를, 학습 및 성장의 관점에서는 "우리는 비전을 달성하기 위해 변화하고 개선능력을 어떤 방법으로 길러야 하는가"를, 고객의 관점에서는 "비전을 달성하기 위해 우리는 고객에게 어떻게 보여야 하는가"의 물음을 제시하는 것이다. 대표적인 재무적 성과지표로는 투자수익률, 경제적 부가가치, 수익성 등이 있다.

② 고객관점 : 고객관점이란 고객의 입장에서 고객의 이익이 증가되는 방향을 의미한다. 즉, 기업의 가치는 어디에서 창출되는가에 대한 해답으로 기업은 고객을 통해서 가치창출이 가능하며, 그들의 욕구변화를 끊임없이 간파할 수 있을 때만이 성공을 보장받을 수 있게 되었다. 고객 시각에서의 측정은 우선 경쟁 시장을 세분화하는 데서부터 시작된다. 일단 목표 시장이 결정되면 기업은 가격 우위, 품질, 패션, 디자인, 브랜드 이미지 등 고객에게 전달할 가치 명제를 파악하여 시장 점유율, 고객 유지율, 고객 확보율, 고객 만족도, 고객 수익성 등의 측정지표로서 성과를 측정하게 된다.

③ 내부프로세서 관점 : 내부프로세서란 기업내의 원재료, 정보, 사람 등과 같은 입력요소를 제품과 서비스 등의 산출요소로 변환시키는 과업이나 활동들의 집합을 의미한다. 즉, 기업의 가치 사슬 내에서, 제품 및 서비스가 고객들의 기대를 충족시키고, 경쟁사를 앞서기 위해 이와 관련된 프로세스가 효율적으로 운영되기 위해서 무엇을 해야 하는지를 구체화하는 과정이다. 대표적인 성과

지표로는 프로세스 타임, 프로세스 품질, 프로세스 원가, 종업원의 기술, 작업 산출량 등이 있다.

④ 학습과 성장의 관점 : 학습과 성장관점은 종업원의 입장에서 프로세스 혁신을 위한 인프라이다. 학습과 성장 관점은 BSC의 네 가지 관점 중에서 가장 미래 지향적인 관점으로 현재에는 그 가치가 보이지 않지만, 회사의 장기적인 잠재력에 대한 투자가 기업성장에 얼마나 영향을 미칠 수 있을지를 이 관점에서 파악할 수 있다. 학습과 성장의 관점은 다른 3가지 관점의 성과를 이끌어 내는 원동력으로서, 특히 구성원의 역량을 강조하고 있다. 이는 지적 자산의 가치 측정에 대한 관심이 대두되면서, 기업의 무형자산 가치에 대한 새로운 인식과 맞물려져 있다. 대표적인 성과지표로는 직원 만족도, 직원 유지도, 권한위임, 업무의 동기부여, 직원 교육, 직원 생산성 등이 있다.

BSC에서의 4가지 시각은 사실 비재무적 측정 지표에 대한 관심에서부터 비롯된 것이다. 재무적 지표에만 관심을 기울인다면, 단기적 성과 획득에만 경영 자원을 투입하게 될 것이며, 고객 만족, 품질, 사이클 타임, 종업원 스킬 향상 및 동기 부여 등에는 관심을 덜 기울이게 될 것이기 때문에 비재무적 측정 지표가 필요하다. 그러나 재무적 성과측정지표를 무시할 수는 없다. 불량률을 낮추고, 배달 시간을 줄였다고 하더라도 그것이 실제적인 수익 획득으로 나타

[그림 11-5] 균형성과표 구도

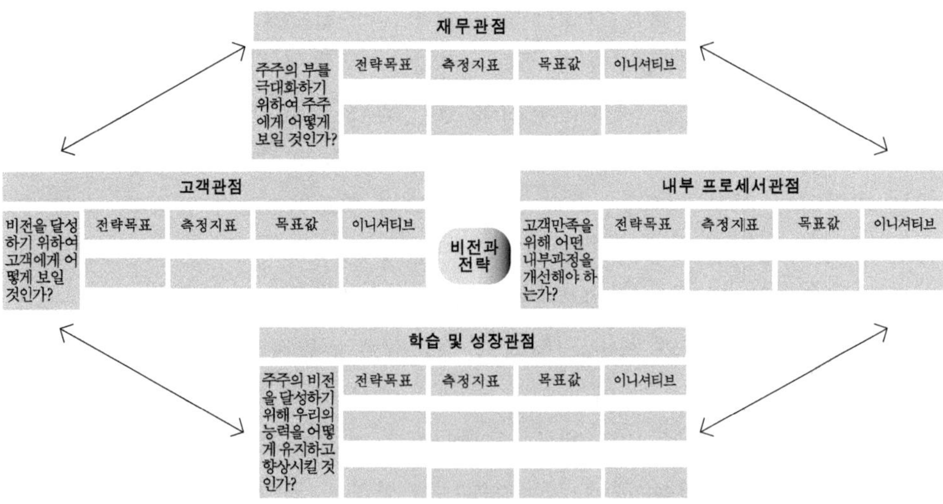

나지 않는다면 기업은 오히려 비효율적인 노력을 투입한 것이다. 품질 향상, 생산성, 배달 시간의 단축 등은 기업의 목적 그 자체가 아니라 목적을 달성하는 수단으로서, 이를 통해 실제로 매출이 늘어나고, 비용이 감소하고, 자산 활용도가 더 높아졌을 때 기업에 효용이 있다.

### 2) SERVQUAL

#### (1) SERVQUAL의 개념

근본적으로 프레이트 포워더는 화주의 의뢰를 받아 실제 운송인에게 화물을 인도하고 목적지까지의 안전한 배송을 목적을 하는 물류서비스 제공 기업(Logistics Service Provider)이다. 따라서 프레이트 포워더의 성과측정에 있어 투자수익률 등과 같은 재무적 성과뿐만 아니라 고객서비스 만족의 측정은 필수적인 요소이다. 이러한 측면에서 각 프레이트 포워더에 적합한 고객만족에 대한 측정은 Parasuraaman, Zeiithamll and Berry[5]가 제시한 SERVQUAL를 응용하여 개발할 수 있다.

SERVQUAL은 미국의 파라수라만(A. Parasuraman), 자이다믈(V. A. Zeithaml), 베리(Leonard L. Berry) 등 세 사람의 학자(PZB)에 의해 개발된 서비스품질 측정도구로서 서비스 기업이 고객의 기대와 평가를 이해하는데 사용할 수 있는 다문항 척도(multiple-item scale)이다. 이들은 서비스품질에 대하여 표적집단면접 결과 서비스품질이 훌륭하다는 것은 고객이 기대하는 바를 충족시켜주거나, 기대 이상의 서비스를 제공하는 것임을 분명히 드러낸다. 즉, 고객이 지각하는 서비스 품질이란 고객의 기대나 욕구 수준과 그들이 지각한 것 사이의 차이의 정도로 정의된다고 주장하였다. 이러한 기대에 영향을 미치는 핵심요인을 구전, 고객들의 개인적 욕구, 서비스를 이용해 본 과거의 경험, 서비스 제공자의 외적 커뮤니케이션 등으로 제시하였다.

이들은 서비스 품질 측정에 대한 항목을 일련의 반복적인 자료수집과 자료분석 단계를 통해 97개 문항으로 구성된 측정 도구 시안을 점차 개선시키고 축약하여 신뢰성(reliability; R), 확신성(assurance; A), 유형성(tangibles; T), 공감성(empathy; E), 대응성(responsiveness; R)을 대표하는 22개 문항을 확정하였다. 다섯

5) Parasuraaman, A. Zeiithamll, and Berry, L.L., "A Conceptual Model of Service Quality and Its Implications for Future Research," Journal of Marketing, Vol. 49, pp. 41~51.

[표 11-4] SERVQUAL의 5가지 구성 차원

| 서비스품질 평가 10 차원 | SERVQUAL 차원 | SERVQUAL 차원의 정의 |
|---|---|---|
| 유형성 | 유형성 | 물리적 시설, 장비, 직원, 커뮤니케이션자료의 외양 |
| 신뢰성 | 신뢰성 | 약속한 서비스를 믿을 수 있고 정확하게 수행할 수 있는 능력 |
| 대응성 | 대응성 | 고객을 돕고 신속한 서비스를 제공하려는 태세 |
| 능력 | 확신성 | 직원의 지식과 예절, 신뢰와 자신감을 전달하는 능력 |
| 예절 | | |
| 신빙성 | | |
| 안전성 | | |
| 가용성 | 공감성 | 회사가 고객에게 제공하는 개별적 배려와 관심 |
| 커뮤니케이션 | | |
| 고객이해 | | |

가지 품질차원은 각 차원의 영문 첫 자를 모아 'RATER'라고 부르기도 한다.

(2) SERVQUAL의 측정방법

고객의 서비스품질에 대한 기대와 서비스품질 지각의 불일치 정도를 통해 해당회사의 서비스품질 수준을 측정하는 도구인 SERVQUAL의 질문지는 크게 세 부분으로 구성된다. 22개 항목으로 구성된 고객의 기대 측정 질문, 22개 기대부분의 각 항목에 대응하는 특정회사에 대한 고객의 지각을 측정하기 위한 질문, 5가지 서비스 차원의 상대적 중요성을 묻는 질문이다. SERVQUAL 점수 분석을 위한 설문은 유형성, 신뢰성, 대응성, 확신성, 공감성 등 5개의 서비스 차원에 대해 고객들이 느끼는 상대적인 중요도를 측정하기 위한 질문과 고객들의 서비스에 대한 기대수준과 서비스기업의 서비스품질에 대한 평가를 측정하기 위한 5개 서비스 차원내 22개 문항쌍으로 구성되어 있다.

기업과 거래하면서 고객들이 느끼는 5개 서비스 차원에 대한 상대적인 중요도를 측정하기 위하여 각 차원별로 점수 합계 100점이 되도록 중요도를 표시하게 한다.

5개 서비스 차원을 구성하고 있는 각 문항에 대해서는 먼저 가장 좋은 기업의 서비스에 대한 기대의 정도를 질문하고 다음으로 현재 대상 기업이 수행하고 있는 서비스 수준에 대한 평가를 질문한다. 고객들의 기대수준과 기업의 서비스품질 평가에 대한 측정은 '전혀 그렇지 않다(1)'~'정말 그렇다(7)'의 7점 척도를 이용한다.

SERVQUAL 점수는 고객의 기대문항에 대한 응답점수와 기대문항에 상응하는 지각문항에 대한 응답점수간의 차이로 계산된다. 각 항목별 SERVQUAL 점수는 다음의 계산식에 의해 산출된다.

SERVQUAL 점수 = 고객의 지각점수 - 고객의 기대점수

한 회사의 5개 차원 각각에 관한 서비스품질 점수는 각 차원을 구성하는 문항들의 SERVQUAL 점수를 평균하여 구하며, 계산결과 점수가 (-)값을 가질수록 고객의 눈에 비치는 서비스품질의 문제가 심각한 것이다.

서비스품질의 종합측정치는 5개 서비스 차원의 SERVQUAL 점수를 평균하여 구하며, 단순평균 계산에 의한 비가중(unweighted) SERVQUAL 점수와 각 서비스 차원에 대해 고객이 부여한 상대적 중요성을 감안한 가중(weighted) SERVQUAL 점수를 산출할 수 있다.

또한 서비스품질 격차의 측정에서 고객과 서비스 제공자간의 기대에 대한 불일치 정도를 나타내는 격차 1은 고객의 기대점수와 관리자가 생각하는 고객의 기대점수를 비교하여 측정한다. 계산절차는 SERVQUAL 점수의 계산과 동일하며 값이 부정적일수록 격차가 큰 것을 말한다. 격차 2에서 격차 4까지는 서비스품질의 5개 차원에 대한 업무 수행기준의 공식화 및 도달 정도, 약속한 수준의 서비스 제공 정도 등을 묻는 질문지에 의해 측정되며 각각 격차의 원인을 분석하기 위한 선행요인 측정도 동시에 수행된다.

## 2-3 프레이트 포워더 성과측정 항목

앞서 설명한 BSC와 SERVQUAL의 두 가지 성과측정 방법론은 프레이트 포워더의 기업내외부적인 성과와 물류서비스 기업으로서의 대화주 서비스 만족

도를 평가할 수 있는 기본적인 방법론을 제시할 수 있다. BSC의 네 가지 관점을 통한 프레이트 포워더의 성과측정항목과 물류서비스 만족도를 평가할 수 있는 항목을 분류하여 제시하면 다음과 같다.

[표 11-5] 프레이트 포워더 성과측정항목

<table>
<tr><th>관 점</th><th>특 성</th><th>측정항목</th></tr>
<tr><td rowspan="8">재무적 관점</td><td rowspan="4">재무성과</td><td>공급사슬 파트너로 인한 수익률</td></tr>
<tr><td>현금사이클</td></tr>
<tr><td>고객 판매 성장과 수익성</td></tr>
<tr><td>자산수익률(ROA)</td></tr>
<tr><td rowspan="4">물류성과의 제고</td><td>물류비용절감</td></tr>
<tr><td>리드타임 단축</td></tr>
<tr><td>납기준수율 제고</td></tr>
<tr><td>고객만족도 제고</td></tr>
<tr><td rowspan="16">고객관점</td><td rowspan="13">서비스상품 경쟁성</td><td>가격경쟁성</td></tr>
<tr><td>다양한 상품의 제시</td></tr>
<tr><td>Transit Time의 적정성</td></tr>
<tr><td>특수지역(오지)서비스</td></tr>
<tr><td>포장기능 수행</td></tr>
<tr><td>탁월한 혼재기능</td></tr>
<tr><td>신속한 집배 및 분배</td></tr>
<tr><td>창고, 보관기능의 수행</td></tr>
<tr><td>포장기능 수행</td></tr>
<tr><td>내륙운송취급 가능</td></tr>
<tr><td>통관업무 수행</td></tr>
<tr><td>운송화물 트랙킹(tracking)서비스</td></tr>
<tr><td>클레임 적극해결능력</td></tr>
<tr><td rowspan="3">물류정보의 공유</td><td>고객과의 정보공유</td></tr>
<tr><td>정보시스템을 통한 물류정보공유</td></tr>
<tr><td>관련 업체와의 정보공유</td></tr>
</table>

<table>
<tr><td rowspan="6">프로세스<br>관점</td><td rowspan="3">프로세서<br>효율성</td><td>업무창구의 단일화</td></tr>
<tr><td>담당자의 연속성</td></tr>
<tr><td>업무처리 절차의 신속성</td></tr>
<tr><td rowspan="3">프로세스<br>혁신</td><td>전사적 차원에서의 프로세서 정비</td></tr>
<tr><td>내외부 물류프로세서의 통합</td></tr>
<tr><td>문제 물류프로세서의 지속적 개선활동</td></tr>
<tr><td rowspan="6">학습 및<br>성장관점</td><td rowspan="3">조직구조</td><td>물류전문인력 양성 및 관리정도</td></tr>
<tr><td>물류전담조직 운영정도</td></tr>
<tr><td>전사적 물류통합조직 운영정도</td></tr>
<tr><td rowspan="3">정보기술의<br>활용</td><td>통합물류정보시스템 구축정도</td></tr>
<tr><td>EDI 활용정도</td></tr>
<tr><td>물류정보화를 위한 혁신적인 기술이나 업무방식수용정도</td></tr>
</table>

# 연습문제

## ❋ 서 술 형

1. 물류성과측정방법에 대해 설명하시오.
2. 운송의 성과측정 방법에 대해 설명하시오.
3. BSC 관점에서의 프레이트 포워더 성과측정방법에 대해 설명하시오.

## ❋ 용어설명

· BSC(Balance Scorecard)

· SERVQUAL

· 물류활동

· 물류성과

· Trade-off

· 활동기준원가계산(ABC : Activity-Based Accounting)

· 정시배송(on-time delivery)

CHAPTER

# 12

# 프레이트 포워더의 발전방향

## 제 1 절 시대별 우리나라 물류정책의 변화

우리나라 물류정책은 시대별로 경제적, 산업구조의 전환 배경 등과 더불어 다양하게 변화되어 왔다. 특히, 1960년 이후 경제성장과정에서 중화학공업중심의 산업구조 전환과 수출정책 등에 힘입어 도로수송 중심의 화물수송체계 위주로 물류산업이 성장하였으나, 최근 들어서는 물류산업이 제조업중심위주의 산업구조를 지원하는 하부구조뿐만 아니라 물류산업 자체가 국가경제에 기여할 수 있는 중요한 산업으로 인식되고 물류부가가치서비스를 창출하는 정책으로 변환되고 있다.

우리나라 물류정책의 발전과정을 살펴보면 크게 태동기(1960~1970년대), 구축기(1980년대)와 1990년대의 체계확립과 확산기, 2000년대의 정책의 정착과 도약기 등으로 구분하여 살펴볼 수 있다. 본 절에서는 우리나라의 물류정책의 역사적 변화에 대하여 살펴보고자 한다.

### 1-1 경제성장기반의 물류정책의 태동기, 개화기(1960~1970년대)

1960년대 우리나라의 경제정책은 경제발전의 기초여건 조성과 누대의 빈곤으로부터의 탈피를 주요 목표로 하는 경제개발 5개년 계획의 본격적 시행과 새마을운동의 전개에 두고 있었다. 이에 따라 교통정책은 도로시설 개수와 고속도로 건설 10개년 계획수립, 철도청의 발족, 산업철도의 건설, 공업항 및 수입원료하역을 위한 대형부두의 건설 등 기반교통시설의 정비에 역점을 두었다. 1950년대 6·25 이후의 전후 복구단계를 거쳐 경제성장의 초기단계로 점차 진입하면서 경제규모의 양적 성장에 따른 물동량 증가로 도로, 철도, 항만 등 기본적인 사회간접자본의 확충 필요성이 대두되었으나 그간 정부재정의 부족으로 경제성장을 견인하는 수준으로의 양적·질적 향상은 매우 어려운 상황이었다. 1970년대부터는 각종 경제시책의 이행에 따른 수출입교역 규모의 신장과 산업활동과 도시인구증가에 따른 국내 물동량의 증가 등으로 수송애로가 발생하기 시작하면서 교통시설을 중심으로 한 사회기반시설에 대한 개선의 필요성이 더욱 요청되었다. 즉, 1970년대 이전에는 물류의 태동기로서 국가 전체적으로 물류산업에 대한 인식이 거의 없던 시기였으나, 1960년대 경제개발 5개년 계획을 바탕으로 수출물량 확대와 수요면에서의 수입물품 증대 및 소비구조 향상을 유도하는 과정에서 기본적인 유통질서의 개선을 위한 인식이 싹트게 되었다. 특히, 국가경제의 산업구조가 중화학 공업품 중심의 비중이 증가하게 되면서 기존의 철도 중심의 수송구조체계에서 도로수송의 필요성이 증대되었다. 따라서 1961년 12월에는 도로법이 제정되었고, 1960년대 후반에 경인 및 경부고속도로 등, 고속도로 건설투자로 단거리 및 중장거리 도로수송에 경쟁력을 향상시키고자 하였다.[1)]

물류정책은 초기에는 도·소매업진흥법에 따라 유통구조개선에 노력하기도 하였지만 주로 상적유통[商流]부문에 치중되었고 경제성장을 지원하는 도로·철도·항만·공항의 건설 등 물류인프라 확충은 부처별 계획 하에 산업도시 등 타 부문을 지원하는 수준으로 추진되는 상황이었다. 따라서 당시 물류는

1) 1970년대 고속도로가 건설되기 전까지 철도는 우리나라 대부분의 화물수송을 담당하였는데 1963년 철도의 합리적 운영 및 독립채산제 도입을 위하여 철도청을 발족시키고 철도사업특별회계를 기업회계방식으로 운영하기 시작하였다.

보관, 하역, 수송, 배달, 정보 등 물류과정 중 수송부분에만 국한한 의미로 인식되었으며 이에 따라 정부는 우선 도로와 철도 · 공항 · 항만 등의 열악한 교통시설의 확충과 자동차 · 열차 · 항공기 · 선박 등 교통수단과 장비의 확보에 노력을 집중하였다.

1970~1980년대는 물류의 개화기로 1970년은 우리나라 물류산업의 대동맥인 경부고속도로의 개통 등 유통 · 소비부문에 관심이 높아진 시기이다.

1970년 7월에 경부고속도로가 개통됨에 따라 경부간 수송애로의 해소와 더불어 우리나라 경제와 지역발전의 기틀이 마련되었으며, 1974년 8월 15일 서울(용산역)~부산(부산진역)간에 처음으로 수출입 화물용 컨테이너 수송을 위한 전용열차를 운행함으로서 대량화물의 거점수송서비스가 제공되기 시작하였다. 이때부터 점진적으로 거점수송이 확대되어 부산 우암역의 ODCY(off-dock container yard), 부산컨테이너부두 등 복합일관수송서비스를 지원하는 시설들이 갖춰지면서 우리나라 물류축에서 가장 큰 중요한 비중을 차지하는 경부축에서 컨테이너 운송체계가 본격적으로 가동되기 시작되었다.

정부의 물류정책은 초기단계임에도 불구하고 경부간 수출입 화물용 컨테이너수송과 더불어 국내화물의 컨테이너화 등 새로운 시도가 추진되었으나 제반 여건의 성숙도에 비해 시기상조로 활성화되지는 못하였다. 농수산 물류의 현대화의 일환으로 대한통운주식회사의 협찬 하에 5피트 컨테이너를 제작하여 제주도 감귤을 용산 청과시장까지 일관수송을 시도하였으나 정착하지 못하였다. 1970년 중반에 정부는 기존 수송체제의 효율화 일환으로 일관수송을 위한 거점수송의 확대, 하역장비의 현대화, 화물포장의 표준화 등을 추진하기 시작하였으며, IBRD의 지원 하에 석탄 · 시멘트 · 수출입화물 등 국가전략적 화물을 대상으로 물류특성조사연구, 복합화물운송체계, 화물터미널, 파이프라인수송 등 물류현대화를 위한 정책연구도 국책연구기관에서 이루어져 교통과 물류의 정책적 결합이 시도되었다. 1970년대 하반기에는 IBRD의 권유로 화물소통의 원활과 수도권내 화물취급역 정비를 위하여 연간 1,000만톤 규모(무연탄 300만톤, 컨테이너 300만톤, 양회 250만톤, 기타 150만톤)의 물동량을 취급하는 수도권남부화물기지와 철송시설을 부곡에 착공하여 복합수송체계와 거점종합물류시설을 정착시키기 시작하였다.

### 1-2 물류정책의 기반 구축기(1980년대)

1980년대에는 생활의 질 향상을 위한 기반정비시설의 확충에 정책기조를 두며 고속도로망의 확대, 고속철도의 타당성조사, 철도용량의 증대, 신항만의 개발, 연안수송능력의 증대, 지방공항의 확충 등을 시도하였다.

제 2 차 국토종합계획(1981~1991년)의 수립을 통해 지역격차의 해소와 산업 인구의 지방정착 유도를 위한 기반시설이 전략적으로 추진되었으며 경부간 수송애로를 타개하기 위한 대안으로 서울－부산간을 3시간대에 주파할 수 있는 고속전철의 신선(新線)건설계획(1983년도 국토연구원)이 제시되며 국토공간의 균형발전, 도로 · 철도 등 교통시설, 물류지원를 종합적으로 추진하게 된 것이 커다란 특색이라 할 수 있다. 이와 더불어 호남선, 중앙선 등 주요철도의 복선화와 전철화는 물론 주요 도시에 대단위 화물기지의 건설을 추진하였다.

1980년대의 정부 정책의 가장 큰 특징은 1982년도부터 국가적으로 '88올림픽'의 성공개최에 많은 비중을 두고 제반 정책을 시행한 것이라 할 수 있으며, 특히 수송능력확충을 위하여 경부고속철도와 인천 신공항의 건설 등 선진국진입을 목표로 하는 현대적인 대규모 교통시설투자에 역점을 두고 이를 추진한 것은 큰 특징이라 할 수 있다. 또한 부산항에 이어 광양항 컨테이너부두 건설을 시작하는 등 도로, 철도, 항만, 공항 등의 사회기반시설의 건설과 개선사업은 꾸준히 시행되었다.

1980년대 물류정책부문의 특징으로는 1980년대 말부터 화물유통체제 개선을 위한 종합시책을 중점적으로 시행하기 시작하였다는 점이다. 화물수송 연계체계 구축에 필수적인 화물의 집하(集荷) · 보관 · 수송 · 하역 · 포장기능의 체계화를 위해 ① 기존 화물터미널의 정비와 유통기지화, ② 주요도시, 항만에 복합화물터미널 건설 추진, ③ 공항과 항공화물터미널의 통합건설 추진, ④ 화물정보체제 구성을 위한 화물터미널간 정보망 연결 및 화물정보 전산화 등 종합적인 추진방안이 계획 추진되었다.

해운산업에 있어서는 1950년대에는 대부분의 해운업체들은 영세성을 벗어나지 못해 선박의 외국취항이 불가능하였다. 그러나 1960년대 말 국제수지를 개선할 목적으로 자국화 · 자국선박주의[2)]를 채택하였고 이 시기에는 우리나라 경제의 고도성장으로 인한 물동량 증가로 해운산업이 급속도로 발전하였다. 그러나 1970년대 석유파동으로 인한 해운업체의 경쟁력 저하로 인해 1983년 해운합리화계획을 추진하여 70여개 업체로 난립해 있던 외항해운선사를 17개 그룹으로 합병하거나 해운선사를 설립 또는 계열화하였다. 따라서 1990년대 이전의 해운물류정책은 경쟁력 강화를 위한 국가적인 지원과 해운산업합리화를 위한 정부의 개입정책이 적극적으로 이루어지던 시기였다.

## 1-3 체계확립과 확산기(1990년대)

1990년대는 우리나라의 전기, 전자, 기계, 자동차 등의 고부가치산업화의 진전과 산업입지의 내륙화 등이 이루어지던 시대였다. 이와 더불어 교통혼잡과 지연문제가 심각하게 대두되어 기업의 물류비용 증가를 초래하였다. 또한 물류흐름에 있어서 연계수송체계가 체계적으로 정비되어 있지 못해 이에 대한 문제점을 해결하고자 하는 방향으로 물류정책이 시행되었다. 이 시기에는 물류가 화물운송시스템에서 물류산업시스템의 개념으로 전환되는 과정이어서 통합적, 유기적 물류시스템의 구조화에 대한 요구가 증대되었다. 따라서 1990년대 물류정책은 국가전략으로서의 물류의 중요성을 인식하고 이에 문제해결형 물류정책을 추진하였다는데 특징이 있다.

### 1) 국가전략으로서 물류의 중요성에 대한 인식 확산

정부는 1991년부터 물류에 대한 인식전환과 함께 화물유통체계의 혁신에 필요한 정책을 적극적으로 시행하기 시작하여 '화물유통체계 개선'과 '물류비'에 대하여 관심이 높아졌다. 고도성장에 따른 애로 타개를 정책기조로 하는 90년대의 교통정책에 따라 국가간선도로망의 확충, 경부고속전철 착공, 항만 공항 등 국제물류시설의 확충도 이루어져 화물수송의 애로 타개에 기여하였고 정부도 화물유통분야에 대한 정부, 업계, 사회일반의 관심 소홀과 시설운영측

2) 이것은 모든 무역상품을 우리 선박으로 수송하는 것을 원칙으로 하는 것으로서, 한국선박이 없어 불가능한 경우에는 이 사실을 증명하는 서류(웨이버)를 한국선주협회로부터 발급받아 은행에 제출하면 운임을 외화로 결제할 수 있도록 하는 제도이다.

면에서의 낙후 등을 주요 문제점으로 진단하였다. 이에 따라 국가물류비를 산정(算定)하였는데 우리나라의 물류비는 17.4%로 일본(11.3%)이나 미국(7.0%)보다 월등히 높다고 지적되어 물류 경쟁력향상의 당위성을 널리 인식시켰다. 또한 화물유통체계의 개선은 기업의 원가절감과 제품차별화의 상승효과를 도모하여 기업의 국제경쟁력을 좌우하는 관건이라는 매우 절박한 상황을 인식하였고, 이에 물류비 절감을 위한 기반시설의 확충은 물론, 물류관련 정보화 · 표준화 그리고 제도 및 금융부문 등 여러 지원정책을 강구하기에 이르렀다. 1990년대는 국가물류정책이 보다 확고하게 시행되는 시기였으며, 이때에 추진된 주요 내용을 간단히 살펴보면 아래와 같다.

### 2) 주요 물류정책 추진 내용

#### (1) 물류비 절감목표수준의 제시

국제경쟁력의 심화로 정부와 기업은 물류의 중요성을 전략적 관점에서 인식하게 되고, 기업은 제품의 생산비, 인건비, 토지구입비 등 생산요소절감이 한계에 도달하여 물류비 절감을 통해 생존할 수 있다는 것을 절감하였다. 정부에서도 그간 경제발전과정에서 소홀히 했던 사회간접자본의 중요성은 물론 물류비 목표를 제시하고 이를 절감 및 달성하기 위한 여러 시책을 강구하였다. 특히 물류비용을 경쟁 선진국수준으로 낮추고자 물류비 절감 목표를 제시하였다. 즉, 선진국의 총생산대비 물류비는 미국 7%, 일본 11%인데 비하여, 우리나라는 연간 17%에 달해 물류비 절감목표를 1990년대 초 11%대로 제시하였다.

#### (2) 종합적인 물류 추진 계획 수립

정부는 1994년에 '화물유통체제개선계획'에 이어 1995년 7월 국가물류의 개선을 위하여 '종합물류대책'을 마련하였다. 이 대책의 기본 목표는 각종 물류정책을 지속적으로 시행하여 국가경쟁력 강화는 물론 과도한 물류비를 선진국 수준인 11%까지 낮추는 것이었으며, 관련 지원 법령의 제정과 함께 전국단위의 법정계획으로 '제 1 차 유통단지 종합개발계획'의 수립을 추진하였다.

#### (3) 물류산업발전을 위한 기반시설의 확충

물류정책을 수행하기 위한 기반교통시설확충을 위해 도로부문에서는 남북

7개, 동서 9개축의 격자형 고속도로망 구축사업을 추진하였고, 철도는 기존 철도의 개량 외에 경부고속철도를 건설하기 위한 기본계획을 확정하고 광양항 컨테이너부두건설, 인천국제공항의 건설도 추진하였다. 또한 불합리한 화물 유통구조를 개선하도록 수송, 하역, 보관 등 유통단계별 비용을 절감할 수 있도록 일관수송체계를 확립하였으며, 철도의 화물수송과 신속한 통관을 위해 수도권과 부산권에 내륙화물기지와 복합화물터미널을 건설함과 동시에 대규모 물류시설을 확충하도록 하였다. 수도권, 부산권 이외에도 중부(청원, 연기), 영남(김천), 호남권(장성) 등 5대 복합화물터미널건설 기본계획과 민자유치계획을 수립하여 전국을 권역별 거점간 대량 수송체제로 개편하였으며, 이는 수송효율성과 물류경쟁력을 제고하기 위한 것이었다.

(4) 물류정보망의 구축

정부는 1994년부터 화물유통정보망 체계를 확립하여 수출입화물의 유통과정을 신속히 처리할 수 있도록 전자서류활용을 추진하였다. 1995년에는 도로, 철도, 항만 등 수송수단별 물류정보망을 완료하고, 이를 상호 연계하여 물류업무의 일괄처리 서비스(one-stop service) 기반을 조성하기 위하여 국가차원의 국가기간전산망인 '종합물류정보망'의 구축에도 착수하였다. 또한 물류정보전산망과 전자문서교환(EDI)체제를 도입하고, 이를 통한 수출입화물 일괄처리시스템의 구축과 전자교환문서의 효력을 인정하기 위한 제도적인 장치를 마련하기로 하였다. 무역망 · 통관망 · 철도망 · 항만운영망 등 유관정보망과 연계한 '종합물류정보망'을 이용한 시범서비스를 1996년 12월에 개시하였으며, 1998년에는 상용서비스를 목표로 시스템 구축을 추진하였다.

(5) 물류표준화 규격화의 추진

정부는 1995년부터 물류관련 시설과 장비를 KS규격화하는 물류표준화 사업을 본격적으로 추진하고, 확대보급하기 위한 지원대책을 마련하기로 하였다. 특히 1996년에는 물류표준화사업의 추진 범위를 물류시설은 물론 물류시설과 장비의 KS규격화를 통한 기계화, 자동화를 촉진하기 위해 '표준화사업'을 지속적으로 추진하였다. 표준파렛트의 보급 확대를 위한 재정지원, 국내 화물수송용 표준컨테이너의 개발 · 보급을 위하여도 재정 · 금융 등 정부지원방안을 강구하였고 표준화된 물류시설과 물류장비에 대한 '물류표준마크제'를 도입하였다.

이외에도 1994년에는 국제물류대회가 개최되고 화물유통기본계획(1994~2003)을 수립하였으며 대단위 집배송단지와 복합화물터미널 등이 건립됐다. 또한 물류관리사 제도가 이 시기에 도입됐다.

### 1-4 국가물류정책 추진 체계의 정착과 도약(2000년~현재)

2000년대는 국가물류정책의 정착단계로서 국가경쟁력확보차원에서 물류비 절감이라는 목표를 달성하기 위한 정책들이 체계적이고 범정부적으로 시행되었다. 우선 물류개선을 위한 계획으로는 장기계획으로 20년 단위 계획과 중기계획으로 5년 단위의 계획을 수립하여 추진하도록 규정되어 있다. 이에 따라 2000년에 수립된 '국가물류기본계획'은 물류정책기본법에 근거를 두고 있는데, 이 계획의 성격은 효과적인 국가물류체계의 구축을 위한 20년 단위의 국가계획으로 우리나라 물류의 미래상을 제시하고, 공동목표 설정과 유관기관간 역할분담방안을 종합조정하기 위한 장기계획이다.

이 계획은 ① 20년 단위의 장기계획인 '국가물류기본계획'을 수립하여 물류의 미래상과 정책추진 방향을 제시하고, 5년 단위의 '중기 국가물류기본계획'을 수립하여 구체적 실천계획을 마련하며, ② '제 1 차 중기 국가물류기본계획(2001~2005)'을 수립 · 추진하고, 제 1 차계획 종료시 사업의 타당성을 검토하여 계속적으로 차기 '중기 국가물류기본계획'을 수립하도록 되어있다.

2006년 8월에 들어서는 '국가물류기본계획 수정계획(2006~2020)'을 확정공고하게 된다. 이는 2001년에 수립된 '국가물류기본계획(2001~2020)'을 5년 동안의 국내외 변화여건을 반영하여 화물유통촉진법 제 3 조에 의거, 수립되었으며 국제물류 부분을 대폭 보강하고 하드웨어 물류정책과 소프트웨어 물류정책의 조화를 통한 시너지 효과를 강조하였다

또한 동북아물류중심지화 전략이 주요 물류정책의 대상으로 등장하게 되면서 동북아물류중심지화는 동북아비즈니스중심지화로 확대되었다. 동북아물류중심지화 정책이 등장한 배경은 동북아지역이 세계 3대 교역권의 하나로 비중이 확대되고 있으며, 중국의 위상이 제고되고 있다는 데에 있다. 글로벌 경제

[표 12-1] 국가물류기본계획('01~'20)과 수정계획('06~'20)의 비교

| 구분 | 기존계획('01~'20) | 수정계획('06~'20) |
|---|---|---|
| 기조 | 21C 초우량 물류선진국가 | 2020 글로벌 물류강국 |
| 목표 | -물류강국을 지향하는 물류간선네트워크 구축<br>-물류부문의 HW와 SW의 유기적 조화를 위한 물류기술의 고도화<br>-물류산업의 체질개선을 통한 국제경쟁력 강화<br>-안전과 환경을 고려한 환경친화형 물류환경의 조성<br>-세계를 지향하는 국제 물류네트워크의 구축 | -물류를 통한 국부 창출<br>-국가물류체계의 효율성 강화 |
| 추진전략 | ※목표와 혼재 | -글로벌 물류체계의 구축<br>-고부가가치 물류산업의 육성<br>-하드웨어 물류인프라의 확충<br>-소프트웨어 물류시스템의 강화<br>-물류정책의 통합추진체계 확립 |
| 성과지표 | -15개 목표지표 | -2개의 대표지표와 13개 세부지표 |
| 역할분담 | -명시되지 않음 | -담당부처와 협조부처 명시 |
| 체계 | -기본계획/중기계획/연차별 시행계획 연계<br>-기본계획과 중기계획 별도 구분 | -기본계획과 중기계획을 통합 |

속에서 경제대국 일본과 중국 사이에 위치한 한국은 동북아의 경제활동과 국제물류의 최적지로서 그 역할이 부상되고 있으나 중국의 발전속도를 감안할 때 향후 5~10년 내 한국이 동북아물류중심국가로서의 위상을 확보하지 못하는 경우 한국의 지정학적 여건은 오히려 우리 경제의 생존에 장애요인으로 작용할 가능성이 크다는 지적이 있었다. 따라서 '동북아물류중심국가 실현전략'은 향후 한국 경제의 생존전략이자 번영을 위한 필수전략으로 등장하게 된다. 동북아물류중심지를 위하여 인천공항, 부산 · 광양항을 확충하여 동북아 중심공항 및 항만으로 개발하고, 중장기적으로 남북철도 연결을 통한 유라시아대륙과의 연계를 추진하고 있다. 그리고 국내외 물류 네트워크의 구축, 관세자유지역 지정 및 국제 물류지원센터 설립 등 관련제도를 정비하는 것을 골자로 하고 있다. 또한 외국인 친화적 경영 · 생활환경을 조성하기 위해 제도를 개선하고 외

국인에 대한 비과세범위 확대, 외국인학교 설립 및 입학조건 완화, 출입국제도 개선, 외국방송 서비스 확대, 외환자유화 확대 등을 주요 골자로 하는 경제자유구역 도입을 검토하게 되고 2003년 인천경제자유구역, 부산 · 진해경제자유구역, 광양만권경제자유구역을 도입하고 법적기반을 마련하기 위해 「경제자유구역의 지정 및 운영에 관한 법률」을 제정하였다. 또한 2008년 4월 황해(평택 · 당진), 새만금 · 군산, 대구 · 경북 등 3곳의 경제자유구역을 추가지정하였다.

# 제 2 절 우리나라 물류정책의 현황과 특성

## 2-1 국가물류기본계획(2006~2020)의 주요 내용

정부는 2006년 8월 30일 확정공고한 국가물류기본계획(2006~2020)을 발표했다. 본 계획을 통한 국가물류 비전은 국가물류체계의 효율성 강화와 물류를 통한 국부창출을 통해 2020년 '글로벌 물류강국'을 실현하는 것이다.

### 1) 비전과 목표

국가물류기본계획의 비전은 2020년 '글로벌 물류강국'을 실현하는 것으로

[그림 12-1] 국가물류기본계획 수정계획(2006~2020)의 기본 프레임

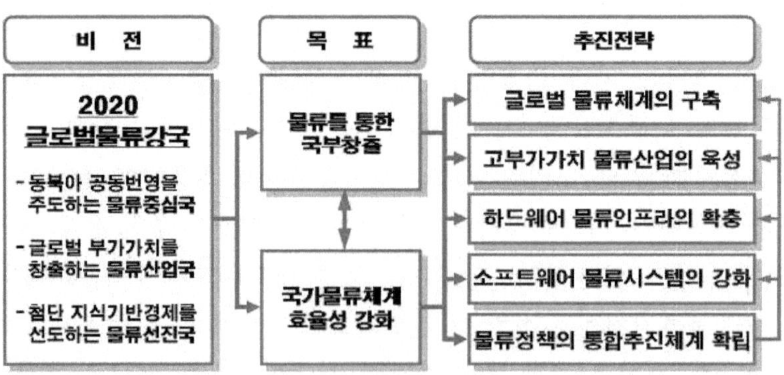

동북아 공동번영을 주도하는 물류중심국, 글로벌 부가가치를 창출하는 물류산업국, 첨단 지식기반경제를 선도하는 물류선진국이 세부 이미지이다. 이러한 비전을 달성하기 위한 계획의 목표 및 추진전략은 저비용·고효율 국가물류체제의 구축을 통해 국가핵심전략산업의 글로벌 경쟁력 강화 및 고부가가치 물류산업의 육성과 글로벌 물류체계의 구축을 통해 물류산업을 글로벌 부가가치를 창출하는 신성장동력의 하나로 육성하는 것이다.

목표실현을 위한 5대 추진전략은 글로벌 물류체계의 구축, 하드웨어 물류인프라의 확충, 소프트웨어 물류시스템의 강화, 고부가가치 물류산업의 육성, 물류정책의 통합추진체계 확립을 수립하여 추진중에 있다.

### 2) 글로벌 물류체계의 구축

글로벌 물류체계의 구축을 위해 주요 공·항만 및 배후물류단지를 지속적으로 개발하고 동북아 항공자유권역의 형성 및 글로벌 물류협력체계 강화를 통한 동북아 물류네트워크 강화이다. 이를 위해 구체적으로 추진하고 있는 전략은 다음과 같다.

- 동북아 및 글로벌 물동량 증가에 대비한 주요 공항과 항만의 인프라 확충 및 국제물류센터화

[그림 12-2] 공·항만 및 배후단지 허브화

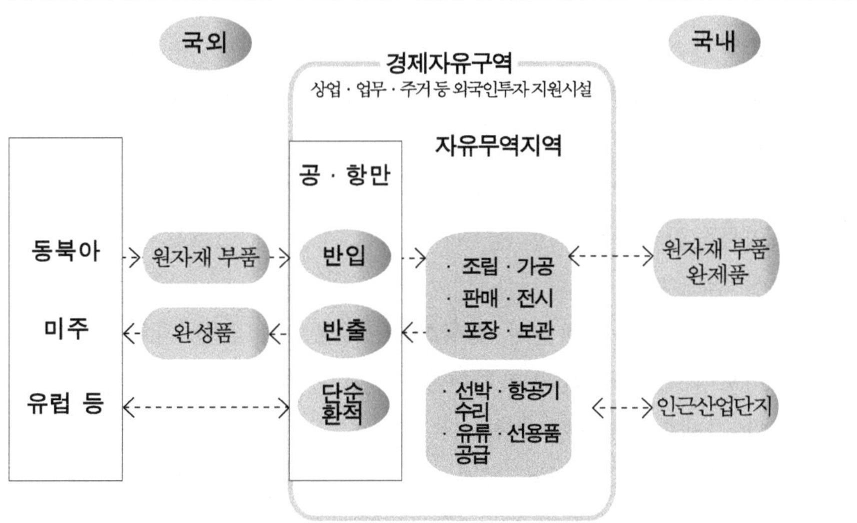

- 동북아 주요 국가간 경쟁적 협력관계 정립을 통한 동북아 물류네트워크 연계강화
- 글로벌 물류기업 유치위한 적극적이고 개방적인 영업활동 기반구축
- 남북교류 확대에 따른 물류분야의 대응방안 마련

### 3) 하드웨어 물류인프라 확충

하드웨어 물류인프라를 확충하기 위해 물류시설 개발에 관한 종합계획을 수립하고, 복합물류기지 및 유통단지 등 물류시설 확충을 주요 내용으로 삼고 있다. 또한 철도 및 연안해운을 통해 대량화물수송을 활성화하고 시 · 도 단위 지역물류기본계획의 수립과 친환경 물류체계 등이 주요 내용이다. 이를 위해 구체적으로 추진하고 있는 전략은 다음과 같다.

- 물류체계 효율화를 위해 물류시설의 합리적 개발 · 배치에 관한 종합계획 수립
- 전국 단위의 Hub & Spoke 물류네트워크 구축을 위한 5대 권역 복합화물터미널, 주요 운송거점의 배후물류시설 확충 및 기능 재정비
- 산업별 화물의 공동 집하 · 보관 · 가공 · 포장 · 배송하기 위한 공동집배송단지 건립촉진 및 활성화 지원
- 복합화물터미널, 지역별 유통단지, 개별 단위물류시설, 주요 운송거점 배후 물류시설간 연계강화
- 제조업간 물류공동화 추진 지원 등 산업단지내 물류기능 강화
- 농수산물 유통체계 합리화를 위한 종합유통센터, 공영도매시장, 산지유통센터 확충 및 활성화
- 시 · 도단위 지역물류기본계획 수립
- 지역물류합리화를 위한 물류거점시설 개발 및 중소도시 지원형 복합유통시설 건립추진
- 철도물류 및 연안해운의 활성화 및 효율화를 위한 지원강화
- 멀티모달 확산을 위한 복합화물터미널, 공항 · 항만 배후부지, 철도물류시설의 기계화 · 자동화 추진
- 고단적재시스템 도입을 통한 CY 운영 효율성 제고

[그림 12-3] 내륙거점 물류시스템

- 기존 항만·공항 배후물류단지의 복층화, 자동화를 통한 공간부족 해소
- 안정성 확보 및 공해물질 저감을 위한 대체운송수간 활용도 제고
- 유해물질, 폐기물 등 위험물 수송에 대한 안전관리 기능을 강화
- 환경친화적 첨단물류기술의 개발 지원체계 구축

### 4) 소프트웨어 물류시스템의 강화

소프트웨어 물류시스템의 강화는 각 부처간 운영되는 단일물류정보망의 연계확대를 위한 종합물류정보망의 활성화 추진, 물류표준체계를 확대하여 첨단물류기술의 개발을 지원하고 물류전문인력을 양성하는 것을 주요 골자로 하고 있다. 이를 위해 구체적으로 추진하고 있는 전략은 다음과 같다.

- 각 부처간 운영되는 단일물류정보망의 연계확대를 위한 종합물류정보망 활성화 추진
- 정부·민간 정보네트워크 연계강화를 위한 산업별 종합유통정보망 구축 및 활성화 지원
- 중소전문물류기업의 정보화 지원사업 추진
- 각종 물류표준간 정합성 및 연계성 확보를 위한 국가물류표준화 추진
- 국가물류표준체계의 확산을 위한 국제협력 강화
- 물류정보부문의 표준화 확산 유도
- 첨단물류시설·장비·시스템 기술 개발 및 물류신기술의 도입·확산을 위한 지원강화

[그림 12-4] 국가물류통합정보센터

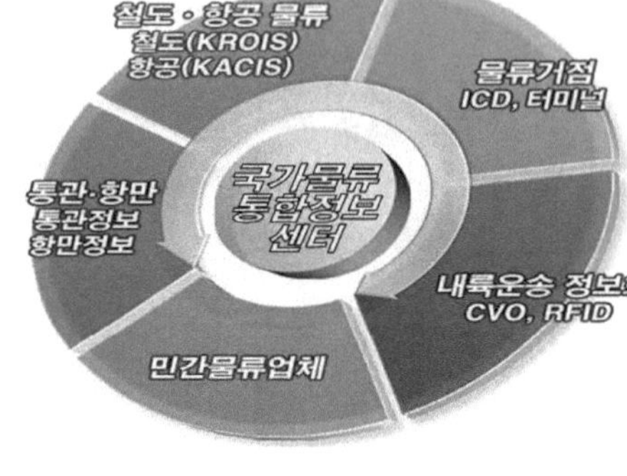


- 중소물류기업의 물류신기술 도입·지원
- 물류전문인력 수급분석을 통한 전문인력 양성기관 육성 및 지원
- 물류전문기업의 인력육성 및 확보지원
- 물류관련 자격제도의 개선 및 확대를 통한 물류인력 자질 향상

### 5) 고부가가치 물류산업의 육성

고부가가치 물류산업을 육성하기 위하여 글로벌 종합물류기업을 육성하고, 제3자 물류시장의 활성화 추진, 글로벌 부가가치 획득을 위한 국내물류기업의 국제화 지원 등이 주요골자이다. 이를 위해 구체적으로 추진하고 있는 전략은 다음과 같다.

- 글로벌 종합물류기업 육성을 위한 제도적 지원강화
- 화주의 물류부문 아웃소싱 유도를 통한 제3자 물류시장 활성화
- 물류실행기능을 담당하는 기능별 중소 전문물류기업의 경쟁력 강화
- 화물운송시장의 합리적 가격구조 확산을 위한 투명성, 공정성 강화
- 물류산업의 개별·업종별 안정화, 선진화 유도
- 국내물류기업의 해외진출유도를 위한 국가차원의 지원강화
- 국내 제조기업의 해외진출에 따른 국내 물류기업의 동반진출 확대를 위한 지원강화
- 국내물류전문기업의 해외진출 지원 및 국내물류기업과 글로벌 물류기업

의 전략적 제휴 지원 및 활성화 추진
- 금융과 물류산업을 연계한 글로벌 항만물류네트워크 구축

### 6) 물류정책의 통합추진체계 확립

물류정책의 통합추진체계 확립을 위하여 물류정책기본법을 제정하고, 국가물류정책위원회의 위상을 강화하여 물류정책·물류시설·국제물류 분과위원회를 설치하는 것을 주요 내용으로 하고 있다. 이를 위해 구체적으로 추진하고 있는 전략은 다음과 같다.

- 부처별로 산재된 물류정책기능의 통합조정을 위해 물류정책기본법 제정
- 물류관련 부처간의 정책 및 이해관계를 조정하기 위한 국가물류정책위원회의 위상강화 및 활성화
- 위원회 기능을 강화하기 위해 물류정책·물류시설·국제물류 분과위원회 설치
- 유관부처, 협회 등이 참여한 민관합동 물류지원센터 설치 및 운영
- 물류관련 행정체계의 중장기적 일원화를 위한 제도적 기반 조성
- 주요통계의 주기적 확보 및 조사 신뢰성 제고를 위한 관련 제도 법제화
- 물류관련 주요 통계의 통합관리를 위한 통합데이터베이스 구축 및 운영

[그림 12-5] 종합물류기업의 단계적 육성전략

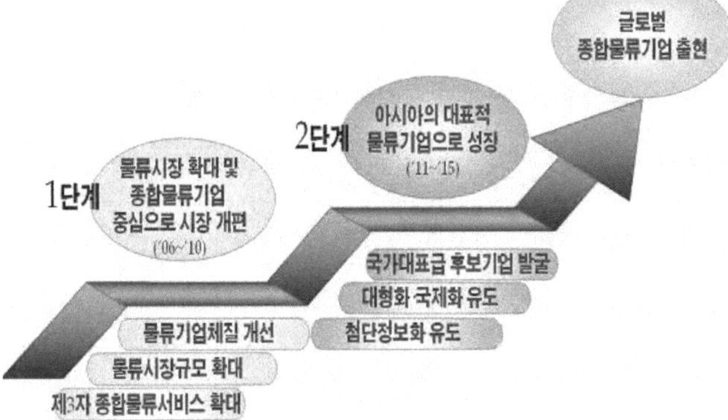

## 2-2 2020년의 국가물류지표

국가물류기본계획(2006~2020)에 따른 세부 국가물류성과 지표로는 2020년까지 물류활동이 국가경제에서 차지하는 비중을 GDP 대비 11% 수준까지 확대하고 기업물류비의 경우는 매출액 대비 6%대로 절감하는 것을 목표로 하고 있으며 궁극적으로는 물류산업이 국가기간산업의 경쟁력 강화에 일조하고 국가 경제의 새로운 성장 동력으로 육성하고자 하는 것에 있다.

[그림 12-6] 통합물류정책 시스템

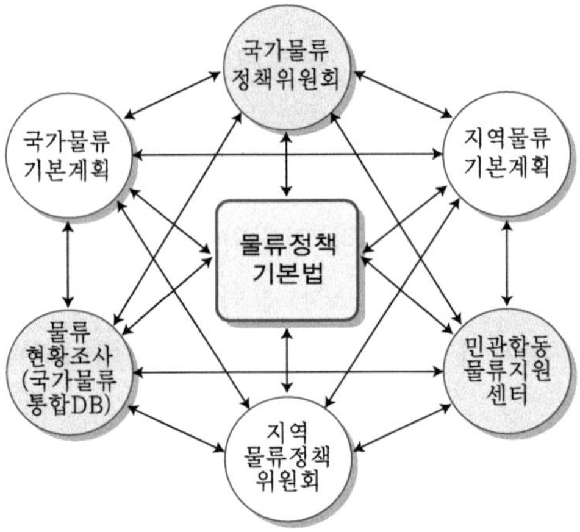


[표 12-2] 국가물류기본계획 5대 추진전략의 핵심성과지표

| 목표와 전략 | | 성과지표 | 단위 | 2003년 | 2010년 | 2015년 | 2020년 |
|---|---|---|---|---|---|---|---|
| 물류를 통한 국부창출 | | 국가물류부가가치 비중 | % | 8.1 | 9.0 | 9.9 | 11.0 |
| 글로벌물류 체계 구축 | 글로벌부가가치 획득 | 국제물류부가가치 | 조원 | 3.4 | 7.0 | 12.0 | 22.0 |
| | 글로벌 네트워크 구축 | 환적컨테이너 물동량 | 만TEU | 408 | 1018 | 1509 | 2134 |

| | 글로벌 물류기업 육성 | 매출 3조이상 전문 물류기업 | 사 | 0 | 1 | 5 | 10 |
|---|---|---|---|---|---|---|---|
| 고부가가치 물류산업 육성 | 물류전문기업 육성 | 물류아웃소싱 비율 | % | 42.7 | 60.0 | 70.0 | 80.0 |
| | 국내물류기업 국제화 | 해외진출 전문 물류기업수 | % | 〈 10 | 〉 20 | 〉 30 | 〉 50 |
| | 중소 전문물류 기업 육성 | 업체당 매출액 | 억원 | 3.3 | 4.0 | 4.5 | 5.0 |
| 국가물류효율성 제고 | | 기업물류비 비중 | % | 9.9 | 7.8 | 6.8 | 6.0 |
| 하드웨어 물류인프라 확충 | 인프라 확충 및 재정비 | 공공물류시설반출 대기시간 | 시간 | 〉 4 | 〈 2 | 〈 1.5 | 〈 1 |
| | 연계수송 네트워크 구축 | 내륙컨테이너철송 이용률 | % | 25.7 | 30.0 | 35.0 | 40.0 |
| | 대량운송수단 활용제고 | 대량운송수단수송 분담률 | % | 39.7 | 38.9 | 36.4 | 43.1 |
| 소프트웨어 물류시스템 강화 | 정보화 | 전자거래실시 물류기업비율 | % | 17.6 | 30.0 | 45.0 | 70.7 |
| | 표준화 | 표준팔렛트 이용률 | % | 31.7 | 50.0 | 60.0 | 70.0 |
| | 공동화 | 화물자동차 공차거리율 | % | 44.4 | 40.0 | 35.0 | 30.0 |
| | 전문물류인력 | 물류관련자격취득 인원비중 | % | 1.8 | 3.0 | 4.0 | 5.0 |

자료 : 건교부(2006), 국가물류기본계획 수정계획(2006~2020).

## 2-3 물류전문기업의 육성(종합물류기업)

정부에서는 국내의 낙후된 물류체계를 개선하고 영세한 물류기업을 육성하기 위한 지원정책으로 종합물류기업인증제도를 도입하여 운영하고 있다. 종합물류기업은 화물운송업·물류시설운영업 및 물류서비스업을 종합적으로 영위하면서, 화주기업 등으로부터 물류업무를 일정기간 유상으로 위탁대행하는 물류전문기업를 말한다. 이는 세계적으로 물류기업은 효율성을 높이고 다양한 물류수요에 부응하기 위해 점차 대형화·전문화되는 추세이나 국내는 협소한 물류시장과 전문 물류기업의 부재로 제3자 물류시장이 미흡한 상황을 반영하여 추진하는 정책이다. 즉, 기업물류비를 절감시켜 제조업의 글로벌 경쟁력을 배양하고 국내 물류기업이 국제시장에 진출하여 부가가치를 획득할 수 있는 기반을 구축하기 위해 '종합물류기업인증제도'를 도입하였다.

종합물류기업인증제도는 종합물류서비스를 제공하는 물류전문기업을 정부가 인증하고 지원·육성하는 종합물류기업인증제 도입 및 범정부적인 지원방안을 마련하기 위하여 「물류전문기업 육성방안(동북아시대위, '04. 8)」를 마련하였다. 이어 종합물류기업인증제 도입 및 정부지원의 법적근거를 마련하기 위하여 화물유통촉진법 개정('05. 1. 27, 제도시행 '06. 1)하여 물류사업을 종합적으로 영위하는 자를 종합물류업자로 인증, 인증기준 등 세부시행방안은 관계부처 공동부령으로 규정, 주요 물류시설에 우선 입주, 재정자금 융자 지원 근거 등을 마련하였다. 또한 인증제도 운영에 필요한 법률적 정의, 인증기준, 인증신청, 인증서의 교부, 인증서 교부 절차, 수수료 등에 대해 규정하기 위하여 '종합물류업자 인증 등에 관한 규칙('05. 12. 30)'을 공포하였다. 그 후 물류정책기본법 제38조에 종합물류기업인증요건이 수록되어 있다. 동법 제40조에 의하면 국토해양부 장관은 종합물류인증센터를 설치하여 인증업무를 수행하게 한다고 명시되어 있다.

종합물류기업인증 신청자격은 물류사업 대분류 중 운송업, 물류시설운영업, 물류서비스업에 속한 세분류사업중 각각 1개 이상씩 영위하여 최소 3개 이상의 물류사업을 영위하여야 한다.

각 세분류 사업의 매출액이 전체 물류사업 매출액의 3% 또는 30억원 이상인 경우 해당 업종을 영위하는 것으로 인정하며, 여기서 매출액의 산정범위는 국내물류매출액, 국내법인의 해외매출액, 해외투자법인의 매출액(투자지분율 만큼만 인정)을 포함한다. 또한 물류사업의 총 매출액 중 제3자 물류 매출비중이

**[그림 12-7] 종합물류기업 인증 영위업종**

| 운송<br>(육상·해상·항공·파이프라인 中 1 이상) | + | 물류시설운영<br>(창고·터미널 中 1 이상) | + | 물류서비스<br>(취급·주선·장비임대·정보처리·컨설팅 中 1 이상) |
|---|---|---|---|---|

20% 이상이어야 하고, 이 경우에는 전략적 제휴 기업집단을 구성하는 기업별로 각각 계산한다. 전략적 제휴기업집단을 구성하는 기업별로 종합물류기업 인증기준에 의해 평가할 때 모든 구성기업이 각각 총점의 20%이상을 얻어야 한다. 현재 2008년 12월 기준으로 인증받은 기업은 31개 업체이며 그 현황은 다음과 같다.

[표 12-3] 종합물류기업 인증기업

| 인증기업 | | 영위업종 | 인증 부처 | 전략적 제휴 |
|---|---|---|---|---|
| 기업명 (공동브랜드명) | 제휴구성사명 | | | |
| 대한통운㈜ | — | 육상화물운송/해상화물운송/창고/화물취급/화물주선 | 국토해양부 | 단독 |
| ㈜동방 | — | 육상화물운송/해상화물운송/화물터미널운영/화물취급/화물주선 | 국토해양부 | 단독 |
| ㈜선광 | — | 육상화물운송/해상화물운송/창고/화물터미널운영/화물취급/화물주선 | 국토해양부 | 단독 |
| 천일정기 화물자동차 | 천일정기화물자동차㈜<br>㈜천일모터프레이트 | 육상화물운송/화물터미널운영/화물주선 | 국토해양부 | 제휴 |
| 한솔CSN | 한솔씨에스엔㈜<br>삼육트렉터㈜ | 육상화물운송/창고/화물터미널운영/화물취급/화물주선/물류정보처리 | 국토해양부 | 제휴 |
| ㈜한진 | — | 육상화물운송/해상화물운송/창고/화물터미널운영/화물취급/화물주선 | 국토해양부 | 단독 |
| 현대택배㈜ | — | 육상화물운송/창고/화물주선 | 국토해양부 | 단독 |
| KCTC | ㈜케이씨티시<br>고려종합국제운송㈜ | 육상화물운송/창고/화물터미널운영/화물취급/화물주선 | 국토해양부 | 제휴 |
| LOEX | 동원산업㈜<br>㈜동영콜드프라자<br>조양국제종합물류㈜ | 육상화물운송/창고/화물취급/화물주선 | 국토해양부 | 제휴 |
| 국제통운㈜ | — | 육상화물운송/창고/화물터미널운영/화물취급 | 국토해양부 | 단독 |
| ㈜대한 송유관공사 | — | 파이프라인운송/화물터미널운영/물류정보처리 | 국토해양부, 지식경제부 | 단독 |

| | | | | |
|---|---|---|---|---|
| 동부건설㈜ | — | 육상화물운송/창고/화물터미널운영/화물취급/화물주선 | 국토해양부 | 단독 |
| 세방 | 세방㈜<br>세방익스프레스㈜<br>해외항공화물㈜ | 육상화물운송/해상화물운송/화물터미널운영/화물취급/화물주선 | 국토해양부 | 제휴 |
| 영진공사 | ㈜영진공사<br>㈜디티씨 | 육상화물운송/창고/화물터미널운영/화물취급/화물주선 | 국토해양부 | 제휴 |
| 유성 CLAKO | ㈜유성티엔에스<br>㈜크라코인터내셔날 | 육상화물운송/화물터미널운영/화물주선 | 국토해양부 | 제휴 |
| 천경해운 | ㈜천경<br>천경해운㈜<br>㈜동진 | 육상화물운송/해상화물운송/화물터미널운영/화물취급/화물주선 | 국토해양부 | 제휴 |
| 흥아종합물류 | 흥아해운㈜<br>㈜국보 | 육상화물운송/해상화물운송/창고/화물취급/물류장비임대 | 국토해양부 | 제휴 |
| CJ GLS | 씨제이지엘에스㈜<br>㈜진양로지스틱스 | 육상화물운송/창고/화물취급/화물주선 | 국토해양부 | 제휴 |
| KICC | 고려해운㈜<br>㈜고려해운항공<br>울산컨테이너터미날㈜ | 해상화물운송/화물터미널운영/화물취급/화물주선/물류장비임대 | 국토해양부 | 제휴 |
| KIFT | 한국복합물류㈜<br>㈜거보운수 | 육상화물운송/창고/화물터미널운영/화물취급/화물주선 | 국토해양부 | 제휴 |
| 글로비스㈜ | — | 육상화물운송/창고/화물터미널운영/화물취급/화물주선/물류장비임대 | 국토해양부 | 단독 |
| 범한판토스 | ㈜범한판토스<br>금강물류㈜ | 육상화물운송/창고/화물주선 | 국토해양부 | 제휴 |
| 포맥스<br>(PoMax) | ㈜포스아이<br>㈜맥스피드 | 해상화물운송/창고/화물터미널운영/화물주선 | 국토해양부 | 제휴 |
| 에버웨이즈<br>(Everways) | ㈜한익스프레스<br>㈜극동티엘에스<br>선진해운항공㈜<br>㈜해우지엘에스 | 육상화물운송/창고/화물터미널운영/화물주선 | 국토해양부 | 제휴 |
| 탑솔루션<br>(TOP SOLUTION) | 정일울산컨테이너터미널㈜<br>㈜한국통운<br>㈜광진티엘에스 | 육상화물운송/해상화물운송/창고/화물터미널운영/화물취급/화물주선 | 국토해양부 | 제휴 |
| SINOKOR | 장금상선㈜<br>평택컨테이너터미날㈜ | 해상화물운송/화물터미널운영/화물주선/물류장비임대 | 국토해양부 | 제휴 |
| 에스에스디에이 | ㈜삼일 | 육상화물운송/창고/화물터미운영/ | 국토 | 제휴 |

| | | | | |
|---|---|---|---|---|
| 로지스틱스<br>(SSDALOGISTICS) | 삼익물류㈜<br>㈜덕평물류<br>㈜어시스트코리아 | 화물취급/화물주선 | 해양부 | |
| 유니온스타로지스<br>(UNIONSTARLOGIS) | 태영상선㈜<br>우련통운㈜ | 해상화물운송/창고/화물취급/화물주선 | 국토<br>해양부 | 제휴 |
| HOPE<br>로지스틱스 | ㈜농협물류<br>동진상선㈜<br>㈜쉬핑랜드<br>㈜천안물류 | 해상화물운송/창고/화물주선/물류장비임대 | 국토<br>해양부 | 제휴 |
| LogisALL | 한국파렛트풀㈜<br>한국컨테이너풀㈜<br>한국로지스풀㈜ | 육상화물운송/창고/화물주선/물류장비임대 | 국토<br>해양부 | 제휴 |
| YE Logis | 용마로지스㈜<br>㈜에코비스로지스틱스 | 육상화물운송/창고/화물취급/화물주선 | 국토<br>해양부 | 제휴 |

종합물류기업인증기업에 현행 지원제도는 물류정책기본법 제42조에 따르면 첫째, 국가 · 지방자치단체 또는 공공기관은 스스로 운영 · 관리하는 다음 각 호의 시설에 제36조 제 2 항 제 1 호에 따른 물류시설 우선입주대상자 그 밖의 자보다 인증종합물류기업을 우선입주하게 할 수 있으며 둘째, 국가 또는 지방자치단체는 제 1 항 각 호의 시설을 운영 · 관리하는 자에 대하여 제36조 제 2 항 제 1 호에 따른 물류시설 우선입주대상자나 그 밖의 자보다 인증종합물류기업을 우선 입주하게 할 것을 권고할 수 있다. 셋째, 국가 또는 지방자치단체는 인증종합물류기업이 다음 각 호의 사업을 수행하는 경우에는 다른 물류기업에 우선하여 소요자금의 일부를 융자하거나 부지의 확보를 위한 지원 등을 할 수 있다.

# 제 3 절 우리나라 물류발전을 위한 과제와 대안

## 3-1 발전적 과제

2000년대에 진입하여 국가물류정책도 추진체계가 정착되어 20년 단위의 '국가물류기본계획'이 수립되었으며, 이를 실행하기 위한 '제 1 차 중기 국가물류기본계획', '동북아물류중심화 전략'이 수립되어 물류체계는 획기적 발전이 있을 것으로 기대되었다.

대외적으로는 중국의 물동량이 급증하면서 대규모 항만들을 신속히 건설하고 세계적인 선사들의 대형모선이 중국으로 직기항하고 세계 유수의 제조기업과 물류기업들이 앞을 다투어 중국시장에 진출하는 데 비하여, 상대적으로 우리나라 항만의 물동량 처리순위가 하락하고 국내기업들의 중국이전이 가속화되고 있다. 대내적으로 시간과 공간을 초월하여 정보의 이동이 가능한 디지털시대를 맞이하여 신속 · 정확 · 저렴한 물류서비스가 경쟁력을 결정하는 시대가 도래하고 다품종, 소량, 적기수송을 원하는 소비자 행태의 변화와 전자상거래의 급속한 확산으로 생산자와 소비자를 직접 연결하여 유통단계가 대폭 축소될 것이며, 기업측에서도 제 3 자 물류(TPL)를 활용하여 물류업무의 아웃소싱을 통한 비용과 경쟁력의 극대화 노력이 활발해질 것으로 예상된다. 또한 생산 · 판매 · 사후관리 전반에 고객맞춤 물류서비스의 제공을 위한 SCM(supply chain management) 이용이 증가할 것이다.

따라서 우리나라의 물류정책도 선진국과 같이 규제완화 · 물류기반시설확충, 정보화 · 표준화를 통한 물류시스템의 고도화가 이루어지고, 환경과 안전을 중시하는 경향으로 변화되어야 할 것이다. 21세기의 우리나라는 물류를 성장동력으로 인식하는 국가전략과 정책의 대변환을 통해 동북아 물류의 중심역할을 수행하는 물류강대국, 첨단물류의 구현으로 지식기반경제를 선도하는 물류지식국, 부가가치 물류를 통해 부를 창출하는 물류산업국, 즉 초우량 물류선진국이 되도록 물류정책을 더욱 체계적으로 추진하여야 할 것이다.

이를 위해 우리나라의 물류중심화 전략의 추진과제와 방향을 제시하면 다음과 같다.[3)]

첫째, 양적성장보다는 질적고도화를 추구해야 할 것이다. 경제구조의 고도화 등을 감안할 때 단순한 물동량유치에는 한계가 예상되며 비교우위가 있는 부가가치물류부문의 발굴 및 육성을 통하여 소득 및 고용창출을 도모해야 할 것이다.

둘째, 국제물류관리 네트워크 구축을 위한 경쟁력 확보를 위해서는 자유무역지대를 국제적인 수준으로 규제를 완화하고, 경제자유구역 활성화를 위한 집

3) 국민경제자문회의, 「동반성장을 위한 새로운 비전과 전략(2006)」의 내용을 일부 발췌 · 인용하였다.

중적 정책지원이 요구된다.

셋째, 하역생산성과 항만서비스의 질을 향상시키기 위한 항만 노조의 유연성이 필요하며 항만 종사자의 교육 강화가 요구된다.

넷째, 한·중·일 물류 네트워크 조성과 국가간에 Win-Win 할 수 있는 모델을 개발하여 당사국간 협력과 제휴뿐만 아니라 기업간 공동투자를 유도할 수 있는 정책이 필요하고, 이와 연계된 포럼과 학술행사 등을 3국이 공동 주최하여 이루어 질 수 있도록 해야 할 것이다. 이를 위해 세계 경제규모에서 약 20%를 차지하고 있는 한·중·일 삼국의 역내교류의 지속적 증대와 해운물류 환경변화에 따라 정부에서는 기존의 동북아 물류중심화를 위한 새로운 패러다임을 모색하고 동북아 통합물류시장을 한중일 삼국이 만들어가고자 하는 '협력적' 시각에서의 전략이 필요하다.

다섯째, 3국간 물류 네트워크 조성을 위해서는 3PL 업체가 가교역할을 하는 모체가 되어야 하며, 3국의 3PL 업체가 코피티션 체제를 구축해야할 것이다. 또한 종합물류기업의 전략적 육성이 필요할 것이다. 세계적인 물류기업으로 성장하기 위해서는 장기간 운용이 가능한 자금조달이 절실하여 정부는 이에 대한 지속적이고 획기적인 자금지원대책을 마련해야 할 것이며 정부는 종합물류기업이 체계적인 IT능력과 협력 및 M&A 방향제시를 위한 컨설팅 기능 강화와 전문인력양성에 체계적인 투자가 있어야 할 것이다.

여섯째, 물류모델인 인프라 구축을 위해서 한·중·일간 항로가 장기적으로 자유화되어 피더 네트워크가 현재보다 확대되고, 특히 한·중 피더 네트워크 구축이 필요하다

일곱째, 배후물류단지에 동북아허브 및 우수 국내기업을 유치해야 할 것이다.

3대 물류거점을 뒷받침하는 역할을 하는 경제자유구역의 경우 수익성을 고려한 주거단지 위주의 개발사업보다는 전략적 외자유치를 위한 비즈니스 모델을 신속히 개발하여 물류거점과 상승작용을 할 수 있도록 하여야 한다. 부산항과 광양항의 배후에 지정된 경제자유구역의 경우 단기간에 이용 가능한 토지도 부족하고 실질적인 투자유치도 쉽지 않은 상황이므로 획기적인 지원과 대책이 필요하다. 이를 위해서는 기존의 행정조직에서 분리하여 자율성을 강화하고 성공사례를 만들 수 있도록 각종 지원을 강화하여야 한다.

여덟째, 첨단산업물류클러스터를 형성해야 할 것이다. 네트워크를 기반으

로 국내의 발달된 첨단산업(전자, 통신 등)과 더불어 인천공항과 배후 자유무역지역을 활용한 고부가가치 첨단물류클러스터의 형성을 위해 주력해야 하며, 특히 전략적 유치대상으로 전기 · 전자부품, 의료 · 광학 정밀기기, 의약 및 화학제품, 기계부품(컴퓨터부품), 물류업(운수, 보관, 종합물류서비스업 등)을 중심으로 첨단물류클러스터를 형성하기위해 노력하여야 한다.

아홉째, 공항 · 항만 · 경제자유구역의 비즈니스 모델 개발이 필요할 것이다. 특히, 향후 동북아물류허브전략의 추진은 특히 항공물류허브의 육성을 위해 더욱 노력할 필요가 있다. 우리나라 수출입화물의 99.7%는 해운을 통해 수송되지만 부가가치의 첨단화물은 항공으로 수송되고 있다. 즉 항공화물은 중량기준 0.3%에 불과하지만 화물가치를 기준으로 할 때는 30~40%에 달하며 기업활동의 세계화와 적기생산—적기수송활동이 보편화되어 세계적 기업들의 항공의존도가 높아지고 있으므로 항공물류허브의 역할이 더욱 중요해지고 있다.

열 번째, 동북아물류DB 및 물류 의사결정 지원시스템을 구축해야 할 것이다.

우리의 첨단 IT기술을 물류와 결합할 수 있는 무선인식(RFID)사업을 적극 추진하여 차원 높은 물류서비스를 제공하여야 한다. 또한 해운 · 항만뿐만 아니라 항공 · 공항 및 내륙물류체계를 포함하는 국가물류DB를 구축하고 동북아 주요지역의 정보를 포함하는 동북아물류DB를 구축하여 기업들의 입지선정 및 물류경로 선택 등을 지원하는 의사결정지원시스템(Decision Support System)을 구축하여야 한다. 궁극적으로는 수출입물류체계와 내륙물류체계를 통합하는 국가SCM모델을 구축하여 국내 생산지와 물류거점, 그리고 공항과 항만의 물류정보를 통합하는 시스템을 구축할 필요가 있다.

열한번째, 물류전문인력 양성방안을 신속하게 추진해야 할 것이다. 특히 기존의 교육여건과 수요지와의 인접성 등을 고려하여 적합한 인재양성기관을 육성하여 우수한 인력이 배출되어 물류전문기업이나 물류거점시설에서 활동할 수 있게 하여야 할 것이다.

마지막으로 강력한 추진체계를 확립해야 할 것이다. 2003년 동북아위원회가 출범하고 물류허브 로드맵을 발표하면서 정부는 물류허브의 실현에 대한 확고한 의지를 보여주었으나, 이후 많은 국정과제 속에 묻혀서 출발 당시에 비해 관심도가 크게 낮아지고 관련정책의 추진력도 낮아졌다. 이러한 배경에는 중국물류의 급성장에 비해 단기적인 성과가 나타나지 않았을 뿐만 아니라 강력한 추진력이 부재했다는 점 등도 지적할 수 있다. 주요 국정과제로는 선정되었지만 위원회에서는 광범위한 업무를 담당하고, 또한 정책입안만 하고 실천은 부처에서 하는 이원적인체제로는 한계를 지닐 수밖에 없었다. 아울러 물류의 주무부처인 국토해양부의 경우 물류분야의 조직과 인력이 부족하여 현안을 쫓아가기에 급급한 실정이므로 물류부문 조직과 인력을 대폭 확충하여 물류정책 기능을 획기적으로 강화해야 한다.

### 3-2 정책방향

우리나라의 동북아물류중심화 정책과 항만, 공항 물류서비스에 대한 경쟁 및 제조업 업체의 물류업무 아웃소싱, SCM 정책의 대두, 기업활동의 세계화 등을 감안할 때 운송기업과 화주간의 결절점 역할을 하고 있는 프레이트 포워더의 업무체제를 정비하고 서비스 내용을 개선해 나가야 할 것으로 판단된다. 이를 위한 정책적, 실무적 대안을 제시하면 다음과 같다.

첫째, 국제적인 프레이트 포워더로서의 위상을 정립하기 위해서는 경영안정화 및 지속적인 투자가 뒷받침되어야 할 것이다. 프레이트 포워더에게 있어 가장 중요한 경영전략인 글로벌 네트워크 구축 및 해외거점 연계 물류사업 추진을 위해서는 각 물류거점에 창고, 터미널, 운송장비 등 매번 초기 물류시설 투자가 필요한 실정에서 자금 부족 및 투자에 대한 회수기간이 장기임으로 투자가 지연되거나 포기하는 경우가 많다. 또한 소형창고 및 소량운송장비에 대한 제한적 투자가 가능하고 장기간 사용가능한 자금운용 불가시 세계적인 물류기업과의 경쟁에서 한계에 다다를 수밖에 없다.

따라서 세계적인 물류기업, 프레이트 포워딩 기업으로 성장하기 위해서는 장기간 운용이 가능한 자금조달이 절실하여 정부는 이에 대한 지속적이고 획기적인 자금지원대책을 마련해야 할 것이다.

둘째, 프레이트 포워더의 체계적인 IT능력과 협력 및 M&A 방향제시를 위한 컨설팅기능 강화와 전문인력양성에 체계적인 투자가 있어야 할 것이다. 해외물류네트워크 구축에 있어 글로벌 물류전문가의 부족 및 인재 양성에 장기간 소요로 해외진출이 지연되고 있다. 사실상 물류업계의 특성상 고급인력이 부재한 실정이다. 이는 물류업계가 전반적으로 3D업종으로 인식되고 있으며, 인력에 대한 보수 자체가 다른 업종에 비해 낮아 고급인력의 유입 및 스카웃이 매우 어려운 상태이기 때문이다. 특히, 물류기업이 단순한 화물집하기능에서 물류업무 전반을 관리하는 제 3 자 물류기업의 경우에는 관리 및 영업 담당자가 물류 전반에 관한 고도의 지식이나 경험에 의해 화주기업의 물류전략을 기획하고 컨설팅할 수 있는 능력이 필요하며, 현장인력은 운영상 축적된 노하우를 바탕으로 기획된 물류프로세서를 효과적으로 실행할 수 있어야 한다. 물류전문인력에 대한 양성방안은 첫째, 관리/영업/현장운영/IT분야별로 전문인력양성이 시행되고 둘째, 지역전문가 + 물류전문가 양성(현재 지역전문가는 물류를, 물류전문가는 지역을 모르는 상태로, 지역과 물류를 동시에 겸비하고 있는 인재는 대기업, 중견기업 모두 부족한 상태)하여야 할 것이다. 셋째로는 IT전문가 + 물류전문가 양성(제 3 자 물류기업에 있어서 화주기업에 대한 컨설팅은 필수적이며 이 과정에서 외국계 기업과 어깨를 나란히 하기 위해서는 서비스의 질을 높여야 하며 이는 물류정보시스템 구축이 필수적임. 그러나 현재 IT와 물류 모두를 겸비한 인재가 부족한 상태)되어야 할 것이다.

셋째, 전문적인 물류기법의 축적이 필요할 것이다.

현재 글로벌 물류기업은 약 40가지의 대표적인 물류서비스를 제공하고 있으나 우리나라 물류기업의 경우 20여가지의 물류서비스를 제공하고 있으며 특히, 글로벌 물류기업은 지연생산(Delayed Configuration), 부가가치물류(VAL : Value Added Logistics)로 기업을 전문화, 특성화 하고 있는 실정이다. 반면 우리나라의 물류기업의 경우 이러한 고부가가치 물류서비스의 지속적인 개발 및 공급을 제공하여 기업으로 하여금 제 2 자 물류에 비해 확실한 기업경쟁력 향상 효과를 제공하여야만 시장이 확대될 것이다.

넷째, 기업의 대형화, 종합물류기업화를 시도해야 할 것이다.

우리나라의 많은 프레이트 포워더는 영세성을 면치 못하고 있다. 그러나 제조기업들은 물류관리 위탁계약을 공간적으로는 전세계적으로 확산하고 있으며 업무의 아웃소싱 영역 또한 원재료의 조달에서 제품의 수배송, 통관, 고객관리, 정보화 기술까지 모든 물류관련 업무를 물류기업에게 위탁하는 추세이다. 따라서 이러한 수요변화에 대응하기 위해서는 업체간 합병과 다양한 전략적 제휴를 통한 프레이트 포워더 기업의 대형화, 종합물류기업화를 시도해야 할 것이다.

# 연습문제

## ※ 서 술 형

1. 우리나라의 시대별 물류정책 변화과정을 설명하시오.
2. 우리나라의 최근 국가물류기본계획에 대해 설명하시오.
3. 프레이트 포워더의 발전적 대안에 대해 설명하시오.

## ※ 용어설명

· 물류정책
· 국가물류기본계획
· Hub & Spoke
· 종합물류기업
· 물류클러스터
· 국가물류통합정보센터
· 동북아물류중심국가

# 찾아보기(국문)


❑ ㄱ ❑

간이세율　360
갑판(deck)　48
개별예정보험　398
개별환급　364
개별환급방법　372
거래 파트너　32
고장부선하증권(Foul B/L)　192
골판지　300
과부족 용인조건(more or less clause)　328
관세율　354
관세환급　364
국가물류기본계획　492, 494
국가물류기본계획 수정계획　492
국가수출입물류정보망　442
국제물류주선인　143
국제민간항공기구　100, 101
국제항공운송협회　100, 102
기명식 선하증권(Straight B/L)　192
기체보험　413

❑ ㄴ ❑

늑골(transverse frame)　47

❑ ㄷ ❑

단위탑재용기(ULD)　96, 169
단위탑재용기 운임(BUC)　118
單一책임제도　144
도로화물운송장　154
도매정보시스템　433
동북아물류중심국가 실현전략　493

❑ ㄹ ❑

라벨링(Labelling)　313

❑ ㅁ ❑

마킹(Marking)　313
몬트리올조약　109
몬트리올 협정(Montreal Agreement)　106
무고장선하증권(Clean B/L)　192
물류관리정보시스템　433
물류성과　463
물류정보시스템　425
물류정책　485

❑ ㅂ ❑

바르샤바조약(Warsaw Convention)　104, 109
배수톤수　50
변형단일책임체계　145
보세건설장　337
보세공장　337
보세구역(bonded area)　335
보세전시장　337
보세창고　337
보세판매장　338
보험계약자(policy holder)　391
보험목적물(Subject-matter insured)　393

보험중개인(insurance broker) 393
복합운송선하증권 194
복합운송증권 257
부정기선(tramper) 38
부정기선 해운 39

❑ ㅅ ❑

산업혁신 33
생산비설 63
샤시(chassis) 58
선교(bridge) 48
선미(stern) 48
선박보험 390
선수(bow) 48
선저(bottom) 48
선적선하증권(Shipped B/L) 192
선하증권(bill of lading; B/L) 187
솔루션통합업체 32
송하인(Shipper) 209
수령선하증권(Received B/L) 191
수·배송관리시스템 432
수입화물선취보증장(Letter of Guarantee; L/G) 229
수주·출하 처리 시스템 432
수하인(Consignee) 209
순톤수(N/T) 50
시너지 플러스 33

❑ ㅇ ❑

연방해사위원회 3
예정보험 398
외판(shell) 48
용골(keel) 47
용선계약부 선하증권(charterparty B/L) 195
우현(starboard) 48
운송용역가치설 63
운임동맹 66
운임부담력설 63
이단적 열차(Double Stack Train) 162
異種책임제도 145
일관운송(Through Carriage) 18
일반품목 운임(GCR) 114

❑ ㅈ ❑

자동발주시스템(EOS) 434
재화용적톤수 50
재화중량톤수(DWT) 50
적색 선하증권(Red B/L) 194
적출(devaning) 169
적하목록취합시스템 447
적하보험 390
전자무역 440
전자 선하증권 285
절충설 64
정기선(liner) 38
정기선 해운 39
정시배송(On-time delivery) 472
정액환급방법 372
제4자 물류 31
제4자 물류업 34
제3자 물류 26
제3자 물류업 34
종가세 354
종가운임(ad valorem charge) 253
종량세 354
종합물류기업인증제도 501
좌현(port-side) 48
지시식 선하증권(Order B/L) 192

❑ ㅊ ❑

창고(보관)관리시스템 433
첨단화물운송정보(CVO) 서비스 160, 456
총비용 접근방식(Total Cost Approach) 466

총톤수(G/T) 49
최저운임(minimum charge) 114
추정적 증거력 155
출화통지서(Consignment note) 2

❏ ㅌ ❏

통선하증권(Through B/L) 194
특정 품목운임(SCR) 116

❏ ㅍ ❏

판매시점관리시스템 433
포괄예정보험 399
품목 분류운임(CCR) 116
프레이트 포워더 성과측정 474
프렛쳐(frachter) 2
피보험이익 395
피보험자(assured) 392

❏ ㅎ ❏

항공 AMS 445
항공 APIS 445
항공운송 412
항공 GD(항공기종합신고서) 445
항공화물운송장 110
항만운영정보시스템 458
해상보험 389
해상보험자(underwriter) 391
해상 AMS 445
해상화물운송장(Sea Waybill) 275
해양선하증권 194
헤이그 의정서(Hague Protocol) 105, 109
협회적하약관 401
협회화물약관(Institute Cargo Clause) 388
혼재(Consolidation) 23
화물선취보증장 82

# 찾아보기(영문)


**❑ A ❑**

ABC(Activity-Based Accounting : 활동기준 원가계산) 471
(A) clauses 401
Air Waybill : AWB 110, 241
ALB 161
AMS(Automated Manifest System) 448

**❑ B ❑**

Bank's Letter of Guarantee : L/G 82
Bar code 434
(B) clauses 401
BSC(Balanced Scorecard) 476
BUC 118
Buyer's Consolidation 23

**❑ C ❑**

Cash on Delivery 155
CCAS : Cargo Clearance Automation System 455
(C) clauses 401
CCR 116
CIM 156
CLB 165
Co-Loading 24
COOC 408
CSI(Container Security Initiative)협정 448
Ctradeworld 444

**❑ E ❑**

e-B/L(전자선하증권) 451
ECR(Efficient Customer Response) 27
EDI 433
e-D/O(Delivery Order) 445, 449
electronic bill of lading : e-B/L 285
e-L/G(전자수입화물선취보증서) 451
eLogisFrame(ASP) 444, 445
e-logistics 439
EOS : Electronic Ordering System 434
e-trade 440
Express B/L 196

**❑ F ❑**

Federal Maritime Commission 3
FHL 449
FIATA 4
FIATA MT B/L 259
Flat Rack Container 57
Forwarder's Consolidation 24
4PL 8
Freight Conference 66
Freight Forwarder 4

**❑ G ❑**

GCR 114
Groupage B/L 195

## ❑ H ❑

Hague Protocol 105
Hague Rules 197
Hitchment B/L 196
House AWB 132, 241

## ❑ I ❑

IATA 100, 102, 103
ICAO 100, 101
IMDG Code 318, 319
insurable interest 395
INTIS(International Transport Information System) 454

## ❑ J ❑

JIFFA(Japan International Freight Forwarder's Association) 14
J/WOB 408

## ❑ L ❑

LIS : Logistics Information System 425
Local B/L 194
Long form B/L 194

## ❑ M ❑

MARPOL 73/78 318
Master AWB 132, 241
MCB 162
MFCS(Manifest Consolidation System) 75, 447
MLB 161
Modified Uniform Liability System 145
Montreal Agreement 106
MT B/L 257
Multimodal Transport Operator(MTO) 8, 142

## ❑ N ❑

Network Liability System 145, 178
Non-Vessel Operating Common Carrier (NVOCC) 2, 13, 73, 144

## ❑ O ❑

Open Policy 399
Open-Top Container 57
Optional B/L 196

## ❑ P ❑

PACKING LIST 329
PORT-MIS : Port Management Information System 458
Port-Net 453
POS : Point Of Sales System 434
prima facie evidence 155

## ❑ Q ❑

QR(Quick Response) 27

## ❑ R ❑

Reefer Container 57
RFID 434

## ❑ S ❑

S&C 408
SCR 116

Service Contract(S/C) 68
SERVQUAL 479
Shipper's Consolidation 23
Short form B/L 193
SLB 163
Stale B/L 195

❑ T ❑

Tank Container 57
Third Party B/L 196
3PL 8
TPND 408
Tracons 164
Trade-Off 463
Trans-Rail 164
Trans-Sea 164

❑ U ❑

ULD 96
Uniform Liability System 144
unit load device:ULD 96
U-trade 440

❑ V ❑

Ventilation Container 58

❑ W ❑

WMS : Warehouse Management System 433
W/SRCC 408

❑ Y ❑

Yrade-Net 453

著者略歷


## 방 희 석

—약 력

중앙대학교 무역학과 졸업(상학사 B.A.), 동 대학원 무역학과 졸업(상학석사 M.A.)

영국 웨일즈대학원(현 Cardiff University, Business School) 졸업(Ph.D.)

한국과학기술원 해양연구소 선임연구원

한국해운산업연구원(현 한국해양수산개발원) 연구위원

International Chartered Institute of Transport 회원(MCIT, 영국)

중앙대학교 학생처장, 도서관장, 교무처장, 사회과학대학 학장 역임

한국무역학회, 한국항만경제학회, 한국국제상학회 회장 역임

現, 중앙대학교 국제물류학과 교수, 해양수산부 장관자문위원장(해운물류분과), 여수광양항만공사 항만위원회 제2대 위원장, 대한상사중재원 중재인, 중국 산동대학 명예석좌교수, 중앙대학교 해운물류전문인력양성사업단장

—저 서

Shipping Revolution(공저, Conway Maritime Press, Ltd., London, 1993)

물류관리론(공저, 청람, 2011)

무역개론(청람, 2004)

무역실무(박영사, 2015)

국제운송론(박영사, 2013)

## 엄 윤 대

—약 력

한국해양대학교 대학원(경영학박사)

한국외국어대학교 무역대학원(경영학석사)

한진해운 근무(미국주재원, 수출입업무, 고객서비스, 물류, 선하증권, 클레임 등 업무, 전임교수)

現, 대한상사중재원 중재인, 한국해법학회 이사, 쉬핑뉴스넷 편집위원

—저 서

신체계 선하증권론(한국해사문제연구소, 2006)

국제운송강론(도서출판 일진사, 2007)

## 김 승 철

—약 력

중앙대학교 무역학과(경영학사, 석사, 박사)

중앙대학교 BK21 동북아물류중심지 · e-hub화 전략팀 연구교수

산업통상자원부장관 표창(2014), 중소기업진흥공단이사장 표창(2014)

現, 영남대학교 상경대학 국제통상학부 교수, 영남대학교 산학연구처 부처장, 기술이전사업화센터 센터장, 중소기업산학협력센터 센터장, 중소기업 HRD사업단 사업단장, 지역특화청년무역전문인력사업단(GTEP) 사업단장

—저 서

물류관리론(공저, 청람, 2011)



프레이트 포워딩 관리론

2009년 2월 28일 초판발행
2024년 8월 30일 중판발행

저 자 방희석 · 엄윤대 · 김승철
발행인 안종만 · 안상준
발행처 (주) 박영사
서울특별시 금천구 가산디지털로 53, 210호(가산동, 한라시그마밸리)
전화 (733)6771 FAX (736)4818
등록 1959. 3. 11. 제300-1959-1호(倫)

www.pybook.co.kr e-mail: pys@pybook.co.kr





정 가 30,000원 ISBN 978-89-7189-913-7